"十三五"国家重点图书出版规划项目

中国现代化报告 2018
——产业结构现代化研究

何传启　主编

中国现代化战略研究课题组
中国科学院中国现代化研究中心　编

北京大学出版社
PEKING UNIVERSITY PRESS

图书在版编目(CIP)数据

中国现代化报告.2018:产业结构现代化研究/何传启主编.—北京:北京大学出版社,2018.7
ISBN 978-7-301-29631-8

Ⅰ.①中⋯ Ⅱ.①何⋯ Ⅲ.①现代化建设—研究报告—中国—2018 ②产业结构—现代化—研究报告—中国—2018 Ⅳ.①D61 ②F121.3

中国版本图书馆CIP数据核字(2018)第110288号

书　　　名	中国现代化报告2018——产业结构现代化研究 ZHONGGUO XIANDAIHUA BAOGAO 2018
著作责任者	何传启　主编
责 任 编 辑	黄　炜
标 准 书 号	ISBN 978-7-301-29631-8
出 版 发 行	北京大学出版社
地　　　址	北京市海淀区成府路205号　100871
网　　　址	http://www.pup.cn　新浪微博　@北京大学出版社
电 子 信 箱	zpup@pup.cn
电　　　话	邮购部 62752015　发行部 62750672　编辑部 62764976
印 刷 者	北京大学印刷厂
经 销 者	新华书店
	850毫米×1168毫米　16开本　26.25印张　722千字 2018年7月第1版　2018年7月第1次印刷
定　　　价	105.00元

未经许可，不得以任何方式复制或抄袭本书之部分或全部内容。
版权所有，侵权必究
举报电话：010-62752024　电子信箱：fd@pup.pku.edu.cn
图书如有印装质量问题，请与出版部联系，电话：010-62756370

内 容 提 要

《中国现代化报告2018》聚焦产业结构，瞄准知识经济，包括五项内容。

一、世界产业结构现代化的发展趋势。从产业水平、产业结构和产业质量三个方面，分析产业结构变迁的历史和未来，给出发达国家三大产业、六大集群和24个部门的产业水平、增加值结构、就业结构和劳动生产率等的最新排名。

二、产业结构现代化的案例和原理。包括美国、日本、英国、德国和瑞典等八国的国际经验，以及产业结构现代化的经典理论、基本原理和政策走向。

三、中国产业结构现代化的战略选择。从纵向和横向两个维度，定量分析中国产业结构现代化的趋势和潜力，提出中国产业结构现代化的路线图和战略目标，以及中国三大产业、六大集群和18个部门的潜力排名和政策建议。

四、世界产业结构现代化的定量评价。从产业结构和产业质量两个维度构建评价模型，完成131个国家的定量评价。2015年中国产业结构现代化指数排世界第58位。

五、世界现代化的定量评价，描绘2015年世界和中国现代化的定位图。

18世纪以来，世界经济的产业结构发生了两次根本性的转变。第一次是从农业经济向工业经济的产业结构转变，第二次是从工业经济向知识经济的产业结构转变。目前发达国家全部进入第二次转变，多数发展中国家处于第一次转变，并受到第二次转变的影响。2017年中国共产党第十九次全国代表大会报告提出建设现代化经济体系。现代化经济体系必然包含现代化产业体系和现代化产业结构。加快产业结构调整，推进产业结构现代化，是中国未来30年经济建设的一个核心任务。

《中国现代化报告2018》是国际欧亚科学院院士何传启及其团队完成的第17部年度报告。它建议中国要以提高产业质量为引领，以提高产业水平为抓手，以优化和提升产业结构为落脚点，全面完成向服务经济和知识经济的两次转型，高质量建设现代化产业体系、现代化经济体系和现代化经济强国，全面建成制造业强国、服务经济强国、知识经济强国和世界经济强国，逐步达到产业水平、产业结构和产业质量的世界先进水平，早日成为具有世界先进水平的知识经济发达国家。

中国现代化战略研究课题组

顾 问

周光召	院　　士	中国科学院
路甬祥	院　　士	中国科学院
徐冠华	院　　士	国家科学技术部
白春礼	院　　士	中国科学院
许智宏	院　　士	北京大学
陈佳洱	院　　士	国家自然科学基金委员会
孙永福	院　　士	中国工程院工程管理学部
郭传杰	研　究　员	中国科学院、国际欧亚科学院院士
方　新	研　究　员	中国科学院、发展中国家科学院院士
李主其	教　　授	国家自然科学基金委员会

组 长

何传启	研　究　员	中国科学院中国现代化研究中心、国际欧亚科学院院士

成 员（按姓氏笔画为序）

于维栋	研　究　员	中共中央办公厅调研室
马　诚	研　究　员	中国科学院生物科学与技术学部
方竹兰	教　　授	中国人民大学经济学院
叶　青	副研究员	中国科学院中国现代化研究中心
刘　雷	副研究员	中国科学院中国现代化研究中心
刘细文	研　究　员	中国科学院文献情报中心
刘洪海	编　　审	国际欧亚科学院中国科学中心
朱文瑜	助理研究员	中国科学院中国现代化研究中心
朱庆芳	研　究　员	中国社会科学院社会学研究所
汤锡芳	编　　审	国家自然科学基金委员会
吴述尧	研　究　员	国家自然科学基金委员会
张　凤	研　究　员	中国科学院科技战略咨询研究院
李　力	助理研究员	中国科学院中国现代化研究中心
李　宁	副教授	美国东华盛顿大学
李　扬	助理研究员	中国科学院中国现代化研究中心
李存富	高级编辑	中国科学报社
李泊溪	研　究　员	国务院发展研究中心
杜占元	研　究　员	国家教育部

杨重光	研究员	中国社会科学院城市与环境研究中心
邹力行	研究员	国家开发银行研究院
陈　丹	研究员	中国科学院文献情报中心
陈永申	研究员	国家国有资产管理局
岳启明	硕士	中国科学院中国现代化研究中心
武夷山	研究员	国家科技部中国科技发展战略研究院
胡志坚	研究员	国家科技部中国科技发展战略研究院
赵西君	副研究员	中国科学院中国现代化研究中心
赵学文	研究员	国家自然科学基金委员会
程　萍	教授	国家行政学院
董正华	教授	北京大学世界现代化进程研究中心
谢文蕙	教授	清华大学经济管理学院
裘元伦	研究员	中国社会科学院欧洲研究所
靳　京	助理研究员	中国科学院中国现代化研究中心

前　言

2017年中国共产党第十九次全国代表大会报告提出建设现代化经济体系。现代化经济体系必然包含现代化产业体系和现代化产业结构。推进产业结构现代化，是中国未来30年经济建设的一项重要任务。

《中国现代化报告2018》是我们完成的第17部年度报告。它聚焦产业结构，瞄准知识经济，系统分析世界产业结构现代化的趋势和原理，理性探讨中国产业结构现代化的国情和战略。它建议中国产业结构现代化要秉承"抓质量、上水平、调结构"的基本原则，以提高产业质量为引领，以提高产业水平为抓手，以优化和提升产业结构为落脚点，全面完成向服务经济和知识经济的两次转型，高质量建设现代化产业体系、现代化经济体系和现代化经济强国，全面建成制造强国、服务经济强国、知识经济强国和世界经济强国，逐步达到产业水平、产业结构和产业质量的世界先进水平，使我国早日成为具有世界先进水平的知识经济发达国家。

实现现代化是我们的国家目标，现代化研究是世界交叉科学的前沿课题。2001年既是新世纪的纪元，也是中国"第三步战略"的起点。2001年开始出版的《中国现代化报告》（简称《报告》）是一份年度性系列报告。前16部《报告》的主题分别是：现代化科学、现代化理论、现代化与评价、知识经济与现代化、世界现代化、国际现代化、地区现代化、城市现代化、经济现代化、社会现代化、文化现代化、生态现代化、农业现代化、工业现代化、服务业现代化和健康现代化，分别涉及现代化原理、分层次、分领域和分部门现代化研究等。

2000年以来，《报告》研究先后得到国家自然科学基金、科技部和中国科学院的资助，得到课题组顾问们的关怀和指导，受到国际同行和社会各界的持续关注，特此感谢！

首先，《报告》的研究工作得到中国科学前辈们的关怀和指导。中国科学院前院长周光召院士题词：为可持续发展的现代化奋斗。中国科学院前院长路甬祥院士题词：研究现代化规律，创新现代化理论，促进现代化建设。中国科学院院长白春礼院士为《报告》作序。中国工程院前院长宋健院士亲笔指导：你们近几年出版的《现代化报告》，非常好，对各界极有参考价值，很有思想性。科技部前部长徐冠华院士为《报告》作序：系统和科学地研究现代化，全面揭示现代化的客观规律，是中国科学家的一个历史责任。北京大学前校长、国家自然科学基金委员会前主任陈佳洱院士为《报告》作序：中国现代化研究既是关系国家目标和国家长远发展的重大基础研究，又是跨学科、跨领域和跨部门的综合研究，值得社会各界给予关注和支持。

其次，《报告》的研究成果受到国际同行的高度肯定，并在俄罗斯等国得到实际应用。美国杜克大学社会学荣誉教授图亚江（E. Tiryakian）说：《报告》覆盖的领域很广，而且毫无疑问，它代表了这些领域的世界先进水平。联合国教科文组织国际社会学理事会理事长、意大利米兰大学马蒂内利教授（A. Martinelli）说：《报告》采用自然科学与社会科学相结合的研究方法，这种方法是促进现代化研究的有效方法。德国学者认为《现代化科学》英文版是"一个原创性贡献"。第二次现代化理论在俄罗斯等国得到应用。俄罗斯科学院通讯院士拉宾教授（N. Lapin）发现，2010年俄罗斯有19个地区已进入第二次现代化，有64个地区处于第一次现代化。

其三，《报告》的社会影响逐步扩大，被列入国家重点图书出版规划。2001年以来新华社、中国新闻社、《人民日报》《光明日报》《科技日报》和《中国科学报》等280多家中国媒体对《报告》进行报道或评论；美国、英国、德国、韩国和澳大利亚等国家的媒体进行了多次报道。2008年香港中国评论通讯社说:《中国现代化报告》的影响力很大,对政府长远政策的制定、对社会精英的思考模式、对社会舆论的理论引导、对民意的启发,都具有无法低估的作用。2011年《科学时报》头版报道:现代化科学是民族复兴基础。《中国现代化报告》两次入选国家重点图书出版规划(十二五和十三五规划),三次获得中国大学出版社图书出版奖。

本《报告》与以往《报告》一样,世界现代化评价注意了如下几个方面:① 有限目标,② 评价方法的科学性,③ 评价指标的合理性,④ 评价数据的权威性和一致性,⑤ 评价结果的相对性和客观性。影响现代化的因素很多,评价结果更多反映一种发展趋势。

本《报告》研究得到中国科学院发展规划局的资助。中国科学院文献情报中心和中国未来研究会现代化研究分会给予了许多的帮助。中国科学院中国现代化研究中心的全体同仁齐心协力,相互配合。北京大学出版社在很短时间内完成编辑出版工作。特此表示诚挚的谢意!

特别感谢中国工程院院士李京文教授和中国科学院副秘书长汪克强研究员的指导。特别感谢中国科学院中国现代化研究中心理事会的大力支持。理事会成员包括:理事长汪克强,前理事长郭传杰,前理事长方新,理事于维栋、任玉岭、李泊溪、杨宜勇、刘洪海、邹力行、董正华、薛澜、李一军、武夷山、刘春杰、刘细文、何传启。

本《报告》是集体合作的成果。课题组进行了多次研讨。各部分执笔人如下。

何传启:前言、综述、第三章第四节、第五章。刘雷:第一章、附录一(局部)。李力:第二章第一节、附录一(局部)。李扬:第二章第二节。靳京:第二章第三节。叶青:第二章第四节、第四章、附录一(局部)。赵西君:第三章第一节、第二节、第三节。张凤:第五章(参与)、附录二、附录三。岳启明:产业结构历史数据的录入。

本《报告》包含400多张图表和数据,在处理过程中难免出现遗漏和错误;有些统计指标有多个版本,有些观点只是一家之言。敬请读者不吝赐教,我们将虚心学习和不断改进。

本《报告》突出了产业结构现代化的定量分析,但关于它的定性分析有所不足。制造业包含许多部门,其结构现代化需要专题研究。这些是课题组今后的研究课题。

何传启

国际欧亚科学院院士

中国现代化战略研究课题组组长

中国科学院中国现代化研究中心主任

2018年3月10日

目　　录

综述　走向知识经济时代 ………………………………………………………… i

上篇　产业结构现代化研究

第一章　世界产业结构现代化的基本事实 …………………………………… 4
第一节　产业结构现代化的研究方法 ……………………………………… 4
　一、产业结构现代化的基本概念 ………………………………………… 5
　二、产业结构现代化的研究方法 ………………………………………… 9
　三、产业结构现代化的系统分析法 ……………………………………… 11
第二节　产业结构现代化的时序分析 ……………………………………… 18
　一、世界产业水平的时序分析 …………………………………………… 20
　二、世界产业结构的时序分析 …………………………………………… 33
　三、世界产业质量的时序分析 …………………………………………… 56
第三节　产业结构现代化的截面分析 ……………………………………… 70
　一、世界产业水平的截面分析 …………………………………………… 71
　二、世界产业结构的截面分析 …………………………………………… 74
　三、世界产业质量的截面分析 …………………………………………… 81
第四节　产业结构现代化的过程分析 ……………………………………… 84
　一、世界产业结构现代化的历史进程 …………………………………… 85
　二、世界产业结构现代化的客观现实 …………………………………… 90
　三、世界产业结构现代化的前景分析 …………………………………… 92
本章小结 ……………………………………………………………………… 97

第二章　产业结构现代化的案例和原理 …………………………………… 101
第一节　大型国家的产业结构现代化 ……………………………………… 101
　一、三个国家的基本情况 ………………………………………………… 101
　二、产业结构现代化的实证分析 ………………………………………… 103
　三、产业结构现代化的比较分析 ………………………………………… 108
第二节　中小型国家的产业结构现代化 …………………………………… 109
　一、中型国家的产业结构现代化 ………………………………………… 110

  二、小型国家的产业结构现代化 ··· 112
  三、产业结构变迁的比较分析 ··· 115
 第三节 产业结构现代化的理论分析 ··· 118
  一、产业结构变迁的相关理论 ··· 118
  二、产业分类与产业结构变迁 ··· 122
  三、产业革命与产业结构变迁 ··· 125
  四、产业结构现代化的基本原理 ·· 126
 第四节 产业结构现代化的政策分析 ··· 133
  一、产业保护和自由贸易 ··· 134
  二、产业促进和产业调整 ··· 136
  三、市场经济和计划经济 ··· 138
 本章小结 ··· 138

第三章 中国产业结构现代化的理性分析 ·· 140
 第一节 中国产业结构现代化的时序分析 ··· 140
  一、中国产业水平的时序分析 ··· 141
  二、中国产业结构的时序分析 ··· 149
  三、中国产业质量的时序分析 ··· 162
 第二节 中国产业结构现代化的截面分析 ··· 170
  一、中国产业水平的截面分析 ··· 170
  二、中国产业结构的截面分析 ··· 172
  三、中国产业质量的截面分析 ··· 176
 第三节 中国产业结构现代化的过程分析 ··· 178
  一、中国产业结构现代化的历史进程 ··· 179
  二、中国产业结构现代化的客观现实 ··· 182
  三、中国产业结构现代化的前景分析 ··· 185
 第四节 中国产业结构现代化的战略分析 ··· 186
  一、中国产业结构现代化的目标分析 ··· 187
  二、中国产业结构现代化的路线图 ·· 190
  三、中国产业结构现代化的战略要点 ··· 197
 本章小结 ··· 219

下篇 世界和中国现代化评价

第四章 产业结构现代化评价 ··· 226
 第一节 产业结构现代化的评价方法 ··· 226
  一、产业结构现代化的相关评价 ·· 226
  二、产业结构现代化的评价模型 ·· 227

第二节　世界产业结构现代化十五年 ·········· 229
一、2015年世界产业结构现代化指数 ·········· 229
二、2000~2015年世界产业结构现代化进程 ·········· 232
第三节　中国产业结构现代化十五年 ·········· 234
一、2015年中国产业结构现代化水平 ·········· 234
二、2000~2015年中国产业结构现代化进程 ·········· 235
本章小结 ·········· 236

第五章　2015年世界和中国现代化指数 ·········· 238
第一节　2015年世界现代化指数 ·········· 238
一、2015年世界现代化的总体水平 ·········· 239
二、2015年世界现代化的国际差距 ·········· 245
三、2015年世界现代化的国际追赶 ·········· 247
第二节　2015年中国现代化指数 ·········· 249
一、2015年中国现代化的总体水平 ·········· 249
二、2015年中国现代化的国际差距 ·········· 252
三、2015年中国现代化的国际追赶 ·········· 253
第三节　2015年中国地区现代化指数 ·········· 255
一、2015年中国地区现代化的总体水平 ·········· 257
二、2015年中国地区现代化的国际差距 ·········· 261
三、2015年中国地区现代化的国际追赶 ·········· 262
本章小结 ·········· 263

技术注释 ·········· 265

参考文献 ·········· 274

数据资料来源 ·········· 279

附　录

附录一　产业结构现代化的数据集 ·········· 283
附录二　世界现代化水平评价的数据集 ·········· 298
附录三　中国地区现代化水平评价的数据集 ·········· 345

中国现代化报告系列 ·········· 367
第二次现代化丛书 ·········· 368

图 表 目 录

图 A	1995～2015 年高收入国家人均农业增加值和人均工业增加值的变化	iv
图 B	1910 年美国产业的增加值结构（传统产业与三次产业的对应关系）	vi
图 C	2010 年美国产业的增加值结构（三次产业与三大产业的对应关系）	vii
图 D	2000～2015 年高收入国家人均物质产业增加值和人均制造业增加值的变化	viii
图 E	1970～2015 年发达国家三大产业的结构变化	viii
图 F	1970～2015 年发达国家四大集群的结构变化	x
图 G	2015 年发达国家 24 个部门产业发展的人均水平和就业比例的排名	xi
图 H	1970～2015 年发达国家 6 个部门的结构变化	xii
图 I	1820～1970 年美国三次产业的结构变化	xv
图 J	1950～2015 年美国三大产业的结构变化	xv
图 K	1870～1970 年英国三次产业的结构变化	xvi
图 L	产业结构现代化的动力转轨：从工业拉动到知识产业推动	xx
图 M	21 世纪产业结构现代化的三条路径（示意图）	xx
图 N	1960～2015 年中国三次产业的结构变化	xxii
图 O	2015 年中国（a）和美国（b）三次产业的产业结构偏离度的比较	xxii
图 P	21 世纪中国产业结构现代化的"三步走"战略目标（示意图）	xxiv
图 Q	产业结构现代化的政策分析的"四维九宫格"模型	xxv
图 R	至 2050 年中国 18 个部门产业发展的人均水平和就业比例的发展潜力排名	xxvii
图一	产业结构现代化的路线图（示意图）	3
图 1-1	产业结构现代化犹如一场产业结构变迁的国际马拉松	4
图 1-2	产业结构现代化的研究对象	4
图 1-3	人类生活的两个基本需要和三大产业（示意图）	6
图 1-4	产业结构现代化的研究对象（示意图）	8
图 1-5	现代化现象的过程分析	11
图 1-6	现代化过程的结果分析	11
图 1-7	产业结构现代化的一种分析框架	18
图 1-8	世界产业结构现代化的过程分析	85
图 1-9	世界现代化和人类文明的主要阶段	86
图 1-10	2000～2015 年世界产业结构现代化的国际体系的结构（根据现代化指数分组）	90
图 2-1	1820～2015 年美国经济结构变化（农业、工业和服务业增加值比例和劳动力比例的变化）	102

| 图 2-2 | 1950~2014年美国经济结构变化
（物质产业、服务产业和知识产业增加值比例和劳动力比例变化） | 102 |
| --- | --- | --- |
| 图 2-3 | 1900~2014年日本经济结构变化
（农业、工业和服务业增加值比例和劳动力比例变化） | 103 |
| 图 2-4 | 1975~2014年日本经济结构变化
（物质产业、服务产业和知识产业增加值比例和劳动力比例变化） | 103 |
| 图 2-5 | 1900~2014年墨西哥经济结构变化
（农业、工业和服务业增加值比例和劳动力比例的变化） | 104 |
| 图 2-6 | 德国(a)、英国(b)三次产业增加值结构演变历程 | 110 |
| 图 2-7 | 德国(a)、英国(b)三大产业增加值结构演变历程 | 111 |
| 图 2-8 | 德国(a)、英国(b)三大产业总产值结构演变历程 | 111 |
| 图 2-9 | 德国(a)、英国(b)三大产业需求结构演变历程 | 111 |
| 图 2-10 | 德国(a)、英国(b)三次产业就业结构演变历程 | 112 |
| 图 2-11 | 德国(a)、英国(b)三大产业就业结构演变历程 | 112 |
| 图 2-12 | 瑞典(a)、葡萄牙(b)三次产业增加值结构演变历程 | 112 |
| 图 2-13 | 瑞典(a)、葡萄牙(b)三大产业增加值结构演变历程 | 113 |
| 图 2-14 | 瑞典(a)、葡萄牙(b)三大产业总产值结构演变历程 | 113 |
| 图 2-15 | 瑞典(a)、葡萄牙(b)三大产业需求结构演变历程 | 114 |
| 图 2-16 | 瑞典(a)、葡萄牙(b)三次产业就业结构演变历程 | 114 |
| 图 2-17 | 瑞典(a)、葡萄牙(b)三大产业就业结构演变历程 | 114 |
| 图 2-18 | 案例研究5国产业结构阶段划分 | 118 |
| 图 2-19 | 产业结构现代化是产业结构变迁与现代化的交集（示意图） | 128 |
| 图 2-20 | 国家产业结构水平的国际地位的几种状态（马尔科夫链） | 130 |
| 图 2-21 | 产业结构现代化过程的创新驱动模型 | 132 |
| 图 2-22 | 21世纪产业结构现代化的三条路径 | 132 |
| 图 3-1 | 1995~2015年中国流通服务、其他服务、人类服务和基本服务增加值比例的变化 | 151 |
| 图 3-2 | 中国产业结构现代化的过程分析 | 179 |
| 图 3-3 | 1978~2016年中国农业和服务业的增加值比例和劳动力比例的变化 | 188 |
| 图 3-4 | 中国产业结构现代化的路线图——运河路径 | 193 |
| 图 3-5 | 中国产业结构现代化的总体布局 | 197 |
| 图 3-6 | 中国产业结构现代化的政策选择 | 197 |
| 图 3-7 | 至2050年中国人均产业发展和产业结构的平均发展潜力的排名 | 216 |
| 图二 | 现代化评价的结构 | 225 |
| 图 4-1 | 产业结构现代化水平评价内容 | 227 |
| 图 5-1 | 2015年世界现代化进程的坐标图 | 238 |
| 图 5-2 | 2015年世界现代化的定位图（基于现代化阶段和第二次现代化水平） | 241 |
| 图 5-3 | 2015年中国第一次现代化的特点 | 250 |

图 5-4	2015 年中国第二次现代化的特点	250
图 5-5	2015 年中国综合现代化的特点	251
图 5-6	1950~2015 年中国现代化指数的增长	254
图 5-7	1970~2015 年中国现代化水平的提高	254
图 5-8	2015 年中国地区现代化进程的坐标图	256
图 5-9	2015 年中国现代化的地区定位图（第二次现代化水平的定位）	258
图 5-10	2015 年中国地区第一次现代化指数	259
图 5-11	2015 年中国地区第二次现代化指数	259
图 5-12	2015 年中国地区综合现代化指数	260

图 a	第一次现代化阶段评价的信号指标变化	268

表 A	基于《国际行业分类》（建议版）的产业分类	i
表 B	1980~2015 年发达国家的产业结构和结构变迁*	ii
表 C	1960~2015 年高收入国家和世界平均的三次产业的结构变迁	v
表 D	世界不同国家的经济发展阶段（基于三次产业的经济发展阶段划分）	v
表 E	世界不同国家的经济发展阶段（基于三大产业的经济发展阶段划分）	ix
表 F	1970~2015 年发达国家 24 个部门的结构变化	xii
表 G	2015 年 8 个样本国家产业结构现代化指数和第二次现代化指数的比较	xvi
表 H	世界产业结构现代化的两个阶段（前沿过程）	xviii

表 1-1	产业结构现代化的研究范围与研究单元的组合	5
表 1-2	典型行业分类情况对比	5
表 1-3	三大产业的划分	7
表 1-4	国际行业分类建议版的总体结构	7
表 1-5	产业结构现代化研究内容的分类	9
表 1-6	产业结构现代化研究的结构组合	9
表 1-7	产业结构现代化研究的主要类型	10
表 1-8	现代化研究的系统分析方法	11
表 1-9	文明时间与历史时间的对照表	12
表 1-10	人类历史上的文明范式及其代表性特征	13
表 1-11	人类历史上的产业结构范式及其代表性特征	13
表 1-12	产业结构现代化的时序分析的国家样本（2016 年）	14
表 1-13	2015 年截面分析的国家分组	15
表 1-14	产业结构现代化研究的分析变量的主要类型	17
表 1-15	产业结构现代化的分析指标和分析变量	17
表 1-16	产业结构现代化研究涉及的部门	19
表 1-17	产业结构变量的特点和分类	19
表 1-18	1700~2015 年产业水平的变迁（以人均增加值、人均需求为例）	20
表 1-19	2005~2015 年期间典型国家以不同计量单位测度的人均 GDP 变化趋势	21

表 1-20	1960~2015 年人均增加值的变化*	21
表 1-21	2000~2015 年人均增加值的变化趋势*	23
表 1-22	1960~2015 年三次产业人均增加值的世界前沿和国际差距	25
表 1-23	25 个样本国家 1970~2015 年三大产业人均增加值的国际差距	25
表 1-24	1970~2015 年人均总产值的变化	26
表 1-25	2000~2015 年人均总产值的变化趋势	27
表 1-26	25 个样本国家 1970~2015 年三次产业人均总产值的国际差距	29
表 1-27	25 个样本国家 1970~2015 年三大产业人均总产值的国际差距	29
表 1-28	1995~2011 年人均需求的变化	30
表 1-29	54 个国家 1995~2011 年三次产业人均需求的国际差距	32
表 1-30	54 个国家 1970~2015 年三大产业人均需求的国际差距	32
表 1-31	1970~2015 年优势产业的时间差（基于人均增加值和人均总产值的比较）	33
表 1-32	1700~2015 年产业结构的变迁（以增加值结构、就业结构为例）	33
表 1-33	1970~2015 年产业增加值比例的变化*	34
表 1-34	1970~2015 年三次产业增加值比例的世界前沿和国际差距	36
表 1-35	24 个样本国家 1970~2015 年三大产业增加值比例的国际差距	37
表 1-36	25 个样本国家 1970~2015 年六大集群增加值比例的国际差距	37
表 1-37	1970~2015 年产业总产值比例的变化	38
表 1-38	1970~2015 年三次产业总产值比例的世界前沿和国际差距	40
表 1-39	25 个样本国家 1970~2015 年三大产业总产值比例的国际差距	40
表 1-40	25 个样本国家 1970~2015 年六大集群总产值比例的国际差距	41
表 1-41	1995~2011 年产业需求比例的变化	42
表 1-42	54 个样本国家 1995~2011 年三次产业需求比例的世界前沿和国际差距	43
表 1-43	54 个样本国家 1995~2011 年三大产业需求比例的国际差距	44
表 1-44	54 个样本国家 1995~2011 年六大集群需求比例的国际差距	44
表 1-45	1970~2015 年产业就业比例的变化	45
表 1-46	1970~2015 年三次产业就业比例的世界前沿和国际差距	47
表 1-47	25 个样本国家 1970~2015 年三大产业就业比例的国际差距	47
表 1-48	25 个样本国家 1970~2015 年六大集群就业比例的国际差距	48
表 1-49	典型国家 1800~2014 年三次产业增加值结构与就业结构的相似系数	49
表 1-50	典型国家 1800~2014 年三次产业的偏离度	51
表 1-51	英国三次产业增加值结构与美、日、德、法、中的相似系数	52
表 1-52	英国三次产业就业结构与美、日、德、法、中的相似系数	52
表 1-53	典型国家 1970~2015 年期间三大产业中的主导产业的变迁（基于增加值比例）	53
表 1-54	典型国家 1970~2015 年期间三大产业中的主导产业的变迁（基于总产值比例）	53
表 1-55	典型国家 1995~2011 年期间三大产业中的主导产业的变迁（基于需求比例）	53
表 1-56	典型国家 1970~2015 年期间三大产业中的主导产业的变迁（基于就业比例）	54
表 1-57	1970~2015 年主导产业的时间差（基于产业增加值比例和总产值比例的比较）	54
表 1-58	1970~2015 年主导产业的时间差（基于产业增加值比例和需求比例的比较）	55
表 1-59	1970~2015 年主导产业的时间差（基于产业增加值比例和就业比例的比较）	55

表 1-60	2015年五国平均主导产业的分类比较	56
表 1-61	1700~2015年产业质量的变迁（以劳动生产率、增加值率为例）	56
表 1-62	1970~2015年产业劳动生产率的变化	57
表 1-63	1991~2015年三次产业劳动生产率的世界前沿和国际差距	59
表 1-64	25个样本国家1970~2015年三大产业劳动生产率的国际差距	59
表 1-65	1970~2015年产业净利润率的变化	60
表 1-66	25个样本国家1970~2015年三次产业净利润率的国际差距	62
表 1-67	25个样本国家1970~2015年三大产业净利润率的国际差距	62
表 1-68	1970~2015年产业增加值率的变化	63
表 1-69	25个样本国家1970~2015年三次产业增加值率的国际差距	65
表 1-70	25个样本国家1970~2015年三大产业增加值率的国际差距	65
表 1-71	2005~2015年产业创新密度的变化	66
表 1-72	2005~2015年三次产业创新密度的世界前沿和国际差距	66
表 1-73	25个样本国家2005~2015年三大产业创新密度的国际差距	67
表 1-74	1990~2015年产业环境压力的变化	68
表 1-75	1990~2015年三次产业环境压力的世界前沿和国际差距	68
表 1-76	1970~2015年优质产业的时间差（基于劳动生产率和净利润率的比较）	69
表 1-77	1970~2015年优质产业的时间差（基于劳动生产率和增加值率的比较）	69
表 1-78	1970~2015年优质产业的时间差（基于净利润率和增加值率的比较）	70
表 1-79	产业结构变量的截面特征及其与时序特征的关系	70
表 1-80	2015年产业水平36个变量与国家经济水平的特征关系	71
表 1-81	2015年产业水平变量与国家经济水平的特征关系的分类	72
表 1-82	2015年产业水平变量的截面特征与时序特征的关系	73
表 1-83	2000年截面产业水平变量与国家经济水平的特征关系的分类	73
表 1-84	2000年产业水平变量的截面特征与时序特征的关系	73
表 1-85	1980年截面产业水平变量与国家经济水平的特征关系的分类	73
表 1-86	1980年产业水平变量的截面特征与时序特征的关系	74
表 1-87	1900年截面产业水平变量与国家经济水平的特征关系的分类	74
表 1-88	2015年产业结构136个定量指标与国家经济水平的特征关系	74
表 1-89	2015年截面产业结构变量与国家经济水平的特征关系的分类	78
表 1-90	2015年产业结构变量的截面特征与时序特征的关系	79
表 1-91	2015年131个国家三次产业增加值结构和就业结构的偏离度和相似系数（前13位）	79
表 1-92	2000年截面产业结构变量与国家经济水平的特征关系的分类	80
表 1-93	2000年产业结构变量的截面特征与时序特征的关系	80
表 1-94	1980年截面产业结构变量与国家经济水平的特征关系的分类	80
表 1-95	1980年产业结构变量的截面特征与时序特征的关系	80
表 1-96	1900年截面产业结构变量与国家经济水平的特征关系的分类	81
表 1-97	1820年截面产业结构变量与国家经济水平的特征关系的分类	81
表 1-98	1700年截面产业水平变量与国家经济水平的特征关系	81
表 1-99	2015年产业质量56个指标与国家经济水平的特征关系	82

表 1-100	2015年产业质量指标与国家经济水平的特征关系的分类	83
表 1-101	2015年产业质量指标的截面特征与时序特征的关系	84
表 1-102	2000年截面产业质量指标与国家经济水平的特征关系的分类	84
表 1-103	2000年产业质量指标的截面特征与时序特征的关系	84
表 1-104	世界现代化的两大阶段和六次浪潮	87
表 1-105	世界经济现代化的两大阶段和六次浪潮	87
表 1-106	世界产业结构现代化的两大阶段	87
表 1-107	20世纪产业结构指标与国家经济水平的相关性	88
表 1-108	1760~1970年世界整体产业结构现代化的结果分析（举例说明）	89
表 1-109	1970~2015年世界整体产业结构现代化的结果分析（举例说明）	90
表 1-110	2000~2015年世界产业结构现代化的整体水平和速度分析	91
表 1-111	21世纪世界产业结构现代化的先进水平的情景分析	93
表 1-112	21世纪世界产业结构现代化的平均水平的情景分析表	93
表 1-113	产业水平指标的世界前沿水平的情景分析	93
表 1-114	产业结构指标的世界前沿水平的情景分析	94
表 1-115	世界三次产业结构现代化的先进水平的情景分析	95
表 1-116	模型参数估计值	96
表 1-117	产业质量指标的世界前沿水平的情景分析	96
表 2-1	产业结构变迁四个阶段的结构特征	101
表 2-2	1950~2015年美国、日本、墨西哥产业增加值结构变化	105
表 2-3	1950~2015年美国、日本、墨西哥产业总产值结构变化	106
表 2-4	1995~2010年美国、日本、墨西哥产业需求结构变化	107
表 2-5	1950~2015年美国、日本、墨西哥产业就业人口结构变化	108
表 2-6	美国、日本、墨西哥产业结构发展阶段	109
表 2-7	2016年五个国家的基本情况	110
表 2-8	三次产业的主导产业变迁的时间差	115
表 2-9	1995~2011年5国三次产业四个结构指标关系	115
表 2-10	三大产业的主导产业变迁的时间差	116
表 2-11	1995~2011年5国三大产业四个结构指标关系	116
表 2-12	德国、瑞典、葡萄牙、波兰三次产业结构与英国比较	117
表 2-13	德国、瑞典、葡萄牙、波兰三大产业结构与英国比较	117
表 2-14	霍夫曼工业化阶段指标	119
表 2-15	钱纳里工业化阶段指标	120
表 2-16	工业化的四个阶段	120
表 2-17	罗斯托的经济成长阶段	121
表 2-18	联合国《国际标准行业分类》的部门划分	123
表 2-19	国际行业分类（建议版）	124
表 2-20	不同学者对产业革命（工业革命）的解释	125
表 2-21	18世纪以来的产业革命	126

表 2-22	产业结构现代化理论的结构	126
表 2-23	广义产业结构现代化的一般理论	127
表 2-24	产业结构现代化的两个判据和四个标准	128
表 2-25	产业结构变迁和产业结构现代化的周期表——产业结构形态的变化	129
表 2-26	产业结构现代化过程的动力模型	131
表 2-27	不同学者对产业政策定义（举例）	133
表 2-28	产业政策的工具清单	133
表 2-29	产业促进的政策清单	136
表 3-1	中国产业结构的分析框架	140
表 3-2	1960～2014 年中国产业结构现代化指标的变化趋势	141
表 3-3	1960～2015 年中国人均产业增加值的变化	141
表 3-4	1995～2015 年中国人均知识产业增加值的国际比较	143
表 3-5	2015 年中国人均产业增加值的国际比较	143
表 3-6	1995～2011 年中国人均总产值的变化	144
表 3-7	1995～2011 年中国人均知识产业总产值的国际比较	145
表 3-8	2011 年中国人均总产值的国际比较	146
表 3-9	1995～2011 年中国人均需求的变化	146
表 3-10	1995～2011 年中国人均知识产业需求的国际比较	148
表 3-11	2011 年中国人均产业需求的国际比较	148
表 3-12	1960～2015 年中国三次产业增加值结构的变化	149
表 3-13	1995～2015 年中国产业增加值结构的变化	149
表 3-14	1995～2015 年中国知识产业增加值比例的国际比较	151
表 3-15	2015 年中国产业增加值比例的国际比较	152
表 3-16	1995～2011 年中国产业总产值结构的变化	153
表 3-17	1995～2011 年中国知识产业总产值比例的国际比较	154
表 3-18	2011 年中国总产值比例的国际比较	155
表 3-19	1995～2011 年中国产业需求结构的变化	155
表 3-20	1995～2011 年中国知识产业需求比例的国际比较	157
表 3-21	2011 年中国产业需求结构的国际比较	157
表 3-22	1962～2015 年中国三次产业就业结构的变化	158
表 3-23	1980～2002 年中国就业结构的变化	159
表 3-24	1995～2002 年中国知识产业就业结构的国际比较	160
表 3-25	2010 年中国就业结构的国际比较	160
表 3-26	1991～2015 年中国劳动生产率的变化	162
表 3-27	1995～2002 年中国劳动生产率的变化	163
表 3-28	1995～2002 年中国知识产业劳动生产率的国际比较	164
表 3-29	2010 年中国劳动生产率的国际比较	164
表 3-30	1995～2011 年中国产业增加值率的变化	165
表 3-31	1995～2011 年中国知识产业增加值率的国际比较	167

表3-32	2011年中国产业增加值率的国际比较		167
表3-33	2008～2012年中国创新密度的变化		168
表3-34	2008～2011年中国制造业创新密度的国际比较		168
表3-35	2011年中国产业创新平均密度的国际比较		168
表3-36	1990～2015年中国环境压力的变化		169
表3-37	1990～2015年中国工业环境压力的国际比较		169
表3-38	2015年中国环境压力的国际比较		169
表3-39	2000年和2015年截面中国产业结构指标的水平分布		170
表3-40	2015年截面中国产业水平指标的相对水平		170
表3-41	2015年截面中国产业水平指标的国际比较		171
表3-42	2000年截面中国产业水平指标的相对水平		172
表3-43	2015年截面中国产业结构指标的相对水平		172
表3-44	2015年截面中国产业结构指标的国际比较		172
表3-45	2000年截面中国产业结构指标的相对水平		176
表3-46	2015年截面中国产业质量指标的相对水平		177
表3-47	2015年截面中国产业质量指标的国际比较		177
表3-48	2000年截面中国产业质量指标的相对水平		178
表3-49	中国经济现代化的发展阶段		179
表3-50	中国产业结构现代化的起步		180
表3-51	中华人民共和国产业结构现代化的发展阶段		180
表3-52	1890～2015年中国经济结构和就业结构		181
表3-53	1995～2015年中国三大产业人均增加值和人均总产值比较		181
表3-54	2015年中国三次产业水平指标的国际比较		183
表3-55	2015年中国三大产业水平指标的国际比较		183
表3-56	2015年中国三次产业结构指标的国际比较		184
表3-57	2015年中国三大产业结构指标的国际比较		184
表3-58	2010年中国三次产业质量指标的国际比较		184
表3-59	2010年中国三大产业质量指标的国际比较		185
表3-60	2015年中国地区经济的发展阶段		188
表3-61	中国产业结构现代化指数的国际比较		190
表3-62	中国产业结构现代化指数的世界排名的情景分析		190
表3-63	中国产业结构现代化路线图的战略目标		191
表3-64	中国产业结构现代化路线图的时间阶段		191
表3-65	中国产业结构现代化路线图的基本任务		192
表3-66	中国产业结构现代化路线图的监测指标体系		193
表3-67	2020～2050年中国产业结构现代化的产业水平监测(人均增加值指标)		194
表3-68	2020～2050年中国产业结构现代化的产业结构监测(增加值结构和就业结构指标)		194
表3-69	2020～2050年中国产业结构现代化的产业质量监测(劳动生产率指标)		195
表3-70	至2050年中国产业结构现代化的24个部门的目标和任务(产业结构部分)		196
表3-71	1990～2015年21个发达国家人均农业增加值和人均工业增加值的变化趋势		199

表 3-72	1960~2015 年中国三次产业的产业水平和国际比较	200
表 3-73	至 2050 年中国三次产业的产业水平的发展潜力	201
表 3-74	2015 年中国农业的国际比较	201
表 3-75	1960~2015 年中国三次产业的增加值结构和国际比较	202
表 3-76	1960~2015 年中国三次产业的就业结构和国际比较	202
表 3-77	至 2050 年中国三次产业的产业结构的发展潜力	203
表 3-78	1960~2015 年中国三次产业的劳动生产率和国际比较	204
表 3-79	至 2050 年中国三次产业的产业质量的发展潜力	204
表 3-80	2015~2050 年期间中国三次产业的发展潜力及其排名	205
表 3-81	2000~2015 年 21 个发达国家人均物质产业增加值的变化趋势	205
表 3-82	至 2050 年期间中国三大产业的产业水平的发展潜力	206
表 3-83	至 2050 年期间中国三大产业的产业结构的发展潜力	207
表 3-84	至 2050 年期间中国三大产业的产业质量的发展潜力	207
表 3-85	至 2050 年期间中国三大产业的发展潜力及其排名	208
表 3-86	至 2050 年中国六大产业集群的发展潜力及其排名	209
表 3-87	中国微观经济 18 个部门的分析框架	210
表 3-88	发达国家 18 个部门 2015 年的发展水平和 1970~2015 年期间的发展趋势	210
表 3-89	2000~2015 年 21 个发达国家人均制造业增加值的变化趋势	211
表 3-90	至 2050 年中国工业集群的五个部门的发展潜力	212
表 3-91	1995~2015 年期间中国制造业的国际比较	212
表 3-92	至 2050 年中国流通服务集群的四个部门的发展潜力	213
表 3-93	至 2050 年期间中国人类服务集群的四个部门的发展潜力	214
表 3-94	至 2050 年期间中国基本服务集群的四个部门的发展潜力	215
表 3-95	至 2050 年期间中国 18 个部门的发展潜力及其排名	215
表 4-1	国际组织及不同学者的产业结构评价(举例)	226
表 4-2	产业结构现代化指数的评价指标	228
表 4-3	产业结构现代化水平评价指标的标准值	228
表 4-4	2015 年产业结构现代化指数	229
表 4-5	2015 年世界产业结构现代化的前沿	230
表 4-6	2015 年世界产业结构现代化水平的国家差距	231
表 4-7	世界产业结构现代化的国家地位的转移概率(马尔可夫链分析)	231
表 4-8	2000~2015 年世界产业结构现代化指数的国际差距	232
表 4-9	2000~2015 年产业结构现代化的世界地位发生升降的国家	232
表 4-10	2000~2015 年世界产业结构现代化水平的结构	233
表 4-11	2000~2015 年中国产业结构现代化指数	234
表 4-12	2015 年中国产业结构现代化水平的国际差距	234
表 4-13	2000~2015 年中国产业结构现代化进程	235
表 4-14	2000~2015 年中国产业结构现代化评价指标的表现	236

表 5-1	世界现代化指数的组成	239
表 5-2	2000~2015年的世界现代化进程	239
表 5-3	2000~2015年根据第二次现代化水平的国家分组	240
表 5-4	2015年国家现代化的水平与阶段的关系	240
表 5-5	2015年20个发达国家的现代化指数	241
表 5-6	2015年20个中等发达国家的现代化指数	242
表 5-7	2015年36个初等发达国家的现代化指数	243
表 5-8	2015年55个欠发达国家的现代化指数	244
表 5-9	2015年处于第二次现代化发展期的国家	245
表 5-10	2015年世界现代化的前沿国家	246
表 5-11	2015年世界现代化的后进国家	246
表 5-12	世界现代化水平的国际差距	246
表 5-13	2000~2015年世界现代化的国际地位发生变化的国家	247
表 5-14	1960~2015年世界现代化的国际地位发生变化的国家	247
表 5-15	世界现代化的国家地位的转移概率(马尔科夫链分析)	248
表 5-16	1950~2015年中国现代化指数	249
表 5-17	1970~2015年中国第二次现代化指数	250
表 5-18	1980~2015年中国综合现代化指数	251
表 5-19	2015年中国现代化指数的国际比较	252
表 5-20	2015年中国第一次现代化评价指标的差距	252
表 5-21	2015年中国第二次现代化评价指标的国际比较	252
表 5-22	2015年中国综合现代化评价指标的国际比较	253
表 5-23	21世纪中国第二次现代化指数的世界排名的估算	254
表 5-24	21世纪中国现代化水平的推算	255
表 5-25	2015年中国地区现代化指数	256
表 5-26	1990~2015年的中国现代化进程	258
表 5-27	2015年中国不同区域的现代化水平的比较	260
表 5-28	2015年中国内地(大陆)地区现代化的前沿水平和国际比较	261
表 5-29	1990~2015年中国内地(大陆)地区现代化的地区差距	261
表 5-30	1990~2015年中国内地(大陆)地区现代化的国际差距	262
表 5-31	2000~2015年中国内地(大陆)地区第二次现代化指数的地区分组变化	262
表 5-32	2000~2015年中国内地(大陆)地区综合现代化指数的分组变化	263
表 a	《中国现代化报告2003》的国家分组	266
表 b	第一次现代化的评价指标和评价标准(1960年工业化国家指标平均值)	267
表 c	第一次现代化信号指标的划分标准和赋值	268
表 d	第二次现代化评价指标	269
表 e	第二次现代化信号指标的标准和赋值	271
表 f	综合现代化评价指标	272

综述 走向知识经济时代

在一定程度上,结构决定功能,结构决定性质,结构决定水平。例如,碳元素构成的金刚石、石墨和富勒烯等,就有不同的功能和性质。在经济领域,产业结构是经济结构的一种表现形式,同样影响经济的功能和性质。从全球范围看,产业结构的变迁,既有共性规律,又有国别和时代差异。18 世纪以来,世界经济的产业结构发生了两次根本性的转变,第一次是从农业经济向工业经济的产业结构转变,第二次是从工业经济向知识经济的产业结构转变。目前发达国家全部进入第二次转变,多数发展中国家处于第一次转变,并受到第二次转变的影响。中国政府已经把建设现代化经济体系纳入国家目标。现代化经济体系必然包含现代化产业体系和现代化产业结构。推进产业结构现代化,是中国未来 30 年经济建设的一个重要任务。

本项研究着重从定量和需求角度,探讨世界产业结构现代化的发展趋势和基本原理,分析中国产业结构现代化的历史进程和理性选择,并提出合理化建议。

一、世界产业结构现代化的发展趋势

根据《国际标准行业分类》,人类经济活动分为三次产业,即第一产业、第二产业和第三产业;根据《国际行业分类》(建议版),人类经济活动分为三大产业,即物质产业、服务产业和知识产业(表 A)。下面就以这两种产业分类为基础,系统分析世界经济的产业结构和结构变迁(表 B),旨在发现和归纳世界产业结构现代化的基本事实和主要特点,同时检验《国际行业分类》(建议版)的科学性和实用性。

表 A 基于《国际行业分类》(建议版)的产业分类

项目	三次产业	三大产业	六大集群	24 个部门
产业	第一产业	物质产业	农业	农业(农牧业、林业、渔业)
	第二产业		工业	采矿业,制造业,建筑业,公共事业,环境治理
	第三产业	服务产业	流通服务	批发与零售业,运输和储存,食宿服务,房地产和租赁
			其他服务	其他个人和家庭服务,其他劳务服务
		知识产业	人类服务	科学研发,教育,信息和交流,艺术、娱乐和文娱,旅行,健康和社会帮助
			基本服务	金融和保险,专业和技术活动,行政和辅助,公共管理和社会安全,成员组织,国际组织
属性	宏观经济		中观经济	微观经济

注:第一产业、第二产业和第三产业通常分别被简称为农业、工业和服务业。资料来源:何传启,2016.

表 B　1980～2015 年发达国家的产业结构和结构变迁*

项目	1980	1990	2000	2015	趋势	1980	1990	2000	2015	趋势
三次产业	增加值比例/(%)					劳动力比例/(%)				
第一产业（农业）	2.9	2.3	1.4	1.0	下降	1.8	1.4	1.2	1.1	下降
第二产业（工业）	35.4	32.6	27.0	23.3	下降	30.6	30.0	25.2	19.9	下降
第三产业（服务业）	61.7	65.1	71.6	75.7	上升	66.2	68.3	73.6	78.9	上升
三大产业										
物质产业	38.3	34.6	28.4	24.4	下降	33.8	31.7	26.4	21.0	下降
服务产业**	31.3	31.3	33.3	33.9	波动	27.2	27.2	31.1	32.0	波动
知识产业	29.4	33.1	37.7	41.2	上升	39.0	41.1	42.4	46.9	上升
六大集群										
农业	2.9	2.3	1.4	1.0	下降	1.8	1.4	1.2	1.1	下降
工业	35.4	32.6	27.0	23.3	下降	30.6	30.0	25.2	19.9	下降
流通服务**	29.8	29.2	31.1	31.5	波动	22.4	23.6	27.1	27.5	波动
其他服务**	1.5	2.1	2.2	2.4	上升	—	3.1	4.1	4.5	上升
人类服务	10.5	11.8	18.3	20.6	上升	19.7	21.2	22.5	26.4	上升
基本服务**	18.9	21.3	19.3	20.5	波动	19.4	19.8	20.0	20.5	波动
24 个部门（按集群排）										
农业	2.9	2.3	1.4	1.0	下降	1.8	1.4	1.2	1.1	下降
采矿业	2.6	1.1	0.8	0.6	转折	0.9	0.5	0.2	0.2	下降
制造业	22.9	20.4	18.3	15.3	下降	24.4	20.8	17.1	12.9	下降
建筑业	6.7	6.7	5.5	5.2	下降	6.8	6.5	6.7	5.6	下降
公共事业	2.1	2.3	2.0	1.9	转折	1.4	1.1	0.7	0.7	下降
环境治理**	0.4	0.4	0.6	0.6	转折	0.2	0.3	0.4	0.5	上升
批发和零售业	12.3	11.4	11.3	11.0	转折	14.0	14.5	15.3	14.9	转折
运输和储存	4.6	4.5	4.4	4.4	转折	5.0	5.1	5.1	5.1	转折
食宿服务	2.4	2.5	2.5	2.5	上升	3.8	4.1	5.0	5.7	上升
房地产和租赁**	9.8	10.8	13.0	13.5	转折	1.4	1.3	1.6	1.8	波动
其他个人家庭服务	1.1	1.4	1.2	1.2	转折	—	1.9	2.5	2.6	转折
其他劳务服务	0.5	0.7	0.9	1.3	上升	—	1.2	1.6	1.9	上升
科学研发**	0.7	0.9	0.8	0.9	波动	0.6	0.7	0.7	0.8	上升
教育**	4.3	4.2	4.8	5.0	转折	6.4	6.4	6.6	6.9	转折
信息和交流**	3.7	4.3	5.2	5.5	转折	2.6	2.8	3.3	3.3	转折
艺术、娱乐和文娱**	0.9	1.2	1.2	1.3	上升	1.3	1.3	1.6	1.9	上升
旅行**	0.1	0.1	0.3	0.3	转折	—	0.1	0.2	0.2	转折
健康和社会帮助	4.6	5.4	6.2	7.9	上升	8.5	9.5	10.3	13.5	上升

(续表)

项目	1980	1990	2000	2015	趋势	1980	1990	2000	2015	趋势
金融和保险	4.5	5.7	5.2	5.5	转折	3.9	4.1	3.7	3.4	转折
专业和技术活动	3.3	4.4	5.4	5.9	波动	3.1	3.4	4.3	5.1	上升
行政和辅助	0.4	0.6	1.4	1.7	上升	3.1	2.7	3.1	4.0	上升
公共管理和社会安全	9.2	8.3	6.7	6.5	转折	9.6	9.4	7.1	6.2	转折
成员组织的活动**	1.0	1.3	0.9	0.9	转折	—	1.2	1.8	1.7	转折
国际组织										

注：* 根据经济合作与发展组织（OECDa，2017）和美国经济分析局（BEA，2018）的产业结构数据库的整理和估算。本表发达国家为"虚拟"的发达国家，其数值为美、日、英、德、法五国的算术平均值，没有考虑经济规模差别。部分年份国家和产业数据不全，影响计算结果。单项加和不等于总项，是由于计算方法的原因。趋势为1970~2015年期间的发展趋势，多数指标的趋势存在不同程度的国别差异。本表的转折指先升后降，波动指先升后波动。本表数据更多反映产业结构的发展趋势，而不是精确数值。** 发展趋势的国别差异较大。

专栏 A 产业结构现代化分析的基本概念

产业结构现代化的许多概念，目前没有统一定义。下面是本项研究采用的操作性定义。

产业水平：指产业发展的人均水平；可用人均增加值、人均总产值和人均需求等指标来衡量。

产业结构：指经济活动的产业分类及其量化比例关系。例如，增加值结构和就业结构等。

产业质量：指用质量指标衡量的产业特征。例如，劳动生产率、净利润率和创新密度等。

指标性质：正指标为数值与水平正相关的指标，如劳动生产率；逆指标为数值与水平负相关的指标，如农业比例；中性指标为数值波动的指标；转折指标为数值走势逆转的指标。

经济阶段：指依据主导产业的不同所划分的发展阶段。一般而言，农业经济阶段指农业占主导地位的阶段；工业经济阶段指工业占主导地位的阶段；知识经济阶段指知识产业占主导地位的阶段。在本项研究中，知识产业包括人类服务和基本服务（表A），不含高技术产业部分。

发达国家水平：通常指发达国家的平均水平，一般采用高收入国家的平均值来代表。有些指标没有高收入国家的平均值，这时从操作角度考虑，"虚拟"一个发达国家水平，并假设它的数值等于美国、日本、德国、英国和法国五国发展水平的算术平均值。

产业结构偏离度：指产业的增加值比例与劳动力比例之间的差异程度。

产业发展潜力：指以当前发达国家水平为参照，至2050年中国产业的发展空间的大小，与中国产业的自身素质、国际差距和世界发展趋势有关。从国际差距角度估算发展潜力，可分为相对潜力和绝对潜力。其定量估算方法为：相对潜力 ≈ 100 − 中国值 ÷ 发达国家值 × 100；绝对潜力 ≈ 发达国家值 − 中国值；平均潜力为各项潜力的算术平均值。

1. 世界经济三次产业结构的发展趋势

关于农业、工业和服务业三次产业的结构变迁，已有大量实证研究和理论成果。我们从产业水平、产业结构和产业质量三个方面进行定量分析，有些分析是对前人工作的一种验证或补充，有些分析获得了一些新信息。

(1) 产业水平的发展趋势

1960年以来,产业发展的人均水平有很大提高,但不同产业的表现有所差别,用不同指标衡量的产业发展趋势有所不同,国别差异和国际差距普遍存在。

首先,产业水平的变迁。1960年以来,高收入国家人均农业增加值和人均工业增加值的发展趋势比较复杂,人均服务业增加值上升。在1995~2011年期间,发达国家(美、日、德、英、法五国平均)三次产业的人均需求都上升。

- 在1990~2015年期间,在21个发达国家(高收入国家)中,大约有18个国家的人均农业增加值出现先升后降或数值波动。
- 在2000~2015年期间,在21个发达国家(高收入国家)中,大约有16个国家人均工业增加值出现先升后降或数值波动。
- 在2005~2015年期间,高收入国家人均农业增加值和人均工业增加值的平均值,分别在520美元和10 000美元左右波动(图A)。

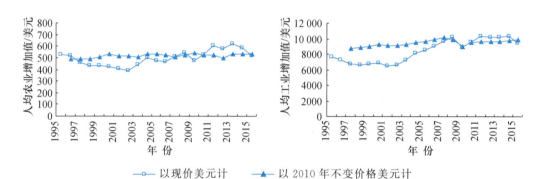

图A 1995~2015年高收入国家人均农业增加值和人均工业增加值的变化

注:根据世界银行《世界发展指标》网络数据库2018-01-25版(World Bank,2018)的计算结果。

由此可见,产业增长不是无限的。在一定技术和经济条件下,人均农业增加值和人均工业增加值的增长,可能存在某种"极限"或"拐点",不同国家的"极值"有所不同。目前这是一种可能性,它是否成立,还需更多检验。究其原因,可能是在某种国际贸易条件下,人均农业增加值与农产品的合理价格和人均农产品的合理需求相关,而人均农产品的合理需求是有限的。人均工业增加值的情况也是如此。

其次,产业水平变化影响产业结构变化。例如,1990年以来部分发达国家人均农业和人均工业增加值出现下降或波动,人均服务业增加值上升,必然导致其农业增加值和工业增加值比例下降,服务业增加值比例上升,事实也是如此。

(2) 产业结构的发展趋势

18世纪以来,世界经济的产业结构发生了深刻变化。我们重点分析了三次产业的增加值结构、总产值结构、需求结构和就业结构。产业结构变迁既有普遍的共性规律,也存在明显的时代差异、国别差异和国际差距。

首先,产业结构的变迁。关于三次产业的增加值结构和就业结构的实证研究和理论分析已有广泛共识,即18世纪以来,农业比例下降,工业比例先升后降,服务业比例上升;结构变迁存在国际时间差,不同国家工业比例的"拐点"有所不同,发达国家大致发生在 1960 年前后,世界平均工业增加值比例下降大致发生在 1980 年左右(表 C),世界平均工业劳动力比例下降大致发生在 2013 年。

其次,主导产业的变迁。主导产业的变迁,既有一些共性规律,又有国别差异和时代差异。根据主导产业(基于增加值结构和就业结构的主导产业)的不同,世界经济发展可分为三个阶段,即农业经济、工业经济和服务经济阶段。在 1960~2015 年期间,处于农业经济阶段的国家数量下降,处于工业经济阶段的国家数量先升后降,进入服务经济阶段的国家数量上升(表 D)。服务经济阶段是从工业经济向知识经济转型的一个过渡期,不同国家处于服务经济阶段的时间长短有所差别。

表 C 1960~2015 年高收入国家和世界平均的三次产业的结构变迁

项目	地区	产业	1960	1970	1980	1990*	2000	2005	2010	2015
增加值比例/(%)	高收入国家	农业	6.0	4.0	3.9	2.8	1.9	1.5	1.4	1.4
		工业	40.0	39.0	37.1	32.5	28.0	26.5	25.5	24.4
		服务业	54.0	57.0	59.0	64.8	70.5	72.1	73.2	74.2
	世界平均	农业	—	8.0	6.6	5.4	5.1	4.3	3.9	3.8
		工业	—	50.6	51.0	47.8	30.8	30.1	29.0	27.1
		服务业	—	54.0	56.1	61.4	64.5	65.7	67.2	69.1
劳动力比例/(%)	高收入国家	农业	18.0	12.4	9.0	6.7	4.9	4.0	3.5	3.2
		工业	38.0	39.4	33.7	31.3	27.1	25.0	23.0	22.5
		服务业	44.0	48.2	57.3	62.0	68.0	71.0	73.5	74.4
	世界平均	农业	60.7	56.1	52.0	41.8	39.6	36.0	32.4	29.5
		工业	7.5	10.0	15.3	20.8	19.5	20.6	21.3	21.5
		服务业	31.8	33.9	32.7	37.3	40.9	43.5	46.3	48.9

注:* 1990 年劳动力数据为 1991 年的值。1991~2015 年数据来自世界银行《世界发展指标》(World Bank,2018)。1960~1990 年数据来自世界银行的《世界发展报告》早期版本,可参考《中国现代化报告 2005》和《中国现代化报告 2006》。不同国家工业比例的"拐点",其发生的时间和数值的大小,有很大不同。

表 D 世界不同国家的经济发展阶段(基于三次产业的经济发展阶段划分)

项目	1960	1970	1980	1990	2000	2005	2010	2015	备注
处于农业经济的国家/个	74	65	65	56	50	45	38	36	多数国家处于工业化过程中
处于工业经济的国家/个	12	15	12	18	12	8	10	12	满足工业经济的全部标准
处于服务经济的国家/个	1	2	6	16	26	25	30	37	个含处于知识经济的国家
半工业经济的国家/个	9	10	9	16	13	19	17	12	满足工业经济的部分标准
半服务经济的国家/个	4	12	25	22	21	23	25	21	满足服务经济的部分标准
国家样本/个	118	119	121	131	131	131	131	131	2000 年人口超百万的国家

注:在本表中,经济阶段的划分标准为:农业经济,农业增加值比例大于 15%,农业劳动力比例大于 30%;工业经济,农业增加值比例小于 15%,农业劳动力比例小于 30%,同时服务业增加值比例和劳动力比例小于 60%;服务经济,服务业增加值比例和劳动力比例都大于 60%,同时知识产业增加值比例和劳动力比例都小于 40%;半工业经济,达到工业经济的部分标准;半服务经济,达到服务经济的部分标准;其他国家数据不全或难以判断。服务经济是从工业经济向知识经济转型的过渡期。2000~2015 年数据是根据世界银行《世界发展指标》(World Bank,2018)的分析结果。1960~1990 年数据是根据世界银行《世界发展报告》早期版本数据的分析结果。

其三，产业结构的相似性、偏离度和国际时间差。19 世纪以来，在国家内部，发达国家增加值结构和就业结构之间，相似性增加，偏离度缩小，两种结构逐步趋同；在国家之间，增加值结构、就业结构、两者相似性和偏离度的变迁，存在较大的国际时间差。国际时间差是指两个国家具有相似结构特征的时间点之间的时间差。

其四，主导产业变迁的国内和国际时间差。1960 年以来，在国家内部，基于增加值结构、总产值结构、需求结构和就业结构的主导产业存在差别，基于不同标准的主导产业的演变存在一定的国内时间差；在国家之间，主导产业的差别和主导产业演变的国际时间差，同样广泛存在。

（3）产业质量的发展趋势

在 1960~2015 年期间，发达国家的产业质量明显提高，但产业差异、指标差异、国别差异和国际差距普遍存在。产业质量的差别和变迁，将直接影响投资流向和资源配置，进而影响产业水平、产业结构及其变化。

首先，用劳动生产率衡量的产业质量。1960 年以来，高收入国家三次产业劳动生产率呈上升趋势。2015 年高收入国家工业劳动生产率最高，其次是服务业和农业，它们分别约为 89 463、80 757 和 34 590 美元。

其次，用净利润率和创新密度衡量的产业质量。发达国家（美、日、德、英、法五国平均），在 1990~2015 年期间，农业净利润率下降，工业和服务业净利润率波动；在 2005~2015 年期间，三次产业的创新密度上升。

2. 世界经济三大产业结构的发展趋势

18 世纪的工业革命导致了现代工业的兴起，世界经济从农业经济走向工业经济，产业结构发生巨变。经济学家对产业分类进行调整，把农牧业、渔业和林业合并为第一次产业，把采矿业、制造业、建筑业和公共事业聚合成第二次产业，把交通通信业、商业金融业和其他产业聚合成第三次产业，形成了农业、工业和服务业的三次产业（图 B）。20 世纪的信息和知识革命导致了信息和知识产业的兴起，世界经济从工业经济走向知识经济，产业结构再次发生巨变。我们把农业和工业合并为物质产业，把服务业分解为劳务型服务业和知识型服务业，分别简称服务产业和知识产业，形成了物质产业、服务产业和知识产业的三大产业（图 C、专栏 B）。

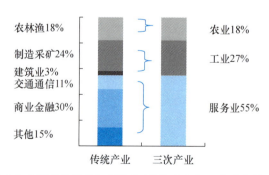

图 B　1910 年美国产业的增加值结构（传统产业与三次产业的对应关系）

数据来源：米切尔，2002.

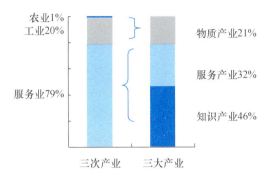

图 C　2010 年美国产业的增加值结构（三次产业与三大产业的对应关系）

注：根据美国经济分析局(BEA,2018)数据的估算。

专栏 B　基于人类需求的三大产业

- 物质产业是物质商品的生产部门，包括农业和工业，满足人类物质生活的商品需要。
- 服务产业是劳务服务的生产部门，包括流通服务和其他劳务服务，满足商品流通和其他劳务服务需要。
- 知识产业是知识和知识服务的生产部门，包括人类发展服务和基本运行服务两个集群，分别简称人类服务和基本服务。其中，人类服务是促进人类自身发展的知识服务部门，满足人类精神生活的知识需要和健康需要；基本服务是维持经济和社会运行的知识服务部门，满足维持经济和社会基本运行的知识服务需要。

资料来源：《中国现代化报告 2016》(何传启,2016).

关于物质产业、服务产业和知识产业三大产业的结构变迁，《中国现代化报告 2016》做过实证和理论研究。下面从产业水平等三个方面进行简要讨论，有些分析是对《中国现代化报告 2016》的验证和补充，有些获得了一些新信息。

(1) 产业水平的发展趋势和排名

首先，产业水平的变迁。1970 年以来，发达国家人均物质产业增加值的发展趋势比较复杂，人均服务产业增加值和人均知识产业增加值上升；在 1995～2011 年期间，三大产业的人均需求都上升。

- 在 2000～2015 年期间，在 21 个发达国家中，大约有 16 个国家的人均物质产业增加值出现先升后降或数值波动。
- 在 2004～2015 年期间，高收入国家人均物质产业增加值的平均值，分别在 10 400 美元（现价美元）和 10 200 美元（2010 年不变价格美元）左右波动（图 D）。

依据面板数据，有些产业的增长是有极限的。在一定技术和经济条件下，人均物质产业增加值的增长，可能存在某种"极限"或"拐点"，不同国家的"极值"有所不同。目前它是一种可能性，能否成立，还需要更多的检验。其原因可能与人均农业增加值和人均工业增加值的情况相似，前面已有分析，这里不再赘述。

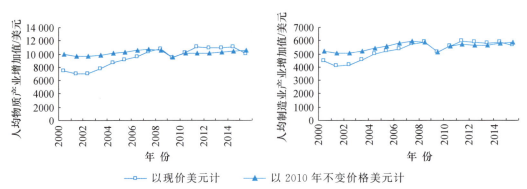

图 D 2000～2015年高收入国家人均物质产业增加值和人均制造业增加值的变化

注：根据世界银行《世界发展指标》网络数据库2018-01-25版（World Bank,2018）的计算结果。

其次，发达国家（美、日、德、英、法五国平均）产业水平的排名（从大到小）：

- 2015年人均增加值排名：知识产业、服务产业和物质产业。
- 2011年人均需求排名：物质产业、知识产业和服务产业。

(2) 产业结构的发展趋势和排名

首先，产业结构的变迁。1970年以来，发达国家（美、日、德、英、法五国平均）物质产业增加值比例和劳动力比例下降，服务产业增加值比例和劳动力比例上升（2000年以来部分国家下降或波动），知识产业增加值比例和劳动力比例上升（图E），与《中国现代化报告2016》结果一致；在1995～2011年期间，物质产业需求比例下降，服务产业需求比例上升（2000年以来部分国家下降），知识产业需求比例上升。

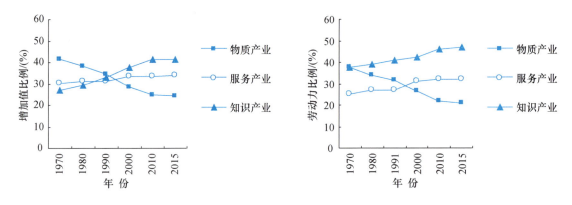

图 E 1970～2015年发达国家三大产业的结构变化

注：发达国家的数值为美、日、德、英、法五国平均值。数据来源和估算方法同表B。

- 2015年三大产业结构变迁的世界前沿。大约有9个国家进入知识经济阶段，它们代表了产业结构变迁的世界前沿（表D）。按照进入知识经济阶段的大致顺序，它们分别是美国、荷兰、法国、比利时、丹麦、英国、瑞典、瑞士和芬兰。

其次，主导产业的变迁。根据主导产业（基于增加值结构和就业结构的主导产业）的不同，世界经济的发展可分为三个阶段：物质经济、服务经济和知识经济阶段。在1970～

2015年期间,处于物质经济阶段的国家数量下降,处于服务经济阶段的国家数量上升,处于知识经济阶段的国家数量上升(表E)。其中,处于知识经济阶段的国家数量,是基于24个OECD国家的分析结果;其他国家缺少相关数据。

表 E 世界不同国家的经济发展阶段(基于三大产业的经济发展阶段划分)

项目	1970	1980	1990	2000	2005	2010	2015	备注
处于物质经济的国家/个	83	70	89	73	69	63	59	—
处于服务经济的国家/个	2	6	16	26	25	30	37	不包括处于知识经济的国家
处于知识经济的国家/个	—	—	1	4	7	8	9	国家样本为24个OECD国家
半服务经济的国家/个	12	25	22	21	23	25	21	满足服务经济的部分标准
半知识经济的国家/个	—	3	4	7	5	5	6	满足知识经济的部分标准
国家样本/个	119	121	131	131	131	131	131	物质和服务经济的国家样本
OECD有效样本/个	3	5	5	22	23	24	24	具有三大产业数据的国家样本

注:在本表中,经济阶段的划分标准为:物质经济,服务业增加值比例和劳动力比例都小于60%;服务经济,服务业增加值比例和劳动力比例都大于60%,知识产业增加值比例和劳动力比例都小于40%;知识经济,知识产业增加值比例和劳动力比例都大于40%;半服务经济,达到服务经济的部分标准;半知识经济,达到知识经济的部分标准;其他国家数据不全或难以判断。半知识经济的国家数量,有可能与服务经济或半服务经济的国家数量有少量重叠。服务经济是从物质经济和工业经济向知识经济转型的过渡期。2000~2015年数据是根据世界银行《世界发展指标》(World Bank,2018)的分析结果。1970~1990年数据是根据世界银行的《世界发展报告》早期版本数据的分析结果。知识经济分析数据来自经济合作与发展组织产业结构数据库(OECDa,2017)的估算。

其三,发达国家(美、日、德、英、法五国平均)产业结构的排名(从大到小):

- 2015年增加值比例排名:知识产业(41%)、服务产业(34%)和物质产业(23%)。
- 2015年就业比例排名:知识产业(47%)、服务产业(32%)和物质产业(21%)。
- 2011年需求比例排名:物质产业、知识产业和服务产业。

(3) 产业质量的发展趋势和排名

首先,产业质量的变迁。发达国家(美、日、德、英、法五国平均),在1990~2015年期间,三大产业劳动生产率上升;在1980~2015年期间,物质产业净利润率波动,服务产业净利润率上升,知识产业净利润率先升后降。

其次,发达国家(美、日、德、英、法五国平均)产业质量的排名(从高到低):

- 2015年劳动生产率排名:物质产业、服务产业和知识产业。
- 2015年净利润率排名:服务产业、知识产业和物质产业。

经济合作与发展组织把高技术产业作为知识经济的重要组成部分(OECD,1996)。1970~2015年期间,高技术活动(High R&D intensive activities)增加值比例(高技术活动增加值占GDP的比例)及其比例变迁,存在较大的国别差异。

3. 世界经济六大集群结构的发展趋势

六大集群包括农业、工业、流通服务、其他服务、人类服务和基本服务(表A)。下面简要讨论其发展趋势和排名。其中,农业和工业发展趋势在前面已有讨论。

(1) 产业水平的发展趋势和排名

首先,产业水平的变迁。发达国家(美、日、德、英、法五国平均),在1970~2015年期间,四大集群(流通服务、其他服务、人类服务和基本服务)的人均增加值都上升;在1995~2011年期间,四大集群的人均需求都上升。

其次,发达国家(美、日、德、英、法五国平均)产业水平的排名(从大到小):

- 2015年人均增加值排名:流通服务、基本服务、人类服务、工业、其他服务和农业。
- 2011年人均需求排名:工业、流通服务、基本服务、人类服务、农业和其他服务。

(2) 产业结构的发展趋势和排名

首先,产业结构的变迁。发达国家(美、日、德、英、法五国平均),在1970~2015年期间,增加值结构变化为:流通服务比例先上升后波动,其他服务比例上升,人类服务比例上升,基本服务比例先升后波动(图F);就业结构变化为:人类服务和其他服务劳动力比例上升,流通服务和基本服务劳动力比例先升后波动(图F);在1995~2011年期间,流通服务需求比例波动,其他三个集群需求比例呈上升趋势。

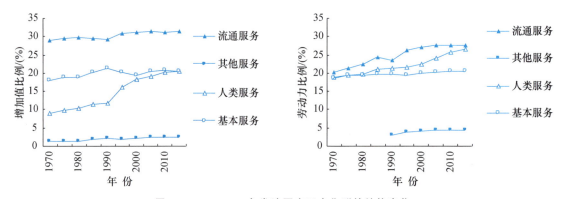

图F 1970~2015年发达国家四大集群的结构变化

注:发达国家的数值为美、日、德、英、法五国平均值。数据来源和估算方法同表B。

其次,发达国家(美、日、德、英、法五国平均)产业结构的排名(从大到小):

- 2015年增加值比例排名:流通服务、基本服务、人类服务、工业、其他服务和农业。
- 2015年劳动力比例排名:流通服务、人类服务、基本服务、工业、其他服务和农业。
- 2011年需求比例排名:工业、流通服务、基本服务、人类服务、农业和其他服务。

(3) 产业质量的发展趋势和排名

首先,产业质量的变迁。发达国家(美、日、德、英、法五国平均),在1990~2015年期间,四大集群的劳动生产率都上升;在1990~2015年期间,流通服务净利润率上升,其他服务净利润率下降,人类服务和基本服务净利润率先升后降。

其次,发达国家(美、日、德、英、法五国平均)产业质量的排名(从高到低):

- 2015年劳动生产率排名:工业、基本服务、流通服务、农业、人类服务和其他服务。
- 2015年净利润率排名:流通服务、农业、人类服务、其他服务、基本服务和工业。

4. 世界经济 24 个部门结构的发展趋势

(1) 产业水平的发展趋势和排名

首先,产业水平的变迁。发达国家(美、日、德、英、法五国平均),在 1970~2015 年期间,23 个部门人均增加值呈上升趋势,其中,农业和制造业等多个部门在 2000~2015 年期间出现下降或波动;在 1995~2011 年期间,20 个部门人均需求上升。

这里以制造业为例。在 2000~2015 年期间,在 21 个发达国家中,大约有 17 个国家的人均制造业增加值出现先升后降或数值波动;在 2006~2015 年期间,高收入国家人均制造业增加值的平均值在 5700 美元左右波动(图 D)。由此可见,制造业与农业一样,其人均增加值的增长可能存在某种"极限"或"拐点",不同国家的"极值"有所不同。目前这是一种可能性,它是否成立,还需要更多检验。

其次,发达国家(美、日、德、英、法五国平均)产业水平的排名(从大到小):

- 2015 年人均增加值排名前五位的部门为:制造业、房地产和租赁、批发和零售业、健康和社会帮助、公共管理和社会安全(图 G)。
- 2010 年人均需求排名前五位的部门为:制造业、批发和零售业、房地产和租赁、专业和技术活动、健康和社会帮助。

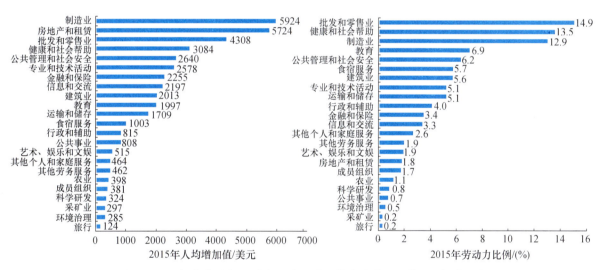

图 G　2015 年发达国家 24 个部门产业发展的人均水平和就业比例的排名

注:数据来自表 1-20 和表 1-43。根据经济合作与发展组织产业结构数据库(OECDa,2017)的整理和估算。

(2) 产业结构的发展趋势和排名

首先,产业结构的变迁。发达国家在 1970~2015 年期间的变化如下:

- 增加值结构变化:健康和社会帮助等 5 个部门比例上升,农业等 3 个部门比例下降,金融和保险等 13 个部门比例先升后降,科学研发等 2 个部门比例先升后波动(表 F,图 H)。
- 劳动力结构变化:专业和技术活动等 8 个部门比例上升,制造业等 5 个部门比例下降,批发和零售业等 9 个部门比例先升后降,房地产和租赁比例先升后波动(表 F,图 H)。

表 F　1970～2015 年发达国家 24 个部门的结构变化

变化类型	根据增加值比例的判断	根据劳动力比例的判断
比例上升	食宿服务,其他劳务服务,艺术、娱乐和文娱,健康和社会帮助,行政和辅助	环境治理,食宿服务,其他劳务服务,科学研发,艺术、娱乐和文娱,健康和社会帮助,专业和技术活动,行政和辅助
比例下降	农业,制造业,建筑业	农业,采矿业,制造业,建筑业,公共事业
比例先升后降	采矿业,公共事业,环境治理,批发与零售业,运输和储存,房地产和租赁,其他个人和家庭服务,教育,信息和交流,旅行,金融和保险,公共管理和社会安全,成员组织	批发与零售业,运输和储存,其他个人和家庭服务,教育,信息和交流,旅行,金融和保险,公共管理和社会安全,成员组织
比例先升后波动	科学研发、专业和技术活动	房地产和租赁

注：发达国家的数值为美、日、德、英、法五国平均值。数据来源和估算方法同表 B。

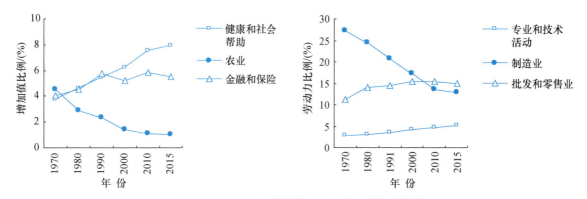

图 H　1970～2015 年发达国家 6 个部门的结构变化

注：发达国家的数值为美、日、德、英、法五国平均值。数据来源和估算方法同表 B。

其次,发达国家(美、日、德、英、法五国平均)产业结构的排名(从大到小)：

- 2015 年增加值比例排名前五位的部门为：制造业、房地产和租赁、批发和零售业、健康和社会帮助、公共管理和社会安全。
- 2015 年劳动力比例排名前五位的部门为：批发和零售业、健康和社会帮助、制造业、教育、公共管理和社会安全(图 G)。

(3) 产业质量的发展趋势和排名

首先,产业质量的变迁。发达国家(美、日、德、英、法五国平均),在 1970～2015 年期间,23 个部门劳动生产率呈上升趋势,其中农业等 10 多个部门在 2000～2015 年期间出现下降或波动；制造业等 9 个部门净利润率上升,农业等 4 个部门净利润率下降,建筑业等 8 个部门净利润率波动,信息和交流等 2 个部门净利润率先升后降。

其次,发达国家(美、日、德、英、法五国平均)产业质量的排名(从高到低)：

- 2015 年劳动生产率排名前五位的部门为：房地产和租赁、公共事业、采矿业、旅行、信息和交流。
- 2015 年净利润率排名前五位的部门为：房地产和租赁、其他个人和家庭服务、农业、科学研发、公共事业。

5. 世界产业结构现代化的发展历程

首先,世界产业结构现代化的历史进程。

- 在18~21世纪期间,世界产业现代化大致分为两大阶段。第一次产业结构现代化是从农业经济向工业经济的产业结构转型,发达国家转型的大致时间是1760~1970年,主要特点包括农业比例下降,工业比例和服务业比例上升,工业是经济增长的火车头等。第二次产业结构现代化是从工业经济向知识经济的产业结构转型,发达国家转型的大致时间是1970~2100年,主要特点包括物质产业比例下降,服务产业比例先升后降,知识产业比例上升,知识产业是经济发展的助推器等。
- 在2000~2015年期间,产业结构发达国家的比例约为15%~17%,产业结构发展中国家的比例约为83%~85%;在按发达、中等发达、初等发达和欠发达四组分类国家中,产业结构现代化地位发生变化的国家有20个;其中,升级国家有16个,降级国家有4个。

其次,世界服务业现代化的现实水平。

- 2015年根据产业结构现代化指数分组,美国等21个国家是产业结构发达国家,韩国等20个国家是产业结构中等发达国家,中国等31个国家是产业结构初等发达国家,尼日利亚等59个国家是产业结构欠发达国家。
- 2015年产业结构现代化指数世界排名前10位的国家是:丹麦、瑞典、美国、瑞士、挪威、比利时、新加坡、荷兰、以色列、德国。英国排第11位,法国排第15位,加拿大排第16位,日本排第17位。

6. 世界产业结构现代化的前景分析

首先,三次产业结构的前景分析。在21世纪,发达国家农业和工业比例下降,服务业比例上升;处于农业经济阶段的国家数量将继续下降,处于工业经济阶段的国家数量和国家比例先升后降,进入服务经济阶段的国家数量和国家比例上升。

其次,三大产业结构的前景分析。在21世纪,发达国家物质产业比例下降,服务产业比例有可能先升后降,知识产业比例上升;处于物质经济阶段的国家数量和国家比例将下降,处于服务经济阶段的国家数量和国家比例有可能先升后降,进入知识经济阶段的国家数量和国家比例上升。世界经济将走向知识经济时代。

其三,六大集群结构的前景分析。在21世纪,六大集群的前景有很大差别。发达国家农业比例和工业比例下降,流通服务比例有可能先升后降,其他服务比例有可能小幅变动或波动,人类服务比例上升,基本服务比例有可能先升后降。

其四,24个部门结构的前景分析。在21世纪,不同部门的前景有较大差别。发达国家有些部门(如健康和社会帮助,艺术、娱乐和文娱比例等)将上升,有些部门(如制造业和建筑业比例等)将下降,有些部门(如金融和保险比例等)将先升后降,有些部门比例(如房地产和租赁劳动力比例)有可能波动等。

其五,新科技革命和新产业革命将对产业结构产生重大影响。第六次科技革命和第四次产业革命等将对产业水平、产业结构和产业质量产生重大影响。例如,人工智能、大数据和新生物技术等将改变生产方式、产业质量和产业结构等。

7. 世界产业结构现代化的主要特点

产业结构现代化是世界现代化的一种表现形式,世界现代化的基本原理和许多特点可以适用于它。同时,它有一些独特表现。这里介绍其中的部分特点。

首先,产业水平影响产业结构。产业水平和水平变迁,影响产业结构和结构变迁。产业水平的发展趋势,既有共性,又有国别和时代差异。统计数据显示,1970年以来产业发展的人均水平变化可以分为三类,即上升、先升后波动、先升后降。产业增长存在行业差异;有些产业人均增加值的增长,可能存在极限或拐点。

- 上升,如发达国家的人均服务业增加值、人均知识产业增加值等。
- 先上升后波动,如部分发达国家的人均工业增加值、人均物质产业增加值等。
- 先上升后下降,如部分发达国家的人均农业增加值、人均制造业增加值等。

其次,产业结构和结构变迁既有共性规律,又有国别和时代差异、产业和层次差异以及时间差。1970年以来产业结构变化主要分为四类,即上升、下降、转折和波动(表F)。1980年以来大约60%的产业结构指标与国家经济水平显著相关。

- 宏观经济的产业结构及其变迁具有国际趋同性,微观经济的产业结构及其变迁具有较大多样性,产业结构变迁的国内和国际时间差普遍存在。
- 科技革命、产业革命和重大创新,对产业结构和结构变迁,具有决定性影响。
- 国际分工、国际贸易和国际竞争,对微观经济的产业结构和结构变迁有重大影响。
- 国家资源禀赋和经济规模,对微观经济的产业结构和结构变迁,有较大影响。
- 国家经济政策和政治环境,对经济体系的产业结构和结构变迁有直接影响。

其三,产业质量影响产业竞争力和产业结构变迁。1970年以来产业质量变迁同样存在产业差异、指标差异、国别差异和国际差距。它的主要影响包括:国际和国内的竞争力、资本和劳动力流向、国际产业分工、国内产业结构及结构变迁。

二、产业结构现代化的案例和原理

世界不同国家的资源禀赋和经济条件差别很大,经济发展非常不平衡。大型国家和中小型国家的产业结构及其变迁,既有相似性,又有差异,小型国家之间差别更大。在经济发展的不同历史阶段,产业结构变迁的原理既有共性又有差别。

1. 大型国家的产业结构变迁

这里大型国家指国家人口超过1亿的国家,选择美国、日本和墨西哥为样本。

首先,美国产业结构现代化。起步时间大约是1790年。大约在1790~1920年(或1950年)期间,完成了第一次产业结构现代化(图I)。20世纪60年代以来,开始了第二次产业结构现代化,大约在1990年进入知识经济阶段(图J)。

根据国际经验,完成第一次产业结构现代化的主要标志为:农业增加值比例下降到15%以下,农业劳动力比例下降到30%以下;开始第二次产业结构现代化的主要标志为:服务业比例超过60%,工业比例持续下降。如果没有完成第一次产业结构现代化的国家,工业比例开始持续下降,则有可能是一种综合产业结构现代化,主要发生在发展中国家的国际赶超过程中。

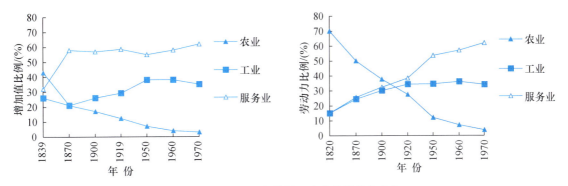

图 I　1820~1970 年美国三次产业的结构变化

注:根据库兹涅茨(1999)、麦迪森(2003)和米切尔(2002)的历史数据整理。

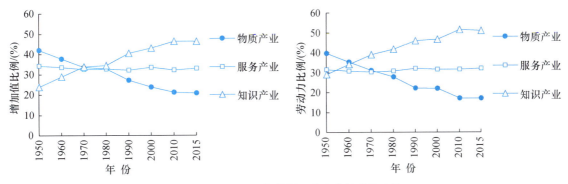

图 J　1950~2015 年美国三大产业的结构变化

注:数据根据美国经济分析局(BEA,2018)和 OECD 产业结构数据库(OECDa,2017)整理和估算。

其次,日本产业结构现代化。起步时间大约是 19 世纪 60 年代(明治维新时期)。大约在 1868~1970 年期间,完成了第一次产业结构现代化。20 世纪 90 年代以来,开始了第二次产业结构现代化,目前处于服务经济阶段。

其三,产业结构变迁的国际时间差。这里以三次产业的结构变迁为例。2015 年墨西哥的三次产业结构,大致与美国 1960 年相当,两者相差约 55 年;2015 年日本的三次产业结构,大致与美国 1990 年前后相当,两者相差约 25 年。

2. 中小型国家的产业结构变迁

中小型国家的产业结构变迁,既有共性又有差异,而且变化较大。这里选择 2 个中型国家(英国和德国)和 3 个小型国家(瑞典、葡萄牙和波兰)作为分析样本。

首先,英国产业结构现代化。起步时间大约是 18 世纪 60 年代。在 1760~1870 年期间,完成了第一次产业结构现代化,成为第一个工业化国家。在 1870~1970 年期间,产业结构"高位徘徊"(图 K),先后被美国和德国等赶超。20 世纪 80 年代以来,开始第二次产业结构现代化,大约在 2002 年进入知识经济阶段。

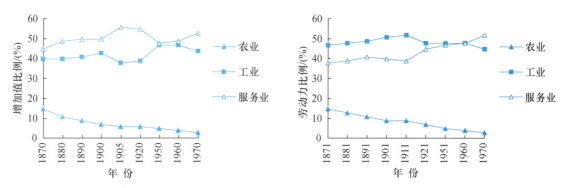

图 K 1870～1970 年英国三次产业的结构变化

注:数据根据米切尔(2002)的历史统计整理。

其次,瑞典产业结构现代化。起步时间大约是 19 世纪 60 年代。大约在 1860～1950 年期间,完成了第一次产业结构现代化。20 世纪 80 年代以来,开始了第二次产业结构现代化,大约在 2003 年进入知识经济阶段。

其三,产业结构水平影响国家现代化水平。在 2000～2015 年期间,国家产业结构现代化指数与国家第二次现代化指数显著正相关(表 G)。有理由相信,没有产业结构现代化,就没有经济体系现代化,也没有经济和国家现代化。

表 G 2015 年 8 个样本国家产业结构现代化指数和第二次现代化指数的比较

项目	美国	日本	墨西哥	英国	德国	瑞典	葡萄牙	波兰
产业结构现代化指数	108	93	50	100	100	112	67	56
第二次现代化指数	107	97	38	99	98	107	71	55

注:8 个国家两者相关系数为 0.982,非常显著相关;131 个国家两者相关系数为 0.974,非常显著相关。

3. 产业结构现代化的理论分析

产业结构现代化是经济现代化的一种表现形式和组成部分。它涉及产业经济学、结构经济学、发展经济学、统计学、经济现代化和现代化科学等。

(1) 关于三次产业的理论分析

关于农业、工业和服务业三次产业结构变迁的学术成果很多,这里举几例。

- 配第-克拉克模型。17 世纪英国经济学家威廉·配第认为,制造业收入比农业多,商业收入比制造业多,从事制造业和商业的劳动力比例决定了国民收入水平。1940 年英国经济学家科林·克拉克研究发现,随着经济发展和人均国民收入提高,劳动力先由第一产业向第二产业转移,然后向第三产业转移;第一产业劳动力比例逐渐下降,第二产业和第三产业劳动力比例呈上升趋势;劳动力结构的改变,其直接原因是产业之间人均收入水平的相对差异。
- 库兹涅茨模型。1966 年美国经济学家库兹涅茨发现,随着现代经济增长,总产值的部门份额会发生改变,其中,农业比例下降,工业比例和服务业比例上升;劳动力的部门份额同样发生变化,农业劳动力比例下降,工业劳动力比例上升,服务业劳动力比例明显上升;同时制造业内部结构和服务业内部结构也发生变化。
- 霍夫曼模型。1958 年德国经济学家霍夫曼认为,随着工业化的推进,消费品工业和资本品工业的净产值之比呈下降趋势；根据这个比值（霍夫曼系数）的大小，工业化进程分为四个阶段。它反映了 18 世纪至 20 世纪上半叶制造业的结构变化。
- 钱纳里模型。1986 年美国经济学家钱纳里等认为，工业化的一般特征是国内需求的变动、工业产品中间使用量的增加、国际贸易中比较优势的变化、资本和劳动的再分配；结构转变可以分为三个阶段六个时期，三个阶段包括初级产品生产阶段、工业化阶段（内含四个时期）和发达经济阶段。

（2）经济发展的相关理论

产业结构变迁是经济发展的一种表现形态，下面介绍几种相关理论。

- 自由贸易理论。1776 年英国经济学家亚当·斯密系统阐述了经济自由主义理论及政策。他认为：国家应通过贸易来扩大生产；追求个人利益最大化的结果符合社会的最大利益，它保证了每种生产要素的使用都能发挥其最大效用。
- 产业保护理论。1841 年德国学者李斯特提出，国家经济发展必须经历五个阶段：原始未开化时期、畜牧时期、农业时期、农工业时期、农工商业时期。他认为，国家干预经济可促进产业结构提升。
- 两部门模型。1954 年美国经济学家刘易斯提出了"两部门模型"。他假设：发展中国家经济由两个部门组成，一是农村的传统农业部门，其边际劳动生产率为零；一是城市中的现代工业部门，劳动生产率很高，能够吸引农村剩余劳动力。农业和工业部门之间存在工资差别，经济机制能够将农业劳动力吸引到工业部门。随着经济活动从传统农业向现代工业的转移达到某种均衡，经济结构转变完成。
- 经济阶段模型。1960~1971 年美国经济学家罗斯托提出经济发展的六个阶段，即传统社会、为起飞创造前提条件、起飞、走向成熟、大众消费时代、追求生活质量阶段。他把产业结构变迁作为划分经济增长阶段的重要标志。
- 工业化追赶模式。德国学者格尔申克隆提出了所谓的工业化"追赶模式"。他把工业化分为 8 个对比类型：土著型—诱发型、强压型—自发型、生产资料中心型—消费资料中心型、通货膨胀型—通货稳定型、数量变化型—结构变化型、连续型—断续型、农业发展型—农业停滞型、经济动机型—政治目的型。
- 产业分类模型。产业分类是产业结构的基础。关于产业分类有许多模型和版本，例如，三次产业分类和国际标准行业分类、信息产业和知识产业分类、文化产业和创意产业分类、三大产业和国际行业分类建议版等。
- 产业革命模型。产业革命影响产业诞生、产业变迁和产业结构。关于科技革命和产业革命已有大量研究，例如，前三次产业革命、第四次产业革命和第六次科技革命等。

（3）产业结构现代化的基本原理

首先，内涵。产业结构现代化是 18 世纪工业革命以来的一个经济现象。

迄今为止，产业结构现代化没有统一定义。下面是它的三种操作性定义。

- 产业结构现代化是 18 世纪工业革命以来的一种产业结构变迁，是现代产业结构的形成、发展和转型的前沿过程，是产业结构要素的创新、选择、传播和退出交替进行的复合过程，是追赶、达到和保持产业结构世界先进水平的行为和过程。达到和保持世界产业结构先进水平的国家是产业结构发达国家，其他国家是产业结构发展中国家，两类国家之间的转换有一定概率。

- 产业结构现代化既是产业结构变迁的世界前沿,又是不同国家追赶、达到和保持产业结构变迁的世界前沿水平的行为和过程;它既是一个状态,又是一个过程。
- 产业结构现代化是18世纪以来产业结构的一种深刻变化,主要包括两次转变,即从农业经济向工业经济的产业结构转变和从工业经济向知识经济的产业结构转变。

产业结构现代化是产业结构变迁与现代化的交集。关于产业结构现代化的产业结构变迁,大致有四个判断标准,即有利于劳动生产率的提高、有利于产业质量的提高、有利于产业竞争力的提高、有利于环境友好和绿色发展。

其次,过程。产业结构变迁是产业水平和产业质量的函数;产业水平和产业质量的变迁,导致了产业结构的变迁。产业结构现代化既是一个过程,又是一个结果。

产业结构现代化的过程大致可以分为两类:前沿过程和追赶过程,它们相互影响。前沿过程是发达国家的产业结构现代化,是领先型产业结构现代化。追赶过程是发展中国家的产业结构现代化,是追赶型产业结构现代化。

在18~21世纪末期间,产业结构现代化过程可以分为两大阶段(表H)。世界经济发展不同步,不同国家启动和完成第一次产业结构现代化的时间有差异,进入和完成第二次产业结构现代化的时间有先后。

表H 世界产业结构现代化的两个阶段(前沿过程)

项目	第一次产业结构现代化	第二次产业结构现代化
时间	约1760~1970年(发达国家)	约1970~2100年(发达国家)
性质	工业经济时代的产业结构现代化	知识经济时代的产业结构现代化
产业分类	三次产业:农业、工业、服务业 基于生产过程的产业分类	三大产业:物质产业、服务产业、知识产业 基于人类需求的产业分类
结构变迁	从农业经济向工业经济的结构转变。农业比例下降,工业和服务业比例上升;劳动力向工业和服务业转移,沿着生产过程流动	从工业经济向知识经济的结构转变。物质产业(农业和工业)比例下降,服务产业比例先升后降(或波动),知识产业比例上升;劳动力向服务产业和知识产业转移,沿着人类需求流动
主要标志	起步:工业化开始,农业比例下降 完成:农业增加值比例低于15%,农业劳动力比例低于30%,服务业比例超过40%	起步:服务业比例超过60%,工业比例下降 完成:知识产业增加值比例超过60%,知识产业劳动力比例超过60%
产业关系	工业是结构变迁的火车头,它向农业和服务业输送技术、生产资料和商品,促进劳动生产率的提高,后者向前者提供原料和服务等	知识产业是结构变迁的助推器,它向物质产业和服务产业输送知识、技术和观念,促进新兴产业的诞生和劳动生产率的提高
内在动机	追求高收入、高效率、高增长 以经济增长为中心,以效率为导向	追求高质量、高价值、高满意 以生活质量为中心,以质量为导向
影响因素	资源禀赋、经济规模、产业革命、国际分工等	创新能力、经济规模、产业革命、全球化等
副作用	产业淘汰的成本、结构性失业等	技术风险、网络风险、就业风险等

注:① 工业经济时代。狭义工业经济指以工业为基础的经济(一种产业经济);广义工业经济指工业快速增长并逐步占主导地位的经济(一种经济形态),相应的发展阶段为工业经济时代。② 知识经济时代。狭义知识经济指以知识产业为基础的经济(一种产业经济);广义知识经济指知识产业快速增长并逐步占主导地位的经济(一种经济形态);相应的发展阶段为知识经济时代。OECD(1996)认为知识经济是以知识为基础的经济。知识经济的结构特点包括知识产业比例上升、物质产业和服务产业中的知识含量上升等,知识经济的技术特点包括信息化、网络化、智能化、绿色化和全球化等。

产业结构现代化过程的特点大致包括：部分可预期、不均衡、不同步、阶段性、分层性、多样性、长期性、风险性、宏观结构趋同和具有副作用等。

产业结构现代化具有二重性：既要维护国家经济安全，又要提高劳动生产力和国际竞争力。产业结构现代化过程有两个导向：市场需求和国家利益。它们体现在产业结构要素的创新、选择、传播和退出的每一个决策过程中。

其三，结果。产业结构现代化过程的结果，是时间的函数，随时间而变化。结果不仅与其过程的时间跨度相关，与它的起点截面、终点截面（分析的终点）和地理范围相关，还与其目标紧密相关。关于结果分析，可以重点关注三个方面。

- 一般结果。主要包括产业结构变迁的现代性、特色性、多样性和副作用的形成，包括产业水平提高、产业结构高效化、产业质量与产业竞争力的改善等。
- 三种变化。世界产业结构的前沿变化、国际产业结构的变化、国家产业结构状态的变化，包括国际分工和国际地位的变化等。
- 国家目标。理论目标是完成第一次产业结构现代化和第二次产业结构现代化；追赶、达到和保持世界产业结构的先进水平，成为产业结构发达国家或缩小国际差距。政策目标是提高产业劳动生产力和竞争力，保持或达到产业结构世界先进水平等。

其四，动力。动力分析涉及动力因素和动力机制两个方面。第二次现代化理论分析了现代化的动力因素和动力模型，它们可以应用于产业结构现代化领域。

- 动力因素。产业变迁影响因素很多，不同因素的作用不同。有些因素有促进作用，有些有抑制作用。促进作用较大的影响因素，可以称为现代化过程的动力因素。
- 动力模型。动力模型可以借鉴现代化的动力模型，产业结构变迁会有一些新特点。
- 动力转轨模型：两次产业结构现代化的动力机制有所不同（图L）。在第一次产业结构现代化过程中，工业是经济增长的火车头，它向农业输送技术和生产资料，同时吸纳农业剩余劳动力和资金（有些时候）；向服务业输送技术和商品，同时接受服务业的服务和人力资源等；劳动力沿着生产过程流动，可形象地说："哪里有生产，哪里收入高，就去哪。"在第二次产业结构现代化过程中，知识产业是经济增长的助推器，它向物质产业输送知识和技术，促进新兴物质产业的发展和物质产业生产率的提升；向服务产业输送知识和观念，促进新兴服务产业的发展和服务产业生产率的提升；劳动力沿着人类需求流动，可形象地说："哪里有需求，哪里生活好，就去哪。"

其五，模式。产业结构现代化是一个长期过程，具有时间跨度和发展路径。不同国家和不同产业的产业结构现代化，有自己的发展路径和阶段模式。

- 21世纪大致有3条基本路径：第一次产业结构现代化路径、第二次产业结构现代化路径和综合产业结构现代化路径（图M）。不同国家和地区可以选择不同路径。
- 产业结构现代化没有标准模式。不同国家和产业部门的现代化，可以有所差别。

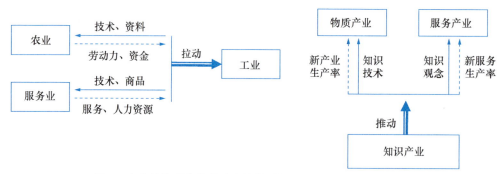

图 L 产业结构现代化的动力转轨：从工业拉动到知识产业推动

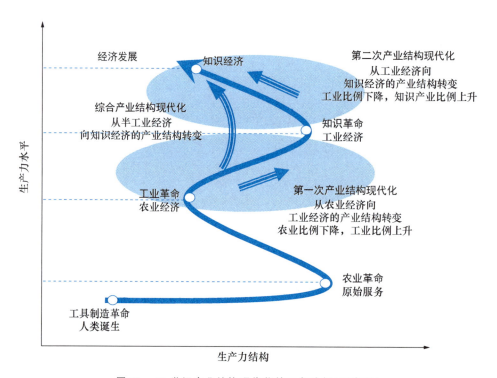

图 M 21世纪产业结构现代化的三条路径（示意图）

注：综合产业结构现代化路径适合于尚未完成第一次产业结构现代化的国家，其特点是农业比例下降，工业和物质产业比例变迁的国别和时代差异较大（如上升、波动、转折等），服务产业比例和知识产业比例上升。

一般而言，第一次产业结构现代化的模式选择，更多受资源禀赋和工业的影响。第二次产业结构现代化的模式选择，更多受知识产业和国际环境的影响。综合产业结构现代化的模式选择，更多受政策导向和国际竞争的影响。

4. 产业结构现代化的政策分析

一般而言，产业结构现代化的政策选择，需要处理好三个关系，即自由贸易与产业保护、产业促进与产业调整、计划与市场(政府与市场)的关系。政策选择既要尊重规律,又要尊重国情,还要坚持目标导向。

三、中国产业结构现代化的理性思考

2017年中国共产党第十九次全国代表大会报告提出了建设现代化经济体系的战略目标。产业结构现代化,既是建设现代化经济体系的一项战略任务,也是经济现代化的一个核心内容。根据产业结构现代化的发展趋势和基本原理,我们认为,中国产业结构现代化,就是要建设具有国际竞争力的知识经济的产业结构,建成产业水平、产业结构和产业质量都达到世界先进水平的现代化产业体系、现代化经济体系和现代化经济强国。

中国产业结构现代化大致起步于19世纪60年代,是一种后发追赶型现代化。20世纪50年代特别是改革开放以来,中国经济发展取得巨大成就。例如,经济规模已经位居世界第二位,已经完成第一次产业结构现代化,农业增加值比例和劳动力比例分别低于15%和30%等。但我们的产业水平、产业结构和产业质量,大致处于世界中游,距离发达国家仍有较大差距。中国产业结构现代化既要尊重规律和国情,又要面对新趋势和新竞争。未来30年,中国可以选择综合产业结构现代化路径,制定产业结构现代化路线图,建设现代化经济强国和知识经济发达国家。

中国产业结构数据主要来自世界银行《世界发展指标》网络数据库(World Bank,2018)、经济合作与发展组织产业结构和投入产出数据库(OECDa,b,2017),部分来自《中国统计年鉴2017》。基于这些面板数据的分析,更多反映一种发展趋势。

1. 中国三次产业结构的发展趋势

首先,产业水平的发展趋势。1960年以来,中国三次产业发展的人均水平有很大提高。其中,2015年人均服务业增加值比1960年提高了130多倍,人均工业增加值提高了80多倍,人均农业增加值提高了30多倍。在1960~2015年期间,中国三次产业人均增加值的国际差距都经历了先扩大后缩小的过程。

其次,产业结构的发展趋势。1960年以来,中国农业增加值比例和劳动力比例下降,工业增加值比例和劳动力比例先升后降,服务业增加值比例和劳动力比例上升;中国三次产业的增加值结构与就业结构的相似性增加,产业结构偏离度下降。目前中国三次产业的产业结构和产业结构偏离度的国际差距仍然较大。

- 2014年中国完成第一次产业结构现代化。根据农业增加值和劳动力比例判断,1984年及以前中国经济具有农业经济的典型特征,2014年中国经济具有工业经济的典型特征(图N)。在1984~2014年期间,中国完成从农业经济向工业经济的产业结构转型。
- 2015年中国处于从工业经济向服务经济的转型期。2012年以来中国工业增加值比例持续下降,2013年以来工业劳动力比例持续下降,2015年服务业增加值比例超过50%,服务业劳动力比例超过40%,服务业比例上升较快。

- 2015年中国地区发展不平衡。中国34个省市级行政地区,22个尚未完成第一次产业结构现代化,12个已完成第一次产业结构现代化,其中5个已进入服务经济阶段。
- 2015年中国三次产业的增加值结构和劳动力结构的协调性比较差(图O)。2015年中国三次产业的产业结构偏离度约为40%,美国约为5%,两者相差约7倍。

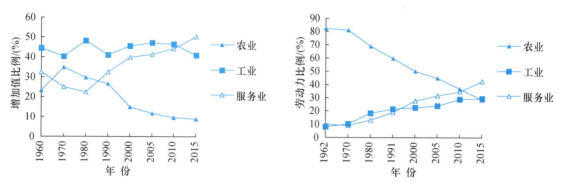

图 N 1960～2015 年中国三次产业的结构变化

注:数据来自世界银行《世界发展指标》网络数据库 2018-01-25 版(World Bank,2018)和《中国统计年鉴 2017》。

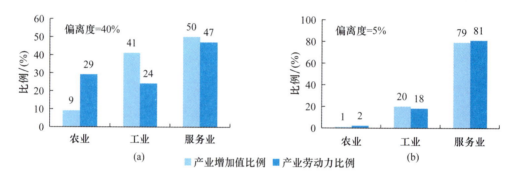

图 O 2015 年中国(a)和美国(b)三次产业的产业结构偏离度的比较

注:偏离度=|农业偏离度|+|工业偏离度|+|服务业偏离度|。

其三,产业质量的发展趋势。1962年以来,中国三次产业的劳动生产率都有很大提高。其中,2015年农业劳动生产率比1962年提高了50多倍,工业劳动生产率提高了40倍,服务业劳动生产率提高了30多倍。在1962～2015年期间,中国三次产业劳动生产率的国际差距都经历了先扩大后缩小的过程。

2. 中国三大产业结构的发展趋势

首先,产业水平的发展趋势。在1995～2015年期间,中国三大产业发展的人均水平有很大提高。其中,2015年人均知识产业增加值比1995年提高了约23倍,人均服务产业增加值提高了约17倍,人均物质产业增加值提高了约9倍。

其次,产业结构的发展趋势。在1995～2015年期间,中国物质产业增加值比例下降,服务产业增加值比例上升,知识产业增加值比例上升。2015年中国知识产业增加值比例约为23%,约为美国的一半(美国约为46%)。

其三,产业质量的发展趋势。在1995～2010年期间,中国三大产业的劳动生产率都有很大提高,其增长率从高到低依次为:知识产业、物质产业、服务产业。

3. 中国六大集群结构的发展趋势

首先,产业水平的发展趋势。在1995~2015年期间,中国六大集群产业发展的人均水平有很大提高。其中,2015年人均人类服务增加值比1995年提高了约26倍,人均基本服务增加值提高了约21倍,人均流通服务增加值提高了约16倍。

其次,产业结构的发展趋势。在1995~2015年期间,中国农业增加值比例下降,工业比例先波动后下降,流通服务、其他服务、人类服务和基本服务比例上升。

其三,产业质量的发展趋势。在1995~2010年期间,中国六大集群的劳动生产率都有很大提高。其中,人类服务、基本服务和工业劳动生产率提升较快。

4. 中国24个部门结构的发展趋势

中国24个部门中,有18个部门统计数据比较齐全,这里以它们为例。

首先,产业水平的发展趋势。在1995~2015年期间,18个部门人均增加值都上升。其中,人均增加值增长较快的部门是:环境治理、信息和交流、房地产和租赁、健康和社会帮助、专业和技术活动、金融和保险、教育等。

其次,产业结构的变迁。在1995~2015年期间,房地产和租赁等7个部门增加值比例上升,农业和制造业2个部门增加值比例下降,采矿业等9个部门增加值比例先升后降。就业结构的变迁,因统计数据不全难以判断。

其三,产业质量的发展趋势。在1995~2010年期间,18个部门劳动生产率都呈上升趋势。劳动生产率提高较快的部门是:专业和技术活动、教育、采矿业、建筑业、公共管理和社会安全、制造业等。

5. 中国产业结构现代化的发展趋势

首先,中国产业结构现代化的历史进程。

- 中国产业结构现代化起步比主要发达国家晚了约百年。中国产业结构现代化的发端,可以追溯到19世纪中后期,大致可以以1860年为起点。
- 19世纪以来,中国产业结构现代化大致分为3个阶段:清朝后期的产业结构现代化起步、民国时期的局部现代化、新中国的全面现代化。
- 在2000~2015年期间,中国产业结构现代化指数从24上升到36,指数排名从世界第78位提高到第58位,产业结构现代化水平从欠发达水平提高到初等发达水平。

其次,中国产业结构现代化的现实水平(2015年)。

- 中国属于一个产业结构发展中国家,具有初等发达国家水平(发展中国家的中间位置)。
- 中国已经完成第一次产业结构现代化,处于向服务经济的转型期。
- 中国产业结构指标发展不平衡。其中,142个指标水平大致是:6%的指标为中等发达水平,69%的指标为初等发达水平,27%的指标为欠发达水平。

其三,中国产业结构现代化的前景分析。

- 路径选择。21世纪前50年,可以选择综合产业现代化路径。
- 水平估计。有可能在2035年左右超过世界平均水平,在2050年前后达到中等发达水平,在2080年前后达到发达国家水平。

巨大挑战。例如,新科技革命和新产业革命、地区发展不平衡等。

6. 中国产业结构现代化的路线图

中国产业结构现代化路线图是产业结构现代化的目标和路径的一种系统集成。

首先,战略目标(图P)。全面完成向服务经济和知识经济的两次转型,高质量建设现代化产业体系、现代化经济体系和现代化经济强国,全面建成制造业强国、服务经济强国、知识经济强国和世界经济强国,逐步达到产业水平、产业结构和产业质量的世界先进水平,早日成为具有世界先进水平的知识经济发达国家。

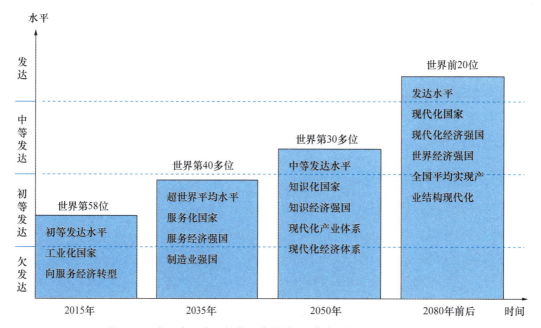

图 P 21世纪中国产业结构现代化的"三步走"战略目标(示意图)

注:在改革开放100周年(2078年)前后,建成现代化经济强国和世界经济强国。

- 在2035年前后完成向服务经济的转型,全面建成服务经济强国和制造业强国;
- 在2050年前后完成向知识经济的转型,全面建成知识经济强国和现代化产业体系;
- 在2080年前后全面实现产业结构现代化,产业结构、产业体系和经济体系达到世界先进水平,全面建成现代化经济强国和具有世界先进水平的知识经济发达国家。

其次,运河路径(图M)。瞄准产业结构变迁的未来前沿,两次产业结构现代化协调发展,加速从农业经济向工业经济和知识经济的结构转型;坚持"抓质量、上水平、调结构"的基本原则,以提高产业质量为引领,以提高产业水平为抓手,以优化和提升产业结构为落脚点,全面推进产业质量、产业水平和产业结构的现代化,迎头赶上未来的世界前沿水平;在2050年达到世界中等发达水平,建成制造业强国、服务经济强国和知识经济强国;在21世纪下半叶早日达到世界先进水平,建成现代化经济强国、世界经济强国和知识经济发达国家,全面实现产业结构现代化。

其三,监测指标。包括三次产业、三大产业和六大集群的产业水平、产业结构和产业质量的40个指标,以及24个部门增加值结构和就业结构的目标与任务。

其四,战略要点。在未来30多年,产业结构现代化将是中国经济现代化的一个关键领域,需要集思广益。我们认为,可以从纵横两个维度协同推进,从内因、外因两个方面综合研判,选择目标、路径、模式和重点(图 Q),并与时俱进。

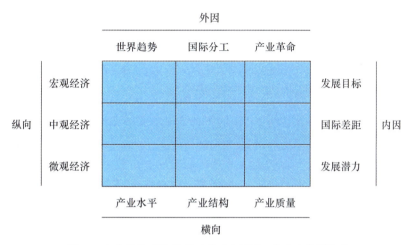

图 Q　产业结构现代化的政策分析的"四维九宫格"模型

注:宏观经济涉及三次产业和三大产业,中观经济涉及六大集群,微观经济包括24个部门。

7. 中国产业结构现代化的政策选择

这里以发展目标为导向,从世界产业结构的发展趋势、中国产业结构的国际差距和发展潜力的角度,简要讨论未来35年在国家层面的政策重点。

(1) 中国三次产业的产业结构现代化

首先,发展潜力。至2050年中国三次产业的发展潜力差别很大。其中,平均相对发展潜力,服务业最大,工业其次,农业较小;产业结构发展潜力,服务业最大,工业和农业比例要下降;产业质量发展潜力依次为:服务业、工业和农业。

- 中国农业发展面临新挑战。2015年中国人均农业增加值约为713美元,位居世界131个国家的第13位,高于高收入国家平均值(512美元)、法国(577美元)、美国(573美元)、日本(363美元)和德国(229美元)等。前面提到,1990～2015年期间18个发达国家人均农业增加值出现波动或下降,人均农业增加值的增长可能有"极限"。2015年中国人均农业增加值可能正在接近"极限"。
- 中国农业劳动生产率需要大幅提高。依据人均农业增加值的国际比较,中国农业人均水平的发展潜力有限;依据农业比例的国际比较,中国农业比例需要大幅下降;依据农业质量的国际比较,中国农业劳动生产率的国际差距较大,需要大幅提升。

其次,政策建议。在未来35年里,全面发展服务业,加速调整工业结构,有选择地发展农业,提高结构协调性,早日完成从工业经济向服务经济的产业转型。

- 全面发展服务业。从产业质量、产业水平到产业结构三个方面,优先发展服务业。
- 加速调整工业结构。大幅提高工业质量和工业水平,全面和大比例降低工业比例。
- 有选择地发展农业。大幅提高农业质量,适度提高农业人均水平,大幅降低农业比例。
- 提高产业结构协调性。提高增加值结构与就业结构的相似性,降低产业结构偏离度。

(2) 中国三大产业的产业结构现代化

首先,发展潜力。至2050年三大产业的发展潜力排名如下(从高到低):

- 平均相对发展潜力排名:知识产业最大,服务产业其次,物质产业较小。
- 产业结构绝对潜力排名:知识产业最大,服务产业其次,物质产业比例要下降。
- 产业质量绝对潜力排名:物质产业、服务产业、知识产业。

其次,政策建议。在未来35年里,优先发展知识产业,加速发展服务产业,有选择地发展物质产业,早日完成向知识经济的产业转型。

- 优先发展知识产业。从产业质量、产业水平到产业结构三个方面,全面发展知识产业。
- 加速发展服务产业。大幅提高服务产业的质量和水平,适度提高服务产业比例。
- 有选择地发展物质产业。大幅提高物质产业的质量和水平,大幅降低物质产业比例。
- 大幅度提高物质产业和服务产业的知识含量和创新密度,降低它们的环境压力。

(3) 中国六大集群的产业结构现代化

首先,发展潜力。至2050年六大集群的发展潜力排名如下(从高到低):

- 平均相对潜力排名:人类服务、基本服务、其他服务、流通服务等。
- 产业结构绝对潜力排名:人类服务、基本服务、流通服务、其他服务等。
- 产业质量绝对潜力排名:流通服务、基本服务、工业、人类服务、其他服务和农业。

其次,政策建议。未来35年里,优先发展人类服务和基本服务,加速发展流通服务和其他服务,加速调整工业结构,有选择地发展农业。

- 优先发展人类服务和基本服务。从产业质量、产业水平到产业结构三个方面,全面发展人类服务和基本服务。
- 加速发展流通服务。从产业质量、产业水平到产业结构三个方面,加速发展流通服务。
- 适度发展其他服务。大幅提高其他服务的质量和水平,适度提高其他服务比例。
- 加速调整工业结构。同上(与三次产业中的工业发展思路一致)。
- 有选择地发展农业。同上(与三次产业中的农业发展思路一致)。

(4) 中国18部门的产业结构现代化

首先,发展潜力。至2050年18个部门的发展潜力排名如下:

- 平均的相对发展潜力排名前5的部门:健康和社会帮助、成员组织、公共管理和社会安全、信息和交流、房地产和租赁。
- 人均增加值的发展潜力排名前5的部门:房地产和租赁、制造业、批发和零售业、健康和社会帮助、专业和技术活动(图R);增加值比例的发展潜力排名前5的部门:健康和社会帮助、房地产和租赁、专业和技术活动、公共管理和社会安全、信息和交流。
- 劳动力比例的发展潜力排名前5的部门:健康和社会帮助、专业和技术活动、教育、公共管理和社会安全、批发和零售业(图R)。
- 产业质量的发展潜力排名前5的部门:房地产和租赁、采矿业、公共事业、环境治理、信息和交流。

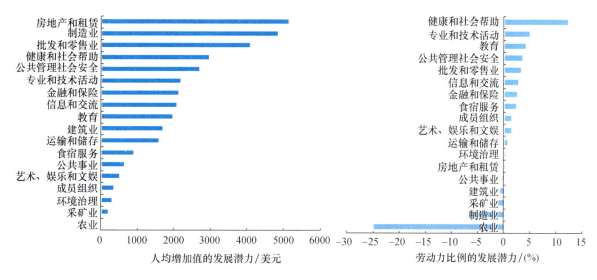

图 R 至 2050 年中国 18 个部门产业发展的人均水平和就业比例的发展潜力排名

注：发展潜力＝发达国家值－中国值。人均增加值为 2015 年值。就业比例的发展潜力为估计值；其中，发达国家劳动力比例为 2015 年数据，中国农业劳动力比例为 2015 年数据，中国其他部门的劳动力比例为 2010 年数据，是根据 2010 年全国人口普查数据的整理和估算得到的。正值表示需要增加的数量，负值表示需要下降的数量。

其次，政策建议。未来 35 年里，政策重点如下：

- 从平均相对潜力角度看，优先发展：健康和社会帮助，成员组织，公共管理和社会安全，信息和交流，艺术、娱乐和文娱，专业和技术活动，教育，环境治理，食宿服务，房地产和租赁。
- 从产业水平潜力角度看，优先发展：制造业，批发和零售业中，专业和技术活动，健康和社会帮助，公共管理和社会安全，金融和保险，信息和交流，建筑业，运输和储存，房地产和租赁。
- 从产业结构潜力角度看，优先发展：健康和社会帮助，批发和零售业，专业和技术活动，公共管理和社会安全，信息和交流，教育，金融和保险，食宿服务，运输和储存，房地产和租赁。
- 综合考虑，优先发展：健康和社会帮助，批发和零售业，专业和技术活动，信息和交流，教育，金融和保险，运输和储存，艺术、娱乐和文娱，成员组织，房地产和租赁。

此外，《中国现代化报告 2005》提出经济现代化路线图，《中国现代化报告 2012》提出农业现代化路线图，《中国现代化报告 2014～2015》提出工业现代化路线图，《中国现代化报告 2016》提出服务业现代化路线图，它们为中国产业结构现代化提供了丰富的政策选择。中国地区经济发展不平衡，关于不同地区产业结构现代化需要专题研究。制造业包含众多经济部门，制造业的产业结构现代化需要专题研究。

四、世界和中国现代化评价

1. 2015 年世界现代化水平

首先，整体水平。2015 年，美国等 26 个国家已经进入第二次现代化，中国等 102 个国家处于第一次现代化，乍得等 3 个国家仍然处于传统农业社会，有些原住民族仍然生活在原始社会。

其次，国际体系。根据第二次现代化指数的国家分组，2015 年美国等 20 个国家为发达国家,俄罗斯等20个国家为中等发达国家,中国等36个国家为初等发达国家,肯尼亚等55个国家为欠发达国家;发达国家、中等发达国家、初等发达和欠发达国家分别占国家样本数的15%、15%、27%和42%。

其三,世界前沿。2015年第二次现代化指数排世界前10名的国家是:丹麦、美国、瑞士、瑞典、荷兰、新加坡、比利时、爱尔兰、英国、芬兰。

2. 2015年中国现代化水平

2015年中国是一个发展中国家,具有初等发达国家水平(发展中国家的中间位置)。2015年中国第一次现代化指数为99,排名世界131个国家的第50位;第二次现代化指数和综合现代化指数分别为41和44,排名第50位和第63位。

3. 2015年中国地区现代化水平

首先,整体水平。2015年北京等5个地区进入第二次现代化,天津等29个地区处于第一次现代化,局部地区属于传统农业社会。

其次,水平结构。根据第二次现代化指数分组,2015年中国多数地区属于发展中地区。其中,北京、香港和澳门3个地区具有发达水平的部分特征,上海、台湾、天津、江苏、浙江、广东6个地区具有中等发达水平的部分特征,山东、福建等19个地区具有初等发达水平的部分特征,贵州等6个地区水平较低。

其三,前沿水平。2015年中国内地(大陆)地区现代化的前沿已经进入第二次现代化的发展期,地区现代化的前沿水平接近发达国家的门槛,部分指标达到发达国家的下线。例如,2015年北京和上海的部分指标接近或达到意大利和西班牙的水平。

五、结束语

18世纪以来,基于主导产业的演替,世界经济发展大致可以分为三个阶段,即农业经济、工业经济和知识经济,目前部分发达国家已经进入知识经济阶段。其中,从农业经济向工业经济的结构转变是第一次现代化,从工业经济向知识经济的结构转变是第二次现代化;两次现代化有不同的特点和机理。《国际行业分类》(建议版)提出的产业分类,适合于知识经济阶段的结构分析,并为产业政策提供分类基础。

从产业结构看,目前中国是一个工业经济国家。建议中国制定产业结构现代化路线图,加快实现从工业经济向服务经济和知识经济的产业结构转变。全面实现产业结构现代化,全面建设现代化经济强国和世界经济强国,是一项神圣使命。

何传启
国际欧亚科学院院士
中国现代化战略研究课题组组长
中国科学院中国现代化研究中心主任
2018年3月10日

上 篇

产业结构现代化研究

18世纪以来,世界经济的产业结构发生了两次根本性转变(图一)。其中,第一次是从农业经济向工业经济的产业结构转变,第二次是从工业经济向知识经济的产业结构转变。目前,发达国家正在进行第二次转变,多数发展中国家正在进行第一次转变,但或多或少受到第二次转变的影响。产业结构变迁既有共性,又有国别差异和时代差异,受许多因素的影响。本《报告》从定量和需求角度分析产业结构现代化,是产业结构现代化研究的一个重要方面。

- 第一次产业结构转变的主要特点是:农业和畜牧业比例下降,工业和服务业比例上升,工业成为经济发展的主导产业和火车头;在很大程度上,工业化水平决定经济发展水平。
- 第二次产业结构转变的主要特点是:农业和工业比例下降,服务业比例上升;如果把农业和工业合称为物质产业,把服务业分成劳务密集型和知识密集型服务业,分别简称为服务产业和知识产业,那么,物质产业比例下降,服务产业比例先升后降,知识产业比例上升,知识产业成为经济发展的主导产业和助推器;在一定程度上,知识产业水平决定经济发展水平。

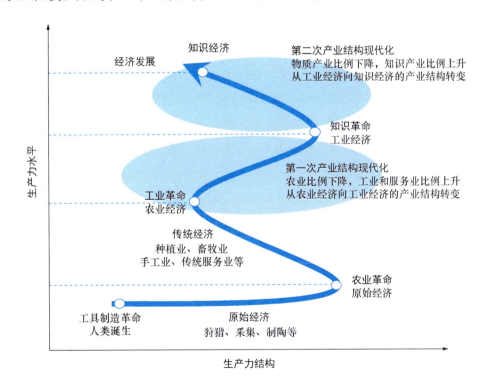

图一 产业结构现代化的路线图(示意图)

注:生产力结构刻度采用劳动力结构数值:原始经济为非狩猎采集与狩猎采集劳动力之比,农业经济为非农业与农业劳动力之比,工业经济为工业与非工业劳动力之比,知识经济为非知识产业与知识产业劳动力之比。圆圈代表工具制造革命、农业革命、工业革命和知识革命(包含信息革命和生态革命)等。

第一章 世界产业结构现代化的基本事实

产业结构变迁既是经济现代化的一种表现形态,也对社会现代化产生重大影响。产业结构变迁既有普遍规律,又有国别差异和时代差异。关于产业结构问题的研究可以追溯到17世纪。20世纪美国经济学家库兹涅茨认为,如果没有结构转变,持续的经济增长将不可能实现(Kuznets,1966)。我们认为,产业结构现代化是18世纪以来产业结构变迁的世界前沿,以及不同国家追赶、达到和保持世界前沿水平的行为和过程。在某种程度上,产业结构现代化犹如一场产业结构变迁的国际马拉松比赛,跑在前面的国家的产业结构成为发达的产业结构,其他国家的产业结构成为发展中的产业结构,两类国家之间可以转换(图1-1)。在本《报告》里,产业结构现代化包括分阶段、分层次、分系统和分部门的产业结构现代化等(图1-2)。一般而言,产业结构现代化受国家利益和市场需求的双重驱动。

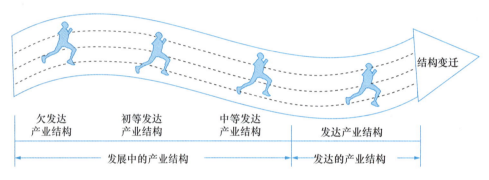

图 1-1 产业结构现代化犹如一场产业结构变迁的国际马拉松

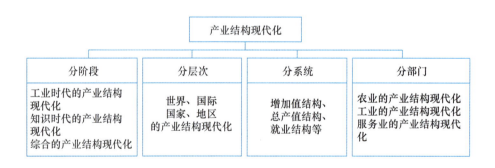

图 1-2 产业结构现代化的研究对象

注:综合产业结构现代化是两次产业结构现代化的协调发展,是发展中国家产业结构现代化的一条基本路径。

第一节 产业结构现代化的研究方法

产业结构现代化研究以国家为基本研究单元,它可以合理延伸到世界和地区层面;产业结构现代化研究的地理范围,可以是世界、国家或地区等(表1-1)。产业结构现代化涉及国家利益、市场竞争、国际竞争和国际分工,需要多角度和多层面的综合研究。

表1-1 产业结构现代化的研究范围与研究单元的组合

		研究范围(Scale)		
		全球范围	国家范围	地区范围
研究单元 （Unit）	世界	世界层面的产业结构现代化	—	—
	国家	全球范围的国家产业结构现代化	某国的产业结构现代化	—
	地区	全球范围的地区产业结构现代化	某国的地区产业结构现代化	某地的产业结构现代化

一、产业结构现代化的基本概念

产业结构现代化是国家现代化和经济现代化的一种表现形态和重要组成部分。产业结构现代化研究可以采用现代化研究和发展经济学的一般研究方法。它可以以18世纪初为起点，可以从历史进程、客观现实和未来前景三个角度进行分析。

1. 产业结构现代化的词义分析

产业结构现代化涉及三个单词：产业、产业结构和现代化。

(1) 什么是产业

产业是一个经济学概念，一般指具有某种相近属性的经济活动的集合，通常指国民经济的某个部门。关于产业分类，目前有多种分类模式，不同国家的产业分类有所差别，而且产业分类随时代而变迁。《国际标准行业分类》(ISIC 3.1版)将国民经济划分为17个门类；《国际标准行业分类》(ISIC 4.0版)将国民经济划分为21个门类。在很大程度上，《国际标准行业分类》2.0版和3.0版是比较适合于工业时代的产业分类，《国际标准行业分类》4.0版则反映了从工业时代向知识时代过渡期的产业分类。

表1-2 典型行业分类情况对比

序号	国际标准 ISIC 3.1	国际标准 ISIC 4.0	美国	中国
1	A. 农业、林业及狩猎	A. 农业、林业、渔业	农业、林业、渔业、狩猎	农业、林业、牧业、渔业
2	B. 渔业	B. 采矿和采掘业	矿产业	采矿业
3	C. 采矿和采掘业	C. 制造业	制造业	制造业
4	D. 制造业	D. 电、气、蒸汽和空调供应	公共事业	电力、热力、燃气及水生产和供应业
5	E. 水、电、气供应	E. 水供应及污水处理		
6	F. 建筑业	F. 建筑业	建筑业	建筑业
7	G. 批发和零售业；汽车、摩托车及个人和家庭用品的修理	G. 批发和零售业；汽车和摩托车的修理	批发	批发和零售业
8	H. 旅馆和餐馆	H. 运输和储存	零售	交通运输、仓储和邮政业
9	I. 运输、储存和通讯	I. 食宿服务活动	运输和仓储	住宿和餐饮业
10	J. 金融媒介活动	J. 信息和通信	信息	信息传输、软件和信息技术服务业
11	K. 房地产、租赁和商业活动	K. 金融和保险活动	金融和保险	金融业
12	L. 公共管理与国防；强制性社会保障	L. 房地产活动	房地产和租赁	房地产业

(续表)

序号	国际标准 ISIC 3.1	国际标准 ISIC 4.0	美国	中国
13	M. 教育	M. 专业、科学和技术活动	专业和科技服务	租赁和商务服务业
14	N. 卫生与社会工作	N. 行政和辅助活动	企业管理	科学研究和技术服务业
15	O. 其他社区、社会和个人服务活动	O. 公共管理与国防；强制性社会保障	行政和废物管理	水利、环境和公共设施管理业
16	P. 雇用家政服务人员的私人家庭的活动和私人家庭的无差别生产活动	P. 教育	教育服务	居民服务、修理和其他产业结构
17	Q. 域外组织和机构	Q. 人体健康和社会工作活动	卫生和社会帮助	教育
18		R. 艺术、娱乐和文娱活动	艺术、娱乐、旅游	卫生和社会工作
19		S. 其他服务活动	住宿和餐饮服务	文化、体育和娱乐业
20		T. 家庭作为雇主的活动；家庭自用、未加区分的物品生产和服务活动	其他非政府服务	公共管理、社会保障和社会组织
21		U. 国际组织和机构的活动	政府服务	国际组织

1996年经济合作与发展组织出版《以知识为基础的经济》报告(OECD,1996),认为知识经济是以知识的生产、传播和应用为基础的经济。1999年中国学者何传启在《第二次现代化》一书中提出了知识时代的三大产业。他认为人类生活有两个基本需要,即物质生活和精神生活需要;人类经济活动围绕两大需求,形成物质产业、服务产业和知识产业三大产业(图1-3,表1-3)。

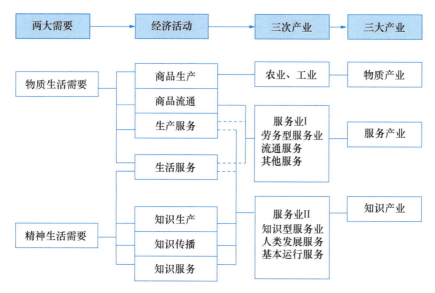

图1-3 人类生活的两个基本需要和三大产业(示意图)

注:虚线表示:生产和生活服务中劳务型服务归入服务业Ⅰ,生产和生活服务中知识型服务归入服务业Ⅱ。服务业Ⅰ是劳务型服务业,简称服务产业;服务业Ⅱ是知识型服务业,简称知识产业。商品生产和流通过程涉及知识,服务和知识产业涉及商品,上述分类是相对的。狭义知识服务是以知识为基础的服务;广义知识服务是知识型服务的简称,包含知识生产、知识传播和狭义知识服务,知识生产属于一种间接知识服务。

资料来源:何传启,2016。

表1-3 三大产业的划分

三大产业	基本内涵
物质产业 (material industries)	是物质商品的生产部门,包括农业和工业,满足人类物质生活的商品需要
服务产业 (service industries)	是劳务服务的生产部门,包括流通服务(circulation services)和其他劳务服务,满足商品流通和其他劳务服务需要
知识产业 (knowledge industries)	是知识和知识服务的生产部门,包括人类发展服务和基本运行服务两个集群,分别简称人类服务(human services)和基本服务(essential services)。其中,人类服务是促进人类自身发展的知识服务部门,满足人类精神生活的知识需要和健康需要;基本服务是维持经济和社会运行的知识服务部门,满足维持经济和社会基本运行的知识服务需要

资料来源:何传启,2016.

简单地说,就是把农业和工业合并成物质产业,把服务业一分为二,分成劳务型服务业和知识型服务业,分别简称服务产业和知识产业。何传启以《国际标准行业分类》(4.0版)为基础,提出了三大产业的行业分类方案:《国际行业分类》(建议版)(表1-4)。这种分类比较符合目前发达国家的经济发展趋势。

表1-4 国际行业分类建议版的总体结构

序号	《国际行业分类》(建议版)的总体结构					《国际标准行业分类》(4.0版)的对照	
	产业	集群	门类	类	说明	门类	类
1	物质产业	农业	A	01—03	农业、林业及渔业	A	01—03
2		工业	B	05—09	采矿和采石	B	05—09
3			C	10—33	制造业	C	10—33
4			D	34—36	建筑业	F	41—43
5			E	37—38	公共事业	D	35—36
6			F	39—41	环境治理	E	37—39
7	服务产业	流通服务	G	42—44	批发和零售业	G	45—47
8			H	45—49	运输和储存	H	49—53
9			I	50—51	食宿服务	I	55—56
10			J	52—53	房地产和租赁	L	68、77
11		其他服务	K	54—56	其他个人和家庭服务	S,T	96—98
12			L	57—59	其他的劳务服务	N	80—81
13	知识产业	人类服务	M	60	科学研发	M	72
14			N	62	教育	P	85
15			O	63—68	信息和交流	J	58—63
16			P	70—73	艺术、娱乐和文娱	R	90—93
17			Q	75	旅行	N	79
18			R	76—78	健康和社会帮助	Q	86—88
19		基本服务	S	80—82	金融和保险	K	64—66
20			T	84—90	专业和技术活动	M	69—71、73—75、95
21			U	92—93	行政和辅助活动	N	78、82
22			V	95	公共管理和社会安全	O	84
23			W	97	成员组织的活动	S	94
24			X	99	国际组织的活动	U	99

资料来源:何传启,2016.

(2) 什么是产业结构

产业结构的概念出现于 20 世纪 40 年代,但是迄今为止没有统一定义。我们认为:产业结构指经济活动的产业分类及其量化比例和相互关系。

(3) 什么是现代化

现代化研究已经有 60 多年历史,但迄今为止,现代化没有统一定义。

现代化科学认为:现代化既是一个世界现象,也是一种文明进步,还是一个发展目标。作为一种世界现象,现代化指 18 世纪工业革命以来人类发展的世界前沿,以及不同国家追赶、达到和保持世界前沿的行为和过程。作为一种文明进步,现代化是从传统文明向现代文明的范式转变,以及人的全面发展和自然环境的合理保护,它发生在政治、经济、社会、文化、生态和个人行为各个领域,同时文化多样性长期存在并发挥作用。作为一种发展目标,已经现代化的国家要保持现代化水平,尚未现代化的国家要追赶和早日实现现代化。

在 18～21 世纪期间,世界现代化进程大致可以分为两个阶段,其中,第一次现代化是从农业经济向工业经济、从农业社会向工业社会的转变,可以简称为经典现代化或工业时代的现代化;第二次现代化是从工业经济向知识经济、从工业社会向知识社会的转变,可以简称为新型现代化或知识时代的现代化。

(4) 什么是产业结构现代化

现代化科学认为:从政策角度看,产业结构现代化是 18 世纪工业革命以来产业结构变迁的世界前沿,以及不同国家追赶、达到和保持世界前沿水平的行为和过程。它包括现代产业结构的形成发展、转型和国际互动,产业结构要素的创新、选择、传播和退出,以及追赶、达到和保持产业结构世界先进水平的国际竞争和国际分化;达到和保持世界先进水平的国家是产业结构发达国家,其他国家是产业结构发展中国家,两类国家之间可以转换。

在 18～21 世纪期间,世界产业结构现代化进程大致可以分为两个阶段,其中,第一次产业结构现代化是从农业经济的产业结构向工业经济的产业结构的转变,可以简称为工业时代的产业结构现代化;第二次产业结构现代化是从工业经济的产业结构向知识经济的产业结构的转变,可以简称为知识时代的产业结构现代化。

2. 产业结构现代化的研究对象

产业结构现代化的研究对象是 18 世纪工业革命以来产业结构变迁的世界前沿,以及追赶、达到和保持世界前沿水平的行为和过程(图 1-4),它包括分阶段、分层次、分系统和分部门的产业结构现代化等(图 1-2)。

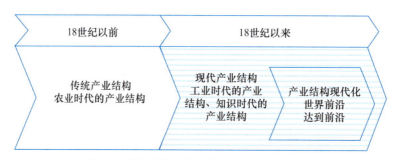

图 1-4 产业结构现代化的研究对象(示意图)

3. 产业结构现代化的研究内容

产业结构现代化现象是一种复杂的世界现象,可以和需要从不同角度进行研究。根据研究的目的和性质的不同,可以对产业结构现代化研究的研究内容进行分类(表1-5)。

表1-5 产业结构现代化研究内容的分类

分类的依据	研究内容的描述
概念研究	现代产业结构变迁的世界前沿形成、发展、转型、国际互动 现代产业结构要素的创新、选择、传播、退出等
过程和行为研究	四个方面:产业结构现代化的过程、结果、动力、模式 四个要素:产业结构变迁的行为、结构、制度、观念的现代化 不同角度:产业水平、产业结构、产业质量的现代化 相互作用:产业结构不同系统、不同要素的相互作用等
结果研究	四种结果:产业结构变迁的现代性、特色性、多样性、副作用 四种分布:产业结构变迁的地理结构、国际结构(水平结构)、人口结构、系统结构等
研究问题	理论问题:产业结构变迁的世界前沿、长期趋势、文明转型、国际分化等 应用问题:产业结构变迁的国际竞争、国际经验、国际追赶、前沿创新等
研究性质	基础研究:产业结构变迁的世界前沿和前沿变化的特征和规律等 应用研究:产业结构达到和保持世界前沿的方法和途径等 开发研究:产业结构现代化的战略、规划和政策等

4. 产业结构现代化研究的组合

首先,研究范围与研究单元的组合。一般而言,产业结构现代化的实证研究,需要明确研究范围和研究单元,它们可以形成一个组合(表1-1)。研究范围可以是全球、国家或地区范围等,研究单元可以是世界、国家或地区等。国家是现代化研究的基本单元。

其次,研究对象与研究内容的组合。研究对象是产业结构和产业结构的现代化,包括产业水平、产业结构和产业质量的现代化;研究内容包括产业结构行为、结构、制度和观念的现代化等。它们可以组成一个结构组合(表1-6)。

表1-6 产业结构现代化研究的结构组合

研究内容		研究对象		
		产业结构	增加值结构、需求结构、就业结构	世界、国家、地区产业结构
		产业结构现代化	三个产业结构子系统的现代化	三个层次的产业结构现代化
要素	行为结构 制度观念	行为、结构、制度和观念的现代化	三个产业结构子系统的行为、结构、制度和观念的现代化	三个层次的行为、结构、制度和观念的现代化
方面	过程结果 动力模式	产业结构现代化的过程、结果、动力和模式	三个产业结构子系统的现代化的过程、结果、动力和模式	三个层次的产业结构现代化的过程、结果、动力和模式

二、产业结构现代化的研究方法

产业结构现代化研究可以沿用现代化研究和发展经济学的一般研究方法。

1. 产业结构现代化研究的方法论

产业结构现代化研究,大致有五种研究视角和方法论。

首先,从科学角度研究产业结构现代化,可以采用实证主义的研究方法,揭示产业结构现代化的客观事实和基本规律,建立客观的和没有偏见的因果模型。

其次,从人文角度研究产业结构现代化,可以采用阐释主义的研究方法,描述产业结构现代化的意义和关联,建构产业结构现代化现象的话语和理念。

其三,从政策角度研究产业结构现代化,可以采用现实主义的研究方法,归纳产业结构现代化现象的因果关系和价值导向,提出产业结构现代化的解释模型和政策建议。

在现代化科学里,实证研究、阐释研究和实用研究的区分是相对的,有些时候会交替采用三种方法论,有些时候会同时采用三种方法论。一般而言,实证研究提供现代化现象的事实和原理,阐释研究提供现代化现象的意义和关联,实用研究提供现代化现象的选择和建议。

其四,从未来学角度研究产业结构现代化,分析产业结构现代化的趋势,预测它的未来。

其五,从批判角度研究产业结构现代化,分析和批判产业结构现代化的现行理论、实践和失误,提出改进的对策和建议等。

2. 产业结构现代化研究的主要方法

产业结构现代化研究是一种交叉研究,自然科学和社会科学的诸多研究方法,都可以作为它的研究方法。例如,调查、模拟、假设、统计分析、定量分析、定性分析、模型方法、理论分析、比较分析、历史分析、文献分析、过程分析、情景分析和案例研究等。

产业结构现代化研究有许多的研究类型,不同研究类型可以采用不同研究方法(表1-7)。

表1-7 产业结构现代化研究的主要类型

编号	类型	特点和方法
1	事先分析	在产业结构现代化现象发生前进行研究,是对现代化前景和战略的研究
2	事后分析	在产业结构现代化现象发生后进行研究,是对现代化进程和结果的研究
3	系统分析	从产业结构现代化的源头到末尾进行系统研究。产业结构现代化的源头是创新,产业结构现代化的末尾是产业结构现代化的结果。从创新到现代化的系统研究,是一种多学科的交叉研究
4	单维研究	对产业结构现代化进行单维度、单学科的研究
5	交叉研究	对产业结构现代化进行两维度或多维度、跨学科的交叉研究
6	综合研究	对产业结构现代化进行多维度、多学科的综合研究
7	历史研究	产业结构现代化的历史研究,时序、截面、过程、前沿、范式、文献、历史和案例研究等
8	现实研究	产业结构现代化的现状研究,层次、截面、统计、比较、前沿分析、社会调查、案例研究等
9	前景分析	产业结构现代化的前景分析,回归、趋势分析、线性和非线性外推、目标逼近和情景分析等

产业结构现代化现象的前沿分析。前沿分析包括产业结构现代化的世界前沿的识别、比较和变化分析等。通过分析世界前沿的特征、水平和变化等,研究产业结构前沿的变化规律。

产业结构现代化现象的过程分析。过程分析包括产业结构现代化过程的类型、阶段、特点、内容、原理、动力、路径和模式分析等(图1-5)。产业结构现代化过程的阶段分析,旨在识别和描述它的主要阶段和阶段特征等,分析方法包括定性和定量分析等。

产业结构现代化过程的结果分析。过程的结果与它的时间跨度紧密相关,与起点截面和终点截面(或分析截面)紧密相关(图1-6)。在不同历史截面,产业结构现代化的世界前沿、国际体系和国家状态有所不同,它的指标、水平和特征有所不同;通过两个截面的宏观和微观层次的比较,可以分析在两个截面之间的产业结构现代化的主要结果。截面比较包括定量和定性比较等。一般而言,产业结构现代化过程的结果是时间的函数,产业结构现代性也是时间的函数。

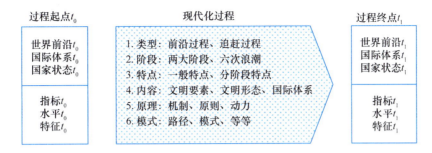

图 1-5　现代化现象的过程分析

注：文明要素包括文明的行为、结构、制度和观念等。
资料来源：何传启，2016.

在起点截面 a 和终点截面 b 之间，产业结构现代化进程的结果＝截面 b－截面 a

简化的数学表达式：$f_{b-a}=f_b-f_a$

其中，f 为产业结构现代化状态函数，f_{b-a} 为状态变化，f_b 为截面 b 的状态，f_a 为截面 a 的状态。

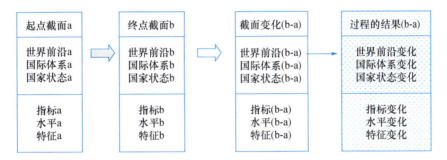

图 1-6　现代化过程的结果分析

注：从起点截面 a 到终点截面 b，现代化过程的主要结果包括：① 宏观变化，如世界前沿、国际体系和国家状态的变化等；② 微观变化，如指标变化（新增的指标、消失的指标）、水平变化（原有指标的水平变化、新增指标的水平变化）和特征变化（新增的特征、消失的特征）等，包括产业结构的现代性、特色性、多样性和副作用等。产业结构现代化过程的有些变化，有可能消失在过程中，在结果里没有体现。

资料来源：何传启，2016.

三、产业结构现代化的系统分析法

现代化研究的系统分析方法是现代化科学的一种常用方法，它主要包括三个步骤和六个部分（表1-8）。其主要特点是：时序分析与截面分析相结合，定量分析与定性分析相结合，分析方法和结果表达的模型化、图形化、数量化、系统性、实证性和科学性等。三个步骤和六个部分相互关联和相互支持，形成现代化的连续的、系列的时间坐标图和截面分布图，从而相对直观和系统地刻画现代化的进程和分布。这种方法可应用于产业结构现代化研究。

表 1-8　现代化研究的系统分析方法

序号	主要步骤	六个部分	注释
1	建立坐标系	现代化的坐标体系	确定坐标系的横坐标和纵坐标
2	变量分析	范式分析、定量评价、时序分析和截面分析	分析现代化的各种变量
3	表达结果	现代化的坐标图和路径图	将分析结果标记到坐标系上

资料来源：何传启，2016.

1. 建立产业结构现代化的坐标体系

产业结构现代化的坐标体系是坐标分析的核心内容,包括产业结构变迁和产业结构现代化的时间表、周期表、坐标系和路线图等。产业结构变迁和产业结构现代化的坐标系由横坐标和纵坐标组成。横坐标可以是历史时间、文明时间等,纵坐标可以是产业结构现代化水平、产业结构现代化指标水平等。文明时间是根据人类文明的"前沿轨迹"所标识的一种时间刻度(表1-9)。

表1-9 文明时间与历史时间的对照表

文明时间	历史时间(大致时间)	文明时间	历史时间(大致时间)/年
原始文化时代	250万年前~公元前3500年	工业文明时代	1763~1970
起步期	250万年前~20万年前	起步期	1763~1870
发展期	20万年前~4万年前	发展期	1870~1913
成熟期	4万年前~1万年前	成熟期	1914~1945
过渡期	1万年前~公元前3500年	过渡期	1946~1970
农业文明时代	公元前3500年~公元1763年	知识文明时代	1970~2100
起步期	公元前3500年~公元前500年	起步期	1970~1992
发展期	公元前500年~公元500年	发展期	1992~2020
成熟期	公元500年~1500年	成熟期	2020~2050
过渡期	1500~1763年	过渡期	2050~约2100

注:历史时间指自然的物理时间,文明时间指根据人类文明的"前沿轨迹"所标识的一种时间刻度。
资料来源:何传启,2016.

在世界上,不同国家都采用统一的历史时间;但是,在同一历史时间,不同国家可能处于不同的文明时间。历史时间好比人的生物年龄,文明时间好比人的生理年龄。对于走在人类文明前列的国家,文明时间可能与历史时间是一致的;对于后进国家,文明时间与历史时间是不一致的。例如,2010年,美国处于知识文明时代,一些非洲国家处于农业文明时代。

如果将产业结构现代化进程评价、时序分析、截面分析、范式分析和一般过程分析的结果,标记在产业结构现代化的坐标系里,就可以构成产业结构现代化的坐标图、路线图等。产业结构现代化的坐标图和路线图,既有基本图,也有分阶段、分层次、分部门、分专题和分指标的分解图,它们组成一个产业结构现代化的坐标图和路线图的系统,全方位地表征产业结构现代化的进程和分布。

2. 产业结构现代化的系统分析的五种方法

(1) 产业结构现代化研究的范式分析

一般而言,产业结构现代化研究不仅要有单要素分析,而且要有整体分析。不能只见树木不见森林。产业结构现代化研究的整体分析,就是分析它的整体变化。那么,如何分析产业结构现代化的整体变化呢?目前没有通用方法。现代化研究,借鉴科学哲学的"范式"概念,分析现代化的"范式"变化,建立现代化研究的范式分析。它适用于产业结构现代化研究。

美国科学哲学家库恩在《科学革命的结构》一书中提出了"范式"的概念,认为成熟科学的发展模式是"范式Ⅰ—科学革命—范式Ⅱ"。简单地说,范式指科学共同体公认的范例,包括定理、理论和应用等。在科学发展史上,一种范式代表一种常规科学(成熟的科学),从一种范式向另一种范式的转变就是科学革命。在科学哲学领域,尽管还存在争议,范式和科学革命被认为是解释科学进步的一种有力理论。

借鉴库恩的"范式"思想,可以把与经济、社会、政治、文化、环境管理和个人行为的典型特征紧密相关的"文明类型"理解为一种"文明范式"(表1-10)。依据这种假设,文明发展可以表述为"文明范式Ⅰ—文明革命(文明转型)—文明范式Ⅱ",或者"文明类型Ⅰ—文明革命(文明转型)—文明类型Ⅱ"。这样,可以抽象地认为,文明发展表现为文明范式的演变和交替,现代化表现为现代文明范式的形成和转变。反过来说,可以用文明范式和范式转变为分析框架,讨论文明特征和现代化特征的定性变化。

表1-10 人类历史上的文明范式及其代表性特征

项目	原始文化	农业文明	工业文明	知识文明
历史时间	人类诞生至 公元前3500年	公元前3500年至 公元1763年	公元1763年至 1970年	1970年至 约2100年
经济特征	狩猎采集	农业经济	工业经济	知识经济
社会特征	原始社会	农业社会	工业社会	知识社会
政治特征	原始民主	专制政治	民主政治	多元政治
文化特征	原始文化	农业文化	工业文化	网络文化
个人特征	部落生活方式	农村生活方式	城市生活方式	网络生活方式
环境特征	自然崇拜 部落互动	适应自然 国际关系等	征服自然 国际战争等	人与自然互利共生 国际依赖等

注:本表的四种文明范式分类,是文明范式分类的一种分类方式。
资料来源:何传启,2016.

产业结构现代化研究的范式分析,可以参考现代化研究的文明范式分析。依据产业结构生产力水平和结构进行分类,人类产业结构主要有四种基本类型:原始产业结构、农业时代的产业结构、工业时代的产业结构和知识时代的产业结构(1-11)。它们既是产业结构变迁的不同历史阶段的形态,又同时存在于现今世界。

表1-11 人类历史上的产业结构范式及其代表性特征

项目	原始产业结构	农业时代的产业结构	工业时代的产业结构	知识时代的产业结构
历史时间	人类诞生至 公元前3500年	公元前3500年至 公元1763年	公元1763年至 1970年	1970年至 约2100年
主导产业	采集、狩猎	农业	工业	服务业
生产模式	个体、部落	手工、分散 非规范	机械化、电气化 规模化、标准化	信息化、智能化 绿色化、国际化
产业结构	采集和狩猎比例 超过95%	农业比例超过90%	工业和服务业比例 超过80%	知识产业比例超过50%
经济形态	原始经济	农业经济	工业经济	服务经济、知识经济

注:本表四种产业结构范式分类,是产业结构范式分类的一种分类方式。反映产业结构变迁的世界前沿的轨迹。

一般而言,产业结构变迁是不同步的,国家内部发展也是不平衡的。当某个国家进入某种基本产业结构形态时,它的内部可以存在一些生产力水平比基本产业结构形态的生产力水平更低或者更高的产业结构形态;它们的规模相对较小,可以统称为亚产业结构形态。国家的基本产业结构形态和亚产业结构形态是相对的,不是绝对的,可以相互转换。

(2) 产业结构现代化研究的定量评价

产业结构现代化是一种产业结构变化,包括定性变化和定量变化。其中,定量变化可以定量评价。例如,《中国现代化报告》提出了一批现代化过程的定量评价模型,包括第一次现代化、第二次现代化、综合现代化、地区现代化、经济现代化、社会现代化、文化生活现代化、生态现代化、农业、工业和服务业现代化等的评价方法,并完成1950年以来131个国家的现代化定量评价。

(3) 产业结构现代化研究的时序分析

产业结构现代化研究的时序分析是现代化系统分析的重要内容。它旨在通过分析比较产业结构现代化的时间系列数据、特征、资料和变化,揭示产业结构现代化的长期趋势及其变化规律。时序分析主要用于产业结构现代化的历史进程研究,可以作为一种趋势分析。

首先,选择分析指标。一般选择关键指标进行分析。结构指标多数是定量指标。

其次,选择分析的国家样本。目前,世界上有190多个国家。如果条件许可,可以对每一个国家进行时序分析。如果条件不许可,或者根据研究目的,可以选择若干国家进行时序分析。《中国现代化报告2018》选择25个国家作为分析样本(表1-12)。它们的国民收入(GNI)约占世界总收入的70%,人口约占世界总人口的33%。受限于数据获取,这些分析样本主要来自OECD成员国。

表1-12 产业结构现代化的时序分析的国家样本(2016年)

国家	人均收入/美元	国民收入占世界比例/(%)	人口占世界比例/(%)	国家	人均收入/美元	国民收入占世界比例/(%)	人口占世界比例/(%)
奥地利	44 177	0.51	0.12	日本	38 894	6.75	1.73
比利时	41 096	0.61	0.15	拉脱维亚	14 118	0.04	0.03
瑞士	78 813	0.88	0.11	墨西哥	8201	1.37	1.73
捷克	18 267	0.24	0.14	荷兰	45 295	1.01	0.23
德国	41 936	4.66	1.11	挪威	70 812	0.52	0.07
丹麦	53 418	0.42	0.08	波兰	12 372	0.60	0.52
西班牙	26 528	1.63	0.63	葡萄牙	19 813	0.27	0.14
爱沙尼亚	17 575	0.03	0.02	斯洛伐克	16 496	0.12	0.07
芬兰	43 090	0.32	0.07	斯洛文尼亚	21 305	0.06	0.03
法国	36 855	3.33	0.91	瑞典	51 600	0.69	0.13
英国	39 899	3.42	0.89	美国	57 467	24.81	4.38
希腊	18 104	0.26	0.15	中国	8123	6.75	18.66
意大利	30 527	2.45	0.83	合计	—	69.77	32.92

数据来源:World Bank, 2017.

其三,选择分析的时间范围。一般的时间跨度约为300年(1700年至今)。

其四,采集和建立分析指标的时序数据和资料。一般而言,定量指标采用权威部门的统计数据或著名学术机构的相关数据;定性指标应采用比较科学客观的研究资料。

其五,系统分析现代化的定量指标的变化和长期趋势等。

其六,系统分析现代化的定性指标的长期趋势和特征等。

(4)产业结构现代化研究的截面分析

产业结构现代化研究的截面分析是现代化系统分析的重要内容。它旨在通过分析比较产业结构现代化的不同时间截面的数据、特征、资料和变化,揭示或阐释产业结构现代化的结构特征及其规律等。截面分析主要用于产业结构现代化的现状研究和历史进程研究。

首先,选择分析变量。同时序分析一样,从三个方面选择关键指标进行分析。

其次,选择分析国家和国家分组(表1-13)。世界范围的产业结构现代化研究的截面分析,可以包括全部国家(有数据的国家)。为便于表述截面特征,可以对国家进行分组,并计算每组国家的特征值。除按国家经济水平分组外(根据人均国民收入对国家分组),还可以按国家现代化水平和产业结构现代化水平分组。

表1-13 2015年截面分析的国家分组

分组号		1	2	3	4	5	6	7	8	9	合计
分组标准	人均国民收入/美元	小于622	622~1000	1001~3000	3001~6000	6001~10582	10583~20000	20001~40000	40001~60000	大于60000	—
分组结果	国家/个	12	10	28	21	17	16	9	14	4	131
	人均国民收入/美元	469	825	1821	4322	8008	14022	27813	47431	74765	

注:数据来自世界银行2017。2015年人均国民收入的世界平均值为10582美元,高收入国家平均值为42123美元,中等收入国家平均值为4997美元,低收入国家平均值为622美元。

其三,选择分析截面。可以根据研究目的和需要选择截面。

其四,采集和建立分析指标的截面数据和资料。一般而言,定量指标采用权威部门的统计数据或著名学术机构的相关数据;定性指标应采用比较科学客观的研究资料。

其五,定量分析需要计算每组国家某个变量的"特征值"。计算方法大致有三种:"中值法""平均值法"和"回归分析法"。《中国现代化报告》采用第二种方法——算术平均值法。

$$X_{ij} = \sum x_{ij}/n_{ij}$$

其中,X_{ij}为第i组国家第j个变量的"特征值";$\sum x_{ij}$为第i组国家第j个变量的每个国家的数值的加和;n_{ij}为国家个数,即第i组国家第j个变量的具有数据的国家个数。

其六,单个截面的系统分析。主要分析截面的结构特征、水平特征和性质特征,包括国家经济水平与现代化变量的截面"特征关系"和统计关系,制度和观念的截面特征等。关于截面特征的分析,可以是定性、定量或综合分析。

其七,多个截面的比较分析。两个或多个截面之间的比较,包括结构比较、水平比较、特征比较和性质比较等,还可以计算分析指标的变化速率等。

(5)产业结构现代化研究的面板数据模型分析

面板数据模型分析是现代化研究定量分析的重要方法。它旨在同时利用时间序列数据和截面数据建立综合分析模型,拓展分析维度,弥补因单纯的时间序列分析和单纯的截面分析所存在的不足,发现更多的影响因素,构建更为精准的分析模型,进而有效降低规律分析和趋势分析的误差(李子奈等,2000;白仲林,2008;王志刚,2008;巴尔塔基,2010)。

首先，检验面板数据的平稳性。为了避免伪回归，确保估计结果的有效性，我们必须对各面板序列的平稳性进行检验。单位根检验目前是较为常用的数据平稳性检验方法。

其次，检验协整关系。为了考察变量间长期均衡关系，确保方程回归结果的准确性，需要进行协整检验。常用的协整检验方法有 Pedroni 法、Kao 法、Johansen 法等。

其三，选择面板模型。面板数据模型的一般形式如下：

$$y_{it} = \sum_{k=1}^{K} \beta_{ki} x_{kit} + \mu_{it}$$

其中，$i=1,2,\cdots,N$，表示 N 个个体；$t=1,2,\cdots,T$，表示已知的 T 个时间点；y_{it} 是被解释变量对个体 i 在 t 时的观测值；x_{kit} 是第 k 个非随机解释变量对于个体 i 在 t 时的观测值；β_{ki} 是待估计的参数；μ_{it} 是随机误差项。当 $N=1$ 时，此时的面板数据模型还原为时间序列模型；当 $T=1$ 时，此时的面板数据模型还原为截面数据模型。用矩阵表示的面板数据模型如下：

$$\boldsymbol{Y}_i = \boldsymbol{X}_i \boldsymbol{\beta}_i + \boldsymbol{U}_i \quad (i=1,2,\cdots,N)$$

其中，

$$\boldsymbol{Y}_i = \begin{bmatrix} y_{i1} \\ y_{i2} \\ \vdots \\ y_{iT} \end{bmatrix}_{T \times 1}, \quad \boldsymbol{X}_i = \begin{bmatrix} x_{1i1} & x_{2i1} & \cdots & x_{Ki1} \\ x_{1i2} & x_{2i2} & \cdots & x_{Ki2} \\ \vdots & \vdots & & \vdots \\ x_{1iT} & x_{2iT} & \cdots & x_{KiT} \end{bmatrix}_{T \times K}, \quad \boldsymbol{\beta}_i = \begin{bmatrix} \beta_{i1} \\ \beta_{i2} \\ \vdots \\ \beta_{iK} \end{bmatrix}_{K \times 1}, \quad \boldsymbol{U}_i = \begin{bmatrix} u_{i1} \\ u_{i2} \\ \vdots \\ u_{iT} \end{bmatrix}_{T \times 1}.$$

面板数据的静态模型大致有三大类：混合回归模型（不存在个体或截面的显著性差异）、固定效应模型（对于不同的截面或不同的时间序列，只有截距不同而斜率相同）、随机效应模型（存在个体和时间变化的随机性因素）。在面板数据分析模型形式的选择方法上，经常采用 F 检验决定选用混合模型还是固定效应模型，然后用 Hausman 检验确定应该建立随机效应模型还是固定效应模型。

其四，模型结论分析。

3. 产业结构现代化的系统分析的分析变量

（1）选择分析变量的原则

由于产业结构现代化的研究对象非常复杂，一项研究不可能对它的所有方面和全部过程进行分析。比较合理和有效的方法是选择有限的关键变量进行分析。分析变量的选择，需要考虑三个因素：具有学术或政策意义；便于国际比较和分析；可以获得连续数据或资料。

（2）分析变量的性质

产业结构现代化研究的分析变量，包括定量和定性指标、共性和个性指标（表 1-14）。定量指标，多数可以通过统计资料获得数据；没有统计数据的定量指标（新现象），需要专题研究。一般而言，制度和观念变化是定性指标，可以定性分析，缺少统计数据。有些时候，定性指标可以通过社会调查，转换成相应的定量指标。共性指标是反映产业结构现代化的共性、普遍特征和要求的指标，如产业增加值占 GDP 的比例和产业就业人员占就业总数的比例等，多数为定量指标。个性指标是反映产业结构现代化的个性、特殊性和多样性的指标，多数为定性指标，如产业政策等。

表 1-14 产业结构现代化研究的分析变量的主要类型

类型		解释	举例
定量指标	综合指标	若干个单项指标经过模型计算合成一个综合指标	产业结构现代化指数
	总量指标	指标数值反映总量	总产值
	人均指标	指标数值反映人均量	人均服务业增加值
	结构指标	指标数值反映结构比例	农业劳动力比例
	效率指标	指标数值反映单位产出	工业劳动生产率
	增长率指标	指标数值反映年度变化率	农业增加值比例的变化率
	前沿指标	指标数值反映世界先进水平	发达国家知识产业比例
	平均指标	指标数值反映世界平均水平	世界平均知识产业比例
	末尾指标	指标数值反映世界末尾水平	欠发达国家知识产业比例
	差距指标	指标数值反映国际差距	知识产业比例的最大差距
定性指标	制度指标	制度的特征和变化	产业政策
	观念指标	观念的特征和变化	环境保护
两类指标	共性指标	反映产业结构现代化的共性、普遍特征和要求的指标	农业增加值比例
	个性指标	反映产业结构现代化的个性、特殊性和多样性的指标	采矿业增加值比例

一般而言,人均指标、结构指标、效率指标和共性指标,可以用于产业结构现代化的定量评价;总量指标、增长率指标、定性指标和个性指标,可以用于产业结构现代化的特征分析。

(3) 分析变量的类型

产业结构现代化研究的分析变量,根据长期趋势和变化特点的不同,可大致分为八种类型:

① 上升变量:有些变量随时间而上升,其数值会发生短期波动。
② 下降变量:有些变量随时间而下降,其数值会发生短期波动。
③ 转折变量:有些变量经历上升和下降(或者下降和上升)两个阶段。
④ 波动变量:有些变量长期在一定范围内波动,运动没有明显的方向性,趋势很平缓。
⑤ 随机变量:有些变量的变化是随机的,趋势不明显。
⑥ 地域变量:有些变量的变化趋势存在明显的地域差异和多种形式,没有统一趋势。
⑦ 稳定变量:有些变量的变化幅度非常小,或几乎没有明显变化。
⑧ 饱和变量:在上升或下降变量中,有些变量的数值已经饱和或接近饱和,数值不再发生变化或变化不大。

一般而言,上升和下降变量可以用于现代化评价,转折变量和波动变量用于政策分析。

本《报告》选择 12 类 358 个指标作为产业结构现代化研究的分析变量(表 1-15)。

表 1-15 产业结构现代化的分析指标和分析变量

产业水平	指标数量	产业结构	指标数量	产业质量	指标数量
① 人均增加值	34 个指标	④ 增加值结构	33 个指标	⑧ 劳动生产率	34 个指标
② 人均总产值	34 个指标	⑤ 总产值结构	33 个指标	⑨ 净利润率	34 个指标
③ 人均需求	34 个指标	⑥ 需求结构	33 个指标	⑩ 增加值率	34 个指标
		⑦ 就业结构	33 个指标	⑪ 创新密度	11 个指标
				⑫ 环境压力	11 个指标

注:指标名称、解释和单位详见附表 1-1-1。

• "产业水平"指产业发展的人均水平,包括人均增加值水平、人均总产值水平和人均需求水平等。
- 人均需求是一种估计值,人均需求≈人均供给＝人均总产值＋人均净进口;这是基于一般均衡假设的估计,但没有考虑库存变化和过程损耗。
- 净利润率＝净利润/总产值×100%;
- 增加值率＝增加值/总产值×100%;
- 创新密度＝科技投入/增加值×100%;
- 环境压力＝能源消费/增加值。

《中国现代化报告》通常以高收入国家的平均值代表发达国家的平均水平。本《报告》分析的部分统计指标,缺少高收入国家的平均值。从操作角度考虑,我们"虚拟"一个发达国家,假设它的发展水平为美国、日本、德国、英国和法国的算术平均值。

本《报告》研究的定量数据,集中采集于 2017 年 7 月,主要来自世界银行世界发展指标网络数据库、OECD 产业结构和投入产出数据库等。需要说明的是,不同来源的数据存在一定差异,需要谨慎对待;我们将注明数据来源,以便读者比较分析。

第二节　产业结构现代化的时序分析

产业结构现代化的时序分析,是对产业结构现代化的全过程的时间序列数据和资料进行分析,试图去发现和归纳产业结构现代化的客观事实和基本规律。本研究旨在立足需求方视角,从产业水平、产业结构和产业质量三个方面来分析研究产业结构现代化(图 1-7)。我们选择 25 个国家为分析样本,时间跨度约为 300 年(1700~2015 年),分析内容包括长期趋势、世界前沿和国别差异等。本节聚焦于产业结构内部的变迁,关于产业结构与其他现代化的相互关系,需要专门讨论。本章第一节介绍了时序分析方法,这里简要介绍主要结果。

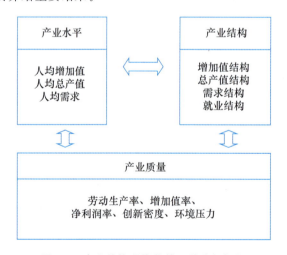

图 1-7　产业结构现代化的一种分析框架

注:关于产业水平、产业结构和产业质量的归类划分是相对的,它们既相互交叉,又各有侧重。

本《报告》对产业结构现代化的三个方面(产业水平、产业结构和产业质量)及其三个层次(宏观结构、中观结构和微观结构)进行分析。宏观结构涉及三次产业(工业、农业和服务业)和三大产业(物质产业、服务产业、知识产业)等;中观结构涉及农业、工业、流通服务、其他服务、人类服务和基本服务六个集群;微观结构涉及 24 个经济部门(表 1-16)。限于篇幅,本报告仅介绍趋势明显、特征明确、政策含义比较丰富的研究结果。

表1-16 产业结构现代化研究涉及的部门

序号	产业	集群	部门	序号	产业	集群	部门
1	物质产业	农业	A 农业、林业及渔业	13	知识产业	人类服务	M 科学研发
2		工业	B 采矿和采石	14			N 教育
3			C 制造业	15			O 信息和交流
4			D 建筑业	16			P 艺术、娱乐和文娱
5			E 公共事业	17			Q 旅行
6			F 环境治理	18			R 健康和社会帮助
7	服务产业	流通服务	G 批发和零售业	19		基本服务	S 金融和保险
8			H 运输和储存	20			T 专业和技术活动
9			I 食宿服务	21			U 行政和辅助活动
10			J 房地产和租赁	22			V 公共管理和社会安全
11		其他服务	K 其他个人和家庭服务	23			W 成员组织的活动
12			L 其他劳务服务	24			X 国际组织的活动

文献来源:何传启,2016.

一般而言,产业结构现代化的时序分析需要鉴别产业结构变量的趋势和特征。根据它们的变化趋势,产业结构变量可以分为上升变量、下降变量、转折变量、波动变量和地域变量等;根据它们与产业结构水平的关系,产业结构变量可以分为水平变量、特征变量和交叉变量等(表1-17)。其中,水平变量,反映产业结构的"发展水平",具有很好的国际可比性和历史可比性;特征变量,反映产业结构的地理特点,不反映产业结构的发展水平,历史(纵向)可比性好,国际(横向)可比性差;交叉变量,同时与产业结构的发展水平和地理特点有关,历史可比性好,但国际可比性差。有些指标具有典型意义,采用"图形"方式显示它们的变化趋势。

表1-17 产业结构变量的特点和分类

变量分类	变量的特点	变量的举例
水平变量	反映"发展水平",不反映国别特色。国际可比性好,历史可比性好	服务业增加值比例等
特征变量	不反映"发展水平"。反映国别特色,历史可比性好,国际可比性差	采矿业增加值比例等
交叉变量	反映"发展水平",反映国别特色。历史可比性好,国际可比性差	其他个人和家庭服务的比例等
上升变量	指标数值长期上升,短期波动,反映产业结构的"发展水平"	服务业就业比例等
下降变量	指标数值长期下降,短期波动,反映产业结构的"发展水平"	农业就业比例等
转折变量	指标数值发生转折,先升后降,或先降后升,与"发展阶段"有关	工业增加值比例等
波动变量	指标数值不断波动,趋势不明显,与"发展状态"有关	人均增加值增长率等
地域变量	指标数值与产业结构的"地理特征"有关,与"发展水平"没有关系	国际组织增加值比例等

产业结构与国家经济规模和经济水平紧密相关,本节选择美国等五个规模较大的经济发达国家作为分析样本。不同国家统计数据的完整性有差别,我们选择统计数据最完整的时间段进行分析。为减少国别差异带来的影响,我们采用美国等五国的算术平均值进行估算分析。虽然这种分析方法有一定误差(国家规模差异带来的误差),但可在一定程度上反映发达国家的产业结构变化趋势,代表世界经济产业结构变迁的前沿。

> **专栏 1-1　数据分析方法简介**
>
> 按照《中国现代化报告 2016》建议的产业分类,我们对 2017 年 OECD 产业结构数据库(STAN)的统计数据进行了整理和估算。为保证各国之间数据的可比性,我们以数据完整的最小时间跨度为分析时间段,其中五个典型国家的完整数据链如下:
>
> **表　美、日、德、英、法五国数据链概况**
>
> | 国家 | 物质产业 | 服务产业 | 知识产业 |
> |---|---|---|---|
> | 美国 | 1970~2015 | 1970~2015 | 1997~2015 |
> | 日本 | 1973~2009 | 1973~2014 | 1973~2013 |
> | 德国 | 1991~2014 | 1991~2014 | 1991~2014 |
> | 英国 | 1995~2015 | 1995~2015 | 1995~2015 |
> | 法国 | 1995~2014 | 1995~2014 | 1995~2014 |
>
> 时序分析的指标数据采用五国指标数据的算术平均值。在 1970~2015 年的前期和后期,由于部分国家的部分指标缺少数据,时序分析的指标数值为有统计数据的指标数据的算术平均值。美国的统计数据部分来自美国经济分析局(BEA)。

一、世界产业水平的时序分析

在本《报告》中,产业水平指产业发展的人均水平,涉及许多方面和要素,我们不可能对所有方面和要素都进行分析,只能选择有代表性的方面和统计数据比较齐全的指标进行分析。下面重点讨论人均增加值、人均总产值和人均需求。虽然这种分析不完备,但可以提供有用信息。

表 1-18　1700~2015 年产业水平的变迁(以人均增加值、人均需求为例)

方面	分类	人均产业水平变量				长期趋势和特点
		18 世纪	19 世纪	1900~1970 年	1970~2015 年	
人均增加值	三次产业	农业、工业、服务业				上升,国别差异
	三大产业				物质产业、服务产业、知识产业	上升,国别差异
	六大集群				农业、工业、流通服务、其他服务、人类服务、基本服务	上升,国别差异
	24 个部门				农业,制造业,建筑业,公共事业,环境治理,批发和零售业,运输和储存,食宿服务,房地产和租赁,其他个人家庭服务,其他劳务服务,科学研发,教育,信息和交流,艺术、娱乐和文娱,旅行,健康和社会帮助,金融和保险,专业和技术活动,行政和辅助,公共管理和社会安全,成员组织活动	上升,国别差异

（续表）

方面	分类	人均产业水平变量				长期趋势和特点
		18世纪	19世纪	1900～1970年	1970～2015年	
人均需求	三次产业			农业、工业、服务		上升,国别差异
	三大产业				物质产业、服务产业、知识产业	上升,国别差异
	六大集群				农业、工业、流通服务、其他服务、人类服务、基本服务	上升,国别差异
	24个部门				农业,制造业,公共事业,环境治理,批发和零售业,运输和储存,食宿服务,房地产和租赁,其他劳务服务,教育,信息和交流,艺术、娱乐和文娱,健康和社会帮助,金融和保险,专业和技术活动,公共管理和社会安全,成员组织活动	上升,国别差异

注：时序分析的历史数据来自：库兹涅茨,1999；麦迪森,2003；米切尔,2002；OECD,2017。有些指标的变化趋势不明显，例如，人均采矿和采石的增加值、人均采矿和采石的需求、人均建筑业需求、人均其他个人和家庭服务的需求。有些指标没有统计数据，例如，人均国际组织活动的增加值、人均科学研发需求、人均旅行需求、人均行政和辅助需求、人均国际组织活动的需求。后同。

在2005～2015年期间，同一个国家人均GDP的变化趋势会因为计量单位的不同而有所差别，有时呈现相反的特点（表1-19）。人均GDP的变化趋势必然与各个产业的人均增加值、人均总产值等的变化相关，在讨论和引用这些指标的分析结果时需要谨慎对待。

表1-19 2005～2015年期间典型国家以不同计量单位测度的人均GDP变化趋势

项目	挪威	日本	意大利	西班牙	法国	加拿大	瑞典	德国
人均GDP/现价本币	上升	上升	上升	上升	上升	上升	上升	上升
人均GDP/现价美元	下降	下降	下降	下降	下降	下降	下降	下降
人均GDP/2010不变价格美元	上升	上升	上升	上升	上升	上升	上升	上升
GDP/现价本币	上升	上升	上升	上升	上升	上升	上升	上升
GDP/现价美元	下降	下降	下降	下降	下降	下降	下降	下降
GDP/2010不变价格美元	上升	下降	下降	下降	上升	上升	上升	上升
影响因素	汇率	汇率、政策、人口	汇率、物价	汇率、人口	汇率	汇率	汇率	汇率

注：根据世界银行《世界发展指标》数据库（World Bank, 2017）的数据整理，并做出判断。

1. 人均增加值的时序分析

人均增加值的变化趋势采用25个国家的样本数据。这些国家大小不同，发展水平不同，经济结构既有共性又有差别。这里采用美国、日本、德国、英国和法国的发展指标的算术平均值为代表，分析基于人均增加值的产业结构的变化趋势（表1-20）。在35个指标中，29个指标为水平变量，6个指标为交叉变量；上升变量35个。

表1-20 1960～2015年人均增加值的变化

项目	1960	1970	1980	1990	2000	2010	2015	变化	趋势
（1）国民经济									
人均GDP	1551	3047	11 370	22 496	29 787	42 816	42 463	3.7	上升***

(续表)

项目	1960	1970	1980	1990	2000	2010	2015	变化	趋势
(2) 三次产业									
人均农业增加值	—	120	303	439	385	446	480**	1.6	上升***
人均工业增加值	—	1063	3769	6661	7566	9366	9904**	2.6	上升***
人均服务业增加值	—	1522	6198	13 616	20 180	30 252	32 271**	5.2	上升
(3) 三大产业									
人均物质产业增加值	—	1729	4044	8392	8048	9669	10 210	2.5	上升***
人均服务产业增加值	—	1508	3346	7522	9327	13 367	14 238	4.3	上升
人均知识产业增加值	—	—	2267	6417	10 472	16 542	21 124	9.3	上升
(4) 六大集群									
人均农业增加值	—	119	274	463	385	444	398	1.5	上升***
人均工业增加值	—	1589	3743	7899	7663	8739	9171	2.5	上升
人均流通服务增加值	—	1480	3197	7036	8754	12 499	14 465	4.5	上升
人均其他服务增加值	—	28	150	486	573	868	924	6.2	上升
人均人类服务增加值	—	—	1072	2976	5034	8093	9953	9.3	上升
人均基本服务增加值	—	—	1195	3441	5438	8449	11171	9.3	上升
(5) 工业集群中的部门									
人均采矿业增加值	—	35	280	222	225	388	297	1.1	上升***
人均制造业增加值	—	759	2266	4360	5180	6212	5924	2.6	上升***
人均建筑业增加值	—	181	647	1414	1570	1943	2013	3.1	上升***
人均公共事业增加值	—	98	228	551	559	713	763	3.3	上升
人均环境治理增加值	—	—	58	146	162	274	272	4.7	上升***
(6) 流通服务集群中的部门									
人均批发和零售业增加值	—	443	1344	2383	3218	4450	4308	3.2	上升***
人均运输和储存增加值	—	171	497	953	1225	1750	1709	3.4	上升
人均食宿服务增加值	—	72	232	525	734	941	1003	4.3	上升
人均房地产和租赁增加值	—	540	1077	2593	3577	5357	6427	6.0	上升
(7) 其他服务集群中的部门									
人均其他个人家庭服务增加值	—	7	101	338	349	492	468	4.6	上升***
人均其他劳务服务增加值	—	21	49	148	223	376	456	9.3	上升
(8) 人类服务集群中的部门									
人均科学研发增加值	—	32	71	197	196	321	389	5.5	上升
人均教育增加值	—	96	360	828	1314	2086	1997	5.5	上升
人均信息和交流增加值	—	138	336	892	1463	2164	2197	6.5	上升
人均艺术、娱乐和文娱增加值	—	22	90	263	353	511	515	5.7	上升
人均旅行增加值	—	—	8	24	70	103	266	33.3	上升
人均健康和社会帮助增加值	—	136	435	1094	1691	2993	3084	7.1	上升
(9) 基本服务集群中的部门									
人均金融和保险增加值	—	146	442	1186	1509	2314	2255	5.1	上升***
人均专业和技术活动增加值	—	192	376	1040	1488	2306	3507	9.3	上升
人均行政和辅助的增加值	—	21	53	169	383	706	799	15.1	上升
人均公共管理和社会安全增加值	—	150	552	1213	1849	2838	2640	4.8	上升***
人均成员组织的活动增加值	—	—	96	333	260	357	357	3.7	上升

注：* 人均 GDP 和三次产业数据来自世界银行《世界发展指标》(World Bank, 2017)，其他数据根据 OECD 产业结构数据库(STAN Database) (OECDa, 2017)整理和估算。增加值单位为现价美元。** 为 2014 年数据。*** 表示在 2000～2015 年期间出现下降，下降原因请参见表 1-19 的说明。考虑统一可比性，变化＝2015 年值÷1980 年值。农业既是一个产业，又是一个集群和一个部门。国际组织活动没有统计数据。后同。

表 1-21 2000～2015 年人均增加值的变化趋势*

项目	变化趋势		备注
	五国平均（现价美元）	五国表现（现价本币）	
（1）国民经济			
人均 GDP	转折	美、德、英、法四国上升，日波动	开放指标
（2）三次产业			
人均农业增加值	转折	美转折，日下降，德、英、法波动	可能存在极值
人均工业增加值	转折	美、德上升，日下降，英、法波动	可能存在极值
人均服务业增加值	上升	五国均上升	开放指标
（3）三大产业			
人均物质产业增加值	转折	日本下降，美、德、英、法先上升后波动	可能存在极值
人均服务产业增加值	上升	美和英上升，日、德、法先上升后波动	可能存在极值
人均知识产业增加值	上升	美、英、德、法上升，日先上升后波动	开放指标
（4）六大集群			
人均农业增加值	转折	美转折，日下降，德、英、法波动	可能存在极值
人均工业增加值	转折	日下降，美、德、英、法先上升后波动	可能存在极值
人均流通服务增加值	上升	美、日、英上升，德、法先上升后波动	可能存在极值
人均其他服务增加值	上升	美、德、英、法四国上升，日无统计数据	开放指标
人均人类服务增加值	上升	五国均上升	开放指标
人均基本服务增加值	上升	美、英、法上升，日、德转折	可能存在转折
（5）工业集群中的部门			
人均采矿业增加值	转折	美上升波动，德、法波动，日下降，英转折	可能存在转折
人均制造业增加值	转折	美、德、英上升，日、法下降	可能存在转折
人均建筑业增加值	上升	美、德、英上升，日下降，法转折	可能存在转折
人均公共事业增加值	上升	美、英、法上升，日下降，德转折	可能存在转折
人均环境治理增加值	转折	日、英转折，德、法上升，美无统计数据	可能存在转折
（6）流通服务集群中的部门			
人均批发和零售业增加值	转折	五国均上升	可能存在转折
人均运输和储存增加值	转折	美、德、英、法上升，日转折	可能存在转折
人均食宿服务增加值	上升	美、德、英、法上升，日下降	可能存在转折
人均房地产和租赁增加值	上升	美、日、英上升，德、法转折	可能存在转折
（7）其他服务集群中的部门			
人均其他个人家庭服务增加值	转折	美、德、英、法上升，日无统计数据	可能存在转折
人均其他劳务服务增加值	上升	美、德、英、法上升，日无统计数据	开放指标
（8）人类服务集群中的部门			
人均科学研发增加值	上升	德、法上升，英波动，美、日无统计数据	开放指标
人均教育增加值	转折	五国均上升	开放指标
人均信息和交流增加值	上升	五国均上升	开放指标
人均艺术、娱乐和文娱增加值	上升	美、德、英、法上升，日无统计数据	开放指标
人均旅行增加值	上升	英、德上升，法波动，美、日无统计数据	开放指标
人均健康和社会帮助增加值	上升	五国均上升	开放指标

(续表)

项目	变化趋势		备注
	五国平均(现价美元)	五国表现(现价本币)	
(9) 基本服务集群中的部门			
人均金融和保险增加值	转折	美、德、法上升,英上升波动,日转折	可能存在转折
人均专业和技术活动增加值	上升	美、德、英、法上升,日无统计数据	开放指标
人均行政和辅助的增加值	上升	美、德、英、法上升,日无统计数据	开放指标
人均公共管理和社会安全增加值	转折	美、德、英、法上升,日下降	可能存在转折
人均成员组织的活动增加值	上升	德、英、法上升,美、日无统计数据	开放指标

注：* 人均 GDP 和三次产业数据来自世界银行《世界发展指标》(World Bank, 2017),其他数据根据 OECD 产业结构数据库(OECDa, 2017)整理和估算。

(1) 人均增加值的变化趋势

首先,三次产业变迁。以数据规整的最小时间跨度为分析对象,在 1980～2015 年期间,三次产业人均增加值增速:服务业＞工业＞农业,由此推导,三次产业增加值比例的提高速度:服务业＞工业＞农业。

其次,三大产业变迁。1980～2015 年期间,人均增加值增速:知识产业＞服务产业＞物质产业。

其三,六大集群变迁。1980～2015 年期间,人均增加值增速:基本服务≈人类服务＞其他服务＞流通服务＞工业＞农业。

其四,24 个部门的变迁。1980～2015 年期间,24 个部门变迁的情况如下:

- 农业集群变迁:人均农业增加值提高不足 1 倍。
- 工业集群变迁:人均增加值增速:环境治理＞公共事业＞建筑业＞制造业＞采矿业。
- 流通服务集群变迁:人均增加值增速:房地产和租赁＞食宿服务＞运输和储存＞批发和零售业。
- 其他服务集群变迁:人均增加值增速:其他劳务服务＞其他个人和家庭服务。
- 人类服务集群变迁:人均增加值增速:旅行＞健康和社会帮助＞信息和交流＞艺术、娱乐和文娱＞教育≈科学研发。
- 基本服务集群变迁:人均增加值增速:行政和辅助＞专业和技术活动＞金融和保险＞公共管理和社会安全＞成员组织活动。

(2) 人均增加值的世界前沿和国别差异

首先,三次产业的世界前沿和国别差异。在 1960～2015 年期间,农业、工业和服务业人均增加值的国际相对差距都表现为先扩大后缩小;其中,人均工业增加值和人均服务业增加值的国际相对差距较大(表 1-22)。

表 1-22　1960～2015 年三次产业人均增加值的世界前沿和国际差距

分类	项目	1960	1970	1980	1990	2000	2010	2015
农业	最大值/美元	279	192	963	1531	1058	2218	2236*
	最小值/美元	21	25	58	38	22	17	19
	世界平均值/美元	—	71	163	206	184	370	435
	绝对差距/美元	258	167	905	1493	1036	2201	2217
	相对差距	13	8	17	40	48	130	118
	国家样本数/个	38	68	76	104	131	131	123
工业	最大值/美元	399	987	11 867	11 637	13 916	30 489	23 558
	最小值/美元	4	5	4	22	14	32	30
	世界平均值/美元	—	—	—	1326	1504	2630	2669
	绝对差距/美元	395	982	11 863	11 615	13 902	30 457	23 528
	相对差距	100	197	2967	529	994	953	785
	国家样本数/个	39	67	76	104	131	131	123
服务业	最大值/美元	278	1967	9540	24 735	35 617	52 233	57 863
	最小值/美元	17	12	23	38	20	84	101
	世界平均值/美元	—	—	—	—	3535	5980	
	绝对差距/美元	261	1955	9517	24 697	35 597	52 149	57 762
	相对差距	16	164	415	651	1781	622	573
	国家样本数/个	32	67	76	103	131	131	121

注：根据世界银行数据(World Bank, 2017)计算而得。绝对差距＝最大值－最小值，相对差距＝最大值÷最小值。*采用新西兰 2012 年数据。

其次，三大产业的世界前沿和国别差异。25 个样本国家在 1970～2015 年期间，三大产业的国际绝对差距均扩大；而知识产业人均增加值的国际相对差距扩大，物质产业和服务产业人均增加值的国际相对差距先上升后下降（表 1-23）。

表 1-23　25 个样本国家 1970～2015 年三大产业人均增加值的国际差距

分类	项目	1970	1980	1990	2000	2010	2015
物质产业	最大值/美元	1729	5961	10 400	14 611	31 865	34 417
	最小值/美元	1057	3199	5681	755	2863	3072
	绝对差距/美元	672	2762	4719	13 856	29 002	31 345
	相对差距	2	2	2	19	11	11
	国家样本数/个	3	7	8	25	25	23
服务产业	最大值/美元	1508	4172	8155	13 446	18 198	19 724
	最小值/美元	1003	1785	4535	837	3223	3418
	绝对差距/美元	505	2387	3620	12 609	14 975	16 306
	相对差距	2	2	2	16	6	6
	国家样本数/个	3	5	5	22	23	22
知识产业	最大值/美元	964	4535	9191	11 908	29 304	35 376*
	最小值/美元	696	1729	5635	793	2001	2017*
	绝对差距/美元	268	2806	3556	11 115	27 303	33 359
	相对差距	1	3	2	15	15	18
	国家样本数/个	2	4	4	22	24	24

注：根据 OECD 产业结构数据库(OECDa, 2017)整理和估算。绝对差距＝最大值－最小值，相对差距＝最大值÷最小值，*采用 2014 年数据，后同。

2. 人均总产值的时序分析

人均总产值分析选择 35 个人均总产值指标为代表进行分析;其中,29 个指标为水平变量,6 个指标为交叉变量;上升变量 35 个。

(1) 人均总产值的变化趋势

与人均增加值的分析方法相类似,这里采用美国、日本、德国、英国和法国的发展指标的算术平均值为代表,分析基于人均总产值的产业结构的变化趋势(表 1-24)。

表 1-24　1970～2015 年人均总产值的变化

项目	1970	1980	1990	2000	2010	2015	变化	趋势
(1) 国民经济								
人均总产值	5649	19 734	39 080	52 668	76 739	74 677	3.8	上升*
(2) 三次产业								
人均农业总产值	265	689	932	814	1054	1101	1.6	上升
人均工业总产值	2920	9824	16 735	19 725	26 244	25 537	2.6	上升*
人均服务业总产值	2882	9628	21 413	32 122	49 433	48 038	5.0	上升*
(3) 三大产业								
人均物质产业总产值	3493	11 728	20 877	20 503	27 245	26 870	2.3	上升*
人均服务产业总产值	2187	5314	11 563	14 701	21 810	23 367	4.4	上升
人均知识产业总产值	—	3432	9957	17 134	27 290	29 373	8.6	上升
(4) 六大集群								
人均农业总产值	265	689	932	814	1054	1101	1.6	上升
人均工业总产值	2920	9824	16 735	19 725	26 244	25 537	2.6	上升*
人均流通服务总产值	2147	5065	10 780	13 707	20 332	21 758	4.3	上升
人均其他服务总产值	40	249	782	995	1478	1593	6.4	上升
人均人类服务总产值	—	1705	4892	8002	12 856	13 943	8.2	上升
人均基本服务总产值	—	1732	5083	9194	14 571	15 604	9.0	上升
(5) 工业集群中的部门								
人均采矿业总产值	68	314	363	384	590	410	1.3	上升*
人均制造业总产值	2282	8518	12 122	14 379	18 657	18 780	2.2	上升
人均建筑业总产值	456	1535	3141	3494	4378	4155	2.7	上升*
人均公共事业总产值	103	479	855	1121	2075	2137	4.5	上升
人均环境治理总产值	16	125	275	388	616	714	5.7	上升
(6) 流通服务集群中的部门								
人均批发和零售业总产值	668	2000	3998	5213	7663	7278	3.6	上升*
人均运输和储存总产值	312	891	1740	2406	3587	3444	3.9	上升*
人均食宿服务总产值	154	495	1121	1475	1954	1957	4.0	上升*
人均房地产和租赁总产值	662	1296	3348	4613	7128	7565	5.8	上升
(7) 其他服务集群中的部门								
人均其他个人家庭服务总产值	7	166	516	531	696	656	4.0	上升*
人均其他劳务服务总产值	29	74	238	402	646	780	10.5	上升

(续表)

项目	1970	1980	1990	2000	2010	2015	变化	趋势
(8)人类服务集群中的部门								
人均科学研发总产值	64	120	332	310	551	610	5.1	上升
人均教育总产值	126	429	994	1642	2687	2462	5.7	上升*
人均信息和交流总产值	217	572	1462	2750	4018	3891	6.8	上升*
人均艺术、娱乐和文娱总产值	41	164	436	611	930	903	5.5	上升*
人均旅行总产值	—	35	111	223	285	332	9.5	上升
人均健康和社会帮助总产值	187	665	1608	2572	4551	4746	7.1	上升
(9)基本服务集群中的部门								
人均金融和保险总产值	278	753	2036	3050	4587	4103	5.4	上升*
人均专业和技术活动总产值	307	578	1639	2459	4031	4512	7.8	上升
人均行政和辅助的总产值	29	78	253	619	1048	1257	16.1	上升
人均公共管理和社会安全总产值	218	751	1749	2749	4469	4312	5.7	上升*
人均成员组织的活动总产值	—	172	541	396	545	566	3.3	上升

注：根据 OECD 产业结构数据库（OECDa，2017）整理和估算。总产值单位为现价美元。变化＝2015年值÷1980年值。* 表示在 2000～2015 年期间出现下降。

表 1-25　2000～2015 年人均总产值的变化趋势

项目	变化趋势		备注
	五国平均（现价美元）	五国表现（现价本币）	
(1)国民经济			
人均总产值	转折	美、德、英、法上升，日转折	开放指标
(2)三次产业			
人均农业总产值	上升	美、德、法转折，日下降，英上升	可能存在极值
人均工业总产值	转折	美、日、法转折，德、英上升	可能存在极值
人均服务业总产值	转折	五国均上升	开放指标
(3)三大产业			
人均物质产业总产值	转折	美、日、德、法转折，英上升	可能存在转折
人均服务产业总产值	上升	美、日、英上升，德、法转折	可能存在转折
人均知识产业总产值	上升	美、日、英上升，德转折，法上升波动	开放指标
(4)六大集群			
人均农业总产值	上升	美、德、法转折，日下降，英上升	可能存在转折
人均工业总产值	转折	美、日、德、法转折，英上升	可能存在转折
人均流通服务总产值	上升	美、德、英上升，法转折	可能存在转折
人均其他服务总产值	上升	美、德、英、法上升，日无统计数据	开放指标
人均人类服务总产值	上升	五国均上升	开放指标
人均基本服务总产值	上升	美、英、法上升，日转折	可能存在转折
(5)工业集群中的部门			
人均采矿业总产值	转折	美、德、英转折，日下降，法波动	可能存在转折
人均制造业总产值	上升	美、德、英上升，日法转折	可能存在转折
人均建筑业总产值	转折	美、法转折，日下降，德、英上升	可能存在转折
人均公共事业总产值	上升	美、德、法转折，英上升，日本无统计数据	可能存在转折
人均环境治理总产值	上升	德、英、法上升，美、日无统计数据	开放指标

(续表)

项目	变化趋势		备注
	五国平均（现价美元）	五国表现（现价本币）	
(6) 流通服务集群中的部门			
人均批发和零售业总产值	转折	五国均上升	可能存在转折
人均运输和储存总产值	转折	美、德、英、法上升，日转折	可能存在转折
人均食宿服务总产值	上升	美、德、英、法上升，日下降	可能存在转折
人均房地产和租赁总产值	上升	五国均上升	开放指标
(7) 其他服务集群中的部门			
人均其他个人家庭服务总产值	转折	美、德、英、法上升，日无统计数据	可能存在转折
人均其他劳务服务总产值	上升	美、德、英、法上升，日无统计数据	开放指标
(8) 人类服务集群中的部门			
人均科学研发总产值	上升	德、英、法上升，美、日无统计数据	开放指标
人均教育总产值	转折	五国均上升	开放指标
人均信息和交流总产值	转折	五国均上升	开放指标
人均艺术、娱乐和文娱总产值	转折	美、德、英、法上升，日无统计数据	开放指标
人均旅行总产值	上升	德、英上升，法转折，美、日无统计数据	可能存在转折
人均健康和社会帮助总产值	上升	五国均上升	开放指标
(9) 基本服务集群中的部门			
人均金融和保险总产值	转折	美、德、英、法上升，日转折	可能存在转折
人均专业和技术活动总产值	上升	美、德、英、法上升，日无统计数据	开放指标
人均行政和辅助的总产值	上升	美、德、英、法上升，日无统计数据	开放指标
人均公共管理和社会安全总产值	转折	美、德、英、法上升，日转折	可能存在转折
人均成员组织的活动总产值	上升	德、英、法上升，美、日无统计数据	开放指标

注：数据来源和处理同表1-24。

首先，三次产业变迁。1980～2015年期间，三次产业人均总产值增速：服务业＞工业＞农业。

其次，三大产业变迁。1980～2015年期间，三大产业人均总产值增速：知识产业＞服务产业＞物质产业。

其三，六大集群变迁。1980～2015年期间，六大集群人均总产值增速：基本服务＞人类服务＞其他服务＞流通服务＞工业＞农业。

其四，24个部门的变迁。1980～2015年期间，24个部门变迁的情况如下：

- 农业集群变迁：人均农业总产值提高不足1倍。
- 工业集群变迁：人均总产值增速：环境治理＞公共事业＞建筑业＞制造业＞采矿业。
- 流通服务集群变迁：人均总产值增速：房地产和租赁＞食宿服务＞运输和储存＞批发和零售业。
- 其他服务集群变迁：人均总产值增速：其他劳务服务＞其他个人和家庭服务。
- 人类服务集群变迁：人均总产值增速：旅行＞健康和社会帮助＞信息和交流＞教育＞艺术、娱乐和文娱＞科学研发。
- 基本服务集群变迁：人均总产值增速：行政和辅助＞专业和技术活动＞公共管理和社会安全＞金融和保险＞成员组织活动。

(2) 人均总产值的世界前沿和国别差异

首先,三次产业的世界前沿和国别差异。25个样本国家在1970～2015年间,工业和服务业人均总产值的国际相对差距都为先扩大后缩小;其中,人均服务业增加值的国际相对差距较大(表1-26)。

表1-26 25个样本国家1970～2015年三次产业人均总产值的国际差距

分类	项目	1970	1980	1990	2000	2010	2015
农业	最大值/美元	592	1456	2004	1557	2950	2794
	最小值/美元	97	285	341	279	449	456
	绝对差距/美元	495	1171	1663	1278	2501	2338
	相对差距	6	5	6	6	7	6
	国家样本数/个	8	11	15	24	24	22
工业	最大值/美元	4443	13 824	31 913	30 339	60 115	62 505
	最小值/美元	672	2127	2799	1758	7309	7115
	绝对差距/美元	3771	11 697	29 114	28 581	52 806	55 390
	相对差距	7	6	11	17	8	9
	国家样本数/个	8	11	15	24	24	22
服务业	最大值/美元	4887	16 368	43 179	43 328	86 572	95 948
	最小值/美元	508	1080	1723	3284	6916	7230
	绝对差距/美元	4379	15 288	41 456	40 044	79 656	88 718
	相对差距	10	15	25	13	13	13
	国家样本数/个	8	11	15	24	24	22

注:数据来源和计算同表1-24。

其次,三大产业的世界前沿和国别差异。25个样本国家在1970～2015年期间,人均物质产业总产值和人均服务产业总产值的国际相对差距先扩大后缩小,人均知识产业总产值的国际相对差距扩大(表1-27)。

表1-27 25个样本国家1970～2015年三大产业人均总产值的国际差距

分类	项目	1970	1980	1990	2000	2010	2015
物质产业	最大值/美元	4196	14 914	26 036	31 418	63 065	71 006
	最小值/美元	2687	8750	15 096	2036	7758	8865
	绝对差距/美元	1509	6164	10 940	29 382	55 307	62 141
	相对差距	2	2	2	15	8	8
	国家样本数/个	4	7	8	23	24	24
服务产业	最大值/美元	2187	7520	13 414	19 868	35 571	39 506
	最小值/美元	1617	3176	8054	1952	4197	4978
	绝对差距/美元	570	4344	5360	17 916	31 374	34 528
	相对差距	1	2	2	10	8	8
	国家样本数/个	3	6	6	22	24	23
知识产业	最大值/美元	1367	6470	13 442	25 009	48 690	58 322
	最小值/美元	1073	2602	7120	1296	2719	3134
	绝对差距/美元	294	3868	6322	23 713	45 971	55 188
	相对差距	1	2	2	19	18	19
	国家样本数/个	2	5	5	21	24	24

注:数据来源和计算同表1-24。绝对差距=最大值-最小值,相对差距=最大值÷最小值,后同。

3. 人均需求的时序分析

在经济学中,需求是在既定的价格水平下,消费者愿意并且能够购买的商品或服务的数量(O'Sullivan,2003);而所有消费个体愿意购买某一商品或服务的总数量称为需求量。这里人均需求等于人均需求量,人均需求统计数据目前难以获取。基于一般均衡原理,人均需求≈人均供给=人均总产值+人均净进口。我们选择30个人均需求指标为代表进行分析;其中,26个指标为水平变量,4个指标为交叉变量;上升变量30个。

(1) 人均需求的变化趋势

这里我们仍然采用美国、日本、德国、英国和法国的发展指标的算术平均值为代表,分析基于人均需求的产业结构的变化趋势(表1-28)。

表1-28 1995～2011年人均需求的变化

项目	1995	2000	2005	2010	2011	变化	趋势
(1) 国民经济							
人均需求	51 088	51 665	66 636	74 696	81 446	1.6	上升
(2) 三次产业							
人均农业需求	1102	859	970	1136	1306	1.2	上升
人均工业需求	21 609	20 086	24 385	26 693	29 900	1.4	上升
人均服务业需求	28 377	30 721	41 282	46 866	50 240	1.8	上升
(3) 三大产业							
人均物质产业需求	22 711	20 945	25 355	27 830	31 206	1.4	上升
人均服务产业需求	13 804	13 940	18 244	20 016	21 706	1.6	上升
人均知识产业需求	14 572	16 780	23 038	26 850	28 534	2.0	上升
(4) 六大集群							
人均农业需求	1102	859	970	1136	1306	1.2	上升
人均工业需求	21 609	20 086	24 385	26 693	29 900	1.4	上升
人均流通服务需求	13 531	13 434	17 561	19 284	20 907	1.5	上升
人均其他服务需求	274	506	683	732	799	2.9	上升
人均人类服务需求	5670	6814	9471	11 304	12 149	2.1	上升
人均基本服务需求	8902	9966	13 566	15 546	16 385	1.8	上升
(5) 工业集群中的部门							
人均采矿业需求	509	619	1022	1185	1500	2.9	上升
人均制造业需求	15 736	14 615	17 318	18 806	21 289	1.4	上升
人均建筑业需求	3871	3402	4154	4210	4571	1.2	上升
人均公共事业需求	1266	1207	1566	2106	2120	1.7	上升
人均环境治理需求	227	242	327	387	420	1.9	上升
(6) 流通服务集群中的部门							
人均批发和零售业需求	5620	5425	6863	7245	7858	1.4	上升
人均运输和储存需求	2318	2342	3070	3256	3571	1.5	上升
人均食宿服务需求	1497	1535	1952	2167	2380	1.6	上升
人均房地产和租赁需求	4096	4132	5676	6617	7098	1.7	上升

(续表)

项目	1995	2000	2005	2010	2011	变化	趋势
(7) 其他服务集群中的部门							
人均其他个人家庭服务需求	47	43	64	77	82	1.7	上升
人均其他劳务服务需求	227	463	619	655	716	3.2	上升
(8) 人类服务集群中的部门							
人均教育需求	1558	1579	2170	2568	2712	1.7	上升
人均信息和交流需求	1434	2084	2655	3032	3259	2.3	上升
人均艺术、娱乐和文娱需求	49	121	164	232	259	5.3	上升
人均健康和社会帮助需求	2451	2540	3780	4699	5080	2.1	上升
(9) 基本服务集群中的部门							
人均金融和保险需求	2620	2982	4051	4514	4589	1.8	上升
人均专业和技术活动需求	3172	3646	5050	5822	6338	2.0	上升
人均公共管理和社会安全需求	2884	2758	3745	4421	4635	1.6	上升
人均成员组织的活动需求	227	580	719	790	824	3.6	上升

注：根据 OECD 投入产出数据库（Input-Output Database）（OECDb，2017）整理和估算。需求单位为现价美元。变化＝终点÷起点。人均科学研发需求、人均旅行需求、人均行政和辅助需求、人均国际组织活动需求，没有统计数据。

首先，三次产业变迁。1995～2011年期间，三次产业人均需求增速：服务业＞工业＞农业。

其次，三大产业变迁。1995～2011年期间，三大产业人均需求增速：知识产业＞服务产业＞物质产业。

其三，六大集群变迁。1995～2011年期间，六大集群人均需求增速：其他服务＞人类服务＞基本服务＞流通服务＞工业＞农业。

其四，24个部门的变迁。1995～2011年期间，24个部门变迁的情况如下：

- 农业集群变迁：人均农业需求提高不足1倍。
- 工业集群变迁：人均需求增速：采矿业＞环境治理＞公共事业＞制造业＞建筑业。
- 流通服务集群变迁：人均需求增速：房地产和租赁＞食宿服务＞运输和储存＞批发和零售业。
- 其他服务集群变迁：人均需求增速：其他劳务服务＞其他个人和家庭服务。
- 人类服务集群变迁：人均需求增速：艺术、娱乐和文娱＞信息和交流＞健康和社会帮助＞教育。
- 基本服务集群变迁：人均需求增速：成员组织活动＞专业和技术活动＞金融和保险＞公共管理和社会安全。

（2）人均需求的世界前沿和国别差异

首先，三次产业的世界前沿和国别差异。54个样本国家在1995～2011年期间，工业人均需求和服务业人均需求的国际相对差距逐渐减小（表1-29）。

表 1-29 54 个国家 1995～2011 年三次产业人均需求的国际差距

分类	项目	1995	2000	2005	2010	2011
农业	最大值/美元	2170	2074	2720	3837	4338
	最小值/美元	64	113	96	167	163
	绝对差距/美元	2106	1961	2624	3670	4175
	相对差距	34	18	28	23	27
	国家样本数/个	54	54	54	54	54
工业	最大值/美元	35 955	29 867	38 009	52 338	60 760
	最小值/美元	165	282	511	765	944
	绝对差距/美元	35 790	29 585	37 498	51 573	59 816
	相对差距	218	106	74	68	64
	国家样本数/个	54	54	54	54	54
服务业	最大值/美元	45 591	40 409	57 437	81 091	90 965
	最小值/美元	180	187	308	499	550
	绝对差距/美元	45 411	40 222	57 129	80 592	90 415
	相对差距	253	216	186	163	165
	国家样本数/个	54	54	54	54	54

注：数据来源和处理同表 1-28。绝对差距＝最大值－最小值，相对差距＝最大值÷最小值，后同。

其次，三大产业的世界前沿和国别差异。54 个样本国家在 1995～2011 年期间，三大产业人均需求的国际相对差距都在逐渐缩小（表 1-30）。

表 1-30 54 个国家 1970～2015 年三大产业人均需求的国际差距

分类	项目	1995	2000	2005	2010	2011
物质产业	最大值/美元	37 419	31 035	39 718	54 810	63 517
	最小值/美元	293	395	666	1040	1246
	绝对差距/美元	37 126	30 640	39 052	53 770	62 271
	相对差距	128	79	60	53	51
	国家样本数/个	54	54	54	54	54
服务产业	最大值/美元	21 884	18 995	26 849	35 261	41 200
	最小值/美元	143	140	224	361	403
	绝对差距/美元	21 741	18 855	26 625	34 900	40 797
	相对差距	153	136	120	98	102
	国家样本数/个	54	54	54	54	54
知识产业	最大值/美元	24 091	24 538	36 223	45 830	50 772
	最小值/美元	37	47	84	138	148
	绝对差距/美元	24 054	24 491	36 139	45 692	50 624
	相对差距	651	522	431	332	343
	国家样本数/个	54	54	54	54	54

注：数据来源和处理同表 1-28。绝对差距＝最大值－最小值，相对差距＝最大值÷最小值，后同。

4. 优势产业变迁的时间差

在 1970～2015 年期间，优势产业的更替存在一定的时间差。优势产业指在产业结构不同层次中人均增加值或人均总产值最大的产业。一般而言，以人均增加值衡量的优势产业占据优势地位的起始时间，早于以人均总产值衡量的优势产业占据优势地位的起始时间。由此可见，产业结构的演进受产业质量的影响较大。

在1970～2015年期间,五国平均基于人均增加值和人均总产值的比较,优势产业的时间差是:在三次产业中,服务业成为优势产业的时间差约为20年。在三大产业中,知识产业成为优势产业的时间差约为10年(表1-31)。

表1-31 1970～2015年优势产业的时间差(基于人均增加值和人均总产值的比较)

项目	2015年基于人均增加值衡量的优势产业	人均增加值占优势地位的起始时间	人均总产值占优势地位的起始时间	时间差
三次产业内	服务业	1970年	1990年	20年
三大产业内	知识产业	2000年	2010年	10年
六大集群内	流通服务集群	1990年	工业集群仍处于主导	大于25年
工业集群内	制造业	1970年	1970年	—
流通服务集群内	房地产和租赁	1990年	2015年	25年
其他服务集群内	其他个人和家庭服务	1973年	1980年	7年
人类服务集群内	健康和社会帮助	1980年	2010年	30年
基本服务集群内	专业和技术活动	2015年	2015年	0年

二、世界产业结构的时序分析

产业结构涉及许多方面和要素,我们不可能对每一个方面和要素都进行分析,只能选择有代表性的方面和统计数据比较齐全的指标进行分析。在本《报告》中,重点讨论增加值结构、总产值结构、需求结构和就业结构。尽管这种分析很不完备,但可以提供有用信息。

表1-32 1700～2015年产业结构的变迁(以增加值结构、就业结构为例)

方面	分类	产业结构变量				长期趋势和特点
		18世纪	19世纪	1900～1970年	1970～2015年	
增加值结构	三次产业				农业	下降
					工业	先升后降
					服务业	上升
	三大产业				物质产业	下降,国别差异
					服务产业、知识产业	上升,国别差异
	六大集群				农业、工业	下降,国别差异
					流通服务、其他服务、人类服务、基本服务	上升,国别差异
	24个部门				房地产和租赁,其他劳务服务,教育,信息和交流,艺术、娱乐和文娱,旅行,健康和社会帮助,金融和保险,专业和技术活动和行政和辅助	上升,国别差异
					农业、制造业、建筑业、批发和零售业、运输和储存	下降,国别差异
					公共事业	转折,国别差异
					采矿采石、环境治理、食宿服务、其他个人和家庭服务、科学研究、公共管理和社会安全、成员组织活动	波动

(续表)

方面	分类	产业结构变量				长期趋势和特点
		18 世纪	19 世纪	1900～1970 年	1970～2015 年	
就业结构	三次产业				农业	下降
					工业	下降,国别差异
					服务业	上升
	三大产业				物质产业	下降
					服务产业、知识产业	上升,国别差异
	六大集群				农业、工业	下降,国别差异
					流通服务、其他服务、人类服务	上升,国别差异
					基本服务	下降,国别差异
	24 个部门				农业、采矿采石、制造业、建筑业、公共事业、科学研发、公共管理和社会安全	下降,国别差异
					环境治理,批发和零售业,食宿服务,房地产和租赁,其他个人和家庭服务,其他劳务服务,信息和交流,艺术、娱乐和文娱,旅行,健康和社会帮助,专业和技术活动,行政和辅助,成员组织活动	上升,国别差异
					金融和保险	转折,国别差异
					运输和储存、教育	波动

注:时序分析的历史数据来自:库兹涅茨,1999;麦迪森,2003;米切尔,2002;World Bank,2017;OECD,2017;后同。无国际组织活动增加值比例、国际组织活动就业比例的统计数据。

1. 增加值结构的时序分析

增加值结构的变化趋势采用 25 个国家的样本数据。由于国家大小不同,发展水平不同,经济结构既有共性又有差别。这里采用美国、日本、德国、英国和法国的发展指标的算术平均值为代表,分析产业增加值结构的变化趋势(表 1-33)。在 34 个指标中,25 个指标为水平变量,9 个指标为交叉变量;上升变量 9 个,下降变量 7 个,转折变量 13 个,波动变量 5 个。

表 1-33　1970～2015 年产业增加值比例的变化*

项目	1970	1980	1990	2000	2010	2015	变化	趋势
(1) 三次产业								
农业增加值比例	6.3	3.6	2.3	1.4	1.1	1.0	−2.6	下降
工业增加值比例	37.7	34.5	31.2	27.1	23.8	23.4	−11.1	下降
服务业增加值比例	56.0	61.9	66.5	71.5	75.1	75.3	13.4	上升
(2) 三大产业								
物质产业增加值比例	34.1	38.3	34.6	28.4	23.6	20.6	−17.7	下降
服务产业增加值比例	30.0	31.3	31.2	33.2	33.4	33.5	2.2	波动**
知识产业增加值比例	—	24.3	25.7	37.8	41.4	45.2	20.9	上升**
(3) 六大集群								
农业增加值比例	4.5	2.9	2.3	1.4	1.1	1.0	−1.9	下降
工业增加值比例	—	35.4	32.6	27.0	22.5	19.6	−15.8	下降
流通服务增加值比例	29.2	29.8	29.3	31.2	31.2	31.3	1.5	波动**
其他服务增加值比例	0.6	1.5	2.0	2.1	2.2	2.2	0.7	上升**
人类服务增加值比例	—	11.5	11.9	18.3	20.3	20.4	8.9	上升**
基本服务增加值比例	—	12.8	13.8	19.5	21.1	22.1	9.3	波动**

(续表)

项目	1970	1980	1990	2000	2010	2015	变化	趋势
(4) 工业集群中的部门								
采矿业增加值比例	1.1	2.6	1.1	0.8	1.0	0.6	−2.0	转折
制造业增加值比例	26.9	22.9	20.4	18.3	15.4	15.3	−7.6	下降**
建筑业增加值比例	6.6	6.7	6.7	5.5	4.9	5.2	−1.5	下降
公共事业增加值比例	1.9	2.1	2.3	2.0	1.8	1.8	−0.3	转折
环境治理增加值比例	—	0.6	0.6	0.6	0.8	0.7	0.1	转折**
(5) 流通服务集群中的部门								
批发和零售业增加值比例	12.2	12.3	11.4	11.3	11.1	11.0	−1.3	转折
运输和储存增加值比例	4.7	4.6	4.5	4.4	4.4	4.4	−0.2	转折
食宿服务增加值比例	1.9	2.4	2.5	2.5	2.3	2.5	0.1	上升**
房地产和租赁增加值比例	10.7	9.8	10.8	13.0	13.4	13.3	3.5	转折**
(6) 其他服务集群中的部门								
其他个人家庭服务增加值比例	—	1.1	1.4	1.2	1.3	1.2	0.1	转折**
其他劳务服务增加值比例	0.4	0.4	0.6	0.8	0.9	1.0	0.6	上升**
(7) 人类服务集群中的部门								
科学研发增加值比例	1.4	0.9	1.1	0.8	0.9	0.9	0.0	波动**
教育增加值比例	4.2	4.3	4.2	4.8	5.2	5.0	0.7	转折
信息和交流增加值比例	3.6	3.7	4.3	5.2	5.4	5.5	1.8	转折**
艺术、娱乐和文娱增加值比例	0.6	1.0	1.2	1.2	1.3	1.3	0.3	上升**
旅行增加值比例	0.1	0.1	0.1	0.3	0.3	0.3	0.2	转折
健康和社会帮助增加值比例	4.0	4.6	5.4	6.2	7.5	7.9	3.3	上升
(8) 基本服务集群中的部门								
金融和保险增加值比例	3.8	4.5	5.7	5.2	5.8	5.5	1.0	转折
专业和技术活动增加值比例	3.8	3.3	4.4	5.4	5.8	5.9	2.6	波动
行政和辅助的增加值比例	0.4	0.5	0.7	1.5	1.8	2.1	1.6	上升
公共管理和社会安全增加值比例	6.7	6.6	6.2	6.7	7.0	6.5	−0.1	转折
成员组织的活动增加值比例	—	1.0	1.3	0.9	0.9	0.9	−0.1	转折**

注：* 三次产业数据来自世界银行《世界发展指标》(World Bank, 2017)，其他数据根据 OECD 产业结构数据库 (OECDa, 2017) 整理和估算。比例单位为%。** 表示存在较大的国别差异。波动指先上升后波动。变化=2015年值 −1980年值。农业既是一个产业，又是一个集群和一个部门。国际组织活动增加值比例没有统计数据，此处省略。三大产业增加值比例加和不等于100%是由于样本国家数据不全所致。后同。

(1) 增加值结构的变化趋势

首先，三次产业变迁。19世纪以来，农业增加值比例下降，工业增加值比例先上升后下降，服务业增加值比例上升。

2015年，世界平均农业增加值比例为4%，工业27%，服务业69%；高收入国家平均为：农业2%，工业24%，服务业74%；中国：农业9%，工业41%，服务业50%(World Bank, 2017)。

其次，三大产业变迁。1970~2015年期间，物质产业增加值比例下降，服务业增加值比例先上升后波动，知识产业增加值比例上升。2015年，五国平均值：物质产业增加值比例约为21%，服务产业增加值比例约为34%，知识产业增加值比例约为45%。

其三，六大集群变迁。1970~2015年期间，农业增加值比例和工业增加值比例下降；流通服务增加值比例和基本服务增加值比例先上升后波动，其他服务增加值比例和人类服务增加值比例上升。

其四，24个部门的变迁。1970～2015年期间，24个部门变迁的情况如下：

- 农业集群变迁：农业增加值比例降低。
- 工业集群变迁：制造业和建筑业增加值比例下降，采矿业增加值比例、公共事业增加值比例和环境治理增加值比例先上升后下降。
- 流通服务集群变迁：食宿服务增加值比例上升；批发和零售业增加值比例、运输和储存增加值比例、房地产和租赁增加值比例先上升后下降。
- 其他服务集群变迁：其他劳务服务增加值比例上升，其他个人和家庭服务增加值比例先上升后下降。
- 人类服务集群变迁：艺术、娱乐和文娱增加值比例，健康和社会帮助增加值比例上升；信息和交流增加值比例、教育增加值比例和旅行增加值比例先上升后下降；科学研发增加值比例波动。
- 基本服务集群变迁：行政和辅助的增加值比例上升；金融和保险增加值比例、公共管理和社会安全增加值比例、成员组织活动增加值比例先上升后下降；专业和技术活动增加值比例波动。

(2) 增加值比例的世界前沿和国别差异

首先，三次产业的世界前沿和国别差异。在1970～2015年期间，农业增加值比例的世界前沿值（最小值）减小，农业增加值比例的国际相对差距逐渐扩大；服务业增加值比例的世界前沿值（最大值）上升；在2000～2015年期间，工业增加值比例的世界前沿值（最小值）下降，国际相对差距在扩大（表1-34）。

表1-34 1970～2015年三次产业增加值比例的世界前沿和国际差距

分类	项目	1970	1980	1990	2000	2010	2015
农业	最大值/(%)	70.63	72.03	61.23	52.46	55.15	61.33
	最小值/(%)	4.24	0.99	0.34	0.10	0.04	0.04
	世界平均/(%)	—	—	—	5.17	3.91	—
	绝对差距/(%)	66.39	71.04	60.89	52.36	55.15	61.29
	相对差距	17	73	180	525	1379	1533
	国家样本数/个	55	69	96	125	128	119
工业	最大值/(%)	59.76	71.49	61.02	72.15	75.38	60.27
	最小值/(%)	8.73	4.49	9.78	9.69	8.11	4.62
	世界平均/(%)	—	—	—	30.93	28.84	27.07
	绝对差距/(%)	51.03	67.0	51.24	62.46	67.27	55.65
	相对差距	7	16	6	7	9	13
	国家样本数/个	58	69	97	125	128	125
服务业	最大值/(%)	69.38	68.37	71.01	75.65	78.44	78.92
	最小值/(%)	19.20	21.40	15.90	13.25	20.79	33.42
	世界平均/(%)	—	—	—	64.17	67.27	69.05
	绝对差距/(%)	50.18	46.97	55.11	62.40	57.65	45.50
	相对差距	4	3	4	6	4	2
	国家样本数/个	58	69	97	125	128	125

注：数据来源和处理同表1-33。绝对差距＝最大值－最小值，相对差距＝最大值÷最小值，后同。

其次，三大产业的世界前沿和国别差异。25个样本国家在1970～2015年期间，知识产业增加值比例的最大值在增大；在2000～2015年期间，物质产业增加值比例的最大值在减小，而服务产业增加值比例的最大值在逐渐上升（表1-35）。

表 1-35 24 个样本国家 1970～2015 年三大产业增加值比例的国际差距

分类	项目	1970	1980	1990	2000	2010	2015
物质产业	最大值/(%)	36.63	47.65	41.69	43.44	40.83	40.29
	最小值/(%)	34.13	39.54	27.60	19.02	18.92	12.32
	绝对差距/(%)	2.50	8.11	14.09	24.42	21.91	27.97
	相对差距	1	1	2	2	2	3
	国家样本数/个	3	7	8	24	24	13
服务产业	最大值/(%)	39.25	32.48	32.69	40.54	43.57	43.81
	最小值/(%)	29.77	26.60	26.84	25.45	23.32	28.38
	绝对差距/(%)	9.48	5.88	5.85	15.09	20.25	15.43
	相对差距	1	1	1	2	2	2
	国家样本数/个	3	5	5	23	24	12
知识产业	最大值/(%)	31.72	37.77	39.37	41.96	48.44	48.71
	最小值/(%)	24.12	24.26	25.72	27.48	23.56	23.71
	绝对差距/(%)	7.60	13.51	13.65	14.48	24.88	25.0
	相对差距	1	2	2	2	2	2
	国家样本数/个	2	4	4	22	24	12

注：数据来源和处理同表 1-33。绝对差距＝最大值－最小值，相对差距＝最大值÷最小值，后同。

再次，六大集群的世界前沿和国别差异。25 个样本国家在 1970～2015 年期间，工业、流通服务、人类服务和基本服务四个方面增加值比例的国际绝对差距较大；而农业增加值比例的相对国际差距较大（表 1-36）。

表 1-36 25 个样本国家 1970～2015 年六大集群增加值比例的国际差距

分类	项目	1970	1980	1990	2000	2010	2015
农业	最大值/(%)	12.27	10.44	8.49	6.08	4.41	4.12
	最小值/(%)	2.34	1.71	1.42	0.87	0.72	0.64
	绝对差距/(%)	9.93	8.73	7.07	5.21	3.69	3.48
	相对差距	5	6	6	7	6	6
	国家样本数/个	13	15	16	24	24	24
工业	最大值/(%)	31.37	39.95	39.36	41.38	39.07	37.77
	最小值/(%)	30.05	26.92	25.85	20.99	15.66	15.69
	绝对差距/(%)	1.32	13.03	13.51	20.39	23.41	22.08
	相对差距	1	1	2	2	2	2
	国家样本数/个	3	7	8	24	23	12
流通服务	最大值/(%)	38.68	30.20	30.98	38.95	41.81	42.52
	最小值/(%)	29.22	25.77	25.85	24.48	22.27	27.24
	绝对差距/(%)	9.46	4.43	5.13	14.47	19.54	15.28
	相对差距	1	1	1	2	2	2
	国家样本数/个	3	7	8	23	24	12
其他服务	最大值/(%)	1.5	2.27	2.91	2.87	3.28	2.53
	最小值/(%)	0.55	0.60	0.71	0.90	0.96	1.14
	绝对差距/(%)	0.95	1.67	2.20	1.97	2.32	1.39
	相对差距	3	4	4	3	3	2
	国家样本数/个	3	5	5	23	24	13

(续表)

分类	项目	1970	1980	1990	2000	2010	2015
人类服务	最大值/(%)	17.0	20.84	21.63	22.60	25.29	24.55
	最小值/(%)	12.75	11.47	11.93	12.20	10.0	9.72
	绝对差距/(%)	4.25	9.37	9.70	10.40	15.29	14.83
	相对差距	1	2	2	2	3	3
	国家样本数/个	2	4	4	23	24	12
基本服务	最大值/(%)	14.72	16.93	17.74	37.69	41.89	27.0
	最小值/(%)	11.37	10.89	14.69	13.20	13.56	13.98
	绝对差距/(%)	3.35	6.04	3.05	24.49	28.33	13.02
	相对差距	1	2	1	3	3	2
	国家样本数/个	2	3	3	22	24	12

注：数据来源和处理同表1-33。绝对差距＝最大值－最小值，相对差距＝最大值÷最小值，后同。

2. 总产值结构的时序分析

与增加值结构分析方法相类似，这里采用美国、日本、德国、英国和法国的发展指标的算术平均值为代表，分析产业总产值结构的变化趋势（表1-37）。在34个指标中，25个指标为水平变量，9个指标为交叉变量；上升变量19个，下降变量8个，波动变量5个，转折变量2个。

表1-37　1970～2015年产业总产值比例的变化

项目	1970	1980	1990	2000	2010	2015	变化	趋势
（1）三次产业								
农业总产值比例	4.7	3.5	2.4	1.6	1.4	1.5	−2.0	下降
工业总产值比例	50.0	48.7	42.3	37.4	34.0	34.9	−13.8	下降
服务业总产值比例	45.3	47.8	55.3	61.0	64.6	63.6	15.8	上升
（2）三大产业								
物质产业总产值比例	55.2	53.6	45.8	38.9	35.3	34.9	−18.7	下降
服务产业总产值比例	24.0	24.0	25.6	27.8	28.3	28.1	4.1	上升
知识产业总产值比例	—	16.8	20.7	32.8	35.9	42.2	25.4	上升
（3）六大集群								
农业总产值比例	4.7	3.5	2.4	1.6	1.4	1.5	−2.0	下降
工业总产值比例	50.0	48.7	42.3	37.4	34.0	34.9	−13.8	下降
流通服务总产值比例	23.6	22.9	24.0	26.1	26.5	26.7	3.8	上升**
其他服务总产值比例	0.4	1.1	1.6	1.8	1.8	1.4	0.3	转折**
人类服务总产值比例	—	8.3	10.1	15.2	16.8	18.4	10.1	上升
基本服务总产值比例	—	8.4	10.5	17.4	18.9	23.5	15.1	上升
（4）工业集群中的部门								
采矿业总产值比例	1.0	1.4	1.0	0.7	0.8	0.5	−0.9	下降**
制造业总产值比例	39.1	36.9	30.3	27.3	24.0	25.6	−11.3	下降
建筑业总产值比例	8.1	7.8	8.0	6.6	5.8	5.7	−2.1	下降**
公共事业总产值比例	1.5	2.2	1.9	2.1	2.8	1.2	−1.0	转折**
环境治理总产值比例	0.4	0.6	0.6	0.8	0.8	0.9	0.3	上升

(续表)

项目	1970	1980	1990	2000	2010	2015	变化	趋势
(5) 流通服务集群中的部门								
批发和零售业总产值比例	9.8	9.9	9.8	9.9	10.0	9.9	0.0	波动**
运输和储存总产值比例	4.5	4.4	4.2	4.7	4.7	4.7	0.3	上升**
食宿服务总产值比例	2.1	2.4	2.7	2.7	2.5	2.6	0.2	波动**
房地产和租赁总产值比例	7.3	5.8	7.6	8.8	9.3	10.8	5.0	上升
(6) 其他服务集群中的部门								
其他个人家庭服务总产值比例	—	0.8	1.1	1.0	0.9	0.8	0.0	波动**
其他劳务服务总产值比例	0.3	0.3	0.6	0.8	0.9	1.3	1.0	上升
(7) 人类服务集群中的部门								
科学研发总产值比例	1.4	0.7	1.0	0.7	0.8	1.6	0.9	波动**
教育总产值比例	2.6	2.4	2.7	3.1	3.5	3.2	0.8	上升
信息和交流总产值比例	3.0	2.8	3.6	5.2	5.2	5.1	2.3	上升
艺术、娱乐和文娱总产值比例	0.6	0.8	1.0	1.1	1.2	1.2	0.4	上升
旅行总产值比例	—	0.2	0.2	0.5	0.4	0.4	0.2	上升
健康和社会帮助总产值比例	2.8	3.3	4.1	4.9	5.9	6.3	3.0	上升
(8) 基本服务集群中的部门								
金融和保险总产值比例	3.9	3.8	5.1	5.8	6.1	5.3	1.5	上升
专业和技术活动总产值比例	3.4	2.6	3.8	4.8	5.3	7.2	4.6	上升
行政和辅助的总产值比例	0.3	0.4	0.6	1.3	1.4	1.5	1.1	上升
公共管理和社会安全总产值比例	4.6	4.2	4.8	5.2	5.8	5.6	1.4	上升**
成员组织的活动总产值比例		0.8	1.1	0.7	0.7	0.7	−0.1	波动**

注：根据 OECD 产业结构数据库（OECDa, 2017）的整理和估算。比例单位为%。** 表示存在较大的国别差异。变化＝2015 年值−1980 年值。农业既是一个产业，又是一个集群和一个部门。国际组织活动总产值比例没有统计数据，此处省略。三大产业总产值比例加和不等于100%是由于样本国家数据不全所致。后同。

(1) 总产值结构的变化趋势

首先，三次产业变迁。1970～2015 年期间，农业和工业总产值比例下降，服务业总产值比例上升。

其次，三大产业变迁。1970～2015 年期间，物质产业总产值比例大幅降低，知识产业总产值比例大幅提高，服务产业总产值比例上升幅度比较平缓。

其三，六大集群变迁。1970～2015 年期间，基本服务和人类服务总产值比例大幅提高，流通服务总产值比例上升平缓；而农业总产值和工业总产值比例下降；其他服务总产值比例先上升后下降。

其四，24 个部门的变迁。1970～2015 年期间，24 个部门变迁的具体情况如下：

- 农业集群变迁：农业总产值比例降低。
- 工业集群变迁：环境治理总产值比例上升，制造业、建筑业和采矿业的总产值比例下降，公共事业总产值比例先上升后下降。
- 流通服务集群变迁：房地产和租赁、运输和储存的总产值比例上升，而批发和零售、食宿服务总产值比例波动。
- 其他服务集群变迁：其他劳务服务总产值比例上升，其他个人和家庭服务总产值比例波动。
- 人类服务集群结构变迁：五个部门的总产值比例都在上升，增速：健康和社会帮助＞信息和交流＞教育＞艺术、娱乐和文娱＞旅行。科学研发总产值比例波动。
- 基本服务集群变迁：金融和保险、专业和技术活动、行政和辅助、公共管理和社会安全的总产值比例均上升，成员组织活动的总产值比例波动。

（2）总产值比例的世界前沿和国别差异

首先，三次产业的世界前沿和国别差异。在1970～2015年期间，农业总产值比例的国际绝对差距逐渐缩小，而工业总产值比例的国际绝对差距在扩大；服务业总产值比例的世界前沿值（最大值）上升（表1-38）。

表1-38 1970～2015年三次产业总产值比例的世界前沿和国际差距

分类	项目	1970	1980	1990	2000	2010	2015
农业	最大值/(%)	10.1	8.2	9.3	5.5	5.0	5.0
	最小值/(%)	3.3	2.9	1.8	1.0	0.9	1.0
	绝对差距/(%)	6.8	5.3	7.5	4.5	4.1	4.0
	相对差距	3.1	2.8	5.2	5.5	5.6	5.0
	国家样本数/个	8	11	14	24	24	22
工业	最大值/(%)	60.4	60.9	56.2	51.1	52.8	54.2
	最小值/(%)	41.9	39.0	35.9	31.5	26.1	26.2
	绝对差距/(%)	18.5	21.9	20.3	19.6	26.7	28.0
	相对差距	1.4	1.6	1.6	1.6	2.0	2.1
	国家样本数/个	8	11	14	24	24	22
服务业	最大值/(%)	53.7	54.8	62.1	67.1	71.6	72.4
	最小值/(%)	29.5	30.9	34.6	45.6	44.6	43.0
	绝对差距/(%)	24.2	23.9	27.5	21.5	27.0	29.4
	相对差距	1.8	1.8	1.8	1.5	1.6	1.7
	国家样本数/个	8	11	14	24	24	22

注：数据来源和处理同表1-37。绝对差距＝最大值－最小值，相对差距＝最大值÷最小值，后同。

其次，三大产业的世界前沿和国别差异。25个样本国家在1970～2015年期间，三大产业总产值比例的国际绝对差距都在扩大；其中知识产业总产值比例的最大值在增大（表1-39）。

表1-39 25个样本国家1970～2015年三大产业总产值比例的国际差距

分类	项目	1970	1980	1990	2000	2010	2015
物质产业	最大值/(%)	64.3	60.2	53.9	54.1	55.4	57.0
	最小值/(%)	46.1	45.2	37.7	32.6	28.1	27.3
	绝对差距/(%)	18.2	15.0	16.2	21.5	27.3	29.7
	相对差距	1.4	1.3	1.4	1.7	2.0	2.1
	国家样本数/个	4	7	8	24	24	12
服务产业	最大值/(%)	33.1	27.7	28.7	36.9	38.7	39.2
	最小值/(%)	24	21.8	23.8	22	19.5	22
	绝对差距/(%)	9.1	5.9	4.9	14.9	19.2	17.2
	相对差距	1.4	1.3	1.2	1.7	2.0	1.8
	国家样本数/个	3	6	6	24	24	11
知识产业	最大值/(%)	23.7	27.6	30.6	38.9	42.8	42.2
	最小值/(%)	19.1	16.8	20.7	19.5	18.6	18.8
	绝对差距/(%)	4.6	10.8	9.9	19.4	24.2	23.4
	相对差距	1.2	1.6	1.5	2.0	2.3	2.2
	国家样本数/个	2	5	5	21	23	11

注：数据来源和处理同表1-37。绝对差距＝最大值－最小值，相对差距＝最大值÷最小值，后同。

再次,六大集群的世界前沿和国别差异。25个样本国家在1970~2015年期间,工业、流通服务、人类服务和基本服务四个方面总产值比例的国际绝对差距较大;同时,这四个方面的国际绝对差距也在扩大,但是存在一定的波动(表1-40)。

表1-40　25个样本国家1970~2015年六大集群总产值比例的国际差距

分类	项目	1970	1980	1990	2000	2010	2015
农业	最大值/(%)	10.1	8.2	9.3	5.5	5.0	5.0
	最小值/(%)	3.3	2.9	1.8	1.0	0.9	1.0
	绝对差距/(%)	6.8	5.3	7.5	4.5	4.1	4.0
	相对差距	3.1	2.8	5.2	5.5	5.6	5.0
	国家样本数/个	8	11	14	24	24	22
工业	最大值/(%)	60.4	60.9	56.2	51.1	52.8	54.2
	最小值/(%)	41.9	39	35.9	31.5	26.1	26.2
	绝对差距/(%)	18.5	21.9	20.3	19.6	26.7	28.0
	相对差距	1.4	1.6	1.6	1.6	2.0	2.1
	国家样本数/个	8	11	14	24	24	22
流通服务	最大值/(%)	32.6	27.2	27.9	35.8	37.4	38.2
	最小值/(%)	23.6	21.3	23	21.3	22.2	21.1
	绝对差距/(%)	9.0	5.9	4.9	14.5	15.2	17.1
	相对差距	1.4	1.3	1.2	1.7	1.7	1.8
	国家样本数/个	3	7	8	23	24	11
其他服务	最大值/(%)	1.2	1.8	2.4	2.3	2.3	1.4
	最小值/(%)	0.4	0.2	0.3	0.7	0.5	0.8
	绝对差距/(%)	0.8	1.6	2.1	1.6	1.8	0.6
	相对差距	3.0	9.0	8.0	3.3	4.6	1.8
	国家样本数/个	3	6	6	21	24	11
人类服务	最大值/(%)	12.5	14.9	15.9	18.4	20	19.4
	最小值/(%)	10	8.3	10.1	8.5	7.8	7.6
	绝对差距/(%)	2.5	6.6	5.8	9.9	12.2	11.8
	相对差距	1.3	1.8	1.6	2.2	2.6	2.6
	国家样本数/个	2	5	5	21	24	11
基本服务	最大值/(%)	11.2	12.7	14.7	22.7	24.3	23.5
	最小值/(%)	9.2	7.9	10.5	10.9	10.7	11.1
	绝对差距/(%)	2.0	4.8	4.2	11.8	13.6	12.4
	相对差距	1.2	1.6	1.4	2.1	2.3	2.1
	国家样本数/个	2	5	5	21	24	11

注:数据来源和处理同表1-37。绝对差距=最大值-最小值,相对差距=最大值÷最小值,后同。

3. 需求结构的时序分析

与前述分析方法相类似,这里采用美国、日本、德国、英国和法国的发展指标的算术平均值为代表,分析产业需求结构的变化趋势(表1-41)。在28个指标中,19个指标为水平变量,9个指标为交叉变量;上升变量12个,下降变量6个,波动变量10个。

表 1-41　1995～2011 年产业需求比例的变化

项目	1995	2000	2005	2010	2011	变化	趋势
(1) 三次产业							
农业需求比例	2.2	1.7	1.5	1.5	1.6	−0.6	下降
工业需求比例	41.6	38.8	36.8	35.7	36.5	−5.1	下降
服务业需求比例	56.2	59.5	61.8	62.8	61.9	5.7	上升
(2) 三大产业							
物质产业需求比例	43.8	40.5	38.2	37.2	38.1	−5.7	下降
服务产业需求比例	26.7	27.0	27.4	26.8	26.7	0.0	波动
知识产业需求比例	29.5	32.6	34.5	36.0	35.2	5.7	上升
(3) 六大集群							
农业需求比例	2.2	1.7	1.5	1.5	1.6	−0.6	下降
工业需求比例	41.6	38.8	36.8	35.7	36.5	−5.1	下降
流通服务需求比例	26.2	26.0	26.4	25.8	25.7	−0.5	波动*
其他服务需求比例	0.6	1.0	1.0	1.0	1.0	0.4	上升
人类服务需求比例	11.5	13.2	14.2	15.2	15.0	3.5	上升
基本服务需求比例	17.9	19.3	20.2	20.8	20.2	2.3	上升
(4) 工业集群中的部门							
采矿业需求比例	1.1	1.2	1.5	1.6	1.8	0.7	上升*
制造业需求比例	30.4	28.3	26.2	25.1	25.9	−4.5	下降
建筑业需求比例	7.2	6.5	6.2	5.7	5.7	−1.5	下降*
公共事业需求比例	2.5	2.3	2.4	2.9	2.6	0.1	波动
环境治理需求比例	0.5	0.5	0.5	0.5	0.5	0.0	波动*
(5) 流通服务集群中的部门							
批发和零售业需求比例	10.8	10.4	10.3	9.7	9.7	−1.1	下降
运输和储存需求比例	4.6	4.7	4.7	4.6	4.4	−0.2	波动*
食宿服务需求比例	2.9	2.9	2.9	2.9	2.9	0.0	波动*
房地产和租赁需求比例	8.0	8.0	8.5	8.9	8.7	0.7	上升
(6) 其他服务集群中的部门							
其他个人家庭服务需求比例	0.2	0.2	0.2	0.2	0.2	0.0	波动*
其他劳务服务需求比例	0.5	0.5	0.9	0.9	0.9	0.4	上升
(7) 人类服务集群中的部门							
教育需求比例	3.2	3.1	3.2	3.5	3.4	0.2	上升
信息和交流需求比例	2.9	4.0	4.0	4.1	4.0	1.1	上升
健康和社会帮助需求比例	5.0	5.0	5.7	6.3	6.3	1.3	上升
(8) 基本服务集群中的部门							
金融和保险需求比例	5.3	5.7	6.0	6.0	5.7	0.4	波动*
专业和技术活动需求比例	6.4	7.2	7.6	7.8	7.8	1.4	上升
公共管理和社会安全需求比例	5.8	5.3	5.5	5.9	5.7	−0.1	波动*
成员组织的活动需求比例	0.5	1.1	1.1	1.1	1.0	0.5	波动*

注：根据 OECD 投入产出数据库(OECDb, 2017)整理和估算。比例单位为%。*表示存在较大的国别差异。变化=2011年值−1995年值。农业既是一个产业，又是一个集群和一个部门。科学研发，旅行，艺术、娱乐和文娱，行政辅助和国际组织活动需求比例，没有统计数据，此处省略。

(1) 需求结构的变化趋势

首先,三次产业变迁。1995~2011年期间,农业和工业需求比例下降,服务业需求比例上升。

其次,三大产业变迁。1995~2011年期间,物质产业需求比例降低,知识产业需求比例提高,服务产业需求比例波动。

其三,六大集群变迁。1995~2011年期间,三个产业集群需求比例上升,上升幅度从高到低排序依次为:人类服务、基本服务、其他服务;农业需求和工业需求比例下降;流通服务需求比例波动。

其四,24个部门的变迁。1995~2011年期间,24个部门变迁的情况如下:

- 农业集群变迁:农业需求比例降低。
- 工业集群变迁:采矿业需求比例上升,制造业和建筑业需求比例下降,公共事业和环境治理需求比例波动。
- 流通服务集群变迁:房地产和租赁需求比例上升,批发和零售业、运输和储存需求值比例下降,运输和储存、食宿服务需求比例波动,存在国别差异。
- 其他服务集群变迁:其他劳务服务需求比例上升,其他个人和家庭服务需求比例波动。
- 人类服务集群变迁:有统计数据的三个部门需求比例都在上升,增速:健康和社会帮助＞信息和交流＞教育。
- 基本服务集群变迁:专业和技术活动的需求比例上升,金融和保险、公共管理和社会安全、成员组织的活动需求比例波动。

(2) 需求结构的世界前沿和国别差异

首先,三次产业的世界前沿和国别差异。在1995~2011年期间,农业需求比例的国际相对差距较大,而工业和服务需求比例的国际相对差距较小(表1-42)。

表1-42　54个样本国家1995~2011年三次产业需求比例的世界前沿和国际差距

分类	项目	1995	2000	2005	2010	2011
农业	最大值/(%)	22.1	19.3	14.5	13.8	14.9
	最小值/(%)	0.1	0.3	0.1	0.2	0.1
	绝对差距/(%)	22.0	19.0	14.4	13.6	14.8
	相对差距	221.0	64.3	145.0	69.0	149.0
	国家样本数/个	54	54	54	54	54
工业	最大值/(%)	64.5	62.7	64.7	67.2	67.1
	最小值/(%)	34.9	34.3	32.7	29.1	29.7
	绝对差距/(%)	29.6	28.4	32.0	38.1	37.4
	相对差距	1.8	1.8	2.0	2.3	2.3
	国家样本数/个	54	54	54	54	54
服务业	最大值/(%)	61.9	64.4	66.0	69.3	68.1
	最小值/(%)	22.2	29.7	25.5	25.5	25.7
	绝对差距/(%)	39.7	34.7	40.5	43.8	42.4
	相对差距	2.8	2.2	2.6	2.7	2.6
	国家样本数/个	54	54	54	54	54

注:数据来源和处理同表1-41。绝对差距=最大值-最小值,相对差距=最大值÷最小值,后同。

其次,三大产业的世界前沿和国别差异。54个样本国家在1995~2011年期间,知识产业需求比例的国际相对差距扩大,物质产业需求比例的国际绝对差距较大(表1-43)。

表 1-43　54 个样本国家 1995~2011 年三大产业需求比例的国际差距

分类	项目	1995	2000	2005	2010	2011
物质产业	最大值/(%)	77.8	70.4	74.5	74.5	74.3
	最小值/(%)	38.1	35.6	34	30.7	32.0
	绝对差距/(%)	39.7	34.8	40.5	43.8	42.3
	相对差距	2.0	2.0	2.2	2.4	2.3
	国家样本数/个	54	54	54	54	54
服务产业	最大值/(%)	32.2	32.4	34.1	35.1	35.1
	最小值/(%)	13.3	16.9	14	12.6	12.7
	绝对差距/(%)	18.9	15.5	20.1	22.5	22.4
	相对差距	2.4	1.9	2.4	2.8	2.8
	国家样本数/个	54	54	54	54	54
知识产业	最大值/(%)	35.9	39.1	40.4	45.5	43.0
	最小值/(%)	7.8	7.6	7	7	6.9
	绝对差距/(%)	28.1	31.5	33.4	38.5	36.1
	相对差距	4.6	5.1	5.8	6.5	6.2
	国家样本数/个	54	54	54	54	54

注：数据来源和处理同表 1-41。绝对差距＝最大值－最小值，相对差距＝最大值÷最小值，后同。

再次，六大集群的世界前沿和国别差异。54 个样本国家在 1970~2015 年期间，农业、工业、流通服务、人类服务和基本服务五个方面需求比例的国际绝对差距较大；农业需求比例的相对国际差距较大（表 1-44）。

表 1-44　54 个样本国家 1995~2011 年六大集群需求比例的国际差距

分类	项目	1995	2000	2005	2010	2011
农业	最大值/(%)	22.1	19.3	14.5	13.8	14.9
	最小值/(%)	0.1	0.3	0.1	0.2	0.1
	绝对差距/(%)	22.0	19.0	14.4	13.6	14.8
	相对差距	221.0	64.3	145.0	69.0	149.0
	国家样本数/个	54	54	54	54	54
工业	最大值/(%)	64.5	62.7	64.7	67.2	67.1
	最小值/(%)	34.9	34.3	32.7	29.1	29.7
	绝对差距/(%)	29.6	28.4	32.0	38.1	37.4
	相对差距	1.8	1.8	2.0	2.3	2.3
	国家样本数/个	54	54	54	54	54
流通服务	最大值/(%)	31.9	31.5	32.8	34.2	34
	最小值/(%)	13.1	16.3	13.5	12.3	12.4
	绝对差距/(%)	18.8	15.2	19.3	21.9	21.6
	相对差距	2.4	1.9	2.4	2.8	2.7
	国家样本数/个	54	54	54	54	54
其他服务	最大值/(%)	1.6	2.1	1.5	1.7	1.7
	最小值/(%)	0.1	0.3	0.3	0.3	0.3
	绝对差距/(%)	1.5	1.8	1.2	1.4	1.4
	相对差距	16.0	7.0	5.0	5.7	5.7
	国家样本数/个	54	54	54	54	54

(续表)

分类	项目	1995	2000	2005	2010	2011
人类服务	最大值/(%)	15.7	16.5	17.6	19.4	18.9
	最小值/(%)	2.7	3.2	3	2.5	2.4
	绝对差距/(%)	13.0	13.3	14.6	16.9	16.5
	相对差距	5.8	5.2	5.9	7.8	7.9
	国家样本数/个	54	54	54	54	54
基本服务	最大值/(%)	22.7	24.5	25.6	29.9	28.5
	最小值/(%)	4.7	4.3	4	4.5	4.5
	绝对差距/(%)	18.0	20.2	21.6	25.4	24.0
	相对差距	4.8	5.7	6.4	6.6	6.3
	国家样本数/个	54	54	54	54	54

注：数据来源和处理同表1-41。绝对差距＝最大值－最小值，相对差距＝最大值÷最小值，后同。

4. 就业结构的时序分析

与前述方法相类似，这里采用美国、日本、德国、英国和法国的发展指标的算术平均值为代表，分析产业就业结构的变化趋势（表1-45）。在34个指标中，28个指标为水平变量，6个指标为交叉变量；上升变量12个，下降变量10个，波动变量3个，转折变量9个。

表1-45　1970～2015年产业就业比例的变化*

项目	1970	1980	1990	2000	2010	2015	变化	趋势
(1) 三次产业								
农业就业比例	9.6	6.2	4.3	3.0	2.3	2.1	−2.2	下降
工业就业比例	39.7	36.0	32.2	27.8	22.6	22.1	−10.1	下降
服务业就业比例	48.9	56.4	63.3	69.0	74.7	75.2	11.9	上升
(2) 三大产业								
物质产业就业比例	—	—	28.5	26.4	21.7	21.1	−7.4	下降
服务产业就业比例	—	—	25.2	31.2	32.0	32.0	6.8	波动**
知识产业就业比例	—	—	46.3	42.4	46.3	46.9	0.6	上升
(3) 六大集群								
农业就业比例	2.8	1.8	1.3	1.2	1.1	1.1	−0.2	下降
工业就业比例	—	—	26.9	25.2	20.6	20.0	−6.9	下降
流通服务就业比例	—	—	22.9	27.1	27.6	27.5	4.6	波动**
其他服务就业比例	—	—	2.4	4.1	4.5	4.5	2.1	上升**
人类服务就业比例	—	—	24.1	22.5	25.7	26.4	2.3	上升
基本服务就业比例	—	—	22.2	20.0	20.5	20.5	−1.7	下降**
(4) 工业集群中的部门								
采矿业就业比例	0.6	0.9	0.4	0.2	0.2	0.2	−0.2	下降**
制造业就业比例	27.1	24.2	18.5	17.1	13.4	12.9	−5.6	下降
建筑业就业比例	7.8	6.8	6.2	6.7	5.8	5.6	−0.6	下降**
公共事业就业比例	—	1.4	1.1	0.8	0.7	0.7	−0.4	下降**
环境治理就业比例	—	0.2	0.3	0.4	0.5	0.5	0.2	上升**

(续表)

项目	1970	1980	1990	2000	2010	2015	变化	趋势
(5) 流通服务集群中的部门								
批发和零售业就业比例	11.6	14.0	14.6	15.4	15.3	15.0	0.4	转折
运输和储存就业比例	5.5	5.0	4.8	5.1	5.2	5.1	0.3	转折
食宿服务就业比例	1.8	3.8	4.8	5.0	5.4	5.7	0.9	上升
房地产和租赁就业比例	—	—	1.6	1.6	1.7	1.8	0.2	波动**
(6) 其他服务集群中的部门								
其他个人家庭服务就业比例	—	—	1.0	2.5	2.7	2.6	1.6	转折
其他劳务服务就业比例	—	—	1.4	1.6	1.8	1.9	0.5	上升
(7) 人类服务集群中的部门								
科学研发就业比例	0.5	0.6	0.7	0.7	0.7	0.8	0.1	上升**
教育就业比例	6.3	7.2	8.0	6.6	7.1	7.0	−1.0	转折**
信息和交流就业比例	1.8	2.6	2.9	3.3	3.2	3.3	0.4	转折**
艺术、娱乐和文娱就业比例	0.9	1.1	1.3	1.6	1.8	1.9	0.6	上升**
旅行就业比例	—	—	0.1	0.2	0.2	0.2	0.1	转折**
健康和社会帮助就业比例	8.7	8.5	10.2	10.3	12.8	13.5	3.3	上升
(8) 基本服务集群中的部门								
金融和保险就业比例	2.4	3.3	4.5	3.7	3.5	3.4	−1.1	转折
专业和技术活动就业比例	—	—	3.7	4.3	4.7	5.1	1.4	上升
行政和辅助的就业比例	—	—	3.1	3.1	3.7	4.0	0.9	上升
公共管理和社会安全就业比例	9.3	9.7	9.5	7.1	6.9	6.2	−3.3	转折
成员组织的活动就业比例	—	—	1.1	1.8	1.7	1.7	0.6	转折**

注：* 三次产业数据来自世界银行《世界发展指标》（World Bank，2017），其他数据根据 OECD 产业结构数据库（OECDa，2017）整理和估算。比例单位为%。** 表示存在较大的国别差异。波动为先上升后波动。变化＝2015 年值 −1990 年值。农业既是一个产业，又是一个集群和一个部门。国际组织活动就业比例没有统计数据，此处省略。三大产业就业比例加和不等于 100% 是由于样本国家数据不全所致。后同。

(1) 就业结构的变化趋势

首先，三次产业变迁。19 世纪以来，农业就业比例下降，工业就业比例先上升后下降，服务业就业比例上升。

其次，三大产业变迁。1970~2015 年期间，物质产业就业比例降低，服务产业就业比例先上升后波动，知识产业就业比例上升幅度比较平缓。

其三，六大集群变迁。1970~2015 年期间，其他服务和人类服务的就业比例上升，流通服务就业比例先上升后波动，农业、工业和基本服务的就业比例下降。

其四，24 个部门的变迁。1970~2015 年期间，24 个部门就业比例变迁情况如下：

- 农业集群变迁：农业就业比例降低。
- 工业集群变迁：环境治理就业比例上升，采矿业、建筑业、制造业和公共事业就业比例下降。
- 流通服务集群变迁：食宿服务就业比例上升，批发和零售业、运输储存就业比例先上升后下降，房地产和租赁的就业比例先上升后波动。
- 其他服务集群变迁：其他劳务服务就业比例上升，其他个人和家庭服务就业比例先上升后下降。
- 人类服务集群变迁：科学研发，艺术、娱乐和文娱，健康和社会帮助就业比例上升；信息和交流、旅行、教育就业比例先上升后下降。
- 基本服务集群变迁：专业技术活动、行政和辅助的就业比例上升，金融和保险、公共管理和社会安全、成员组织活动就业比例先上升后下降。

（2）就业比例的世界前沿和国别差异

首先，三次产业的世界前沿和国别差异。在1970～2015年期间，工业就业比例的最大值减小，服务业就业比例的最大值增大（表1-46）。

表1-46　1970～2015年三次产业就业比例的世界前沿和国际差距

分类	项目	1970	1980	1990	2000	2010	2015
农业	最大值/(%)	80.8	70.8	69.7	72.3	73.3	74.5
	最小值/(%)	30.2	1.3	0.4	0.7	1.2	1.0
	世界平均/(%)	—	—	—	—	29.4	—
	绝对差距/(%)	50.6	69.5	69.3	71.6	72.1	73.5
	相对差距	2.7	54.5	174.3	103.3	61.1	74.5
	国家样本数/个	22	37	60	76	77	72
工业	最大值/(%)	45.9	43.8	44.2	39.9	38.0	38.0
	最小值/(%)	7.2	8	8.8	3.6	10.4	9.1
	世界平均/(%)	—	—	—	—	24.2	—
	绝对差距/(%)	38.7	35.8	35.4	36.3	27.6	28.9
	相对差距	6.4	5.5	5.0	11.1	3.7	4.2
	国家样本数/个	21	36	61	77	77	73
服务业	最大值/(%)	66.4	64.6	73.3	76.2	80.3	82.7
	最小值/(%)	9	13.1	15.4	13.3	26.6	16.4
	世界平均/(%)	—	—	—	—	47.5	—
	绝对差距/(%)	57.4	51.5	57.9	62.9	53.7	66.3
	相对差距	7.4	4.9	4.8	5.7	3.0	5.0
	国家样本数/个	21	36	61	77	77	72

注：数据来源和处理同表1-45。绝对差距=最大值-最小值，相对差距=最大值÷最小值，后同。

其次，三大产业的世界前沿和国别差异。25个样本国家在1970～2015年期间，三大产业就业比例的国际差距在扩大；服务产业和知识产业就业比例的最大值在增大（表1-47）。

表1-47　25个样本国家1970～2015年三大产业就业比例的国际差距

分类	项目	1970	1980	1990	2000	2010	2015
物质产业	最大值/(%)	41.4	41.8	34.8	44.6	44.6	43.5
	最小值/(%)	37.3	30.4	24.3	21.3	15.8	15.1
	绝对差距/(%)	4.1	11.4	10.5	23.3	28.8	28.4
	相对差距	1.1	1.4	1.4	2.1	2.8	2.9
	国家样本数/个	2	4	5	23	24	24
服务产业	最大值/(%)	30.3	29.1	28.6	37.0	38.2	37.8
	最小值/(%)	28.4	25.4	25.2	23.3	24.4	24.7
	绝对差距/(%)	1.9	3.7	3.4	13.7	13.8	13.1
	相对差距	1.1	1.1	1.1	1.6	1.6	1.5
	国家样本数/个	2	3	4	23	24	24
知识产业	最大值/(%)	32.4	43.5	47.1	51.5	53.6	53.8
	最小值/(%)	30.2	33.6	40.7	30.4	25.1	25.3
	绝对差距/(%)	2.2	9.9	6.4	21.1	28.5	28.5
	相对差距	1.1	1.3	1.2	1.7	2.1	2.1
	国家样本数/个	2	3	4	23	24	24

注：数据来源和处理同表1-45。绝对差距=最大值-最小值，相对差距=最大值÷最小值，后同。

再次，六大集群的世界前沿和国别差异。25 个样本国家在 1970～2015 年期间，人类服务、工业、农业三个方面就业比例的国际绝对差距较大；农业和其他服务就业比例的相对国际差距较大（表 1-48）。

表 1-48 25 个样本国家 1970～2015 年六大集群就业比例的国际差距

分类	项目	1970	1980	1990	2000	2010	2015
农业	最大值/(%)	8.6	6.9	18.6	19.4	18.1	17.9
	最小值/(%)	2.0	1.1	0.8	0.5	0.5	0.6
	绝对差距/(%)	6.6	5.8	17.8	18.9	17.6	17.3
	相对差距	4.3	6.3	23.3	38.8	36.2	29.8
	国家样本数/个	6	9	11	24	24	24
工业	最大值/(%)	37.6	40.8	34.1	41.7	36.9	37.2
	最小值/(%)	34.0	28.4	22.5	19.8	15.0	14.4
	绝对差距/(%)	3.6	12.4	11.6	21.9	21.9	22.8
	相对差距	1.1	1.4	1.5	2.1	2.5	2.6
	国家样本数/个	2	4	5	23	24	24
流通服务	最大值/(%)	29.0	27.6	28.3	31.4	34.0	32.1
	最小值/(%)	25.4	24	22.9	20.1	21.8	21.9
	绝对差距/(%)	3.6	3.6	5.4	11.3	12.2	10.2
	相对差距	1.1	1.2	1.2	1.6	1.6	1.5
	国家样本数/个	2	4	5	23	24	24
其他服务	最大值/(%)	3.0	1.7	2.4	9.0	11.1	12.5
	最小值/(%)	1.3	1.4	1.0	1.4	1.7	1.7
	绝对差距/(%)	1.7	0.3	1.4	7.6	9.4	10.8
	相对差距	2.3	1.2	2.4	6.4	6.5	7.4
	国家样本数/个	2	3	4	23	24	24
人类服务	最大值/(%)	18.2	28.6	31.1	34.2	35.0	35.0
	最小值/(%)	18.0	20.0	24.1	15.7	9.6	9.4
	绝对差距/(%)	0.2	8.6	7.0	18.5	25.4	25.6
	相对差距	1.0	1.4	1.3	2.2	3.6	3.7
	国家样本数/个	2	3	4	23	24	24
基本服务	最大值/(%)	14.2	15.7	22.2	26.0	25.9	26.4
	最小值/(%)	12.2	13.7	15.5	12.6	14.4	14.5
	绝对差距/(%)	2.0	2.0	6.7	13.4	11.5	11.9
	相对差距	1.2	1.1	1.4	2.1	1.8	1.8
	国家样本数/个	2	3	4	23	24	24

注：数据来源和处理同表 1-45。绝对差距＝最大值－最小值，相对差距＝最大值÷最小值，后同。

5. 产业结构变迁的比较分析

产业结构变迁的分析涉及许多变量，本节重点分析产业增加值结构和就业结构的相似性和偏离程度、主导产业及其国际时间差。

专栏 1-2　产业结构相似系数与偏离度

- **产业结构相似系数**

为了比较国家间产业发展状况,联合国工业发展组织提出了产业结构相似系数的概念,用以测度国家间产业结构的相似程度。

$$S_{ij} = \frac{\sum_n (x_{in} x_{jn})}{\sqrt{\left(\sum_n x_{in}^2\right)\left(\sum_n x_{jn}^2\right)}}$$

式中,i 和 j 表示两个国家,x_{in} 和 x_{jn} 分别表示部门 n 在国家 i 和 j 中增加值比例。相似系数的值在 0 和 1 之间,当相似系数为 1 时,表明两个国家产业结构相同,当相似系数为 0 时,表明两个国家产业结构完全不同。在过去的 30 多年里,产业结构相似系数被广泛应用于区域间产业增加值结构的对比,同时,其应用也得到了进一步拓展,用以测度同一区域内产业增加值结构和就业结构的相似程度,此时,i 和 j 表示某区域内产业的增加值结构和就业结构,x_{in} 和 x_{jn} 分别表示部门 n 的增加值比例和就业比例。

- **产业结构偏离度**

产业结构偏离度是指产业增加值比例与其就业比例的差异程度。学界在计算产业结构偏离度方面存在两种计算方法:

$$D_{ij} = \frac{x_{in}}{x_{jn}} - 1 \quad \text{或} \quad D_{ij} = x_{in} - x_{jn}$$

式中,x_{in} 和 x_{jn} 分别表示部门 n 的增加值比例和就业比例。本《报告》采用第二种计算方法。

为了综合比较国家间产业结构的偏离程度,本《报告》采用平均产业结构偏离度(即各产业偏离度绝对值的算术平均值)进行分析:

$$\bar{D}_{ij} = \left(\sum_n |D_{ij}|\right)/n$$

参考文献:UNIDO. 1979. World Industry since 1960:Process and Prospects. New York:United Nations.

(1) 典型国家三次产业的比较分析

首先,典型国家三次产业增加值结构和就业结构的相似性。1800 年以来,六个典型国家增加值结构与就业结构的变化趋势基本一致。随着时间的推移,就业结构和生产结构的相似系数逐渐增大,偏离程度逐步缩小(表 1-49)。

表 1-49　典型国家 1800～2014 年三次产业增加值结构与就业结构的相似系数

国别	年份	增加值比例/(%)			就业比例/(%)			相似系数
		农业	工业	服务业	农业	工业	服务业	
美国	1800	43.0	26.0	32.0	70.0*	15.0*	15.0*	0.8904
	1900	17.0	21.5	61.5	38.0	30.0	32.0	0.8340
	1960	4.0	31.0	65.0	7.0	36.0	57.0	0.9919
	1980	2.9	32.1	65.0	3.5	30.8	65.7	0.9998
	2000	1.2	23.2	75.6	2.5	23.2	74.3	0.9998
	2010	1.2	20.3	78.5	1.6	17.2	81.2	0.9990
	2014	1.4	20.5	78.1	1.5	18.6	79.9	0.9996

(续表)

国别	年份	增加值比例/(%)			就业比例/(%)			相似系数
		农业	工业	服务业	农业	工业	服务业	
日本	1800	—	—	—	—	—	—	—
	1900	34.0	13.0	53.0	71.0	16.0	13.0	0.6965
	1960	13.0	43.0	44.0	33.0	30.0	37.0	0.9185
	1980	3.1	39.1	57.9	10.4	35.3	54.3	0.9933
	2000	1.6	31.1	67.3	5.1	31.2	63.7	0.9985
	2010	1.2	27.5	71.3	4.1	25.4	69.5	0.9991
	2014	1.2	26.2	72.6	3.7	25.8	69.5	0.9994
德国	1800	—	—	—	—	—	—	—
	1900	29.0	40.0	31.0	36.8	41.0	22.2	0.9801
	1960	6.0	53.0	41.0	14.0	48.0	38.0	0.9908
	1980	2.0	41.0	57.0	7.0	—	—	
	2000	1.1	30.8	68.2	2.5	33.6	63.9	0.9980
	2010	0.7	30.0	69.3	1.5	28.5	70.0	0.9997
	2014	0.8	30.7	68.6	1.3	28.3	70.4	0.9992
英国	1800	33.0	21.0	46.0	37.0*	33.0*	30.0*	0.9414
	1900	7.0	43.0	50.0	9.0	51.0	40.0	0.9807
	1960	3.0	47.0	50.0	4.0	48.0	48.0	0.9994
	1980	2.3	40.7	57.0	2.6	37.2	58.9	0.9984
	2000	0.9	26.9	72.2	1.4	25.3	73.0	0.9997
	2010	0.7	20.6	78.7	1.1	19.2	79.0	0.9998
	2014	0.6	19.8	79.6	1.1	18.9	79.1	0.9999
法国	1800	49.0	18.0	33.0	—	—	—	—
	1900	34.0	41.0	25.0	41.0	29.0	30.0	0.9683
	1960	10.0	48.0	42.0	22.0	39.0	39.0	0.9730
	1980	4.1	30.7	65.2	8.4	35.5	56.2	0.9901
	2000	2.3	23.3	74.3	4.0	26.3	69.6	0.9981
	2010	1.8	19.6	78.6	2.9	22.2	74.4	0.9988
	2014	1.7	19.4	78.9	2.8	20.5	75.8	0.9996
中国	1800	—	—	—	—	—	—	—
	1900	69.0	—	—	—	—	—	—
	1960	23.4	44.5	32.1	82.0	7.0	11.0	0.5216
	1980	29.9	47.9	22.2	68.7	18.2	13.1	0.7336
	2000	14.7	45.4	39.8	50.0	22.5	27.5	0.7480
	2010	9.6	46.2	44.2	36.7	28.7	34.6	0.8549
	2014	9.2	42.6	48.2	29.5	29.9	40.6	0.9225

注：* 为1820年数据。

其次，典型国家三次产业的平均偏离度。

表 1-50　典型国家 1800～2014 年三次产业的偏离度

国别	年份	农业偏离度	工业偏离度	服务业偏离度	平均偏离度
美国	1800	−27.00	11.00	17.00	18.333
	1900	−21.00	−8.50	29.50	19.667
	1960	−3.00	−5.00	8.00	5.333
	1980	−0.60	1.30	−0.70	0.867
	2000	−1.30	0.00	1.30	0.867
	2010	−0.40	3.10	−2.70	2.067
	2014	−0.10	1.90	−1.80	1.267
日本	1800	—	—	—	—
	1900	−37.00	−3.00	40.00	26.667
	1960	−20.00	13.00	7.00	13.333
	1980	−7.30	3.80	3.60	4.900
	2000	−3.50	−0.10	3.60	2.400
	2010	−2.90	2.10	1.80	2.267
	2014	−2.50	0.40	3.10	2.000
德国	1800	—	—	—	—
	1900	−7.80	−1.00	8.80	5.867
	1960	−8.00	5.00	3.00	5.333
	1980	−5.00	—	—	—
	2000	−1.40	−2.80	4.30	2.833
	2010	−0.80	1.50	−0.70	1.000
	2014	−0.50	2.40	−1.80	1.567
英国	1800	−4.00	−12.00	16.00	10.667
	1900	−2.00	−8.00	10.00	6.667
	1960	−1.00	−1.00	2.00	1.333
	1980	−0.30	3.50	−1.90	1.900
	2000	−0.50	1.60	−0.80	0.967
	2010	−0.40	1.40	−0.30	0.700
	2014	−0.50	0.90	0.50	0.633
法国	1800	—	—	—	—
	1900	−7.00	12.00	−5.00	8.000
	1960	−12.00	9.00	3.00	8.000
	1980	−4.30	−4.80	9.00	6.033
	2000	−1.70	−3.00	4.70	3.133
	2010	−1.10	−2.60	4.20	2.633
	2014	−1.10	−1.10	3.10	1.767
中国	1800	—	—	—	—
	1900	—	—	—	—
	1960	−58.60	37.50	21.10	39.067
	1980	−38.80	29.70	9.10	25.867
	2000	−35.30	22.90	12.30	23.500
	2010	−27.10	17.50	9.60	18.067
	2014	−20.30	12.70	7.60	13.533

其三,典型国家三次产业增加值结构的国际时间差。1800年以来典型国家三次产业增加值结构的国际时间差。以英国三个阶段的产业结构为参照,比较美、日、德、法、中五国不同时期的产业结构相似系数(表1-51),当两国产业结构相似系数大于或等于0.99时,可以认为两国产业结构基本一致。

- 英国1800年的产业结构与日本1900年的产业结构基本一致。
- 英国1960年产业结构与日、德1980年的产业结构基本一致。
- 英国2000年产业结构与日本2014年和德、法2010年基本一致。

表1-51　英国三次产业增加值结构与美、日、德、法、中的相似系数

国家	英国1800年增加值结构		英国1960年增加值结构		英国2000年增加值结构	
	年份	相似系数	年份	相似系数	年份	相似系数
美国	1800	0.96	1980	0.96	2000	1.00
日本	1900	0.99	1980	0.99	2014	1.00
德国	1900	0.92	1980	0.99	2010	1.00
法国	1800	0.94	1960	0.99	2010	0.99
中国	1960	0.88	2014	0.99	2014	0.93

注:英国1800年三次产业(农、工、服)增加值比例=33:21:46;英国1960年三次产业(农、工、服)增加值比例=3:47:50;英国2000年三次产业(农、工、服)增加值比例=1:27:72。请注意四舍五入的影响。

其四,典型国家三次产业就业结构的国际时间差。1820年以来,典型国家三次产业就业结构的国际时间差。以英国三个阶段的就业结构为参照,比较美、日、德、法、中五国不同时期的就业结构相似系数(表1-52),当两国就业结构相似系数大于或等于0.99时,可以认为两国就业结构基本一致。

- 英国1820年的就业结构与美、法1900年和日本1960年的就业结构基本一致。
- 英国2000年的就业结构与德、日2010年就业结构基本一致。

表1-52　英国三次产业就业结构与美、日、德、法、中的相似系数

国家	英国1820年就业结构		英国1960年就业结构		英国2000年就业结构	
	年份	相似系数	年份	相似系数	年份	相似系数
美国	1900	1.00	1960	0.97	2000	1.00
日本	1960	0.99	1980	0.97	2010	1.00
德国	1900	0.98	1960	0.98	2010	1.00
法国	1900	1.00	1980	0.97	2000	1.00
中国	2010	0.99	2014	0.88	2014	0.83

注:英国1820年三次产业(农、工、服)就业比例=33:21:46;英国1960年三次产业(农、工、服)就业比例=3:47:50;英国2000年三次产业(农、工、服)就业比例=1:27:72。请注意四舍五入的影响。

(2) 典型国家三大产业中主导产业的变迁和国际时间差

其一,三大产业中基于增加值比例的主导产业和国际时间差。1970～2015年期间,美国和德国先后从物质产业为主导过渡到以知识产业为主导,而日本是从物质产业为主导向服务产业为主导过渡。尽管受数据获取限制,但是英、法两国都已进入知识产业为主导的经济发展时期。

表 1-53　典型国家 1970～2015 年期间三大产业中的主导产业的变迁（基于增加值比例）

国家	物质产业	服务产业	知识产业
美国	1970～1973		1974～2015
日本	1973～1998	1999～2014	
德国	1991～1992		1993～2015
英国			1995～2015
法国			1995～2014

注：主导产业指三大产业中增加值比例最大的产业。

其二，三大产业中基于总产值比例的主导产业和国际时间差。1970～2015 年期间，美国、英国和法国先后从物质产业为主导过渡到以知识产业为主导的发展模式，而日本和德国仍以物质产业为主导。

表 1-54　典型国家 1970～2015 年期间三大产业中的主导产业的变迁（基于总产值比例）

国家	物质产业	服务产业	知识产业
美国	1970～1996		1997～2015
日本	1973～2014		
德国	1991～2014		
英国	1995～1999		1999～2015
法国	1995～2008		2009～2014

注：主导产业指三大产业中总产值比例最大的产业。

其三，三大产业中基于需求比例的主导产业和国际时间差。1995～2011 年期间，美国、英国和法国先后从物质产业需求为主导过渡到以知识产业需求为主导的发展模式，而日本和德国仍以物质产业需求为主导。

表 1-55　典型国家 1995～2011 年期间三大产业中的主导产业的变迁（基于需求比例）

国家	物质产业	服务产业	知识产业
美国	1995～1996		1997～2011
日本	1995～2011		
德国	1995～2011		
英国	1995～2001		2002～2011
法国	1995～2008		2009～2010

注：主导产业指三大产业中需求比例最大的产业。

其四，三大产业中基于就业比例的主导产业和国际时间差。2000 年以来，美国、德国、英国和法国知识产业吸纳就业比例最高，而日本服务产业吸纳就业比例最高。

表 1-56　典型国家 1970~2015 年期间三大产业中的主导产业的变迁(基于就业比例)

国家	物质产业	服务产业	知识产业
美国			2000~2015
日本	1994	1995~2015	
德国	1991~1992		1993~2015
英国			1995~2015
法国			1990~2015

注：主导产业指三大产业中就业比例最大的产业。

(3) 五国平均主导产业的变迁和比较

在 1970~2015 年期间，主导产业的更替存在一定的时间差，用不同指标衡量的主导产业存在差异。在不同历史截面，不同国家的主导产业和产业的结构有较大差别。

首先，基于增加值比例和总产值比例比较的主导产业变迁的时间差。在 1970~2015 年期间，以增加值比例衡量的主导产业占据主导地位的起始时间，早于以总产值比例衡量的主导产业占据主导地位的起始时间。

基于增加值比例和总产值比例的比较，主导产业的时间差如下：

- 在三次产业中，服务业成为主导产业的时间差大于 20 年。
- 在三大产业中，知识产业成为主导产业的时间差约为 10 年。
- 在六大集群中，流通服务成为主导产业的时间差大于 15 年。
- 在流通服务集群中，房地产和租赁成为主导产业的时间差约为 15 年。
- 在其他服务集群中，其他个人和家庭服务成为主导产业的时间差约为 7 年。
- 在人类服务集群中，健康和社会帮助成为主导产业的时间差大于 10 年。

表 1-57　1970~2015 年主导产业的时间差(基于产业增加值比例和总产值比例的比较)

项目	2015 年基于增加值比例的主导产业	增加值比例占主导地位的起始时间	总产值比例占主导地位的起始时间	时间差
三次产业内	服务业	1970 年以前	1990 年	大于 20 年
三大产业内	知识产业	2000 年	2010 年	10 年
六大集群内	流通服务集群	2000 年	工业集群仍处于主导	大于 15 年
工业集群内	制造业	1970 年以前	1970 年以前	—
流通服务集群内	房地产和租赁	2000 年	2015 年	15 年
其他服务集群内	其他个人和家庭服务	1973 年	1980 年	7 年
人类服务集群内	健康和社会帮助	1970 年以前	1980 年	大于 10 年
基本服务集群内	公共管理和社会安全	1970 年以前	1970 年	—

其次，基于增加值比例和需求比例比较的主导产业变迁的时间差。在 1970~2015 年期间，以增加值比例衡量的主导产业占据主导地位的起始时间，早于以需求比例衡量的主导产业占据主导地位的起始时间。

基于增加值比例和需求比例的比较，主导产业的时间差如下：

- 在三大产业中，知识产业成为主导产业的时间差大于 15 年。
- 在六大集群中，流通服务成为主导产业的时间差大于 15 年。

- 在流通服务集群中，房地产和租赁成为主导产业的时间差大于15年。
- 在其他服务集群中，其他个人和家庭服务成为主导产业的时间差大于42年。
- 在基本服务集群中，公共管理和社会安全成为主导产业的时间差大于45年。

表1-58 1970~2015年主导产业的时间差（基于产业增加值比例和需求比例的比较）

项目	2015年基于增加值比例的主导产业	增加值比例占主导地位的起始时间	需求比例占主导地位的起始时间	时间差
三次产业内	服务业	1970年以前	1995年以前	—
三大产业内	知识产业	2000年	物质产业仍处于主导	大于15年
六大集群内	流通服务集群	2000年	工业集群仍处于主导	大于15年
工业集群内	制造业	1970年以前	1970年以前	—
流通服务集群内	房地产和租赁	2000年	批发和零售业仍处于主导	大于15年
其他服务集群内	其他个人和家庭服务	1973年	其他劳务仍处于主导	大于42年
人类服务集群内	健康和社会帮助	1970年以前	1995年以前	
基本服务集群内	公共管理和社会安全	1970年以前	专业技术仍处于主导	大于45年

其三，基于增加值比例和就业比例比较的主导产业变迁的时间差。在1970~2015年期间，以增加值比例衡量的主导产业占据主导地位的起始时间，早于以就业比例衡量的主导产业占据主导地位的起始时间。

基于增加值比例和就业比例的比较，主导产业的时间差如下：

- 在三大产业中，知识产业成为主导产业的时间差大于10年。
- 在六大集群中，流通服务集群成为主导产业的时间差约为10年。
- 在流通服务集群中，房地产和租赁成为主导产业的时间差大于15年。
- 在其他服务集群中，其他个人和家庭服务成为主导产业的时间差约30年。

表1-59 1970~2015年主导产业的时间差（基于产业增加值比例和就业比例的比较）

项目	2015年基于增加值比例的主导产业	增加值比例占主导地位的起始时间	就业比例占主导地位的起始时间	时间差
三次产业内	服务业	1970年以前	1970年以前	—
三大产业内	知识产业	2000年	1990年以前	大于10年
六大集群内	流通服务集群	2000年	2010年	10年
工业集群内	制造业	1970年以前	1970年以前	—
流通服务集群内	房地产和租赁	2000年	批发和零售业仍主导	大于15年
其他服务集群内	其他个人和家庭服务	1973年	2000年	27年
人类服务集群内	健康和社会帮助	1970年以前	1970年以前	—
基本服务集群内	公共管理和社会安全	1970年以前	1970年以前	—

其四，2015年五国平均主导产业的比较。在三次产业中，服务业都是主导产业。在三大产业中，基于增加值比例、总产值比例和就业比例的主导产业是知识产业，基于需求比例的主导产业是物质产业。在六大集群中，基于增加值比例和就业比例的主导产业是流通服务，基于总产值比例和需求比例的主导产业是工业。

表 1-60　2015 年五国平均主导产业的分类比较

项目	三次产业内	三大产业内	六大集群内	24 个部门内
基于增加值比例的主导产业	服务业（75.3%）	知识产业（45.2%）	流通服务（31.3%）	制造业（15.3%）、房地产和租赁（13.3%）、批发和零售业（11.0%）、健康和社会帮助（7.9%）、公共管理和社会安全（6.5%）
基于总产值比例的主导产业	服务业（63.6%）	知识产业（42.2%）	工业（34.9%）	制造业（25.6%）、房地产和租赁（10.8%）、批发和零售业（9.9%）、专业技术活动（7.2%）、健康和社会帮助（6.3%）
基于需求比例的主导产业*	服务业（61.9%）	物质产业（38.1%）	工业（36.5%）	制造业（25.9%）、批发和零售业（9.7%）、房地产和租赁（8.7%）、专业技术活动（7.8%）、健康和社会帮助（6.3%）
基于就业比例的主导产业	服务业（75.2%）	知识产业（46.9%）	流通服务（27.5%）	批发和零售业（15.0%）、健康和社会帮助（13.5%）、制造业（12.9%）、教育（7.0%）、公共管理和社会安全（6.2%）

注：* 为 2011 年值。前五大产业按占比从大到小排序。

三、世界产业质量的时序分析

产业质量涉及许多方面和要素，我们不可能对每一个方面和要素都进行分析，只能选择有代表性的方面和统计数据比较齐全的指标进行分析。在本《报告》中，重点讨论产业劳动生产率、净利润率、增加值率、创新密度和环境压力。尽管这种分析很不完备，但可以提供有用信息。

表 1-61　1700~2015 年产业质量的变迁（以劳动生产率、增加值率为例）

方面	分类	产业质量变量				长期趋势和特点
		18 世纪	19 世纪	1900~1970 年	1970~2015 年	
劳动生产率	三次产业	农业、工业、服务业				上升
	三大产业				物质产业、服务产业、知识产业	上升
	六大集群				农业、工业、流通服务、其他服务、人类服务、基本服务	上升
	24 个部门				农业，采矿和采石的劳动生产率，制造业，建筑业，公共事业，环境治理，批发和零售业，运输和储存，食宿服务，房地产和租赁，其他个人和家庭服务，其他劳务服务，科学研发，教育，信息和交流，艺术、娱乐和文娱，旅行，健康和社会帮助，金融和保险，专业和技术活动，行政和辅助，公共管理和社会安全，成员组织活动	上升
增加值率	三次产业				工业、服务	上升，国别差异
					农业	下降，国别差异
	三大产业				物质产业、服务产业	上升，国别差异
					知识产业	下降，国别差异
	六大集群				工业	上升，国别差异
					农业、基本服务	下降，国别差异
					流通服务、其他服务、人类服务	波动
	24 个部门				建筑业、其他个人家庭服务、旅行	上升，国别差异
					农业、环境治理、房地产和租赁、教育、信息和交流、行政和辅助、公共管理和社会安全	下降，国别差异
					采矿业，制造业，公共事业，批发和零售业，运输和储存，食宿服务，其他劳务服务，科学研发，艺术、娱乐和文娱，健康和社会帮助，金融和保险，专业和技术活动，成员组织活动	波动

注：时序分析的历史数据来自：库兹涅茨，1999；麦迪森，2003；米切尔，2002；OECD，2017；后同。国别差异指存在波动或短期的下降。无统计数据的指标：国际组织活动的劳动生产率。

1. 劳动生产率的时序分析

劳动生产率的变化趋势采用25个国家的样本数据。这些国家大小不同,发展水平不同,经济结构既有共性又有差别。这里采用美国、日本、德国、英国和法国的发展指标的算术平均值为代表,分析基于劳动生产率的产业结构的变化趋势(表1-62)。在35个指标中,29个指标为水平变量,6个指标为交叉变量;上升变量35个。

表1-62 1970~2015年产业劳动生产率的变化*

项目	1970	1980	1990	2000	2010	2015	变化	趋势
(1) 国民经济								
总劳动生产率	—	—	45 832	63 025	92 544	89 954	2.0	上升**
(2) 三次产业								
农业劳动生产率	—	—	19 918	29 284	46 744	43 905	2.2	上升**
工业劳动生产率			45 750	56 952	89 610	81 193	1.8	上升**
服务业劳动生产率	—	—	50 459	61 885	87 557	78 649	1.6	上升**
(3) 三大产业								
物质产业劳动生产率	13 522	30 235	53 548	71 201	110 517	129 280	2.4	上升
服务产业劳动生产率	—	36 835	59 013	69 819	100 538	112 317	1.9	上升
知识产业劳动生产率			42 301	60 528	86 618	98 935	2.3	上升
(4) 六大集群								
农业劳动生产率	—		78 917	73 117	96 356	85 478	1.1	上升**
工业劳动生产率	—	—	48 715	71 023	110 729	130 600	2.7	上升
流通服务劳动生产率		35 955	56 908	75 297	109 190	119 434	2.1	上升
其他服务劳动生产率			27 339	33 762	48 551	60 106	2.2	上升
人类服务劳动生产率			37 865	55 436	76 225	81 018	2.1	上升
基本服务劳动生产率			46 527	66 793	100 527	123 590	2.7	上升
(5) 工业集群中的部门								
采矿业劳动生产率	16 286	84 059	133 433	188 879	332 447	203 519	1.5	上升**
制造业劳动生产率	8931	22 666	48 005	70 305	108 930	107 376	2.2	上升**
建筑业劳动生产率	8547	23 602	47 034	55 342	82 371	86 498	1.8	上升
公共事业劳动生产率	—	43 884	90 610	186 004	230 833	243 434	2.7	上升
环境治理劳动生产率			64 049	93 906	138 682	149 680	2.3	上升
(6) 流通服务集群中的部门								
批发和零售业劳动生产率	7553	22 519	37 575	48 950	69 463	67 738	1.8	上升**
运输和储存劳动生产率	5991	25 030	44 311	56 155	81 832	80 448	1.8	上升**
食宿服务劳动生产率	6596	15 998	27 051	34 119	43 249	42 027	1.6	上升**
房地产和租赁劳动生产率	—	262 226	451 463	542 915	782 438	756 467	1.7	上升**
(7) 其他服务集群中的部门								
其他个人和家庭服务劳动生产率	—	—	26 816	33 259	49 553	63 334	2.4	上升
其他劳务服务劳动生产率			28 693	32 863	50 882	71 662	2.5	上升

(续表)

项目	1970	1980	1990	2000	2010	2015	变化	趋势
(8) 人类服务集群中的部门								
科学研发劳动生产率	8 650	25 735	55 033	91 900	129 650	107 609	2.0	上升**
教育劳动生产率	4 643	16 987	29 942	51 058	75 221	69 003	2.3	上升**
信息和交流劳动生产率	12 307	42 848	83 494	107 869	162 319	152 876	1.8	上升**
艺术、娱乐和文娱劳动生产率	5 494	16 588	30 631	56 768	70 286	66 433	2.2	上升**
旅行劳动生产率	—	—	60 647	73 788	110 325	200 051	3.3	上升
健康和社会帮助劳动生产率	3 985	15 400	31 218	40 092	56 100	53 685	1.7	上升**
(9) 基本服务集群中的部门								
金融和保险劳动生产率	9 898	29 031	64 827	93 641	155 642	149 279	2.3	上升**
专业和技术活动劳动生产率	—	—	100 912	83 740	120 937	138 722	1.4	上升
行政和辅助的劳动生产率	—	—	26 093	31 940	51 161	67 161	2.6	上升
公共管理和社会安全劳动生产率	4 974	18 561	35 049	70 203	106 361	103 248	2.9	上升**
成员组织活动劳动生产率	—	—	27 294	42 920	61 624	64 682	2.4	上升

注：* 总劳动生产率和三次产业数据来自世界银行《世界发展指标》(World Bank, 2017)，其中1990年值为1991年数据；其他数据根据OECD产业结构数据库(OECDa, 2017)整理和估算。生产率单位为现价美元。** 表示在2000～2015年期间出现下降，下降原因请参见表1-19的说明。考虑统一可比性，变化＝2015年值÷1990年值。农业既是一个产业，又是一个集群和一个部门。国际组织活动劳动生产率没有统计数据，此处省略。

(1) 劳动生产率的变化趋势

首先，总劳动生产率的变化。1990～2015年期间，五国典型国家平均劳动生产率提高。

其次，三次产业变迁。在1980～2015年期间，三次产业劳动生产率增速：农业＞工业＞服务业。

其三，三大产业变迁。1990～2015年期间，劳动生产率增速：物质产业＞知识产业＞服务产业。

其四，六大集群变迁。1990～2015年期间，劳动生产率增速：基本服务≈工业＞其他服务＞人类服务≈流通服务＞农业。

其五，24个部门的变迁。1990～2015年期间，24个部门变迁的情况如下：

- 农业集群变迁：农业劳动生产率提高约1倍。
- 工业集群变迁：劳动生产率增速：公共事业＞环境治理＞制造业＞建筑业＞采矿业。
- 流通服务集群变迁：劳动生产率增速：批发和零售业≈运输和储存＞房地产和租赁＞食宿服务。
- 其他服务集群变迁：劳动生产率增速：其他劳务服务＞其他个人和家庭服务。
- 人类服务集群变迁：劳动生产率增速：旅行＞教育＞艺术、娱乐和文娱＞科学研发＞信息和交流＞健康和社会帮助。
- 基本服务集群变迁：劳动生产率增速：公共管理和社会安全＞行政和辅助＞成员组织活动＞金融和保险＞专业和技术活动。

(2) 劳动生产率的世界前沿和国别差异

首先，三次产业的世界前沿和国别差异。在1991～2015年期间，工业和服务业劳动生产率的国际绝对差距增大；其中，农业和工业劳动生产率的国际相对差距较大（表1-63）。

表 1-63 1991～2015 年三次产业劳动生产率的世界前沿和国际差距

分类	项目	1991	2000	2010	2015
农业	最大值/美元	299 733	151 257	104 842	117 372
	最小值/美元	49	208	674	256
	绝对差距/美元	299 684	151 049	104 168	117 116
	相对差距	6117	727	156	458
	国家样本数/个	49	75	78	66
工业	最大值/美元	73 688	125 173	301 105	291 075
	最小值/美元	1084	1157	337	1286
	绝对差距/美元	72 604	124 016	300 768	289 789
	相对差距	68	108	893	226
	国家样本数/个	80	76	79	67
服务业	最大值/美元	67 337	82 175	133 901	138 315
	最小值/美元	1060	583	483	2767
	绝对差距/美元	66 277	81 592	133 418	135 548
	相对差距	64	141	277	50
	国家样本数/个	50	76	79	66

注:数据来源和处理同表 1-62。绝对差距=最大值-最小值,相对差距=最大值÷最小值,后同。

其次,三大产业的世界前沿和国别差异。25 个样本国家在 1970～2015 年期间,三大产业的国际绝对差距均扩大,而国际相对差距先上升后下降(表 1-64)。

表 1-64 25 个样本国家 1970～2015 年三大产业劳动生产率的国际差距

分类	项目	1970	1980	1990	2000	2010	2015
物质产业	最大值/美元	13 522	47 281	87 290	140 209	300 302	131 518
	最小值/美元	6334	18 958	46 134	6743	23 095	22 488
	绝对差距/美元	7188	28 323	41 156	133 466	277 207	109 030
	相对差距	2	2	2	21	13	6
	国家样本数/个	3	5	5	23	23	12
服务产业	最大值/美元	10 735	36 835	60 014	85 839	134 871	124 464
	最小值/美元	8635	17 096	41 166	8224	31 568	34 895
	绝对差距/美元	2100	19 739	18 848	77 615	103 303	89 569
	相对差距	1	2	1	10	4	4
	国家样本数/个	2	4	4	22	23	12
知识产业	最大值/美元	7807	14 359	42 390	92 611	114 226	113 596
	最小值/美元	6160	12 504	32 166	6773	25 150	25 340
	绝对差距/美元	1647	1855	10 224	85 838	89 076	88 256
	相对差距	1	1	1	14	5	4
	国家样本数/个	2	3	3	22	24	12

注:数据来源和处理同表 1-62。绝对差距=最大值-最小值,相对差距=最大值÷最小值,后同。

2. 净利润率的时序分析

净利润率的变化趋势采用 25 个国家的样本数据。这些国家大小不同,发展水平不同,经济结构既有共性又有差别。这里采用美国、日本、德国、英国和法国的发展指标的算术平均值为代表,分析基于净利润率的产业结构的变化趋势(表 1-65)。在 35 个指标中,31 个指标为水平变量,4 个指标为交叉变量；上升变量10个，下降变量6个，转折变量7个，波动变量12个。

表 1-65　1970～2015 年产业净利润率的变化*

项目	1970	1980	1990	2000	2010	2015	变化	趋势
（1）国民经济								
总净利润率	20.5	18.6	21.8	21.7	21.8	21.9	0.1	上升
（2）三次产业								
农业净利润率	48.6	33.9	40.2	33.9	34.7	29.6	−10.6	下降
工业净利润率	11.2	11.3	15.2	14.4	14.8	15.5	0.3	波动
服务业净利润率	25.0	21.0	25.8	25.6	25.3	25.1	−0.7	波动**
（3）三大产业								
物质产业净利润率	16.7	13.4	16.8	15.2	15.6	16.1	−0.7	波动**
服务产业净利润率	33.3	26.8	30.4	33.6	33.7	33.7	3.3	上升
知识产业净利润率	16.2	15.4	14.4	18.7	18.3	16.4	2.0	转折**
（4）六大集群								
农业净利润率	48.6	33.9	40.2	33.9	34.7	29.6	−10.6	下降
工业净利润率	11.2	11.3	15.2	14.4	14.8	15.5	0.3	波动
流通服务净利润率	33.5	26.9	31.4	34.5	34.5	34.4	3.0	上升
其他服务净利润率	—	—	42.5	21.9	23.0	16.2	−26.3	下降
人类服务净利润率	18.4	18.7	18.2	19.3	19.0	16.8	−1.4	转折**
基本服务净利润率	14.0	12.3	10.9	18.5	18.3	15.5	4.6	转折**
（5）工业集群中的部门								
采矿业净利润率	17.1	28.6	25.9	30.0	31.6	24.7	−1.2	波动**
制造业净利润率	11.1	8.7	13.7	12.6	12.5	14.1	0.4	上升
建筑业净利润率	13.9	15.1	14.9	13.7	14.0	15.5	0.6	波动**
公共事业净利润率	25.9	33.7	41.6	21.2	22.7	24.9	−16.7	波动**
环境治理净利润率	—	—	31.4	23.5	22.9	20.6	−10.8	下降
（6）流通服务集群中的部门								
批发和零售业净利润率	26.9	17.5	19.4	19.9	19.5	20.2	0.8	波动**
运输和储存净利润率	17.1	11.0	12.5	13.0	14.5	15.5	3.0	上升
食宿服务净利润率	14.3	15.0	16.8	19.3	16.5	17.6	0.8	上升
房地产和租赁净利润率	71.4	64.9	62.3	67.6	66.2	67.4	5.1	波动**
（7）其他服务集群中的部门								
其他个人家庭服务净利润率	—	—	46.3	36.6	40.6	30.4	−15.9	下降
其他劳务服务净利润率	—	—	37.9	16.1	16.5	16.6	−21.3	下降
（8）人类服务集群中的部门								
科学研发净利润率	26.8	32.0	29.2	35.4	27.1	25.7	−3.5	波动**
教育净利润率	10.2	10.5	11.3	10.4	11.6	14.5	3.2	上升
信息和交流净利润率	22.6	22.4	31.7	24.4	25.2	24.6	−7.1	转折**
艺术、娱乐和文娱净利润率	14.3	11.5	12.3	25.4	23.9	23.5	11.2	上升
旅行净利润率	—	—	18.3	13.8	13.5	14.5	−3.8	波动**
健康和社会帮助净利润率	19.6	19.0	22.1	17.7	16.9	11.9	−10.2	转折**

(续表)

项目	1970	1980	1990	2000	2010	2015	变化	趋势
(9) 基本服务集群中的部门								
金融和保险净利润率	21.6	13.8	15.2	16.6	20.0	19.6	4.4	上升
专业和技术活动净利润率	7.9	4.1	9.1	24.2	20.0	19.0	9.9	转折
行政和辅助的净利润率	—	—	9.4	24.2	13.1	14.5	5.1	转折
公共管理和社会安全净利润率	11.6	15.8	17.5	17.4	16.9	19.1	1.6	上升
成员组织的活动净利润率	—	—	3.4	8.9	4.9	7.7	4.3	波动**

注：* 数据根据 OECD 产业结构数据库（OECDa，2017）整理和估算。净利润率单位为%。** 表示存在国别差异。考虑统一可比性，变化＝2015年值－1990年值。农业既是一个产业，又是一个集群和一个部门。国际组织活动净利润率没有统计数据，此处省略。

（1）净利润率的变化趋势

首先，三次产业变迁。在1990～2015年期间，农业净利润率下降，工业和服务业净利润率波动。

其次，三大产业变迁。1990～2015年期间，服务产业净利润率上升，物质产业净利润率波动，知识产业净利润率先升后降。

其三，六大集群变迁。1990～2015年期间，工业和流通服务的净利润率提高，农业和其他服务净利润率下降，人类服务和基本服务的净利润率先升后降。

其四，24个部门的变迁。1990～2015年期间，24个部门变迁情况如下：

- 农业集群变迁：农业净利润率下降。
- 工业集群变迁：制造业净利润率上升，而环境治理净利润率下降，采矿业、建筑业和公共事业净利润率波动。
- 流通服务集群变迁：运输储存、食宿服务净利润率上升，批发和零售业、房地产和租赁的净利润率波动。
- 其他服务集群变迁：其他劳务服务、其他个人和家庭服务的净利润率下降。
- 人类服务集群变迁：教育，艺术、娱乐和文娱的净利润率提高；而信息和交流、健康和社会帮助的净利润率先上升后下降；科学研发和旅行的净利润波动。
- 基本服务集群变迁：专业和技术活动、行政和辅助的净利润率先上升后下降，金融和保险、公共管理和社会安全的净利润率上升，成员组织的活动净利润率波动。

（2）净利润率的世界前沿和国别差异

首先，三次产业的世界前沿和国别差异。在1970～2015年期间，农业和服务业净利润率的国际绝对差距都扩大，而工业净利润率的国际绝对差距先扩大后减小（表1-66）。

表1-66 25个样本国家1970～2015年三次产业净利润率的国际差距

分类	项目	1970	1980	1990	2000	2010	2015
农业	最大值/(%)	55.3	60.7	60.5	60.3	67.0	61.1
	最小值/(%)	33.7	31.7	35.9	24.0	26.9	20.7
	绝对差距/(%)	21.6	29.0	24.6	36.3	40.1	40.4
	相对差距	1.6	1.9	1.7	2.5	2.5	3.0
	国家样本数/个	4	6	10	23	23	21
工业	最大值/(%)	16.4	23.3	30.3	37.8	34.8	30.2
	最小值/(%)	11.0	11.3	14.0	12.0	11.1	12.0
	绝对差距/(%)	5.4	12.0	16.3	25.8	23.7	18.2
	相对差距	1.5	2.1	2.2	3.2	3.1	2.5
	国家样本数/个	4	6	10	23	23	21
服务业	最大值/(%)	37.8	36.4	50.4	48.0	49.9	49.9
	最小值/(%)	25.0	20.9	20.2	19.3	18.8	19.8
	绝对差距/(%)	12.8	15.5	30.2	28.7	31.1	30.1
	相对差距	1.5	1.7	2.5	2.5	2.7	2.5
	国家样本数/个	4	6	10	23	23	21

注：数据来源和处理同表1-65。绝对差距=最大值-最小值，相对差距=最大值÷最小值，后同。

其次，三大产业的世界前沿和国别差异。25个样本国家在1970～2015年期间，服务产业净利润率的国际绝对差距和相对差距扩大(表1-67)。

表1-67 25个样本国家1970～2015年三大产业净利润率的国际差距

分类	项目	1970	1980	1990	2000	2010	2015
物质产业	最大值/(%)	20.9	26.1	33.2	38.6	35.5	31.5
	最小值/(%)	14.1	13.4	16.3	12.6	12.8	12.5
	绝对差距/(%)	6.8	12.7	16.9	26.0	22.7	19.0
	相对差距	1.5	1.9	2.0	3.1	2.8	2.5
	国家样本数/个	4	6	10	23	23	21
服务产业	最大值/(%)	35.8	31.9	88.1	49.1	63.7	64.3
	最小值/(%)	33.1	26.4	26	25.4	24.1	24.3
	绝对差距/(%)	2.7	5.5	62.1	23.7	39.6	40.0
	相对差距	1.1	1.2	3.4	1.9	2.6	2.6
	国家样本数/个	3	5	8	22	23	21
知识产业	最大值/(%)	21.7	19.5	19.1	30.9	29.0	29.2
	最小值/(%)	16.0	13.9	9.8	10.5	12.2	8.1
	绝对差距/(%)	5.7	5.6	9.3	20.4	16.8	21.1
	相对差距	1.4	1.4	1.9	2.9	2.4	3.6
	国家样本数/个	3	5	8	22	23	21

注：数据来源和处理同表1-65。绝对差距=最大值-最小值，相对差距=最大值÷最小值，后同。

3. 增加值率的时序分析

增加值率的变化趋势分析基于美国、日本、德国、英国和法国的发展指标的算术平均值(表1-68)。在35个指标中，29个指标为水平变量，6个指标为交叉变量；上升变量9个，下降变量10个，波动变量16个。

表 1-68 1970～2015 年产业增加值率的变化

项目	1970	1980	1990	2000	2010	2015	变化	趋势
(1) 国民经济								
总增加值率	51.0	50.2	53.7	52.8	52.1	52.6	2.4	上升
(2) 三次产业								
农业增加值率	53.4	45.0	49.1	46.9	41.8	39.1	−5.9	下降
工业增加值率	36.1	33.6	39.1	38.3	36.5	37.4	3.8	上升
服务业增加值率	47.2	51.4	59.7	59.7	60.8	62.7	11.3	上升
(3) 三大产业								
物质产业增加值率	41.2	34.6	40.3	38.7	36.5	43.2	8.6	上升
服务产业增加值率	69.1	63.1	65.1	63.1	61.4	63.4	0.3	上升
知识产业增加值率	—	65.9	64.3	61.2	60.4	60.9	−5.0	下降
(4) 六大集群								
农业增加值率	53.4	45.0	49.1	46.9	41.8	39.1	−5.9	下降
工业增加值率	36.1	33.6	39.1	38.3	36.5	37.4	3.8	上升
流通服务增加值率	69.0	63.1	65.2	63.2	61.2	63.4	0.3	波动**
其他服务增加值率	75.9	66.5	65.6	61.8	65.0	64.9	−1.6	波动**
人类服务增加值率	—	62.9	60.8	63.5	62.9	61.8	−1.1	波动**
基本服务增加值率	—	69.0	67.7	59.3	58.5	60.1	−8.9	下降
(5) 工业集群中的部门								
采矿业增加值率	45.8	47.1	54.7	49.6	52.2	45.4	−1.7	波动**
制造业增加值率	34.2	30.3	36.0	35.5	33.1	33.9	3.6	波动**
建筑业增加值率	40.1	42.3	44.7	44.3	45.1	46.1	3.8	上升
公共事业增加值率	64.0	47.7	64.8	49.5	37.4	69.3	21.6	波动**
环境治理增加值率	—	46.2	53.2	42.3	43.9	41.8	−4.4	下降
(6) 流通服务集群中的部门								
批发和零售业增加值率	64.7	60.0	62.3	60.6	57.7	58.9	−1.1	波动**
运输和储存增加值率	54.1	50.4	55.2	50.0	49.0	49.7	−0.7	波动**
食宿服务增加值率	46.2	46.8	50.0	50.5	48.4	49.1	2.3	波动**
房地产和租赁增加值率	81.5	83.3	78.1	77.6	77.1	71.3	−12.0	下降
(7) 其他服务集群中的部门								
其他个人家庭服务增加值率	—	58.8	64.5	69.9	73.4	72.3	13.5	上升
其他劳务服务增加值率	70.1	63.7	60.5	54.7	58.3	63.0	−0.7	波动**
(8) 人类服务集群中的部门								
科学研发增加值率	50.1	58.6	58.5	65.9	60.9	54.2	−4.4	波动**
教育增加值率	76.2	83.7	83.4	80.9	78.4	79.1	−4.6	下降
信息和交流增加值率	63.3	63.7	60.4	54.0	53.5	53.7	−10.0	下降
艺术、娱乐和文娱增加值率	52.3	54.8	59.8	58.3	55.3	56.4	1.6	波动**
旅行增加值率	—	21.8	21.7	31.6	35.4	35.4	13.6	上升
健康和社会帮助增加值率	74.3	65.2	70.0	67.2	66.3	65.9	0.7	波动**

(续表)

项目	1970	1980	1990	2000	2010	2015	变化	趋势
(9) 基本服务集群中的部门								
金融和保险增加值率	51.1	60.0	57.5	48.9	51.0	51.4	−8.6	波动**
专业和技术活动增加值率	62.6	62.5	61.7	60.2	57.6	61.4	−1.1	波动**
行政和辅助的增加值率	70.1	67.3	67.4	62.0	69.3	63.0	−4.3	下降
公共管理和社会安全增加值率	69.0	73.4	69.4	68.0	64.3	67.2	−6.2	下降
成员组织的活动增加值率	—	56.1	61.5	66.8	66.1	64.8	8.7	波动**

注：数据根据 OECD 产业结构数据库（OECDa，2017）整理和估算。增加值率单位为%。** 表示存在国别差异。考虑统一可比性，变化＝2015年值－1980年值。农业既是一个产业，又是一个集群和一个部门。国际组织活动没有统计数据，此处省略。

（1）增加值率的变化趋势

首先，三次产业变迁。以数据规整的最小时间跨度为分析对象，在1980～2015年期间，三次产业增加值率增速：服务业＞工业，农业增加值率下降。

其次，三大产业变迁。1980～2015年期间，增加值率增速：物质产业和服务产业增加值率提高，知识产业增加值率下降。

其三，六大集群变迁。1980～2015年期间，工业增加值率上升，农业和基本服务增加值率下降，人类服务、其他服务、流通服务的增加值率波动。

其四，24个部门的变迁。1980～2015年期间，24个部门变迁情况如下：

- 农业集群变迁：人均农业增加值率下降。
- 工业集群变迁：建筑业增加值率上升，环境治理增加值率下降，而其他三个部门增加值率波动。
- 流通服务集群变迁：房地产和租赁增加值率下降，食宿服务、运输和储存、批发和零售业增加值率波动。
- 其他服务集群变迁：其他个人和家庭服务增加值率上升，其他劳务服务增加值率波动。
- 人类服务集群变迁：旅行增加值率上升；教育、信息和交流增加值率下降；科学研发，艺术、娱乐和文娱，健康和社会帮助增加值率波动。
- 基本服务集群变迁：行政和辅助、公共管理和社会安全增加值率下降，而金融保险、专业技术、成员组织活动的增加值率波动。

（2）增加值率的世界前沿和国别差异

首先，三次产业的世界前沿和国别差异。在1970～2015年期间，农业和服务业增加值率的国际绝对差距和相对差距都在扩大（表1-69）。

表 1-69　25 个样本国家 1970～2015 年三次产业增加值率的国际差距

分类	项目	1970	1980	1990	2000	2010	2015
农业	最大值/(%)	61.0	58.6	69.6	62.3	63.2	62.4
	最小值/(%)	42.5	38.9	43.5	35.8	28.8	26.6
	绝对差距/(%)	18.5	19.7	26.1	26.5	34.4	35.8
	相对差距	1.4	1.5	1.6	1.7	2.2	2.3
	国家样本数/个	7	10	14	24	24	23
工业	最大值/(%)	40.8	43.1	42.8	53.5	50.7	46.2
	最小值/(%)	33.2	32	33.2	27.8	26.6	25.1
	绝对差距/(%)	7.6	11.1	9.6	25.7	24.1	21.1
	相对差距	1.2	1.3	1.3	1.9	1.9	1.8
	国家样本数/个	7	10	14	24	24	23
服务业	最大值/(%)	69.8	68.3	76.2	74.3	75.5	75.2
	最小值/(%)	45.3	28.8	42.5	38.1	31.5	24.3
	绝对差距/(%)	24.5	39.5	33.7	36.2	44.0	50.9
	相对差距	1.5	2.4	1.8	2.0	2.4	3.1
	国家样本数/个	7	10	14	24	24	23

注：数据来源和处理同表 1-68。绝对差距＝最大值－最小值，相对差距＝最大值÷最小值，后同。

其次，三大产业的世界前沿和国别差异。25 个样本国家在 1970～2015 年期间，服务产业和知识产业增加值率的国际绝对差距扩大（表 1-70）。

表 1-70　25 个样本国家 1970～2015 年三大产业增加值率的国际差距

分类	项目	1970	1980	1990	2000	2010	2015
物质产业	最大值/(%)	41.2	44.0	43.5	53.3	50.5	43.2
	最小值/(%)	38.4	33.0	37.4	28.7	26.7	26.3
	绝对差距/(%)	2.8	11.0	6.1	24.6	23.8	16.9
	相对差距	1.1	1.3	1.2	1.9	1.9	1.6
	国家样本数/个	3	7	8	24	24	12
服务产业	最大值/(%)	69.1	63.4	66.4	67.8	77.0	76.8
	最小值/(%)	61.0	55.5	54.9	43.0	43.8	45.8
	绝对差距/(%)	8.1	7.9	11.5	24.8	33.2	31.0
	相对差距	1.1	1.1	1.2	1.6	1.8	1.7
	国家样本数/个	3	5	5	22	24	12
知识产业	最大值/(%)	70.5	70.0	68.3	64.6	73.3	72.6
	最小值/(%)	64.8	65.5	64.3	52.0	53.2	54.2
	绝对差距/(%)	5.7	4.5	4.0	12.6	20.1	18.4
	相对差距	1.1	1.1	1.1	1.2	1.4	1.3
	国家样本数/个	2	4	4	21	24	12

注：数据来源和处理同表 1-68。绝对差距＝最大值－最小值，相对差距＝最大值÷最小值，后同。

4. 创新密度的时序分析

创新密度的变化趋势采用 25 个国家的样本数据。这些国家大小不同，发展水平不同，经济结构既有共性又有差别。这里采用美国、日本、德国、英国和法国的发展指标的算术平均值为代表，分析基于创新密度的产业结构的变化趋势（表 1-71）。在 13 个指标中，13 个指标为水平变量；上升变量

13 个。

表 1-71 2005~2015 年产业创新密度的变化

项目	2005	2010	2015	变化	趋势
(1) 国民经济					
总创新密度	2.4	1.8	2.6	0.2	上升*
(2) 三次产业					
农业创新密度	0.1	0.4	0.3	0.2	上升*
工业创新密度	7.2	5.3	7.9	0.7	上升*
服务业创新密度	0.5	0.9	0.7	0.2	上升*
(3) 三大产业					
物质产业创新密度	7.0	5.1	7.6	0.6	上升*
服务产业创新密度	0.03	0.10	0.06	0.03	上升*
知识产业创新密度	1.1	1.5	1.3	0.2	上升*
(4) 六大集群					
农业创新密度	0.1	0.4	0.3	0.2	上升*
工业创新密度	7.2	5.3	7.9	0.7	上升*
流通服务创新密度	0.04	0.10	0.07	0.03	上升*
其他服务创新密度	0.04	0.08	0.08	0.04	上升*
人类服务创新密度	1.4	1.7	1.6	0.2	上升*
基本服务创新密度	0.8	1.3	1.1	0.3	上升*

注：数据根据 OECD 产业结构数据库（OECDa，2017）整理和估算。密度单位为%。* 表示存在国别差异。考虑统一可比性，变化＝2015 年值－2005 年值。

(1) 创新密度的变化趋势

首先，三次产业变迁。2000~2015 年期间，三次产业创新密度增速：工业＞服务业≈农业。

其次，三大产业变迁。2000~2015 年期间，创新密度增速：物质产业＞知识产业＞服务产业。

其三，六大集群变迁。2000~2015 年期间，创新密度增速：工业＞基本服务＞人类服务≈农业＞其他服务＞流通服务。

(2) 创新密度的世界前沿和国别差异

首先，三次产业的世界前沿和国别差异。在 2005~2015 年期间，农业创新密度的国际相对差距扩大（表 1-72）。

表 1-72 2005~2015 年三次产业创新密度的世界前沿和国际差距

分类	项目	2005	2010	2015
农业	最大值/(%)	0.14	0.89	1.56
	最小值/(%)	0.02	0.01	0.02
	绝对差距/(%)	0.12	0.88	1.54
	相对差距	7.0	89.0	78.0
	国家样本数/个	4	17	13

(续表)

分类	项目	2005	2010	2015
工业	最大值/(%)	7.23	8.1	8.38
	最小值/(%)	0.31	0.34	0.62
	绝对差距/(%)	6.92	7.76	7.76
	相对差距	23.3	23.8	13.5
	国家样本数/个	4	19	17
服务业	最大值/(%)	0.73	2.06	1.81
	最小值/(%)	0.26	0.15	0.24
	绝对差距/(%)	0.47	1.91	1.57
	相对差距	2.8	13.7	7.5
	国家样本数/个	4	19	17

注：数据来源和处理同表1-71。绝对差距＝最大值－最小值，相对差距＝最大值÷最小值，后同。

其次，三大产业的世界前沿和国别差异。25个样本国家在1970～2015年期间，物质产业创新密度的国际绝对差距扩大，国际相对差距减小（表1-73）。

表1-73　25个样本国家2005～2015年三大产业创新密度的国际差距

分类	项目	2005	2010	2015
物质产业	最大值/(%)	6.97	7.43	8.07
	最小值/(%)	0.28	0.32	0.54
	绝对差距/(%)	6.69	7.9	7.53
	相对差距	24.9	23.2	14.9
	国家样本数/个	4	19	17
服务产业	最大值/(%)	0.04	0.35	0.34
	最小值/(%)	0.01	0.02	0.02
	绝对差距/(%)	0.03	0.33	0.32
	相对差距	4.0	17.5	17.0
	国家样本数/个	3	18	16
知识产业	最大值/(%)	1.35	2.74	2.93
	最小值/(%)	0.53	0.28	0.45
	绝对差距/(%)	0.82	2.46	2.48
	相对差距	2.5	9.8	6.5
	国家样本数/个	4	19	17

注：数据来源和处理同表1-71。绝对差距＝最大值－最小值，相对差距＝最大值÷最小值，后同。

5. 环境压力的时序分析

环境压力的变化趋势采用25个国家的样本数据。这些国家大小不同，发展水平不同，经济结构既有共性又有差别。这里采用美国、日本、德国、英国和法国的发展指标的算术平均值为代表，分析基于环境压力的产业结构的变化趋势（表1-74）。在9个指标中，8个指标为水平变量，1个指标为交叉变量；下降变量8个，地域变量1个。

表 1-74 1990～2015 年产业环境压力的变化

项目	1990	2000	2010	2015	变化	趋势
(1) 国民经济						
总环境压力	0.13	0.12	0.08	0.06	−0.07	下降
(2) 三次产业						
农业环境压力	0.10	0.09	0.08	0.09	−0.01	下降
工业环境压力	0.12	0.11	0.06	0.05	−0.07	下降
服务业环境压力	0.09	0.08	0.04	0.04	−0.05	下降
(3) 三大产业						
物质产业环境压力	1.76	0.11	0.06	1.37	−0.39	下降
(4) 典型部门						
采矿业环境压力	0.13	0.08	0.05	0.08	−0.05	下降
制造业环境压力	0.17	0.14	0.09	0.09	−0.08	下降
建筑业环境压力	0.01	0.01	0.01	0.01	0.00	下降
交通环境压力	0.92	0.86	0.47	0.47	−0.45	下降

注：数据根据 OECD 产业结构数据库（OECDa，2017）整理和估算。压力单位为千克油当量/美元。考虑统一可比性，变化＝2015 年值−1990 年值。

(1) 环境压力的变化趋势

首先，三次产业变迁。在 1990～2015 年期间，三次产业环境压力降低速度：工业＞服务业＞农业。

其次，典型部门变迁。1990～2015 年期间，环境压力降低速度：交通＞制造业＞采矿业＞建筑业。

(2) 环境压力的世界前沿和国别差异

首先，三次产业的世界前沿和国别差异。在 1990～2015 年期间，农业、工业和服务业环境压力的国际差距均呈现波动状态（表 1-75）。

表 1-75 1990～2015 年三次产业环境压力的世界前沿和国际差距

分类	项目	1990	2000	2010	2015
农业	最大值/(千克油当量/美元)	0.38	0.87	0.30	0.31
	最小值/(千克油当量/美元)	0.09	0.12	0.06	0.04
	绝对差距/(千克油当量/美元)	0.29	0.75	0.24	0.27
	相对差距	4.2	7.3	5.0	7.8
	国家样本数/个	12	13	13	13
工业	最大值/(千克油当量/美元)	0.34	0.49	0.18	0.20
	最小值/(千克油当量/美元)	0.09	0.08	0.04	0.04
	绝对差距/(千克油当量/美元)	0.25	0.41	0.14	0.16
	相对差距	3.8	6.1	4.5	5.0
	国家样本数/个	6	14	14	8
服务业	最大值/(千克油当量/美元)	0.22	0.32	0.12	0.10
	最小值/(千克油当量/美元)	0.07	0.07	0.04	0.03
	绝对差距/(千克油当量/美元)	0.15	0.25	0.08	0.07
	相对差距	3.1	4.6	3.0	3.3
	国家样本数/个	12	17	17	17

注：数据来源和处理同表 1-74。绝对差距＝最大值−最小值，相对差距＝最大值÷最小值，后同。

6. 优质产业变迁的时间差

在1970～2015年期间，五国平均的优质产业更替存在一定的时间差。优质产业指在产业结构不同层次中劳动生产率、净利润率或增加值率最大的产业。

其一，基于劳动生产率和净利润率衡量的优质产业变迁的时间差。

在1970～2015年期间，基于劳动生产率和净利润率比较的优质产业时间差是：在三次产业中，工业成为优质产业的时间差大于5年。在三大产业中，物质产业成为优质产业的时间差大于15年（表1-76）。

表1-76　1970～2015年优质产业的时间差（基于劳动生产率和净利润率的比较）

项目	2015年基于劳动生产率衡量的优质产业	劳动生产率占优质地位的起始时间	净利润率占优质地位的起始时间	时间差
三次产业内	工业	2010年	农业仍处于优质	大于5年
三大产业内	物质产业	2000年	服务产业仍处于优质	大于15年
六大集群内	基本服务	2015年	工业集群仍处于优质	—
工业集群内	公共事业	2015年	2015年	—
流通服务集群内	房地产和租赁	1980年之前	1970年之前	—
其他服务集群内	其他劳务服务	1990年之前	其他个人家庭服务处于优质	大于25年
人类服务集群内	旅行	2015年	科学研发仍处于优质	—
基本服务集群内	金融和保险	2000年	2010年	10年

其二，基于劳动生产率和增加值率衡量的优质产业变迁的时间差。

在1970～2015年期间，基于劳动生产率和增加值率比较的优质产业时间差是：在三次产业中，工业成为优质产业的时间差大于5年。在三大产业中，物质产业成为优质产业的时间差大于15年（表1-77）。

表1-77　1970～2015年优质产业的时间差（基于劳动生产率和增加值率的比较）

项目	2015年基于劳动生产率衡量的优质产业	劳动生产率占优质地位的起始时间	增加值率占优质地位的起始时间	时间差
三次产业内	工业	2010年	服务业仍处于优质	大于5年
三大产业内	物质产业	2000年	服务产业仍处于优质	大于15年
六大集群内	基本服务	2015年	其他服务仍处于优质	—
工业集群内	公共事业	2015年	1970年之前	大于45年
流通服务集群内	房地产和租赁	1980年之前	1970年之前	—
其他服务集群内	其他劳务服务	1990年之前	1970年之前	—
人类服务集群内	旅行	2015年	教育仍处于优质	—
基本服务集群内	金融和保险	2000年	公共管理和社会安全仍处于优质	大于15年

其三，基于净利润率和增加值率衡量的优质产业变迁的时间差。

在1970～2015年期间，基于净利润率和增加值率比较的优质产业和时间差如表1-78。

表 1-78　1970～2015 年优质产业的时间差（基于净利润率和增加值率的比较）

项目	2015 年基于净利润率衡量的优质产业	净利润率占优质地位的起始时间	增加值率占优质地位的起始时间	时间差
三次产业内	农业	1970 年之前	1970 年之前	—
三大产业内	服务产业	1970 年之前	1970 年之前	—
六大集群内	流通服务	1970 年之前	其他服务仍处于优质	大于 45 年
工业集群内	公共事业	1970 年之前	1970 年之前	—
流通服务集群内	房地产和租赁	1970 年之前	1970 年之前	—
其他服务集群内	其他个人和家庭服务	1990 年之前	1990 年	—
人类服务集群内	科学研究	1970 年之前	教育仍处于优质	大于 45 年
基本服务集群内	金融保险	1970 年之前	公共管理和社会安全仍处于优质	大于 45 年

第三节　产业结构现代化的截面分析

产业结构现代化的截面分析，是对产业结构现代化的历史过程的关键时期的截面数据和资料进行分析，试图去发现和归纳产业结构现代化的客观事实和基本规律。截面分析的结果需要谨慎对待，并与时序分析结果进行交叉检验和对照，以确认结果的真实性。在本《报告》里，我们选择 25 个国家为分析样本，分析变量涉及产业水平、产业结构和产业质量三个方面，分析内容包括基本特征、世界前沿或国别差异等，时间跨度约为 300 年（1700～2015 年），分析对象包括 6 个历史截面（1700、1820、1900、1980、2000 和 2015 年），并以 2015 年截面为重点。需要特别注意的是，具有 18～19 世纪的产业结构数据的国家非常少，而且数据是不系统的和不完整的，这对分析结果的客观性有一定影响。

一般而言，产业结构变量与国家经济水平的截面特征关系，可以大致分为三种类型：正相关、负相关和没有显著关系；产业结构变量与国家经济水平的相关程度可以大致分为四个等级：相关性没有达到显著程度（没有显著关系）、相关（正或负相关）、显著相关（正或负相关）和非常显著相关（正或负相关）；截面分析的结果和时序分析的结果相比，可能出现三种情况：完全一致、不一致和相互矛盾（表 1-79）。如果截面分析与时序分析的结果完全一致，表示该指标的变化，有很强规律性。如果截面分析与时序分析的结果不一致，表示该指标的变化，具有多样性。如果截面分析与时序分析的结果相互矛盾，表示该指标的变化，需要个案分析。

表 1-79　产业结构变量的截面特征及其与时序特征的关系

类型	产业结构变量与国家经济水平的截面关系			产业结构变量截面特征与时序特征的关系		
	正相关	负相关	没有显著关系	完全一致	不完全一致	相互矛盾
特点	产业结构指标的数值越大，国家经济水平越高	产业结构指标的数值越大，国家经济水平越低	产业结构指标的数值变化，与国家经济水平的变化无显著关系	截面分析和时序分析的结果是一致的	截面分析和时序分析的结果不完全一致	截面分析和时序分析的结果是相互矛盾的

(续表)

类型	产业结构变量与国家经济水平的截面关系			产业结构变量截面特征与时序特征的关系		
	正相关	负相关	没有显著关系	完全一致	不完全一致	相互矛盾
举例	知识产业比例越高,国家经济水平越高	农业增加值比例越高,国家经济水平越低	环境治理增加值比例变化是波动的,与国家经济水平没有显著关系	服务业增加值比例:时序特征是上升变量,截面特征是正相关变量	物质产业增加值比例:时序特征是下降变量,截面特征是不相关变量	服务产业增加值比例:时序特征是上升变量,截面特征是负相关变量

注:没有显著关系的服务变量,可以分为两类:a. 部分相关,但相关性没有达到统计分析的显著水平;b. 完全没有关系。它们需要个案分析,区别对待。时序特征与截面特征的关系:① 完全一致:时序分析的上升变量(下降变量)——截面分析的正相关(负相关),时序分析的其他变量——截面分析的不相关;② 不完全一致:时序分析的上升变量(下降变量)——截面分析的不相关,时序分析的其他变量——截面分析的正相关(负相关);③ 相互矛盾:时序分析的上升变量(下降变量)——截面分析的负相关(正相关)。

一、世界产业水平的截面分析

产业水平的截面分析选择5个截面为对象,重点是2015年截面。

1. 产业水平的 2015 年截面分析

(1) 2015 年产业水平的截面特征

产业水平指产业发展的人均水平,涉及人均增加值、人均总产值和人均需求等方面。我们选择36个变量进行比较。重点分析三次产业(农业、工业和服务业)、三大产业(物质产业、服务产业和知识产业)和六大集群(农业、工业、流通服务、其他服务、人类服务和基本服务)的截面特征。很显然,不同变量的截面分布以及与国家经济水平的特征关系是不同的(表1-80和表1-81),许多指标的截面分布是波动的,而不是平滑的。

表1-80 2015年产业水平36个变量与国家经济水平的特征关系

国家经济水平	经济欠发达			初等发达		中等发达		经济发达		相关系数	显著性
国家分组	1	2	3	4	5	6	7	8	9		
人均国民收入	469	825	1821	4322	8008	14 022	27 813	47 431	74 765		
(1) 人均增加值											
人均农业增加值[a]	164	216	276	444	403	498	516	461	904	0.875	***
人均工业增加值[a]	77	150	472	1247	2599	3613	6546	11 484	16 734	0.998	***
人均服务业增加值[a]	196	350	795	2291	4434	7737	15 918	29 378	43 163	0.999	***
人均物质产业增加值	—	—	—	—	3073	4963	5824	10 621	22 489	0.969	***
人均服务产业增加值	—	—	—	—	3418	4737	9424	13 572	17 278	0.984	***
人均知识产业增加值	—	—	—	—	2017	4646	8061	18 432	29 346	0.996	***
人均农业增加值	—	—	—	—	284	425	507	515	767	0.949	***
人均工业增加值	—	—	—	—	2788	4505	5247	10 067	21 626	0.968	***
人均流通服务增加值	—	—	—	—	3268	4548	8808	12 793	16 799	0.989	***
人均其他服务增加值	—	—	—	—	150	189	617	778	783	0.879	**
人均人类服务增加值	—	—	—	—	827	2233	4322	9230	13 558	0.997	***
人均基本服务增加值	—	—	—	—	1190	2412	4225	9202	15 788	0.996	***

(续表)

国家经济水平	经济欠发达			初等发达		中等发达		经济发达		相关系数	显著性
国家分组	1	2	3	4	5	6	7	8	9		
人均国民收入	469	825	1821	4322	8008	14 022	27 813	47 431	74 765		
(2) 人均总产值											
人均农业总产值	—	—	—	—	456	1098	1022	1297	2077	0.935	***
人均工业总产值	—	—	—	—	7115	15 209	17 798	28 385	46 251	0.989	***
人均服务业总产值	—	—	—	—	7230	16 570	26 553	52 917	77 276	0.996	***
人均物质产业总产值	—	—	—	—	7570	17 073	20 472	31 510	54 006	0.987	***
人均服务产业总产值	—	—	—	—	4463	9520	15 374	24 221	36 029	0.997	***
人均知识产业总产值	—	—	—	—	2767	7889	14 233	31 114	47 178	0.997	***
人均农业总产值	—	—	—	—	456	1098	1022	1297	2077	0.935	***
人均工业总产值	—	—	—	—	7115	15 209	17 798	28 385	46 251	0.989	***
人均流通服务总产值	—	—	—	—	4257	9154	14 396	22 816	34 744	0.998	***
人均其他服务总产值	—	—	—	—	206	366	978	1405	1285	0.867	**
人均人类服务总产值	—	—	—	—	1120	3753	7169	14 955	22 034	0.997	***
人均基本服务总产值	—	—	—	—	1658	4177	7139	16 324	19 682	0.976	***
(3) 人均需求[b]											
人均农业需求	—	—	300	624	928	1286	1274	1883	2767	0.971	***
人均工业需求	—	—	1615	4461	8961	14 461	23 528	34 978	49 218	0.993	***
人均服务业需求	—	—	900	3185	8113	15 063	30 822	56 395	83 387	0.999	***
人均物质产业需求	—	—	2016	5085	9890	15 747	24 802	36 860	51 985	0.993	***
人均服务产业需求	—	—	611	1333	4152	8325	15 198	24 711	37 683	0.998	***
人均知识产业需求	—	—	289	1400	3961	6739	15 624	31 685	45 704	0.997	***
人均农业需求	—	—	300	624	928	1286	1274	1883	2767	0.971	***
人均工业需求	—	—	1615	4461	8961	14 461	23 528	34 978	49 218	0.993	***
人均流通服务需求	—	—	602	1720	4013	8118	14 648	23 851	36 615	0.999	***
人均其他服务需求	—	—	9	65	139	207	550	860	1068	0.983	***
人均人类服务需求	—	—	114	608	1567	2784	6980	12 865	21 448	0.999	***
人均基本服务需求	—	—	175	792	2394	3955	8465	18 820	24 257	0.991	***

注：a. 数据来自世界银行(World Bank, 2017)；b. 数据来自OECD投入产出数据库(OECDb, 2017)，人均需求为2011年数据。其他数据来自OECD产业结构数据库(OECDa, 2017)的整理和估算。增加值、总产值和需求单位为美元。* 表示相关，** 表现显著相关，*** 表示非常显著相关，其他为不相关。"—"表示没有数据。

表 1-81　2015 年产业水平变量与国家经济水平的特征关系的分类

方面	正相关变量/个	负相关变量/个	相关性不显著变量/个	其他变量/个	合计/个
人均增加值	12	—	—	—	12
人均总产值	12	—	—	—	12
人均需求	12	—	—	—	12
合计	36	—	—	—	36

注：其他变量指因为数据不全而不能分类的指标。后同。

(2) 产业水平变量的截面特征和时序特征的比较

2015 年截面的 36 个产业水平变量中，36 个服务变量的截面特征与时序特征完全一致(表 1-82)。这说明产业水平指标的变化具有规律性。

表 1-82　2015 年产业水平变量的截面特征与时序特征的关系

方面	完全一致/个	不完全一致/个	相互矛盾/个	合计/个
人均增加值	12	0	0	12
人均总产值	12	0	0	12
人均需求	12	0	0	12
合计	36	0	0	36

2. 产业水平的其他截面

(1) 2000 年产业水平的截面特征

2000 年服务截面分析，国家分组按 2000 年国家经济水平（人均国民收入）分组，分析变量仍然为 36 个变量。其中，15 个指标与国家经济水平正相关，21 个指标数据不全（表 1-83）；15 个产业水平变量的截面特征与时序特征完全一致，没有截面特征与时序特征相矛盾的变量（表 1-84）。

表 1-83　2000 年截面产业水平变量与国家经济水平的特征关系的分类

方面	正相关变量/个	负相关变量/个	相关性不显著变量/个	其他变量/个	合计/个
人均增加值	3	0	0	9	12
人均总产值	0	0	0	12	12
人均需求	12	0	0	0	12
合计	15	0	0	21	36

注：其他变量指因为数据不全而不能分类的指标。后同。

表 1-84　2000 年产业水平变量的截面特征与时序特征的关系

方面	完全一致/个	不完全一致/个	相互矛盾/个	合计/个
人均增加值	3	0	0	3
人均总产值	0	0	0	0
人均需求	12	0	0	12
合计	15	0	0	15

(2) 1980 年产业水平的截面特征

1980 年服务截面分析，国家分组按 1980 年国家经济水平（人均国民收入）分组，分析变量为 36 个变量。其中，3 个指标与国家经济水平正相关，33 个变量数据不全（表 1-85）；3 个变量的截面特征与时序特征完全一致（表 1-86）。

表 1-85　1980 年截面产业水平变量与国家经济水平的特征关系的分类

方面	正相关变量/个	负相关变量/个	相关性不显著变量/个	其他变量/个	合计/个
人均增加值	3	0	0	9	12
人均总产值	0	0	0	12	12
人均需求	0	0	0	12	12
合计	3	0	0	33	36

表 1-86 1980 年产业水平变量的截面特征与时序特征的关系

方面	完全一致/个	不完全一致/个	相互矛盾/个	合计/个
人均增加值	3	0	0	3
人均总产值	0	0	0	0
人均需求	0	0	0	0
合计	3	0	0	3

(3) 1900 年以来产业水平的截面特征

1900 年数据非常少。其中,人均农业增加值、人均工业增加值和人均服务业增加值与国家经济水平正相关(表 1-87)。

表 1-87 1900 年截面产业水平变量与国家经济水平的特征关系的分类

方面	正相关变量	负相关变量	相关性不显著变量	合计/个
人均增加值	人均农业增加值、人均工业增加值、人均服务业增加值	—	—	3
人均总产值	—	—	—	—
人均需求	—	—	—	—
合计	3	—	—	3

(4) 1820 年产业水平的截面特征

1820 年数据非常少。其中人均农业增加值、人均工业增加值和人均服务业增加值与国家经济水平正相关。

二、世界产业结构的截面分析

产业结构的截面分析选择 6 个截面为对象,重点是 2015 年截面。

1. 产业结构的 2015 年截面分析

(1) 2015 年产业结构的截面特征

产业结构涉及增加值结构、总产值结构、需求结构和就业结构等方面。分析三次产业(农业、工业和服务业)、三大产业(物质产业、服务产业和知识产业)、六大集群(农业、工业、流通服务、其他服务、人类服务和基本服务)和 24 个部门的截面特征。我们选择 136 个变量进行比较。很显然,不同变量的截面分布以及与国家经济水平的特征关系是不同的(表 1-88 和表 1-89),许多指标的截面分布是波动的,而不是平滑的。

表 1-88 2015 年产业结构 136 个定量指标与国家经济水平的特征关系

国家经济水平	经济欠发达			初等发达		中等发达		经济发达		相关系数	显著性
国家分组	1	2	3	4	5	6	7	8	9		
人均国民收入	469	825	1821	4322	8008	14 022	27 813	47 431	74 765		
(1) 增加值结构											
农业增加值比例[a]	36.7	30.5	18.8	11.7	5.5	4.4	2.6	1.1	1.6	−0.648	**
工业增加值比例[a]	18.4	20.5	30.2	30.2	33.8	30.6	28.8	27.7	27.1	0.117	
服务业增加值比例[a]	45.6	49.8	51.6	57.5	60.8	65.1	68.7	71.2	71.3	0.816	***

(续表)

国家经济水平	经济欠发达			初等发达		中等发达		经济发达		相关系数	显著性
国家分组	1	2	3	4	5	6	7	8	9		
人均国民收入	469	825	1821	4322	8008	14 022	27 813	47 431	74 765		
(1) 增加值结构											
物质产业增加值比例	—	—	—	—	36.1	34.5	26.0	24.9	30.1	−0.534	
服务产业增加值比例	—	—	—	—	40.2	33.2	37.8	31.9	27.5	−0.850	**
知识产业增加值比例	—	—	—	—	23.7	32.4	36.1	43.6	41.3	0.829	**
农业增加值比例	—	—	—	—	3.3	3.1	2.5	1.3	1.2	−0.947	***
工业增加值比例	—	—	—	—	32.8	31.3	23.3	22.7	28.9	−0.391	
流通服务增加值比例	—	—	—	—	38.4	31.8	35.5	30.0	24.5	−0.892	**
其他服务增加值比例	—	—	—	—	1.8	1.3	2.3	1.8	1.3	−0.292	
人类服务增加值比例	—	—	—	—	9.7	15.5	17.3	21.5	19.7	0.786	**
基本服务增加值比例	—	—	—	—	14.0	16.8	18.9	21.4	21.6	0.898	**
采矿业增加值比例	—	—	—	—	4.4	1.0	0.3	0.7	6.4	0.439	
制造业增加值比例	—	—	—	—	18.9	19.5	16.2	15.0	13.5	−0.949	***
建筑业增加值比例	—	—	—	—	7.5	6.8	4.6	5.4	5.5	−0.588	
公共事业增加值比例	—	—	—	—	1.9	3.5	2.7	1.9	1.7	−0.561	
环境治理增加值比例	—	—	—	—	0.0	0.6	0.7	0.7	0.4	0.248	
批发和零售业增加值比例	—	—	—	—	17.8	13.4	12.4	11.1	11.8	−0.708	
运输和储存增加值比例	—	—	—	—	6.6	7.4	5.6	4.9	5.8	−0.612	
食宿服务增加值比例	—	—	—	—	2.4	1.6	4.4	2.5	1.6	−0.224	
房地产和租赁比例	—	—	—	—	11.7	9.3	13.0	11.6	6.1	−0.632	
其他个人家庭服务比例	—	—	—	—	1.4	0.7	1.6	0.8	0.6	−0.556	
其他劳务服务比例	—	—	—	—	0.4	0.7	0.8	1.0	0.6	0.293	
科学研发增加值比例	—	—	—	—	0.1	0.6	0.6	0.9	0.8	0.751	*
教育增加值比例	—	—	—	—	4.4	4.5	5.2	5.6	4.1	−0.056	
信息和交流增加值比例	—	—	—	—	2.2	4.8	4.0	5.2	4.3	0.468	
艺术、娱乐和文娱增加值比例	—	—	—	—	0.5	1.6	1.3	1.2	1.3	0.308	
旅行增加值比例	—	—	—	—	0.1	0.2	0.2	0.3	0.2	0.513	
健康和社会帮助比例	—	—	—	—	2.4	3.9	5.9	8.6	9.9	0.968	***
金融和保险增加值比例	—	—	—	—	3.9	4.2	4.8	5.4	6.8	0.996	***
专业和技术活动比例	—	—	—	—	2.7	4.6	4.4	6.4	5.2	0.678	
行政和辅助增加值比例	—	—	—	—	2.8	1.2	1.5	2.3	1.7	−0.139	
公共管理和社会安全比例	—	—	—	—	4.4	6.5	7.0	6.5	7.5	0.720	
成员组织的活动比例	—	—	—	—	0.3	0.3	0.7	0.8	0.7	0.765	*
(2) 总产值结构											
农业总产值比例	—	—	—	—	3.1	3.5	2.5	1.6	1.8	−0.860	**
工业总产值比例	—	—	—	—	48.1	45.5	38.3	34.5	35.9	−0.844	**
服务业总产值比例	—	—	—	—	48.9	51.1	59.2	63.9	62.3	0.853	**
物质产业总产值比例	—	—	—	—	51.2	49.1	40.8	35.4	37.2	−0.857	**
服务产业总产值比例	—	—	—	—	30.1	27.8	30.7	27.7	26.6	−0.685	
知识产业总产值比例	—	—	—	—	18.8	23.1	28.4	35.8	33.5	0.864	**

(续表)

国家经济水平	经济欠发达			初等发达		中等发达		经济发达		相关系数	显著性
国家分组	1	2	3	4	5	6	7	8	9		
人均国民收入	469	825	1821	4322	8008	14 022	27 813	47 431	74 765		
(2) 总产值结构											
农业总产值比例	—	—	—	—	3.1	3.5	2.5	1.6	1.8	−0.860	**
工业总产值比例	—	—	—	—	48.1	45.5	38.3	34.5	35.9	−0.844	**
流通服务总产值比例	—	—	—	—	28.8	26.9	29.0	26.2	25.8	−0.731	*
其他服务总产值比例	—	—	—	—	1.3	1.0	1.6	1.4	0.9	−0.342	
人类服务总产值比例	—	—	—	—	7.6	11.0	14.0	17.0	16.2	0.848	**
基本服务总产值比例	—	—	—	—	11.1	12.0	14.3	18.5	17.4	0.882	**
采矿业总产值比例	—	—	—	—	3.4	0.8	0.3	0.6	4.5	0.394	
制造业总产值比例	—	—	—	—	35.1	31.1	27.4	25.1	19.9	−0.972	***
建筑业总产值比例	—	—	—	—	7.8	8.6	6.1	6.7	7.3	−0.377	
公共事业总产值比例	—	—	—	—	1.7	4.3	3.4	2.4	2.1	−0.339	
环境治理总产值比例	—	—	—	—	0.0	0.6	0.9	0.8	0.6	0.428	
批发和零售业总产值比例	—	—	—	—	13.1	10.5	10.9	9.8	11.1	−0.419	
运输和储存总产值比例	—	—	—	—	6.3	8.5	6.3	5.4	9.3	0.359	
食宿服务总产值比例	—	—	—	—	2.0	1.5	4.4	2.4	1.8	−0.068	
房地产和租赁比例	—	—	—	—	7.3	6.2	7.5	8.5	7.4	0.459	
其他个人家庭服务比例	—	—	—	—	1.0	0.4	1.0	0.6	0.3	−0.594	
其他劳务服务比例	—	—	—	—	0.4	0.5	0.6	0.9	0.6	0.552	
科学研发总产值比例	—	—	—	—	0.1	0.4	0.4	0.8	0.9	0.937	***
教育总产值比例	—	—	—	—	2.9	2.5	3.1	3.4	2.8	0.255	
信息和交流总产值比例	—	—	—	—	2.1	3.9	4.1	4.7	4.6	0.744	*
艺术、娱乐和文娱总产值比例	—	—	—	—	0.4	1.2	1.4	1.1	1.2	0.442	
旅行总产值比例	—	—	—	—	0.1	0.4	0.5	0.5	0.5	0.669	
健康和社会帮助比例	—	—	—	—	2.1	2.7	4.7	6.2	6.9	0.952	***
金融和保险总产值比例	—	—	—	—	3.4	3.1	3.9	5.2	5.7	0.963	***
专业和技术活动比例	—	—	—	—	2.0	3.9	3.9	6.0	4.6	0.673	
行政和辅助总产值比例	—	—	—	—	1.8	0.8	1.0	1.6	1.3	0.064	
公共管理和社会安全比例	—	—	—	—	3.8	4.0	4.8	5.4	5.8	0.967	***
成员组织的活动比例	—	—	—	—	0.2	0.3	0.8	0.7	0.7	0.705	
(3) 需求结构[b]											
农业需求比例	—	—	12.7	8.0	5.0	4.4	2.1	2.1	2.1	−0.708	**
工业需求比例	—	—	54.6	53.0	49.2	46.6	42.1	37.3	35.8	−0.936	***
服务业需求比例	—	—	31.3	39.1	45.9	49.0	55.5	60.1	62.1	0.873	***
物质产业需求比例	—	—	68.7	60.9	54.2	51.0	44.5	39.4	37.9	−0.873	***
服务产业需求比例	—	—	21.4	21.4	23.5	27.0	27.2	26.4	28.1	0.768	**
知识产业需求比例	—	—	10.0	17.7	22.4	22.0	28.3	34.1	34.0	0.873	***
农业需求比例	—	—	12.7	8.0	5.0	4.4	2.1	2.1	2.1	−0.708	**
工业需求比例	—	—	54.6	53.0	49.2	46.6	42.1	37.3	35.8	−0.936	***
流通服务需求比例	—	—	21.0	20.6	22.7	26.3	26.2	25.5	27.3	0.766	**
其他服务需求比例	—	—	0.3	0.8	0.8	0.7	1.0	0.9	0.8	0.434	
人类服务需求比例	—	—	4.0	7.8	8.8	9.1	12.7	14.0	16.0	0.916	***
基本服务需求比例	—	—	6.0	9.9	13.6	12.9	15.7	20.2	18.0	0.813	**

(续表)

国家经济水平	经济欠发达			初等发达		中等发达		经济发达		相关系数	显著性
国家分组	1	2	3	4	5	6	7	8	9		
人均国民收入	469	825	1821	4322	8008	14 022	27 813	47 431	74 765		
（3）需求结构[b]											
采矿业需求比例	—	—	3.2	4.2	4.1	2.7	3.1	2.3	3.5	−0.323	
制造业需求比例	—	—	40.9	38.5	34.3	32.0	28.7	25.1	21.5	−0.940	***
建筑业需求比例	—	—	8.6	7.5	7.2	7.0	6.6	6.6	8.1	−0.060	
公共事业需求比例	—	—	1.7	2.3	3.2	4.5	3.1	2.8	2.3	−0.095	
环境治理需求比例	—	—	0.2	0.5	0.4	0.4	0.5	0.5	0.4	0.292	
批发和零售业需求比例	—	—	8.9	8.9	9.5	11.4	10.5	9.3	9.7	0.088	
运输和储存需求比例	—	—	5.3	5.4	6.1	7.2	5.3	5.6	7.0	0.401	
食宿服务需求比例	—	—	3.8	3.3	2.4	2.0	4.0	2.6	2.4	−0.315	
房地产和租赁比例	—	—	2.8	3.0	4.7	5.8	6.5	8.1	8.3	0.901	***
其他个人家庭服务比例	—	—	0.0	0.1	0.1	0.2	0.3	0.1	0.1	0.053	
其他劳务服务比例	—	—	0.3	0.8	0.6	0.6	0.8	0.8	0.7	0.432	
科学研发需求比例	—	—	—	—	—	—	—	—	—		
教育需求比例	—	—	1.5	2.8	2.5	2.5	3.4	3.2	3.9	0.829	**
信息和交流需求比例	—	—	1.2	2.3	2.8	3.1	3.6	3.9	4.7	0.894	***
艺术、娱乐和文娱需求比例	—	—	—	—	—	—	—	—	—		
旅行需求比例	—	—	—	—	—	—	—	—	—		
健康和社会帮助比例	—	—	0.9	1.5	2.5	2.6	4.5	5.6	6.4	0.953	***
金融和保险需求比例	—	—	2.7	3.8	4.5	3.2	4.2	5.6	5.2	0.776	**
专业和技术活动比例	—	—	0.8	1.3	3.7	4.8	5.1	8.5	7.6	0.868	***
行政和辅助需求比例	—	—	—	—	—	—	—	—	—		
公共管理和社会安全比例	—	—	2.1	3.9	4.6	4.1	5.5	5.1	4.4	0.468	
成员组织的活动比例	—	—	0.4	0.9	0.7	0.7	0.9	1.0	0.8	0.465	
（4）就业结构											
农业就业比例	—	—	30.0	27.5	16.6	9.4	5.7	2.9	2.6	−0.800	**
工业就业比例	—	—	21.6	21.7	23.9	27.0	23.1	20.3	19.5	−0.573	
服务业就业比例	—	—	48.4	50.8	62.1	63.3	70.7	76.1	77.1	0.874	***
物质产业就业比例	—	—	—	43.5	34.2	25.8	20.9	21.7		−0.834	**
服务产业就业比例	—	—	—	31.2	29.2	33.7	29.0	28.1		−0.531	
知识产业就业比例	—	—	—	25.3	36.5	40.3	50.1	50.2		0.884	**
农业就业比例	—	—	—	17.9	3.0	2.2	1.1	2.0		−0.586	
工业就业比例	—	—	—	25.6	31.2	23.6	19.8	19.7		−0.801	*
流通服务就业比例	—	—	—	24.0	27.2	27.3	25.6	25.3		−0.091	
其他服务就业比例	—	—	—	7.2	2.1	6.4	3.4	2.8		−0.477	
人类服务就业比例	—	—	—	9.4	20.7	21.1	28.1	31.0		0.889	**
基本服务就业比例	—	—	—	15.8	15.8	19.4	22.0	19.2		0.674	
采矿业就业比例	—	—	—	0.7	0.8	0.2	0.2	0.9		0.077	
制造业就业比例	—	—	—	10.8	21.6	16.3	12.7	11.1		−0.446	
建筑业就业比例	—	—	—	13.6	6.7	5.6	5.8	6.8		−0.503	
公共事业就业比例	—	—	—	0.5	0.5	0.8	0.7	0.6		0.329	
环境治理就业比例	—	—	—	—	0.0	0.7	0.7	0.5	0.4	0.092	

(续表)

国家经济水平	经济欠发达			初等发达		中等发达		经济发达		相关系数	显著性
国家分组	1	2	3	4	5	6	7	8	9		
人均国民收入	469	825	1821	4322	8008	14 022	27 813	47 431	74 765		
(4) 就业结构											
批发和零售业就业比例	—	—	—	—	14.7	14.9	15.6	14.1	14.3	−0.534	
运输和储存就业比例	—	—	—	—	5.3	7.0	5.0	5.1	5.4	−0.350	
食宿服务就业比例	—	—	—	—	3.3	3.6	5.9	4.9	4.2	0.298	
房地产和租赁比例	—	—	—	—	0.8	1.8	0.8	1.5	1.4	0.268	
其他个人家庭服务比例	—	—	—	—	6.6	0.7	4.7	1.6	1.5	−0.505	
其他劳务服务比例	—	—	—	—	0.6	1.4	1.8	1.9	1.3	0.375	
科学研发就业比例	—	—	—	—	0.1	0.3	0.4	0.6	0.5	0.794	*
教育就业比例	—	—	—	—	5.7	9.0	7.5	8.0	7.6	0.211	
信息和交流就业比例	—	—	—	—	0.5	3.0	2.7	3.3	3.4	0.678	
艺术、娱乐和文娱就业比例	—	—	—	—	0.3	1.8	1.5	1.7	1.8	0.581	
旅行就业比例	—	—	—	—	0.1	0.2	0.3	0.2	0.3	0.661	
健康和社会帮助比例	—	—	—	—	2.7	6.4	8.8	14.2	17.6	0.977	***
金融和保险就业比例	—	—	—	—	0.8	1.9	2.6	3.1	3.2	0.857	**
专业和技术活动比例	—	—	—	—	1.6	3.8	3.8	5.2	5.5	0.864	**
行政和辅助就业比例	—	—	—	—	7.1	1.9	3.5	5.0	3.5	−0.202	
公共管理和社会安全比例	—	—	—	—	6.1	7.6	7.8	7.3	5.7	−0.414	
成员组织的活动比例	—	—	—	—	0.4	0.6	1.7	1.5	1.3	0.613	

注:a. 数据来自世界银行(World Bank,2017)。b. 数据来自OECD投入产出数据库(OECDb, 2017);人均需求为2011年统计数据。其他数据来自OECD产业结构数据库(OECDa, 2017)。比例单位为%。* 表示相关,** 表现显著相关,*** 表示非常显著相关,其他为不相关。"—"表示没有数据。其中三次产业的比例加和不为100%是由计算方法带来的偏差,其他情况与此类似,详见第一章第一节截面分析方法。

表1-89 2015年截面产业结构变量与国家经济水平的特征关系的分类

方面	正相关变量/个	负相关变量/个	相关性不显著变量/个	其他变量/个	合计/个
增加值结构	8	5	21	0	34
总产值结构	9	7	18	0	34
需求结构	12	6	12	4	34
就业结构	7	3	24	0	34
合计	36	21	75	4	136

(2) 产业结构变量的截面特征和时序特征的比较

2015年截面的136个产业结构变量中,有68个产业结构变量的截面特征与时序特征完全一致,有60个产业结构变量的截面特征与时序特征不完全一致,4个变量的截面特征与时序特征相互矛盾,4个产业结构变量数据不全(表1-90)。这说明产业结构指标的变化是复杂的。

表 1-90　2015 年产业结构变量的截面特征与时序特征的关系

方面	完全一致/个	不完全一致/个	相互矛盾/个	合计/个
增加值结构	15	17	2（服务产业增加值比例、流通服务增加值比例）	34
总产值结构	20	13	1（流通服务总产值比例）	34
需求结构	22	8	0	30
就业结构	11	22	1（科学研发就业比例）	34
合计	68	60	4	132

(3) 产业结构相似系数与偏离度

2015 年，131 个国家三次产业的增加值结构和就业结构的平均偏离度排名和相似系数排名基本保持一致（详见附表 1-2-1），其中以平均偏离度为基准排名前 10 位的国家包括：捷克、斯洛伐克、新西兰、比利时、乌克兰、英国、匈牙利、法国、美国和德国（表 1-91）。

表 1-91　2015 年 131 个国家三次产业增加值结构和就业结构的偏离度和相似系数（前 13 位）

国家	编号	农业偏离度	工业偏离度	服务业偏离度	平均偏离度	平均偏离度排名	相似系数	相似系数排名
捷克	30	−0.1	0.1	0.0	0.083	1	1.0000	1
斯洛伐克	27	0.4	−0.7	0.3	0.462	2	0.9999	3
新西兰	17	0.7	−0.2	−0.5	0.467	3	1.0000	2
比利时	15	−0.4	0.9	−0.4	0.581	4	0.9999	4
乌克兰	36	−1.1	0.9	0.1	0.703	5	0.9998	6
英国	13	−0.5	1.3	−0.7	0.838	6	0.9998	5
匈牙利	29	−0.1	1.4	−1.3	0.944	7	0.9997	8
法国	14	−1.0	−1.1	2.0	1.366	8	0.9997	7
美国	2	−0.4	2.5	−2.1	1.685	9	0.9993	9
德国	9	−0.8	2.7	−1.9	1.820	10	0.9990	13
日本	7	−2.7	2.1	0.6	1.821	11	0.9991	12
爱沙尼亚	23	−0.7	−2.1	2.8	1.871	12	0.9991	11
以色列	19	0.2	2.8	−3.0	2.003	13	0.9991	10
中国	73	−20.1	17.2	2.9	13.412	82	0.9135	87
高收入国家	132	−1.8	2.0	−0.2	1.330	—	0.9994	—
中等收入国家	133	−22.1	10.9	11.3	14.772	—	0.9143	—
低收入国家	134	−37.9	13.1	24.7	25.251	—	0.7645	—
世界平均	135	−25.7	5.6	20.1	17.155	—	0.8983	—

2. 2000 年产业结构的截面特征

2000 年服务截面分析，国家分组按 2000 年国家经济水平（人均国民收入）分组，分析变量为 136 个变量。其中，18 个指标与国家经济水平正相关，8 个指标负相关，10 个指标相关不显著（表 1-92），100 个指标数据不全；27 个指标的截面特征与时序特征完全一致，9 个指标的截面特征与时序特征不完全一致，没有截面特征与时序特征相互矛盾的指标（表 1-93）。

表 1-92 2000 年截面产业结构变量与国家经济水平的特征关系的分类

方面	正相关变量/个	负相关变量/个	相关性不显著变量/个	其他变量/个	合计/个
增加值结构	1	1	1	31	34
总产值结构	0	0	0	34	34
需求结构	15	6	9	4	34
就业结构	2	1	0	31	34
合计	18	8	10	100	136

表 1-93 2000 年产业结构变量的截面特征与时序特征的关系

方面	完全一致/个	不完全一致/个	相互矛盾/个	合计/个
增加值结构	2	1	0	3
总产值结构	0	0	0	0
需求结构	23	7	0	30
就业结构	2	1	0	3
合计	27	9	0	36

3. 1980 年产业结构的截面特征

1980 年服务截面分析,国家分组按 1980 年国家经济水平(人均国民收入)分组,分析变量为 136 个变量。其中,3 个指标与国家经济水平正相关,2 个指标负相关,1 个指标相关不显著,130 个指标数据不完整(表 1-94);4 个指标的截面特征与时序特征完全一致,2 个指标的截面特征与时序特征不完全一致,没有截面特征与时序特征相互矛盾的指标(表 1-95)。

表 1-94 1980 年截面产业结构变量与国家经济水平的特征关系的分类

方面	正相关变量/个	负相关变量/个	相关性不显著变量/个	其他变量/个	合计/个
增加值结构	1	1	1	31	34
总产值结构	0	0	0	34	34
需求结构	0	0	0	34	34
就业结构	2	1	0	31	34
合计	3	2	1	130	136

表 1-95 1980 年产业结构变量的截面特征与时序特征的关系

方面	完全一致/个	不完全一致/个	相互矛盾/个	合计/个
增加值结构	2	1	0	3
总产值结构	0	0	0	0
需求结构	0	0	0	0
就业结构	2	1	0	3
合计	4	2	0	6

4. 1900 年产业结构的截面特征

1900 年数据非常少。其中,工业增加值比例、工业就业比例和服务业就业比例与国家经济水平正相关,农业增加值比例与国家经济水平负相关(表 1-96)。

表 1-96　1900 年截面产业结构变量与国家经济水平的特征关系的分类

方面	正相关变量	负相关变量	相关性不显著变量	合计/个
增加值结构	1	1	1	3
总产值结构	—	—	—	—
需求结构	—	—	—	—
就业结构	2	—	1	3
合计	3	1	2	6

5. 1820 年产业结构的截面特征

1820 年产业结构的截面特征见表 1-97。

表 1-97　1820 年截面产业结构变量与国家经济水平的特征关系的分类

国家经济水平	经济欠发达			初等发达		中等发达		经济发达		相关系数	显著性
国家分组	1	2	3	4	5	6	7	8	9		
人均 GDP	—	—	418	564	625	752	1108	1265	1764		
农业劳动力比例	—	—	—	—	—	—	—	70	—	—	—
工业劳动力比例	—	—	—	—	—	—	—	15	—	—	—
服务劳动力比例	—	—	—	—	—	—	—	15	—	—	—

注：劳动力结构数据，第 8 组国家数据为美国的数据。

6. 1700 年产业水平的截面特征

1700 年产业结构的截面特征如表 1-98 所示。

表 1-98　1700 年截面产业水平变量与国家经济水平的特征关系

国家经济水平	经济欠发达			初等发达		中等发达		经济发达		相关系数	显著性
国家分组	1	2	3	4	5	6	7	8	9		
人均 GDP	—	—	400	531	565	774	929	1341	1680		
农业劳动力比例	—	—	—	—	—	—	—	56	—	—	—
工业劳动力比例	—	—	—	—	—	—	—	22	—	—	—
服务劳动力比例	—	—	—	—	—	—	—	22	—	—	—

注：劳动力结构数据，第 8 组国家数据为英国的数据。

三、世界产业质量的截面分析

由于数据获取困难，产业质量的截面分析选择 2 个截面为对象，重点是 2015 年截面。

1. 产业质量的 2015 年截面分析

（1）2015 年产业质量的截面特征

在本《报告》中，我们从劳动生产率、增加值率、净利润率、创新密度和环境压力五个方面来测度产业质量，选择 56 个变量进行比较（表 1-99 和表 1-100）。

表 1-99 2015 年产业质量 56 个指标与国家经济水平的特征关系

国家经济水平	经济欠发达			初等发达		中等发达		经济发达		相关系数	显著性
国家分组	1	2	3	4	5	6	7	8	9		
人均国民收入	469	825	1821	4322	8008	14 022	27 813	47 431	74 765		
(1) 劳动生产率/美元											
农业劳动生产率[a]	256	—	2162	4506	6785	15 571	23 509	45 522	73 619	0.998	***
工业劳动生产率[a]	1286	—	4634	14 565	21 097	30 271	64 193	119 900	165 607	0.997	***
服务业劳动生产率[a]	2676	—	5830	12 825	15 998	26 776	54 628	85 456	108 808	0.990	***
物质产业劳动生产率	—	—	—	—	22 488	37 966	72 103	124 701	194 660	1.000	***
服务产业劳动生产率	—	—	—	—	34 895	42 532	81 142	113 716	126 931	0.956	***
知识产业劳动生产率	—	—	—	—	25 340	33 130	62 656	88 587	111 735	0.984	***
农业劳动生产率	—	—	—	—	5053	39 918	80 804	113 884	99 998	0.828	***
工业劳动生产率	—	—	—	—	34 701	37 688	71 887	121 781	203 897	0.995	***
流通服务劳动生产率	—	—	—	—	43 360	43 999	96 766	121 698	128 184	0.913	***
其他服务劳动生产率	—	—	—	—	6639	24 092	28 178	56 837	75 660	0.981	***
人类服务劳动生产率	—	—	—	—	28 109	28 007	59 578	78 940	84 594	0.932	***
基本服务劳动生产率	—	—	—	—	23 715	40 056	68 503	101 186	151 298	0.998	***
(2) 净利润率/(%)											
农业净利润率	—	—	—	—	—	33.9	46.2	36.0	32.8	−0.384	
工业净利润率	—	—	—	—	—	15.3	14.9	14.9	23.8	0.835	
服务业净利润率	—	—	—	—	—	27.8	29.5	24.1	21.0	−0.916	*
物质产业净利润率	—	—	—	—	—	16.6	17.2	16	24.4	0.809	
服务产业净利润率	—	—	—	—	—	31.6	37.0	32.1	26.3	−0.714	
知识产业净利润率	—	—	—	—	—	22.9	22.6	16.1	17.1	−0.833	*
农业净利润率	—	—	—	—	—	37.9	44.1	42.8	26.6	−0.686	
工业净利润率	—	—	—	—	—	17.8	15.9	16.1	18.3	0.326	
流通服务净利润率	—	—	—	—	—	31.9	37.4	32.6	26.5	−0.710	
其他服务净利润率	—	—	—	—	—	39.1	9.9	13.6	10.4	−0.675	*
人类服务净利润率	—	—	—	—	—	21.9	20.0	16.8	9.2	−0.987	***
基本服务净利润率	—	—	—	—	—	24.0	26.1	15.2	14.2	−0.868	**
(3) 增加值率/(%)											
农业增加值率	—	—	—	—	—	39.0	49.1	38.6	36.5	−0.494	
工业增加值率	—	—	—	—	—	29.0	31.5	33.5	42.1	0.974	
服务业增加值率	—	—	—	—	—	54.1	61.5	59.1	56.0	−0.005	
物质产业增加值率	—	—	—	—	—	29.4	31.3	34.1	40.8	0.989	
服务产业增加值率	—	—	—	—	—	50.3	60.2	56.7	49.1	−0.312	
知识产业增加值率	—	—	—	—	—	58.8	62.0	59.0	62.8	0.581	
农业增加值率	—	—	—	—	—	39.0	49.1	38.6	36.5	−0.494	
工业增加值率	—	—	—	—	—	29.0	31.5	33.5	42.1	0.974	
流通服务增加值率	—	—	—	—	—	50.1	60.6	56.4	48.3	−0.353	
其他服务增加值率	—	—	—	—	—	58.3	70.8	62.3	61.4	−0.082	
人类服务增加值率	—	—	—	—	—	59.6	61.1	62.0	61.3	0.664	
基本服务增加值率	—	—	—	—	—	58.2	62.4	56.5	60.1	−0.011	

(续表)

国家经济水平	经济欠发达			初等发达		中等发达		经济发达		相关系数	显著性
国家分组	1	2	3	4	5	6	7	8	9		
人均国民收入	469	825	1821	4322	8008	14 022	27 813	47 431	74 765		
(4) 创新密度/(%)											
农业创新密度	—	—	—	—	—	0.1	0.1	0.6	0.7	0.927	
工业创新密度	—	—	—	—	—	0.9	3.7	5.2	3.3	0.509	
服务业创新密度	—	—	—	—	—	0.6	0.8	0.9	1.6	0.961	
物质产业创新密度	—	—	—	—	—	0.9	3.4	5.0	3.1	0.507	
服务产业创新密度	—	—	—	—	—	0.1	0.1	0.2	0.3	0.977	
知识产业创新密度	—	—	—	—	—	1.1	1.5	1.4	2.2	0.918	
农业创新密度	—	—	—	—	—	0.1	0.1	0.6	0.7	0.927	
工业创新密度	—	—	—	—	—	0.9	3.7	5.2	3.3	0.509	
流通服务创新密度	—	—	—	—	—	0.1	0.1	0.2	0.2	0.880	
其他服务创新密度	—	—	—	—	—	0.1	0.2	0.1	0.7	0.834	
人类服务创新密度	—	—	—	—	—	1.4	1.6	1.8	1.9	0.959	
基本服务创新密度	—	—	—	—	—	0.9	1.4	1.2	2.4	0.895	
(5) 环境压力/(千克石油当量·美元/人)											
农业创新密度	—	—	—	—	—	0.2	0.1	0.1	0.2	0.148	
工业创新密度	—	—	—	—	—	0.1	0.1	0.1	0.1		
服务业环境压力	—	—	—	—	—	0.1	0.1	0.1	0.1		
物质产业环境压力	—	—	—	—	—	0.6	0.5	1.3	0.6	0.199	
采矿业环境压力	—	—	—	—	—	0	0.1	0.1	0	−0.148	
制造业环境压力	—	—	—	—	—	0.2	0.1	0.1	0.1	−0.683	
建筑业环境压力	—	—	—	—	—	0	0	0	0		
交通环境压力	—	—	—	—	—	0.5	0.6	0.5	0.3	−0.811	

注:a 数据来自世界银行(World Bank,2017)。其他数据来自OECD产业结构数据库(OECDa,2017)的整理和估算。* 表示相关,** 表现显著相关,*** 表示非常显著相关,其他为不相关。"—"表示没有数据。本表没有考虑国家大小带来的影响。

表 1-100 2015年产业质量指标与国家经济水平的特征关系的分类

方面	正相关变量/个	负相关变量/个	相关性不显著变量/个	其他变量/个	合计/个
劳动生产率	12	—	—	—	12
净利润率	—	—	—	12	12
增加值率	—	—	—	12	12
创新密度	—	—	—	12	12
环境压力	—	—	—	8	8
合计	12	—	—	44	56

(2) 产业质量指标的截面特征和时序特征的比较

2015年截面的56个产业质量指标中,有18个变量的截面特征与时序特征完全一致,有38个变量的截面特征与时序特征不完全一致(表1-101)。这说明产业结构指标的变化同样是复杂的。

表 1-101　2015 年产业质量指标的截面特征与时序特征的关系

方面	完全一致/个	不完全一致/个	相互矛盾/个	合计/个
劳动生产率	12	0	0	12
净利润率	3	9	0	12
增加值率	3	9	0	12
创新密度	0	12	0	12
环境压力	0	8	0	8
合计	18	38	0	56

2. 产业质量的 2000 年截面

2000 年产业质量截面分析,国家分组按 2000 年国家经济水平(人均国民收入)分组,分析变量为 56 个。其中,3 个指标与国家经济水平正相关(表 1-102);3 个指标的截面特征与时序特征完全一致(表 1-103)。

表 1-102　2000 年截面产业质量指标与国家经济水平的特征关系的分类

方面	正相关变量/个	负相关变量/个	相关性不显著变量/个	其他变量/个	合计/个
劳动生产率	3	—	—	9	12
净利润率	—	—	—	12	12
增加值率	—	—	—	12	12
创新密度	—	—	—	12	12
环境压力	—	—	—	8	8
合计	3	—	—	53	56

注:其他变量为数据不全,无法判断的变量。

表 1-103　2000 年产业质量指标的截面特征与时序特征的关系

方面	完全一致/个	不完全一致/个	相互矛盾/个	合计/个
劳动生产率	3	0	0	3
净利润率	0	0	0	0
增加值率	0	0	0	0
创新密度	0	0	0	0
环境压力	0	0	0	0
合计	3	0	0	3

第四节　产业结构现代化的过程分析

世界产业结构现代化的过程分析,时间跨度约为 400 年(1700~2100 年),分析内容可以根据需要有所选择(图 1-5)。由于篇幅有限,我们简要讨论世界产业结构现代化的历史进程(1700~2015 年)、客观现实(2015 年)和未来前景(2015~2100 年)。

根据系统论的观点,整体不等于局部之和。前面关于产业结构现代化的时序分析和截面分析,揭示了世界产业结构变迁的三个方面的事实。但是,它们尚不能构成产业结构现代化的完整概念。全面和系统地认识产业结构现代化,不仅要有三个方面的现代化研究,还要有产业结构现代化的整体研究,包括世界整体的产业结构现代化、国家和地区的产业结构现代化研究(图1-8)等。

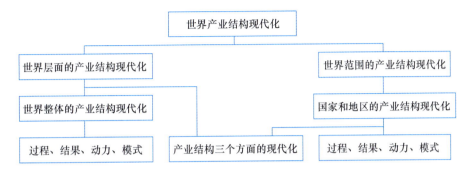

图1-8 世界产业结构现代化的过程分析

注:产业结构三个方面指产业水平(人均增加值、人均总产值和人均需求)、产业结构(增加值结构、总产值结构、需求结构和就业结构)和产业质量(劳动生产率、净利润率、增加值率、创新密度和环境压力),包括十二个小方面。世界、国家和地区的产业结构现代化,都涉及产业结构三大方面的现代化。关于世界产业结构三大方面的现代化,前面两节已有专门分析(时序分析和截面分析)。

一、世界产业结构现代化的历史进程

世界产业结构现代化的历史进程,指从它的起步到目前的历史过程。世界产业结构现代化的进程研究,时间跨度约为300年;分析内容包括世界整体的产业结构现代化、世界产业结构三大方面的现代化、世界范围的国家和地区产业结构现代化等。关于世界产业结构三大方面现代化,前面已有专门分析。关于国家和地区产业结构现代化,需要专题研究。这里重点讨论世界整体的产业结构现代化。

世界整体的产业结构现代化是一个多维度的历史过程,需要从多个角度进行分析,分析内容可以根据需要进行选择。下面简要讨论它的阶段、内容、特点、结果、动力和模式。

关于2000~2015年世界产业结构现代化的进程评价,参见本《报告》第四章。

1. 世界产业结构现代化的主要阶段

世界产业结构现代化的阶段划分,应该与世界经济现代化的阶段划分相协调,因为产业结构现代化是世界经济现代化的组成部分;同时,世界经济现代化的阶段划分要与世界现代化的阶段划分相协调。当然,它们并非完全同步,而且存在国家差异。

首先,关于世界现代化的阶段划分没有统一认识(图1-9,专栏1-3)。一般而言,阶段划分可以依据它的前沿轨迹和特征进行。事实上,人类文明的历史阶段和社会阶段的划分,都是依据人类文明进程的前沿轨迹和特征进行的。当然研究角度不同,认识会有所差别。

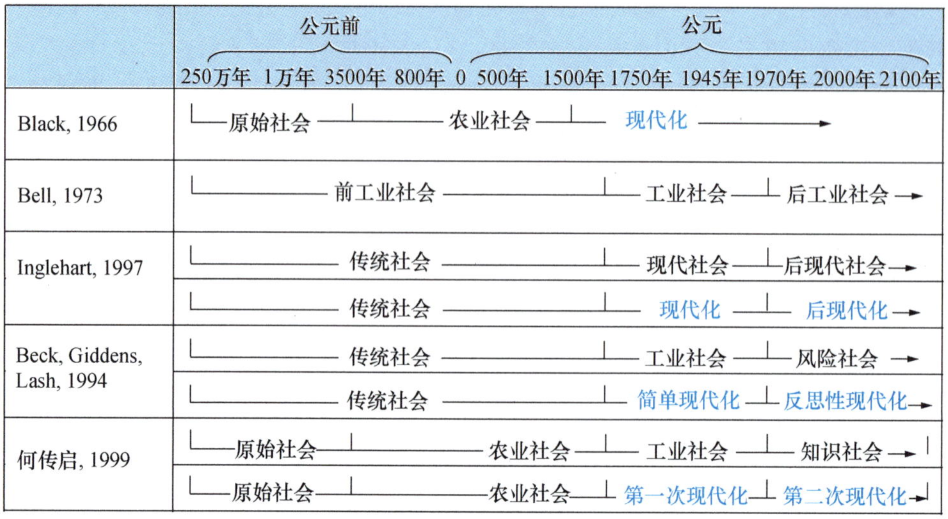

	公元前						公元				
	250万年	1万年	3500年	800年	0	500年	1500年	1750年	1945年	1970年	2000年 2100年
Black, 1966	├─原始社会─┼──农业社会──┼─现代化──────→										
Bell, 1973	├────前工业社会────┼──工业社会──┼─后工业社会→										
Inglehart, 1997	├─────传统社会─────┼──现代社会──┼─后现代社会→										
	├─────传统社会──────┼──现代化──┼─后现代化──→										
Beck, Giddens, Lash, 1994	├─────传统社会─────┼──工业社会──┼─风险社会─→										
	├─────传统社会──────┼─简单现代化─┼─反思性现代化→										
何传启, 1999	├─原始社会─┼──农业社会──┼──工业社会──┼─知识社会─┤										
	├─原始社会─┼──农业社会──┼─第一次现代化─┼─第二次现代化─┤										

图 1-9 世界现代化和人类文明的主要阶段

文献来源：何传启，2010.

专栏 1-3　世界现代化的起点和阶段

关于世界现代化的起点大致有三种主要观点。① 16～17 世纪的科学革命是世界现代化的起点；② 17～18 世纪的启蒙运动是世界现代化的起点；③ 18 世纪的英国工业革命和法国大革命是世界现代化的起点。其中，第三种观点得到较多支持。《中国现代化报告》认为，18 世纪的工业革命可以作为世界现代化的起点。

关于世界现代化的阶段划分大致有七种观点。根据现代化进程的前沿特征和水平划分，在 18～21 世纪期间，现代化进程可以分为第一次现代化和第二次现代化两大阶段，两个阶段的分界点大约是 1970 年前后（知识和信息革命）；每个大阶段又分为起步、发展、成熟和过渡四个小阶段。

表　世界现代化进程的阶段划分

阶段划分	内容	备注
三次浪潮	第一次浪潮（1780～1860 年）、第二次浪潮（19 世纪下半叶至 20 世纪初）和第三次浪潮（20 世纪下半叶）（罗荣渠，1993）	经典现代化的内部阶段
四个阶段	现代性的挑战、现代化领导集团的巩固、社会和经济转型、社会整合（Black, 1966）	
五个阶段	经济成长的五个阶段：传统社会、为起飞创造前提条件阶段、起飞阶段、向成熟推进阶段和大众消费阶段（Rostow, 1960）；后来增加了第六个阶段：生活质量阶段	
四个时期	准备时期、转变时期、高级现代化时期和国际一体化时期（Black, 1976）	
两大阶段	经典现代化和后现代化（现代社会和后现代社会）（Crook, Pakulski, Waters, 1992；Inglehart, 1997） 简单现代化和反思性现代化（工业社会和风险社会）（Beck, 1986；Beck, Giddens, Lash, 1994） 第一次现代化和第二次现代化（工业社会和知识社会）（何传启，1998a, b, 1999, 2003, 2013）	两次现代化

文献来源：何传启，2010.

第二次现代化理论认为,在 18~21 世纪期间,根据它的前沿内涵和特征,世界现代化过程可以分为两大阶段和六次浪潮(表 1-104);其中,第五次和第六次浪潮是一种预测。

表 1-104 世界现代化的两大阶段和六次浪潮

浪潮	大致时间	六次浪潮的内容	两大阶段
第一次	1763~1870	第一次工业革命、机械化、城市化、社会分化流动	第一次现代化
第二次	1870~1945	第二次工业革命、电气化、电器化、普及义务教育	工业化、城市化、民主化
第三次	1946~1970	第三次产业革命、自动化、福利化、普及中等教育	理性化、福利化、流动化
第四次	1970~2020	知识和信息革命、信息化、网络化、普及高等教育	第二次现代化
第五次	2020~2050	新生物学和再生革命、生物经济、仿生化、生物经济社会	知识化、信息化、生态化
第六次	2050~2100	新物理学和时空革命、文化经济、体验化、文化经济社会	全球化、个性化、多元化

注:依据现代化前沿轨迹的内涵和特征进行划分。第五和第六次浪潮是一种预测。不同国家的现代化进程是不同步的,不同国家的现代化阶段划分可以有所差别。对于先行国家,六次浪潮是先后发生的。对于后发国家,可以两次或多次浪潮的内容同时发生,可以把几次浪潮的内容压缩在同一个时期进行。
文献来源:何传启,2010,2016.

其次,世界经济现代化的主要阶段。《中国现代化报告 2005》提出经济现代化的两大阶段和六次浪潮(表 1-105)。产业结构变迁作为经济现代化的一种表现形态,我们可以参照经济现代化的两大阶段和六次浪潮,为产业结构现代化研究构建一个分析框架。

表 1-105 世界经济现代化的两大阶段和六次浪潮

浪潮	大致时间	核心内容	主要特点	两大阶段
第一次	1763~1870	第一次产业革命	机械化、蒸汽机、殖民效应	第一次经济现代化
第二次	1870~1945	第二次产业革命	电气化、内燃机、贸易效应	(工业化、非产业结构化)
第三次	1946~1970	第三次产业革命	自动化、计算机、冷战效应	(全国性市场)
第四次	1970~2020	第四次产业革命	信息化、绿色化、知识效应	第二次经济现代化
第五次	2020~2050	新生物学和再生革命	生命工程、生物经济、新生效应	(知识化、非工业化)
第六次	2050~2100	新物理学和时空革命	超级运输、体验经济、新物效应	(市场全球化)

注:第二次浪潮的时间包括 1914~1945 年期间的经济危机和调整,知识效应包括高技术革命等。
文献来源:何传启,2010,2016.

其三,世界产业结构现代化的主要阶段。参照经济现代化的阶段划分,在 18~21 世纪期间,世界产业结构现代化的前沿过程大致包括两大阶段,它们有不同特点(表 1-106)。

表 1-106 世界产业结构现代化的两大阶段

两大阶段	起点和终点的主要特点	中间过程的主要特点
第一次产业结构现代化	起点:工业化起步,农业比例下降 完成:农业增加值比例<15%;农业劳动力比例<30%;服务业增加值比例 40%;服务业劳动力比例 40%	工业经济时代的产业结构变化 农业增加值比例和劳动力比例下降,工业增加值比例和劳动力比例上升,服务业增加值比例和劳动力比例上升,工业成为主导产业等
第二次产业结构现代化	起点:服务业增加值比例和劳动力比例 60%;工业比例下降 完成:知识产业增加值比例和劳动力比例约 60%(估计值)	知识经济时代的产业结构变化(预测) 物质产业增加值比例和劳动力比例下降;服务产业增加值比例和劳动力先上升后下降;知识产业增加值比例和劳动力比例上升,知识产业成为主导产业

注:两大阶段的划分和内容是相对的,有些内容在两个时期中都出现,但重点可能有所不同。

2. 世界产业结构现代化的主要特点

关于世界产业结构现代化的特点,可以和需要从不同角度进行分析。

首先,产业结构现代化是相对可以预期的。在一般情况下,20 世纪世界产业结构变化是相对连续的和有规律可循的。基于世界银行和 OECD 产业结构面板数据的整理和分析,在 1970~2015 年期间,大约 65% 的产业结构指标与国家经济水平显著相关(表 1-107)。由于许多国家和年份的产业数据不完整,该分析结果只有一定参考意义。

表 1-107 20 世纪产业结构指标与国家经济水平的相关性

项目	2015 年	2000 年	1980 年	1900 年	合计/个	比例/(%)
正相关变量/个	84	36	6	6	132	52.4
负相关变量/个	21	8	2	1	32	12.7
没有显著关系变量/个	75	10	1	2	88	34.9
合计/个	180	54	9	9	252	100.0

其次,产业结构现代化是一个长期的过程。在过去的 300 年里,产业结构现代化包括从传统产业结构向现代产业结构、从工业时代的产业结构向知识时代的产业结构的转变;其中,第二个转变尚未完成。

其三,产业结构现代化是一个复杂的过程。产业结构现代化既有普遍规律,又有时代差异和国别差异。国家的资源禀赋、人口特征、需求状况等对其产业结构的现代化有重要影响。在经济全球化背景下,国际分工深刻影响国家和地区的产业结构现代化。

其四,产业结构现代化是一个多层次的过程。宏观经济、中观经济和微观经济的产业结构变迁具有一定差异;其中,宏观经济和中观经济的产业结构变迁具有较大的国际趋同性,微观经济的产业结构变迁具有很大的多样性,受国际分工的影响更大。世界、国家和地区的产业结构现代化,既有共性的规律,又有很大的多样性,地区的多样性更大。

其五,产业革命对产业结构有重大影响。第一次产业革命引发工业经济的兴起,第二次产业革命推动了电力和运输等产业的发展,第三次产业革命促进了高新技术产业的发展,即将来临的第四次产业革命包括人工智能等,将带来就业结构和产业结构的重大变革。

其六,产业结构现代化是一个不平衡的过程。在过去 300 年里,产业结构现代化是不同步的,表现为产业结构转变不同步、产业结构现代化成就的空间分布不均衡。

其七,产业结构现代化是一个动态的过程。产业结构现代化不仅内涵是变化的,而且不同国家的表现也是变化的。世界产业结构前沿是变化的,国际产业结构差距是变化的,国家产业结构地位是可变的。18 世纪以来,世界产业结构现代化过程的前沿大致可以分为两大阶段:从传统产业结构向现代产业结构、从工业时代的产业结构向知识时代的产业结构的转变;其中,第二个转变尚未完成。

其八,产业结构现代化是一个可逆的过程,可以出现停滞、中断或倒退现象等。整个世界的产业结构现代化进程是连续的和不可逆的,但是,某个国家和地区的产业结构现代化进程就有多种表现形式,它可以是连续的,也可以是不连续的;可以出现停滞或中断,也可以出现暂时的倒退,甚至长期的倒退。

其九,产业结构现代化是一个全球的过程。在过去 300 年里,所有发达国家都是参与国际竞争的国家;产业结构现代化波及全球的绝大多数国家和地区。

其十,产业结构现代化是一个进步的过程。过去300年的产业结构现代化过程,是产业水平提升和产业质量优化的过程。

其十一,产业结构现代化是一个充满风险的过程。在产业结构现代化过程中,随着产业转型和技术更替,老的技术和旧的产业将失去其原有的产业结构价值和地位,有些行业和人群将受到损失。在另一个方面,科学和技术是一柄双刃剑,技术风险始终存在,而且有扩大的可能。产业结构现代化过程要求风险控制和危机管理。

其十二,产业结构现代化受市场和政府的双轮驱动,而创新是产业结构现代化向高端发展的源动力。产业政策制定最经典的案例是日本战后经济振兴。即使是奉行经济自由主义的美国,也会有一些特殊的、偶然的、零碎的部门政策用以引导产业发展,进而影响产业结构调整(徐传谌,谢地,2007)。创新产生新观念、新制度、新知识和新模式,它们催生了新的生产和生活需求,形成新的生产和生活方式,从而推动产业结构现代化。

3. 世界产业结构现代化的主要结果

世界产业结构现代化的结果,包括一般结果和分段结果,需要截面比较(图1-8)。

(1) 世界产业结构现代化的一般结果

世界产业结构现代化的一般结果包括产业水平、产业结构、产业质量和国际产业结构体系的变化,包括世界产业结构前沿、国际产业体系结构和国家产业结构状态的变化等。世界产业结构前沿的特征可以简称为产业结构现代性,产业结构的多样性和副作用也是世界产业结构现代化的重要结果。

(2) 世界产业结构现代化的分段结果

首先,1760～1970年世界产业结构现代化的主要结果。如果把世界产业结构1760年和1970年截面进行比较,可以发现它们的差别,显示了世界产业结构现代化210年的主要结果(表1-108)。结果包括:农业增加值比例和劳动力比例下降,工业增加值比例和劳动力比例上升,服务业增加值比例和劳动力比例上升,工业成为主导产业,产业劳动生产率普遍提高,产业效率的国际差距扩大等。

表1-108 1760～1970年世界整体产业结构现代化的结果分析(举例说明)

1760年截面	1970年截面	1760～1970年产业结构现代化的结果
世界产业结构是传统产业结构,三次产业以农业为主导等	工业经济是世界经济的主体,现代化工业占据主导地位,个别地区先行进入服务经济时代,部分地区仍然处于农业经济状态;世界工业分化程度很高,工业效率国际差距明显	工业增加值比例和劳动力比例上升,农业增加值比例和劳动力比例下降,工业占主导地位;产业劳动生产率普遍提高,产业效率的国际差距扩大等

其次,1970～2015年产业结构现代化的主要结果。如果把世界产业结构1970年和2015年截面进行比较,可以发现它们的主要差别,这个差别显示了世界产业结构现代化45年的主要结果(表1-109)。主要结果包括:物质产业增加值比例和劳动力比例下降;服务产业增加值比例和劳动力比例先上升后下降;知识产业增加值比例和劳动力比例上升,世界经济进入服务经济时代,部分国家先期进入知识经济时代,产业劳动生产率大幅提高,产业水平和产业质量的国际差距扩大等。

表 1-109　1970～2015 年世界整体产业结构现代化的结果分析（举例说明）

1970 年截面	2015 年截面	1970～2015 年产业结构现代化的结果
工业经济是世界经济的主体,现代化工业占据主导地位,个别地区先行进入服务经济时代,部分地区仍然处于农业经济状态；世界工业分化程度很高,工业效率国际差距明显等	服务经济是世界经济的主体,三次产业主要表现为服务业增加值比例和劳动力比例上升,服务业成为主导产业；三大产业主要表现为物质产业增加值比例和劳动力比例下降,知识产业增加值比例和劳动力比例上升	世界经济进入服务经济时代,部分国家先期进入知识经济时代,产业劳动生产率大幅提高,产业水平和产业质量的国际差距扩大等

其三,2015～2100 年世界产业结构现代化的主要结果。需要等到 2100 年才能进行研究。

(3) 世界产业结构现代化的国际体系变化

首先,世界产业结构现代化的国际体系的水平结构(图 1-10)。在 2000～2015 年期间,产业结构发达国家的比例为 15%～17%,产业结构发展中国家的比例为 83%～85%。

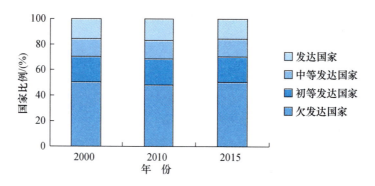

图 1-10　2000～2015 年世界产业结构现代化的国际体系的结构(根据现代化指数分组)

其次,世界产业结构现代化的国际体系的地理结构。在 2000～2015 年期间,产业结构现代化水平从高到低的排序大致是：欧洲、美洲、亚洲和非洲；大洋洲国家较少。

其三,世界产业结构现代化的国际体系的水平变化。在 2000～2015 年期间,处于产业结构发达水平的国家数目基本保持稳定,大约 20 个(图 1-10)。

(4) 世界产业结构现代化的国家地位变化

马尔科夫链分析表明：在 2000～2015 年期间,产业结构中等发达国家升级为产业结构发达国家的概率约为 11%；产业结构欠发达国家升级的概率约为 16%。

4. 世界产业结构现代化的主要动力

世界产业结构现代化的动力分析,需要专题进行。一般而言,创新是产业结构现代化的根本源泉,创新扩散(学习)、市场竞争、国际竞争和投资都对世界产业结构现代化有重大影响。

5. 世界产业结构现代化的路径和模式

世界产业结构现代化的模式和路径需要专题研究。一般而言,在 1760～1970 年期间,世界产业结构现代化的基本路径是第一次产业结构现代化路径。在 1970～2100 年期间,世界产业结构现代化的基本路径是多样的,包括发达国家的第二次产业结构现代化路径、发展中国家的第一次产业结构现代化、第二次产业结构现代化和综合产业结构现代化路径等。

二、世界产业结构现代化的客观现实

关于世界产业结构现代化的客观现实,不可能有标准答案。在本《报告》里,世界产业结构现代化的现实分析以 2015 年截面为分析对象,分析内容包括世界产业结构现代化的整体水平、世界产业结构三大方面的水平、国家和地区水平(图 1-8)。关于 2015 年截面世界产业结构三大方面的水平,请参考本章第三节的分析。这里讨论世界产业结构现代化的整体水平和国家水平。

关于 2000~2015 年世界产业结构现代化的评价结果,请参考本《报告》第四章。

1. 世界产业结构现代化的整体水平

世界产业结构现代化的整体水平是以"世界为核算单位"的产业结构现代化水平。世界产业结构现代化的整体水平分析,分析内容包括它的阶段、水平和结构等,分析指标包括世界的平均水平、前沿水平和末尾水平等;世界前沿水平可以用高收入国家平均值代表,世界末尾水平可以用低收入国家平均值代表。

(1) 2015 年世界产业结构现代化的整体阶段

世界产业结构现代化的整体进程包括两次现代化(表 1-106)。2015 年世界产业结构现代化的前沿已经进入第二次产业结构现代化。世界整体的产业结构现代化大约处于第一次产业结构现代化,世界产业结构现代化处于两次产业结构现代化并存的阶段。

(2) 2015 年世界产业结构现代化的整体水平和速度

世界产业结构现代化的整体水平和速度可以采用产业结构现代化指数(表 1-110)。世界产业结构整体水平约为世界产业结构先进水平的 1/2。

表 1-110　2000~2015 年世界产业结构现代化的整体水平和速度分析

指标	2000~2015 年		2000 年				2015 年			
	变化	年增长率	平均	前沿	末尾	差距	平均	前沿	末尾	差距
产业结构现代化指数	7	1.18	41	71	5	66	48	100	5	85

注:产业结构现代化指数,以 2015 年高收入国家平均值为标准值(100)计算。前沿用高收入国家平均值代表。末尾用低收入国家平均值代表。平均为世界平均值。差距=前沿-末尾。变化=2015 年的世界平均值-2000 年的世界平均值。年增长率为 2000~2015 年期间的年均增长率。

2015 年世界平均水平大约为:产业结构现代化指数约为 48,比 2000 年提高约 7。在 2000~2015 年期间,产业结构现代化指数年增长率约为 1.18。

(3) 2015 年世界产业结构现代化的宏观结构

首先,2015 年世界产业结构现代化的地理结构。欧洲水平是比较高的;其次是美洲和亚洲;非洲水平仍然是比较低的;大洋洲只有 3 个国家参与评价。

其次,2015 年世界产业结构现代化的国际结构(国际体系)。在 131 个参加评价国家中,产业结构发达国家、中等发达国家、初等发达国家和欠发达国家的比例分别约为 16%、14%、20% 和 50%。

2. 世界产业结构现代化的国家水平

世界产业结构现代化的国家水平是以"国家为核算单位"的产业结构现代化水平。世界范围的国家产业结构现代化水平分析的对象包括国家产业结构现代化的阶段、水平和三大方面水平等。关于国家产业结构三大方面的水平,请参考本章第三节的 2015 年截面分析。

(1) 2015 年世界范围的国家产业结构现代化的阶段

首先,在国家层面,2015 年国家产业结构现代化的阶段具有差异性。有些国家已经进入第二次产业结构现代化,有些国家处于第一次产业结构现代化,有些国家处于传统产业结构。

其次,在国际体系层面,2015 年国家产业结构现代化的阶段具有多样性。美国等 20 个国家已经进入第二次产业结构现代化阶段,世界产业结构现代化处于两次产业结构现代化并存的阶段。

(2) 2015 年世界范围的国家产业结构现代化的水平和速度

首先,在国家层面,2015 年国家产业结构现代化的水平具有差异性,不同国家水平不同。在国际体系层面,2015 年国家产业结构现代化的水平具有多样性。根据国家的产业结构现代化指数分组,美国等 21 个国家是产业结构发达国家,韩国等 20 个国家是产业结构中等发达国家,中国等 31 个国家是产业结构初等发达国家,印度等 59 个国家是产业结构欠发达国家。产业结构中等发达、初等发达和欠发达国家都属于产业结构发展中国家。

其次,2000~2015 年国家产业结构现代化的速度。不同时期和不同国家产业结构现代化的速度有很大差别。

其三,2015 年国家产业结构现代化的国际差距比较大。从产业结构现代化指数来看,2015 年,在 131 个样本国家中,产业结构现代化指数最大值为 114,最小值为 5,平均值为 48,国家间绝对差距超过 100,相对差距超过 20 倍。

其四,世界范围的国家产业结构现代化的国际追赶。在 2000~2015 年期间,产业结构现代化指数的相对差距在缩小。

其五,世界范围的国家产业结构现代化的国际地位变化。在 2000~2015 年期间,产业结构中等发达国家升级为产业结构发达国家的概率约为 11%;产业结构欠发达国家升级的概率约为 16%。

三、世界产业结构现代化的前景分析

关于世界产业结构现代化的前景分析,带有科学猜想的性质。在本《报告》里,世界产业结构现代化的前景分析,时间跨度为 2015~2100 年(约 85 年),分析对象包括世界产业结构现代化的整体前景、世界产业结构三大方面的前景和国家前景等,分析方法包括路径分析、情景分析和外推分析等。这种前景分析,只是讨论一种可能性,而不是精确预见,有一定参考意义。

1. 世界产业结构现代化的整体前景

世界产业结构现代化的整体前景分析需要专题研究。这里主要讨论三个问题:21 世纪世界产业结构现代化的路径、水平和宏观结构。显然这种讨论是非常初步的。

(1) 21 世纪世界产业结构现代化的路径分析

21 世纪世界现代化路径将是混合路径,或者说是几种路径的集合。主要路径包括:发达国家的第二次现代化路径、发展中国家的第一次现代化路径、第二次现代化路径和综合现代化路径等。在第二章我们还将专门讨论现代化路径。

21 世纪世界产业结构现代化的路径将是世界现代化路径在产业结构领域的体现,将是几种路径的集合。主要路径包括:产业结构发达国家的第二次产业结构现代化路径、产业结构发展中国家的第一次产业结构现代化路径、第二次产业结构现代化路径和综合产业结构现代化路径等。

(2) 21 世纪世界产业结构现代化的整体水平

首先,世界产业结构现代化的先进水平的情景分析(表 1-111)。一般而言,世界产业结构现代化的先进水平可以用产业结构发达国家(高收入国家)平均值代表。大体而言,2050 年产业结构现代化指数的世界先进水平会比 2015 年提高 1 倍,2100 年会比 2050 年提高约 2 倍。

表 1-111　21 世纪世界产业结构现代化的先进水平的情景分析

年均增长率/(%)	2020	2030	2040	2050	2060	2070	2080	2090	2100
2.31	112	141	177	223	280	352	442	556	699

注：产业结构现代化指数的年均增长率为 2000~2015 年高收入国家年均增长率。

其次，世界产业结构现代化的平均水平的情景分析（表 1-112）。一般而言，世界产业结构现代化的平均水平可以用世界平均值代表。大体而言，2050 年产业结构现代化指数的世界平均值将达到 75，世界产业结构现代化的平均水平大致比世界先进水平落后约 70 年。

表 1-112　21 世纪世界产业结构现代化的平均水平的情景分析表

年均增长率/(%)	2020	2030	2040	2050	2060	2070	2080	2090	2100
1.18	51	57	64	72	82	92	103	116	131

注：产业结构现代化指数的年均增长率为 2000~2015 年世界年均增长率。

(3) 21 世纪世界产业结构现代化的宏观结构

首先，世界产业结构现代化的地理结构。世界产业结构现代化的地理结构的突出特征包括进程不平衡和分布不均衡。世界产业结构现代化从欧洲起步，然后扩散到美洲和亚洲，最后波及非洲。2015 年，欧洲产业结构现代化水平相对较高，美洲和亚洲水平次之，非洲现代化相对较低。

其次，世界产业结构现代化的国际体系。在过去 15 年，世界产业结构现代化的国际体系的水平结构相对稳定。但国家水平的国际地位会发生改变。131 个国家大致维持下列比例关系：产业结构发达国家：中等发达国家：初等发达国家：欠发达国家≈16：14：20：50。如果没有发生重大改变和重大危机，21 世纪国际体系将大致维持这种比例结构。

21 世纪进入第二次产业结构现代化的国家会增加，处于第一次产业结构现代化的国家会减少，处于传统产业结构社会的国家将趋向于零。国际体系中，处于第二次产业结构现代化阶段的国家和比例会提高，处于第一次产业结构现代化阶段的国家和比例会下降。

2. 世界产业结构三大方面现代化的前景分析

世界产业结构三大方面现代化的前景分析需要专题研究。这里采用举例分析。

(1) 世界产业水平现代化的前景分析

世界产业水平的前景分析，选择 6 个指标分析世界前沿水平。产业水平的世界前沿水平（用美、日、德、英、法五国平均值代表估算），人均产业增加值都有不同程度的提高，但人均农业增加值和人均工业增加值可能存在极限值（表 1-113）。

表 1-113　产业水平指标的世界前沿水平的情景分析

项目	增长率/(%)		2015	2020	2030	2040	2050
参考 1990~2015 年增长率估算	实际值	预测值	基线值				
人均农业增加值	0.36	0.36	480	489	506	525	544
人均工业增加值	1.60	1.60	9 904	10 722	12 565	14 726	17 258
人均服务业增加值	3.51	3.51	32 271	38 350	54 159	76 485	108 014
人均物质产业增加值	0.79	0.79	10 210	10 618	11 485	12 422	13 435
人均服务产业增加值	2.59	2.59	14 238	16 176	20 879	26 950	34 787
人均知识产业增加值	4.88	4.88	21 124	26 808	43 176	69 538	111 995

(续表)

项目	增长率/(%)		2015	2020	2030	2040	2050
参考2000~2015年增长率估算	实际值	预测值	基线值				
人均农业增加值	1.48	0.50	480	492	517	544	572
人均工业增加值	1.81	1.81	9904	10834	12964	15514	18564
人均服务业增加值	3.18	3.18	32271	37738	51606	70572	96507
人均物质产业增加值	1.60	1.60	10210	11053	12953	15179	17789
人均服务产业增加值	2.86	2.86	14238	16394	21735	28816	38203
人均知识产业增加值	4.79	4.79	21124	26691	42611	68028	108605

注：根据OECD产业结构数据库（OECDa，2017）美、日、德、英、法五国面板数据整理和估算；各产业人均增加值单位为美元。

(3) 世界产业结构现代化的前景分析

世界产业结构现代化的前景分析，选择20个指标分析世界前沿水平。产业结构的世界前沿水平（用美、日、德、英、法五国平均值代表估算），产业结构指标均存在极限值（表1-114）。

表1-114 产业结构指标的世界前沿水平的情景分析

项目	增长率/(%)		2015	2020	2030	2040	2050
参考1990~2015年增长率估算	实际值	预测值	基线值				
农业增加值比例	−3.28	−3.28	1.0	0.8	0.6	0.4	0.3
工业增加值比例	−1.14	−1.30	23.4	21.9	19.2	16.9	14.8
服务业增加值比例	0.50	0.40	75.3	76.8	79.9	83.2	86.6
物质产业增加值比例	−2.05	−2.05	20.6	18.6	15.1	12.3	10.0
服务产业增加值比例	0.28	0.10	33.5	33.7	34.0	34.3	34.7
知识产业增加值比例	2.28	0.60	45.2	46.6	49.4	52.5	55.7
流通服务增加值比例	0.26	0.26	31.3	31.7	32.6	33.4	34.3
其他服务增加值比例	0.38	0.38	2.2	2.2	2.3	2.4	2.5
人类服务增加值比例	2.18	2.18	20.4	22.7	28.2	35.0	43.4
基本服务增加值比例	1.90	1.90	22.1	24.3	29.3	35.4	42.7
农业就业比例	−2.83	−2.83	2.1	1.8	1.4	1.0	0.8
工业就业比例	−1.49	−1.49	22.1	20.5	17.6	15.2	13.0
服务业就业比例	0.69	0.40	75.2	76.7	79.8	83.1	86.5
物质产业就业比例	−1.20	−1.20	21.1	19.9	17.6	15.6	13.9
服务产业就业比例	0.96	0.50	32.0	32.8	34.5	36.2	38.1
知识产业就业比例	0.05	0.20	46.9	47.4	48.3	49.3	50.3
流通服务就业比例	0.73	0.73	27.5	28.5	30.7	33.0	35.5
其他服务就业比例	2.55	2.55	4.5	5.1	6.6	8.4	10.8
人类服务就业比例	0.37	0.37	26.4	26.9	27.9	28.9	30.0
基本服务就业比例	−0.32	−0.32	20.5	20.2	19.5	18.9	18.3

(续表)

项目	增长率/(%)		2015	2020	2030	2040	2050
参考2000~2015年增长率估算	实际值	预测值	基线值				
农业增加值比例	−2.22	−2.22	1.0	0.9	0.7	0.6	0.5
工业增加值比例	−0.97	−0.97	23.4	22.3	20.2	18.3	16.6
服务业增加值比例	0.35	0.35	75.3	76.6	79.3	82.1	85.0
物质产业增加值比例	−2.12	−2.12	20.6	18.5	14.9	12.1	9.7
服务产业增加值比例	0.06	0.06	33.5	33.6	33.8	34.0	34.2
知识产业增加值比例	1.20	0.60	45.2	46.6	49.4	52.5	55.7
流通服务增加值比例	0.02	0.02	31.3	31.3	31.4	31.5	31.5
其他服务增加值比例	0.31	0.31	2.2	2.2	2.3	2.4	2.5
人类服务增加值比例	0.73	0.73	20.4	21.2	22.7	24.4	26.3
基本服务增加值比例	0.84	0.84	22.1	23.0	25.0	27.2	29.6
农业就业比例	−2.35	−2.35	2.1	1.9	1.5	1.2	0.9
工业就业比例	−1.52	−1.52	22.1	20.5	17.6	15.1	12.9
服务业就业比例	0.58	0.40	75.2	76.7	79.8	83.1	86.5
物质产业就业比例	−1.48	−1.48	21.1	19.6	16.9	14.5	12.5
服务产业就业比例	0.17	0.17	32.0	32.3	32.8	33.4	33.9
知识产业就业比例	0.67	0.40	46.9	47.8	49.8	51.8	53.9
流通服务就业比例	0.10	0.10	27.5	27.6	27.9	28.2	28.5
其他服务就业比例	0.62	0.62	4.5	4.6	4.9	5.3	5.6
人类服务就业比例	1.07	1.07	26.4	27.8	31.0	34.5	38.3
基本服务就业比例	0.16	0.16	20.5	20.7	21.0	21.4	21.7

注：根据OECD产业结构数据库（OECDa，2017）美、日、德、英、法五国面板数据整理和估算；各产业增加值比例就业比例的单位为%。

在Walras一般均衡模型的基础上，Chenery从需求方视角构建了部门产出的模型方程：

$$\ln R(i,t) = \alpha + \beta_1 \ln \text{GDP}_{pc}(i,t) + \beta_2 \ln^2 \text{GDP}_{pc}(i,t) + \gamma_1 \ln P(i,t) + \gamma_2 \ln^2 P(i,t) + \mu(i,t)$$

其中：i代表国家，t代表时间，R为产业增加值占比，GDP_{pc}为人均GDP（2010不变价格美元），P为人口。以此为基础，我们应用世界银行的面板数据分析了世界三次产业结构前沿水平的发展趋势，如表1-115所示。

表1-115 世界三次产业结构现代化的先进水平的情景分析

项目	人均GDP（2010不变价格美元）							
	1万	2万	3万	4万	5万	6万	7万	8万
农业增加值比例/(%)	23.0	5.8	2.6	1.4	0.9	0.6	0.5	0.4
工业增加值比例/(%)*	24.7	32.4	29.2	25.5	21.9	18.7	15.7	13.1
服务业增加值比例/(%)	52.3	61.8	68.2	73.1	77.2	80.7	83.8	86.5
农业就业比例/(%)	—	15.7	6.5	3.5	2.2	1.5	1.0	0.8
工业就业比例/(%)	—	44.4	30.7	23.6	19.3	16.3	14.2	12.5
服务业就业比例/(%)	36.4	51.6	63.2	73.0	81.6	89.4	—	—

注：* 鉴于工业增加值比例的模型方程拟合度较低（调整$R^2=0.67$），此处，工业增加值比例=100−农业增加值比例−服务业增加值比例。根据世界银行《世界发展指标》数据（World Bank，2017）的计算结果。

表 1-116　模型参数估计值

被解释变量		系数	α	β_1	β_2	γ_1	γ_2	$\bar{R}^2$	$P(F\text{-test})$
增加值比例	$\ln R_{\text{AG}}$	系数	21.5034	−1.9943	—	—	—	0.8592	0.0000
		t 值	10.7675	−10.5282	—	—	—		
		P 值	0.0000	0.0000	—	—	—		
	$\ln R_{\text{IN}}$	系数	9.1532	−0.5582	—	—	—	0.6734	0.0000
		t 值	9.6035	−6.1743	—	—	—		
		P 值	0.0000	0.0000	—	—	—		
	$\ln R_{\text{SE}}$	系数	1.7233	0.2424	—	—	—	0.7442	0.0000
		t 值	4.9256	7.3061	—	—	—		
		P 值	0.0000	0.0000	—	—	—		
就业比例	$\ln R_{\text{AG}}$	系数	24.1681	−2.1621	—	—	—	0.9599	0.0000
		t 值	25.5510	−23.9826	—	—	—		
		P 值	0.0000	0.0000	—	—	—		
	$\ln R_{\text{IN}}$	系数	12.8248	−0.9120	—	—	—	0.9257	0.0000
		t 值	23.2135	−17.3188	—	—	—		
		P 值	0.0000	0.0000	—	—	—		
	$\ln R_{\text{SE}}$	系数	−1.0181	0.5010	—	—	—	0.9600	0.0000
		t 值	−4.6518	24.0146	—	—	—		
		P 值	0.0000	0.0000	—	—	—		

注：根据世界银行《世界发展指标》数据（World Bank，2017）的计算结果。数据时间跨度1997~2015年。

(3) 世界产业质量现代化的前景分析

世界产业质量现代化的前景分析仅以劳动生产率为代表。产业劳动生产率的世界前沿水平仍以美、日、德、英、法五国平均值代表，世界产业劳动生产率在不断提高（表1-117）。

表 1-117　产业质量指标的世界前沿水平的情景分析

项目	增长率/(%)		2015	2020	2030	2040	2050
参考1990~2015年增长率估算	实际值	预测值	基线值				
农业劳动生产率	3.21	3.21	43 905	51 424	70 546	96 779	132 767
工业劳动生产率	2.32	2.32	81 193	91 063	114 550	144 094	181 258
服务业劳动生产率	1.79	1.79	78 649	85 950	102 647	122 588	146 403
物质产业劳动生产率	3.59	3.59	129 280	154 202	219 384	312 118	444 053
服务产业劳动生产率	2.61	2.61	112 317	127 745	165 251	213 768	276 530
知识产业劳动生产率	3.46	3.46	98 935	117 260	164 721	231 393	325 049
参考2000~2015年增长率估算	实际值	预测值	基线值				
农业劳动生产率	2.74	2.74	43 905	50 251	65 826	86 229	112 956
工业劳动生产率	2.39	2.39	81 193	91 381	115 752	146 623	185 727
服务业劳动生产率	1.61	1.61	78 649	85 191	99 954	117 275	137 598
物质产业劳动生产率	4.06	4.06	129 280	157 717	234 734	349 360	519 960
服务产业劳动生产率	3.22	3.22	112 317	131 604	180 683	248 065	340 575
知识产业劳动生产率	3.33	3.33	98 935	116 542	161 713	224 391	311 364

注：根据OECD产业结构数据库（OECDa，2017）美、日、德、英、法五国面板数据整理和估算；各产业劳动生产率单位为%。

3. 世界范围的国家产业结构现代化的前景分析

世界范围的国家产业结构现代化的前景分析,可以在国家层面和国际体系层面进行。它的分析对象包括国家产业结构现代化的路径和水平等。国家产业结构现代化具有路径依赖性,路径选择受历史传统、起点水平和国际环境的影响。一般而言,国家产业结构现代化的路径选择与国家产业结构现代化的阶段紧密相关。已经完成第一次产业结构现代化和已经进入第二次产业结构现代化的国家,会选择第二次产业结构现代化路径。没有完成第一次产业结构现代化的国家,可以有三种选择:追赶产业结构现代化路径、综合产业结构现代化路径和第二次产业结构现代化路径。没有完成第一次产业结构现代化的国家,一般不宜采用第二次产业结构现代化路径。传统产业结构的国家,一般会选择追赶产业结构现代化路径。当然,21世纪具有很大不确定性,依据历史预测未来是不可能准确的;借鉴历史经验分析未来,只是一种分析方法。

本 章 小 结

产业结构现代化是一个系统过程。本章关于产业结构现代化的时序分析、截面分析和过程分析,加深了对产业结构现代化的历史进程和未来前景的认识,从中可以发现和归纳出产业结构现代化的长期趋势和基本事实,它们是分析产业结构现代化规律的历史基础。本章分析了宏观经济(三次产业和三大产业)、中观经济(六大集群)和微观经济(24个部门)的产业结构和产业结构变迁。下面主要介绍宏观经济和中观经济的结构变迁。

1. 产业水平的事实和前景

产业水平指产业发展的人均水平,可以用人均增加值、人均总产值和人均需求等指标来衡量。

首先,人均增加值的变迁。在1980~2015年期间,三次产业人均增加值增速:服务业>工业>农业;三大产业人均增加值增速:知识产业>服务产业>物质产业;六大集群人均增加值增速:基本服务≈人类服务>其他服务>流通服务>工业>农业。21世纪,人均服务产业增加值和人均知识产业增加值会继续上升。

其次,人均总产值的变迁。1980~2015年期间,三次产业人均总产值增速:服务业>工业>农业;三大产业人均总产值增速:知识产业>服务产业>物质产业;六大集群人均总产值增速:基本服务>人类服务>其他服务>流通服务>工业>农业。21世纪,人均服务产业总产值和人均知识产业总产值会继续上升。

其三,人均需求的变迁。1995~2011年期间,三次产业人均需求增速:服务业>工业>农业;三大产业人均需求增速:知识产业>服务产业>物质产业;六大集群人均需求增速:其他服务>人类服务>基本服务>流通服务>工业>农业。21世纪,人均知识产业需求会继续增长。

其四,优势产业变迁的时间差。优势产业是指人均产业水平最大的产业。

- 在1970~2015年期间,以人均增加值衡量的优势产业占据优势地位的起始时间,早于以人均总产值衡量的优势产业占据优势地位的起始时间。
- 在1970~2015年期间,美、日、德、英、法五国平均基于人均增加值和人均总产值的比较,优势产业的时间差是:在三次产业中,服务业成为优势产业的时间差约为20年,在三大产业中,知识产业成为优势产业的时间差约为10年。

2. 产业结构的事实和前景

首先,增加值结构的变迁。

- 19世纪以来，三次产业变化表现为：农业增加值比例下降，工业增加值比例先上升后下降，服务业增加值比例上升。2015年，世界平均农业增加值比例为4%，工业27%，服务业69%；高收入国家平均为：农业2%，工业24%，服务业74%。
- 1970~2015年期间，物质产业增加值比例下降，服务业增加值比例先上升后波动，知识产业增加值比例上升。2015年，五国平均值：物质产业增加值比例约为21%，服务产业增加值比例约为34%，知识产业增加值比例约为45%。
- 1970~2015年期间，农业增加值比例和工业增加值比例下降；流通服务增加值比例和基本服务增加值比例先上升后波动，其他服务增加值比例和人类服务增加值比例上升。
- 21世纪，知识产业增加值比例会继续上升。

其二，总产值结构的变迁。1970~2015年期间，三次产业变化的表现为：农业和工业总产值比例下降，服务业总产值比例上升；三大产业方面，物质产业总产值比例大幅降低，知识产业总产值比例大幅提高，服务产业总产值比例上升幅度比较平缓；六大集群方面，基本服务和人类服务总产值比例大幅提高，流通服务总产值比例上升平缓；而农业总产值和工业总产值比例下降；其他服务总产值比例先上升后下降。21世纪，知识产业总产值比例会继续上升。

其三，需求结构的变迁。1995~2011年期间，三次产业方面，农业和工业需求比例下降，服务业需求比例上升。三大产业方面，物质产业需求比例降低，知识产业需求比例提高，服务产业需求比例波动。六大集群方面，三个产业集群需求比例上升，上升幅度从高到低排序依次为：人类服务、基本服务、其他服务；农业需求和工业需求比例下降；流通服务需求比例波动。21世纪，知识产业需求比例会继续上升。

其四，就业结构的变迁。

- 19世纪以来，三次产业变化表现为：农业就业比例下降，工业就业比例先上升后下降，服务业就业比例上升。
- 1970~2015年期间，三大产业方面，物质产业就业比例降低，服务产业就业比例先上升后波动，知识产业就业比例上升幅度比较平缓。
- 1970~2015年期间，六大集群方面，其他服务和人类服务的就业比例上升，流通服务就业比例先上升后波动，农业和工业就业比例下降，基本服务的就业比例先上升后下降。

其五，产业结构变迁的比较。1800年以来，美、日、德、英、法、中六个典型国家增加值结构与就业结构的变化趋势基本一致。随着时间的推移，就业结构和生产结构的相似系数逐渐增大，偏离程度逐步缩小；但是产业结构变迁存在一定的国际时间差。

- 英国1800年的增加值结构与日本1900年的产业结构基本一致。
- 英国1960年增加值结构与日、德1980年的产业结构基本一致。
- 英国2000年增加值结构与日本2014年和德、法2010年基本一致。
- 英国1820年的就业结构与美、法1900年和日本1960年的就业结构基本一致。
- 英国2000年的就业结构与德、日2010年就业结构基本一致。

2015年，131个国家三次产业的增加值结构和就业结构的平均偏离度排名和相似系数排名基本保持一致，其中，以平均偏离度为基准排名前10位的国家包括：捷克、斯洛伐克、新西兰、比利时、乌克兰、英国、匈牙利、法国、美国和德国。中国平均偏离度和相似系数分别排第82位和第87位。

其六，主导产业变迁的比较。1970~2015年期间，美国和德国先后从物质产业为主导过渡到以知识产业为主导,而日本是从物质产业为主导向服务产业为主导过渡。尽管受数据获取限制,但是英、法两国都已进入知识产业为主导的经济发展时期。2000 年以来,美、德、英和法四国知识产业吸纳就业比例最高,而日本服务产业吸纳就业比例最高。

在 1970～2015 年期间,主导产业的更替存在一定的时间差,用不同指标衡量的主导产业存在差异。在不同历史截面,不同国家的主导产业和产业的结构有较大差别。以增加值比例衡量的主导产业占据主导地位的起始时间,早于以总产值比例衡量的主导产业占据主导地位的起始时间。以增加值比例衡量的主导产业占据主导地位的起始时间,早于以需求比例衡量的主导产业占据主导地位的起始时间。以增加值比例衡量的主导产业占据主导地位的起始时间,早于以就业比例衡量的主导产业占据主导地位的起始时间。

3. 产业质量的事实和前景

首先,劳动生产率的变迁。在 1980～2015 年期间,三次产业劳动生产率增速:农业＞工业＞服务业;三大产业方面,劳动生产率增速:物质产业＞知识产业＞服务产业;六大集群方面,劳动生产率增速:基本服务≈工业＞其他服务＞人类服务≈流通服务＞农业。21 世纪,产业劳动生产率会继续提高。

其次,净利润率的变迁。在 1990～2015 年期间,三次产业方面:农业净利润率下降,工业和服务业净利润率波动;三大产业方面,服务产业净利润率上升,物质产业净利润率波动,知识产业净利润率先升后降;六大集群方面,工业和流通服务的净利润率提高,而农业和其他服务净利润率下降,人类服务和基本服务的净利润率先升后降。21 世纪产业利润率还存在行业差别。

其三,增加值率的变迁。在 1980～2015 年期间,三次产业增加值率增速:服务业＞工业,农业增加值率下降;三大产业的增加值率:物质产业和服务产业增加值率提高,知识产业增加值率下降;六大集群方面,工业增加值率上升,农业和基本服务增加值率下降,人类服务、其他服务、流通服务的增加值率波动。

其四,创新密度的变迁。在 2000～2015 年期间,三次产业创新密度增速:工业＞服务业≈农业;三大产业方面,创新密度增速:物质产业＞知识产业＞服务产业;六大集群方面,创新密度增速:工业＞基本服务＞人类服务≈农业＞其他服务＞流通服务。

其五,环境压力的变迁。在 1990～2015 年期间,三次产业环境压力降低速度:工业＞服务业＞农业。典型部门变的环境压力降低速度:交通＞制造业＞采矿业＞建筑业。

其六,优质产业变迁的时间差。在 1970～2015 年期间,美、日、德、英、法五国平均的优质产业更替存在一定的时间差。基于劳动生产率和净利润率比较的优质产业时间差是:在三次产业中,工业成为优质产业的时间差大于 5 年;在三大产业中,物质产业成为优质产业的时间差大于 15 年。基于劳动生产率和增加值率比较的优质产业时间差是:在三次产业中,工业成为优质产业的时间差大于 5 年。在三大产业中,物质产业成为优质产业的时间差大于 15 年。

4. 世界产业结构现代化的历史进程

在 18～21 世纪期间,世界产业结构现代化的前沿过程大致包括两大阶段。

第一次产业结构现代化过程的主要特点包括农业增加值比例和劳动力比例下降,工业增加值比例和劳动力比例上升,服务业增加值比例和劳动力比例上升,工业成为主导产业等。

第二次产业结构现代化过程的主要特点包括物质产业增加值比例和劳动力比例下降;服务产业增加值比例和劳动力比例先上升后下降;知识产业增加值比例和劳动力比例上升,知识产业成为主导产业。

世界产业结构现代化的历史进程,分析的时间跨度为 1700～2015 年(约 300 年)。

在2000~2015年期间,在2000~2015年期间,产业结构发达国家的比例约为15%~17%,产业结构发展中国家的比例约为83%~85%;产业结构现代化水平从高到低的排序大致是:欧洲、美洲、亚洲和非洲。

5. 世界产业结构现代化的客观现实

2015年,在131个国家中,美国、国等21个国家是产业结构发达国家,韩国等20个国家是产业结构中等发达国家,中国等31个国家是产业结构初等发达国家,印度等59个国家是产业结构欠发达国家。

6. 世界产业结构现代化的前景分析

大体而言,2050年产业结构现代化指数的世界先进水平会比2015年提高1倍左右。21世纪进入第二次产业结构现代化的国家会增加,处于第一次产业结构现代化的国家会减少,处于传统产业结构社会的国家将趋向于零。世界经济走向知识经济时代(李京文,1999)。

第二章 产业结构现代化的案例和原理

产业结构现代化既有国际共性,也有国别和时代差异。第一章我们讨论了世界产业结构现代化的发展趋势和未来前景,本章讨论产业结构变迁的国别差异和基本原理。

第一节 大型国家的产业结构现代化

产业结构指国民经济中各产业之间和产业内部各部门之间的比例关系。产业结构与国家经济发展水平、经济规模和国际产业分工有紧密关系,大国和小国的产业结构有较大不同。本节关注大型国家(人口超过1亿的国家)的产业结构变迁。综合考虑代表性和数据可获得性,选择美国、日本和墨西哥作为发达和发展中国家产业结构现代化的典型案例进行分析。

18世纪以来,产业结构现代化大致可以分为两个阶段:第一阶段是从农业经济的产业结构向工业经济的产业结构转变;第二阶段是从工业经济的产业结构向知识经济的产业结构转变,而服务经济时代是从工业经济向知识经济转变的过渡期。不同阶段产业结构特征有明显差别,产业结构的变迁具有国别差异和时代差异(表2-1)。

表2-1 产业结构变迁四个阶段的结构特征

产业比例	农业经济时代的产业结构特征	工业经济时代的产业结构特征	服务经济时代的产业结构特征	知识经济时代的产业结构特征
农业增加值比例	大于30%	小于15%		
农业劳动力比例	大于50%	小于30%		
服务业增加值比例		大于40%	大于60%	
服务业劳动力比例		大于40%	大于60%	
物质产业增加值比例			小于40%	
物质产业劳动力比例			小于40%	
知识产业增加值比例				大于40%
知识产业劳动力比例				大于40%

注:产业结构的一般特征,同时存在一些国别和时代差异。发达国家20世纪以来,工业比例先上升后下降,服务产业比例先上升后下降,这里服务产业指服务业中劳务密集型服务业(表1-3)。

一、三个国家的基本情况

1. 美国

美国是世界上第一大经济强国,2015年美国人口3.2亿,GDP 18万亿美元,分别排世界第三位和第一位,人均GDP和人均国民收入分别达到5.62万美元和5.61万美元(World Bank,2017)。2015年美国第二次现代化指数达到107,排名世界第二位,综合现代化指数达到97.7,排名世界第四位。

美国现代化进程大致可以分为经典现代化(第一次现代化)和新现代化(第二次现代化)两大阶段。其中,经典现代化以工业化为重要标志,起点大致为1790年,完成时间大致是1960年前后。随后,美国进入新现代化阶段,贝尔称之为"后工业社会阶段",殷格哈特称之为"后现代化阶段",何传启称之为"第二次现代化阶段"(中国现代化战略研究课题组等,2004)。

美国经济现代化和产业结构现代化同样以工业化为起点,大致时间为1790年,18世纪以来,美国产业结构现代化同样可以分为两个阶段。第一次产业结构现代化的主要特点是工业比例上升,农业比例下降;第二次产业结构现代化的主要特点是工业和农业比例下降,服务业比例上升(图2-1)。在第二次产业结构现代化过程中,知识产业增加值比例和就业比例上升(图2-2)。

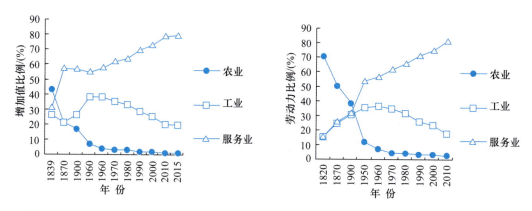

图2-1　1820~2015年美国经济结构变化(农业、工业和服务业增加值比例和劳动力比例的变化)
数据来源:库兹涅茨,1999;麦迪森,2003;米切尔,2002;World Bank 2017.

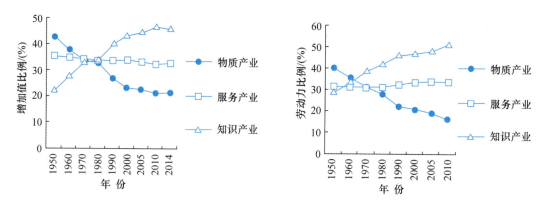

图2-2　1950~2014年美国经济结构变化(物质产业、服务产业和知识产业增加值比例和劳动力比例变化)
数据来源:美国经济分析局产业数据(BEA,2017).

2. 日本

日本是世界上第三大经济体,2015年日本人口1.27亿,GDP 4.4万亿美元,分别排世界第十位和第三位,人均GDP和人均国民收入分别达到3.45万美元和3.88万美元(World Bank,2017)。2015年日本第二次现代化指数达到96.8,排名世界第14位,综合现代化指数达到93.2,排名世界第12位。

日本经济现代化和产业结构现代化同样以工业化为起点,大致时间为19世纪60年代。20世纪以来,日本产业结构现代化可以分为两个阶段。第一次产业结构现代化的主要特点是工业比例上升,农业比例下降(图2-3);第二次产业结构现代化开启于1960年左右,主要特点是工业和农业比例下降,服务业比例上升。在第二次产业结构现代化过程中,服务产业和知识产业的增加值比例和就业比例上升(图2-4)。2014年日本仍处于服务经济时代,正向知识经济时代迈进。

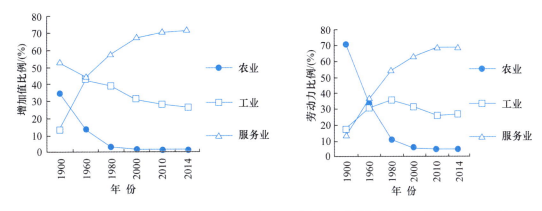

图 2-3 1900~2014年日本经济结构变化（农业、工业和服务业增加值比例和劳动力比例变化）
数据来源：何传启，2016．

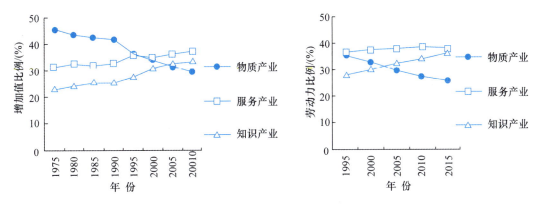

图 2-4 1975~2014年日本经济结构变化（物质产业、服务产业和知识产业增加值比例和劳动力比例变化）
数据来源：OECD，2017．

3. 墨西哥

墨西哥是发展中国家中现代化水平较高的国家，2015年墨西哥人口1.26亿，GDP 1.2万亿美元，分别排世界第十一位和第十五位，人均GDP和人均国民收入分别达到9143美元和9830美元（World Bank，2017）。2015年墨西哥第二次现代化指数达到38，排名世界第54位，综合现代化指数51.6，排名世界第51位。

墨西哥经济现代化和产业结构现代化以工业化为起点，大致时间为1821年。20世纪以来，墨西哥产业结构现代化主要是第一次产业结构现代化，主要特点是工业比例上升，农业比例下降（图2-5）。

二、产业结构现代化的实证分析

根据《国际标准行业分类》（4.0版），国民经济的产业包括农业、工业、服务业三次产业和21个部门。根据《国际行业分类》（建议版），国民经济的行业包括物质产业、服务产业和知识产业三大产业，以及6个产业集群和24个部门（何传启，2016）。下面，简要分析1970年以来三次产业和三大产业的结构变迁。1970年美国和日本已经进入第二次产业结构现代化，墨西哥尚处于第一次产业结构现代化。

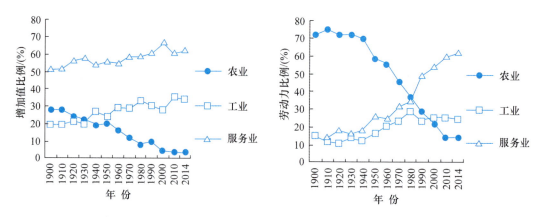

图 2-5　1900～2014 年墨西哥经济结构变化（农业、工业和服务业增加值比例和劳动力比例的变化）
数据来源：中国现代化战略研究课题组等，2004；何传启，2016.

1. 增加值结构的变迁

首先，三次产业的结构变迁。在 1970～2015 年期间，美国和日本的结构变化特点是农业比例和工业比例下降，服务业比例上升；墨西哥是农业比例下降，服务业比例上升，工业比例先上升后波动；在 2005～2015 年期间，墨西哥工业比例下降。

其次，三大产业的结构变迁。

- 在 1970～2015 年期间，美国物质产业比例下降，服务产业比例在 33% 左右波动，知识产业比例从 34% 上升到 46%。
- 在 1975～2010 年期间，日本物质产业比例下降，服务产业比例上升，知识产业比例上升。
- 在 2005～2015 年期间，墨西哥物质产业比例下降，服务产业比例和知识产业比例上升。
- 美国在 1970～2015 年期间知识产业为第一大产业，在 1985～2015 年期间服务产业为第二大产业。
- 日本在 2000～2010 年期间服务产业为第一大产业，在 2005～2010 年期间知识产业为第二大产业。
- 美国在 1970～1985 年期间三大产业基本维持三足鼎立态势，1990 年以来知识产业比例超过 40%。
- 日本在 1995～2010 年期间三大产业基本维持三足鼎立态势。

其三，产业结构变迁的时间差（表 2-2）。

- 依据三次产业比较：
  日本 2015 年的三次产业结构与美国 1985～1995 年大致相当，即两者相差 20～30 年；
  墨西哥 2015 年的三次产业结构与美国 1960 年大致相当，即两者相差约 55 年。
- 依据三大产业比较：
  日本 2010 年的三大产业结构与美国 1970～1985 年大致相当，即两者相差约 25～40 年；
  墨西哥 2015 年的三大产业结构与美国 1950～1960 年大致相当，即两者相差约 55～65 年。

表 2-2 1950～2015 年美国、日本、墨西哥产业增加值结构变化

国家	产业类型		产业增加值结构/(%)											
			1950	1960	1970	1975	1980	1985	1990	1995	2000	2005	2010	2015
美国	三次产业	农业	6.6	3.7	2.5	3.0	2.2	1.8	1.6	1.2	1.0	1.0	1.1	1.0
		工业	35.3	33.8	30.9	29.6	30.4	27.7	25.3	23.7	22.5	21.2	19.8	19.6
		服务业	58.3	62.5	66.6	67.6	67.4	70.5	73	75.2	76.7	77.9	79	79.4
	三大产业	物质产业	41.9	37.5	33.6	32.8	32.8	29.7	27.2	25.2	23.8	22.5	21.2	20.8
		服务产业	34.3	33.5	32.6	33.0	32.7	33.1	32.2	33.1	33.5	32.9	32.2	33.0
		知识产业	23.4	28.3	33.8	34.2	34.5	37.2	40.5	41.9	43.0	44.6	46.4	46.3
日本	三次产业	农业	—	—	5.0	4.5	3.1	2.6	2.1	1.7	1.5	1.2	1.1	1.1
		工业	—	—	42.9	38.7	38.4	37.5	37.4	34.7	32.7	30.1	28.5	28.9
		服务业	—	—	52.1	56.8	58.6	59.8	60.6	63.6	65.8	68.8	70.4	70.0
	三大产业	物质产业	—	—	—	45.4	43.3	42.4	41.7	36.4	34.2	31.2	29.4	—
		服务产业	—	—	—	31.4	32.5	31.9	32.7	35.8	34.8	36.3	37.1	—
		知识产业	—	—	—	23.2	24.3	25.9	25.7	27.8	30.9	32.6	33.6	—
墨西哥	三次产业	农业	—	—	12.7	11.8	9.0	10.1	7.8	4.4	3.5	3.4	3.5	3.6
		工业	—	—	32.2	32.4	33.7	35.3	28.4	32.5	34.9	35.2	35.1	32.7
		服务业	—	—	55.1	55.8	57.4	54.7	63.7	63.2	61.6	61.5	61.5	63.7
	三大产业	物质产业										38.5	38.5	36.1
		服务产业										38.7	38.0	40.2
		知识产业										22.9	23.6	23.7

数据来源:美国数据根据美国经济分析局产业数据估算(BEA,2017).日本和墨西哥三次产业结构数据根据世界银行《世界发展指标》数据库整理(World Bank,2017),三大产业结构数据根据 OECD 产业数据库估算(OECD,2017).

2. 总产值结构的变迁

首先,三次产业的结构变迁。在 1970～2015 年期间,美国和日本的结构变化特点是农业比例和工业比例下降,服务业比例上升;墨西哥是农业比例下降,服务业比例上升,工业比例在 50% 左右波动,2015 年工业比例和服务业比例相当。

其次,三大产业的结构变迁。

- 在 1970～2015 年期间,美国物质产业比例下降,服务产业比例在 27% 左右波动,知识产业比例从 28% 上升到 44%;
- 在 1980～2010 年期间,日本物质产业下降,服务产业比例上升,知识产业比例上升;
- 在 2005～2015 年期间,墨西哥物质产业下降,服务产业和知识产业比例上升;
- 美国在 1995～2015 年期间知识产业为第一大产业,在 2015 年服务产业为第二大产业;
- 日本在 1980～2010 年期间物质产业为第一大产业,服务产业为第二大产业。

其三,产业结构变迁的时间差(表 2-3)。

- 依据三次产业比较:

  日本 2015 年的三次产业结构与美国 1985～2000 年大致相当,即两者相差 15～30 年;

  墨西哥 2015 年的三次产业结构与美国 1960～1970 年大致相当,即两者相差 45～55 年。

- 依据三大产业比较:

  日本 2010 年的三大产业结构与美国 1970～1985 年大致相当,即两者相差 25～40 年;

  墨西哥 2015 年的三大产业结构与美国 1950～1960 年大致相当,即两者相差 55～65 年。

表 2-3 1950～2015 年美国、日本、墨西哥产业总产值结构变化

国家	产业类型		产业总产值结构/(%)											
			1950	1960	1970	1975	1980	1985	1990	1995	2000	2005	2010	2015
美国	三次产业	农业	5.8	3.9	3.1	3.5	3.0	2.2	2.0	1.7	1.3	1.3	1.4	1.4
		工业	48.9	47.2	42.3	43.1	43.9	39.0	35.1	33.2	30.8	29.1	26.4	25.5
		服务业	45.3	49.0	54.6	53.4	53.1	58.8	62.9	65.1	67.9	69.6	72.2	73.1
	三大产业	物质产业	54.9	51.4	45.7	46.9	47.1	41.4	37.4	35.1	32.4	30.7	28.1	27.2
		服务产业	27.7	26.5	26.4	25.1	26.2	26.3	27.7	28.2	27.6	28.7	28.0	29.4
		知识产业	17.4	22.1	27.9	28.1	26.7	32.3	34.9	36.6	40.0	40.7	43.8	43.5
日本	三次产业	农业	—	—	4.4	3.9	2.9	2.6	2.1	1.7	1.5	1.2	1.3	1.3
		工业	—	—	59.9	56.5	56.8	53.6	51.8	46.4	43.5	41.8	40.9	41.1
		服务业	—	—	35.7	39.6	40.3	43.7	46.1	51.9	54.9	57.0	57.8	57.6
	三大产业	物质产业	—	—	—	—	59.7	56.3	53.9	48.1	45.1	43.0	42.2	—
		服务产业	—	—	—	—	23.6	24.4	25.4	28.8	28.5	29.8	30.1	—
		知识产业	—	—	—	—	16.8	19.4	20.7	23.1	26.5	27.1	27.7	—
墨西哥	三次产业	农业	—	—	—	—	—	—	6.1	4.2	3.2	2.9	3.1	3.1
		工业	—	—	—	—	—	—	50.5	49.4	51.1	50.2	49.8	48.1
		服务业	—	—	—	—	—	—	43.4	46.4	45.6	46.9	47.1	48.8
	三大产业	物质产业	—	—	—	—	—	—	—	—	—	53.1	52.9	51.2
		服务产业	—	—	—	—	—	—	—	—	—	29.0	28.5	30.1
		知识产业	—	—	—	—	—	—	—	—	—	17.9	18.6	18.8

数据来源:美国数据根据美国经济分析局产业数据估算(BEA,2017)。日本和墨西哥三次产业结构数据根据世界银行《世界发展指标》数据库整理(World Bank,2017),三大产业结构数据根据 OECD 产业数据库估算(OECD,2017)。

3. 需求结构的变迁

首先,三次产业的结构变迁。在 1995～2010 年期间,美国和日本的结构变化特点是农业比例和工业比例下降,服务业比例上升;墨西哥是农业比例下降,服务业比例在 47% 左右波动,工业比例在 49% 左右波动,2010 年工业比例和服务业比例相当。

其次,三大产业的结构变迁(表 2-4)。

- 在 1995～2010 年期间,美国物质产业比例下降,服务产业比例在 25% 左右波动,知识产业比例从 36% 上升到 44%;
- 在 1995～2010 年期间,日本物质产业比例下降,服务产业比例保持在 28%,知识产业比例从 22% 上升到 28%;
- 在 1995～2010 年期间,墨西哥物质产业比例和服务产业比例下降,知识产业比例先下降后上升;
- 美国在 2000～2010 年期间知识产业为第一大产业,物质产业为第二大产业;
- 日本在 1995～2015 年期间物质产业为第一大产业,2010 年服务产业和知识产业比例相当;
- 墨西哥在 1995～2010 年期间物质产业为第一大产业,服务产业为第二大产业。

表 2-4　1995～2010 年美国、日本、墨西哥产业需求结构变化

国家	产业类型		产业需求结构/(%)			
			1995	2000	2005	2010
美国	三次产业	农业	1.6	1.3	1.2	1.3
		工业	36.4	34.3	32.8	29.4
		服务业	61.9	64.4	66.0	69.3
	三大产业	物质产业	38.1	35.6	34.0	30.7
		服务产业	26.0	25.3	25.6	25.1
		知识产业	35.9	39.1	40.4	44.2
日本	三次产业	农业	1.9	1.7	1.5	1.5
		工业	47.4	44.1	42.4	42.2
		服务业	50.7	54.2	56.1	56.3
	三大产业	物质产业	49.3	45.8	43.9	43.7
		服务产业	28.8	28.0	28.6	28.0
		知识产业	21.9	26.2	27.6	28.3
墨西哥	三次产业	农业	4.6	3.6	3.3	3.5
		工业	48.6	50.7	49.2	48.4
		服务业	46.8	45.7	47.6	48.1
	三大产业	物质产业	53.2	54.3	52.4	51.9
		服务产业	29.3	28.9	28.1	27.7
		知识产业	17.5	16.8	19.5	20.4

数据来源：数据根据 OECD 产业数据库估算（OECD，2017）.

4. 就业结构的变迁

首先，三次产业的结构变迁。在 1970～2015 年期间，美国的结构变化特点是农业比例和工业比例下降，服务业比例上升；在 1995～2015 年期间，日本的结构变化特点是农业比例在 1.4% 左右波动，工业比例下降，服务业比例上升；在 2005～2015 年期间，墨西哥的结构变化特点是农业比例在 18% 左右波动，工业比例下降，服务业比例上升。

其次，三大产业的结构变迁。

- 在 1970～2015 年期间，美国物质产业比例下降，服务产业比例先下降后上升，知识产业比例从 40% 上升到 52%；
- 在 1995～2015 年期间，日本物质产业比例下降，服务产业比例先上升后下降，知识产业比例从 28% 上升到 37%；
- 在 2005～2015 年期间，墨西哥物质产业比例在下降，服务产业和知识产业比例在上升；
- 美国在 1970～2015 年期间知识产业为第一大就业产业，在 1985～2015 年期间服务产业为第二大就业产业；
- 日本在 1995～2015 年期间服务产业为第一大就业产业，在 2005～2015 年期间知识产业为第二大就业产业；
- 墨西哥在 2005～2015 年期间物质产业为第一大就业产业，服务产业为第二大就业产业。

其三，产业结构变迁的时间差（表 2-5）。

- 依据三次产业比较：
  日本 2015 年的三次产业就业结构与美国 1985 年大致相当，即两者相差约 30 年。
- 依据三大产业比较：

日本 2015 年的三大产业就业结构与美国 1960～1985 年大致相当,即两者相差约 30～55 年;墨西哥 2015 年的三大产业就业结构与美国 1950 年大致相当,即两者相差约 65 年。

表 2-5　1950～2015 年美国、日本、墨西哥产业就业人口结构变化

国家	产业类型		产业就业人口结构/(%)											
			1950	1960	1970	1975	1980	1985	1990	1995	2000	2005	2010	2015
美国	三次产业	农业	4.8	3.3	1.8	1.9	1.7	1.3	1.2	1.5	1.5	—	0.9	1.0
		工业	34.8	31.9	29.1	26.3	25.8	23.2	20.7	20.5	19.4	—	13.6	13.7
		服务业	60.4	64.8	69.0	71.8	72.5	75.5	78.1	78.0	79.1	—	85.5	85.4
	三大产业	物质产业	41.8	37.3	33.2	30.4	29.4	26.4	23.7	22.0	20.9	—	14.8	14.9
		服务产业	28.6	28.0	27.2	27.6	26.6	27.1	27.1	26.9	33.9	—	32.5	33.0
		知识产业	29.6	34.8	39.6	42.0	44.0	46.5	49.2	51.1	45.2	—	52.7	52.1
日本	三次产业	农业	—	—	—	—	—	—	—	1.5	1.4	1.4	1.5	1.4
		工业	—	—	—	—	—	—	—	34.2	31.2	28.1	26.0	24.3
		服务业	—	—	—	—	—	—	—	64.3	67.3	70.5	72.5	74.3
	三大产业	物质产业	—	—	—	—	—	—	—	35.7	32.7	29.5	27.5	25.6
		服务产业	—	—	—	—	—	—	—	36.2	37.0	37.7	38.2	37.8
		知识产业	—	—	—	—	—	—	—	28.2	30.3	32.8	34.4	36.5
墨西哥	三次产业	农业	—	—	—	—	—	—	—	—	—	17.7	18.1	17.9
		工业	—	—	—	—	—	—	—	—	—	27.9	26.5	25.6
		服务业	—	—	—	—	—	—	—	—	—	54.4	55.4	56.5
	三大产业	物质产业	—	—	—	—	—	—	—	—	—	45.6	44.6	43.5
		服务产业	—	—	—	—	—	—	—	—	—	29.5	30.4	31.2
		知识产业	—	—	—	—	—	—	—	—	—	24.9	25.1	25.3

数据来源:美国数据根据美国经济分析局产业数据估算(BEA,2017)。日本和墨西哥数据根据 OECD 产业数据库估算(OECD,2017)。

三、产业结构现代化的比较分析

1. 国家内部四个结构变迁的时间差

首先,美国四个结构变迁的时间差。

- 依据三次产业分类:

  2015 年美国总产值结构与 1990 年增加值结构大致相当,即两者相差约 25 年;

  2010 年需求结构与 1980～1995 年增加值结构大致相当,即两者相差 15～30 年;

  2000 年就业结构与 2010 增加值结构大致相当,即两者相差约 10 年。

- 依据三大产业分类:

  2015 年美国总产值结构与 1990～2000 年增加值结构大致相当,即两者相差 15～25 年;

  2010 年需求结构与 1985～2005 年增加值结构大致相当,即两者相差 5～25 年;

  1985～2000 年就业结构与 2015 增加值结构大致相当,即两者相差 15～30 年。

其次,日本四个结构变迁的时间差。

- 依据三次产业分类:

  2015 年日本总产值结构与 1980～2005 年增加值结构大致相当,即两者相差 10～35 年;

  2010 年需求结构与 1975～2000 年增加值结构大致相当,即两者相差 10～35 年;

2015年就业结构与2000～2010年的增加值结构大致相当,即两者相差5～15年。
- 依据三大产业分类:
  2010年日本总产值结构与1985～1995年的增加值结构大致相当,即两者相差15～25年;
  2010年需求结构与1980～1995年增加值结构大致相当,即两者相差15～30年;
  2005年就业结构与2010年增加值结构大致相当,即两者相差约5年。

再次,墨西哥由于四个结构数据链不全,无法判断四个结构的时间差(附表1-2-3)。

2. 不同国家结构变迁的时间差

按照产业结构变迁特征(表2-1),三个国家处于经济发展不同阶段(表2-6)。

- 2015年美国知识产业增加值比例和劳动力比例都超过40%,符合知识经济时代的产业结构特征。
- 2015年日本服务业增加值比例和劳动力比例远远超过60%,物质产业增加值比例和劳动力比例远小于40%,知识产业增加值比例和劳动力比例接近40%,处在服务经济时代后期。
- 2015年墨西哥服务业增加值比例超过60%,物质产业增加值比例低于40%,服务业劳动力比例在40%～60%之间,物质产业劳动力比例大于40%,属于工业经济向服务经济转变的时期。
- 美国进入服务经济时代大约在1950～1960年间,进入知识经济时代大约在1975～1990年间。
- 日本进入服务经济时代大约在1990～1995年间,比美国晚大约30～45年。
- 墨西哥大约在1990年服务业增加值比例才超过60%,出现服务经济的端倪。

表2-6 美国、日本、墨西哥产业结构发展阶段

产业比例/(%)	产业结构现代化的阶段性标志			2015年产业结构和发展阶段		
	美国	美国	日本	美国	日本	墨西哥
农业增加值比例				1	1.1	3.6
农业劳动力比例				1	1.4	17.9
服务业增加值比例	62.5(1960年)		60.6(1990年)	79.4	70.0	63.7
服务业劳动力比例	60.4(1950年)		64.3(1995年)	85.4	74.3	56.5
物质产业增加值比例	37.5(1960年)		36.4(1995年)	20.8	29.4*	36.1
物质产业劳动力比例	37.3(1960年)		35.7(1995年)	14.9	25.6	43.5
知识产业增加值比例		40.5(1990年)		46.3	33.6*	23.7
知识产业劳动力比例		42(1975年)		52.1	36.5	25.3
产业结构发展阶段	进入服务经济时代(1950～1960年)	进入知识经济时代(1975～1990年)	进入服务经济时代(1990～1995年)	知识经济时代	服务经济时代后期	工业经济向服务经济过渡

数据来源:美国数据根据美国经济分析局产业数据估算(BEA,2017)。日本和墨西哥三次产业结构数据根据世界银行《世界发展指标》数据库整理(World Bank,2017),三大产业结构数据根据OECD产业数据库估算(OECD,2017)。
* 为2010年数据。

第二节　中小型国家的产业结构现代化

中小型国家的产业结构现代化既有共性,又有国别差异,其国别差异大于大型国家之间的国别差异,受国家发展水平、产业政策、国际分工和国际竞争等多种因素的影响。基于数据的可获得性,本节

选择 2 个中型发达国家(德国和英国),1 个小型发达国家(瑞典)和 2 个小型发展中国家(葡萄牙和波兰)作为分析样本(表 2-7)。

表 2-7 2016 年五个国家的基本情况

国家	人均 GDP /(现价美元·人$^{-1}$)	人均 GDP 排名	人口 /万人	人口 排名	国家分类	国家水平
德国	41 936	13	8267	16	中型国家	发达国家
英国	39 899	15	6564	22	中型国家	发达国家
瑞典	51 600	7	990	80	小型国家	发达国家
葡萄牙	19 813	25	1032	79	小型国家	发展中国家
波兰	12 372	37	3795	35	小型国家	发展中国家

数据来源:World Bank,2017.

一、中型国家的产业结构现代化

1. 增加值结构的变迁

首先,三次产业增加值结构变迁。在 1850~2015 年期间,德国的农业增加值比例下降,工业增加值比例呈倒 U 型变化,服务业增加值比例上升(图 2-6)。在 1788~2015 年间英国的农业增加值比例下降,工业增加值比例先上升后下降,服务业增加值比例上升(图 2-6)。

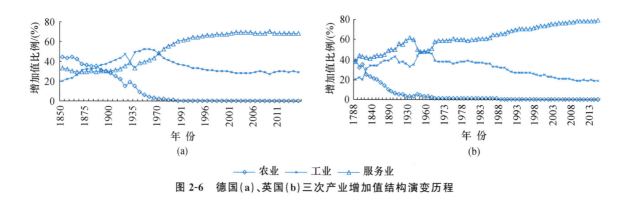

图 2-6 德国(a)、英国(b)三次产业增加值结构演变历程

注:1970 年以前数据,是根据帕尔格雷夫世界历史统计(欧洲卷)的整理,1970 年以后数据是根据世界银行和 OECD 产业数据库的整理,下同.

其次,三大产业增加值结构变迁。在 1991~2015 年期间,德国物质产业比例下降,服务产业比例先上升后下降,知识产业比例上升。1993 年德国知识产业增加值比例超越物质产业,其后一直保持着主导产业的地位。2001 年服务产业增加值比例也超越物质产业,成为第二大产业,到 2012 年物质产业增加值比例再次超过服务产业。在 1995~2015 年期间,英国物质产业增加值比例下降,服务产业增加值比例波动,知识产业增加值比例上升(图 2-7);在此期间,知识产业为主导产业,然后是服务产业和物质产业。

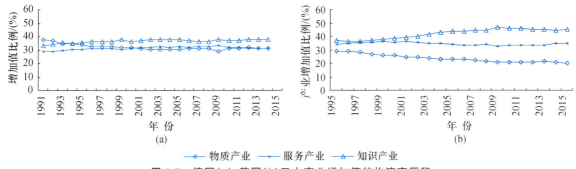

图 2-7　德国(a)、英国(b)三大产业增加值结构演变历程

2. 总产值结构的变迁

首先,三次产业的总产值结构变迁。在1995～2015年期间,德国、英国的农业和工业总产值比例持续下降,服务业总产值比例不断上升。

其次,三大产业总产值结构变迁。在1995～2015年期间,德国和英国的物质产业总产值比例均呈现下降趋势;德国服务产业比例在26%左右波动,英国服务产业比例在30%左右波动;两国知识产业总产值比例持续上升(图2-8)。

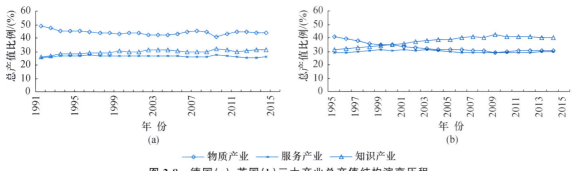

图 2-8　德国(a)、英国(b)三大产业总产值结构演变历程

3. 需求结构的变迁

首先,三次产业的需求结构变迁。在1995～2011年期间,德国的农业需求比例在1.5%左右波动,工业需求比例在40%～45%的区间内波动,服务业需求比例在55%～60%的区间内波动;英国的农业和工业需求比例下降,服务业需求比例上升。

其次,三大产业的需求结构变迁。在1995～2011年期间,德国物质产业和服务产业需求比例波动,知识产业需求比例呈上升趋势;英国物质产业需求比例不断下降,服务产业和知识产业需求比例上升,其中知识产业需求比例上升速度较快(图2-9)。

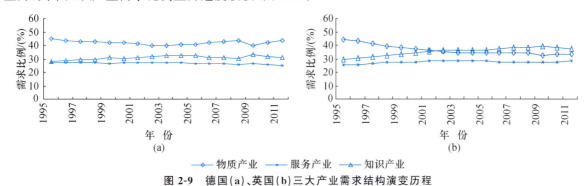

图 2-9　德国(a)、英国(b)三大产业需求结构演变历程

4. 就业结构的变迁

首先,三次产业的就业结构变迁(图 2-10)。在 1882～2015 年期间,德国农业比例下降,工业比例先上升后下降,服务业比例不断上升。在 1841～2015 年期间,英国农业和工业比例呈下降趋势,服务业比例不断上升。

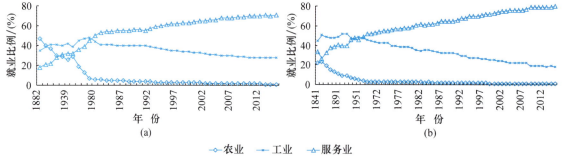

图 2-10　德国(a)、英国(b)三次产业就业结构演变历程

其次,三大产业的就业结构变迁(图 2-11)。在 1991～2015 年期间,德国物质产业就业比例不断下降,服务产业和知识产业就业比例都呈上升趋势,其中知识产业就业比例上升速度更快。在 1995～2015 年期间,英国物质产业就业比例不断下降,知识产业就业比例上升,服务产业就业比例在 32% 左右波动。

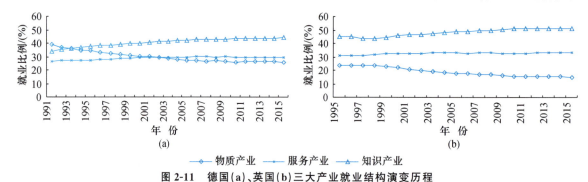

图 2-11　德国(a)、英国(b)三大产业就业结构演变历程

二、小型国家的产业结构现代化

1. 增加值结构的变迁

首先,三次产业的增加值结构变迁(图 2-12)。在 1860～2015 年期间,瑞典农业增加值比例下降,工业增加值比例先上升后下降,服务业增加值比例不断上升。在 1950～2015 年期间,葡萄牙和波兰农业增加值比例下降,工业增加值比例先上升后下降,服务业增加值比例不断上升。

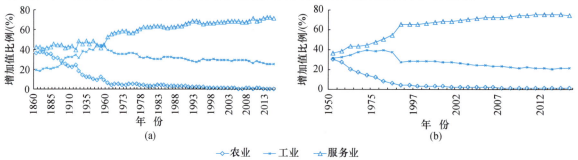

图 2-12　瑞典(a)、葡萄牙(b)三次产业增加值结构演变历程

其次,三大产业的增加值结构变迁(图 2-13)。在 1993～2015 年期间,瑞典的物质产业增加值比例下降,服务产业增加值比例波动,知识产业增加值比例上升。在 1995～2015 年期间,葡萄牙的物质产业增加值比例下降,服务产业增加值比例上升,知识产业增加值比例呈上升趋势。在 2000～2014年间,波兰的物质产业、服务产业和知识产业比例波动。

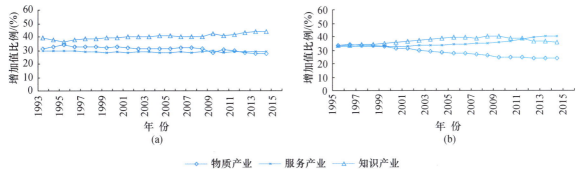

图 2-13　瑞典(a)、葡萄牙(b)三大产业增加值结构演变历程

2. 总产值结构的变迁

首先,三次产业的总产值结构变迁。在 1980～2015 年期间,瑞典的农业比例下降,工业比例下降,服务业比例上升。在 1995～2015 年期间,葡萄牙的农业和工业比例下降,服务业比例上升。在 1994～2015 年期间,波兰的农业比例下降,工业和服务业比例波动。

其次,三大产业的总产值结构变迁(图 2-14)。在 1980～2015 年期间,瑞典的物质产业比例下降;在 1993～2015 年期间,服务业产业比例波动,知识产业比例上升。在 1995～2015 年期间,葡萄牙的物质产业比例下降,服务产业和知识产业比例上升。在 2003～2014 年期间,波兰物质产业比例波动,服务产业比例下降,知识产业比例波动。

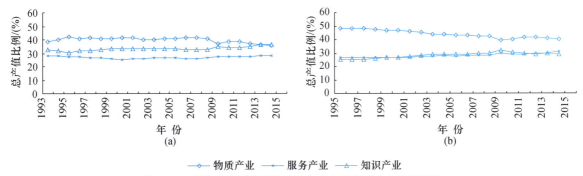

图 2-14　瑞典(a)、葡萄牙(b)三大产业总产值结构演变历程

3. 需求结构的变迁

首先,三次产业的需求结构变迁。在 1995～2011 年期间,瑞典农业比例下降,工业比例下降,服务业比例上升;葡萄牙农业比例下降,工业比例下降,服务业比例上升;波兰农业比例下降,工业和服务业比例波动。

其次,三大产业的需求结构变迁(图 2-15)。在 1995～2011 年期间,瑞典的物质产业比例下降,服务产业比例波动,知识产业比例上升;葡萄牙物质产业需求比例,服务产业比例波动,知识产业比例上升;波兰的物质产业比例下降,服务产业波动,知识产业比例上升。

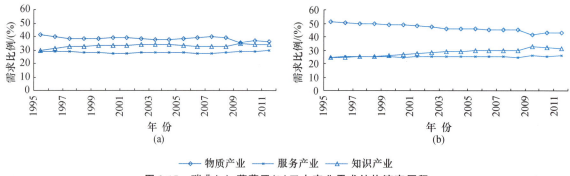

图 2-15 瑞典(a)、葡萄牙(b)三大产业需求结构演变历程

4. 就业结构的变迁

首先,三次产业的就业结构变迁(图 2-16)。在 1860～2015 年期间,瑞典的农业比例下降,工业比例下上升后下降,服务业比例上升。在 1974～2016 年期间,葡萄牙农业比例下降,工业比例先上升后下降,服务业比例不断上升。在 1879～2015 年期间,波兰农业比例先上升后下降,工业比例先上升后波动,服务业比例先下降后不断上升。

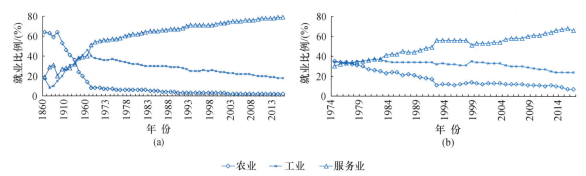

图 2-16 瑞典(a)、葡萄牙(b)三次产业就业结构演变历程

其次,三大产业的就业结构变迁(图 2-17)。在 1993～2015 年期间,瑞典的物质产业比例下降,服务产业和知识产业比例上升。在 1995～2015 年期间,葡萄牙的物质产业比例下降,服务产业和知识产业比例上升。在 2000～2015 年期间,波兰的物质产业比例下降,服务产业比例上升,知识产业比例波动。

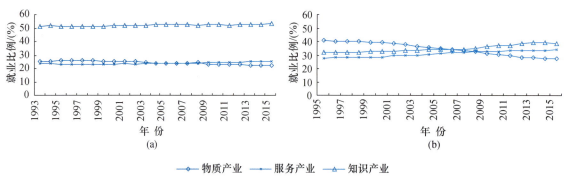

图 2-17 瑞典(a)、葡萄牙(b)三大产业就业结构演变历程

三、产业结构变迁的比较分析

1. 国家内部结构的比较
（1）三次产业比较研究

首先，三次产业增加值和就业结构时间差。

通过分析案例研究 5 个国家三次产业增加值和就业结构主导产业的变迁情况（表 2-8），可以看出三次产业增加值和就业结构主导产业的更替存在时间差。总体来说，就业结构主导产业的变化滞后于增加值结构主导产业的变化。德国增加值结构主导产业在 1890 年由农业变为工业，而就业结构则在 1907 年发生这一转变，滞后 17 年；在 1970 年德国增加值主导产业由工业变为服务业，而就业结构则在 1980 年发生工业向服务业的主导产业转变，滞后 10 年。德国增加值和就业结构主导产业的时间差大约有 10~20 年。英国自 1800 年后服务业增加值比例一直排名第一，在 1955 年左右工业增加值和服务业增加值比例相同，其后服务业增加值比例超过工业。英国就业结构主导产业由工业变为服务业的年份为 1961 年。葡萄牙服务业增加值比例在 1950~2015 年间一直保持着主导产业的地位，但是其就业结构主导产业在 1975 年才由农业转为变工业，1981 年由工业转变为服务业，时间差在 30 年以上。波兰增加值结构在 1950~1990 主导产业为工业，而就业结构主导产业在 1978 年才由农业转变为工业，滞后至少 28 年，但是主导产业由工业变为服务业的时间两者几乎相同。

表 2-8 三次产业的主导产业变迁的时间差

国家	指标	农业	工业	服务业
德国	增加值比例	1850~1890	1890~1970	1970~2015
	就业比例	1982~1907	1907~1980	1980~2015
英国	增加值比例			1788~2015
	就业比例		1841~1961	1961~2015
瑞典	增加值比例		1950~1955	1860~1950
				1955~2015
	就业比例	1960~1945	1945~1969	1969~2015
葡萄牙	增加值比例			1950~2015
	就业比例	1974~1975	1975~1981	1981~2015
波兰	增加值比例		1950~1990	1990~2015
	就业比例	1897~1978	1987~1991	1991~2015

其次，三次产业 4 个结构指标间比较（表 2-9）。对于农业来说，5 个国家都是需求比例最大，就业比例最小；对于工业来说，2 个国家总产值比例最大，3 个国家需求比例最大，3 个国家就业比例最小，2 个国家增加值比例最小；对于服务业来说，3 个国家就业比例最大，2 个国家增加值比例最大，2 个国家总产值比例最小，3 个国家需求比例最小。

表 2-9 1995~2001 年 5 国三次产业四个结构指标关系

国家	农业	工业	服务业
德国	需求＞总产值＞增加值＞就业	总产值＞需求＞增加值＞就业	就业＞增加值＞需求＞总产值
英国	需求＞总产值＞增加值＞就业	需求＞总产值＞增加值＞就业	就业＞增加值＞总产值＞需求
瑞典	需求＞增加值＞总产值＞就业	总产值＞需求＞增加值＞就业	就业＞增加值＞需求＞总产值

(续表)

国家	农业	工业	服务业
葡萄牙	需求＞总产值＞增加值＞就业	需求＞总产值＞就业＞增加值	增加值＞就业＞总产值＞需求
波兰	需求＞总产值＞增加值＞就业	需求＞总产值＞就业＞增加值	增加值＞就业＞总产值＞需求

注：根据前面5国三次产业的产业结构比较分析的结果。

（2）三大产业比较研究

首先，增加值和总产值结构时间差。

通过分析5个案例国家增加值和总产值结构主导产业的变迁情况（表2-10），可以发现在此期间主导产业的更替存在一定的时间差，总产值结构主导产业的变化一般滞后于增加值结构主导产业的变化。德国三大产业的增加值主导产业在1993年由物质产业转变为知识产业，而到2015年三大产业的总产值主导产业仍为物质产业，滞后至少20年。在1995~2015年期间，英国三大产业的增加值主导产业为知识产业，而三大产业的总产值主导产业在2000年才由物质产业转变为知识产业，滞后至少5年。在1993~2015年期间，瑞典的三大产业增加值主导产业为知识产业，而总产值主导产业在2013年才由物质产业转变为知识产业，两者相差10年。

表2-10 三大产业的主导产业变迁的时间差

国家	指标	物质产业	服务产业	知识产业
德国	增加值比例	1991~1993		1993~2015
	总产值比例	1991~2015		
英国	增加值比例			1995~2015
	总产值比例	1995~2000		2000~2015
瑞典	增加值比例			1992~2015
	总产值比例	1993~2013		2013~2015
葡萄牙	增加值比例		2012~2015	1995~2012
	总产值比例	1995~2015		
波兰	增加值比例	2000~2001 2003~2015	2001~2003	
	总产值比例	2000~2015		

其次，三大产业4个结构指标间比较（表2-11）。对于物质产业，2个国家总产值比例最大，3个国家需求比例最大，3个国家就业比例最小，2个国家增加值比例最小；对于服务产业，5个国家都是增加值比例最大，1个国家总产值比例最小，2个国家需求比例最小，2个国家就业比例最小；对于知识产业，4个国家就业比例最大，1个增加值比例最大，1个国家总产值比例最小，4个国家需求比例最小。

表2-11 1995~2011年5国三大产业四个结构指标关系

国家	物质产业	服务产业	知识产业
德国	总产值＞需求＞增加值＞就业	增加值＞就业＞需求＞总产值	就业＞增加值＞需求＞总产值
英国	需求＞总产值＞增加值＞就业	增加值＞就业＞总产值＞需求	就业＞增加值＞总产值＞需求
瑞典	总产值＞需求＞增加值＞就业	增加值＞总产值＞需求＞就业	就业＞增加值＞总产值＞需求
葡萄牙	需求＞总产值＞就业＞增加值	增加值＞就业＞总产值＞需求	增加值＞就业＞总产值＞需求
波兰	需求＞总产值＞就业＞增加值	增加值＞总产值＞需求＞就业	就业＞增加值＞总产值＞需求

注：根据前面5国三大产业的产业结构比较分析的结果。

2. 产业结构变迁的国际比较

案例研究 5 个国家间的国际比较以英国为基准,其他国家和英国做对比。

(1) 三次产业时间差

比较德国、瑞典、葡萄牙、波兰 4 个国家与英国三次产业增加值、总产值、需求、就业的结构,得出时间差(表 2-12)。

表 2-12　德国、瑞典、葡萄牙、波兰三次产业结构与英国比较

国家	增加值	总产值	需求	就业
德国	2015 年与英国 1990 年相当,相差约 25 年	2015 年与英国 1990 年相当,相差约 25 年	2011 年与英国 1995 年相当,相差约 15 年	2015 年与英国 1995 年相当,相差约 20 年
瑞典	2015 年与英国 1998 年相当,相差约 17 年	2015 年与英国 2000 年相当,相差约 15 年	2011 年与英国 2000 年相当,相差约 10 年	2015 年与英国 2010 年相当,相差约 5 年
葡萄牙	难以判断	2015 年与英国 1995 年相当,相差约 20 年	2011 年与英国 1995 年相当,相差约 15 年	2015 年与英国 1990 年相当,相差约 25 年
波兰	2015 年与英国 1985 年相当,相差约 30 年	2015 年与 1990 年之前相当,相差超过 25 年	2011 年与英国 1995 年之前相当,相差超过 15 年	2015 年与英国 1975 年相当,相差约 40 年

(2) 三大产业时间差

比较德国、瑞典、葡萄牙、波兰 4 个国家与英国三大产业增加值、总产值、需求、就业的结构,得出时间差(表 2-13)。

表 2-13　德国、瑞典、葡萄牙、波兰三大产业结构与英国比较

国家	增加值	总产值	需求	就业
德国	2014 年与英国 2000 年相当,相差约 15 年	2014 年与英国 1995 年相当,相差约 20 年	2011 年与英国 1995 年相当,相差约 15 年	2015 年与英国 1995 年相当,相差约 20 年
瑞典	2014 年与英国 2005 年相当,相差约 10 年	2014 年与英国 2000 年相当,相差约 15 年	2011 年与英国 2000 年相当,相差约 10 年	2015 年与英国 2000 年相当,相差约 15 年
葡萄牙	2014 年与英国 1995 年之前相当,相差超过 20 年	2014 年与英国 1995 年相当,相差约 20 年	2011 年与英国 1995 年相当,相差约 15 年	2015 年与英国 1995 年相当,相差约 20 年
波兰	2014 年与英国 1995 年之前相当,相差超过 20 年	2014 年与英国 1990 年之前相当,相差超过 25 年	2011 年与英国 1995 年之前相当,相差超过 15 年	2015 年与英国 1990 年之前相当,相差超过 25 年

3. 产业结构阶段划分

按表 2-1 的标准划分,英国在 1935 年进入服务经济时代,2002 年进入知识经济时代;瑞典在 1925 年进入工业经济时代,1977 年进入服务经济时代,2003 年进入知识经济时代;德国 1940 年进入工业经济时代,1990 年进入服务经济时代;葡萄牙 1970 年进入工业经济时代,1998 年进入服务经济时代;波兰 1985 年进入工业经济时代,2000 年进入服务经济时代。英国的服务经济时代持续约 70 年,瑞典的服务经济时代持续约 25 年(图 2-18)。

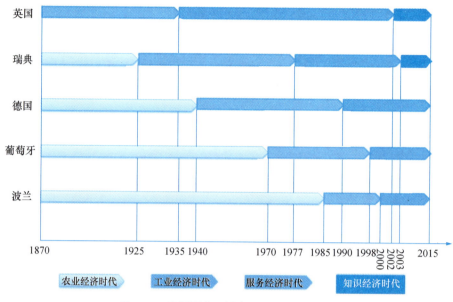

图 2-18　案例研究 5 国产业结构阶段划分

第三节　产业结构现代化的理论分析

现代化是 18 世纪以来人类文明的一种前沿变化和国际竞争，发生在人类文明的所有部门。产业结构变迁是经济现代化的一种表现形式，是经济现代化和国家现代化的一个重要组成部分。如第一章所述，产业结构现代化是 18 世纪以来产业结构变迁的世界前沿，以及追赶、达到和保持世界前沿水平的行为和过程。产业结构现代化研究既是现代化科学的一个组成部分，也与工业化研究、技术经济学和产业经济学等有很多交叉。现代化科学的基本原理可以适用于产业结构现代化，同时产业结构现代化具有一些特有的规律和性质。

一、产业结构变迁的相关理论

产业结构问题的研究可以追溯到 17 世纪或更早。与产业结构变迁相关的理论众多，为产业结构现代化提供了理论基础。这里分别从产业结构的定义、产业结构变迁的理论、经济发展的相关理论等方面进行介绍。

1. 产业结构的定义

产业和产业结构，目前尚无统一定义。一般而言，产业是指生产性企业、行业、部门的某种集合（刘伟，1995）；产业结构包括两方面的内容，一是各产业之间在发展规模上的量的比例关系；二是指各产业间的联系方式或关联方式，它构成产业结构质的方面，直接涉及的是产业结构发展高度和在经济发展、开放过程中的结构性效益问题（刘伟，1992）。

2. 产业结构变迁的几种理论

（1）配第-克拉克模型

17 世纪英国经济学家威廉·配第在其出版的《政治算术》中认为：制造业比农业收入多，商业又比制造业收入多，当时的荷兰国民收入水平高的关键原因是大部分人都从事制造业和商业（配第，2010）。1940 年，英国经济学家科林·克拉克出版了《经济进步的条件》一书，他以配第的研究为基础，依据费希尔提出的三次产业分类法,对40多个国家和地区不同时期劳动力在三次产业之间的转移进行实证研究,总结出随着经济发展和人均国民收入水平的提高,劳动力首先由第一产业向第二产业转移,进而再向第三产业转移的演进趋势。从劳动力在三次产业之间分布状况看,第一产业劳动力的比重逐渐下降,第二产业和第三产业劳动力的比重则呈现增加的趋势。劳动力在产业间的分布结构之所以发生改变,其直接原因是各产业间人均收入水平的相对差异(Clark,1940)。

(2) 库兹涅茨模型

1966年,美国经济学家库兹涅茨在克拉克等的工作基础上,对各产业的劳动力结构、产值结构等进行了更为深入的分析。在讨论产业结构变动趋势时,他基本上沿用了已有的三次产业分类方法,将产业分为三大类:① 农业——包括农业、林业、渔业、狩猎;② 工业——包括采矿业、制造业、建筑业、水力电力、运输业和通讯;③ 服务业——包括贸易、金融、不动产、动产、商业、仆佣、专业人员及政府。库兹涅茨认为随着现代经济增长,总产量的部门来源一般会发生如下变动趋势:农业及有关产业部门的份额下降;制造业和公共事业所占的比重上升;制造业内部由非耐用品向耐用品的转变,以及一定程度上消费品向生产资料转变;有些服务业(如个人服务、职业服务、政府服务)的比重上升;而另一些服务(如国内服务)的比重则下降。这种变动趋势是总产量的产业来源的转移和不同部门效率趋势发生变化所产生的综合影响。与之相对应,劳动力部门间分配也发生显著变化:农业及有关行业劳动力份额的较大下降,工业部门劳动力份额的微小上升,服务业劳动力份额的明显上升(库兹涅茨,1989)。

(3) 霍夫曼模型

对于工业内部产业结构和工业化阶段问题的研究文献也相当丰富。德国经济学家霍夫曼通过收集20多个国家的资料,对工业化的阶段问题进行了分析。他认为随着工业化进程的不断推进,一国的消费资料工业净产值和资本资料工业净产值之间的比值将呈不断下降的趋势(Hoffmann,1958),消费资料工业净产值和资本资料工业净产值之间的比值也被称为霍夫曼系数。依据不同国家"霍夫曼系数"的具体数值,霍夫曼把工业化进程分为四个阶段(表2-14),霍夫曼系数反映了18世纪至20世纪上半叶的产业结构变化的阶段。

$$霍夫曼系数 = 消费资料工业净产值 \div 资本资料工业净产值$$

表2-14 霍夫曼工业化阶段指标

阶段	霍夫曼系数	特征
第一阶段	4~6	消费品工业占主导地位
第二阶段	1.5~3.5	资本品工业上升,增长快于消费品工业,但消费品资料工业仍占主导
第三阶段	0.5~1.5	资本品工业生产继续增长,与消费品工业相当
第四阶段	1以下	资本品工业生产占主导地位,进入重工业化阶段

资料来源:石奇,2015.

(4) 钱纳里模型

钱纳里等在20世纪80年代出版的《工业化和经济增长的比较研究》中运用投入—产出分析方法、一般均衡分析方法和经济计量模型,考察了以工业化为主线的第二次世界大战以后发展中国家,特别是准工业国家(地区)的发展经历,认为工业化的一般特征是国内需求的变动、工业产品中间使用量的增加、国际贸易中比较优势的变化、资本和劳动的再分配。在结构转变的动态分析中,钱纳里等把结构转变分为三个阶段六个时期(表2-15),三个阶段包括初级产品生产阶段、工业化阶段和发达经济阶段(钱纳里,等,1989)(表2-15)。

表 2-15 钱纳里工业化阶段指标

项目	阶段	人均收入和主要特征(人均收入为按 1970 年不变价格计算的美元)
第一阶段	初级产品	1) 140～280 美元。农业为主,制造业占 GDP 比例约为 15%
第二阶段	工业化	2) 280～560 美元。工业化初期:轻工业为主 3) 560～1120 美元。工业化中期:向重工业转变;制造业占 GDP 比例约为 24% 4) 1120～2100 美元。工业化后期:服务业发展,制造业占 GDP 比例达到 36% 5) 2100～3360 美元。后工业社会:服务业发展,制造业比例下降
第三阶段	发达经济	6) 3360～5040 美元。发达经济,服务业发展

资料来源:何传启,2015.

(5) 中国学者的工作

中国学者关于产业结构研究有大量文献,下面举三个例子。

我国学者张培刚(2013)在其《农业与工业化》一书中,对工业化及其产业特征等进行了详细论述。他认为,工业化是"国民经济中一系列基要生产函数,或生产要素组合方式,连续发生由低级到高级的突破性变化的过程"。

他指出:"就一个农业国家或欠发达国家来说,随着工业化进展到较高阶段,农业生产的绝对数量虽然将继续增加,其经营规模亦将有所扩大,但其农业生产总值在整个国民生产总值中所占的比重则必然将逐渐降低;同样,其农业劳动者人数,亦可能由于农村剩余劳动力逐渐向城市或其他方面的转移,而在绝对数量上有所减少,在占全国就业总人数的比重上也有所降低。只有当工业化进展到相当高的阶段,农业生产总值占全国的比重,由原来的 2/3 甚至 3/4 以上,降低到 1/3 甚至 1/4 以下,同时农业劳动者总人数占全国的比重,也由原来的 2/3 甚至 3/4 以上,降低到 1/3 甚至 1/4 以下,这个国家才算实现工业化,成为工业化了的国家。"

同时,他赞同霍夫曼的观点,认为一个社会工业化的主要特征是"资本品的相对增加以及消费品的相对减少"。在产业结构问题上,他认为"任何一个农业国家的工业化,并不一定就表示该国的制造业要变得独占优势。即使它的农业生产仍居优势或与制造业并驾齐驱,只要它的运输业和动力业已经现代化,农业已经根据科学路线'企业化'了,我们仍可以认为它是工业化了的国家"。在劳动力的产业间转移上,他认为"工作人口最初从农业转移到制造业,然后再由制造业移到商业及服务行业,只说明了一部分真理,工作人口可以从农业直接转移到商业、运输业以及其他服务行业。"

谭宗台(2001)认为,"工业化发展过程正常要经历三个阶段。在第一阶段,初级消费品工业占主导地位;在第二阶段,资本品工业迅速上升,消费品工业优势下降;在第三阶段,资本品和消费品工业达到平衡,资本品工业逐渐占优势。"

何传启在《中国现代化报告 2001》和《中国现代化报告 2014～2015》中建议,用工业与农业增加值之比、工业与农业劳动力之比两个指标平均值来衡量工业化阶段(表 2-16);用物质产业(工农业总和)的增加值比例和劳动力比例两个指标平均值来衡量后工业化(知识化)阶段。

表 2-16 工业化的四个阶段

阶段	名称	特征
第一阶段	工业化起步期	工业与农业增加值之比、工业与农业劳动力之比,大于 0.2,小于 0.5
第二阶段	工业化发展期	工业与农业增加值之比、工业与农业劳动力之比,大于 0.5,小于 1.25
第三阶段	工业化成熟期	工业与农业增加值之比、工业与农业劳动力之比,大于 1.25,小于 5.0
第四阶段	工业化过渡期	工业与农业增加值之比、工业与农业劳动力之比,大于 5

资料来源:中国现代化报告课题组,2001;何传启,2015.

3. 经济发展的相关理论

产业结构变迁是经济发展的一种表现形态，许多关于经济发展的相关理论都涉及产业或产业结构变迁。以下介绍五种理论。

(1) 自由贸易理论

1776年亚当·斯密在《国富论》中系统阐述了经济自由主义理论及政策。他认为：国家的真实财富并不以金银计量，而以商品和劳动衡量。国家应通过贸易来扩大生产，而不仅仅是以限制贸易的方式获得金银。追求个人利益最大化的结果符合社会的最大利益，它保证了每种生产要素的使用都能发挥其最大效用。他主张自由经济，认为如果想要特别鼓励或者限制某种特定产业，都会与其目的背道而驰，违反自然趋势，阻碍社会富强。而应该用完全自由的方式，让每一个遵守法律的人，用自己的方式得到利益，以及参与社会竞争（斯密，2009）。

(2) 产业保护理论

1841年德国学者李斯特出版了《政治经济学的国民体系》，提出了各国的经济发展必须经历五个阶段：原始未开化时期、畜牧时期、农业时期、农工业时期、农工商业时期，并提出采用国家干预经济促进产业结构优化的理论（李斯特，1961）。

(3) 两部门模型

1954年美国经济学家刘易斯提出了"两部门模型"，该模型不仅是关于劳动力流动的理论模型，而且涉及整个经济中的结构转变。他假设：发展中国家经济由两个部门组成，一个是农村人数众多的、仅能维持基本生存的传统农业部门，它的边际劳动生产率为零；第二是城市中的现代工业部门，劳动生产率很高，能够吸引农村剩余劳动力。农业和工业部门之间存在工资差别，经济机制能够将农业劳动力吸收到工业部门。随着经济活动从传统农业向现代化工业的转移达到某种均衡，经济结构转变完成（刘易斯，1996）。

(4) 经济阶段模型

1960年美国经济学家罗斯托在《经济成长的阶段》中提出经济发展的五个阶段，1971年在《政治和成长阶段》中增加了第六阶段。罗斯托的经济发展阶段理论是最有代表性的阶段理论。他认为，"从经济角度将所有社会归于五种类型之一是可能的。这五种社会是：传统社会、为起飞创造前提条件阶段、起飞、走向成熟、大众消费时代。"第六阶段是追求生活质量阶段（罗斯托，2001）。在罗斯托描述的经济发展的六个阶段的特点中，他把产业结构的形态作为经济增长阶段的重要标志（表2-17）。

表2-17 罗斯托的经济成长阶段

阶段	特征
传统社会阶段	以牛顿以前的科学技术和物质观为基础。由于生产率的限制，不得不把大部分资源用于农业生产，并且从这个农业体系中产生了一种分层的社会结构
为起飞创造前提条件阶段	现代科学知识开始在农业和工业中转化为新的生产函数
起飞阶段	新兴工业迅速扩张，其所带来的利润很大部分被投资于新工厂，农业实现商业化。在10年或20年后，经济的基本结构、社会和政治结构都发生了转变
走向成熟阶段	随着技术进步、新兴工业加速发展和旧工业的衰落，经济结构不断发生变化，国家经济在国际经济中找到一席之地。成熟阶段的经济，拥有技术能力和企业家才能来生产自己想要生产的任何东西，而不是生产一切东西

(续表)

阶段	特征
大众消费阶段	主导部门转向耐用消费品和服务业。人均实际收入上升到一较高水平,使得大多数人能获得超过基本食物、住房和穿着的消费。劳动力结构发生变化,城市化实现,社会把更多资源用于社会福利和社会保障,便宜的大众化汽车对人民生活产生了革命性的影响
追求生活质量阶段	主导部门从耐用消费品转移到服务业部门,是与提高居民生活质量关系密切的服务部门,如教育卫生、文化娱乐和旅游等

资料来源:中国现代化战略研究课题组等,2005.

(5)工业化追赶模式

美国学者格尔申克隆在分析了欧洲后发国家工业化经验的基础上,提出了所谓的工业化"追赶模式"。他把工业化分为8个对比类型:土著型—诱发型、强压型—自发型、生产资料中心型—消费资料中心型、通货膨胀型—通货稳定型、数量变化型—结构变化型、连续型—断续型、农业发展型—农业停滞型、经济动机型—政治目的型(金泳镐,1993)。

二、产业分类与产业结构变迁

产业分类是把从事国民经济活动的基层单位按其所从事的活动的性质分别归类。经济活动不仅包括物质产品的生产活动,也包括直接满足人们需要的服务活动(胡代光等,2000)。产业分类是产业结构研究的重要组成部分,是建立产业结构的概念、进行产业结构和产业政策研究的基础。产业分类因经济发展的阶段以及各国国情的差异而不尽相同。

1. 工业时代的产业分类研究

18世纪工业革命导致现代工业的崛起,世界经济的产业结构和就业结构发生了根本性转变,突出特征是农业比例下降,工业比例上升,工业超过农业。关于工业时代的产业分类有大量研究工作,下面介绍两例。

(1)三次产业分类

20世纪30年代,英籍新西兰经济学家费希尔和澳大利亚经济学家克拉克提出了三次产业的分类。费希尔认为,人类经济活动可分为三个阶段:农牧业为主阶段、工业大生产为主阶段、发展非物质生产阶段(劳务领域);与之对应,经济部门可分为三次产业:第一次产业是农业,提供食物;第二次产业是工业,提供非食物的物质产品;第三次产业是服务业,提供非物质的服务(Fisher,1935)。

(2)国际标准行业分类

1948年,联合国统计委员会发布了《所有经济活动的国际标准行业分类》(ISIC,简称《国际标准行业分类》)(UN,1949),为各国的产业分类提供了指导,成为国际产业分类的重要工具。随着生产力发展和社会的进步,新的经济活动不断涌现并在经济活动中占有愈发重要的位置,联合国统计委员会于1968年、1990年和2008年先后发布了《国际标准行业分类》的第二版、第三版和第四版,都以三次产业分类为基础(表2-18)。

表 2-18 联合国《国际标准行业分类》的部门划分

项目	ISIC 1.0	ISIC 2.0	ISIC 3.0	ISIC 4.0
产业	农业、林业、狩猎和渔业 采矿和采石 制造业 建筑业 电、气、水 商业（零售、金融、房地产） 运输、储存和通信 服务业（政府、社区、娱乐） 其他不能分类的活动	农业、林业、狩猎和渔业 采矿和采石 制造业 电、气、水 建筑业 批发和零售业、餐馆和旅馆 运输、储存和通信 金融、保险、房地产、商业服务 社区、社会和个人服务 其他不能分类的活动	农业、狩猎和林业 渔业 采矿和采石 制造业 电、气、水 建筑业 批发、零售业和修理 餐馆和旅馆 运输、储存和通讯 金融媒介 房地产、租赁和商业活动 公共管理、国防、社会保障 教育 卫生与社会工作 其他社区社会和个人服务 家庭服务 国际组织和机构	农业、林业和渔业 采矿和采石 制造业 电、气、空调 供水、污水处理等 建筑业 批发、零售业和汽车修理 运输、储存 食宿服务 信息和通信 金融和保险 房地产 专业、科技活动 行政和辅助 公共管理、国防、社保 教育 人体健康与社会工作 艺术、娱乐和文娱 其他服务活动 家庭服务等 国际组织和机构
部门	9 类	10 类	17 类	21 类
时间	1948 年	1968 年	1990 年	2008 年

资料来源：何传启,靳京.2017.

2. 后工业社会的新兴产业

20 世纪 70 年代以来，随着信息革命的发生和发展，世界经济的产业结构和就业结构再次发生根本性转变，突出特征是工业比例下降，服务业比例上升，服务业超过工业。知识、信息等成为经济社会发展的主导因素，知识产业、信息产业、文化产业、创意产业、版权产业等得到快速发展，信息经济、知识经济也越来越受到学者和机构的关注。

(1) 知识产业与信息产业

1962 年，美国学者马克卢普在《美国的知识生产与分配》一书中提出知识产业和知识职业。他认为，知识产业指生产知识和信息产品或提供信息服务的企业、组织和机构。它们生产的目的可能是为自身消费，或者为他人消费。他的知识产业包括五大类，共 30 个产业。五大类是教育、研究与开发、通信和媒体、信息设施和信息组织（马克卢普,2007）。

1973 年，美国学者贝尔在《后工业社会的来临》中提出信息经济学和知识社会，并认为后工业社会的关键变量是信息和知识，并提出了后工业社会的五大产业（贝尔,1997）。他把服务业分成三个部分，分别为第三、第四和第五产业，第五产业包括卫生、教育、研究、政府和娱乐。

1977 年，美国学者波拉特在《信息经济》中提出信息部门和信息产业，并进一步分析了美国信息经济的产业和就业结构。他认为信息是组织化的、可传递的数据，信息活动可分为市场化信息活动和非市场化信息活动（Porat,1977）。从事市场化信息活动的企业部门是一级信息部门（向市场提供信息产品或服务的部门，如信息设备生产部门和专业性信息服务部门），是社会信息市场的行为主体。一级信息部门包括八类产业：知识生产与发明业、信息分配和通信产业、风险经营、调研与调控产业、信息处理与传递服务业、信息产品产业、邮政和教育等政府活动、基础设施。二级信息部门是从事非市场化信息活动的部门(政府或非信息企业内部为自己提供信息产品和服务的部门),它们为自己提供信息产品和服务,如电子数据处理、图书检索等。二级信息部门的结构要比一级信息部门更为复杂。

经济合作与发展组织(OECD,2009,2013)认为,信息产业包括八大类(ICT 制造业、ICT 贸易行业、ICT 服务行业、书籍和期刊等的出版、电影、视频和电视节目活动、音像出版活动、电台和电视广播以及其他信息服务活动)和 32 个小类,小类是基于 ISIC4.0 的分类体系。

(2) 文化产业和创意产业

文化产业是法兰克福学派提出来的。20 世纪 40 年代,阿多诺和霍克海默发表《文化工业:作为大众欺骗的启蒙》一文,提出"文化工业"的概念(Adorno,Horkheimer,1944);随后在《启蒙辩证法》一书中系统阐述了"文化工业"(Adorno,Horkheimer,1947),认为文化工业是指大众文化的工业化生产。

1982 年,联合国教科文组织(UNESCO)发表《文化产业:文化未来的挑战》报告(UNESCO,1982),认为文化产业是文化内容的创造、生产和商业化的产业,包括文化商品和文化服务。20 世纪90 年代以来,相关新概念不断涌现,如内容产业、创意产业、版权产业、文化经济、体验经济、创意经济等(Florida,Tinagli,2004;Gordon,Beily-Orrin,2006;O'Connor,2007;派恩二世,吉尔摩,2002;哈特利,2007;赫斯蒙德夫,2007)。联合国教科文组织、欧盟和世界知识产权组织也都提出了文化产业的统计框架(UNESCO,2009;WIPO,2015;European Commission,2006)。

3. 知识时代的产业分类

1997 年,经济合作与发展组织出版《以知识为基础的经济》报告,认为知识经济是以知识的生产、传播和应用为基础的经济(OECD,1997)。知识经济引起广泛关注,学术文献非常丰富。

1980 年,美国学者谢曼特把美国产业分为四类:农业、工业、服务业和信息业(陈禹,谢康,1998)。1999 年,我国学者何传启在《第二次现代化》一书中提出了知识时代的三大产业,即从人类需求角度对经济部门进行分类:首先,把生产物质商品的农业和工业部门合并成物质产业;其次,把原来服务业中提供商品流通服务和其他劳务服务的服务部门合并成服务产业;其三,把原来服务业中满足精神生活需要和健康需要的知识服务部门(知识和信息的生产、传播和服务)以及维持经济和社会运行的知识服务部门合并成知识产业,形成知识时代的三大产业分类。

《中国现代化报告 2016——服务业现代化研究》(以下简称《报告 2016》)依据知识时代的三大产业分类,以《国际标准行业分类》(4.0 版)为基础,提出了《国际行业分类》(建议版)(何传启,2016)。

《报告 2016》认为《国际标准行业分类》(4.0 版)和《国际行业分类》(建议版)之间既有继承关系,也有所不同。《国际标准行业分类》(4.0 版)包括农业、工业和服务业三次产业以及 21 个产业部门,是基于生产过程的产业分类,较适用于工业时代;《国际行业分类》(建议版)包括物质产业、服务产业和知识产业三大产业,以及农业、工业、流通服务、其他劳务服务、人类服务和基本服务六个产业集群和24 个产业部门(表 2-19),是基于人类需求的产业分类,比较适用于知识时代。

表 2-19 国际行业分类(建议版)

产业	集群	部门	功能	特点
物质产业	农业	农业(农牧业、林业、渔业)	提供商品	生产性
	工业	采矿业、制造业、建筑业、公共事业、环境治理	提供商品	生产性
服务产业 (劳务型服务业)	流通服务	批发与零售业、运输和储存、食宿服务、房地产和租赁	提供流通服务	商业性
	其他服务	其他个人和家庭服务、其他劳务服务	提供其他服务	商业性

(续表)

产业	集群	部门	功能	特点
知识产业 （知识型服务业）	人类服务	科学研发，教育，信息和交流，艺术、娱乐和文娱，旅行，健康和社会帮助	精神生活需要 健康需要	半公共性
	基本服务	金融和保险，专业和技术服务，行政和辅助 公共管理和社会安全，成员组织，国际组织	经济运行服务 社会运行服务	商业性 公共性

资料来源：何传启，2016.

三、产业革命与产业结构变迁

产业革命是现代产业变迁的一个重大推动力，相关文献众多。

1. 产业革命的定义

关于产业革命（也称工业革命）目前没有统一定义。在英文和中文文献中，关于产业革命的定义有所不同（表 2-20）。《中国现代化报告 2014～2015》中认为，产业革命是指由技术革命推动的、新产业模式取代旧产业模式的活动和过程，它不仅带来生产效率的极大提高，引起生产方式和经济结构的巨大变化，还使人类的生活方式和消费方式发生重大变化（何传启，2015）。

表 2-20　不同学者对产业革命（工业革命）的解释

序号	定义	作者/来源
1	广义的产业革命是一次包括政治、经济一切在内的社会—文化上的全面巨大变革。这是推动历史前进的力量	奇波拉，1988
2	所有现有的发达国家在过去某个时期都经历过经济加速增长阶段，其中，每年的纯投资率从 5% 以下上升到 12% 以上的那个阶段就是我们所说的产业革命时期	刘易斯，1996
3	工业革命的核心就是连续性的技术变化。工业革命时期的技术出现了三个方面变化：机械设备替代人的劳动；无机能源取代人力和畜力；原材料的获取和加工技术得到改进	David，2003
4	产业革命指人类社会为满足其自身需要而进行的利用自然、改造自然活动的方式、方法的质的飞跃过程。它并不单指工业革命	赵儒煜，2003
5	工业革命是一种新的工业模式（工业的技术基础、结构、运行方式和规模等）取代旧的工业模式的活动和过程，它带来生产效率的大幅提高，引起生产方式和经济结构的巨大变化	钱时惕，2007

资料来源：郭濂，栾黎巍，何传启，叶青，2014.

2. 产业革命与产业变迁

现代产业革命可以追溯到 18 世纪，关于 18 世纪以来的产业革命（工业革命），至今尚没有统一认识。有学者认为，迄今为止，世界范围内已经进行了三次产业革命，这三次产业革命分别为：第一次产业革命，开始于 18 世纪 60 年代，首先发生于英国，并以英国为核心扩散，以蒸汽机的发明和推广为标志；第二次产业革命，开始于 19 世纪 70 年代，以电力和工业电气化为标志，美国和德国在第二次产业革命中居领先地位；第三次产业革命，开始于第二次世界大战，以美国计算机发明以及自动化技术的推广为标志。20 世纪 70 年代以来，信息化、智能化、绿色化技术成为新的趋势，有人认为它是第三次工业革命的后半阶段（何传启，2015）。

何传启认为，以新生物学和再生革命为标志的新科技革命将引发新的产业革命，即第四次产业革命（何传启，2012），未来 10 年，第三次产业革命将进入最后的高潮，第四次产业革命将进入孕育期（表 2-21）。产业革命对于经济的影响主要来源于新技术和技术群在生产中的广泛应用，极大地提高了劳动生产率,进而推动产业结构、工业结构、劳动力结构和生产方式的巨大转变。它影响了国际分工和国际格局,加速了经济全球化。

表 2-21 18 世纪以来的产业革命

产业革命	大致时间	主要特征	关键技术	主要产业
第一次	1763~1870	机械化 蒸汽机	蒸汽机、纺织机、工作母机等	蒸汽机、纺织工业、机械、煤炭、冶金、铁路等
第二次	1870~1913	电气化 内燃机	电力、内燃机、化工、电讯等	电力、钢铁、石油、化工、汽车、航空、电讯等
第三次(上部)	1945~1970	自动化 计算机	电子、自动控制、航空、其他高技术	电子工业、计算机、电视、核电、航空航天、自动化产品等
第三次(下部)	1970~2020	信息化 智能化 绿色化	信息技术、云计算、量子通信、人工智能、绿色技术等	信息产业、电子商务、智能制造、物联网、无线网、大数据、先进材料、机器人、绿色产业等
第四次(预测)	2020~2050	新生物学 仿生化 再生化	信息转换器、人格信息包、仿生、创生、再生、生物技术等	生物产业、再生医学、信息转换器、人格信息包、仿生产业、创生产业、再生产业、人工智能、仿生人等

注:关于产业革命没有统一认识。有人认为,第三次产业革命上半部(电子和自动化革命)是第三次产业革命,第三次产业革命下半部(信息化和智能化革命)是第四次产业革命,如《德国工业 4.0》等。
资料来源:何传启,2015.

四、产业结构现代化的基本原理

产业结构现代化是经济现代化的重要内容。关于产业结构现代化的理论解释,目前并没有统一认识。我们认为,可以把《现代化科学:国家发达的科学原理》推广到产业结构现代化领域(表 2-22),并建立"广义产业结构现代化的一般理论"(表 2-23),涵盖产业结构现代化的内涵、过程、结果、动力和模式五方面内容。

表 2-22 产业结构现代化理论的结构

分类	理论	主要内容
一般理论	元理论	产业结构现代化的内涵、过程、结果、动力和模式等
分支理论	分阶段研究 分层次研究 分领域研究 分部门研究	工业时代、知识时代的产业结构现代化、综合产业结构现代化 世界、国际、国家、地区等的产业结构现代化 增加值结构、总产值结构、需求结构、就业结构等 农业、工业、服务业的产业结构现代化
相关理论	其他现代化理论 其他相关理论	第二次现代化理论、经济现代化理论、现代化科学等 经济学、发展经济学、产业经济学、信息经济学、产业变迁理论等

1. 产业结构现代化的内涵
(1) 产业结构现代化的含义

产业结构现代化没有统一定义。一般而言,产业结构现代化既是一种状态,是现代产业结构的世界先进水平;又是一个过程,是追赶、达到和保持世界产业结构先进水平的行为和过程。

表 2-23 广义产业结构现代化的一般理论

方面	基本内容
内涵	产业结构现代化是 18 世纪工业革命以来的一种产业结构变迁,是现代产业结构的形成、发展和转型的前沿过程,是产业结构要素的创新、选择、传播和退出交替进行的复合过程,是追赶、达到和保持产业结构世界先进水平的行为和过程等
过程	产业结构现代化是一个复杂过程,涉及国家利益、市场竞争和国际分工等。它包括产业结构变迁中的行为、结构、制度和观念的现代化,包括产业水平、产业结构和产业质量的现代化等。在 18~21 世纪期间,产业结构现代化过程的前沿轨迹可以分为两大阶段,其中,工业时代的产业结构现代化是从农业时代的产业结构向工业时代的产业结构的转型过程和深刻变化,主要特点是农业比例下降、工业和服务业比例上升;知识时代的产业结构现代化是从工业时代的产业结构向知识时代的产业结构的转型过程和深刻变化,主要特点是物质产业(包括农业和工业)比例下降,知识产业比例上升,服务产业比例先升后降等;两次产业结构现代化的协调发展是综合产业结构现代化
结果	产业结构现代性、特色性、多样性和副作用的形成,包括产业水平提高、产业结构高效化、产业质量与产业竞争力的改善等。工业时代产业结构现代化的结果是工业时代产业结构现代性、特色性和多样性的形成,副作用包括失业和产业淘汰等;完成工业时代产业结构现代化的主要标志是完成工业化,产业水平、产业结构和产业质量达到工业化的世界先进水平(20 世纪 60 年代的世界先进水平)。知识时代产业结构现代化的结果是知识时代产业结构现代性、特色性和多样性的形成,副作用包括失业和产业淘汰等;完成知识时代产业结构现代化的主要标志是完成信息化、智能化和绿色化等,产业水平、产业结构和产业质量达到世界先进水平(未来某个时间的)等
动力	产业结构变迁是产业水平和产业质量的函数。产业结构现代化的动力因素包括技术创新、制度创新、企业创新、国际竞争、国家利益和市场需求等,在部分国家产业政策影响比较大。动力模型包括:创新驱动、竞争驱动、产业结构优化等。不同国家和不同阶段产业结构现代化的动力有所不同
模式	产业结构现代化的路径和模式是多样的,具有路径依赖性,受资源禀赋、历史传统和国际环境的影响。在 21 世纪有三种基本路径:产业结构工业化路径、产业结构知识化路径和综合产业结构现代化路径;产业结构现代化的模式具有多样性和客观条件依赖性,不同客观条件的国家和地区可以创造或选择不同模式,不同发展阶段可以有不同模式

下面是它的两种操作性定义:

- 产业结构现代化是 18 世纪工业革命以来的一种产业结构变迁,是现代产业结构的形成、发展和转型的前沿过程,是产业结构要素的创新、选择、传播和退出交替进行的复合过程,是追赶、达到和保持产业结构世界先进水平的行为和过程。达到和保持世界产业结构先进水平的国家是产业结构发达国家,其他国家是产业结构发展中国家,两类国家之间的转换有一定概率。
- 产业结构现代化是 18 世纪以来产业结构的一种深刻变化,包括从农业经济时代的产业结构向工业经济时代的产业结构,从工业经济时代的产业结构向知识经济时代的产业结构转变。

在 18~21 世纪期间,产业结构现代化的前沿过程可以分为工业时代的产业结构现代化和知识时代的产业结构现代化,两次现代化的协调发展是综合产业结构现代化,综合产业结构现代化主要适合于发展中国家。22 世纪还会有新变化。

(2) 产业结构现代化的判断标准

产业结构现代化是产业结构变迁与现代化的交集(图 2-19)。要识别这个交集,判断哪些产业结构变迁属于产业结构现代化,就需要建立产业结构现代化的判断依据和判断标准。

图 2-19 产业结构现代化是产业结构变迁与现代化的交集(示意图)

一般而言,产业结构变迁没有时间和性质限制,现代化有时间和性质限制,显然,时间和性质可以作为判断依据的主要指标。时间是一个判断依据,18世纪是分界线。性质是一个判断依据,可以参考现代化的三个标准,同时保持产业结构自身特点。现代化的三个标准是:有利于生产力的解放和提高,有利于社会的公平和进步,有利于人类的自由解放和全面发展。

产业结构现代化的四个标准是:有利于劳动生产率的提高、有利于产业质量的提高、有利于产业竞争力的提高、有利于环境友好和绿色发展(表 2-24)。

表 2-24 产业结构现代化的两个判据和四个标准

项目	属于产业结构现代化的产业结构变迁	不属于产业结构现代化的产业结构变迁
时间判据	18世纪以来的产业结构变迁,同时满足性质判据的标准	18世纪以前的产业结构变迁
性质判据	属于产业结构进步和正向适应的产业结构变迁,满足下列标准	属于产业结构倒退和反向适应的产业结构变迁,满足下列标准
判断标准	标准一:有利于劳动生产率的提高 标准二:有利于产业质量的提高 标准三:有利于产业竞争力的提高 标准四:有利于环境友好和绿色发展	标准一:不利于劳动生产率的提高 标准二:不利于产业质量的提高 标准三:不利于产业竞争力的提高 标准四:不利于环境友好和绿色发展

注:第四个标准仅适合于1970年以来的产业结构现代化,不适合于1970年前的产业结构现代化。

2. 产业结构现代化的过程

产业结构现代化是一个历史过程。关于它的起点和终点,目前没有统一认识。18世纪英国工业革命可以作为产业结构现代化的起点。关于产业结构现代化的过程分析,可关注六个方面:类型、阶段、特点、原理、动力和模式。这里,讨论前四个方面。

(1) 产业结构现代化过程的类型

在18～21世纪期间,产业结构现代化过程可以分为两种类型:前沿过程和追赶过程。

产业结构现代化的前沿过程,是发达国家的产业结构现代化,是领先型产业结构现代化。发达国家并非每一个方面都是领先的,有时候需要向其他发达国家和发展中国家学习。

产业结构现代化的追赶过程,是发展中国家的产业结构现代化,是追赶型产业结构现代化。发展中国家可以创造新模式和新经验,供其他发展中国家甚至发达国家借鉴。

(2) 产业结构现代化过程的阶段

在18～21世纪期间,产业结构现代化过程大致分为两大阶段,不同阶段有不同特点,不同国家的阶段划分有所不同。产业结构现代化是现代化的一种表现形式。第二次现代化理论(何传启,1999,2013)提出了人类文明进程的周期表、坐标系和路线图。参照第二次现代化理论,可以建立产业结构变迁和产业结构现代化的周期表(表2-25)、坐标系和路线图(图一)。

表 2-25 产业结构变迁和产业结构现代化的周期表——产业结构形态的变化

文明时间(起始年)	文明进程	产业结构形态(要点举例)	产业结构现代化
工具时代(起步~公元前3500年)	原始文化(原始社会)	原始经济的产业结构(原始产业结构)	
起步期(250万年前)	旧石器早期	采集和狩猎比例100%	原始经济的结构
发展期(20万年前)	旧石器中期	采集和狩猎比例100%	(估计数)
成熟期(4万年前)	旧石器晚期	采集和狩猎比例98%	
过渡期(1万年前)	新石器时代	采集和狩猎比例95%	
农业时代(公元前3500年~1763年)	农业文明(工业社会)	农业经济的产业结构(传统产业结构)	
起步期(公元前3500年)	古代文明	农业比例6%	农业经济时代的产业结构
发展期(公元前500年)	古典文明	农业比例50%	
成熟期(公元500年)	东方文明、欧洲中世纪	农业比例88%	
过渡期(1500年)	欧洲文艺复兴	农业比例90%	
工业时代(1763~1970年)	工业文明(工业社会)	工业经济的产业结构(现代产业结构)	
起步期(1763年)	第一次产业革命	工业和服务业比例18%	第一次产业结构现代化
发展期(1870年)	第二次产业革命	工业和服务业比例46%	从农业经济时代向工业经济时代的产业结构转变
成熟期(1914年)	家庭机械电器化	工业和服务业比例60%	
过渡期(1946年)	第三次产业革命	工业和服务业比例70%	
知识时代(1970~2100年)	知识文明(知识社会)	知识经济的产业结构(知识型产业结构)	
起步期(1970年)	第一次信息革命	知识产业比例30%	第二次产业结构现代化
发展期(1993年)	第二次信息革命	知识产业比例42%	从工业经济时代向知识经济时代的产业结构转变
成熟期(2020年)	新生物学和再生革命	知识产业比例55%	
过渡期(2050年)	新物理学和时空革命	知识产业比例65%	

注:文明时间、文明进程、产业结构变迁和产业结构形态,都是基于人类文明前沿的时间轨迹的描述。知识产业指知识密集型产业,包括知识生产、知识传播和知识服务业等。人类文明进程是不同步的,文明前沿与文明末尾的差距在扩大。不同阶段的特点是相对的,有许多交叉。各种产业比例的数值是估计值。

(3) **产业结构现代化过程的特点**

产业结构现代化过程的特点,可以从不同角度和不同层次来讨论。

首先,产业结构现代化过程的一般特点。产业结构现代化过程的一般特点大致有 12 个。它们是:部分可预期、不均衡的、不同步的、有阶段的、多样性、长期性、进步性、全球性、风险性、政府作用、结构趋同和具有副作用等。

其次,产业结构现代化过程的分阶段特点。在 18~21 世纪的 400 年里,产业结构现代化过程可以分为工业时代和知识时代的产业结构现代化。两个阶段的特点有所不同:

- 工业时代的产业结构现代化特点:按照三次产业划分,农业比例下降、工业比例上升、服务业比例上升;不同产业部门的比例变迁,既有共性又有国别差异;产业结构与国家规模和国际分工有关。
- 知识时代的产业结构现代化特点:按照三次产业划分,农业比例下降、工业比例下降、服务业比例上升;按照三大产业划分,物质产业比例下降,服务产业比例先升后降(波动),知识产业比例上升;不同产业集群和产业部门的比例变迁,既有共性又有国别差异;产业结构与国家规模和全球化有关。

(4) **产业结构现代化过程的原理**

产业结构变迁是产业水平和产业质量的函数。一般而言,产业结构现代化包括产业结构要素的创新、选择、传播和退出等。下面从这几个方面来解释它的原理。

首先,产业结构要素创新具有多样性。产业结构要素创新是产业结构现代化的一种形式和一种路径,具有形式和路径的多样性。例如,产业行为创新、产业技术创新、产业组织创新、产业制度创新、产业观念创新和产业要素的组合创新等。每一种要素创新都是多路径的。

其次,产业结构要素选择具有多样性。产业结构要素选择是产业结构现代化的重要内容,具有路径和标准的多样性。例如,① 社会选择,重视产业结构的国家利益;② 市场选择,重视市场需求和商业利益;③ 个体选择,重视个人需求等。

其三,产业结构要素传播具有多样性。产业结构要素传播是产业结构现代化的一种形式和一条路径,具有形式和路径的多样性。例如,① 产业技术推广,② 产业交流和合作,③ 技术贸易和产业竞争等。

其四,产业结构要素退出具有多样性。产业结构要素退出是产业结构现代化的一条路径,具有形式和路径的多样性。例如,① 产业结构要素的放弃,② 产业结构要素遗产化,③ 产业结构要素的合理保护和有限传递(有限的退出)等。

其五,产业结构现代化的二重性:既要维护国家安全利益,又要提高劳动生产力和国际竞争力。产业结构现代化过程有两个导向:国家利益和市场需求。它们体现在产业结构要素的创新、选择、传播和退出的每一个决策过程中。

其六,产业结构水平的国际分化。

产业结构的国家分组变化:国家分组的变化是随机的,只能在几种状态之间变动,可以进行马尔科夫链分析(图 2-20)。国家分组的变化具有一定概率,与时间跨度有关,需要专题研究。

图 2-20 国家产业结构水平的国际地位的几种状态(马尔科夫链)

3. 产业结构现代化的结果

产业结构现代化过程的结果,是时间的函数,随时间而变化。产业结构现代化结果不仅与产业结构现代化过程的时间跨度紧密相关,与它的起点截面、终点截面(分析的终点)和地理范围紧密相关,还与产业结构现代化目标紧密相关。关于产业结构现代化的结果分析,可以重点关注三个方面:一般结果、三种变化和国家目标;三种变化包括世界产业结构前沿、国际产业结构和国家产业结构状态的变化。

(1) 产业结构现代化的一般结果

产业结构现代化的一般结果,主要包括产业结构变迁的现代性、特色性、多样性和副作用的形成,包括产业水平提高、产业结构高效化、产业质量与产业竞争力的改善等。不同国家产业结构现代化的结果既有共性又有差异;两次产业结构现代化的结果是不同的。

(2) 产业结构现代化的三种变化

首先,世界产业结构的前沿变化主要是产业结构发达国家前沿变化的一个集合。通过比较产业结构发达国家的产业结构现代化过程的起点截面和终点截面(分析截面)的前沿差别,可以认识世界产业结构前沿的变化。世界产业结构前沿就是产业结构现代化的前沿,它与产业结构现代性紧密相关。产业结构现代性的研究方法大致有两种方法:思辨方法、实证方法。

其次,国际产业结构的变化。涉及产业结构的国际分布、产业结构水平的世界分布等。

其三,国家产业结构状态的变化。国家产业结构状态是国家产业结构现代化状态的简称,包括它的阶段、前沿、水平和国际地位等。国家产业结构状态的变化可以定性和定量分析。通过比较国家产业结构现代化过程的起点和终点截面(分析截面)的国家产业结构状态的差别,可以分析它的变化。

(3) 产业结构现代化的国家目标

首先,产业结构现代化的理论目标。完成工业时代的产业结构现代化,实现从农业经济的产业结构向工业经济的产业结构的转型;完成知识时代产业结构现代化,实现从工业经济的产业结构向知识经济的产业结构的转型;追赶、达到和保持世界产业结构的先进水平,成为产业结构发达国家或缩小国际差距。

其次,前两个目标的实现是一个"时间问题",所有国家都有可能先后完成;第三个目标的实现是一个"比例和概率问题",只有部分国家能够达到和保持世界先进水平。

其三,从政策角度看,国家产业结构现代化的主要目标有两个:提高产业劳动生产力和竞争力,保持或达到世界产业结构先进水平;发达国家的政策目标是保持世界产业结构先进水平,发展中国家的政策目标是追赶和达到世界产业结构先进水平。

4. 产业结构现代化的动力

产业结构现代化过程的动力分析,涉及动力因素和动力机制两个方面。第二次现代化理论分析了现代化的动力因素和动力模型(何传启,2010),它们可以应用于产业结构现代化领域。

(1) 产业结构现代化的动力因素

产业结构现代化是一个复杂过程,影响因素很多,不同因素的作用不同。有些因素有促进作用,有些有抑制作用。促进作用比较大的影响因素,可以称为现代化过程的动力因素。

(2) 产业结构现代化的动力模型

产业结构现代化是现代化的一种表现形式,产业结构现代化的动力模型可以借鉴现代化的动力模型(何传启,2010)。产业结构现代化的动力模型会有一些新特点(表 2-26)。以下以创新驱动模型为例进行说明。

表 2-26 产业结构现代化过程的动力模型

编号	动力模型	备注
1	创新驱动模型:创新产生新观念、新制度、新知识和新产品,推动产业结构现代化	
2	双轮驱动模型:市场需求和国家利益的共同作用,推动产业结构现代化	微观层次模型
3	联合作用模型:创新、竞争和合作的联合作用,推动产业结构现代化	
4	创新扩散模型:重大产业创新的国内扩散和国际扩散	
5	创新溢出模型:一个行业重大创新对其他行业的促进作用	宏观层次模型
6	竞争驱动模型:国际竞争、市场竞争和政治竞选的作用	
7	产业要素优化模型:生产率与先进技术、优质资产和优质劳动比例成正比	
8	产业结构优化模型:生产率与高效产业比例成正比	定量模型
9	企业进化模型:生产率与优质企业比例成正比	

注:创新扩散模型和创新溢出模型是借用创新经济学的概念。

产业结构现代化的创新驱动模型(图 2-21)。创新是产业结构现代化的根本来源。创新产生新观念、新制度、新知识和新产品,它们形成新产业和新经济,从而推动产业结构现代化;在每一个阶段都有信息反馈,形成从创新到产业结构现代化的正反馈循环驱动。

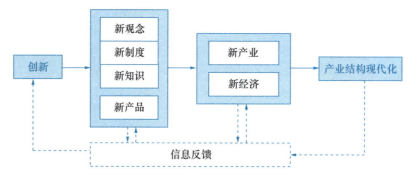

图 2-21 产业结构现代化过程的创新驱动模型

5. 产业结构现代化的模式

产业结构现代化是一个历史过程,具有时间跨度和发展路径。不同国家的产业结构现代化,有自己的发展路径和阶段模式。发展路径指在产业结构现代化的起点与终点(目标)之间的道路,它具有方向性、阶段性和结构特征。产业结构现代化的模式是产业结构现代化的发展路径的一段历史截段,是产业结构现代化的关键要素的一种组合(配方),具有时效性和针对性。一般而言,产业结构现代化模式是产业结构现代化的实践经验的代名词。

(1) 产业结构现代化的路径

一般而言,产业结构现代化是多路径的。根据路径的性质,可以把路径分为三类。21世纪产业结构现代化大致有三条基本路径(图 2-22),不同国家和地区可以选择不同路径。一般而言,产业结构现代化没有最佳路径,只有合适路径。基本路径可以选择,细分路径可以选择。每一条细分路径的适用性不同,同一条细分路径对不同国家是不等价的。

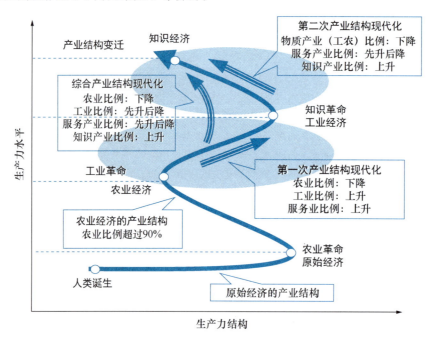

图 2-22 21世纪产业结构现代化的三条路径

注:21世纪第一次产业结构现代化路径将受到第二次产业结构现代化的影响,多少具有综合产业结构现代化的特点。综合产业结构现代化路径具有多样性,与起点和目标选择紧密相关。

(2) 产业结构现代化的模式

产业结构现代化模式是国家产业结构现代化过程中某一个历史截段的典型特征的一种抽象表述,或者说是国家产业结构现代化路径的一个历史截段的"名称"。产业结构现代化包括许多基本要素,如产业水平、产业结构、产业质量、产业制度和产业观念等。产业结构现代化模式就是这些基本要素的某种组合。不同国家的不同历史时期具有不同的条件和环境,需要不同的要素组合。如果国家产业结构现代化的某一个阶段取得明显的成功或失败,人们就会把这个阶段的路径及其特征归结为"一种模式"。先行国家产业结构现代化过程的一些成功模式,往往成为后发国家的参照。

第四节 产业结构现代化的政策分析

产业政策没有统一定义(表2-27),其政策工具具有多样性(表2-28)。有学者认为,产业政策是政府为了实现某种经济和社会目标而制定的有特定产业指向的政策的总和(江小涓,1996)。本节重点讨论其中的产业结构政策,主要涉及三个方面,自由贸易与产业保护、产业促进与产业调整、市场经济和计划经济条件下的产业结构政策。

表 2-27 不同学者对产业政策定义(举例)

序号	定义	来源
1	产业政策是促进产业增长和效率提高的有关政策	OECD,1975
2	产业政策是国家或政府为了实现某种经济和社会目的,以全产业为直接对象,通过对产业的保护、扶植、调整和完善,积极或消极参与某个产业或企业的生产、营业、交易活动,以及直接或间接干预商品、服务、金融等的市场形成和市场机制的政策的总称	下河边淳,1982
3	产业政策就是政府为了取得在全球的竞争能力打算在国内发展或者限制各种产业的有关活动的总称	Johnson,1984
4	产业政策是指国家(政府)系统设计的有关产业发展,特别是产业结构演变的政策目标和政策措施的总和	周叔莲,1990
5	产业政策包括"政府努力改变产业结构以促进以生产力为基础的增长"	World Bank,1993
6	产业政策是政府为了实现某种经济和社会目标而制定的有特定产业指向的政策的总和	江小涓,1996
7	产业政策是指政府采取的一系列措施,旨在影响一个国家为达到预期目标的表现力	Pitelis,2006
8	产业政策是任何类型的选择性干预或政府政策,它试图改变生产结构,转向那些预计会带来更好经济增长前景的行业	Packand Saggi,2006

表 2-28 产业政策的工具清单

领域	基本政策	选择性政策
产品市场	竞争和反垄断、间接税 产品市场监管、汇率政策	国家领军企业、国有化/私有化、国家补贴、出口鼓励、价格管制、政府采购、贸易政策、小汽车报废
劳动力与技能	技能和教育政策、培训补贴 工资补贴、收入和就业税 管理咨询服务、劳动力市场监管	有针对性的技能政策 学徒政策 专业咨询服务
资本市场	贷款担保、公司税/资本、限额 宏观/财政稳定、金融市场监管	战略投资基金、应急贷款 国家投资银行、对内投资鼓励

(续表)

领域	基本政策	选择性政策
土地	规划调控、土地使用规划	开发区、地方集群政策、基础设施
技术	R&D 税收抵免、科学预算、知识产权制度	绿色技术、领先市场、服务于创新的政府采购、专利优惠税制、选择性技术基金、专门知识中心
体系/机构	创业政策、前景规划、信息分布、综合竞争力、战略	指导性计划、有远见的举措、识别战略部门、行业竞争战略、集群政策

资料来源：Naudé，2010.

一、产业保护和自由贸易

经济全球化和市场保护是两股相对而行的世界潮流。在很多时候，发达国家往往提倡自由贸易，发展中国家则强调产业保护，有些时候则刚好相反。在经济危机时，贸易保护往往抬头；在经济繁荣时，自由贸易受到青睐。

1. 自由贸易

自由贸易是一种与国家产业政策相关的经济政策，主要指商品和服务可以在国家或地区之间自由买卖，不需要关税、配额或其他限制（OECD，2004）。自由贸易政策有单边、双边和多边等，其实施表现为关税的降低和应税商品的减少、非关税壁垒等的减少与取消。

自由贸易政策工具包括：关税协定（如关税与贸易总协定，General Agreement Tariff and Trade，GATT）、自由贸易协定（Free Trade Agreement，FTA）、自由贸易区、自由贸易港、保税区等。

(1) 18～19世纪的自由贸易

1776年，亚当·斯密（Adam Smith）在其《国富论》一书中提出了国际分工和自由贸易的思想。1817年，大卫·李嘉图（David Ricardo）继承与发展了这种观点，提出了以"比较优势"原理为基础的自由贸易理论。自由贸易主张各国按各自的生产要素禀赋所形成的比较利益开展国际贸易。它可刺激各国提高竞争力，加速资本、技术、信息的流动性，从整体上提高生产力水平和福利水平。此外，自由贸易也促进了世界经济贸易更加广泛和密切的联系，它使世界经济从封闭保守中解脱出来。

恩格斯指出：英国自由贸易论者的目的是"英国应当成为世界工厂"，其他一切国家对于英国必须像爱尔兰一样，成为英国工业品销售市场、原料和粮食供应地（恩格斯，1956）。20世纪30年代罗伯森（Robertson）提出，对外贸易是经济增长的发动机，自由贸易对国家经济有益，它能改善国家福利和促进经济增长。

(2) 20世纪的自由贸易

首先，发达国家的自由贸易。在第一次世界大战之前，英国在很多时候奉行自由贸易政策，欧洲的经济关系也在英国的主导下进入自由贸易时代（Charles，2003）。德国从战后初期的艾哈德时代起的各个时期政府都积极主张自由贸易。第二次世界大战后，为了对外扩张，美国也从第二次世界大战前的贸易保护转向自由贸易政策。1960年，日本制定《贸易与外汇自由化大纲》，认识到自由贸易可以加强工业竞争，并提高国民经济效率。2002年10月，日本外务省正式制定了自由贸易战略，提出了自由贸易的指导方针和战略重点。新加坡长期实行自由贸易政策，不征收出口税，进口税很低，大部分商品均能自由进口和出口。

其次，发展中国家的自由贸易。第二次世界大战以来，随着资本国际化和经济全球化的发展，在关贸总协定（GATT）/世界贸易组织（WTO）的推动下，自由贸易政策成为当今世界经济发展的主流，发展中国家面临自由贸易的机遇和挑战。由于各国经济发展水平的客观差异及其独立的经济利益，自由贸易可能会拉大国际差距,甚至使落后国家依附于发达国家。

当前,国际社会所倡导的自由贸易并不排斥对贸易的合法或合理保护,没有绝对意义上的自由贸易政策。

2. 产业保护

产业保护是一种与国家产业政策相关的经济政策,主要指对本国的市场和产业进行适度保护的政策措施。产业保护往往用来对本国的战略产业、幼稚产业和其他需要保护的产业提供政策保护,以提高其竞争力和维护国家的经济安全。

产业保护的主要政策工具是关税,其次是非关税壁垒,包括:进口配额制、国家垄断进出口、进口许可证制、进口最低限价、外汇管制、政府采购、反倾销、反补贴、国外投资、市场卷入、技术性贸易壁垒、产品环保标准及认证条例、服务原产地规则、进出口政策性金融和劳工标准等。反倾销这种被关贸总协定和世界贸易组织认定和许可的贸易保护措施,已越来越成为当今国际上通行的有效办法(John,1997)。

(1) 18～19 世纪的产业保护

发达工业化国家在经济发展的较早时期,产业政策的主要内容之一是为了促进本国工业的发展而推行的对国内制造业的保护政策(江小涓,1996)。1791 年汉密尔顿(Alexander Hamilton)向美国国会提交《制造业报告》,提出需要用关税来保护美国制造业的发展。1816 年美国颁布了第一个保护关税法案。此后,直至 19 世纪末,贸易保护一直是美国经济政策的基调。高关税有力地保护了美国工业的发展,使其幼稚工业得以生存,战略产业得以发展。美国政府还对农产品部门进行了强烈干预与调节。

1841 年,德国经济学家李斯特出版《政治经济学的国民体系》一书,主张采取保护关税来扶植本国工业的发展,提出幼稚产业保护论。李斯特认为:落后国家都应该通过设置进口关税甚至颁布进口禁令来扶植本国的民族工业,唯有如此,德国、俄国和美国等当时落后于英国的国家才会有赶超的希望。上述思想一经提出,立刻动摇了其所处时代对自由主义坚如磐石的信念(Breslin,2011)。在李斯特的影响下,德国建立了关税同盟,并于 1879 年实行关税保护政策。此外,德国同样对其农产品实行保护,实行"农业市场秩序政策",政府直接控制农产品价格,对农业生产者进行补贴等。

从 19 世纪开始,以德国和美国为代表,很多国家都开始对民族产业采取产业保护和扶植政策,大量使用关税保护和补贴来发展本国的工业。比如,法国、意大利、俄国等国都对本国制造业,尤其是与军事工业相关的重工业推行过高度的保护政策,同时给予这些产业各种优惠政策甚至政府直接投资以促进这些产业的发展。

(2) 20 世纪的产业保护

1929 年爆发的世界经济危机,使得主要西方国家纷纷设置贸易壁垒,保护国内经济不受或少受国外经济变动的影响。产业保护对经济危机和失业在一定程度上起到了缓解作用。

首先,发达国家的产业保护。20 世纪五六十年代,日本对其钢铁、汽车、造船和电子工业等实行产业保护,直到这些工业成为强有力的竞争者才取消了进口壁垒。为了限制小汽车的进口,日本政府制定了极为苛刻的技术标准,特别是关于汽车尾气排放标准,把美国和欧洲的汽车都挡在其国门之外。2002 年,美国农产品补贴法案正式出笼,意味着美国继续推行农产品贸易保护政策。

其次,发展中国家的产业保护。发展中国家实行保护贸易措施是普遍现象。因为国际贸易虽然能使贸易双方得到贸易利益,但是双方得到的利益并不是均等的。20 世纪 30～70 年代,阿根廷、巴西、智利、哥伦比亚等拉美国家相继开始采取措施限制工业品进口,发展本国制造业,以实现本国产品对进口工业品的替代,促进本国工业化水平提升,这被称为"进口替代"战略,同样是一种产业保护政策。其主要措施包括贸易壁垒、外汇管制等。贸易壁垒是进口替代的核心措施,包括对竞争性进口制成品征收高额关税以及非关税壁垒等。政府还实施汇率多轨制,进口资本品的企业可以优先获得外汇,对进口消费品和制成品等低估本币汇率、对进口资本品实施本币高估。此外,在税收、补贴、融资等方面向国内制造业企业倾斜。

韩国在1953至1961年的经济起步期也曾实施进口替代战略,通过关税、进口配额、外汇管制等政策工具来保护国内产业,迅速发展其具有劳动力成本优势的食品、纺织等轻工业。该战略取得一定成功,但韩国国内市场狭小,很快本国劳动密集型的轻工业产能即大大超出国内需求,以轻工业为代表的工业化进程减速。自20世纪60年代起,韩国积极参与到国际化分工之中,开始实施"出口导向的进口替代"战略,并走上持续快速发展之路。

二、产业促进和产业调整

1. 产业促进

产业促进是一种积极的经济政策,旨在促进高技术产业、战略产业和政府希望发展的产业的快速健康发展,以提高其国际竞争力和维护国家经济安全。产业促进的政策工具非常丰富,发达国家和发展中国家的做法有所差别,并受到世界贸易组织(WTO)和国际贸易和投资政策的影响(表2-29)。

表2-29 产业促进的政策清单

序号	领域	实施工具
1	经济信号和刺激	知识产权、价格监管、财政政策、税收减免
2	科技创新	科技政策、高技术先导项目、R&D经费、建立研究中心
3	技能学习和提升	教育和培训政策、先导行动、劳动力培训补贴/税收减免、技能形成和升级方案、教育和研究的国际合作、激励外商直接投资
4	产业支持	征收进口关税/限额、提供出口补贴/信贷/支持、工业园区、建立经济特区、企业国有化/私有化、为公共设施提供投入、定向融资/补贴、提供公共担保、政策采购
5	选择机制	公司准入和退出规制、反垄断和竞争政策、土地规划、支持国营贸易公司、特惠的融资渠道、长期发展金融
6	信息分配	集体行动机制、推广标准、咨询论坛、商会、公司协作/联动、出口行业的营销
7	提高企业生产率	提供或资助管理培训、中小企业监管和协助、为孵化器和集群的形成提供基础设施/资金/管理、促进公私伙伴关系、位置营销和强化、经济基础设施的升级、风险投资基金

注:在原文献的基础上有少量增删。
资料来源:Warwick,2013.

(1) 20世纪发达国家的产业促进

在20世纪的多数时间,美国政府通过补贴、税收减免、直接贷款和保险、风险投资、政府的建设合同和采购、研发推动、标准设置、价格控制、准入许可和生产限制等产业政策来推动经济发展。例如,1933年颁布的《全国工业复兴法》,通过工商业的自行调整来促进工业的复兴。罗斯福总统的《新政》扩大了政府在经济领域的活动,某些措施起到结构性影响。80年代,美国不断推动以信息产业为代表的新兴产业发展。90年代,美国加大研发投入和推动信息基础设施建设,促进创新能力建设。进入21世纪,美国大力促进以汽车制造产业为代表的制造业的发展。

科技进步与创新是美国推动产业结构高级化并使其国际竞争力得以提高的根本源泉,美国以高科技为主的产业结构引领全球产业结构的走向。美国政府直接或间接主导了互联网、半导体、高温超导、核能、HDTV等一系列重要科技产品的研发,甚至推动了"硅谷"的创新与繁荣。

对科技创新的高度重视促进了德国不同时期产业结构的优化升级,科技创新对德国产业结构调整起到了很好的支撑作用。德国政府早期的产业促进政策是对于基础工矿业(如煤炭业和钢铁)、交通运输业(如铁路)和建筑业的财政支持和救助。20世纪60年代起,德国开始对造船业进行生产成本补贴和银行贷款利息补贴,对航天航空企业在技术研究开发上给予资助等;对德国的支柱产业,如机械制造业、石化工业、汽车工业和电气电子产业实行税收上的优惠政策等(孙际武,1996)。90年代中期,德国联邦政府通过"生物园区竞争计划"以及随后支持计划,推进生物技术产业的发展,进而推动新经济产业的迅速成长(刘永焕,2014)。进入21世纪后,德国工业将重点放在新能源和可再生能源领域。2013年德国政府推出了"工业4.0"发展战略,促进德国智能化制造业的发展。

法国政府重点支持一些基础产业的发展,主要有电力、钢铁、煤炭、水泥、农业机械、通信行业等,后又加入了石油化工、精密机械、电子、核能和航空航天等。法国有着庞大的计划体系,政府对经济的干预能力较强。

20世纪90年代中期以来,瑞典工业开始出现较大的转型,高新技术产业成为经济增长的主导,电讯、制药等外向度高的知识密集型企业得到了长足发展。在高新技术产业迅速扩张、劳动生产率大幅提高的带动下,瑞典经济进入逐步快速增长时期(荆运培,2001)。

二战后,日本首先确定以煤炭和钢铁为优先发展产业,采用原料配给、贷款优惠等政策手段给这两个基础工业部门以强有力的支持。20世纪50年代后期,日本产业扶持的重点是新兴的成长型产业、加工工业、出口先导产业以及支柱产业,如合成材料、石油化工、机械和电子等。60年代之后,日本开始重点扶持汽车、钢铁和石油化工等产业部门。80年代日本积极扶持微电子、生物工程和新材料等新兴高技术产业(孙际武,1996)。

(2) 20世纪发展中国家的产业促进

在战后经济发展过程中,发展中国家也相继实施了不同的产业促进政策,例如,印度强调发展小工业、家庭工业,韩国提出重点发展日用消费品产业等(石奇,2015)。

"出口导向"的"东亚模式"是产业促进政策的典型案例。"东亚模式"主要依靠外部资本引入和产品出口导向实现工业化,其增长本质是要素投入和市场规模驱动的增长。东亚经济的高速增长,不仅来自政府主导机制下实现的资金和人力资源的高速积累,而且还得益于市场化改革和有效的政策干预。

2. 产业调整

产业调整是指政府对国内产业的结构和布局进行调整的一种经济政策;广义而言,它包括产业促进、产业准入、产业限制、产业转移和产业淘汰等多种形式;狭义而言,它主要包括产业准入、产业限制、产业转移和产业淘汰等。

产业调整的政策工具包括:准入与退出规制、淘汰原则、环境标准等。

(1) 20世纪发达国家的产业调整

20世纪70年代以来,环境问题受到国际社会的广泛关注,成为这一时期各国产业调整的方向之一。可导致环境问题的相关产业受到限制甚至淘汰。比如,日本的产业政策从工业增长转为有效地利用增长成果来改善生活的质量。过去判断产业政策运用的范畴是生产力和效率,此时加上了环境的因素。发展清洁能源也成为各国能源生产的一个重要方向。

70年代,世界经济增长普遍缓慢,产业调整的方向为:着重于产业构成而不在于生产规模,并由于新旧工业部门兴衰相异,发达国家的部门政策和地区政策更受重视。产业政策总体是反垄断,促进竞争。提高竞争力,力求适应变化中的国际环境是各国产业调整的共同目标。比如,德国采取各种措施支持私人投资,促进私营部门的企业数目增加,制订计划帮助中小企业。德国产业政策目标从促进基础设施和基本工业发展转为促进变革和创新使经济持续增长,加强工业国之间、特别是对美国跨国公司的竞争,着重在企业的规模和工业部门的拆离,鼓励产业集中和中小企业的合作。在许多发达国家,以减少失业、谋求公平和保持社会稳定为理由,长期推行产业结构调整援助政策,尤其是 70 年代的石油冲击之后,各国政府更加关注这个问题(江小涓,1996)。

(2) 20 世纪发展中国家的产业调整

发展中国家的第一代产业结构调整发生在 20 世纪 70 年代初,亚洲新兴工业化国家和地区在纺织品、中档家用电器、机械工具、轻工产品等行业已取代了日本的地位。新兴工业化国家开始崛起,并逐步参与到劳动密集型产品和资本密集型产品的国际竞争。

目前,第二代产业结构调整正在进行,东南亚各国由于采取出口导向战略,产业结构已趋向高级化,资本劳动密集型的工业如钢铁、造船、化工、汽车都有较大发展,参与竞争日趋剧烈的世界市场。同时,能源危机、环境压力同样是发展中国家面临的问题,这一时期的产业调整也不得不考虑到环境因素。

三、市场经济和计划经济

1. 市场经济的产业政策

市场经济体制下的产业政策是一种有选择的产业政策,市场是资源配置的主要渠道,政府是资源配置的辅助者,以及市场运行的监管者和调节者。在多数情况下,经济资源的产业配置由市场完成;在有些情况下,政府参与经济资源的产业配置。例如,美国战后发展高技术产业和环保产业、德国推出"工业 4.0"战略,促进智能化制造业的发展等。

2. 计划经济的产业政策

计划经济体制下的产业政策是一种全过程和全领域的产业政策,政府是资源配置的主要渠道,市场则是资源配置的辅助者。在多数情况下,经济资源的产业配置由政府完成;在局部条件下,市场参与经济资源的产业配置。计划经济体制下的产业政策表现为五年到十年不等的经济计划和产业规划。比如中国等国家每五年一次的产业规划等。

3. 混合经济的产业政策

目前,世界许多国家的经济,既有市场经济的成分,也有计划经济的要素,属于某种混合经济。不同国家的混合比例有所不同,有些国家如美国,市场经济成分更多一些;有些国家如法国,计划经济要素所占比例较大。前者更加重视经济要素的市场配置,政府有选择的临时干预。后者更加重视政府对国民经济的政策指导,产业政策影响较大。

本 章 小 结

产业结构现代化既有国际共性,也有国别和时代差异。

1. 大型国家的产业结构变迁

这里大型国家指国家人口超过 1 亿的国家,选择美国、日本和墨西哥为样本。

首先,美国产业结构现代化。起步时间大约是 1790 年。大约在 1790~1920 年(或 1950 年)期间,完成了第一次产业结构现代化。20 世纪 60 年代以来,开始了第二次产业结构现代化,大约在 1990 年进入知识经济阶段。

其次,日本产业结构现代化。起步时间大约是 19 世纪 60 年代(明治维新时期)。大约在 1868~1970 年期间,完成了第一次产业结构现代化。20 世纪 90 年代以来,开始了第二次产业结构现代化,目前处于服务经济阶段。

其三，产业结构变迁的国际相位差。这里以三次产业的结构变迁为例。2015年墨西哥的三次产业结构，大致与美国1960年相当，两者相差约55年；2015年日本的三次产业结构，大致与美国1990年前后相当，两者相差约25年。

2. 中小型国家的产业结构变迁

中小型国家的产业结构变迁，既有共性又有差异，而且变化较大。这里选择2个中型国家（英国和德国）和3个小型国家（瑞典、葡萄牙和波兰）作为分析样本。

首先，英国产业结构现代化。起步时间大约是18世纪60年代。在1760～1870年期间，完成了第一次产业结构现代化，成为第一个工业化国家。在1870～1970年期间，产业结构高位徘徊，先后被美国和德国等赶超。20世纪80年代以来，开始第二次产业结构现代化，大约在2002年进入知识经济阶段。

其次，瑞典产业结构现代化。起步时间大约是19世纪60年代。大约在1860～1950年期间，完成了第一次产业结构现代化。20世纪80年代以来，开始了第二次产业结构现代化，大约在2003年进入知识经济阶段。

其三，产业结构水平影响国家现代化水平。在2000～2015年期间，国家产业结构现代化指数与国家第二次现代化指数显著正相关。有理由相信，没有产业结构现代化，就没有经济体系现代化，也没有经济和国家现代化。

3. 产业结构现代化的基本原理

首先，关于三次产业的理论分析。关于农业、工业和服务业三次产业结构变迁的学术成果很多。例如，配第-克拉克模型、库兹涅茨模型、霍夫曼模型、钱纳里模型等。

其次，经济发展的相关理论。很多经济发展理论与产业结构变迁相关，例如，自由贸易理论、产业保护理论、两部门模型、经济阶段模型、工业化追赶模式、产业分类模型、产业革命模型等。

其三，产业结构现代化的理论分析。分别讨论了产业结构现代化的内涵、过程、结果、动力和模式。产业结构现代化没有统一定义。

- 产业结构现代化是18世纪工业革命以来的一种产业结构变迁，是现代产业结构的形成、发展和转型的前沿过程，是产业结构要素的创新、选择、传播和退出交替进行的复合过程，是追赶、达到和保持产业结构世界先进水平的行为和过程。达到和保持世界产业结构先进水平的国家是产业结构发达国家，其他国家是产业结构发展中国家，两类国家之间的转换有一定概率。
- 产业结构现代化既是一个状态，是经济体系的产业结构变迁的世界前沿，又是一个过程，是不同国家追赶、达到和保持世界前沿水平的行为和过程。
- 产业结构现代化是18世纪以来产业结构的一种深刻变化，主要包括两次转变，即从农业经济向工业经济的产业结构转变和从工业经济向知识经济的产业结构转变。

4. 产业结构现代化的政策分析

一般而言，产业结构现代化的政策选择，需要处理好三个关系，即自由贸易与产业保护、产业促进与产业调整、计划与市场（政府与市场）的关系。政策选择既要尊重规律，又要尊重国情，还要坚持目标导向。

第三章 中国产业结构现代化的理性分析

产业结构变迁既有普遍规律,又有国别差异和时代差异。产业结构现代化研究既要探索产业结构变迁的共性特征,也要寻找国家产业结构变迁的个性和多样性,并提出推进产业结构现代化的政策举措。中国经济现代化是世界经济现代化的组成部分,中国产业结构现代化遵循世界产业结构现代化的基本原理。我们沿用第一章世界产业结构现代化的分析逻辑,先开展时序分析、截面分析和过程分析,然后讨论中国的战略选择。

本章所采用数据主要来自世界银行的《世界发展指标》数据库、经济合作与发展组织(OECD)产业结构(STAN)和投入产出数据库(Input Output Database)以及《中国统计年鉴》。需要特别注意的是,不同来源的数据存在一定差异,需要谨慎对待。我们将注明数据来源,以便读者比较分析。

第一节 中国产业结构现代化的时序分析

中国产业结构现代化的时序分析,是对中国产业结构现代化全过程的时间序列数据和资料进行分析,试图去发现和归纳它的事实和特点。世界产业结构时序分析的国家样本为25个(表1-15)。我们选择其中的5个国家为参照,分析中国产业水平、产业结构(表3-1)和产业质量的变迁,时间跨度约为50年(表3-2),分析内容包括长期趋势和国际比较等。关于中国产业结构现代化的地区差异和地区多样性,需要专题研究。

表3-1 中国产业结构的分析框架

三大产业	六大集群	24个部门
物质产业	农业	农业(农业、林业及渔业)
	工业	采矿和采石,制造业,建筑业,公共事业,环境治理
服务产业	流通服务业	批发和零售业,运输和储存,食宿服务,房地产和租赁
	其他服务业	其他个人和家庭服务,其他劳务服务
知识产业	人类服务产业	科学研发,教育,信息和交流,艺术、娱乐和文娱,旅行,健康和社会帮助
	基本服务产业	金融和保险,专业和技术活动,行政和辅助活动,公共管理和社会安全,成员组织的活动,国际组织的活动

注:三次产业包括农业、工业和服务业。三大产业包括物质产业、服务产业和知识产业,其中,物质产业包括农业和工业,服务产业和知识产业的加和等于三次产业中的服务业。

表 3-2　1960～2014 年中国产业结构现代化指标的变化趋势

变化类型	三次产业指标/个	三大产业指标/个	六大集群指标/个	24个部门指标/个	合计/个	比例/(%)
时间跨度	1960～2015	1995～2011*	1995～2011*	1995～2011*	—	—
上升变量	18	21	37	92	168	64
下降变量	8	6	7	12	33	13
转折变量	3	2	7	24	36	14
波动变量	1	1	3	18	23	9
其他变量	0	0	0	3	3	1
合计	30	30	54	149	263	100

注：* 就业结构指标的数据时间跨度为 1980～2002 年。波动变量指数值波动和趋势不明的变量，其他变量指根据已有数据尚难以判断发展趋势的变量。

一、中国产业水平的时序分析

"产业水平"指产业发展的人均水平，涉及人均增加值、人均总产值和人均需求等指标。

1. 中国人均增加值的时序分析

(1) 中国人均增加值的变化趋势

我们选择 28 个分析变量为代表（扣除农业和工业两个重复变量），分析人均增加值的变化趋势（表 3-3）。其中，人均 GDP 和三次产业的数据，来自世界银行 2017 年《世界发展指标》数据库网络版；其他部分指标的数据来自 OECD 投入产出数据库。两个数据库的数据有所差别。

表 3-3　1960～2015 年中国人均产业增加值的变化

项目	1960	1970	1980	1990	1995	2000	2010	2015	变化	类型
(1) 国民经济										
人均 GDP*	90	113	195	318	610	959	4561	8069	90	上升
(2) 三次产业										
人均农业增加值*	21	39	58	85	119	141	435	713	34	上升
人均工业增加值*	40	46	94	130	285	437	2116	3303	83	上升
人均服务业增加值*	29	28	43	103	205	382	2010	4054	140	上升
(3) 三大产业										
人均物质产业增加值	—	—	—	—	396	565	2451	4088	10	上升
人均服务产业增加值	—	—	—	—	113	195	935	2085	18	上升
人均知识产业增加值	—	—	—	—	78	162	922	1877	24	上升
(4) 六大集群										
人均农业增加值	—	—	—	—	119	142	439	735	6	上升
人均工业增加值	—	—	—	—	277	423	2012	3353	12	上升
人均流通服务增加值	—	—	—	—	111	190	918	1958	18	上升
人均其他服务增加值	—	—	—	—	3	6	17	127	42	上升
人均人类服务增加值	—	—	—	—	27	66	353	732	27	上升
人均基本服务增加值	—	—	—	—	51	95	569	1145	22	上升
(5) 工业集群										
人均采矿业增加值	—	—	—	—	25	41	226	223	9	上升
人均制造业增加值	—	—	—	—	202	295	1388	2365	12	上升
人均建筑业增加值	—	—	—	—	36	51	286	545	15	上升
人均公共事业增加值	—	—	—	—	13	34	102	175	13	上升
人均环境治理增加值	—	—	—	—	1	3	10	45	45	上升

(续表)

项目	1960	1970	1980	1990	1995	2000	2010	2015	变化	类型
(6) 流通服务集群										
人均批发和零售业增加值	—	—	—	—	47	77	388	773	16	上升
人均运输和储存增加值	—	—	—	—	30	54	195	356	12	上升
人均食宿服务增加值	—	—	—	—	11	20	85	142	13	上升
人均房地产和租赁增加值	—	—	—	—	23	39	249	687	30	上升
(7) 人类服务集群										
人均教育增加值	—	—	—	—	12	26	150	283	24	上升
人均信息和交流增加值	—	—	—	—	6	19	113	217	36	上升
人均艺术、娱乐和文娱增加值	—	—	—	—	3	7	27	58	19	上升
人均健康和社会帮助增加值	—	—	—	—	6	14	63	175	29	上升
(8) 基本服务集群										
人均金融和保险增加值	—	—	—	—	27	38	224	676	25	上升
人均专业和技术活动增加值	—	—	—	—	6	18	152	157	26	上升
人均公共管理和社会安全增加值	—	—	—	—	15	33	172	277	18	上升
人均成员组织的活动增加值	—	—	—	—	3	7	21	34	11	上升

注：增加值单位为美元。* 数据来自世界银行《世界发展指标》数据库网络版(World Bank，2017)。其他数据根据OECD投入产出数据库(Input Output Database)(OECDb，2017)整理和估算。两个数据库的数值有较大差别。变化＝终点/起点。

其一，三次产业变迁：1960～2015年期间，三次产业人均增加值提升幅度由高到低的排序为：服务业＞工业＞农业；由此推测，三次产业结构变化的特点是，服务业增加值比例上升，工业增加值比例可能会上升，农业增加值比例下降。

在1995～2015年期间，中国人均增加值提升幅度由高到低的排序如下：

其二，三大产业变迁：知识产业＞服务产业＞物质产业。

其三，六大集群变迁：其他服务＞人类服务＞基本服务＞流通服务＞工业＞农业。

其四，24个部门的结构变迁。基于统计数据的可获得性，重点关注工业、流通服务、人类服务和基本服务四个集群的17个部门的变迁：

- 工业集群变迁。环境治理＞建筑业＞公共事业＞制造业＞采矿业。
- 流通服务集群变迁。房地产和租赁＞批发和零售业＞食宿服务＞运输和储存。
- 人类服务集群变迁。信息和交流＞健康和社会帮助＞教育＞艺术、娱乐和文娱。
- 基本服务集群变迁。专业和技术活动＞金融和保险＞公共管理和社会安全＞成员组织的活动。

(2) 中国人均增加值的国际比较

首先，过程比较，以人均知识产业增加值为例(表3-4)。在1995～2015年期间，中国人均知识产业增加值低于美国、德国、英国等发达国家。

表 3-4　1995～2015 年中国人均知识产业增加值的国际比较

区域	1995	2000	2005	2010	2015	2015/1995
中国	78	162	327	922	1877	24
美国*	—	14 785	18 696	21 441	24 651	—
德国*	7929	7844	11 786	14 041		
英国*	7555	9528	16 240	16 055	17 596	2
巴西**	1482	1127	1450	3436		
印度**	35	24	40	93		
美国÷中国	—	91	57	23	13	—

注:增加值单位为美元。* 根据 OECD 产业结构数据库(STAN Database)(OECDa,2017)整理和估算;** 根据 OECD 投入产出数据库(OECDb,2017)整理和估算。

其次,前沿比较,以 2015 年中美比较为例(表 3-5)。在三大产业中,人均知识产业增加值差距最大,人均物质产业增加值差距最小;在六大集群中,人均人类服务增加值差距最大;工业集群中,人均公共事业增加值差距最大;流通服务集群中,人均房地产和租赁增加值差距最大;人类服务集群中,人均健康和社会帮助增加值差距最大;基本服务集群中,人均专业和技术活动增加值差距最大。

表 3-5　2015 年中国人均产业增加值的国际比较

项目	中国	美国*	德国*	英国*	巴西**	印度**	美国÷中国
(1) 三大产业							
人均物质产业增加值	4088	11 315	13 496	7854	3396	404	2.8
人均服务产业增加值	2085	17 073	13 264	13 705	2941	137	8.2
人均知识产业增加值	1877	24 651	16 348	17 596	3933	112	13.1
(2) 六大集群							
人均农业增加值	735	572	236	255	560	97	0.8
人均工业增加值	3353	10 743	13 161	7599	2836	307	3.2
人均流通服务增加值	1958	16 216	12 153	12 713	2757	132	8.3
人均其他服务增加值	127	857	1111	992	184	5	6.7
人均人类服务增加值	732	10 917	8258	8990	1378	54	14.9
人均基本服务增加值	1145	13 734	8091	8607	2555	58	12.0
(3) 工业集群							
人均采矿业增加值	223	976	56	395	418	78	4.4
人均制造业增加值	2365	6665	8454	3822	1479	154	2.8
人均建筑业增加值	545	2278	1694	2410	590	66	4.2
人均公共事业增加值	175	824	860	701	316	5	4.7
人均环境治理增加值	45		378	272	32	3	
(4) 流通服务集群							
人均批发和零售业增加值	773	5075	3339	3937	1418	73	6.6
人均运输和储存增加值	356	1822	1634	1804	263	23	5.1
人均食宿服务增加值	142	1494	578	1161	181	17	10.5
人均房地产和租赁增加值	687	7385	5372	5469	895	19	10.7
(5) 人类服务集群							
人均教育增加值	283	3022	1656	2308	525	17	10.7
人均信息和交流增加值	217	3319	1787	2541	360	22	15.3
人均艺术、娱乐和文娱增加值	58	541	519	543	84	8	9.3
人均健康和社会帮助增加值	175	4034	2856	3107	409	7	23.1

(续表)

项目	中国	美国	德国	英国	巴西	印度	美国÷中国
(6) 基本服务集群							
人均金融和保险增加值	676	3940	1506	2838	710	22	5.8
人均专业和技术活动增加值	157	4237	2261	2777	747	6	27.0
人均公共管理和社会安全增加值	277	4767	2239	1827	1034	24	17.2
人均成员组织的活动增加值	34	—	445	357	63	6	—

注：增加值单位为美元。* 根据 OECD 产业结构数据库（OECDa，2017）整理和估算；** 根据 OECD 投入产出数据库（OECDb，2017）整理和估算，为 2011 年数据。

2. 中国人均总产值的时序分析

(1) 中国人均总产值的变化趋势

我们选择 28 个分析变量为代表（扣除农业和工业两个重复变量），分析人均总产值的变化趋势（表 3-6），28 个指标均为上升变量，其中，人均专业和技术活动总产值上升幅度最大。

表 3-6　1995～2011 年中国人均总产值的变化

项目	1995	2000	2005	2010	2011	变化	类型
(1) 国民经济							
人均总产值	1545	2563	5031	13 843	16 906	11	上升
(2) 三次产业							
人均农业总产值	202	247	359	765	935	5	上升
人均工业总产值	995	1564	3292	9383	11 424	11	上升
人均服务业总产值	348	753	1380	3695	4547	13	上升
(3) 三大产业							
人均物质产业总产值	1197	1811	3651	10 148	12 359	10	上升
人均服务产业总产值	203	428	692	1713	2108	10	上升
人均知识产业总产值	145	325	688	1981	2439	17	上升
(4) 六大集群							
人均农业总产值	202	247	359	765	935	5	上升
人均工业总产值	995	1564	3292	9383	11 424	11	上升
人均流通服务总产值	197	413	666	1675	2060	10	上升
人均其他服务总产值	6	15	26	38	48	7	上升
人均人类服务总产值	56	144	322	704	863	16	上升
人均基本服务总产值	89	180	366	1278	1576	18	上升
(5) 工业集群							
人均采矿业总产值	51	73	200	511	694	14	上升
人均制造业总产值	786	1200	2493	7311	8811	11	上升
人均建筑业总产值	128	197	383	1130	1412	11	上升
人均公共事业总产值	28	86	203	408	479	17	上升
人均环境治理总产值	3	8	14	23	28	9	上升
(6) 流通服务集群							
人均批发和零售业总产值	84	167	187	611	774	9	上升
人均运输和储存总产值	54	111	225	419	504	9	上升
人均食宿服务总产值	30	69	105	216	256	9	上升
人均房地产和租赁总产值	28	66	149	429	526	19	上升

(续表)

项目	1995	2000	2005	2010	2011	变化	类型
(7) 人类服务集群							
人均教育总产值	22	51	85	257	317	14	上升
人均信息和交流总产值	11	40	113	234	283	26	上升
人均艺术、娱乐和文娱总产值	9	20	36	58	73	8	上升
人均健康和社会帮助总产值	14	34	88	154	190	14	上升
(8) 基本服务集群							
人均金融和保险总产值	41	53	93	348	432	11	上升
人均专业和技术活动总产值	10	35	124	539	664	66	上升
人均公共管理和社会安全总产值	30	74	119	345	426	14	上升
人均成员组织的活动总产值	8	19	30	46	55	7	上升

注：根据OECD投入产出数据库（OECDb，2017）整理和估算。总产值单位为美元。变化＝终点/起点。

在1995～2011年期间，中国总产值提升幅度由高到低的排序如下：

① 三次产业变迁：服务业＞工业＞农业。
② 三大产业变迁：知识产业＞服务产业＞物质产业。
③ 六大集群变迁：基本服务＞人类服务＞工业＞流通服务＞其他服务＞农业。
④ 24个部门的结构变迁。基于统计数据的可获得性，重点关注工业、流通服务、人类服务和基本服务四个集群的17个部门的变迁：

- 工业集群变迁。公共事业＞采矿业＞制造业＞建筑业＞环境治理。
- 流通服务集群变迁。房地产和租赁＞批发和零售业＞运输和储存＞食宿服务。
- 人类服务集群变迁。信息和交流＞教育＞健康和社会帮助＞艺术、娱乐和文娱。
- 基本服务集群变迁。专业和技术活动＞公共管理和社会安全＞金融和保险＞成员组织的活动。

(2) 中国人均总产值的国际比较

首先，过程比较，以人均知识产业总产值为例（表3-7）。在1995～2011年期间，中国人均知识产业总产值低于美国、德国、英国等发达国家。

表3-7　1995～2011年中国人均知识产业总产值的国际比较

区域	1995	2000	2005	2010	2011	2011/1995
中国	145	325	688	1981	2439	16.8
美国	17 509	24 623	30 675	35 610	36 375	2.08
德国	14 962	12 177	18 853	23 287	25 742	1.72
英国	11 818	16 684	26 746	27 570	28 699	2.43
巴西	2552	1936	2472	5790	6627	2.60
印度	53	38	67	154	187	3.53
美国÷中国	121	76	45	18	15	0.12

注：根据OECD投入产出数据库（OECDb，2017）整理和估算。总产值单位为美元。

其次，前沿比较，以2011年中美比较为例（表3-8）。在三大产业中，人均知识产业总产值差距最大；在六大集群中，人均人类服务总产值差距最大；在六个典型部门中，人均健康和社会帮助总产值差距最大。

表 3-8 2011 年中国人均总产值的国际比较

项目	中国	美国	德国	英国	巴西	印度	美国÷中国
人均总产值	16 906	81 759	84 997	70 450	20 816	1288	4.84
人均物质产业总产值	12 359	24 868	39 140	22 261	9923	859	2.01
人均服务产业总产值	2108	20 516	20 116	19 489	4267	243	9.73
人均知识产业总产值	2439	36 375	25 742	28 699	6627	187	14.91
人均农业总产值	935	1279	962	747	1033	127	1.37
人均工业总产值	11 424	23 589	38 178	21 514	8890	731	2.06
人均流通服务总产值	2060	19 774	19 221	18 731	4029	232	9.60
人均其他服务总产值	48	742	895	758	238	11	15.46
人均人类服务总产值	863	13 752	10 622	12 849	2326	89	15.94
人均基本服务总产值	1576	22 623	15 120	15 850	4300	98	14.35
人均制造业总产值	8811	17 520	30 723	12 314	6134	425	1.99
人均批发和零售业总产值	774	7393	6809	7264	2030	113	9.55
人均信息和交流总产值	283	3663	2477	3336	692	30	12.94
人均健康和社会帮助总产值	190	5679	4581	5276	729	15	29.89
人均金融和保险总产值	432	7189	4214	5279	1135	33	16.64
人均专业和技术活动总产值	664	7256	6288	6127	1347	11	10.93

注：根据 OECD 投入产出数据库（OECDb，2017）整理和估算。总产值单位为美元。

3. 中国人均需求的时序分析

(1) 中国人均需求的变化趋势

中国人均需求的变化趋势总体上升（表 3-9），不同指标上升幅度不同。

表 3-9 1995～2011 年中国人均需求的变化

项目	1995	2000	2005	2010	2011	变化	类型
(1) 国民经济							
人均需求	1523	2554	4957	13 712	16 805	11.0	上升
(2) 三次产业							
人均农业需求	202	248	365	785	963	4.8	上升
人均工业需求	982	1549	3209	9221	11 269	11.5	上升
人均服务业需求	339	757	1383	3706	4574	13.5	上升
(3) 三大产业							
人均物质产业需求	1184	1797	3574	10 006	12 231	10.3	上升
人均服务产业需求	203	432	695	1728	2131	10.5	上升
人均知识产业需求	136	326	689	1979	2443	18.0	上升
(4) 六大集群							
人均农业需求	202	248	365	785	963	4.8	上升
人均工业需求	982	1549	3209	9221	11 269	11.5	上升
人均流通服务需求	199	417	670	1690	2084	10.5	上升
人均其他服务需求	3	14	25	38	47	15.7	上升
人均人类服务需求	49	143	319	696	855	17.4	上升
人均基本服务需求	87	182	369	1283	1588	18.3	上升

(续表)

项目	1995	2000	2005	2010	2011	变化	类型
(5) 工业集群							
人均采矿业需求	51	81	237	646	895	17.5	上升
人均制造业需求	772	1177	2374	7016	8457	11.0	上升
人均建筑业需求	128	197	382	1128	1409	11.0	上升
人均公共事业需求	28	87	203	409	480	17.1	上升
人均环境治理需求	3	8	13	22	28	9.3	上升
(6) 流通服务集群							
人均批发和零售业需求	80	159	168	576	736	9.2	上升
人均运输和储存需求	60	119	241	454	545	9.1	上升
人均食宿服务需求	31	73	111	231	275	8.9	上升
人均房地产和租赁需求	28	66	150	430	527	18.8	上升
(7) 人类服务集群							
人均教育需求	22	52	85	258	318	14.5	上升
人均信息和交流需求	10	39	111	225	274	27.4	上升
人均艺术、娱乐和文娱需求	3	19	35	58	72	24.0	上升
人均健康和社会帮助需求	14	34	88	155	191	13.6	上升
(8) 基本服务集群							
人均金融和保险需求	43	59	109	384	477	11.1	上升
人均专业和技术活动需求	9	32	112	508	630	70.0	上升
人均公共管理和社会安全需求	31	74	120	346	426	13.7	上升
人均成员组织的活动需求	3	18	29	45	54	18.0	上升

注：根据 OECD 投入产出数据库(OECDb, 2017)整理和估算。需求单位为美元。变化＝终点/起点。

在 1995～2011 年期间，中国人均需求提升幅度由高到低的排序如下：

① 三次产业变迁：服务业＞工业＞农业。
② 三大产业变迁：知识产业＞服务产业＞物质产业。
③ 六大集群变迁：基本服务＞人类服务＞其他服务＞工业＞流通服务＞农业。
④ 24 个部门的结构变迁。基于统计数据的可获得性，重点关注工业、流通服务、人类服务和基本服务四个集群的 17 个部门的变迁：

- 工业集群变迁。采矿业＞公共事业＞制造业＞建筑业＞环境治理。
- 流通服务业集群变迁。房地产和租赁＞批发和零售业＞运输和储存＞食宿服务。
- 人类服务集群变迁。信息和交流＞艺术、娱乐和文娱＞教育＞健康和社会帮助。
- 基本服务集群变迁。专业和技术活动＞成员组织的活动＞公共管理和社会安全＞金融和保险。

(2) 中国人均需求的国际比较

首先，过程比较，以人均知识产业需求为例。在 1995～2011 年期间，中国人均知识产业需求低于美国、德国、英国等发达国家(表 3-10)。

表 3-10　1995～2011 年中国人均知识产业需求的国际比较

区域	1995	2000	2005	2010	2011	2011/1995
中国	136	326	689	1979	2443	18.0
美国	16 734	24 538	30 674	35 488	36 201	2.2
德国	14 299	12 359	19 185	23 374	26 003	1.8
英国	10 936	16 096	25 474	26 044	26 913	2.5
巴西	2482	1945	2489	5861	6702	2.7
印度	79	121	194	396	450	5.7
美国÷中国	123	75	45	18	15	0.1

注：根据 OECD 投入产出数据库（OECDb，2017）整理和估算。需求单位为美元。

其次，前沿比较，以 2011 年中美比较为例（表 3-11）。在三大产业中，人均知识产业需求差距最大；在六大集群中，人均人类服务需求差距最大；工业集群中，人均环境治理需求差距最大；流通服务集群中，人均房地产和租赁需求差距最大；人类服务集群中，人均健康和社会帮助需求差距最大；基本服务集群中，人均公共管理和社会安全需求差距最大。

表 3-11　2011 年中国人均产业需求的国际比较

项目	中国	美国	德国	英国	巴西	印度	美国÷中国
(1) 三大产业							
人均物质产业需求	12 231	26 879	36 160	24 395	9837	1893	2.2
人均服务产业需求	2131	21 030	20 957	20 297	4407	694	9.9
人均知识产业需求	2443	36 201	26 003	26 913	6702	450	14.8
(2) 六大集群							
人均农业需求	963	1185	1176	870	941	316	1.2
人均工业需求	11 269	25 694	34 983	23 525	8896	1577	2.3
人均流通服务需求	2084	20 286	20 045	19 543	4166	686	9.7
人均其他服务需求	47	744	912	754	241	8	15.8
人均人类服务需求	855	13 782	10 834	12 848	2355	184	16.1
人均基本服务需求	1588	22 419	15 168	14 065	4347	266	14.1
(3) 工业集群							
人均采矿业需求	895	2350	1083	1520	749	143	2.6
人均制造业需求	8457	18 866	26 933	14 094	6315	1039	2.2
人均建筑业需求	1409	2972	4375	4956	1140	333	2.1
人均公共事业需求	480	1099	2135	2512	627	58	2.3
人均环境治理需求	28	407	457	442	66	4	14.5
(4) 流通服务集群							
人均批发和零售业需求	736	7865	6905	7414	2008	273	10.7
人均运输和储存需求	545	2541	4192	3887	687	231	4.7
人均食宿服务需求	275	2442	1763	2230	472	80	8.9
人均房地产和租赁需求	527	7438	7184	6011	998	102	14.1
(5) 人类服务集群							
人均教育需求	318	3340	2419	3101	742	63	10.5
人均信息和交流需求	274	3697	2627	3295	710	70	13.5
人均艺术、娱乐和文娱需求	72	1063	1195	1155	172	12	14.8
人均健康和社会帮助需求	191	5683	4594	5296	731	40	29.8

(续表)

项目	中国	美国	德国	英国	巴西	印度	美国÷中国
(6) 基本服务集群							
人均金融和保险需求	477	7225	4033	4040	1176	123	15.1
人均专业和技术活动需求	630	7044	6462	5554	1347	33	11.2
人均公共管理和社会安全需求	426	7352	3777	3605	1695	101	17.3
人均成员组织的活动需求	54	798	896	867	129	9	14.8

注：根据 OECD 投入产出数据库（OECDb，2017）整理和估算。需求单位为美元。

二、中国产业结构的时序分析

本节重点讨论产业增加值结构、总产值结构、总需求结构和就业结构。

1．中国产业增加值结构的时序分析

（1）中国产业增加值结构的变化趋势

我们选择了 27 个变量进行了分析（扣除两个重复变量），其中，14 个指标为上升变量，3 个指标为下降变量，10 个指标为转折变量（表 3-12，表 3-13）。其中，三次产业的数据来自世界银行《世界发展指标》数据库网络版；其他数据来自 OECD 数据系统中的投入产出数据库。两个数据库的数据有所差别。

表 3-12　1960～2015 年中国三次产业增加值结构的变化

项目	1960	1970	1980	1990	1995	2000	2015	变化	类型
农业增加值比例	23.2	34.8	29.6	26.6	19.6	14.7	8.8	0.38	下降
工业增加值比例	44.4	40.3	48.1	41.0	46.8	45.5	40.9	0.92	转折
服务业增加值比例	32.4	24.9	22.3	32.4	33.7	39.8	50.2	1.55	上升

注：数据来自《世界发展指标》数据库网络版（World Bank，2017）。比例单位为％。变化＝终点/起点。

表 3-13　1995～2015 年中国产业增加值结构的变化

项目	1995	2000	2005	2010	2015	变化	类型
(1) 三大产业							
物质产业增加值比例	67.4	61.3	59.8	56.9	50.8	0.8	下降
服务产业增加值比例	19.3	21.2	20.7	21.7	25.9	1.3	上升
知识产业增加值比例	13.3	17.5	19.5	21.4	23.3	1.8	上升
(2) 六大集群							
农业增加值比例	20.3	15.4	12.3	10.2	9.1	0.4	下降
工业增加值比例	47.1	45.9	47.6	46.7	41.6	0.9	转折
流通服务增加值比例	18.9	20.6	20.0	21.3	24.3	1.3	上升
其他服务增加值比例	0.4	0.6	0.7	0.4	1.6	4.0	上升
人类服务增加值比例	4.7	7.2	8.6	8.2	9.1	1.9	上升
基本服务增加值比例	8.6	10.3	10.8	13.2	14.2	1.7	上升
(3) 工业集群							
采矿业增加值比例	4.2	4.4	5.6	5.3	2.8	0.7	转折
制造业增加值比例	34.3	31.9	32.3	32.2	29.4	0.9	下降
建筑业增加值比例	6.1	5.5	5.6	6.6	6.8	1.1	上升
公共事业增加值比例	2.2	3.7	3.7	2.4	2.2	1.0	转折
环境治理增加值比例	0.2	0.3	0.4	0.2	0.6	3.0	上升

(续表)

项目	1995	2000	2005	2010	2015	变化	类型
(4) 流通服务集群							
批发和零售业增加值比例	7.9	8.3	7.6	9.0	9.6	1.2	上升
运输和储存增加值比例	5.1	5.9	5.5	4.5	4.4	0.9	转折
食宿服务增加值比例	2.0	2.1	2.2	2.0	1.8	0.9	转折
房地产和租赁增加值比例	3.9	4.2	4.7	5.8	8.5	2.2	上升
(5) 人类服务集群							
教育增加值比例	2.0	2.9	3.1	3.5	3.5	1.8	上升
信息和交流增加值比例	1.0	2.0	3.0	2.6	2.7	2.7	转折
艺术、娱乐和文娱增加值比例	0.6	0.8	0.9	0.6	0.7	1.2	转折
健康和社会帮助增加值比例	1.1	1.5	1.6	1.5	2.2	2.0	上升
(6) 基本服务集群							
金融和保险增加值比例	4.6	4.1	3.3	5.2	8.4	1.8	上升
专业和技术活动增加值比例	1.1	1.9	3.1	3.5	2.0	1.8	转折
公共管理和社会安全增加值比例	2.5	3.5	3.7	4.0	3.4	1.4	转折
成员组织的活动比例	0.5	0.8	0.8	0.5	0.4	0.8	转折

注:1995～2010年数据根据OECD投入产出数据库(OECDb, 2017)整理和估算。2015年数据根据《中国统计年鉴2017》整理和估算。比例单位为%。变化=终点/起点。

首先,三次产业结构变迁。1960～2015年期间,服务业增加值比例从32%上升到50%,农业增加值比例从23%下降到8.8%,工业增加值比例先上升后下降。

其次,三大产业结构变迁。1995～2015年期间,物质产业增加值比例下降,服务产业增加值比例上升,知识产业增加值比例上升,2015年达到23.3%,知识产业增加值比例上升最快。

其三,六大集群结构变迁。1995～2015年期间,四个产业集群增加值比例上升(图3-1),上升幅度从高到低排序依次为:其他服务、人类服务、基本服务、流通服务(表3-13);农业增加值比例下降;工业增加值比例波动。

其四,24个部门的结构变迁。基于统计数据的可获得性,重点关注工业、流通服务、人类服务和基本服务四个集群的17个部门的变迁。

- 工业集群结构变迁:1995～2015年期间,采矿业增加值比例和公共事业增加值比例转折;制造业增加值比例下降;建筑业增加值比例和环境治理增加值比例上升。
- 流通服务集群结构变迁:1995～2015年期间,批发和零售业、房地产和租赁增加值比例上升;运输和储存、食宿服务增加值比例转折。
- 人类发展服务集群结构变迁:1995～2015年期间,教育、健康和社会帮助增加值比例上升;信息和交流增加值比例,艺术、娱乐和文娱增加值比例转折。
- 基本服务集群结构变迁:1995～2015年期间,金融和保险增加值比例上升;专业和技术活动、公共管理和社会安全、成员组织活动增加值比例转折。

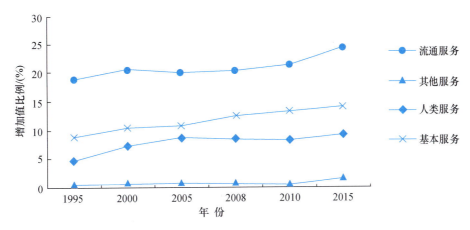

图 3-1　1995～2015 年中国流通服务、其他服务、人类服务和基本服务增加值比例的变化

（2）中国产业增加值结构的国际比较

首先，过程比较，以知识产业增加值比例为例（表 3-14）。在 1995～2015 年期间，中国知识产业增加值比例低于美国、德国、英国等发达国家。

表 3-14　1995～2015 年中国知识产业增加值比例的国际比较

区域	1995	2000	2005	2010	2015	2015/1995
中国	13.3	17.5	19.5	21.4	23.3	1.8
美国*	40.5	43.0	44.5	46.4	46.3	1.1
德国**	35.3	36.7	37.5	37.3	37.9	1.1
英国**	36.7	38.3	43.5	46.1	44.9	1.2
巴西***	36.9	36.4	37.1	38.1	—	—
印度***	15.4	15.6	16.6	16.8	—	—
美国÷中国	3.0	2.5	2.3	2.2	2.0	—

注：* 根据美国经济分析局（BEA,2018）数据估算。** 根据 OECD 产业结构数据库（OECDa, 2017）整理和估算。*** 根据 OECD 投入产出数据库（OECDb, 2017）整理和估算。中国数据来自表 3-13。数据单位为%。

其次，前沿比较，以 2015 年为例（表 3-15），2015 年中国等发展中国家刚刚完成第一次产业结构现代化，美国等发达国家处于第二次产业结构现代化，两次产业结构现代化过程中的结构变化具有不同特点，需要谨慎分析。

专栏 3-1　两次产业结构现代化过程中的结构变化特点

第一次产业结构现代化过程中，结构变化特点是农业增加值比例下降，工业和服务业增加值比例上升；农业增加值比例为逆指标，工业和服务业增加值比例为正指标。

第二次产业结构现代化过程中，结构变化特点是物质产业增加值比例下降，农业、工业和制造业增加值比例下降，服务产业增加值比例先升后降，知识产业增加值比例上升，其中，物质产业增加值比例、农业增加值比例、工业增加值比例和制造业增加值比例等为逆指标，知识产业增加值比例为正指标，服务产业增加值比例为转折变量。

表 3-15　2015 年中国产业增加值比例的国际比较

项目	中国	美国*	德国*	英国*	巴西**	印度**	美国÷中国
(1) 三大产业							
物质产业增加值比例	50.8	20.8	31.3	20.1	33.1	61.9	0.4
服务产业增加值比例	25.9	31.4	30.8	35.0	28.6	21.0	1.2
知识产业增加值比例	23.3	46.3	37.9	44.9	38.3	17.1	2.0
(2) 六大集群							
农业增加值比例	9.1	1.0	0.6	0.7	5.5	14.9	0.1
工业增加值比例	41.6	19.8	30.5	19.4	27.6	47.0	0.5
流通服务增加值比例	24.3	30.8	28.2	32.5	26.9	20.2	1.3
其他服务增加值比例	1.6	2.2	2.6	2.5	1.8	0.8	1.4
人类服务增加值比例	9.1	14.0	19.2	23.0	13.4	8.3	1.5
基本服务增加值比例	14.2	32.3	18.8	22.0	24.9	8.8	2.3
(3) 工业集群							
采矿业增加值比例	2.8	1.8	0.15	1.0	4.1	11.9	0.6
制造业增加值比例	29.4	12.1	22.8	9.8	14.4	23.6	0.4
建筑业增加值比例	6.8	4.1	4.6	6.2	5.7	10.2	0.6
公共事业增加值比例	2.2	1.6	2.0	1.8	3.1	0.8	0.7
环境治理增加值比例	0.6	0.2	0.9	0.7	0.3	0.5	0.3
(4) 流通服务集群							
批发和零售业增加值比例	9.6	11.9	9.8	10.9	13.8	11.2	1.2
运输和储存增加值比例	4.4	3.0	4.4	4.6	2.6	3.5	0.7
食宿服务增加值比例	1.8	2.9	1.6	3.0	1.8	2.7	1.6
房地产和租赁增加值比例	8.5	13.0	12.5	14.0	8.7	2.9	1.5
(5) 人类服务集群							
教育增加值比例	3.5	1.1	4.5	5.9	5.1	2.6	0.3
信息和交流增加值比例	2.7	4.8	4.8	6.5	3.5	3.4	1.8
艺术、娱乐和文娱增加值比例	0.7	1.0	1.4	1.4	0.8	1.2	1.4
健康和社会帮助增加值比例	2.2	7.1	7.7	7.9	4.0	1.0	3.2
(6) 基本服务集群							
金融和保险增加值比例	8.4	7.5	4.1	7.3	6.9	3.3	0.9
专业和技术活动增加值比例	2.0	7.1	5.3	7.1	7.3	1.0	3.6
公共管理和社会安全增加值比例	3.4	12.9	6.0	4.7	10.1	3.6	3.8
成员组织的活动比例	0.4	—	1.0	0.9	0.6	0.9	—

注：中国数据来源和估算同表 3-13。* 数据来源同表 3-14。** 根据 OECD 投入产出数据库（OECDb，2017）整理和估算，为 2011 年数据。比例单位为%。

- **三大产业比较**。物质产业增加值比例（逆指标），中国约为美国的 2.4 倍；知识产业增加值比例和服务产业增加值比例，美国分别约为中国的 2.0 倍和 1.2 倍。
- **六大产业集群比较**。中国农业增加值比例和工业增加值比例（逆指标）分别约为美国的 9 倍和 2 倍；中国流通服务增加值比例、其他服务增加值比例、人类服务增加值比例、基本服务增加值比例均低于美国。
- **四大集群** 17 个部门比较。工业集群中，制造业增加值比例（逆指标）的中美差距比较大；流通服务集群中，食宿服务、房地产和租赁增加值比例的中美差距比较大；人类服务集群中，健康和社会帮助增加值比例的中美差距最大；基本服务集群中，专业和技术活动增加值比例的中美差距较大。

2. 中国总产值结构的时序分析

(1) 中国总产值结构的变化趋势

1995~2011年期间,扣除农业和工业两个重复变量,6个指标为上升变量,2个指标为下降变量,15个指标为转折变量,4个指标为波动变量(表3-16)。

表3-16 1995~2011年中国产业总产值结构的变化

项目	1995	2000	2005	2010	2011	变化	类型
(1) 三次产业							
农业总产值比例	13.1	9.6	7.1	5.5	5.5	0.42	下降
工业总产值比例	64.4	61.0	65.4	67.8	67.6	1.05	上升
服务业总产值比例	22.5	29.4	27.4	26.7	26.9	1.19	转折
(2) 三大产业							
物质产业总产值比例	77.5	70.6	72.6	73.3	73.1	0.94	下降
服务产业总产值比例	13.2	16.7	13.7	12.4	12.5	0.95	转折
知识产业总产值比例	9.4	12.7	13.7	14.3	14.4	1.54	上升
(3) 六大集群							
农业总产值比例	13.1	9.6	7.1	5.5	5.5	0.42	下降
工业总产值比例	64.4	61.0	65.4	67.8	67.6	1.05	上升
流通服务总产值比例	12.7	16.1	13.2	12.1	12.2	0.96	转折
其他服务总产值比例	0.4	0.6	0.5	0.3	0.3	0.75	转折
人类服务总产值比例	3.6	5.6	6.4	5.1	5.1	1.42	转折
基本服务总产值比例	5.8	7.0	7.3	9.2	9.3	1.61	上升
(4) 工业集群							
采矿业总产值比例	3.3	2.8	4.0	3.7	4.1	1.24	波动
制造业总产值比例	50.8	46.8	49.6	52.8	52.1	1.03	波动
建筑业总产值比例	8.3	7.7	7.6	8.2	8.4	1.01	波动
公共事业总产值比例	1.8	3.4	4.0	3.0	2.8	1.56	转折
环境治理总产值比例	0.2	0.3	0.3	0.2	0.2	1	转折
(5) 流通服务集群							
批发和零售业总产值比例	5.5	6.5	3.7	4.4	4.6	0.84	转折
运输和储存总产值比例	3.5	4.3	4.5	3.0	3.0	0.85	转折
食宿服务总产值比例	2.0	2.7	2.1	1.6	1.5	0.75	转折
房地产和租赁总产值比例	1.8	2.6	3.0	3.1	3.1	1.72	上升
(6) 人类服务集群							
教育总产值比例	1.4	2.0	1.7	1.9	1.9	1.35	上升
信息和交流总产值比例	0.7	1.5	2.3	1.7	1.7	2.42	转折
艺术、娱乐和文娱总产值比例	0.6	0.8	0.7	0.4	0.4	0.77	转折
健康和社会帮助总产值比例	0.9	1.3	1.7	1.1	1.1	1.21	转折
(7) 基本服务集群							
金融和保险总产值比例	2.7	2.1	1.8	2.5	2.6	0.96	波动
专业和技术活动总产值比例	0.6	1.4	2.5	3.9	3.9	6.50	上升
公共管理和社会安全总产值比例	2.0	2.9	2.4	2.5	2.5	1.25	转折
成员组织的活动总产值比例	0.5	0.7	0.6	0.3	0.3	0.60	转折

注:根据OECD投入产出数据库(OECDb,2017)整理和估算。比例单位为%。变化=终点/起点。

首先,三次产业结构变迁。1995~2011年期间,工业总产值比例从64.4%上升到67.6%,农业总产值比例从13.1%下降到5.5%,服务业总产值比例先上升后下降。

其次,三大产业结构变迁。1995~2011年期间,物质产业总产值比例下降,服务产业总产值比例先上升后下降,知识产业总产值比例上升,2011年达到14.4%。

其三,六大集群结构变迁。1995~2011年期间,两个产业集群总产值比例上升,上升幅度从高到低排序依次为:基本服务,工业;农业总产值比例下降;流通服务,其他服务和人类服务总产值比例先上升后下降。

其四,24个部门的结构变迁。基于统计数据的可获得性,重点关注工业、流通服务、人类服务和基本服务四个集群的17个部门的变迁。

- 工业集群结构变迁:1995~2011年期间,采矿业,制造业和建筑业比例波动;公共事业和环境治理比例先上升后下降。
- 流通服务集群结构变迁:1995~2011年期间,房地产和租赁比例上升;三个部门(批发和零售业,运输和储存,食宿服务)比例先上升后下降。
- 人类服务集群结构变迁:1995~2011年期间,教育比例上升;三个部门(信息和交流,艺术、娱乐和文娱,健康和社会帮助)比例先上升后下降。
- 基本服务集群结构变迁:1995~2011年期间,专业和技术活动比例上升;两个部门(公共管理和社会安全,成员组织的活动)比例先上升后下降;金融和保险比例波动。

(2)中国总产值结构的国际比较

首先,过程比较,以知识产业总产值比例为例。在1995~2011年期间,中国知识产业总产值比例低于美国、德国、英国等发达国家(表3-17)。

表3-17 1995~2011年中国知识产业总产值比例的国际比较

区域	1995	2000	2005	2010	2011	2011/1995
中国	9.4	12.7	13.7	14.3	14.4	1.5
美国	37.4	40.4	41.9	45.6	44.5	1.2
德国	28.5	29.8	31.2	31.3	30.3	1.1
英国	31.9	36.1	39.5	41.5	40.7	1.3
巴西	33.0	31.1	30.0	31.2	31.8	1.0
印度	11.8	12.1	14.1	14.2	14.5	1.2
美国÷中国	4.0	3.2	3.1	3.2	3.1	0.8

注:根据OECD投入产出数据库(OECDb,2017)整理和估算。比例单位为%。

其次,前沿比较,以2011年为例(表3-18),2011年中国等发展中国家处于第一次产业结构现代化,美国等发达国家处于第二次产业结构现代化,两次产业结构现代化过程中的结构变化具有不同特点,需要谨慎分析(参见专栏一)。

表 3-18 2011 年中国总产值比例的国际比较

项目	中国	美国	德国	英国	巴西	印度	美国÷中国
物质产业总产值比例	73.1	30.4	46.1	31.6	47.7	66.7	0.4
服务产业总产值比例	12.5	25.1	23.7	27.7	20.5	18.9	2.0
知识产业总产值比例	14.4	44.5	30.3	40.7	31.8	14.5	3.1
农业总产值比例	5.5	1.6	1.1	1.1	5.0	9.9	0.3
工业总产值比例	67.6	28.9	44.9	30.5	42.7	56.8	0.4
流通服务总产值比例	12.2	24.2	22.6	26.6	19.4	18.0	2.0
其他服务总产值比例	0.3	0.9	1.1	1.1	1.1	0.8	3.2
人类服务总产值比例	5.1	16.8	12.5	18.2	11.2	6.9	3.3
基本服务总产值比例	9.3	27.7	17.8	22.5	20.7	7.6	3.0
制造业总产值比例	52.1	21.4	36.2	17.5	29.5	33.0	0.4
批发和零售业总产值比例	4.6	9.0	8.0	10.3	9.8	8.8	2.0
信息和交流总产值比例	1.7	4.5	2.9	4.7	3.3	2.3	2.7
健康和社会帮助总产值比例	1.1	7.0	5.4	7.5	3.5	1.1	6.4
金融和保险总产值比例	2.6	8.8	5.0	7.5	5.5	2.6	3.4
专业和技术活动总产值比例	3.9	8.9	7.4	8.7	6.5	0.9	2.3

注：根据 OECD 投入产出数据库（OECDb，2017）整理和估算。比例单位为％。

- **三大产业比较**。物质产业总产值比例（逆指标），中国约为美国的 2.4 倍；知识产业总产值比例和服务产业总产值比例，美国分别约为中国的 3.1 倍和 2.0 倍。
- **六大产业集群比较**。中国农业总产值比例和工业总产值比例（逆指标）分别为美国的 3.5 倍和 2.3 倍；中国流通服务总产值比例、其他服务总产值比例、人类服务总产值比例、基本服务总产值比例均低于美国，其中，中美人类服务和其他服务的差距超过 2 倍。
- **六个典型部门比较**。中国制造业总产值比例（逆指标）约为美国 2.4 倍；其他产业总产值比例中美差距从大到小的排序为：健康和社会帮助、金融和保险、信息和交流、专业和技术活动、批发和零售业，其中，健康和社会帮助总产值比例差距超过 5 倍。

3. 中国产业需求结构的时序分析

（1）中国产业需求结构的变化趋势

1995～2011 年期间，扣除农业和工业两个重复变量，6 个指标为上升变量，2 个指标为下降变量，14 个指标为转折变量，5 个指标为波动变量（表 3-19）。

表 3-19 1995～2011 年中国产业需求结构的变化

项目	1995	2000	2005	2010	2011	变化	类型
(1) 三次产业							
农业需求比例	13.3	9.7	7.4	5.7	5.7	0.4	下降
工业需求比例	64.5	60.6	64.7	67.2	67.1	1.0	上升
服务业需求比例	22.2	29.7	27.9	27.0	27.2	1.2	转折
(2) 三大产业							
物质产业需求比例	77.8	70.4	72.1	73.0	72.8	0.9	下降
服务产业需求比例	13.3	16.9	14.0	12.6	12.7	1.0	转折
知识产业需求比例	8.9	12.8	13.9	14.4	14.5	1.6	上升

(续表)

项目	1995	2000	2005	2010	2011	变化	类型
(3) 六大集群							
农业需求比例	13.3	9.7	7.4	5.7	5.7	0.4	下降
工业需求比例	64.5	60.6	64.7	67.2	67.1	1.0	上升
流通服务需求比例	13.1	16.3	13.5	12.3	12.4	1.0	转折
其他服务需求比例	0.2	0.6	0.5	0.3	0.3	1.4	转折
人类服务需求比例	3.2	5.6	6.4	5.1	5.1	1.6	转折
基本服务需求比例	5.7	7.1	7.5	9.4	9.5	1.7	上升
(4) 工业集群							
采矿业需求比例	3.4	3.2	4.8	4.7	5.3	1.6	上升
制造业需求比例	50.7	46.1	47.9	51.2	50.3	1.0	波动
建筑业需求比例	8.4	7.7	7.7	8.2	8.4	1.0	波动
公共事业需求比例	1.8	3.4	4.1	3.0	2.9	1.6	转折
环境治理需求比例	0.2	0.3	0.3	0.2	0.2	0.8	转折
(5) 流通服务集群							
批发和零售业需求比例	5.2	6.2	3.4	4.2	4.4	0.8	转折
运输和储存需求比例	4.0	4.7	4.9	3.3	3.3	0.8	转折
食宿服务需求比例	2.1	2.9	2.2	1.7	1.6	0.8	转折
房地产和租赁需求比例	1.9	2.6	3.0	3.1	3.1	1.7	上升
(6) 人类服务集群							
教育需求比例	1.4	2.0	1.7	1.9	1.9	1.3	波动
信息和交流需求比例	0.7	1.5	2.2	1.6	1.6	2.5	转折
艺术、娱乐和文娱需求比例	0.2	0.8	0.7	0.4	0.4	2.1	转折
健康和社会帮助需求比例	1.0	1.3	1.8	1.1	1.1	1.2	转折
(7) 基本服务集群							
金融和保险需求比例	2.9	2.3	2.2	2.8	2.8	1.0	波动
专业和技术活动需求比例	0.6	1.2	2.3	3.7	3.8	6.0	上升
公共管理和社会安全需求比例	2.0	2.9	2.4	2.5	2.5	1.3	波动
成员组织的活动需求比例	0.2	0.7	0.6	0.3	0.3	1.6	转折

注：根据 OECD 投入产出数据库（OECDb，2017）整理和估算。比例单位为%。变化=终点/起点。

首先，三次产业结构变迁。1995~2011年期间，工业需求比例从64.5%上升到67.1%，农业需求比例从13.3%下降到5.7%，服务业需求比例先上升后下降。

其次，三大产业结构变迁。1995~2011年期间，物质产业需求比例下降，知识产业需求比例上升，2011年达到14.5%，服务产业需求比例先上升后下降。

其三，六大集群结构变迁。1995~2011年期间，两个产业集群需求比例上升，上升幅度从高到低排序依次为：基本服务、工业；农业需求比例下降；流通服务、其他服务、人类服务需求比例先上升后下降。

其四，24个部门的结构变迁。基于统计数据的可获得性，重点关注工业、流通服务、人类服务和基本服务四个集群的17个部门的变迁。

- 工业集群结构变迁：1995~2011年期间，采矿业比例上升；公共事业和环境治理比例先上升后下降；制造业和建筑业比例波动。

- 流通服务集群结构变迁：1995～2011年期间，房地产和租赁比例上升；三个部门（批发和零售业，运输和储存，食宿服务）比例波动。
- 人类服务集群结构变迁：1995～2011年期间，三个部门（信息和交流，艺术、娱乐和文娱，健康和社会帮助）比例先上升后下降；教育需求比例波动。
- 基本服务集群结构变迁：1995～2011年期间，专业和技术活动比例上升，三个部门（金融和保险、公共管理和社会安全、成员组织的活动）比例波动。

(2) 中国需求结构的国际比较

首先，过程比较，以知识产业需求比例为例。在1995～2011年期间，中国知识产业需求比例低于美国、德国、英国等发达国家（表3-20）。

表3-20 1995～2011年中国知识产业需求比例的国际比较

区域	1995	2000	2005	2010	2011	2011/1995
中国	8.9	12.8	13.9	14.4	14.5	1.6
美国	35.9	39.1	40.4	44.2	43.0	1.2
德国	27.8	30.1	32.5	32.2	31.3	1.1
英国	29.9	34.2	36.7	38.5	37.6	1.3
巴西	32.2	30.9	30.7	31.3	32.0	1.0
印度	11.1	14.6	13.5	14.3	14.8	1.3
美国÷中国	4.0	3.1	2.9	3.1	3.0	0.7

注：根据OECD投入产出数据库（OECDb，2017）整理和估算。比例单位为%。

其次，前沿比较，以2011年为例（表3-21），2011年中国等发展中国家处于第一次产业结构现代化，美国等发达国家处于第二次产业结构现代化，两次产业结构现代化过程中的结构变化具有不同特点，需要谨慎分析（参见专栏3-1）。

表3-21 2011年中国产业需求结构的国际比较

项目	中国	美国	德国	英国	巴西	印度	美国÷中国
(1) 三大产业							
物质产业需求比例	72.8	32.0	43.5	34.1	47.0	62.3	0.4
服务产业需求比例	12.7	25.0	25.2	28.4	21.0	22.9	2.0
知识产业需求比例	14.5	43.0	31.3	37.6	32.0	14.8	3.0
(2) 六大集群							
农业需求比例	5.7	1.4	1.4	1.2	4.5	10.4	0.3
工业需求比例	67.1	30.6	42.1	32.9	42.5	51.9	0.5
流通服务需求比例	12.4	24.1	24.1	27.3	19.9	22.6	2.0
其他服务需求比例	0.3	0.9	1.1	1.1	1.2	0.3	3.1
人类服务需求比例	5.1	16.4	13.0	17.9	11.2	6.1	3.2
基本服务需求比例	9.5	26.7	18.3	19.6	20.8	8.8	2.8
(3) 工业集群							
采矿业需求比例	5.3	2.8	1.3	2.1	3.6	4.7	0.5
制造业需求比例	50.3	22.4	32.4	19.7	30.1	34.2	0.4
建筑业需求比例	8.4	3.5	5.3	6.9	5.4	11.0	0.4
公共事业需求比例	2.9	1.3	2.6	3.5	3.0	1.9	0.5
环境治理需求比例	0.2	0.5	0.6	0.6	0.3	0.1	2.9

(续表)

项目	中国	美国	德国	英国	巴西	印度	美国÷中国
(4) 流通服务集群							
批发和零售业需求比例	4.4	9.4	8.3	10.4	9.6	9.0	2.1
运输和储存需求比例	3.2	3.0	5.0	5.4	3.3	7.6	0.9
食宿服务需求比例	1.6	2.9	2.1	3.1	2.3	2.6	1.8
房地产和租赁需求比例	3.1	8.8	8.6	8.4	4.8	3.4	2.8
(5) 人类服务集群							
教育需求比例	1.9	4.0	2.9	4.3	3.5	2.1	2.1
信息和交流需求比例	1.6	4.4	3.2	4.6	3.4	2.3	2.7
艺术、娱乐和文娱需求比例	0.4	1.3	1.4	1.6	0.8	0.4	2.9
健康和社会帮助需求比例	1.1	6.8	5.5	7.4	3.5	1.3	6.0
(6) 基本服务集群							
金融和保险需求比例	2.8	8.6	4.9	5.6	5.6	4.1	3.0
专业和技术活动需求比例	3.7	8.4	7.8	7.8	6.4	1.1	2.2
公共管理和社会安全需求比例	2.5	8.7	4.5	5.0	8.1	3.3	3.4
成员组织的活动需求比例	0.3	0.9	1.1	1.2	0.6	0.3	2.9

注：根据OECD投入产出数据库（OECDb，2017）整理和估算。比例单位为%。变化＝终点/起点。

- **三大产业比较。**物质产业需求比例（逆指标），中国约为美国的2.3倍；知识产业需求比例和服务产业需求比例，美国分别约为中国的3.0倍和2.0倍。
- **六大产业集群比较。**中国农业需求比例和工业需求比例（逆指标）分别为美国的4.1倍和2.2倍；中国流通服务、其他服务、人类服务、基本服务需求比例均低于美国，其中，中美人类服务和其他服务的差距超过2倍。
- **四大集群17个部门比较。**工业集群中，环境治理需求比例中美差距最大；流通服务集群中，房地产和租赁需求比例中美差距最大；人类服务集群中，健康和社会帮助需求比例中美差距最大；基本服务集群中，公共管理和社会安全需求比例中美差距最大。

4. 中国就业结构的时序分析

(1) 中国就业结构的变化趋势

中国就业结构的变化趋势，在1962～2015年期间，2个指标上升变量，1个指标下降变量（表3-22）；1980～2002年期间，11个指标为上升变量，4个为下降变量，5个指标为波动变量，2个指标为转折变量（表3-23）。

表3-22　1962～2015年中国三次产业就业结构的变化

指标	1962	1970	1980	1990	2000	2005	2010	2015	变化	类型
农业就业比例	82.1	80.8	68.8	60.1	50	44.8	36.7	28.3	0.3	下降
工业就业比例	8.0	10.2	18.1	21.4	22.5	23.8	28.7	29.3	3.7	上升
服务业就业比例	9.9	9.0	13.1	18.5	27.5	31.4	34.6	42.4	4.3	上升

注：数据来自世界发展指标数据库网络版（World Bank，2017）。比例单位为%。变化＝终点/起点。

表 3-23　1980～2002 年中国就业结构的变化

项目	1980	1985	1990	1995	2000	2002	变化	类型
(1) 三大产业								
物质产业就业比例	87.4	83.6	81.8	76.1	72.9	71.5	0.8	下降
服务产业就业比例	5.9	8.1	8.9	11.2	12.3	13.0	2.2	上升
知识产业就业比例	5.4	5.7	6.1	5.5	5.8	5.7	1.1	上升
(2) 六大集群								
农业就业比例	68.7	62.4	60.1	52.9	53.0	50.9	0.7	下降
工业就业比例	18.6	21.2	21.7	23.2	20.0	20.6	1.1	转折
流通服务就业比例	5.2	7.3	7.8	10.1	10.8	11.2	2.2	上升
其他服务就业比例	0.7	0.8	1.0	1.1	1.5	1.7	2.6	上升
人类服务就业比例	3.6	3.5	3.5	3.1	3.3	3.2	0.9	波动
基本服务就业比例	1.7	2.2	2.6	2.4	2.5	2.5	1.5	上升
(3) 工业集群								
采矿业就业比例	1.6	1.6	1.6	1.5	0.9	0.9	0.5	下降
制造业就业比例	13.9	14.9	15.2	15.7	12.8	13.0	0.9	转折
建筑业就业比例	2.3	4.1	4.3	5.3	5.6	6.1	2.6	上升
公共事业就业比例	0.3	0.3	0.3	0.4	0.5	0.5	1.6	上升
环境治理就业比例	0.4	0.4	0.3	0.2	0.2	0.2	0.3	下降
(4) 流通服务集群								
批发和零售业就业比例	3.2	4.6	5.0	6.9	7.4	7.8	2.4	上升
运输和储存就业比例	1.9	2.6	2.8	3.1	3.2	3.3	1.7	上升
食宿服务就业比例	—	—	—	—	—	—	—	—
房地产和租赁就业比例	0.1	0.1	0.1	0.1	0.2	0.2	2.1	上升
(5) 人类服务集群								
教育就业比例	2.7	2.6	2.6	2.4	2.5	2.5	0.9	波动
信息和交流就业比例	—	—	—	—	—	—	—	—
艺术、娱乐和文娱就业比例	—	—	—	—	—	—	—	—
健康和社会帮助就业比例	0.9	0.9	0.9	0.7	0.8	0.8	0.8	波动
(6) 基本服务集群								
金融和保险就业比例	0.2	0.3	0.4	0.4	0.5	0.5	2.3	上升
专业和技术活动就业比例	0.3	0.3	0.3	0.3	0.3	0.3	1.0	波动
公共管理和社会安全就业比例	1.2	1.6	1.9	1.7	1.8	1.7	1.4	波动
成员组织的活动就业比例	—	—	—	—	—	—	—	—

注：根据《中国统计年鉴 2004》表 5-6 中农林牧渔业等 16 个部门的劳动力总和，分别计算这 16 个部门的劳动力比例。其中表 5-6"其他就业"为未分类就业，1985 年比例为 2.6%，1990 年为 3.2%，1995 年为 7.2%，2000 年为 9.0%，2002 年为 9.8%。2002 年以后缺少全口径细分行业就业数据。比例单位为%。变化=终点/起点。

首先，三次产业结构变迁。1962～2015 年期间，工业和服务业就业比例上升，分别从 8.0% 和 9.9% 上升到 29.3% 和 42.4%，农业就业比例从 82.1% 下降到 28.3%。

其次，三大产业结构变迁。1980～2002 年期间，物质产业比例下降，服务产业和知识产业比例上升，2002 年分别达到 13.0% 和 5.7%。

其三，六大集群结构变迁。1980～2002 年期间，流通服务、其他服务和基本服务就业比例上升；农业就业比例下降；工业就业比例转折；人类服务就业比例波动。

其四，24 个部门的结构变迁。基于统计数据的可获得性，重点关注工业、流通服务、人类服务和基本服务四个集群的 17 个部门的变迁。

- 工业集群结构变迁:1980～2002 年期间,两个部门(建筑业、公共事业)比例上升,建筑业高于公共事业比例上升幅度;采矿业和环境治理比例下降;制造业就业比例转折。
- 流通服务集群结构变迁:1980～2002 年期间,三个部门(批发和零售业、运输和储存、房地产和租赁)比例上升,上升幅度由高到低依次为批发和零售业、房地产和租赁、运输和储存;食宿服务就业比例受数据获取限制无法判断。
- 人类服务集群结构变迁:1980～2002 年期间,教育、健康和社会帮助就业比例波动;信息和交流,艺术、娱乐和文娱就业比例没有数据。
- 基本服务集群结构变迁:1980～2002 年期间,金融和保险比例上升;专业和技术活动比例波动;公共管理和社会安全比例波动,成员组织的活动就业比例没有数据。

(2) 中国就业结构的国际比较

首先,过程比较,以知识产业就业比例为例。在 1995～2002 年期间,中国知识产业就业比例低于美国、德国、英国、法国、日本等发达国家(表 3-24)。

表 3-24 1995～2002 年中国知识产业就业结构的国际比较

区域	1995	1996	1997	1998	2000	2002	2002/1995
中国	5.5	5.6	5.7	5.8	5.8	5.7	1.03
美国	—	—	—	—	45.9	46.5	—
德国	37.7	38.5	38.9	39.1	40.1	41.2	1.1
英国	45.1	45.0	44.0	43.8	45.6	46.7	1.0
法国	49.5	49.9	50.2	50.4	51.0	50.6	1.0
日本	28.2	28.4	28.7	29.3	30.4	31.6	1.1
英国÷中国	8.2	8.0	7.7	7.6	7.9	8.2	

数据来源:中国数据根据《中国统计年鉴》计算所得。其他国家数据根据 OECD 产业结构数据库(OECDa,2017)整理和估算。结构单位为%。

其次,前沿比较,以 2010 年为例(表 3-25),2010 年中国等发展中国家处于第一次产业结构现代化,美国等发达国家处于第二次产业结构现代化,两次产业结构现代化过程中的结构变化具有不同特点,需要谨慎分析(参见专栏 3-1)。

表 3-25 2010 年中国就业结构的国际比较*

项目	中国	美国	德国	英国	法国	日本	墨西哥	美国÷中国
(1) 三大产业								
物质产业就业比例	72.9	19.0	26.2	15.8	20.0	27.5	44.6	0.3
服务产业就业比例	18.9	31.2	29.9	32.9	28.0	38.2	30.4	1.7
知识产业就业比例	8.2	49.9	43.9	50.9	52.1	34.4	25.1	6.1
(2) 六大集群								
农业就业比例	48.4	1.1	0.8	0.8	1.3	1.5	18.1	0.02
工业就业比例	24.5	17.9	25.3	15.0	18.6	26.0	26.5	0.73
流通服务就业比例	16.9	27.3	24.2	29.6	24.4	32.3	23.8	1.6
其他服务就业比例	1.9	3.9	5.7	3.3	3.5	5.9	6.5	2.0
人类服务就业比例	4.5	29.1	22.6	28.8	28.0	20.0	9.6	6.4
基本服务就业比例	3.7	20.8	21.3	22.1	24.0	14.4	15.5	5.6

(续表)

项目	中国	美国	德国	英国	法国	日本	墨西哥	美国÷中国
(3) 工业集群								
采矿业就业比例	1.1	0.5	0.2	0.2	0.1	0.1	0.7	0.5
制造业就业比例	16.9	10.5	18.8	9.1	11.0	17.7	10.7	0.6
建筑业就业比例	5.5	5.6	5.0	4.6	6.4	7.1	14.5	1.0
公共事业就业比例	0.7	1.0	0.8	0.6	0.6	0.6	0.5	1.4
环境治理就业比例	0.4	0.3	0.6	0.4	0.5	0.4	0.0	0.9
(4) 流通服务集群								
批发和零售业就业比例	9.3	14.3	14.0	16.7	13.4	18.2	14.4	1.5
运输和储存就业比例	3.6	4.2	5.1	4.4	5.4	6.8	5.2	1.2
食宿服务就业比例	2.7	7.1	3.8	6.5	3.9	5.9	3.3	2.6
房地产和租赁就业比例	1.4	1.8	1.3	2.0	1.8	1.4	0.8	1.3
(5) 人类服务集群								
教育就业比例	2.3	9.8	5.8	9.1	7.5	3.4	5.9	4.3
信息和交流就业比例	0.6	3.6	2.8	3.4	3.0	3.0	0.6	5.9
艺术、娱乐和文娱就业比例	0.5	2.0	1.2	2.2	2.2	1.6	0.3	4.3
健康和社会帮助就业比例	1.2	13.7	12.2	13.3	13.3	11.6	2.7	11.7
(6) 基本服务集群								
金融和保险就业比例	0.8	4.8	2.9	3.9	3.0	3.0	0.7	5.9
专业和技术活动就业比例	0.3	4.9	4.7	6.3	4.7	2.8	1.6	15.3
公共管理和社会安全就业比例	2.3	7.1	7.5	6.3	9.9	3.5	6.1	3.1
成员组织的活动就业比例	0.3	2.2	1.9	0.7	1.3	2.5	0.4	7.3

注：* 本表仅供参考。其中，中国数据根据"全国第六次人口普查数据"计算，其他国家数据根据 OECD 产业结构数据库（OECDa，2017）整理和估算。比例单位为％。中国人口普查数据与《中国统计年鉴》数据有较大差别。

2010 年中国农业、工业和服务业劳动力比例，根据全国人口普查数据计算分别为 48.4％、24.5％和 27.1％，根据《中国统计年鉴 2017》数据分别为 36.7％、28.7％和 34.6％。

根据三大产业分类，服务业被分解为服务产业和知识产业。2010 年中国服务产业和知识产业劳动力比例，根据全国人口普查数据计算分别为 18.9％和 8.2％，《中国统计年鉴 2017》没有服务产业和知识产业劳动力比例的数据。

参照人口普查数据中服务产业和知识产业的劳动力比例，并借鉴国际经验，可将《中国统计年鉴 2017》服务业劳动力比例分解为服务产业和知识产业劳动力比例（专栏 3-3）。

根据这种估算，中国知识产业劳动力比例，2010 年大致为 12％左右（10.5％～13.8％），2015 年大致为 18％左右（17.0％～19.1％）（专栏 3-3）。目前这是一种估算。精确数值，请等待国家统计局的官方数据。

> **专栏 3-3　2010 年和 2015 年中国知识产业劳动力比例的估算**
>
> 　　2010 年全国人口普查数据,在服务业劳动力中,服务产业和知识产业劳动力之比约为 7∶3。按照这种比例关系,可将《中国统计年鉴 2017》服务业劳动力比例分解为服务产业和知识产业劳动力比例。
>
> 　　2010 年中国服务产业劳动力比例和知识产业劳动力比例,如果按 7∶3 比例分解,分别约为 24.1% 和 10.5%;如果按 6∶4 比例分解,分别约为 20.8% 和 13.8%(见下表)。
>
> 　　2015 年中国服务产业劳动力比例和知识产业劳动力比例,如果按 6∶4 比例分解,分别约为 25.4% 和 17.0%;如果按 55∶45 比例分解,分别约为 23.3% 和 19.1%(见下表)。
>
> **表　2010 年和 2015 年中国知识产业劳动力比例的估计**　　　　　　　　　　单位:%
>
> | 项目 | 人口普查数据 | | 《中国统计年鉴 2017》的数据和估算 | | | | | | | |
> |---|---|---|---|---|---|---|---|---|---|---|
> | | 2010 | 指数 | 2010 | 指数 | 2010 | 指数 | 2015 | 指数 | 2015 | 指数 |
> | 服务业 | 27.1 | 100 | 34.6 | 100 | 34.6 | 100 | 42.4 | 100 | 42.4 | 100 |
> | 服务产业 | 18.9 | 70 | 24.1 | 70 | 20.8 | 60 | 25.4 | 60 | 23.3 | 55 |
> | 知识产业 | 8.2 | 30 | 10.5 | 30 | 13.8 | 40 | 17.0 | 40 | 19.1 | 45 |

三、中国产业质量的时序分析

产业质量涉及许多方面。这里重点讨论劳动生产率、增加值率、创新密度、环境压力。净利润率由于无法获得中国数据,暂不作分析。

1. 中国劳动生产率的时序分析

(1) 中国劳动生产率的变化趋势

我们选择 27 个分析变量为代表,分析劳动生产率的变化趋势(表 3-26,表 3-27)。其中,三次产业的数据来自世界银行 2017 年《世界发展指标》数据库网络版;其他部分指标的数据来自 OECD 投入产出数据库。两个数据库的数据有所差别。

表 3-26　1991～2015 年中国劳动生产率的变化

指标	1991	1995	2000	2005	2010	2015	变化	趋势
农业劳动生产率	250	421	508	809	2112	4497	18.0	上升
工业劳动生产率	1204	2278	3504	6153	13 146	20 130	16.7	上升
服务业劳动生产率	1133	1521	2505	4100	10 359	17 072	15.1	上升

注:根据世界银行《世界发展指标》数据库网络版(World Bank,2017)数据计算。生产率单位为美元。变化=终点/起点。

其一,三次产业变迁:1991～2015 年期间,三次产业劳动生产率提升幅度由高到低的排序为:农业＞工业＞服务业。

在 1995～2002 年期间,中国劳动生产率提升幅度由高到低的排序如下:

其二,三大产业变迁:知识产业＞服务产业＞物质产业。

其三,六大集群变迁:人类服务＞工业＞其他服务＞流通服务＞基本服务＞农业。

其四,四个集群的 17 个部门的变迁:

- 工业集群变迁。环境治理＞采矿业＞公共事业＞制造业＞建筑业。
- 流通服务集群变迁。运输和储存＞批发和零售业＞房地产和租赁。
- 人类服务集群变迁。教育＞健康和社会帮助。
- 基本服务集群变迁。专业和技术活动＞公共管理和社会安全＞金融和保险。

表 3-27　1995～2002 年中国劳动生产率的变化

项目	1995	1997	1999	2000	2002	变化	类型
(1) 三大产业							
物质产业劳动生产率	1005	1281	1429	1554	1821	1.8	上升
服务产业劳动生产率	1948	2284	2810	3188	3713	1.9	上升
知识产业劳动生产率	1192	1591	2035	2193	2776	2.3	上升
(2) 六大集群							
农业劳动生产率	436	517	527	537	606	1.4	上升
工业劳动生产率	2306	3043	3830	4247	4823	2.1	上升
流通服务劳动生产率	2116	2487	3100	3515	4146	2.0	上升
其他服务劳动生产率	438	539	657	767	873	2.0	上升
人类服务劳动生产率	1722	2415	3405	4079	5809	3.4	上升
基本服务劳动生产率	1022	1332	1608	1659	1978	1.9	上升
(3) 工业集群							
采矿业劳动生产率	3220	4525	6858	8631	12812	4.0	上升
制造业劳动生产率	2478	3332	4188	4624	5206	2.1	上升
建筑业劳动生产率	1300	1552	1771	1818	1941	1.5	上升
公共事业劳动生产率	6059	7473	11560	15094	17136	2.8	上升
环境治理劳动生产率	1158	1717	2887	3355	4869	4.2	上升
(4) 流通服务集群							
批发和零售业劳动生产率	1309	1552	1870	2066	2389	1.8	上升
运输和储存劳动生产率	1842	2220	2852	3377	3997	2.2	上升
食宿服务劳动生产率	—	—	—	—	—	—	—
房地产和租赁劳动生产率	34 736	39 708	45 697	49 268	53 869	1.6	上升
(5) 人类服务集群							
教育劳动生产率	968	1301	1793	2125	2941	3.0	上升
信息和交流劳动生产率	—	—	—	—	—	—	—
艺术、娱乐和文娱劳动生产率	—	—	—	—	—	—	—
健康和社会帮助劳动生产率	1698	2267	3075	3587	4916	2.9	上升
(6) 基本服务集群							
金融和保险劳动生产率	11 679	13 500	13 518	14 580	15 799	1.4	上升
专业和技术活动劳动生产率	4154	7522	11 107	12 909	19 182	4.6	上升
公共管理和社会安全劳动生产率	1701	2299	3163	3733	5310	3.1	上升
成员组织的活动劳动生产率	—	—	—	—	—	—	—

注:数据根据《中国统计年鉴》计算所得。变化＝终点/起点。生产率单位为美元。

(2) 中国劳动生产率的国际比较

首先,过程比较,以知识产业劳动生产率为例(表 3-28)。1995～2002 年,中国知识产业劳动生产率不断上升,1995 年为 1192 美元/人,2002 年达到 2776 美元/人。但中国知识产业劳动生产率仍大大低于美国、德国、英国、法国、日本等发达国家。

表 3-28 1995～2002 年中国知识产业劳动生产率的国际比较

区域	1995	1996	1997	1998	2000	2002	2002/1995
中国*	1192	1385	1591	1775	2193	2776	2.3
美国	—	—	46 588	48 388	41 483	44 397	—
德国	50 245	51 172	52 248	52 572	44 781	48 138	1.0
英国	43 876	45 498	50 137	53 263	51 065	55 705	1.3
法国	45 013	46 093	46 678	47 353	42 405	46 458	1.0
日本	99 334	89 320	81 702	75 882	92 611	79 589	0.8
美国÷中国	—	—	29.3	27.3	18.9	16.0	—

注:* 中国产业增加值数据根据 OECD 投入产出数据库(OECDb, 2017)整理和估算,中国就业人口数据来自《中国统计年鉴》,劳动生产率=产业增加值/就业人口。其他国家数据根据 OECD 投入产出数据库(OECDb, 2017)整理和估算。生产率单位为美元。

其次,前沿比较,以 2010 年中美比较为例(表 3-29)。在三大产业中,物质产业劳动生产率差距最大,知识产业劳动生产率差距最小;六大集群中,农业劳动生产率差距最大;工业集群中,采矿业劳动生产率差距最大;流通服务集群中,房地产和租赁劳动生产率差距最大;人类服务集群中,健康和社会帮助劳动生产率差距最大;基本服务集群中,公共管理和社会安全劳动生产率差距最大。

表 3-29 2010 年中国劳动生产率的国际比较

项目	中国	美国	德国	英国	法国	日本	墨西哥	美国÷中国
(1) 三大产业								
物质产业劳动生产率	6278*	123 536	99 246	114 615	104 671	—	23 095	19.7
服务产业劳动生产率	9247*	108 141	89 527	87 388	119 827	97 806	33 445	11.7
知识产业劳动生产率	20 909*	55 857	71 536	78 813	83 219	98 537	25 150	2.7
(2) 六大集群								
农业劳动生产率**	2112	74 970	34 292	44 627	54 734	25 095	5186	35.5
工业劳动生产率**	13 146	114 503	83 808	77 976	78 558	93 206	30 276	8.7
流通服务劳动生产率	10 116*	117 552	101 579	89 841	128 988	107 988	40 664	11.6
其他服务劳动生产率	1662*	41 454	37 930	65 540	55 430	42 401	7156	24.9
人类服务劳动生产率	14 533*	77 340	67 905	69 680	78 927	87 273	27 861	5.3
基本服务劳动生产率	28 735*	134 100	75 397	90 695	88 224	114 217	23 466	4.7
(3) 工业集群								
采矿业劳动生产率	37 384*	449 610	101 750	876 389	152 110	82 376	296 706	12.0
制造业劳动生产率	15 368*	131 041	99 506	94 927	100 357	118 822	43 297	8.5
建筑业劳动生产率	9754*	73 410	71 750	106 795	92 100	67 798	14 845	7.5
公共事业劳动生产率	27 557*	196 965	280 384	197 331	248 652	—	103 242	7.1
环境治理劳动生产率	5106*	—	123 751	187 096	105 200	—	20 302	—

(续表)

项目	中国	美国	德国	英国	法国	日本	墨西哥	美国÷中国
(4) 流通服务集群								
批发和零售业劳动生产率	7 792*	76 476	59 253	58 924	75 923	76 742	28 286	9.8
运输和储存劳动生产率	10 254*	86 314	77 420	83 780	86 696	74 951	31 970	8.4
食宿服务劳动生产率	5 835*	38 358	31 862	33 243	68 606	44 176	17 567	6.6
房地产和租赁劳动生产率	34 297*	835 198	829 219	535 377	772 413	939 981	408 008	24.4
(5) 人类服务集群								
教育劳动生产率	12 135*	66 990	64 672	64 070	71 140	109 232	18 952	5.5
信息和交流劳动生产率	34 495*	185 430	134 453	154 321	165 808	171 583	134 558	5.4
艺术、娱乐和文娱劳动生产率	10 913*	52 120	91 963	54 677	58 649	94 020	45 251	4.8
健康和社会帮助劳动生产率	10 172*	59 735	48 811	50 938	65 417	55 598	22 481	5.9
(6) 基本服务集群								
金融和保险劳动生产率	51 494*	155 030	132 682	180 659	146 991	162 847	140 449	3.0
专业和技术活动劳动生产率	88 695*	168 044	97 220	88 281	123 470	127 669	43 718	1.9
公共管理和社会安全劳动生产率	12 526*	150 363	70 893	77 272	80 379	152 897	18 733	12.0
成员组织的活动劳动生产率	—	—	51 560	110 765	43 293	52 628	20 031	—

注：* 中国增加值数据根据 OECD 投入产出数据库（OECDb, 2017）整理和估算，中国就业数据根据《2010 年第六次全国人口普查》整理和估算。** 数据根据世界银行《世界发展指标》数据库网络版（World Bank, 2017）计算所得。其他国家数据根据 OECD 投入产出数据库（OECDb, 2017）整理和估算。生产率单位为美元。

2. 中国产业增加值率的时序分析

(1) 中国产业增加值率的变化趋势

1995～2011 年，中国产业增加值率的变化趋势的指标差异比较大，扣除农业和工业两个重复变量，8 个指标为上升变量，13 个为下降变量，7 个指标为波动变量（表 3-30）。

表 3-30　1995～2011 年中国产业增加值率的变化

项目	1995	2000	2005	2008	2010	2011	变化	类型
(1) 国民经济								
平均增加值率	38.0	36.0	33.4	32.0	31.1	31.3	0.82	下降
(2) 三次产业								
农业增加值率	59.2	57.4	57.5	57.4	57.3	57.3	0.97	下降
工业增加值率	27.8	27.1	24.3	22.4	21.4	21.6	0.78	下降
服务业增加值率	55.0	47.4	49.0	51.4	50.3	50.4	0.92	波动
(3) 三大产业								
物质产业增加值率	33.1	31.2	27.6	25.2	24.2	24.3	0.73	下降
服务产业增加值率	55.8	45.7	50.4	54.0	54.6	54.9	0.98	波动
知识产业增加值率	54.0	49.8	47.6	48.9	46.5	46.5	0.86	下降
(4) 六大集群								
农业增加值率	59.2	57.4	57.5	57.4	57.3	57.3	0.97	下降
工业增加值率	27.8	27.1	24.3	22.4	21.4	21.6	0.78	下降
流通服务产业增加值率	56.3	45.9	50.6	54.3	54.8	55.1	0.98	波动
其他服务产业增加值率	39.9	37.7	44.4	44.8	45.3	45.4	1.14	上升
人类服务产业增加值率	49.4	46.0	45.0	48.7	50.2	50.1	1.02	上升
基本服务产业增加值率	56.8	52.8	49.8	49.1	44.5	44.5	0.78	下降

(续表)

项目	1995	2000	2005	2008	2010	2011	变化	类型
(5) 工业集群								
采矿业增加值率	48.5	56.0	47.0	45.4	44.2	44.2	0.91	下降
制造业增加值率	25.7	24.6	21.8	19.9	19.0	19.0	0.74	下降
建筑业增加值率	28.1	26.0	24.6	23.4	25.3	25.3	0.90	下降
公共事业增加值率	47.0	39.2	30.6	26.7	25.0	25.0	0.53	下降
环境治理增加值率	39.9	37.7	44.4	44.8	45.3	45.4	1.14	上升
(6) 流通服务集群								
批发与零售业增加值率	55.2	46.0	68.9	60.7	63.5	63.6	1.15	上升
运输和储存增加值率	54.9	48.8	40.8	44.4	46.5	46.6	0.85	下降
食宿服务增加值率	37.8	28.3	35.9	37.4	39.6	39.7	1.05	上升
房地产和租赁增加值率	82.1	59.7	52.8	71.8	58.1	58.1	0.71	下降
(7) 人类服务集群								
教育增加值率	54.2	51.3	61.0	56.2	58.3	58.3	1.08	上升
信息和交流增加值率	54.9	47.1	44.6	52.4	48.5	48.3	0.88	波动
艺术、娱乐和文娱增加值率	39.9	37.7	44.4	44.8	45.3	45.4	1.14	上升
健康和社会帮助增加值率	43.6	41.2	30.2	35.8	41.1	41.1	0.94	波动
(8) 基本服务集群								
金融和保险增加值率	64.8	71.8	59.3	65.7	64.3	64.3	0.99	波动
专业和技术活动增加值率	62.9	50.5	42.5	34.9	28.3	28.2	0.45	下降
公共管理和社会安全增加值率	48.3	44.1	51.5	52.0	49.8	49.8	1.03	波动
成员组织的活动增加值率	39.9	37.7	44.4	44.8	45.3	45.4	1.14	上升

注：根据OECD投入产出数据库（OECDb，2017）整理和估算。增加值率单位为%。变化=终点/起点。

首先，三次产业变迁。1995～2011年，农业和工业增加值率下降，分别从59.2%和27.8%下降到57.3%和21.6%；服务业增加值率波动。

其次，三大产业变迁。1995～2011年期间，物质产业和知识产业增加值率下降，分别从33.1%和54.0%下降到24.3%和46.5%，服务产业增加值率波动。

其三，六大集群变迁。1995～2011年，其他服务、人类服务增加值率上升；农业、工业和基本服务增加值率下降；流通服务增加值率波动。

其四，24个部门变迁。基于统计数据的可获得性，重点关注工业、流通服务、人类服务和基本服务四个集群的17个部门的变迁。

- 工业集群变迁：1995～2011年期间，4个产业（采矿业、制造业、建筑业、公共事业）增加值率下降；环境治理增加值率上升。
- 流通服务变迁：1995～2011年，2个产业（批发和零售业、食宿服务）增加值率上升；2个产业（运输和储存、房地产和租赁）增加值率下降。
- 人类服务变迁：1995～2011年，2个产业（教育，艺术、娱乐和文娱）增加值率上升，2个产业（信息和交流、健康和社会帮助）增加值率波动。
- 基本服务变迁：1995～2011年，成员组织的活动增加值率上升；2个产业（金融和保险、公共管理和社会安全）增加值率波动；专业和技术活动增加值率下降。

(2) 中国产业增加值率的国际比较

首先，过程比较，以知识产业增加值率为例（表3-31）。1995～2011年，中国知识产业增加值率低于美国、德国、英国等发达国家。

表 3-31　1995～2011 年中国知识产业增加值率的国际比较

区域	1995	2000	2005	2006	2009	2010	2011	2011/1995
中国	54.0	49.8	47.6	48.7	48.0	46.5	46.5	0.86
美国	63.1	59.8	60.3	60.2	59.7	59.9	60.1	0.95
德国	67.8	62.8	61.8	61.6	60.2	60.3	60.2	0.89
英国	57.9	54.7	57.2	55.1	55.2	55.7	55.6	0.96
巴西	58.1	58.2	58.7	59.0	59.6	59.3	59.3	1.02
印度	66.4	63.5	59.6	59.8	60.1	60.2	59.9	0.90
美国÷中国	1.17	1.20	1.27	1.23	1.24	1.29	1.29	1.10

注：根据 OECD 投入产出数据库（OECDb，2017）整理和估算。增加值率单位为%。

其次，前沿比较，以 2011 年中美比较为例（表 3-32）。在三大产业中，物质产业增加值率差距最大，其次是知识产业增加值率，服务产业增加值率差距最小；在六大集群中，增加值率差距从高到低的排序为：工业、其他服务、基本服务、人类服务、流通服务，农业增加值率中国为美国的 1.38 倍；在六个典型部门中，中美差距由高到低的排序为：制造业、专业和技术活动、健康和社会帮助、金融和保险、信息和交流，中国批发和零售业增加值率略高于美国。

表 3-32　2011 年中国产业增加值率的国际比较

项目	中国	美国	德国	英国	巴西	印度	美国÷中国
物质产业增加值率	24.3	39.3	33.1	35.4	34.2	47.1	1.61
服务产业增加值率	54.9	63.5	59.4	56.1	68.9	56.5	1.16
知识产业增加值率	46.5	60.1	60.2	55.6	59.3	59.9	1.29
农业增加值率	57.3	41.4	36.7	36.5	54.2	76.5	0.72
工业增加值率	21.6	39.1	33.0	35.4	31.9	42.0	1.81
流通服务增加值率	55.1	63.5	59.1	56.2	68.4	56.9	1.15
其他服务增加值率	45.4	63.6	65.7	54.3	77.4	49.5	1.40
人类服务增加值率	50.1	63.2	66.4	57.2	59.3	61.0	1.26
基本服务增加值率	44.5	58.2	55.8	54.2	59.4	59.0	1.31
制造业增加值率	19.0	32.6	30.8	32.2	24.1	36.3	1.72
批发和零售业增加值率	63.6	62.8	53.0	53.7	69.8	65.1	0.99
信息和交流增加值率	46.6	50.9	35.9	41.6	46.6	39.5	1.09
健康和社会帮助增加值率	39.7	53.1	50.3	46.6	42.1	45.1	1.34
金融和保险增加值率	48.3	57.5	53.4	56.8	52.0	75.5	1.19
专业和技术活动增加值率	41.1	61.0	69.8	50.6	56.0	46.1	1.48

注：根据 OECD 投入产出数据库（OECDb，2017）整理和估算。增加值率单位为%。

3. 中国创新密度的时序分析

（1）中国创新密度的变化趋势

产业创新平均密度是指 R&D 投入与 GDP 之比；农业创新密度是指农业 R&D 投入与农业增加值之比；采矿业创新密度是指采矿业 R&D 投入与采矿业增加值之比；制造业创新密度是指制造业 R&D 投入与制造业增加值之比；建筑业创新密度是指建筑业 R&D 投入与建筑业增加值之比。

中国创新密度指标数据获取率比较低，这里以 5 个指标为例。2008～2015 年，中国创新密度变化因指标而异(表 3-33);其中,4 个指标为上升变量,1 个指标为下降变量。

表 3-33　2008~2012 年中国创新密度的变化

指标	2008	2009	2010	2011	2012	2014	2015	变化	趋势
产业创新平均密度*	1.44	1.66	1.71	1.78	1.91	2.02	2.07	1.43	上升
农业创新密度	—	0.035	0.041	0.045	—	—	—	1.29	上升
采矿业创新密度	0.57	1.04	1.06	0.95	—	—	—	1.67	上升
制造业创新密度	2.96	3.35	3.54	3.92	—	—	—	1.32	上升
建筑业创新密度	—	0.62	0.54	0.47	—	—	—	0.76	下降

注:*数据来自《中国统计年鉴 2017》。其他研发投入数据来自 OECD 产业结构数据库(OECDa,2017)。增加值数据根据 OECD 投入产出数据库(OECDb,2017)整理和估算。密度单位为%。创新密度=(R&D 投入/产业增加值)×100%。变化=终点/起点。

首先,中国平均创新密度不断增强。2008 年为 1.44%,2015 年达到 2.07%。

其二,2009~2011 年,农业创新密度上升,2011 年农业创新密度为 2009 年的 1.29 倍。

其三,2008~2011 年,工业产业的三个产业中,采矿业创新密度提升幅度最大,其次是制造业,建筑业创新密度下降。

(2) 中国创新密度的国际比较

过程比较,以制造业创新密度为例。2008~2011 年,中国制造业创新密度低于美国、德国、法国和日本等发达国家(表 3-34)。

表 3-34　2008~2011 年中国制造业创新密度的国际比较

区域	2008	2009	2010	2011	2011/2008
中国	2.96	3.35	3.54	3.92	1.32
美国*	6.73	6.99	6.87	6.66	0.99
德国*	5.92	6.36	5.79	5.93	1.00
法国*	4.14	4.19	4.11	4.10	0.99
日本*	8.00	7.97	7.49	8.29	1.04
美国÷中国	2.27	2.09	1.94	1.70	0.75

注:*为工业创新密度。密度单位为%。

其次,前沿比较,以 2011 年中美比较为例(表 3-35)。产业创新平均密度,美国是中国的 1.56 倍,工业创新密度美国为中国的 1.70 倍。

表 3-35　2011 年中国产业创新平均密度的国际比较

项目	中国	美国	德国	英国	法国	日本	美国÷中国
产业创新平均密度*	1.78	2.77	2.80	1.68	2.19	3.25	1.56
农业创新密度	0.045	—	0.63	0.13	0.44	0.06	—
工业创新密度	3.92**	6.66	5.13	2.26	4.10	8.29	1.70

注:*数据来自世界发展指标数据库网络版(World Bank,2017);**为制造业创新密度。密度单位为%。

4. 中国环境压力的时序分析

(1) 中国环境压力的变化趋势

平均环境压力是指能源消耗总量与 GDP 之比;农业环境压力是指农业能源消耗总量与农业增加值之比;工业环境压力是指工业能源消耗总量与工业增加值之比;制造业环境压力是指制造业能源消

耗总量与制造业增加值之比。

1990～2015年，4个指标均为下降变量，中国环境压力正在减小（表3-36）。

表3-36　1990～2015年中国环境压力的变化

指标	1990	1995	2000	2005	2010	2015	变化	趋势
平均环境压力	1.91	1.25	0.85	0.80	0.41	0.28*	0.15	下降
农业环境压力	0.35	0.27	0.17	0.18	0.09	0.06	0.17	下降
工业环境压力	3.19	1.96	1.31	1.22	0.65	0.45	0.14	下降
制造业环境压力	—	2.24	1.47	1.51	0.79	—	0.35	下降

注：*为2014年数据。环境压力的能源消耗数据来自中国能源统计年鉴2016，增加值数据来自世界银行《世界发展指标》数据库网络版（World Bank，2017），环境压力=能源消耗/产业增加值。压力单位为千克油当量/美元，表3-37、表3-38同。变化=终点/起点。

首先，1990～2015年，中国环境压力明显下降，由1990年的1.91千克油当量/美元下降到2014年的0.28千克油当量/美元。

其次，1990～2015年，农业环境压力、工业环境压力由1990年的0.35千克油当量/美元、3.19千克油当量/美元分别下降到2015年的0.06千克油当量/美元、0.45千克油当量/美元。制造业环境压力由1995年的2.24千克油当量/美元下降到2010年的0.79千克油当量/美元。

（2）中国环境压力的国际比较

首先，过程比较，以工业环境压力为例。1990～2015年，中国平均环境压力不断下降，但仍高于德国、英国、法国等发达国家（表3-37）。

表3-37　1990～2015年中国工业环境压力的国际比较

区域	1990	1995	2000	2005	2010	2015	2015/1990
中国*	3.19	1.96	1.31	1.22	0.65	0.45	0.14
德国	0.12***	0.10	0.11	0.08	0.07	0.06**	0.50
英国	—	0.11	0.10	0.07	0.06	0.05	—
法国	—	0.13	0.13	0.08	0.06	0.05**	—
意大利	—	0.13	0.14	0.09	0.07	0.06**	—
中国÷英国	—	17.8	13.1	17.4	10.8	9.0	

注：*中国数据为世界发展指标数据库网络版（World Bank，2017）计算所得；**为2014年数据；其他国家数据根据OECD产业结构数据库（OECDa，2017）整理和估算；***为1991年数据。压力单位同表3-36。

其次，前沿比较，以2015年中英比较为例（表3-38）。中国平均环境压力、工业环境压力、制造业环境压力分别为英国的5.38、9.00和7.44倍。

表3-38　2015年中国环境压力的国际比较

区域	中国	德国	英国	法国	意大利	中国÷英国
平均环境压力	0.28*	0.07	0.05	0.07	0.07	5.38
农业环境压力	0.06	—	0.06	0.12	0.08	0.10
工业环境压力	0.45	0.06*	0.05	0.06*	0.06*	9.00
制造业环境压力	0.64**	0.08	0.09	0.09	0.09	7.44

注：*为2014年数据，**为2013年数据。压力单位同表3-36。

第二节 中国产业结构现代化的截面分析

中国产业结构现代化的截面分析,是对中国产业结构现代化历史过程关键时期的截面数据和资料进行分析,试图发现和归纳中国产业结构现代化的事实和特征。分析变量涉及产业水平、产业结构、产业质量三个方面,分析内容包括国际比较等,分析对象包括 2 个历史截面(表 3-39),并以 2015 年为重点。

在截面分析中,中国数据大部分来自 OECD 投入产出数据库,该数据库仅包括 1995~2011 年的数据。2015 年截面分析采用 2011(或 2010)~2015 年截面的数据,由此产生的系统误差(如部分指标的国际差距会改变),需要谨慎对待。

表 3-39 2000 年和 2015 年截面中国产业结构指标的水平分布

项目		指标个数/个		指标比例/(%)	
		2000 年	2015 年	2000 年	2015 年
分析指标		61	203	—	—
水平相关指标		44	142	100	100
其中	发达水平	—	—	—	—
	中等发达水平	—	6	—	4
	初等发达水平	25	98	57	69
	欠发达水平	19	38	43	27

一、中国产业水平的截面分析

1. 中国产业水平的 2015 年截面分析

2015 年世界产业水平的截面分析包括 29 个变量,均与国家经济水平相关。将中国指标与世界水平进行比较,可大致判断中国产业水平(表 3-40)。

表 3-40 2015 年截面中国产业水平指标的相对水平 单位:个

指标	经济欠发达			经济初等发达		经济中等发达		经济发达		合计
	1组	2组	3组	4组	5组	6组	7组	8组	9组	
人均增加值	—	—	3	5	1	—	—	—	—	9
人均总产值	1	—	2	4	3	—	—	—	—	10
人均需求	—	—	1	6	3	—	—	—	—	10
合计	1	—	6	15	7	—	—	—	—	29

2015 年截面,我们重点分析三次产业(农业、工业、服务业)、三大产业(物质产业、服务产业、知识产业)和六大集群(农业、工业、流通服务、其他服务、人类服务、基本服务)的特征。中国产业水平约有 22 个指标达到经济初等发达国家组的水平,7 个指标为经济欠发达水平(表 3-40、表 3-41)。

表 3-41　2015 年截面中国产业水平指标的国际比较

指标	中国数值	中国分组	国际对照（经济水平、国家分组、人均国民收入、指标特征值）*							
			经济欠发达			经济初等发达		经济中等发达		经济发达	
			1	2	3	4	5	6	7	8	9
			469	825	1821	4322	8008	14 022	27 813	47 431	74 765
(1) 人均增加值											
人均农业增加值**	713	—	164	216	276	444	403	498	516	461	904
人均工业增加值**	3303	5	77	150	472	1247	2599	3613	6546	11 484	16 734
人均服务业增加值**	4054	4	196	350	795	2291	4434	7737	15 918	29 378	43 163
人均物质产业增加值	4088	4	—	—	—	—	3073	4963	5824	10 621	22 489
人均服务产业增加值	2085	3	—	—	—	—	3418	4737	9424	13 572	17 278
人均知识产业增加值	1877	4	—	—	—	—	2017	4646	8061	18 432	29 346
人均农业增加值	735	—					284	425	507	515	767
人均工业增加值	3353	5					2788	4505	5247	10 067	21 626
人均流通服务增加值	1958	3					3268	4548	8808	12 793	16 799
人均其他服务增加值	127	3					150	189	617	778	783
人均人类服务增加值	732	4					827	2233	4322	9230	13 558
人均基本服务增加值	1145	4					1190	2412	4225	9202	15 788
(2) 人均总产值*											
人均农业总产值	935	5					456	1098	1022	1297	2077
人均工业总产值	11 424	5					7115	15 209	17 798	28 385	46 251
人均服务业总产值	4547	4					7230	16 570	26 553	52 917	77 276
人均物质产业总产值	12 359	5					7570	17 073	20 472	31 510	54 006
人均服务产业总产值	2108	3					4463	9520	15 374	24 221	36 029
人均知识产业总产值	2439	4					2767	7889	14 233	31 114	47 178
人均农业总产值	935	5					456	1098	1022	1297	2077
人均工业总产值	11 424	5					7115	15 209	17 798	28 385	46 251
人均流通服务总产值	2060	3					4257	9154	14 396	22 816	34 744
人均其他服务总产值	48	1					206	366	978	1405	1285
人均人类服务总产值	863	4					1120	3753	7169	14 955	22 034
人均基本服务总产值	1576	4					1658	4177	7139	16 324	19 682
(3) 人均需求*											
人均农业需求	963	5	—	—	300	624	928	1286	1274	1883	2767
人均工业需求	11 269	5				1615	4461	8961	14 461	23 528	34 978	49 218
人均服务业需求	4574	4				900	3185	8113	15 063	30 822	56 395	83 387
人均物质产业需求	12 231	5				2016	5085	9890	15 747	24 802	36 860	51 985
人均服务产业需求	2131	4				611	1333	4152	8325	15 198	24 711	37 683
人均知识产业需求	2443	4				289	1400	3961	6739	15 624	31 685	45 704
人均农业需求	963	5				300	624	928	1286	1274	1883	2767
人均工业需求	11 269	5				1615	4461	8961	14 461	23 528	34 978	49 218
人均流通服务需求	2084	4				602	1720	4013	8118	14 648	23 851	36 615
人均其他服务需求	47	3				9	65	139	207	550	860	1068
人均人类服务需求	855	4				114	608	1567	2784	6980	12 865	21 448
人均基本服务需求	1588	4				175	792	2394	3955	8465	18 820	24 257

注：* 国际对照数据为 2015 年数据，来自表 1-80。** 中国三次产业数据为 2015 年数据，来自世界银行《世界发展指标》数据库网络版（World Bank，2017）。*** 中国人均总产值、人均需求数据为 2011 年数据，根据 OECD 投入产出数据库（OECDb，2017）整理和估算而得。当国际对照第一至第四组没有数据时，中国分组的标准为：第四组大于第五组的 1/2，第三组小于第五组的 1/2 和大于第五组的 1/3，第二组小于第五组的 1/3 大于第五组的 1/4，第一组小于第五组的 1/4。国家大小不同对计算结果有影响，详见第一章第一节截面分析方法。增加值、总产值和需求单位为美元。

2. 中国产业水平的 2000 年截面分析

2000 年世界产业水平的截面分析包括 30 个变量；其中，约 14 个变量与国家经济水平相关。将中国指标与世界水平进行比较，可大致判断中国产业水平。

2000 年截面，中国产业结构大约有 12 个指标达到经济初等发达国家组的水平，约有 4 个指标为经济欠发达国家组的水平（表 3-42）。

表 3-42　2000 年截面中国产业水平指标的相对水平　　　　　　　　　　　　　　　　　　单位：个

指标	经济欠发达			经济初等发达		经济中等发达		经济发达		合计
	1组	2组	3组	4组	5组	6组	7组	8组	9组	
人均增加值	—	1	2	1	—	—	—	—	—	4
人均总产值	—	—	—	—	—	—	—	—	—	—
人均需求	—	—	1	10	1	—	—	—	—	12
合计	—	1	3	11	1	—	—	—	—	16

二、中国产业结构的截面分析

1. 中国产业结构的 2015 年截面分析

2015 年世界产业结构的截面分析包括 136 个变量；其中，约 57 个变量与国家经济水平显著相关（表 1-89）。将中国指标与世界水平进行比较，可大致判断中国产业结构的水平。

2015 年截面，中国产业结构大约 4 个指标达到经济中等发达国家组的水平，约有 59 个指标达到经济初等发达国家组的水平，29 个指标为经济欠发达国家组的水平（表 3-43、表 3-44）。

表 3-43　2015 年截面中国产业结构指标的相对水平　　　　　　　　　　　　　　　　　　单位：个

指标	经济欠发达			经济初等发达		经济中等发达		经济发达		合计
	1组	2组	3组	4组	5组	6组	7组	8组	9组	
增加值结构	—	1	6	12	4	1	—	—	—	24
总产值结构	—	—	8	11	2	2	—	—	—	23
需求结构	—	2	7	13	1	—	—	—	—	23
就业结构	—	—	5	10	6	1	—	—	—	22
合计	—	3	26	46	13	4	—	—	—	92

表 3-44　2015 年截面中国产业结构指标的国际比较

指标	中国数值	中国分组	国际对照（经济水平、国家分组、人均国民收入、指标特征值）*								
			经济欠发达			经济初等发达		经济中等发达		经济发达	
			1	2	3	4	5	6	7	8	9
			469	825	1821	4322	8008	14 022	27 813	47 431	74 765
（1）增加值结构											
农业增加值比例**	8.8	4	36.7	30.5	18.8	11.7	5.5	4.4	2.6	1.1	1.6
工业增加值比例**	40.9	—	18.4	20.5	30.2	30.2	33.8	30.6	28.8	27.7	27.1
服务业增加值比例**	50.2	2	45.6	49.8	51.6	57.5	60.8	65.1	68.7	71.2	71.3
物质产业增加值比例	50.8	4	—	—	—	36.1	34.5	26.0	24.9	30.1	
服务产业增加值比例	25.9	3	—	—	—	40.2	33.2	37.8	31.9	27.5	
知识产业增加值比例	23.3	4	—	—	—	23.7	32.4	36.1	43.6	41.3	

(续表)

指标	中国数值	中国分组	国际对照（经济水平、国家分组、人均国民收入、指标特征值）*							
			经济欠发达			经济初等发达		经济中等发达		经济发达	
			1	2	3	4	5	6	7	8	9
			469	825	1821	4322	8008	14 022	27 813	47 431	74 765
农业增加值比例	9.1	3	—	—	—	—	3.3	3.1	2.5	1.3	1.2
工业增加值比例	41.6	4	—	—	—	—	32.8	31.3	23.3	22.7	28.9
流通服务增加值比例	24.3	3	—	—	—	—	38.4	31.8	35.5	30.0	24.5
其他服务增加值比例	1.6	—	—	—	—	—	1.8	1.3	2.3	1.8	1.3
人类服务增加值比例	9.1	4	—	—	—	—	9.7	15.5	17.3	21.5	19.7
基本服务增加值比例	14.2	5	—	—	—	—	14.0	16.8	18.9	21.4	21.6
采矿业增加值比例	2.8	—	—	—	—	—	4.4	1.0	0.3	0.7	6.4
制造业增加值比例	29.4	4	—	—	—	—	18.9	19.5	16.2	15.0	13.5
建筑业增加值比例	6.8	4	—	—	—	—	7.5	6.8	4.6	5.4	5.5
公共事业增加值比例	2.2	5	—	—	—	—	1.9	3.5	2.7	1.9	1.7
环境治理增加值比例	0.6	6	—	—	—	—	0.0	0.6	0.7	0.7	0.4
批发和零售业增加值比例	9.6	3	—	—	—	—	17.8	13.4	12.4	11.1	11.8
运输和储存增加值比例	4.4	3	—	—	—	—	6.6	7.4	5.6	4.9	5.8
食宿服务增加值比例	1.8	4	—	—	—	—	2.4	1.6	4.4	2.5	1.6
房地产和租赁比例	8.5	3	—	—	—	—	11.7	9.3	13.0	11.6	6.1
其他个人家庭服务比例	—	—	—	—	—	—	1.4	0.7	1.6	0.8	0.6
其他劳务服务比例	—	—	—	—	—	—	0.4	0.7	0.8	1.0	0.6
科学研发增加值比例	—	—	—	—	—	—	0.1	0.6	0.6	0.9	0.8
教育增加值比例	3.5	4	—	—	—	—	4.4	4.5	5.2	5.6	4.1
信息和交流增加值比例	2.7	5	—	—	—	—	2.2	4.8	4.0	5.2	4.3
艺术、娱乐和文娱增加值比例	0.7	5	—	—	—	—	0.5	1.6	1.3	1.2	1.3
旅行增加值比例	—	—	—	—	—	—	0.1	0.2	0.2	0.3	0.2
健康和社会帮助比例	2.2	4	—	—	—	—	2.4	3.9	5.9	8.6	9.9
金融和保险增加值比例	8.4	—	—	—	—	—	3.9	4.2	4.8	5.4	6.8
专业和技术活动比例	2.0	4	—	—	—	—	2.7	4.6	4.4	6.4	5.2
行政和辅助增加值比例	—	—	—	—	—	—	2.8	1.2	1.5	2.3	1.7
公共管理和社会安全比例	3.4	4	—	—	—	—	4.4	6.5	7.0	6.5	7.5
成员组织的活动比例	0.4	—	—	—	—	—	0.3	0.3	0.7	0.8	0.7
（2）总产值结构											
农业总产值比例	5.5	4	—	—	—	—	3.1	3.5	2.5	1.6	1.8
工业总产值比例	67.6	4	—	—	—	—	48.1	45.5	38.3	34.5	35.9
服务业总产值比例	26.9	3	—	—	—	—	48.9	51.1	59.2	63.9	62.3
物质产业总产值比例	73.1	3	—	—	—	—	51.2	49.1	40.8	35.4	37.2
服务产业总产值比例	12.5	4	—	—	—	—	30.1	27.8	30.7	27.7	26.6
知识产业总产值比例	14.4	4	—	—	—	—	18.8	23.1	28.4	35.8	33.5
农业总产值比例	5.5	4	—	—	—	—	3.1	3.5	2.5	1.6	1.8
工业总产值比例	67.6	4	—	—	—	—	48.1	45.5	38.3	34.5	35.9
流通服务总产值比例	12.2	3	—	—	—	—	28.8	26.9	29.0	26.2	25.8
其他服务总产值比例	0.3	—	—	—	—	—	1.3	1.0	1.6	1.4	0.9
人类服务总产值比例	5.1	4	—	—	—	—	7.6	11.0	14.0	17.0	16.2
基本服务总产值比例	9.3	4	—	—	—	—	11.1	12.0	14.3	18.5	17.4

(续表)

指标	中国数值	中国分组	国际对照(经济水平、国家分组、人均国民收入、指标特征值)*								
			经济欠发达			经济初等发达		经济中等发达		经济发达	
			1	2	3	4	5	6	7	8	9
			469	825	1821	4322	8008	14 022	27 813	47 431	74 765
采矿业总产值比例	4.1	—	—	—	—	—	3.4	0.8	0.3	0.6	4.5
制造业总产值比例	52.1	4	—	—	—	—	35.1	31.1	27.4	25.1	19.9
建筑业总产值比例	8.4	4	—	—	—	—	7.8	8.6	6.1	6.7	7.3
公共事业总产值比例	2.8	5	—	—	—	—	1.7	4.3	3.4	2.4	2.1
环境治理总产值比例	0.2	—	—	—	—	—	0.0	0.6	0.9	0.8	0.6
批发和零售业总产值比例	4.6	3	—	—	—	—	13.1	10.5	10.9	9.8	11.1
运输和储存总产值比例	3.0	3	—	—	—	—	6.3	8.5	6.3	5.4	9.3
食宿服务总产值比例	1.5	—	—	—	—	—	2.0	1.5	4.4	2.4	1.8
房地产和租赁比例	3.1	3	—	—	—	—	7.3	6.2	7.5	8.5	7.4
其他个人家庭服务比例	—	—	—	—	—	—	1.0	0.4	1.0	0.6	0.3
其他劳务服务比例	—	—	—	—	—	—	0.4	0.5	0.6	0.9	0.6
科学研发总产值比例	—	—	—	—	—	—	0.1	0.4	0.4	0.8	0.9
教育总产值比例	1.9	4	—	—	—	—	2.9	2.5	3.1	3.4	2.8
信息和交流总产值比例	1.7	4	—	—	—	—	2.1	3.9	4.1	4.7	4.6
艺术、娱乐和文娱总产值比例	0.4	5	—	—	—	—	0.4	1.2	1.4	1.1	1.2
旅行总产值比例	—	—	—	—	—	—	0.1	0.4	0.5	0.5	0.5
健康和社会帮助比例	1.1	3	—	—	—	—	2.1	2.7	4.7	6.2	6.9
金融和保险总产值比例	2.6	4	—	—	—	—	3.4	3.1	3.9	5.2	5.7
专业和技术活动总产值比例	3.9	6	—	—	—	—	2.0	3.9	3.9	6.0	4.6
行政和辅助总产值比例	—	—	—	—	—	—	1.8	0.8	1.0	1.6	1.3
公共管理和社会安全比例	2.5	3	—	—	—	—	3.8	4.0	4.8	5.4	5.8
成员组织的活动总产值比例	0.3	6	—	—	—	—	0.2	0.3	0.8	0.7	0.7
(3) 需求结构											
农业需求比例	5.7	4	—	—	12.7	8.0	5.0	4.4	2.1	2.1	2.1
工业需求比例	67.1	3	—	—	54.6	53.0	49.2	46.6	42.1	37.3	35.8
服务业需求比例	27.2	3	—	—	31.3	39.1	45.9	49.0	55.5	60.1	62.1
物质产业需求比例	72.8	3	—	—	68.7	60.9	54.2	51.0	44.5	39.4	37.9
服务产业需求比例	12.7	3	—	—	21.4	21.4	23.5	27.0	27.2	26.4	28.1
知识产业需求比例	14.5	4	—	—	10.0	17.7	22.4	22.0	28.3	34.1	34.0
农业需求比例	5.7	4	—	—	12.7	8.0	5.0	4.4	2.1	2.1	2.1
工业需求比例	67.1	3	—	—	54.6	53.0	49.2	46.6	42.1	37.3	35.8
流通服务需求比例	12.4	3	—	—	21.0	20.6	22.7	26.3	26.2	25.5	27.3
其他服务需求比例	0.3	3	—	—	0.3	0.8	0.8	0.7	1.0	0.9	0.8
人类服务需求比例	5.1	4	—	—	4.0	7.8	8.8	9.1	12.7	14.0	16.0
基本服务需求比例	9.5	4	—	—	6.0	9.9	13.6	12.9	15.7	20.2	18.0
采矿业需求比例	5.3	—	—	—	3.2	4.2	4.1	2.7	3.1	2.3	3.5
制造业需求比例	50.3	4	—	—	40.9	38.5	34.3	32.0	28.7	25.1	21.5
建筑业需求比例	8.4	4	—	—	8.6	7.5	7.2	7.0	6.6	6.6	8.1
公共事业需求比例	2.9	4	—	—	1.7	2.3	3.2	4.5	3.1	2.8	2.3
环境治理需求比例	0.2	—	—	—	0.2	0.5	0.4	0.4	0.5	0.5	0.4
批发和零售业需求比例	4.4	2	—	—	8.9	8.9	9.5	11.4	10.5	9.3	9.7
运输和储存需求比例	3.3	2	—	—	5.3	5.4	6.1	7.2	5.3	5.6	7.0
食宿服务需求比例	1.6	—	—	—	3.8	3.3	2.4	2.0	4.0	2.6	2.4
房地产和租赁比例	3.1	4	—	—	2.8	3.0	4.7	5.8	6.5	8.1	8.3

(续表)

指标	中国数值	中国分组	国际对照(经济水平、国家分组、人均国民收入、指标特征值)*							
			经济欠发达			经济初等发达		经济中等发达		经济发达	
			1	2	3	4	5	6	7	8	9
			469	825	1821	4322	8008	14 022	27 813	47 431	74 765
其他个人家庭服务比例	—	—	—	—	0.0	0.1	0.1	0.2	0.3	0.1	0.1
其他劳务服务比例	—	—	—	—	0.3	0.8	0.6	0.6	0.8	0.8	0.7
科学研发需求比例	—	—	—	—	—	—	—	—	—	—	—
教育需求比例	1.9	4	—	—	1.5	2.8	2.5	2.5	3.4	3.2	3.9
信息和交流需求比例	1.6	4	—	—	1.2	2.3	2.8	3.1	3.6	3.9	4.7
艺术、娱乐和文娱需求比例	0.4	—	—	—	—	—	—	—	—	—	—
旅行需求比例	—	—	—	—	—	—	—	—	—	—	—
健康和社会帮助比例	1.1	4	—	—	0.9	1.5	2.5	2.6	4.5	5.6	6.4
金融和保险需求比例	2.8	4	—	—	2.7	3.8	4.5	3.2	4.2	5.6	5.2
专业和技术活动比例	3.8	5	—	—	0.8	1.3	3.7	4.8	5.1	8.5	7.6
行政和辅助需求比例	—	—	—	—	—	—	—	—	—	—	—
公共管理和社会安全比例	2.5	4	—	—	2.1	3.9	4.6	4.1	5.5	5.1	4.4
成员组织的活动比例	0.3	3	—	—	0.4	0.9	0.7	0.7	0.9	1.0	0.8
(4) 就业结构***											
农业就业比例	28.3	4	—	—	30.0	27.5	16.6	9.4	5.7	2.9	2.6
工业就业比例	29.3	5	—	—	21.6	21.7	23.9	27.0	23.1	20.3	19.5
服务业就业比例	42.4	3	—	—	48.4	50.8	62.1	63.3	70.7	76.1	77.1
物质产业就业比例	72.9	4	—	—	—	—	43.5	34.2	25.8	20.9	21.7
服务产业就业比例	18.9	4	—	—	—	—	31.2	29.2	33.7	29.0	28.1
知识产业就业比例	8.2	3	—	—	—	—	25.3	36.5	40.3	50.1	50.2
农业就业比例	48.4	4	—	—	—	—	17.9	3.0	2.2	1.1	2.0
工业就业比例	24.5	5	—	—	—	—	25.6	31.2	23.6	19.8	19.7
流通服务就业比例	16.9	4	—	—	—	—	24.0	27.2	27.3	25.6	25.3
其他服务就业比例	1.9	—	—	—	—	—	7.2	2.1	6.4	3.4	2.8
人类服务就业比例	4.5	3	—	—	—	—	9.4	20.7	21.1	28.1	31.0
基本服务就业比例	3.7	3	—	—	—	—	15.8	15.8	19.4	22.0	19.2
采矿业就业比例	1.1	—	—	—	—	—	0.7	0.8	0.2	0.2	0.9
制造业就业比例	16.9	5	—	—	—	—	10.8	21.6	16.3	12.7	11.1
建筑业就业比例	5.5	4	—	—	—	—	13.6	6.7	5.6	5.8	6.8
公共事业就业比例	0.7	6	—	—	—	—	0.5	0.5	0.8	0.7	0.6
环境治理就业比例	0.4	—	—	—	—	—	0.0	0.7	0.7	0.5	0.4
批发和零售业就业比例	9.3	4	—	—	—	—	14.7	14.9	15.6	14.1	14.3
运输和储存就业比例	3.6	4	—	—	—	—	5.3	7.0	5.0	5.1	5.4
食宿服务就业比例	2.7	—	—	—	—	—	3.3	3.6	5.9	4.9	4.2
房地产和租赁比例	1.4	5	—	—	—	—	0.8	1.8	0.8	1.5	1.4
其他个人家庭服务比例	—	—	—	—	—	—	6.6	0.7	4.7	1.6	1.5
其他劳务服务比例	—	—	—	—	—	—	0.6	1.4	1.8	1.9	1.3
科学研发就业比例	—	—	—	—	—	—	0.1	0.3	0.4	0.6	0.5
教育就业比例	2.3	4	—	—	—	—	5.7	9.0	7.5	8.0	7.6
信息和交流就业比例	0.6	5	—	—	—	—	0.5	3.0	2.7	3.3	3.4
艺术、娱乐和文娱就业比例	0.5	5	—	—	—	—	0.3	1.8	1.5	1.7	1.8
旅行就业比例	—	—	—	—	—	—	0.1	0.2	0.3	0.2	0.3
健康和社会帮助比例	1.2	3	—	—	—	—	2.7	6.4	8.8	14.2	17.6
金融和保险就业比例	0.8	5	—	—	—	—	0.8	1.9	2.6	3.1	3.2

(续表)

指标	中国数值	中国分组	国际对照(经济水平、国家分组、人均国民收入、指标特征值)*								
			经济欠发达			经济初等发达		经济中等发达		经济发达	
			1	2	3	4	5	6	7	8	9
			469	825	1821	4322	8008	14 022	27 813	47 431	74 765
专业和技术活动比例	0.3	4	—	—	—	—	1.6	3.8	3.8	5.2	5.5
行政和辅助就业比例	—	—	—	—	—	—	7.1	1.9	3.5	5.0	3.5
公共管理和社会安全比例	2.6	4	—	—	—	—	6.1	7.6	7.8	7.3	5.7
成员组织的活动比例	—	—	—	—	—	—	0.4	0.6	1.7	1.5	1.3

注：* 国际对照数据为2015年数据，来自表1-88。** 中国三次产业增加值比例数据为2015年数据，来自世界银行《世界发展指标》数据库网络版(World Bank, 2017)。*** 中国就业结构数据中，三次产业就业数据为2015年数据，其他为2010年数据。中国总产值结构、总需求结构数据为2011年值，根据OECD投入产出数据库(OECDb, 2017)整理和估算。当国际对照第一至第四组没有数据时，中国分组为一种估计，仅供参考；在估计时，需要考虑中国数值为2011或2010年的数值。三次产业比例加和不等于100%时，比例单位为%，可能是计算方法带来的偏差(国家大小不同带来的影响)，其他情况与此类似，详见第一章第一节截面分析方法。

2. 中国产业结构的2000年截面分析

2000年世界产业结构的截面分析包括136个变量；其中，约21个变量与国家经济水平相关。将中国指标与世界水平进行比较，可大致判断中国产业结构的水平。

2000年截面，中国产业结构大约有13个指标达到经济初等发达国家组的水平，约有12个指标为经济欠发达国家组的水平(表3-45)。

表3-45 2000年截面中国产业结构指标的相对水平   单位：个

指标	经济欠发达			经济初等发达		经济中等发达		经济发达		合计
	1组	2组	3组	4组	5组	6组	7组	8组	9组	
增加值结构	1	—	—	1	—	—	—	—	—	2
总产值结构	—	—	—	—	—	—	—	—	—	—
需求结构	—	4	5	11	—	—	—	—	—	20
就业结构	1	—	1	—	1	—	—	—	—	3
合计	2	4	6	12	1	—	—	—	—	25

三、中国产业质量的截面分析

1. 中国产业质量的2015年截面分析

2015年世界产业质量指标的截面分析包括56个变量；其中，约12个变量与国家经济水平显著相关(表1-100)。将中国指标与世界水平进行比较，可大致判断中国产业质量的水平。

2015年截面，我们重点分析三次产业(农业、工业、服务业)、三大产业(物质产业、服务产业、知识产业)和六大集群(农业、工业、流通服务、其他服务、人类服务、基本服务)的特征。中国产业质量指标大约有2个指标达到经济中等发达国家组的水平，约有17个指标达到经济初等发达国家组的水平，约有2个指标仍为经济欠发达国家组的水平(表3-46、表3-47)。

表 3-46 2015 年截面中国产业质量指标的相对水平   单位:个

指标	经济欠发达			经济初等发达		经济中等发达		经济发达		合计
	1组	2组	3组	4组	5组	6组	7组	8组	9组	
劳动生产率	—	—	1	5	4	—	—	—	—	10
增加值率	—	—	—	6	2	1	—	—	—	9
创新密度	—	—	1	—	—	—	1	—	—	2
环境压力	—	—	—	—	—	—	—	—	—	—
合计	—	—	2	11	6	1	1	—	—	21

表 3-47 2015 年截面中国产业质量指标的国际比较

指标	中国数值	中国分组	国际对照(经济水平、国家分组、人均国民输入、指标特征值)*								
			经济欠发达			经济初等发达		经济中等发达		经济发达	
			1	2	3	4	5	6	7	8	9
			469	825	1821	4322	8008	14 022	27 813	47 431	74 765
(1) 劳动生产率/美元											
农业劳动生产率	4497	4	256	—	2162	4506	6785	15 571	23 509	45 522	73 619
工业劳动生产率	20 130	5	1286	—	4634	14 565	21 097	30 271	64 193	119 900	165 607
服务业劳动生产率	17 072	5	2676	—	5830	12 825	15 998	26 776	54 628	85 456	108 808
物质产业劳动生产率	6278	4	—	—	—	—	22 488	37 966	72 103	124 701	194 660
服务产业劳动生产率	9247	4	—	—	—	—	34 895	42 532	81 142	113 716	126 931
知识产业劳动生产率	20 909	5	—	—	—	—	25 340	33 130	62 656	88 587	111 735
农业劳动生产率	2112		—	—	—	—	5053	39 918	80 804	113 884	99 998
工业劳动生产率	13 146	4	—	—	—	—	34 701	37 688	71 887	121 781	203 897
流通服务劳动生产率	10 116	4	—	—	—	—	43 360	43 999	96 766	121 698	128 184
其他服务劳动生产率	1662	3	—	—	—	—	6639	24 092	28 178	56 837	75 660
人类服务劳动生产率	14 533	4	—	—	—	—	28 109	28 007	59 578	78 940′	84 594
基本服务劳动生产率	28 735	5	—	—	—	—	23 715	40 056	68 503	101 186	151 298
(2) 增加值率*/(%)											
农业增加值率	57.3	—	—	—	—	—	—	39.0	49.1	38.6	36.5
工业增加值率	21.6	4	—	—	—	—	—	29.0	31.5	33.5	42.1
服务业增加值率	50.4	5	—	—	—	—	—	54.1	61.5	59.1	56.0
物质产业增加值率	24.3	4	—	—	—	—	—	29.4	31.3	34.1	40.8
服务产业增加值率	54.9	5	—	—	—	—	—	50.3	60.2	56.7	49.1
知识产业增加值率	46.5	4	—	—	—	—	—	58.8	62.0	59.0	62.8
农业增加值率	57.3	—	—	—	—	—	—	39.0	49.1	38.6	36.5
工业增加值率	21.6	4	—	—	—	—	—	29.0	31.5	33.5	42.1
流通服务增加值率	55.1	6	—	—	—	—	—	50.1	60.6	56.4	48.3
其他服务增加值率	45.4	4	—	—	—	—	—	58.3	70.8	62.3	61.4
人类服务增加值率	50.1	4	—	—	—	—	—	59.6	61.1	62.0	61.3
基本服务增加值率	44.5	4	—	—	—	—	—	58.2	62.4	56.5	60.1
(3) 创新密度/(%)											
农业创新密度	0.045	3	—	—	—	—	—	0.1	0.1	0.6	0.7
工业(制造业)创新密度	3.92	7	—	—	—	—	—	0.9	3.7	5.2	3.3
服务业创新密度	—	—	—	—	—	—	—	0.6	0.8	0.9	1.6
物质产业创新密度	—	—	—	—	—	—	—	0.9	3.4	5.0	3.1
服务产业创新密度	—	—	—	—	—	—	—	0.1	0.1	0.2	0.3
知识产业创新密度	—	—	—	—	—	—	—	1.1	1.5	1.4	2.2
农业创新密度	—	—	—	—	—	—	—	0.1	0.1	0.6	0.7
工业创新密度	—	—	—	—	—	—	—	0.9	3.7	5.2	3.3
流通服务创新密度	—	—	—	—	—	—	—	0.1	0.1	0.2	0.2
其他服务创新密度	—	—	—	—	—	—	—	0.1	0.2	0.1	0.7
人类服务创新密度	—	—	—	—	—	—	—	1.4	1.6	1.8	1.9
基本服务创新密度	—	—	—	—	—	—	—	0.9	1.4	1.2	2.4

(续表)

指标	中国数值	中国分组	国际对照(经济水平、国家分组、人均国民输入、指标特征值)*								
			经济欠发达			经济初等发达		经济中等发达		经济发达	
			1	2	3	4	5	6	7	8	9
			469	825	1821	4322	8008	14 022	27 813	47 431	74 765
(4)环境压力/(千克石油当量/美元)											
农业环境压力	0.06	—	—	—	—	—	—	0.2	0.1	0.1	0.2
工业环境压力	0.45	—	—	—	—	—	—	0.1	0.1	0.1	0.1
服务业环境压力	—	—	—	—	—	—	—	0.1	0.1	0.1	0.1
物质产业环境压力	—	—	—	—	—	—	—	0.6	0.5	1.3	0.6
采矿业环境压力	—	—	—	—	—	—	—	0	0.1	0.1	0
制造业环境压力	0.64	—	—	—	—	—	—	0.2	0.1	0.1	0.1
建筑业环境压力	—	—	—	—	—	—	—	0	0	0	0
交通环境压力	—	—	—	—	—	—	—	0.5	0.6	0.5	0.3

注：* 国际对照数据为 2015 年数据，来自表 1-99。** 中国三次产业劳动生产率数据为 2015 年数据，来自世界银行《世界发展指标》数据库网络版(World Bank, 2017)，其他劳动生产率数据为 2010 年数据，其中，增加值数据来自 OECD 投入产出数据库(OECDb, 2017)，就业劳动力数据来自 2010 年中国人口普查，劳动生产率=增加值/就业劳动力。*** 中国数据为 2011 年数据，根据 OECD 投入产出数据库(OECDb, 2017)整理和估算。中国创新密度数据为 2011 年数据，其中，研发投入数据来自 OECD 产业结构数据库(OECDa, 2017)，增加值数据来自 OECD 投入产出数据库(OECDb, 2017)，创新密度=(研发投入/产业增加值)×100%。环境压力数据为 2015 年数据，能源消耗数据来自中国能源统计年鉴 2016，增加值数据来自世界银行《世界发展指标》数据库网络版(World Bank, 2017)，环境压力=能源消耗/产业增加值。当国际对照第一至第四组没有数据时，中国分组的标准为：第四组大于第五组的 1/2，第三组小于第五组的 1/2 和大于第五组的 1/3，第二组小于第五组的 1/3 大于第五组的 1/4，第一组小于第五组的 1/4。

2. 中国产业质量的 2000 年截面

2000 年世界产业质量指标的截面分析包括 48 个变量；其中，约 3 个变量与国家经济水平显著相关。将中国指标与世界水平进行比较，可大致判断中国产业质量的水平。

2000 年截面，中国产业质量指标大约有 3 个指标仍为经济欠发达国家组的水平(表 3-48)。

表 3-48　2000 年截面中国产业质量指标的相对水平　　　　　　　　　　单位：个

指标	经济欠发达			经济初等发达		经济中等发达		经济发达		合计
	1 组	2 组	3 组	4 组	5 组	6 组	7 组	8 组	9 组	
劳动生产率	—	—	3	—	—	—	—	—	—	3
增加值率	—	—	—	—	—	—	—	—	—	—
创新密度	—	—	—	—	—	—	—	—	—	—
环境压力	—	—	—	—	—	—	—	—	—	—
合计	—	—	3	—	—	—	—	—	—	3

第三节　中国产业结构现代化的过程分析

中国产业结构现代化包括中国整体的产业结构现代化、中国产业结构三大方面的现代化、中国各地区的产业结构现代化(图 3-2)等。中国产业结构现代化的过程分析的分析对象分为三类：历史进程(1860~2010 年)、客观现实(2011~2015 年)和未来前景(2020~2050 年)。

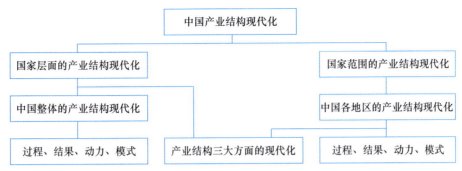

图 3-2 中国产业结构现代化的过程分析

注：产业结构三大方面指产业水平（人均增加值、人均总产值和人均需求）、产业结构（产业增加值结构、产业总产值结构、产业需求结构和产业就业结构）和产业质量（劳动生产率、产业增加值率、净利润率、创新密度和环境压力）。国家层面的产业结构现代化和地区的产业结构现代化，都涉及产业结构三大方面的现代化。

一、中国产业结构现代化的历史进程

中国产业结构现代化的历史进程，指从它的起步到目前的历史过程。中国产业结构现代化的进程研究，时间跨度约为 200 年。关于中国产业结构三大方面现代化，前面已有专门分析。关于中国的地区产业结构现代化，需要专题研究。这里重点讨论中国整体的产业结构现代化。

中国整体的产业结构现代化是一个多维度的历史过程，需要从多个角度进行分析，分析内容可以根据需要进行选择。下面简要讨论它的阶段、内容、特点、结果、动力和模式。

1. 中国产业结构现代化的主要阶段

中国产业结构现代化是中国经济现代化的组成部分。中国产业结构现代化的阶段划分，应该与中国经济现代化的阶段划分相协调。当然，它们并非完全同步。

(1) 中国经济现代化的发展阶段

中国经济现代化的阶段与中国现代化的阶段有紧密关系。目前，我国学术界比较普遍的看法是，中国现代化可以分为三个阶段，它们是 1840/60～1911 年、1912～1949 年、1949 年至今。第一个阶段是清朝末年的现代化起步，第二个阶段是民国时期的局部现代化，第三个阶段是中华人民共和国的全面现代化。

《中国现代化报告 2005》认为，中国经济现代化的历史过程同样分为三个阶段：清朝末年、民国时期和中华人民共和国时期；而且每一个阶段又可分为三个时期（表 3-49）。

表 3-49 中国经济现代化的发展阶段

阶段	时期	大致时间	历史阶段	经济发展的新特点	经济转型	经济地位
工业化起步（清朝末年）	准备	1840～1860	鸦片战争	外资造船业和银行	无	下降
	起步	1860～1894	洋务运动	外资和官办工业	起步	下降
	调整	1895～1911	维新新政	民办轻工业	比较慢	下降
局部工业化（民国时期）	探索	1912～1927	北洋政府时期	民办工业化	比较慢	下降
	探索	1928～1936	国民政府早期	官办工业化	比较快	下降
	调整	1937～1949	战争时期	战时工业化	慢	下降
全面工业化（中华人民共和国）	探索	1949～1977	计划时期	工业化和计划经济	比较慢	下降
	市场化	1978～2001	改革时期	工业化和市场化	比较快	相对上升
	全球化	2002～至今	追赶时期	新工业化和全球化	比较快	相对上升

参考资料：罗荣渠，1993；许纪霖，陈达凯，1995；周积明，1996；虞和平，2002；赵德馨，2003.
资料来源：中国现代化战略研究课题组等，2005.

(2) 中国产业结构现代化的起步

中国产业结构现代化的起点与中国经济现代化的起点基本一致。中国经济现代化发端于19世纪中后期,产业结构现代化可追溯到19世纪中后期,大致可以以1860年为起点(表3-50)。

表3-50 中国产业结构现代化的起步

方面	典型事件	发生时间、地点或人物
现代工业企业	第一家现代工业企业——轮船招商局	1872,上海,官办(李鸿章)
	第一家现代煤矿公司——开平煤矿	1877,官办(李鸿章)
	第一家机器织布企业——上海机器织布局	1878,上海,李鸿章
现代服务企业	第一家保险公司——义和公司保险行	1865,上海
	第一条铁路——唐胥铁路	1881,唐山
	第一次发电照明——台北兴市公司	1888,台湾,刘铭传
	第一个银行——中国通商银行	1897,上海,盛宣怀等
现代科技和教育	第一个工业技术学校——天津水师学堂	1880,李鸿章
	第一种综合性科技期刊——《格致汇编》	1876,上海,徐寿和傅兰雅等
	第一个科技推广团体——同文馆	1862,北京,奕䜣等
	第一所大学——天津北洋西学堂	1895,天津,盛宣怀

资料来源:陈真,姚洛,1957;汪林茂,1998.

(3) 中华人民共和国产业结构现代化的发展阶段

1949年以来,我国产业结构现代化的发展可以分为三个阶段(表3-51):农业经济时期(1949～1984年),工业化时期(1985～2014年)和服务经济时期(2015年至今)。

表3-51 中华人民共和国产业结构现代化的发展阶段

大致时间	历史阶段	产业结构现代化的主要内容和特点(举例)
1949～1984年	农业经济	农业增加值比例大于30%,劳动力比例大于50%
1985～2014年	工业化时期	农业增加值比例逐步降到15%以下,农业劳动力比例降至30%以下
2015年～至今	服务化时期	服务业增加值比例超过50%,服务业劳动力比例超过40%

农业经济时期(1949～1984年)。产业结构现代化的主要特征为:农业增加值比例大于30%,劳动力比例大于50%。根据《中国统计年鉴2017》,1984年中国农业增加值比例为31.5%,农业就业人口比例为64.0%。

工业化时期(1985～2014年)。产业结构现代化的主要特征为:农业增加值比例逐步降到15%以下,农业劳动力比例降至30%以下。根据《中国统计年鉴2017》,2014年中国农业增加值比例下降到9.1%,农业就业人口比例下降到29.5%。

服务经济时期(2015年至今)。产业结构现代化的主要特征为:服务业增加值比例超过50%,服务业劳动力比例超过40%。根据《中国统计年鉴2017》,2015年中国服务业增加值比例达到50.2%,服务业就业比例达到42.4%(表3-52)。

表 3-52 1890～2015 年中国经济结构和就业结构

项目		1890	1913	1936	1950	1960	1970	1980	1990	2000	2010	2015
增加值比例/(%)	农业	69	67	63	59	23	34	29.6	26.6	14.7	9.5	8.8
	工业	10	10	19	21	45	38	48.1	41.0	45.5	46.4	40.9
	服务业	22	23	18	20	32	28	22.3	32.4	39.8	44.1	50.2
劳动力比例/(%)	农业	—	90	—	84	82	80.8	68.7	60.1	50.0	36.7	28.3
	工业		3	—	7	9	10.2	18.2	21.4	22.5	28.7	29.3
	服务业	—	7	—	9	9	9.0	13.1	18.5	27.5	34.6	42.4

注：1913 年劳动力比例数据为 20 世纪初华北 18 个县的调查数据；1936 年数据为 1931～1936 年期间的估计值（罗兹曼，1995，第 198 页，第 413 页）。1980～2015 年数据来自《中国统计年鉴 2017》。

2. 中国产业结构现代化的主要特点

关于中国产业结构现代化的特点，可以从不同角度进行分析。一般而言，世界产业结构现代化的主要特点在中国都有不同程度的反映，同时中国有自己的特色。

(1) 中国产业结构现代化是一种后发追赶型的产业结构现代化

中国产业结构现代化起步比较晚。中国产业结构现代化起步大约是 19 世纪 60 年代，比世界产业结构现代化的起步要晚约 100 年。

(2) 中国产业结构现代化正处于从工业化向后工业化的转折期

从三次产业结构变迁的角度看，依据增加值结构的变化，中国经济已经从工业化阶段进入后工业化阶段，2014 年中国工业增加值比例下降到 43.1%，工业就业比例下降到 29.9%，服务业增加值比例上升为 47.8%，服务业就业人口比例上升为 40.6%（国家统计局，2018）。

(3) 2014 年中国完成了第一次产业结构现代化，正处于从工业经济向服务经济转型的阶段

1985～2014 年，中国处于工业经济时期，是典型的工业经济国家。2015 年中国服务业增加值比例达到 50.2%，就业人口比例达到 42.4%（表 3-12，3-22），中国完成了第一次产业结构现代化，正处于从工业经济向服务经济转型的阶段。

(4) 中国产业结构现代化仍处于物质产业为主导的发展阶段

从三大产业结构变迁的角度看，2015 年中国人均物质产业增加值分别为人均服务产业增加值和人均知识产业增加值的 2.0 倍和 2.2 倍。2010 年中国人均物质产业总产值分别是人均服务产业总产值和人均知识产总产值的 5.9 倍和 5.1 倍（表 3-53）。

表 3-53 1995～2015 年中国三大产业人均增加值和人均总产值比较

项目	1995	2000	2005	2010	2015
人均物质产业增加值/美元	396	565	1006	2451	4088
人均服务产业增加值/美元	113	195	348	935	2085
人均知识产业增加值/美元	78	162	327	922	1877
人均物质产业÷人均服务产业	3.5	2.9	2.9	2.6	2.0
人均物质产业÷人均知识产业	5.1	3.5	3.1	2.7	2.2
人均物质产业总产值/美元	1197	1811	3651	10 148	—
人均服务产业总产值/美元	203	428	692	1713	—
人均知识产业总产值/美元	145	325	688	1981	—
人均物质产业÷人均服务产业	5.9	4.2	5.3	5.9	—
人均物质产业÷人均知识产业	8.3	5.6	5.3	5.1	—

（5）中国产业结构现代化仍处于人均工业需求主导的发展阶段

从六大产业集群结构变迁的角度看,依据人均需求结构的变化,人均工业需求在中国产业需求结构中占比最高,2011年达到67.1%,也就是说中国产业结构现代化仍处于人均工业需求主导的发展阶段(表3-19)。

（6）中国知识产业增加值比例国际差距非常明显

中国知识产业国际差距非常明显,2015年中国知识产业增加值比例为23.3%,而美国、德国、英国等发达国家知识产业增加值比例分别达到46.3%,37.9%和44.9%(表3-15)。

（7）中国产业结构现代化具有地区多样性和不平衡性

中国产业结构现代化的地区差异是非常明显的。首先,自然地理的差异,例如,北方与南方的地理差别、东部与西部的地理差别等。其次,产业结构区位的差异,例如,不同地区产业结构定位的差别。其三,产业结构发展水平的地区差异等。

4. 中国产业结构现代化的主要结果

（1）中国产业结构现代化的一般结果

中国产业结构现代化是世界产业结构现代化的组成部分,中国产业结构现代化的一般结果与世界产业结构现代化的一般结果是基本一致的,包括产业结构状态和国际地位的变化等。2015年,中国产业结构现代化水平低于世界平均水平,约为产业结构发达国家的36%。

（2）中国产业结构现代化的国际地位变化

在2000~2015年期间,中国已经从产业结构欠发达国家升级为产业结构初等发达国家,2015年产业结构现代化指数世界排名为第58位左右,中国国际地位有较大提高。

（3）中国产业结构现代化的国际差距变化

2000年以来,中国产业结构现代化指数的国际差距逐步缩小,2000年与世界平均值相差27.7, 2015年与世界平均值相差12.3。

二、中国产业结构现代化的客观现实

在本《报告》里,中国产业结构现代化的现实分析以2015年截面为分析对象,分析内容包括中国产业结构现代化的整体水平、产业结构三大方面的现代化水平、中国产业结构现代化的地区水平。这里重点讨论前两者。

1. 中国产业结构现代化的整体水平

（1）2015年中国产业结构现代化的整体阶段

2014年中国已基本完成第一次产业结构现代化,2015年已经开始从工业经济向服务经济转型。

（2）2015年中国产业结构现代化的整体水平

2015年中国产业结构现代化指数为36.1,排名世界第58位,产业结构现代化水平属于产业结构初等发达水平,低于中国现代化水平。

（3）2000~2015年中国产业结构现代化的发展速度

在2000~2015年期间,中国产业结构现代化指数年增长率约为2.76%,高于世界平均值,也高于高收入国家、中等收入国家平均值。

2. 中国产业结构三大方面的现代化水平

2015年截面中国产业结构三大方面指标的现代化水平,我们分析了203个指标,其中142个指标与国家经济水平相关。大致是:4%的指标为中等发达水平,69%的指标为初等发达水平,27%指标为欠发达水平(表3-39)。

(1) 产业水平指标

人均工业增加值、人均服务业增加值、人均物质产业增加值、人均知识产业增加值、人均基本服务增加值等22个指标达到初等发达水平;人均流通服务增加值、人均其他服务增加值等7个指标仍处于欠发达水平(表3-40)。

(2) 产业结构指标

专业和技术活动总产值比例、公共事业就业比例等4个指标达到中等发达水平;物质产业增加值比例、农业增加值比例、知识产业增加值比例、人类服务增加值比例等59个指标达到初等发达水平;批发和零售业增加值比例、运输和储存增加值比例、物质产业总产值比例、流通服务总产值比例、工业需求比例、服务业需求比例、服务业就业比例等29个指标仍处于欠发达水平(表3-43)。

(3) 产业质量指标

流通服务增加值率、工业(制造业)创新密度等2个指标达到中等发达水平;农业劳动生产率、工业劳动生产率、物质产业劳动生产率、服务产业劳动生产率、知识产业劳动生产率服务业劳动生产率等17个指标达到初等发达水平;其他服务劳动生产率、农业创新密度等2个指标仍处于欠发达水平(表3-46)。

3. 中国产业结构现代化与典型国家的比较

(1) 中国产业水平指标的国际比较

我们选择三次产业和三大产业的增加值、需求指标进行分析(表3-54和表3-55)。很显然,不同指标的国别差异是不同的。

表3-54 2015年中国三次产业水平指标的国际比较

国家	人均农业增加值/美元*		人均工业增加值/美元*		人均服务业增加值/美元*		人均农业需求/美元**		人均工业需求/美元**		人均服务业需求/美元**	
	数值	指数	数值	指数	数值	指数	数值	指数	数值	指数	数值	指数
中国	713	100	3303	100	4054	100	785	100	9221	100	3706	100
美国	702***	98	10 883***	329	41 026***	1012	1049	134	23 638	256	55 614	1501
日本	421***	59	9629***	292	27 750***	685	1196	152	33 747	366	44 987	1214
德国	236	33	11 299	342	25 527	630	967	123	29 434	319	42 190	1138
英国	255	36	7599	230	31 301	772	794	101	21 908	238	45 012	1215
法国	564	79	6339	192	25 596	631	1677	214	24 740	268	46 526	1255

注:* 数据来自《世界发展指标》数据库网络版(World Bank,2017);** 根据OECD投入产出数据库(OECDb,2017)整理和估算,为2010年数据;*** 为2014年数据。

表3-55 2015年中国三大产业水平指标的国际比较

国家	人均物质产业增加值/美元		人均服务产业增加值/美元		人均知识产业增加值/美元		人均物质产业需求/美元		人均服务产业需求/美元		人均知识产业需求/美元	
	数值	指数	数值	指数	数值	指数	数值	指数	数值	指数	数值	指数
中国	4088	100	2085	100	1877	100	10 006	100	1728	100	1979	100
美国	11 315	277	17 073	819	24 651	1313	24 687	247	20 127	1165	35 488	1793
日本	—	—	14 140	678	—	—	34 943	349	22 374	1295	22 613	1143
德国	13 496	330	13 264	636	16 348	871	30 400	304	18 816	1089	23 374	1181
英国	7854	192	13 705	657	17 596	937	22 702	227	18 968	1098	26 044	1316
法国	8178	200	13 007	624	17 208	917	26 417	264	19 795	1146	26 731	1351

注:中国数据根据OECD投入产出数据库(OECDb,2017)整理和估算;其他国家数据根据OECD产业结构数据库(STAN Database)(OECDa,2017)整理和估算。* 美国人均物质产业增加值中水供应、水处理、环境治理等指标缺失,暂无统计。

（2）中国产业结构指标的国际比较

我们选择三次产业的增加值比例、就业比例和三大产业的增加值比例、就业比例等指标进行分析（表3-56和表3-57）。

表3-56　2015年中国三次产业结构指标的国际比较

国家	农业增加值比例/(%)*		工业增加值比例/(%)*		服务业增加值比例/(%)*		农业就业比例/(%)**		工业就业比例/(%)**		服务业就业比例/(%)**	
	数值	指数	数值	指数	数值	指数	数值	指数	数值	指数	数值	指数
中国	8.8	100	40.9	100	50.2	100	28.3	100	29.3	100	42.4	100
美国	1.1	13	20.0	49	78.9	157	1.6	6	18.5	63	79.9	188
日本	1.1	13	28.9	71	70.0	139	3.6	13	25.5	87	69.3	163
德国	0.6	7	30.5	75	68.9	137	1.4	5	27.7	95	70.9	167
英国	0.7	8	20.0	49	79.3	158	1.1	4	18.5	63	79.7	188
法国	1.8	20	19.6	48	78.6	157	2.7	10	20.1	69	75.9	179

注：* 数据来自《世界发展指标》数据库网络版（World Bank，2017）。农业增加值比例、工业增加值比例、农业就业比例、工业就业比例为逆指标。

表3-57　2015年中国三大产业结构指标的国际比较

国家	物质产业增加值比例/(%)		服务产业增加值比例/(%)		知识产业增加值比例/(%)		物质产业就业比例/(%)**		服务产业就业比例/(%)**		知识产业就业比例/(%)**	
	数值	指数	数值	指数	数值	指数	数值	指数	数值	指数	数值	指数
中国	50.8	100	25.9	100	23.3	100	72.9	100	18.9	100	8.2	100
美国	20.8	41	31.4	121	46.4	199	19	26	31.2	165	49.9	608
日本	—	—	37.4*	144	—	—	27.5	38	38.2	202	34.4	419
德国	31.3	62	30.8	119	37.9	163	26.2	36	29.9	158	43.9	536
英国	20.1	40	35.0	135	44.9	193	15.8	22	32.9	174	50.9	620
法国	21.3*	42	33.9*	131	44.8*	192	20	27	28	148	52.1	635

注：中国就业数据根据"全国第六次人口普查数据"估算。其他数据根据OECD产业结构数据库（OECDa，2017）整理和估算。物质产业增加值比例、物质产业就业比例为逆指标。* 为2014年数据；** 为2010年数据。

（3）中国产业质量指标的国际比较

我们选择三次产业和三大产业的劳动生产率、工业增加值率指标进行分析（表3-58和表3-59）。

表3-58　2010年中国三次产业质量指标的国际比较

国家	农业劳动生产率/美元*		工业劳动生产率/美元*		服务业劳动生产率/美元*		农业增加值率/(%)**		工业增加值率/(%)**		服务业增加值率/(%)**	
	数值	指数	数值	指数	数值	指数	数值	指数	数值	指数	数值	指数
中国	2 112	100	13 146	100	10 359	100	57.3	100	21.4	100	50.3	100
美国	74 970	3550	114 503	871	99 133	957	44.5	129	42.8	200	62.0	123
日本	25 095	5769	93 206	709	93 244	900	46.0	125	37.0	173	64.5	128
德国	34 292	7883	83 808	638	77 626	749	36.6	157	35.1	164	58.7	117
英国	44 627	10 259	77 976	593	74 081	715	41.0	140	35.9	168	58.2	116
法国	54 734	12 583	78 558	598	93 700	905	40.7	141	31.6	148	60.4	120

注：* 数据来自《世界发展指标》数据库网络版（World Bank，2017）。** 中国增加值率根据OECD投入产出数据库（OECDb，2017）整理和估算；其他国家增加值率根据OECD产业结构数据库（OECDa，2017）整理和估算。农业增加值率为逆指标。

表 3-59　2010 年中国三大产业质量指标的国际比较

国家	物质产业劳动生产率/美元		服务产业劳动生产率/美元		知识产业劳动生产率/美元		物质产业增加值率/(%)		服务产业增加值率/(%)		知识产业增加值率/(%)	
	数值	指数	数值	指数	数值	指数	数值	指数	数值	指数	数值	指数
中国	6278	100	9247	100	20 909	100	24.2	100	54.6	100	46.5	100
美国	123 536	1968	108 141	1169	55 857	267	42.8	177	64.8	119	33.4*	72
日本	—	—	97 806	1058	98 537	471	—	—	65.2	119	64.1	138
德国	99 246	1581	89 527	968	71 536	342	35.1	145	58.5	107	58.9	127
英国	114 615	1826	87 388	945	78 813	377	36.1	149	58.3	107	58.1	125
法国	104 671	1667	119 827	1296	83 219	398	32.2	133	60.3	110	60.4	130

注：中国数据根据 OECD 投入产出数据库(OECDb，2017)整理和估算，其他国家增加值率根据 OECD 产业结构数据库(OECDa，2017)整理和估算。* 美国知识产业增加值率中科学研发、旅行、电脑及个人家庭用品维修、雇佣活动、成员组织统计等数据缺失，暂无法统计。

三、中国产业结构现代化的前景分析

关于中国产业结构现代化的前景分析，属于一种预测研究。在本《报告》里，中国产业结构现代化的前景分析，时间跨度为 2020～2050 年(约 30 年)，分析对象包括产业结构三大方面的前景等。这种前景分析，只是提出一种可能性，而不是精确预见。

1. 中国产业结构现代化的整体前景

(1) 21 世纪中国产业结构现代化的路径分析

《中国现代化报告 2003》建议，21 世纪中国现代化路径将是综合现代化路径，不同地区可以选择合适的路径：比较发达的地区选择第二次现代化路径，其他地区选择第一次现代化路径或综合现代化路径，全国将是两次现代化的协调发展，并持续向第二次现代化转型。《中国现代化报告 2005》建议，21 世纪中国经济现代化可以选择综合经济现代化路径。

21 世纪中国产业结构现代化的路径，将是中国经济现代化路径在产业结构领域的体现，将是两次产业结构现代化的协调发展，并持续向第二次产业结构现代化转型。产业结构发达地区可以采用第二次产业结构现代化路径，其他产业结构地区可以分别采用第一次产业结构现代化路径或综合产业结构现代化路径等。

(2) 21 世纪中国产业结构现代化的预期水平

假设：21 世纪科技突破的频率、创新扩散的速率和国际竞争的合理程度不低于 20 世纪后 50 年，21 世纪不发生改变人类命运的重大危机(如核危机、能源、粮食和宇宙危机等)。那么，可以根据 20 世纪后期世界和中国产业结构现代化水平和速度，外推 21 世纪世界和中国产业结构现代化水平。21 世纪有很多不确定因素，基于外推分析的预测只是提供一种可能性。

如果按 2000～2015 年产业结构现代化指数的年均增长率计算，中国有可能在 2050 年前后产业结构现代化指数达到 2015 年高收入国家平均水平，见第四节。

2. 中国产业结构三大方面的前景分析

中国产业结构三大方面的前景分析，主要选择与国家经济水平有显著相关性的指标进行分析，采用线性外推分析方法。主要参考 1995～2015 年(或 2011 年)的年均增长率，预测未来的发展水平。未来水平的预测值，与所采用的年均增长率紧密相关，但大体而言中国很可能在 2050 年前后达到高收入国家 2010 年的指标水平。这种分析只供参考。

(1) 中国产业水平指标的前景分析

中国产业水平现代化的前景分析，我们选择了三次产业和三大产业的人均增加值以及六大集群

中的流通服务、其他服务、人类服务和基本服务的人均增加值等10个指标,分别预测了2020、2030、2040和2050年的指标,结果见第四节。

（2）中国产业结构指标的前景分析

中国产业结构现代化的前景分析,我们选择了三次产业的增加值比例和就业比例,三大产业的增加值比例和就业,以及六大集群中流通服务、其他服务、人类服务和基本服务的增加值比例和就业比例等20个指标,分别预测了2020～2050年的指标,见第四节。

（3）中国产业质量指标的前景分析

中国产业质量现代化的前景分析,我们选择了三次产业和三大产业的劳动生产率以及六大集群中流通服务、其他服务、人类服务和基本服务的劳动生产率等10个指标,分别预测了2020～2050年的指标,结果见第四节。

3. 中国产业结构现代化的机遇和挑战

中国是世界上人口最多的产业结构国家,中国产业结构影响世界产业结构格局。

在21世纪前50年,中国产业结构现代化将面临什么样的机遇和挑战呢？我们认为,中国产业结构现代化的机遇和挑战,不仅来源于内部,也来源于世界产业结构现代化本身和国际环境。

（1）产业水平方面的挑战

中国人均农业增加值的挑战：2015年中国人均农业增加值达到713美元,已超过高收入国家人均农业增加值512美元,但农业劳动生产率仅为4497美元,远低于高收入国家农业劳动生产率34 590美元,中国农业发展面临新的挑战。

中国人均服务业增加值的挑战：2015年中国人均服务业增加值达到4054美元,远低于高收入国家的人均服务业增加值28 074美元,2015年中国服务业劳动生产率为17 072美元,远低于高收入国家服务业劳动生产率80 757美元。

中国人均知识产业增加值的挑战：2015年中国人均知识产业增加值为1877美元,大大低于美、德、英、法、日五个发达国家人均知识产业增加值21 124美元。

（2）产业结构方面的挑战

农业和工业增加值比例过高的挑战：2015年中国农业增加值比例和工业增加值比例分别为8.8%和40.9%,远高于美、德、英、法、日五个发达国家农业增加值比例（1.0%）和工业增加值比例（23.4%）,农业增加值比例和工业增加值比例需要大幅度下降。

服务业增加值比例过低的挑战：2015年中国服务业增加值比例为50.2%,大大低于美、德、英、法、日五个发达国家服务业增加值比例（75.3%）,中国服务业增加值比例需要大幅度提升。

知识产业增加值比例过低的挑战：2015年中国知识产业增加值比例为23.3%,美、德、英、法、日五国平均知识产业增加值比例41.2%,中国知识产业增加值比例需要大幅度提升。

（3）产业质量方面的挑战

中国三大产业劳动生产率有待大幅度提升。2010年中国物质产业劳动生产率、服务产业劳动生产率和知识产业劳动生产率分别为6278美元/人、9247美元/人和20 909美元/人,分别为以美、德、英、法、日为代表的五个发达国家的6%、9%和24%,说明中国三大产业劳动生产率有待大幅提升。

第四节 中国产业结构现代化的战略分析

产业结构现代化,既是经济现代化的核心内容,也是建设现代化经济体系的战略要求。2017年中国共产党十九次全国代表大会报告提出了建设现代化经济体系的战略目标。根据产业结构现代化的基本原理，我们认为，中国产业结构现代化，就是要建设一个具有国际竞争力的知识经济的产业结构，一个产业水平、产业结构和产业质量都达到世界先进水平的现代化经济体系和经济强国。

一、中国产业结构现代化的目标分析

20世纪50年代特别是改革开放以来，中国经济发展取得巨大成就，经济规模指标已经位居世界前列，包括GDP和工业规模等。但中国经济的产业水平、产业结构和产业质量，大致处于世界中游，距离世界先进水平仍有较大差距。

中国产业结构现代化的目标分析，可以分层次进行分析。

1. 中国产业结构现代化的理论目标

根据产业结构现代化原理，在21世纪，中国产业结构现代化的理论目标有三个。目前，第一个目标是固定目标，第二个和第三个目标是动态目标。

- 第一个目标：完成第一次产业结构现代化，实现从农业经济向工业经济的产业结构转型，产业结构和产业水平的主要指标达到1960年发达国家的平均水平。
- 第二个目标：完成第二次产业结构现代化，实现从工业经济向服务经济和知识经济的产业结构转型。
- 第三个目标：迎头赶上世界产业结构的先进水平，成为知识经济强国和知识经济发达国家，全面建成产业水平、产业结构和产业质量达到世界先进水平的现代化经济体系。

2. 中国产业结构现代化的政策目标

一般而言，产业结构现代化的政策目标包含三类目标：共性目标、个性目标和减少副作用。共性目标可以作为产业结构现代化的评价指标，个性目标和减少副作用作为监测指标；有些指标很重要但缺少系统统计数据，可以作为观察指标。

- 共性目标：完成两次产业结构现代化，追赶、达到或保持世界产业结构的先进水平；同时产业水平和产业质量追赶、达到或保持世界先进水平；建成世界经济强国和知识经济发达国家。
- 个性目标：形成、保持和扩展自己的特色，强化竞争优势等。
- 减少副作用：减少环境污染、技术风险、国际风险和失业风险等。

3. 中国产业结构现代化的共性目标

中国产业结构现代化的共性目标，包括阶段目标和水平目标。其中，阶段目标是完成两次产业结构现代化，水平目标则是追赶、达到和保持世界先进水平。

(1) 中国产业结构现代化的阶段目标，包括实现理论目标的第一个和第二个目标

其一，国家层面。根据《中国统计年鉴2017》的面板数据，1984年中国经济具有农业经济的结构特征，其中，农业增加值比例高于30%，农业劳动力比例高于50%（图3-3）；2014年中国经济具有工业经济的结构特征，其中，农业增加值比例和劳动力比例分别低于15%和30%，服务业增加值比例和劳动力比例分别高于40%（图3-3）。在1984~2014年期间，中国完成从农业经济向工业经济的产业结构转变，基本完成第一次产业结构现代化。

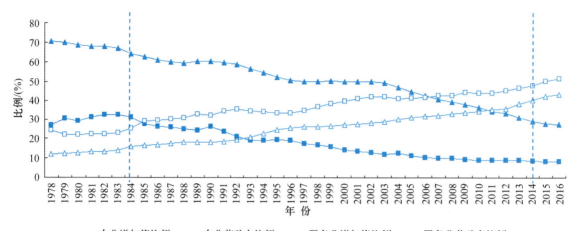

图 3-3 1978～2016 年中国农业和服务业的增加值比例和劳动力比例的变化

数据来源：国家统计局，2017.

在国家层面，2014 年中国已经实现第一个理论目标，基本完成第一次产业结构现代化；未来需要实现第二个理论目标。

- 2015 年中国产业结构现代化的发展阶段。2015 年中国服务业增加值比例超过 50%，服务业劳动力比例超过 40%，中国经济处于从工业经济向服务经济的转型期。
- 未来中国产业结构现代化的发展目标。中国产业结构现代化需要完成两个转变，一是从工业经济向服务经济的转变，二是从服务经济向知识经济的转变。

其二，地区层面。中国产业结构现代化具有地区不平衡性。根据《中国统计年鉴 2017》和各地区统计年鉴的面板数据，2015 年海南等 6 个地区具有农业经济的结构特征，四川等 16 个地区具有工业经济的部分特征（半工业经济的结构特征），山东等 7 个地区具有工业经济的结构特征，北京等 5 个地区具有服务经济的结构特征（表 3-60）。

表 3-60 2015 年中国地区经济的发展阶段

地区	农业增加值比例	农业劳动力比例	服务业增加值比例	服务业劳动力比例	阶段赋值a	阶段赋值b	阶段赋值c	阶段赋值d	发展阶段
海南	23.1	41.4	53.3	46.1	1	1			农业经济
黑龙江	17.5	37.5	50.7	42.5	1	1			农业经济
新疆	16.7	44.1	44.7	40.8	1	1			农业经济
贵州	15.6	59.7	44.9	24.1	1	1			农业经济
广西	15.3	50.6	38.8	31.2	1	1			农业经济
云南	15.1	53.6	45.1	33.4	1	1			农业经济
甘肃	14.1	—	49.2	—	2	—			半工业经济
四川	12.2	38.6	43.7	34.8	2	1			半工业经济
河北	11.5	—	40.2	—	2	—			半工业经济
湖南	11.5	40.7	44.1	35.8	2	1			半工业经济
河南	11.4	39.0	40.2	30.2	2	1			半工业经济
吉林	11.4	35.5	38.8	41.4	2	1			半工业经济

(续表)

地区	农业增加值比例	农业劳动力比例	服务业增加值比例	服务业劳动力比例	阶段赋值a	阶段赋值b	阶段赋值c	阶段赋值d	发展阶段
湖北	11.2	38.4	43.1	38.8	2	1			半工业经济
安徽	11.2	32.1	39.1	39.5	2	1			半工业经济
江西	10.6	30.0	39.1	37.5	2	1			半工业经济
西藏	9.6	41.2	53.8	45.5	2	1			半工业经济
内蒙古	9.1	39.1	40.5	43.8	2	1			半工业经济
陕西	8.9	38.1	40.7	29.7	2	1			半工业经济
青海	8.6	35.8	41.4	41.2	2	1			半工业经济
宁夏	8.2	44.1	44.5	37.6	2	1			半工业经济
山西	6.1	35.6	53.2	37.3	2	1			半工业经济
重庆	7.3	30.8	47.7	41.4	2	1			半工业经济
山东	7.9	29.6	45.3	35.2	2	2	2	1	工业经济
辽宁	8.3	28.6	46.2	45.0	2	2	2	2	工业经济
福建	8.2	22.3	41.6	40.6	2	2	2	2	工业经济
广东	4.6	22.1	50.6	36.9	2	2	2	1	工业经济
江苏	5.7	18.4	48.6	37.7	2	2	2	1	工业经济
浙江	4.3	13.2	49.8	38.5	2	2	2	1	工业经济
天津	1.3	7.4	52.2	57.0	2	2	2	2	工业经济
台湾	1.8	5.0	62.4	59.0	2	2	3	2	服务经济
北京	0.6	4.2	79.7	78.8	2	2	3	3	服务经济
上海	0.4	3.4	67.8	62.9	2	2	3	3	服务经济
澳门	0.0	0.3	89.5	82.0	2	2	3	3	服务经济
香港	0.1	0.2	92.4	84.8	2	2	3	3	服务经济
全国	8.8	28.3	50.2	42.4	2	2	2	2	工业经济

注:比例单位为%。山西劳动力比例数据为2014年的值。甘肃和河北缺少近年的劳动力比例数据。阶段赋值a和b是分别根据农业增加值比例和劳动力比例的赋值,阶段赋值c和d是分别根据服务业增加值比例和劳动力比例的赋值。赋值1、2、3分别代表农业经济、工业经济和服务经济阶段。阶段赋值的标准:农业经济,农业增加值比例大于15%,农业劳动力比例大于30%;工业经济,农业增加值比例小于15%,农业劳动力比例小于30%;服务经济,服务业增加值比例和劳动力比例都大于60%。

数据来源:国家统计局,2017.

在地区层面,2015年中国大约有12个地区实现第一个理论目标,基本完成第一次产业结构现代化,未来需要实现第二个理论目标;大约有22个地区尚没有实现第一个理论目标,尚未完成第一次产业结构现代化,未来需要实现第一个和第二个理论目标。

- 2015年地区产业结构现代化的发展阶段。在34个地区中,22个地区尚未完成第一次产业结构现代化,12个地区已经完成第一次产业结构现代化,其中5个地区已经进入服务经济阶段。
- 未来30年地区产业结构现代化的发展目标。22个地区需要先完成第一次产业结构现代化,然后完成第二次产业结构现代化;12个地区需要完成第二次产业结构现代化,其中,7个地区要向服务经济和知识经济转变,5个地区需要向知识经济转变。

(2) 中国产业结构现代化的水平目标,就是实现理论目标的第三个目标

其一,指数大小。中国产业结构现代化的水平目标,可用产业结构现代化指数来定量描述,它包括产业结构和产业质量的12个关键指标。根据产业结构统计指标的面板数据进行评价,2015年中国产业结构现代化指数约为36。根据产业结构现代化指数的国家分组,2015年中国产业结构为初等发达国家水平,处于发展中国家的中间位置。

如果按2000~2015年产业结构现代化指数的年均增长率计算,中国产业结构现代化指数有可能在2042年达到100(表3-61),即达到2015年发达国家的平均值。

表3-61 中国产业结构现代化指数的国际比较

项目	2000年产业结构现代化指数	2015年产业结构现代化指数	2000~2015年指数年均增长率/(%)	指数达到100需要的年数(按2000~2015年年均增长率计算)	指数达到100的大致年份
中国	20.5	36.1	3.85	27	2042
高收入国家	70.8	99.8	2.31	0	
中等收入国家	20.4	33.3	3.33	34	
低收入国家*	5.4	15.1	4.11	47	
世界平均	40.6	48.4	1.18	62	

注:*增长率有调整。本表产业结构现代化指数评价的基准值为2015年发达国家的平均值。
数据来源:附表1-3-1和附表1-3-4.

其二,世界排名。根据产业结构统计指标的面板数据进行评价,2015年中国产业结构现代化指数排名世界131个国家的第58位。

如果131个参加评价的国家都大致按2000~2015年产业结构现代化指数的年均增长率计算(部分国家的增长率做出调整),中国产业结构现代化指数的世界排名,2040~2050年有可能进入前40位左右,进入中等发达国家行列;在2060~2080年有可能进入前20位左右,进入发达国家行列;在21世纪后期可能进入前10位左右,进入发达国家前列,达到世界先进水平(表3-62)。

表3-62 中国产业结构现代化指数的世界排名的情景分析

项目	2015	2020	2030	2035	2040	2050	2060	2080	2100
测算一	58	58	52	48	45	38	22	16	13
测算二	58	58	53	52	52	51	49	36	24

注:测算一,国家指数年均增长率超过4%的按[4%+(实际增长率-5%)/10]计算,中国指数年均增长率为3.85%。测算二,国家指数年均增长率超过3%的按[3%+(实际增长率-3%)/10]计算,中国指数年均增长率为3.09%。国家指数年均增长率低于零的按0.5%计算。

二、中国产业结构现代化的路线图

中国产业结构现代化路线图是产业结构现代化的战略目标和基本路径的系统集成。

它的基本思路是:根据综合产业结构现代化原理,从产业水平、产业结构和产业质量三个方面、在国家和地方两个层次协同推进产业结构现代化,迎头赶上产业结构现代化的世界先进水平;在2050年前,全面建成制造业强国、服务经济强国和知识经济强国,产业结构现代化达到中等发达水平;在21世纪下半叶,全面建成现代化经济体系和知识经济发达国家,产业水平、产业结构和产业质量达到世界先进水平,全面实现产业结构现代化。

中国产业结构现代化路线图包括八个部分内容:战略目标、基本任务、运河路径、监测指标、产业水平监测、产业结构监测、产业质量监测和战略要点。战略要点将在后面讨论。

1. 中国产业结构现代化路线图之一:战略目标

前面已经分析了中国产业结构现代化的理论目标和政策目标。政策目标包括共性目标、个性目标和减少副作用等。由于篇幅有限,下面讨论共性目标以及相关的基本任务。

中国产业结构现代化的战略目标是:全面完成向服务经济和知识经济的两次转型,高质量建设现代化产业体系、现代化经济体系和现代化经济强国,全面建成制造业强国、服务经济强国、知识经济强国和世界经济强国,逐步达到产业水平、产业结构和产业质量的世界先进水平,早日成为具有世界先进水平的知识经济发达国家(表3-63,表3-64)。

- 在2035年前后完成向服务经济的转型,全面建成服务经济强国和制造业强国;
- 在2050年前后完成向知识经济的转型,全面建成知识经济强国和现代化产业体系;
- 在2080年前后(改革开放100周年)全面实现产业结构现代化,产业结构、产业体系和经济体系达到世界先进水平,全面建成现代化经济强国和具有世界先进水平的知识经济发达国家。

表3-63 中国产业结构现代化路线图的战略目标

项目	2015	2035	2050	2080	2100
产业结构现代化指数	36	77	135	420	895
指数排名	58	48	38	16	10
产业结构现代化水平	初等发达水平,世界前60名	超过世界平均水平,达到世界前50名	世界中等发达水平,达到世界前40名等	世界发达水平,达到世界前20名等	达到世界先进水平,达到世界前10名等

注:根据131个国家2000~2015年产业结构现代化指数的年均增长率进行估算和排名。

表3-64 中国产业结构现代化路线图的时间阶段

两大阶段	时间	阶段目标
2015~2050	2015~2020	中国产业结构现代化水平:世界初等发达水平,世界前60名左右
	2020~2035	中国产业结构现代化水平:达到世界平均水平,世界前50名左右
	2035~2050	中国产业结构现代化水平:世界中等发达水平,世界前40名左右
2050~2100	2050~2060	中国产业结构现代化水平:世界中等发达水平,世界前30名左右
	2060~2080	中国产业结构现代化水平:达到发达国家水平,世界前20名左右
	2080~2100	中国产业结构现代化水平:达到世界先进水平,世界前10名左右

注:根据131个国家2000~2015年产业结构现代化指数的年均增长率进行估算和排名。这里,发达国家水平指超过发达国家水平的基线,世界先进水平值超过发达国家的平均值。

2. 中国产业结构现代化路线图之二:基本任务

(1)两个层次的基本任务

国家层面的基本任务:中国产业结构现代化要完成两个转变,要上三个台阶。

- 发展阶段方面的任务是完成两个转变,即从工业经济向服务经济的转变,从服务经济向知识经济的转变。简单地说,就是大步走向知识经济时代(李京文,1999)。
- 发展水平方面的任务是上三个台阶,即从初等发达水平升级为中等发达水平,从中等发达水平升级为发达水平,从发达水平升级为世界先进水平,走到世界前列。

地区层面的基本任务：中国地区层面的产业结构现代化的任务比较复杂。2015年全国34个地区产业结构差别比较大（表3-71），不同地区经济发展阶段和发展水平不同。由于缺少统计数据，我们没有对中国地区产业结构现代化水平进行评价。

- 发展阶段方面的任务是完成三个转变，从农业经济向工业经济的转变，从工业经济向服务经济的转变，从服务经济向知识经济的转变，部分地区可以直接从工业经济向知识经济转变。
- 发展水平方面的任务是，发达地区要完成从发达水平升级为世界先进水平的任务；中等发达地区要完成从中等发达水平升级为发达水平、然后升级世界先进水平的任务；初等发达地区要完成升级为中等发达水平和发达水平的任务，并努力升级世界先进水平；水平较低的地区要完成升级初等发达和中等发达的任务，然后争取达到发达水平。

（2）基本任务的时间分解

中国产业结构现代化的基本任务与战略目标相对应，可以分解成两大阶段的任务。其中，21世纪前50年的基本任务比较明确，后50年需要专题研究（表3-65）。中国产业结构现代化的基本任务可以分解到产业水平、产业结构和产业质量三个方面。

表3-65　中国产业结构现代化路线图的基本任务

项目	2015~2035	2035~2050	2050~2080	2080~2100
基本任务	完成从工业经济向服务经济的转变，产业结构现代化指数翻一番，世界排名上升约10位等	完成从服务经济向知识经济的转变，升级为中等发达水平，产业结构现代化指数再翻一番，世界排名上升约10位等	升级为发达水平，产业结构现代化指数再翻两番，世界排名上升约20位等	升级为世界先进水平，产业结构现代化指数翻一番，世界排名上升近10位等
产业水平	见表3-67	见表3-67	待专题研究	待专题研究
产业结构	见表3-68，表3-70	见表3-68，表3-70	待专题研究	待专题研究
产业质量	见表3-69	见表3-69	待专题研究	待专题研究

3. 中国产业结构现代化路线图之三：运河路径

根据产业结构现代化原理（表2-23），21世纪产业结构现代化有三条基本路径：第一次产业结构现代化路径、第二次产业结构现代化路径和综合产业结构现代化路径。2015年中国实际上已经是两次产业结构现代化并存，地区差异比较大。从理论和政策角度考虑，综合产业结构现代化路径是中国的合理选择，简称为产业结构现代化的运河路径（图3-4）。

中国产业结构现代化的运河路径是：瞄准产业结构的未来前沿，两次产业结构现代化协调发展，加速从农业经济结构向工业经济结构和知识经济结构的转型，迎头赶上未来的世界前沿水平；在2050年达到产业结构现代化的世界中等发达水平，建成制造业强国、服务经济强国和知识经济强国；在21世纪下半叶早日达到产业结构现代化的世界先进水平，产业水平、产业结构、产业质量和知识经济等达到当时世界先进水平，建成现代化经济强国、世界经济强国和知识经济发达国家，全面实现产业结构现代化（图3-4）。

运河路径要求：坚持"抓质量、上水平、调结构"的基本原则，以提高产业质量为引领，以提高产业水平为抓手，以优化和提升产业结构为落脚点，全面推进产业质量、产业水平和产业结构的现代化，大幅提高国民经济的国际竞争力和国际地位等。

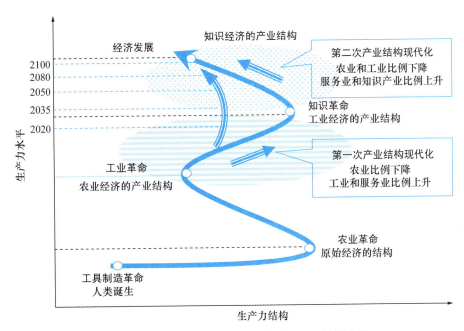

图 3-4 中国产业结构现代化的路线图——运河路径

4. 中国产业结构现代化路线图之四：监测指标

中国产业结构现代化的监测指标体系，可以以产业水平、产业结构和产业质量指标为基础。中国产业结构现代化的监测指标包括四大类 40 个指标（表 3-66，扣除重复）。

表 3-66 中国产业结构现代化路线图的监测指标体系

项目	产业水平	增加值结构	就业结构	产业质量
三次产业	人均农业增加值 人均工业增加值 人均服务业增加值	农业增加值比例 工业增加值比例 服务业增加值比例	农业劳动力比例 工业劳动力比例 服务业劳动力比例	农业劳动生产率 工业劳动生产率 服务业劳动生产率
三大产业	人均物质产业增加值 人均服务产业增加值 人均知识产业增加值	物质产业增加值比例 服务产业增加值比例 知识产业增加值比例	物质产业劳动力比例 服务产业劳动力比例 知识产业劳动力比例	物质产业劳动生产率 服务产业劳动生产率 知识产业劳动生产率
六大集群*	人均流通服务增加值 人均其他服务增加值 人均人类服务增加值 人均基本服务增加值	流通服务增加值比例 其他服务增加值比例 人类服务增加值比例 基本服务增加值比例	流通服务劳动力比例 其他服务劳动力比例 人类服务劳动力比例 基本服务劳动力比例	流通服务劳动生产率 其他服务劳动生产率 人类服务劳动生产率 基本服务劳动生产率

注：* 六大集群包括农业和工业，它们与三次产业中的农业和工业数据一致，此处避免重复。

5. 中国产业结构现代化路线图之五：产业水平监测

产业水平监测可以包括人均增加值、人均总产值和人均需求的主要指标，这里以人均增加值指标为例；可以包括三次产业、三大产业、六大集群和 24 个部门，这里以三次产业、三大产业和六大集群为例（表 3-67）。人均增加值的单位为 2015 年不变价格美元。

表 3-67 2020～2050 年中国产业结构现代化的产业水平监测（人均增加值指标）

项目	增长率/(%)	2015	2020	2030	2035	2040	2050	A	B	对照
三次产业										
人均农业增加值	0.73	713	739	795	824	855	919	1.1	1.2	920
人均工业增加值	3.2	3303	3866	5298	6201	7259	9947	1.6	1.9	9290
人均服务业增加值	6.3	4054	5502	10 135	13 757	18 671	34 396	2.5	3.4	29 906
三大产业										
人均物质产业增加值*	2.8	4088	4605	6093	7026	8114	10 866	1.5	1.8	10 210
人均服务产业增加值*	5.6	2085	2857	4884	6356	8244	13 691	2.3	2.8	14 238
人均知识产业增加值	7.1	1877	2645	5252	7400	10 428	20 705	2.8	3.9	21 124
六大集群**										
人均流通服务增加值	5.5	1958	2689	4588	5965	7725	12 778	2.3	2.8	14 465
人均其他服务增加值	5.8	127	168	295	392	519	912	2.3	3.1	924
人均人类服务增加值	7.9	732	1071	2291	3351	4901	10 482	3.1	4.6	9953
人均基本服务增加值*	6.5	1145	1574	2961	4049	5527	10 223	2.6	3.5	11 171

注：* 2020～2050 年数值有调整。人均增加值单位为 2015 年价格美元。** 六大集群包括农业和工业。增长率为估计值，根据 2000～2015 年期间的实际增长率和达到发达国家水平所需的增长率的估计值。A＝2030 年值/起点年值。B＝2050 年值/2030 年值。对照为发达国家（美、日、德、英、法五国的算术平均）2015 年值，人均农业增加值有调整。

6. 中国产业结构现代化路线图之六：产业结构监测

产业结构监测可以包括增加值结构、总产值结构、需求结构和就业结构等主要指标，这里以增加值结构和就业结构指标为例；可以包括三次产业、三大产业、六大集群和 24 个部门，这里以三次产业、三大产业和六大集群为例（表 3-68）。

表 3-68 2020～2050 年中国产业结构现代化的产业结构监测（增加值结构和就业结构指标）

项目	增长率/(%)	起点*	2020	2030	2035	2040	2050	A	B	对照
三次产业										
农业增加值比例	−4.1	8.8	7.1	4.7	3.8	3.1	2.0	0.5	0.4	2
工业增加值比例	−1.8	40.9	37.3	31.1	28.4	26.0	21.7	0.8	0.7	23
服务业增加值比例*	1.2	50.2	55.5	64.2	67.7	70.9	76.3	1.3	1.2	75
农业劳动力比例	−6.2	28.3	20.5	10.8	7.9	5.7	3.0	0.4	0.3	3
工业劳动力比例	−0.8	29.3	28.1	26.0	25.0	24.0	22.1	0.9	0.9	22
服务业劳动力比例*	1.7	42.4	51.3	63.2	67.2	70.3	74.9	1.5	1.2	75
三大产业										
物质产业增加值比例**	−2.1	50.8	44.5	35.8	32.3	29.1	23.7	0.7	0.7	25
服务产业增加值比例	0.4	25.9	26.4	27.6	28.2	28.8	30.0	1.1	1.1	30
知识产业增加值比例**	1.9	23.3	29.1	36.6	39.6	42.2	46.3	1.6	1.3	45
物质产业劳动力比例**	−2.6	72.9	48.7	36.8	32.8	29.7	25.1	0.5	0.7	25
服务产业劳动力比例	1.2	18.9	21.3	24.0	25.4	27.0	30.4	1.3	1.3	30
知识产业劳动力比例**	4.4	8.2	30.0	39.2	41.7	43.3	44.4	4.8	1.1	45

(续表)

项目	增长率/(%)	起点*	2020	2030	2035	2040	2050	A	B	对照
六大集群***										
流通服务增加值比例**	0.4	24.3	24.8	25.8	26.4	26.9	28.0	1.1	1.1	28
其他服务增加值比例	0.6	1.6	1.7	1.8	1.8	1.9	2.0	1.1	1.1	2
人类服务增加值比例**	2.6	9.1	13.9	19.1	20.9	22.1	23.3	2.1	1.2	22
基本服务增加值比例	1.4	14.2	15.2	17.5	18.7	20.0	23.0	1.2	1.3	23
流通服务劳动力比例**	1.2	16.9	19.1	21.6	22.9	24.3	27.4	1.3	1.3	27
其他服务劳动力比例	1.1	1.9	2.2	2.4	2.6	2.7	3.0	1.2	1.2	3
人类服务劳动力比例**	4.4	4.5	12.2	19.7	21.9	23.4	25.0	4.3	1.3	25
基本服务劳动力比例**	4.3	3.7	17.8	19.5	19.9	19.9	19.5	5.3	1.0	20

注：* 起点时间，增加值结构为 2015 年；就业结构三次产业为 2015 年，三大产业和六大集群为 2010 年。** 2020~2050 年数值有调整。*** 六大集群包括农业和工业。各产业增加值比例、就业比例、劳动力比例单位为%。增长率为估计值，根据 2000~2015 年或 1995~2010 年期间的实际增长率和达到发达国家水平所需要的增长率的估计值。A=2030 年值/起点年值。B=2050 年值/2030 年值。对照为发达国家（美、日、德、英、法五国算术平均）2015 年值。

7. 中国产业结构现代化路线图之七：产业质量监测

产业质量监测可以包括劳动生产率、净利润率、增加值率、创新密度和环境压力等的主要指标，这里以劳动生产率指标为例；可以包括三次产业、三大产业、六大集群和 24 个部门，这里以三次产业、三大产业和六大集群为例（表 3-69）。

表 3-69　2020~2050 年中国产业结构现代化的产业质量监测（劳动生产率指标）

项目	增长率/(%)	起点*	2020	2030	2035	2040	2050	A	B	对照
三次产业										
农业劳动生产率	6.8	4439	6167	11 907	16 545	22 990	44 386	2.7	3.7	43 905
工业劳动生产率	3.4	25 082	29 646	41 416	48 952	57 860	80 832	1.7	2.0	81 193
服务业劳动生产率	4.8	15 424	19 499	31 162	39 394	49 801	79 588	2.0	2.6	78 649
三大产业										
物质产业劳动生产率	7.8	6278	13 305	28 197	41 048	59 756	126 640	4.5	4.5	129 280
服务产业劳动生产率	6.4	9247	17 196	31 977	43 606	59 463	110 577	3.5	3.5	112 317
知识产业劳动生产率	4.0	20 909	30 950	45 814	55 740	67 816	100 385	2.2	2.2	98 935
六大集群**										
流通服务劳动生产率	6.4	10 116	18 812	34 982	47 703	65 052	120 969	3.5	3.5	119 434
其他服务劳动生产率	9.4	1662	4081	10 023	15 706	24 612	60 440	6.0	6.0	60 106
人类服务劳动生产率	4.4	14 533	22 354	34 385	42 645	52 890	81 353	2.4	2.4	81 018
基本服务劳动生产率	3.7	28 735	41 324	59 427	71 266	85 462	122 903	2.1	2.1	123 590

注：* 起点时间，三次产业为 2015 年，三大产业和六大集群为 2010 年。三次产业生产率单位为 2015 年价格美元，其他生产率单位为 2010 年价格美元。** 六大集群包括农业和工业。增长率为估计值，根据 2000~2015 年或 1995~2010 年期间的实际增长率和达到发达国家水平所需要的增长率的估计值。A=2030 年值/起点年值。B=2050 年值/2030 年值。对照为发达国家（美、日、德、英、法五国算术平均）2015 年值。

8. 中国产业结构现代化路线图之八：24 个部门的目标和任务

为实现产业结构监测的目标，需要进一步规划 24 个部门的目标和任务（表 3-70）。

表 3-70 至 2050 年中国产业结构现代化的 24 个部门的目标和任务（产业结构部分）

部门和集群	增加值比例*				劳动力比例**			
	起点	目标	任务	增长率	起点	目标	任务	增长率
农业	8.8	2.0	−6.8	−4.1	28.3	3.0	−25.3	−6.2
工业集群								
采矿业	2.8	0.6	−2.2	−4.2	1.1	0.2	−0.9	−3.9
制造业	29.4	15.3	−14.1	−1.8	16.9	12.9	−4.0	−0.7
建筑业	6.8	5.2	−1.6	−0.8	5.5	5.6	0.1	0.1
公共事业	2.2	1.9	−0.3	−0.4	0.7	0.7	0.0	0.0
环境治理	0.6	0.6	0.04	0.2	0.4	0.5	0.1	0.6
流通服务集群								
批发与零售业	9.6	11.0	1.4	0.4	9.3	14.9	5.6	1.2
运输和储存	4.4	4.4	0.02	0.0	3.6	5.1	1.5	0.9
食宿服务	1.8	2.5	0.7	1.0	2.7	5.7	3.0	1.8
房地产和租赁	8.5	13.5	4.9	1.3	1.4	1.8	0.4	0.6
其他服务集群								
其他个人和家庭服务***	0.8	1.2	0.4	1.1	1.0	2.6	1.6	2.5
其他劳务服务***	0.8	1.3	0.5	1.4	1.0	1.9	0.9	1.7
人类服务集群								
科学研发***	0.4	0.9	0.5	2.0	0.2	0.8	0.6	4.1
教育	3.5	5.0	1.5	1.0	2.3	6.9	4.6	2.8
信息和交流	2.7	5.5	2.8	2.1	0.6	3.3	2.7	4.3
艺术、娱乐和文娱	0.7	1.3	0.6	1.8	0.5	1.9	1.4	3.6
旅行***	0.1	0.3	0.2	3.3	0.0	0.2	0.2	4.1
健康和社会帮助	2.2	7.9	5.7	3.8	1.2	13.5	12.3	6.3
基本服务集群								
金融和保险	8.4	5.5	−2.9	−1.2	0.8	3.4	2.6	3.6
专业和技术活动	2.0	5.9	3.9	3.2	0.3	5.1	4.8	7.2
行政和辅助***	1.0	1.7	0.7	3.0	0.8	4.0	3.2	4.1
公共管理和社会安全	3.5	6.5	3.0	1.8	2.3	6.2	3.9	2.6
成员组织	0.4	0.9	0.5	2.3	0.3	1.7	1.4	4.4
国际组织	—	—	—	—	—	—	—	—

注：* 起点时间为 2015 年。** 起点时间为 2015 年（农业指标）和 2010 年（其余指标），2010 年劳动力比例数值是根据 2010 年全国人口普查数据的估算。*** 这些指标的起点，缺少统计数据，其数值已经包含在其他指标中；为保持部门完整性，根据其所在集群平均的目标与起点的比例关系进行估值，部分估值有所调整；这种估值只有参考意义，它导致 24 个部门加总大于 100（由于重复计算）。目标为 2050 年要达到的水平，任务＝目标值－起点值，增长率为完成任务所需的平均年增长率。各数据单位均为%。

三、中国产业结构现代化的战略要点

在未来 30 多年,产业结构现代化将是中国经济现代化的一个关键领域。关于中国产业现代化的战略要点,专家学者必然见仁见智。这里重点讨论国家层面的产业结构现代化的战略重点。不同地区产业结构现代化的阶段和水平有差别,可以选择自己合适的战略重点,需要专题研究。

我们认为:中国产业结构现代化,可以在两个维度协同推进(图 3-5)。① 纵向维度,包括宏观经济、中观经济和微观经济三个层次,涉及三次产业、三大产业、六大集群和 24 个经济部门。② 横向维度,包括产业水平、产业结构和产业质量三个方面。为了便于分析和操作,下面以纵向为经,以横向为纬,讨论产业结构现代化的政策选择。

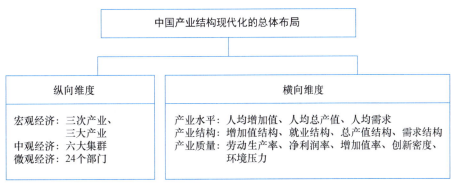

图 3-5 中国产业结构现代化的总体布局

前面已经提到,产业结构现代化既有共性规律,也有国别和时代差异,而且受世界科技革命和产业革命、国际产业分工和国际产业竞争的影响。选择中国产业结构现代化的政策重点,既要充分尊重共性规律,即世界产业结构的发展趋势、科技和产业革命的影响等,又要充分尊重中国国情,即中国产业结构的国际差距、发展潜力和发展目标。概括地说,中国产业结构现代化的重点选择,既要重视内因,也要考虑外因,需要综合研判(图 3-6)。

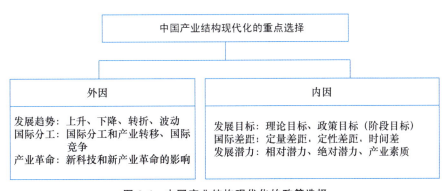

图 3-6 中国产业结构现代化的政策选择

本《报告》第一章分析了世界产业结构的发展趋势。《中国现代化报告 2014～2015》和《中国现代化报告 2016》分别讨论了科技革命对工业和服务业的影响。关于科技革命对产业结构的影响(专栏 3-4),以及国际产业分工等,都需要专题研究。

> **专栏 3-4　第四次工业革命将改变劳动力市场**
>
> 2016年世界经济论坛发布《未来就业报告》。报告认为，第四次工业革命将深刻改变劳动力市场。一些传统职业将会消失，一些新兴职业将会产生。在15个主要发达国家和新兴经济体内，预计未来5年，有超过710万个岗位将消失，同时有210万个新岗位将产生。
>
> 第四次工业革命的关键技术，涉及人工智能、机械学习、机器人制造、纳米技术、3D打印、基因和生物科技等。一方面是新科技不断涌现，一方面是多种技能组合，必然会加速商业和技术变革。
>
> 资料来源：世界经济论坛（WEF），2016. https://cn.weforum.org/reports/the-future-of-jobs.
>
> 在本《报告》第二章第三节，我们讨论了产业革命与产业结构变迁的关系，介绍了四次产业革命（表2-21）。第一次是机械化革命，第二次是电气化革命，第三次是自动化和信息化革命（分为上下两部分），第四次有可能是仿生和再生革命。人工智能是一种仿生技术，即智能仿生。

下面以发展目标为导向，从世界产业结构的发展趋势、中国产业结构的国际差距和发展潜力（专栏3-5）的角度，综合分析未来35年中国产业结构现代化的政策重点。其中，世界发展趋势包括产业水平（以人均增加值为代表）、产业结构（以增加值结构和就业结构为代表）和产业质量（以劳动生产率为代表）的发展趋势，具体内容见第一章第二节和第四节。

> **专栏 3-5　至2050年中国产业发展潜力的一种估算方法**
>
> 中国产业发展潜力指以2015年（或2010年）发达国家的平均水平为参照，中国产业至2050年期间的发展空间的大小，与中国产业的自身素质、国际差距和国际产业的发展趋势有关。一般而言，自身素质越好，发展潜力越大，否则相反；国际差距越大的产业，发展空间越大，发展潜力越大，否则相反；发展趋势为上升的产业，发展空间较大，发展潜力较大，否则相反。从不同角度、用不同指标衡量的产业发展潜力存在差异。发展潜力分析可以为产业结构调整提供一种分析工具。
>
> 从国际差距角度估算发展潜力，可分为相对潜力和绝对潜力。其定量估算方法如下：
>
> 指标相对潜力 ≈ 100 − 中国值 ÷ 发达国家值 × 100
>
> 指标绝对潜力 ≈ 发达国家值 − 中国值
>
> $$\text{平均潜力} \approx \sum \text{指标潜力}/N$$
>
> N 为参加产业发展潜力分析的指标个数。

1. 宏观经济产业结构现代化之一：三次产业结构现代化的重点选择

宏观经济的产业结构，可以分为三次产业和三大产业。其中，三次产业结构适用于工业经济和服务经济的产业结构分析，三大产业结构适用于知识经济的产业结构分析。根据《中国统计年鉴》的面板数据，《中国现代化报告2016》发现，2014年中国经济已经具有工业经济的结构特点，2015年进入向服务经济的转型期。这里先讨论三次产业结构现代化。

（1）中国三次产业结构现代化的目标

中国三次产业结构现代化，主要涉及产业结构现代化的第一步目标，即在2035年完成从工业经济向服务经济的转变,建成制造业强国和服务经济强国,产业结构现代化指数进入世界前 50 名。

三次产业结构现代化的具体目标和任务,参见表 3-67 至表 3-69。

(2) 世界三次产业结构的发展趋势

首先,产业水平的发展趋势。1960 年以来,人均农业增加值和人均工业增加值的发展趋势比较复杂,人均服务业增加值上升。在 1990~2015 年期间,大约有 18 个发达国家的人均农业增加值出现先升后降或数值波动;在 2000~2015 年期间,大约有 16 个发达国家人均工业增加值出现先升后降或数值波动(表 3-71)。

表 3-71　1990~2015 年 21 个发达国家人均农业增加值和人均工业增加值的变化趋势

项目	人均农业增加值(1990~2015年)			人均工业增加值(2000~2015年)		
	先升后降国家/个	数值波动国家/个	合计	先升后降国家/个	数值波动国家/个	合计
按现价美元计算	15	3	18	12	4	16
按 2010 年价格美元计算	11	8	19	8	8	16
按本国货币计算	10	5	15	7	5	12
按不变价格本国货币计算	11	7	18	12	3	15
综合判断	11	7	18	10	6	16

注:根据世界银行《世界发展指标》2018-1-25 版网络数据(World Bank, 2018)数据的判断。

根据世界银行的面板数据,在一定技术和经济条件下,人均农业增加值和人均工业增加值的增长,可能存在某种"极限"或"拐点",不同国家的"极值"有所不同。目前这还是一种可能性,它是否成立,还需要更长时间的数据链和更多的数据分析来检验。究其原因,可能是在不考虑国际贸易和分工时,人均农业增加值与人均农产品的合理需求和农产品的合理价格相关,而人均农产品的合理需求是有限的。人均工业增加值的情况也是如此。

- **人均农业增加值的增长可能有"极限",不同国家的"极值"有所不同。** 根据世界银行《世界发展指标》2018 年 1 月 25 日版网络数据推断,世界农业的人均发展水平,有可能存在某种"极值"或"拐点"。具体而言,21 个发达国家的人均农业增加值,在 1990~2015 年期间,按现价美元计算,15 个国家出现下降,3 个国家出现波动;按 2010 年不变价格美元计算,11 个国家出现下降,8 个国家出现波动;按本国货币计算,10 个国家出现下降,5 个国家出现波动;按本国货币不变价格计算,11 个出现下降,7 个出现波动(表 3-71)。高收入国家人均农业增加值的平均值,在 1995~2015 年期间,按现价美元计算,在 520 美元左右波动;在 2000~2015 年期间,按 2010 年不变价格计算,在 530 美元左右波动。

- **人均工业增加值的增长可能有"极限",不同国家的"极值"有所不同。** 根据世界银行《世界发展指标》2018 年 1 月 25 日版网络数据判断,世界工业的人均发展水平,有可能存在某种"极值"或"拐点"。具体而言,21 个发达国家的人均工业增加值,在 2000~2015 年期间,按现价美元计算,12 个国家出现下降,4 个国家出现波动;按 2010 年不变价格美元计算,8 个国家出现下降,8 个国家出现波动;按本国货币计算,7 个国家出现下降,5 个国家出现波动;按本国货币不变价格计算,12 个出现下降,3 个出现波动(表 3-71)。高收入国家人均工业增加值的平均值,在 2008~2015 年期间,按现价美元计算,在 10000 美元左右波动;按 2010 年不变价格计算,在 9900 美元左右波动。

其次,产业结构的发展趋势。1960年以来,农业比例下降,工业比例先升后降,服务业比例上升。增加值结构和就业结构基本一致。

其三,产业质量的发展趋势。1960年以来,三次产业的劳动生产率都呈上升趋势,但在2010～2015年期间,部分国家农业和工业劳动生产率出现下降。

(3) 中国三次产业结构的国际差距和发展潜力

首先,产业水平分析,以人均增加值为代表。1960～2015年期间,中国三次产业的人均增加值与发达国家(高收入国家平均值)的差距,都经历了先扩大后缩小的过程(表3-72)。从产业水平角度看,不同产业的国际差距和发展潜力有很大差别。

表3-72 1960～2015年中国三次产业的产业水平和国际比较

项目	指标	1960	1970	1980	1990	2000	2005	2010	2015
中国	人均农业增加值/美元	21	39	58	85	141	204	435	713
	人均工业增加值/美元	40	46	94	130	437	825	2116	3303
	人均服务业增加值/美元	29	28	43	103	382	725	2010	4054
高收入国家*	人均农业增加值/美元	84	112	378	523	421	474	525	512
	人均工业增加值/美元	562	1096	3559	6152	6886	8546	9504	9389
	人均服务业增加值/美元	759	1602	5660	12 279	17 350	23 049	27 047	28 074
相对差距	人均农业增加值	4.1	2.9	6.6	6.2	3.0	2.3	1.2	0.7
	人均工业增加值	14.1	23.8	38.0	47.2	15.8	10.4	4.5	2.8
	人均服务业增加值	26.1	57.2	131.6	119.3	45.5	31.8	13.5	6.9
绝对差距	人均农业增加值/美元	64	73	320	439	280	270	91	−201
	人均工业增加值/美元	522	1051	3465	6022	6449	7722	7388	6086
	人均服务业增加值/美元	730	1574	5616	12 176	16 968	22 324	25 037	24 021

注:相对差距=高收入国家值÷中国值。绝对差距=高收入国家值−中国值。* 高收入国家1960～1990年数值为估算值。数据来自世界银行《世界发展指标》2018-1-25版网络数据库(World Bank, 2018)的计算。

- 2015年中国人均农业增加值已经达到发达国家的平均水平,未来发展潜力有限。2015年中国人均农业增加值,按现价美元计算已经高于高收入国家平均值,按2010年不变价格美元计算已经接近高收入国家平均值。
- 2015年中国人均工业增加值与发达国家平均水平的差距仍然比较大,未来具有较大发展潜力。2015年中国人均工业增加值与高收入国家平均值的相对差距约为3倍,绝对差距约为6000美元。
- 2015年中国人均服务业增加值与发达国家平均水平的差距非常大,未来发展潜力巨大。2015年中国人均服务业增加值与高收入国家平均值的相对差距约为7倍,绝对差距约为24 000美元。

如果采用人均增加值、人均总产值和人均需求的相对潜力和绝对潜力的简单算术平均数计算,以发达国家平均水平(2015年值或2010年值)为参照,至2050年中国农业、工业和服务业的产业水平的平均相对发展潜力分别约为:6%、65%和90%,平均绝对发展潜力分别约为:150美元、13 470美元和37 640美元(表3-73)。

表 3-73 至 2050 年中国三次产业的产业水平的发展潜力

地区	产业水平/美元*				以产业水平指标衡量的产业发展潜力				
	指标	农业	工业	服务业	项目	指标	农业	工业	服务业
发达国家	人均增加值	512	9389	28 074	相对潜力	人均增加值/(%)	−39	65	86
	人均总产值	1054	26 244	49 433		人均总产值/(%)	27	64	93
	人均需求	1136	26 693	46 866		人均需求/(%)	31	65	92
中国	人均增加值	713	3303	4054	绝对潜力	人均增加值/美元	−201	6086	24 021
	人均总产值	765	9383	3695		人均总产值/美元	289	16 861	45 738
	人均需求	785	9221	3706		人均需求/美元	351	17 472	43 160
					平均潜力	相对潜力/(%)	6	65	90
						绝对潜力/美元	146	13 473	37 640

注：*人均增加值为 2015 年数据，来自世界银行《世界发展指标》2018-1-25 版网络数据库(World Bank, 2018)。人均总产值和人均需求为 2010 年数据，来自表 1-24、表 1-28、表 3-6、表 3-9。发达国家人均增加值为高收入国家的平均值，发达国家人均总产值和人均需求数据为美、日、德、英、法五国简单算术平均值。

- **中国农业发展面临新挑战**。2015 年中国人均农业增加值约为 713 美元，位居世界 131 个国家的第 13 位，高于许多发达国家；在 21 个发达国家中只有 6 个国家人均农业增加值高于中国，它们分别是新西兰、澳大利亚、挪威、芬兰、加拿大和荷兰（表 3-74）。2015 年中国人均农业增加值高于高收入国家平均值，高于法国、美国、日本、英国和德国等国家，后者分别为 512、577、573、365、263 和 229 美元。前面提到，1990~2015 年期间有 18 个发达国家人均农业增加值出现波动或下降（表 3-71），人均农业增加值的增长可能有"极限"；2015 年中国人均农业增加值可能正在接近"极限"。
- **中国农业劳动生产率需要大幅度提高**。根据人均农业增加值的国际比较，中国农业未来的产业水平潜力有限；根据农业比例的国际比较，中国农业比例需要大幅度下降；根据农业劳动生产率的国际差距，中国需要大幅度提高农业劳动生产率。

表 3-74 2015 年中国农业的国际比较

国家	人均农业增加值/美元	农业增加值比例/(%)	农业劳动力比例/(%)	农业劳动生产率/美元	国家	人均农业增加值/美元	农业增加值比例/(%)	农业劳动力比例/(%)	农业劳动生产率/美元
新西兰	2773*	6.8	6.1	87 183	中国	713	8.8	28.9	4439
澳大利亚	1349*	2.6	2.8	97 647	美国	573**	1.1	1.5	80 349
挪威	1143*	1.7	2.2	102 004	日本	365*	1.1	3.8	19 200
乌拉圭	952*	7.0	8.8	22 752	德国	229*	0.6	1.4	32 748
芬兰	929*	2.5	4.3	48 675	英国	263*	0.7	1.2	44 934
加拿大	904	1.8	2.1	83 634	法国	577*	1.8	2.8	50 605
马来西亚	816*	8.5	12.5	14 267	意大利	608*	2.2	3.6	45 978
阿尔巴尼亚	789*	22.9	42.3	5357	巴西	374*	5.0	14.9	5275
委内瑞拉	789	5.6	12.1	17 621	印度	254	17.5	46.0	1490
土耳其	758*	7.8	20.5	11 046	高收入国家	512*	1.4	3.2	34 590
荷兰	727*	1.8	2.3	63 697	中收入国家	442	9.2	31.4	3244
巴拉圭	714*	19.2	20.1	7513	低收入国家	186	30.4	68.3	662
中国	713	8.8	28.9	4439	世界平均	431	3.8	29.5	3341

注：数据来自世界银行《世界发展指标》2018-1-25 版网络数据库(World Bank, 2018)。新西兰、加拿大和委内瑞拉人均农业增加值和农业劳动生产率的数据分别为 2014 年值、2013 年值和 2014 年值。* 2000 年以来，这些国家和地区的人均农业增加值先后出现下降或波动；** 按 2010 年不变价格美元计算出现波动。

其二，产业结构分析，以增加值结构和就业结构为代表。1960～2015年期间，发达国家（高收入国家平均值）经济发展先后进入非工业化阶段或服务经济阶段，农业增加值比例下降，工业增加值比例下降，服务业增加值比例上升；农业劳动力比例下降，工业劳动力比例先升后降，服务业劳动力比例上升。在此期间，中国农业增加值比例和工业增加值比例都高于发达国家，服务业增加值比例低于发达国家，服务业增加值比例与发达国家的差距经历了先扩大后缩小的过程（表3-75）；中国农业劳动力比例高于发达国家，工业劳动力比例从低于发达国家到高于发达国家，服务业劳动力比例低于发达国家，服务业劳动力比例与发达国家的差距经历了先扩大后缩小的过程（表3-76）。从增加值结构和就业结构角度看，不同产业的国际差距和发展潜力有很大差别，而且产业结构偏离度较大（表1-91）。

表3-75　1960～2015年中国三次产业的增加值结构和国际比较

项目	指标	1960	1970	1980	1990	2000	2005	2010	2015
中国	农业增加值比例/(%)	23.2	34.8	29.6	26.6	14.7	11.6	9.5	8.8
	工业增加值比例/(%)	44.4	40.3	48.1	41.0	45.5	47.0	46.4	40.9
	服务业增加值比例/(%)	32.4	24.9	22.3	32.4	39.8	41.3	44.1	50.2
高收入国家*	农业增加值比例/(%)	6.0	4.0	3.9	2.8	1.9	1.5	1.4	1.4
	工业增加值比例/(%)	40.0	39.0	37.1	32.5	28.0	26.5	25.5	24.4
	服务业增加值比例/(%)	54.0	57.0	59.0	64.8	70.5	72.1	73.2	74.2
相对差距	农业增加值比例	0.3	0.1	0.1	0.1	0.1	0.1	0.1	0.2
	工业增加值比例	0.9	1.0	0.8	0.8	0.6	0.6	0.5	0.6
	服务业增加值比例	1.7	2.3	2.6	2.0	1.8	1.7	1.7	1.5
绝对差距	农业增加值比例/(%)	−17.2	−30.8	−25.7	−23.8	−12.8	−10.1	−8.1	−7.5
	工业增加值比例/(%)	−4.4	−1.3	−11.0	−8.6	−17.5	−20.5	−20.9	−16.5
	服务业增加值比例/(%)	21.6	32.1	36.7	32.4	30.7	30.7	29.1	24.0

注：相对差距＝高收入国家值÷中国值。绝对差距＝高收入国家值－中国值。* 高收入国家1960～1990年数值为估计值。数据来自世界银行《世界发展指标》2018-1-25版网络数据库（World Bank，2018）的计算。

表3-76　1960～2015年中国三次产业的就业结构和国际比较

项目	指标	1960	1970	1980	1991	2000	2005	2010	2015
中国*	农业劳动力比例/(%)	82.1	80.8	68.7	59.7	50.0	44.8	36.7	28.3
	工业劳动力比例/(%)	8.0	10.2	18.2	21.4	22.5	23.8	28.7	29.3
	服务业劳动力比例/(%)	9.9	9.0	13.1	18.9	27.5	31.4	34.6	42.4
高收入国家**	农业劳动力比例/(%)	18.0	12.4	9.0	6.7	4.9	4.0	3.5	3.2
	工业劳动力比例/(%)	38.0	39.4	33.7	31.3	27.1	25.0	23.0	22.5
	服务业劳动力比例/(%)	44.0	48.2	57.3	62.0	68.0	71.0	73.5	74.4
相对差距	农业劳动力比例	0.2	0.2	0.1	0.1	0.1	0.1	0.1	0.1
	工业劳动力比例	4.8	3.9	1.9	1.5	1.2	1.1	0.8	0.8
	服务业劳动力比例	4.4	5.4	4.4	3.3	2.5	2.3	2.1	1.8
绝对差距	农业劳动力比例/(%)	−64.1	−68.4	−59.7	−53.0	−45.1	−40.8	−33.2	−25.1
	工业劳动力比例/(%)	30.0	29.2	15.5	9.9	4.6	1.2	−5.7	−6.8
	服务业劳动力比例/(%)	34.1	39.2	44.2	43.1	40.5	39.6	38.9	32.0

注：相对差距＝高收入国家值÷中国值。绝对差距＝高收入国家值－中国值。* 中国1960年数值为1962年的值。** 高收入国家1960～1991年数值为估计值。数据来自世界银行《世界发展指标》2018-1-25版网络数据库（World Bank，2018）的计算。

- 2015年中国农业增加值比例和农业劳动力比例都高于发达国家平均水平,未来发展潜力为负值,即中国需要降低农业增加值比例和农业劳动力比例。
- 2015年中国工业增加值比例和工业劳动力比例都高于发达国家平均水平,未来发展潜力为负值,即中国需要降低工业增加值比例和工业劳动力比例。
- 2015年中国服务业增加值比例和服务业劳动力比例与发达国家平均水平的差距非常大,未来发展潜力巨大。2015年中国服务业增加值比例和服务业劳动力比例与高收入国家平均值的绝对差分别约为24%和32%。
- 2015年中国三次产业的增加值结构和就业结构协调性比较差。2015年三次产业的增加值结构与就业结构的相似系数排世界第87位,产业结构偏离度排世界第82位(表1-91)。

如果采用增加值结构、总产值结构、需求结构和就业结构的相对潜力和绝对潜力的简单算术平均数计算,以发达国家平均水平(2015年值或2010年值)为参照,至2050年中国农业比例和工业比例的平均相对发展潜力和绝对发展潜力都是负值,服务业比例的平均相对发展潜力和绝对发展潜力分别约为:48%和32%(表3-77)。

表 3-77 至 2050 年中国三次产业的产业结构的发展潜力

地区	产业结构/(%)*				以产业结构指标衡量的产业发展潜力/(%)				
	指标	农业	工业	服务业	项目	指标	农业	工业	服务业
发达国家	增加值比例	1.4	24.4	74.2	相对潜力	增加值比例	−549	−67	32
	总产值比例	1.4	34	64.6		总产值比例	−293	−99	59
	需求比例	1.5	35.7	62.8		需求比例	−280	−88	57
	就业比例	3.2	22.5	74.4		就业比例	−794	−30	43
中国	增加值比例	8.8	40.9	50.2	绝对潜力	增加值比例	−7.5	−16.5	24.0
	总产值比例	5.5	67.8	26.7		总产值比例	−4.1	−33.8	37.9
	需求比例	5.7	67.2	27.0		需求比例	−4.2	−31.5	35.8
	就业比例	28.3	29.3	42.4		就业比例	−25.1	−6.8	32.0
					平均潜力	相对潜力	−479	−71	48
						绝对潜力	−10.2	−22.2	32.4

注:*增加值结构和就业结构为2015年数据,来自世界银行《世界发展指标》2018-1-25版网络数据库(World Bank,2018)。总产值结构和总需求结构为2010年数据,来自表1-37,表1-41,表3-16,表3-19。发达国家增加值结构和就业结构为高收入国家的平均值,发达国家总产值结构和总需求结构数据为美、日、德、英、法五国简单算术平均值。

其三,产业质量分析,以劳动生产率为代表。1962~2015年期间,中国二次产业的劳动生产率与发达国家(高收入国家平均值)的差距,按当年价格计算,都经历了先扩大后缩小的过程(表3-78)。从产业质量角度看,不同产业的国际差距和发展潜力有很大差别。

表 3-78 1960～2015 年中国三次产业的劳动生产率和国际比较

项目	指标	1960*	1970	1980	1991	2000	2005	2010	2015
中国	农业劳动力生产率/美元	75	109	174	272	504	851	2282	4439
	工业劳动力生产率/美元	605	996	1064	1330	4183	6716	15 782	25 082
	服务业劳动力生产率/美元	472	699	686	834	2224	3615	8587	15 424
	农业劳动力生产率***	—	—	390	561	774	930	1161	1465
高收入国家**	农业劳动力生产率/美元	1164	2202	9725	18 328	18 861	25 777	33 046	34 590
	工业劳动力生产率/美元	3677	6750	24 449	45 968	55 596	74 060	90 272	89 463
	服务业劳动力生产率/美元	4287	8062	22 854	46 330	55 825	70 347	80 252	80 757
	农业劳动力生产率***	—	—	—	—	22 420	26 802	32 208	39 763
相对差距	农业劳动力生产率/美元	15.6	20.3	56.0	67.3	37.4	30.3	14.5	7.8
	工业劳动力生产率/美元	6.1	6.8	23.0	34.6	13.3	11.0	5.7	3.6
	服务业劳动力生产率/美元	9.1	11.5	33.3	55.5	25.1	19.5	9.3	5.2
	农业劳动力生产率***	—	—	—	—	29.0	28.8	27.8	27.1
绝对差距	农业劳动力生产率/美元	1090	2093	9552	18 056	18 357	24 926	30 764	30 151
	工业劳动力生产率/美元	3071	5754	23 385	44 639	51 413	67 344	74 490	64 381
	服务业劳动力生产率/美元	3815	7363	22 168	45 496	53 601	66 732	71 664	65 333
	农业劳动力生产率***	—	—	—	—	21 646	25 872	31 048	38 297

注:相对差距=高收入国家值÷中国值。绝对差距=高收入国家值-中国值。* 1960 年中国数值为 1962 年的值。** 高收入国家 1960～1991 年数值为估计值。*** 为按 2010 年不变价格美元计算的农业劳动生产率(农业增加值/农业工人)。数据来自世界银行《世界发展指标》2018-1-25 版网络数据库(World Bank,2018)的计算。

如果采用劳动生产率、增加值率和创新密度的相对潜力的简单算术平均数计算,以发达国家平均水平(2015 年值或 2010 年值)为参照,至 2050 年中国农业、工业和服务业的产业质量的平均相对发展潜力分别约为:47%、49%和 49%;按劳动生产率指标计算绝对发展潜力,中国农业、工业和服务业的产业质量的绝对发展潜力分别约为:30 150 美元、64 380 美元和 65 330 美元(表 3-79)。

表 3-79 至 2050 年中国三次产业的产业质量的发展潜力

地区	产业质量*				以产业质量指标衡量的产业发展潜力				
	指标	农业	工业	服务业	项目	指标	农业	工业	服务业
发达国家	劳动生产率/美元	34 590	89 463	80 757	相对潜力	劳动生产率/(%)	87	72	81
	增加值率/(%)	41.8	36.5	60.8		增加值率/(%)	−37	41	17
	净利润率/(%)	34.7	14.8	25.3		净利润率/(%)	—	—	—
	创新密度/(%)	0.4	5.3	0.9		创新密度/(%)	90	33	—
中国	劳动生产率/美元	4439	25 082	15 424	绝对潜力	劳动生产率/美元	30 151	64 381	65 333
	增加值率/(%)	57.3	21.4	50.3		增加值率/(%)	−15.5	15.1	10.5
	净利润率/(%)	—	—	—		净利润率/(%)	—	—	—
	创新密度/(%)	0.04	3.54	—		创新密度/(%)	0.4	1.8	—
					平均潜力	相对潜力/(%)	47	49	49
						绝对潜力/美元**	30 151	64 381	65 333

注:* 劳动生产率为 2015 年数据,来自世界银行《世界发展指标》2018-1-25 版网络数据库(World Bank,2018)。增加值率、净利润率和创新密度为 2010 年数据,来自表 1-65,表 1-68,表 1-71,表 3-30,表 3-33。发达国家劳动生产率为高收入国家的平均值,发达国家增加值率、净利润率和创新密度数据为美、日、德、英、法五国简单算术平均值。** 为按劳动生产率指标估算的绝对发展潜力。

(4) 中国三次产业的产业结构现代化的重点选择

从产业水平、产业结构和产业质量三个角度看,中国三次产业的发展潜力有很大差别(表3-80)。根据产业发展潜力,可以选择产业结构现代化的政策重点。

- 平均相对潜力:服务业最大,工业其次,农业为负值。
- 产业水平的绝对潜力:服务业最大,工业其次,农业最小。
- 产业结构的绝对潜力:服务业比例最大,工业比例和农业比例为负值。
- 产业质量的绝对潜力:服务业最大,工业其次,农业最小。

表3-80 2015~2050年期间中国三次产业的发展潜力及其排名

三次产业	相对潜力					绝对潜力					
	产业水平	产业结构	产业质量	平均值	潜力排名	产业水平	产业结构	产业质量	水平潜力排名	结构潜力排名	质量潜力排名
农业	6	−479	47	−142	3	146	−10.2	30 151	3	2	3
工业	65	−71	49	14	2	13 473	−22.2	64 381	2	3	2
服务业	90	48	49	62	1	37 640	32.4	65 333	1	1	1

注:相对潜力的单位为%,相对潜力平均值为产业水平、产业结构和产业质量相对潜力的算术平均值。绝对潜力单位,产业水平和产业质量为美元,产业结构为%。产业质量绝对潜力用劳动生产率的绝对潜力代表。

建议在未来35年里,政策重点是:全面发展服务业,加速调整工业结构,有选择地发展农业,提高产业结构协调性,早日完成从工业经济向服务经济的转型。

- 全面发展服务业。从产业质量、产业水平到产业结构三个角度,优先发展服务业。
- 加速调整工业结构。大幅度提高工业质量和工业水平,全面和大比例降低工业比例。
- 有选择地发展农业。大幅度提高农业质量,适度提高农业人均水平,大幅度降低农业比例。
- 提高产业结构协调性。提高增加值结构与就业结构的相似性,降低产业结构的偏离度。

2. 宏观经济产业结构现代化之二:三大产业结构现代化的重点选择

(1) 中国三大产业结构现代化的目标

中国三大产业结构现代化,主要涉及产业结构现代化的第二步和第三步目标。第二步目标是在2050年完成从服务经济向知识经济的转变,建成知识经济强国和现代化产业体系,产业结构现代化指数进入世界前40名。第三步目标是在21世纪下半叶全面实现产业结构现代化,建成高质量的现代化经济体系和知识经济发达国家,产业结构现代化指数进入世界前10名。

三大产业结构现代化的具体目标和任务,参见表3-67至表3-69。

(2) 世界三大产业结构的发展趋势

首先,产业水平的发展趋势。1970年以来,人均物质产业增加值的发展趋势比较复杂,人均服务产业增加值和人均知识产业增加值上升。在2000~2015年期间,大约有16个发达国家的人均物质产业增加值出现先升后降或数值波动(表3-81)。

表3-81 2000~2015年21个发达国家人均物质产业增加值的变化趋势

项目	先升后降的国家/个	数值波动的国家/个	合计
按现价美元计算	14	1	15
按2010年价格美元计算	9	7	16

(续表)

项目	先升后降的国家/个	数值波动的国家/个	合计
按本国货币计算	3	10	13
按不变价格本国货币计算	9	7	16
综合判断	9	7	16

注:根据世界银行《世界发展指标》2018-1-25版网络数据(World Bank,2018)数据判断。

根据世界银行的面板数据,在一定技术和经济条件下,人均物质产业增加值的增长,可能存在某种"极限"或"拐点",不同国家的"极值"有所不同。当然,目前这还只是一种可能性;还需要更长时间的数据链和更多的数据分析来检验。其原因可能与人均农业增加值和人均工业增加值的情况相似,前面已有分析,这里不再赘述。

- **人均物质产业增加值的增长可能有"极限",不同国家的"极值"有所不同。**根据世界银行《世界发展指标》2018年1月25日版网络数据推断,世界物质产业的人均发展水平,有可能存在某种"极值"或"拐点"。具体而言,21个发达国家的人均物质产业增加值,在2000～2015年期间,按现价美元计算,14个国家出现下降,1个国家出现波动;按2010年价格美元计算,9个国家出现下降,7个国家出现波动;按本国货币计算,3个国家出现下降,10个国家出现波动;按本国货币不变价格计算,9个出现下降,7个出现波动(表3-81)。高收入国家人均物质增加值的平均值,在2007～2015年期间,按现价美元计算,在10 400美元左右波动;在2004～2015年期间,按2010年不变价格计算,在10 200美元左右波动。

其次,产业结构的发展趋势。1970年以来,物质产业比例下降(部分国家先升后降),服务产业比例上升(部分国家先升后波动),知识产业比例上升。

其三,产业质量的发展趋势。1970年以来,三大产业的劳动生产率都在提高。

(3)中国三大产业结构的国际差距和发展潜力

其一,产业水平分析(表3-82)。如果采用人均增加值、人均总产值和人均需求的相对潜力和绝对潜力的简单算术平均数计算,以发达国家平均水平(2015年值或2010年值)为参照,至2050年期间中国物质产业、服务产业和知识产业的产业水平的平均相对发展潜力分别约为:62%、90%和92%,平均绝对发展潜力分别约为:13 680美元、16 850美元和23 140美元。

表3-82 至2050年期间中国三大产业的产业水平的发展潜力

地区	产业水平/美元*				以产业水平指标衡量的产业发展潜力				
	指标	物质	服务	知识	项目	指标	物质	服务	知识
发达国家	人均增加值	10 210	14 238	21 124	相对潜力	人均增加值/(%)	60	85	91
	人均总产值	27 245	21 810	27 290		人均总产值/(%)	63	92	93
	人均需求	27 830	20 016	26 850		人均需求/(%)	64	91	93
中国	人均增加值	4088	2085	1877	绝对潜力	人均增加值/美元	6122	12 153	19 247
	人均总产值	10 148	1713	1981		人均总产值/美元	17 097	20 097	25 309
	人均需求	10 006	1728	1979		人均需求/美元	17 824	18 288	24 871
					平均潜力	相对潜力/(%)	62	90	92
						绝对潜力/美元	13 681	16 846	23 142

注:* 人均增加值为2015年数据,人均总产值和人均需求为2010年数据,来自表1-20、1-24,表1-28,表3-3,表3-6,表3-9。发达国家数据为美、日、德、英、法五国简单算术平均值。物质、服务和知识分别代表物质产业、服务产业和知识产业。中国人均总产值和人均需求,缺少2015年数据。

从产业水平角度看,知识产业和服务产业的发展潜力较大,物质产业的发展潜力较小。

其二,产业结构分析。如果采用增加值结构、总产值结构、需求结构和就业结构的相对潜力和绝对潜力的简单算术平均数计算,以发达国家平均水平(2015 或 2010 年值)为参照,至 2050 年期间中国物质产业比例的平均相对发展潜力和绝对发展潜力都是负值,服务产业比例的平均相对发展潜力和绝对发展潜力分别约为 43% 和 13%,知识产业比例的平均相对发展潜力和绝对发展潜力分别约为 63% 和 26%(表 3-83)。

表 3-83　至 2050 年期间中国三大产业的产业结构的发展潜力

地区	产业结构/(%)*				以产业结构指标衡量的产业发展潜力/(%)				
	指标	物质	服务	知识	项目	指标	物质	服务	知识
发达国家	增加值比例	20.6	33.5	45.2	相对潜力	增加值比例	−146	23	48
	总产值比例	35.3	28.3	35.9		总产值比例	−108	56	60
	需求比例	37.2	26.8	36.0		需求比例	−96	53	60
	就业比例	21.7	32.0	46.2		就业比例	−236	41	82
中国	增加值比例	50.8	25.9	23.3	绝对潜力	增加值比例	−30.2	7.6	21.9
	总产值比例	73.3	12.4	14.3		总产值比例	−38.0	15.9	21.6
	需求比例	73.0	12.6	14.4		需求比例	−35.8	14.2	21.6
	就业比例	72.9	18.9	8.2		就业比例	−51.2	13.1	38.0
					平均潜力	相对潜力	−147	43	63
						绝对潜力	−38.8	12.7	25.8

注:* 数据来自表 1-33,表 1-37,表 1-41,表 1-45,表 3-13,表 3-16,表 3-19,表 3-23。增加值比例数据为 2015 年数值,其他产业结构数据为 2010 年数据。中国就业数据为 2010 年人口普查数据的整理和估算。发达国家结构数据为美、日、德、英、法五国简单算术平均值。物质、服务和知识分别代表物质产业、服务产业和知识产业。

从产业结构角度看,知识产业和服务产业的发展潜力较大,物质产业发展潜力为负值。

其三,产业质量分析。如果采用劳动生产率和增加值率的相对潜力的简单算术平均数计算,以 2010 年发达国家平均水平为参照,至 2050 年期间中国物质产业、服务产业和知识产业的产业质量的平均相对发展潜力分别约为:64%、51% 和 49%;按劳动生产率指标计算绝对发展潜力,中国物质产业、服务产业和知识产业的产业质量的绝对发展潜力分别约为:104 200 美元、91 300 美元和 65 700 美元(表 3-84)。

表 3-84　至 2050 年期间中国三大产业的产业质量的发展潜力

地区	2010 年产业质量*				以产业质量指标衡量的产业发展潜力				
	指标	物质	服务	知识	项目	指标	物质	服务	知识
发达国家	劳动生产率/美元	110 517	100 538	86 618	相对潜力	劳动生产率/(%)	94	91	76
	增加值率/(%)	36.5	61.4	60.4		增加值率/(%)	34	11	23
	净利润率/(%)	15.6	33.7	18.3		净利润率/(%)			
	创新密度/(%)	5.1	0.1	1.5		创新密度/(%)			
中国	劳动生产率/美元	6278	9247	20 909	绝对潜力	劳动生产率/美元	104 239	91 291	65 709
	增加值率/(%)	24.2	54.6	46.5		增加值率/(%)	12.3	6.8	13.9
	净利润率/(%)	—	—	—		净利润率/(%)			
	创新密度/(%)	—	—	—		创新密度/(%)			
					平均潜力	相对潜力/(%)	64	51	49
						绝对潜力/美元**	104 239	91 291	65 709

注:* 数据来自表 1-62,表 1-65,表 1-68,表 1-71,表 3-29,表 3-30。发达国家数据为美、日、德、英、法五国简单算术平均值。物质、服务和知识分别代表物质产业、服务产业和知识产业。** 为按劳动生产率指标估算的绝对发展潜力。

(4) 中国三大产业的产业结构现代化的重点选择

从产业水平、产业结构和产业质量三个角度看,中国三大产业的发展潜力有很大差别(表3-86)。根据产业发展潜力,可以选择产业结构现代化的政策重点。

- 平均相对潜力:知识产业最大,服务产业其次,物质产业为负值。
- 产业水平的绝对潜力:知识产业最大,服务产业其次,物质产业最小。
- 产业结构的绝对潜力:知识产业最大,服务产业其次,物质产业为负值。
- 产业质量的绝对潜力:物质产业最大,服务产业其次,知识产业较小。

表 3-85　至 2050 年期间中国三大产业的发展潜力及其排名

三次产业	相对潜力					绝对潜力					
	产业水平	产业结构	产业质量	平均值	潜力排名	产业水平	产业结构	产业质量	水平潜力排名	结构潜力排名	质量潜力排名
物质产业	62	−147	64	−7	3	13 681	−39	104 239	3	3	1
服务产业	90	43	51	61	2	16 846	13	91 291	2	2	2
知识产业	92	63	49	68	1	23 142	26	65 709	1	1	3

注:相对潜力的单位为%,相对潜力平均值为产业水平、产业结构和产业质量的算术平均值。绝对潜力的单位,产业水平和产业质量为美元,产业结构为%。产业质量绝对潜力用劳动生产率的绝对潜力代表。

建议在未来35年里,三大产业的产业结构现代化的重点是:优先发展知识产业,加速发展服务产业,有选择地发展物质产业,早日完成向知识经济的转型。

- 优先发展知识产业。从产业质量、产业水平到产业结构三个角度,全面发展知识产业。
- 加速发展服务产业。大幅度提高服务产业的质量和水平,适度提高服务产业比例。
- 有选择地发展物质产业。大幅度提高物质产业的质量和水平,大幅度降低物质产业比例。

3. 中观经济产业结构现代化的重点

中观经济包括六大集群(表3-1),向上支撑宏观经济,向下引领微观经济。中观经济产业结构现代化,是产业结构现代化的一个分析层次和政策重点。

(1) 中国六大集群产业结构现代化的目标

六大集群产业结构现代化的总体目标,是要支撑三次产业和三大产业的目标。

六大集群产业结构现代化的具体目标和任务,参见表3-67至表3-69。

(2) 世界六大集群结构的发展趋势

关于农业和工业集群,前面已有讨论,此处不重复。这里介绍流通服务、其他服务、人类服务和基本服务四个集群的世界发展趋势。

首先,产业水平的发展趋势。1970年以来,四大集群的人均增加值都在上升。

其次,产业结构的发展趋势。1970年以来,流通服务比例上升(部分国家先上升后波动),其他服务比例上升,人类服务比例上升,基本服务比例上升(有些国家先升后降)。

其三,产业质量的发展趋势。1970年以来,四大集群的劳动生产率都在提高。

(3) 中国六大集群结构的国际差距和发展潜力

农业和工业集群,前面已有讨论,此处不再重复。这里讨论其他四个集群。

其一,四大集群的产业水平的国际差距和发展潜力(表3-86)。如果采用人均增加值、人均总产值和人均需求的相对潜力和绝对潜力的简单算术平均数计算,以发达国家平均水平(2015年值或2010

年值)为参照,至2050年中国流通服务、其他服务、人类服务和基本服务的产业水平的平均相对发展潜力分别约为:90%、86%、94%和91%,平均绝对发展潜力分别约为:16 250美元、980美元、10 660美元和12 530美元。

表3-86 至2050年中国六大产业集群的发展潜力及其排名

六大集群	相对潜力					绝对潜力					
	产业水平	产业结构	产业质量	平均值	潜力排名	产业水平	产业结构	产业质量	水平潜力排名	结构潜力排名	质量潜力排名
农业	6	−479	47	−142	6	146	−10.2	30 151	6	5	6
工业	65	−71	49	14	5	13 473	−22.2	64 381	2	6	3
流通服务	90	42	51	61	4	16 253	11.4	99 074	1	3	1
其他服务	86	43	63	64	3	977	1.5	46 889	5	4	5
人类服务	94	68	51	71	1	10 660	13.6	61 692	4	1	4
基本服务	91	56	48	65	2	12 527	11.4	71 792	3	2	2

注:相对潜力的单位为%,相对潜力平均值为产业水平、产业结构和产业质量的算术平均值。绝对潜力的单位,产业水平和产业质量为美元,产业结构为%。产业质量绝对潜力用劳动生产率的绝对潜力代表。数据来源和分析方法同表3-82、表3-83和表3-84。

其二,四大集群的产业结构的国际差距和发展潜力(表3-86)。如果采用增加值结构、总产值结构、需求结构和就业结构的相对潜力和绝对潜力的简单算术平均数计算,以发达国家平均水平(2015年值或2010年值)为参照,至2050年中国流通服务比例、其他服务比例、人类服务比例和基本服务比例的平均相对发展潜力分别约为:42%、43%、68%和56%,平均绝对发展潜力分别约为:11%、1.5%、14%和11%。

其三,四大集群的产业质量的国际差距和发展潜力(表3-86)。如果采用劳动生产率和增加值率的相对潜力的简单算术平均数计算,以发达国家平均水平(2015年值或2010年值)为参照,至2050年中国流通服务比例、其他服务比例、人类服务比例和基本服务比例的平均相对发展潜力分别约为:51%、63%、51%和48%;按劳动生产率指标计算绝对发展潜力,中国流通服务、其他服务、人类服务和基本服务的产业质量的绝对发展潜力分别约为:99 000、46 900、61 700和71 800美元。

(4)中国六大集群的产业结构现代化的重点选择

从产业水平、产业结构和产业质量三个角度看,中国六大集群的发展潜力有很大差别(表3-86)。根据产业发展潜力,选择产业结构现代化的政策重点。

- 平均相对潜力从大到小依次为:人类服务、基本服务、其他服务、流通服务和工业,农业潜力为负值。
- 产业水平的绝对潜力从大到小依次为:流通服务、工业、基本服务、人类服务、其他服务和农业;
- 产业结构的绝对潜力从大到小依次为:人类服务、基本服务、流通服务和其他服务,农业和工业潜力为负值;
- 产业质量的绝对潜力从大到小依次为:流通服务、基本服务、工业、人类服务、其他服务和农业。

建议在未来35年里,六大集群的产业结构现代化的重点是:优先发展人类服务和基本服务,加速发展流通服务和其他服务,加速调整工业结构,有选择地发展农业。

- 优先发展人类服务和基本服务。从产业质量、产业水平到产业结构三个角度,全面发展人类服务和基本服务。

- 加速发展流通服务。从产业质量、产业水平到产业结构三个角度,加速发展流通服务。
- 适度发展其他服务。大幅度提高其他服务的质量和水平,适度提高其他服务比例。
- 加速调整工业结构。大幅度提高工业质量和工业水平,全面和大比例降低工业比例。
- 有选择地发展农业。大幅度提高农业质量,适度提高人均农业水平,大幅度降低农业比例。

4. 微观经济产业结构现代化的重点

微观经济包括 24 个部门(表 3-1),这里分析其中的 18 个部门(表 3-87),涉及三大产业和五大集群。农业既是三次产业中的一个产业,也是六大集群中的一个集群和 24 个部门中的一个部门。工业既是三次产业中的一个产业,也是六大集群中的一个集群。

表 3-87 中国微观经济 18 个部门的分析框架

三大产业	六大集群	18 个部门
物质产业	农业	农业
	工业	采矿和采石,制造业,建筑业,公共事业,环境治理
服务产业	流通服务业	批发和零售业,运输和储存,食宿服务,房地产和租赁
	其他服务业	—
知识产业	人类服务业	教育,信息和交流,艺术、娱乐和文娱,健康和社会帮助
	基本服务业	金融和保险,专业和技术活动,公共管理和社会安全,成员组织的活动

注:微观经济包括 24 个部门(表 3-1)。中国 5 个经济部门缺少数据(其他个人和家庭服务、其他的劳务服务、旅行、行政和辅助活动、国际组织活动),1 个部门(科学研发)与"专业和技术活动"合并。其他服务业集群缺少数据。

(1) 中国 18 个部门的产业结构现代化的目标

微观经济的产业结构现代化的目标,应与中观经济和宏观经济的产业结构现代化的目标相协调和一致(参考表 3-70)。由于篇幅有限,此处不展开讨论。

(2) 世界 18 个部门的产业结构现代化的发展趋势

其一,产业水平的发展趋势(表 3-88)。8 个部门(公共事业,食宿服务,房地产和租赁,信息和交流,艺术、娱乐和文娱,健康和社会帮助,专业和技术活动、成员组织)上升,农业等 10 个部门情况比较复杂。在部分发达国家,农业等 10 个部门出现下降或波动。关于人均农业增加值的变化,可以参考表 3-72。下面以人均制造业增加值为例,予以说明。

表 3-88 发达国家 18 个部门 2015 年的发展水平和 1970~2015 年期间的发展趋势

部门	人均增加值/美元		增加值比例/(%)		就业比例/(%)		劳动生产率/美元	
农业	398	上升*	1.0	下降	1.1	下降	85 478	上升*
采矿业	297	上升*	0.6	转折	0.2	下降**	203 519	上升*
制造业	5924	上升*	15.3	下降**	12.9	下降	107 376	上升*
建筑业	2013	上升*	5.2	下降	5.6	下降**	86 498	上升*
公共事业	763	上升	1.8	转折	0.7	下降**	243 434	上升
环境治理	272	上升*	0.7	转折**	0.5	上升**	149 680	上升
批发和零售业	4308	上升*	11.0	转折	15.0	转折	67 738	上升
运输和储存	1709	上升*	4.4	转折	5.1	转折	80 448	上升
食宿服务	1003	上升*	2.5	上升	5.7	上升	42 027	上升
房地产和租赁	6427	上升*	13.3	转折**	1.8	波动**	756 467	上升*

(续表)

部门	人均增加值/美元		增加值比例/(%)		就业比例/(%)		劳动生产率/美元	
教育	1997	上升*	5.0	转折**	7.0	转折**	69 003	上升*
信息和交流	2197	上升	5.5	转折**	3.3	转折**	152 876	上升*
艺术、娱乐和文娱	515	上升	1.3	上升**	1.9	上升**	66 433	上升
健康和社会帮助	3084	上升	7.9	上升	13.5	上升	53 685	上升
金融和保险	2255	上升*	5.5	转折	3.4	上升	149 279	上升
专业和技术活动	3507	上升	5.9	波动	5.1	上升	138 722	上升
公共管理和社会安全	2640	上升*	6.5	转折	6.2	转折	103 248	上升*
成员组织	357	上升	0.9	转折**	1.7	转折**	64 682	上升

注：本表数据来自第一章第二节(表1-20,表1-33,表1-45,表1-62)。此处发达国家以美国、日本、德国、英国和法国五国的算术平均值为代表。* 表示存在国别差异,其中有些国家在2000～2015年期间先上升后下降。** 表示存在国别差异。

2000年以来,人均制造业增加值的变化趋势(表3-89)与人均工业增加值的变化趋势(表3-71)大致相当。在2000～2015年期间,大约有17个发达国家的人均制造业增加值出现先升后降或数值波动(表3-89)。

表3-89 2000～2015年21个发达国家人均制造业增加值的变化趋势

项目	先升后降的国家/个	数值波动的国家/个	合计
按现价美元计算	13	3	16
按2010年价格美元计算	12	5	17
按本国货币计算	7	5	12
按本国货币不变价格计算	11	7	18
综合判断	9	8	17

注：根据世界银行《世界发展指标》2018-1-25版网络数据(World Bank, 2018)的判断。

根据世界银行的面板数据,在一定技术和经济条件下,世界人均制造业增加值的增长,可能存在某种"极限"或"拐点",不同国家的"极值"有所不同。当然,目前这还只是一种可能性；还需要更长时间的数据链和更多的数据分析来检验。其原因可能与人均农业增加值和人均工业增加值的情况相似,前面已有分析,这里不再赘述。

- **人均制造业增加值的增长可能有"极限",不同国家的"极值"有所不同**。根据世界银行《世界发展指标》2018年1月25日版网络数据推断,世界制造业的人均发展水平,有可能存在某种"极值"或"拐点"。具体而言,21个发达国家的人均制造业增加值,在2000～2015年期间,按现价美元计算,13个国家出现下降,3个国家出现波动；按2010年不变价格美元计算,12个国家出现下降,5个国家出现波动；按本国货币计算,7个国家出现下降,5个国家出现波动；按本国货币不变价格计算,11个出现下降,7个出现波动(表3-89)。高收入国家人均制造业增加值的平均值,在2007～2015年期间,按现价美元计算,在5700美元左右波动；在2006～2015年期间,按2010年不变价格计算,在5700美元左右波动。

在18个部门中,2个部门(人均农业增加值和人均制造业增加值)的增长有可能存在"极限"或"拐点"；其他8个部门(采矿业、建筑业、环境治理、批发和零售业、运输和储存、教育、金融和保险、公共管理和社会安全)可能也存在类似情况,需要进行检验。

其二，产业结构的发展趋势（表3-88）。增加值结构变迁存在一些国别差异，其中，3个部门比例上升，3个部门比例下降，11个部门比例出现转折，1个部门比例出现波动。就业结构变迁同样有国别差异，其中，5个部门比例上升，5个部门比例下降，7个部门比例发生转折，1个部门比例发生波动。

其三，产业质量的发展趋势（表3-88）。1970年以来，18个部门劳动生产率都呈上升趋势，但在2010～2015年期间，有13个部门劳动生产率出现下降。

下面，按产业集群来分别讨论不同部门的国际差距和发展潜力。

(3) 中国工业集群的五个部门的国际差距和发展潜力

其一，五个部门的产业水平的国际差距和发展潜力（表3-90）。如果采用人均增加值、人均总产值和人均需求的相对潜力和绝对潜力的简单算术平均数计算，以发达国家平均水平（2015年值或2010年值）为参照，至2050年，中国采矿业、制造业、建筑业、公共事业和环境治理的产业水平的平均相对发展潜力分别约为：28%、61%、73%、79%和91%，平均绝对发展潜力分别约为：230美元、8900美元、2600美元、1320美元和400美元。

表3-90　至2050年中国工业集群的五个部门的发展潜力

五个部门	相对潜力					绝对潜力					
	产业水平	产业结构	产业质量	平均值	潜力排名	产业水平	产业结构	产业质量	水平潜力排名	结构潜力排名	质量潜力排名
采矿业	28	−346	52	−89	5	231	−2.3	295 063	5	4	1
制造业	61	−85	64	13	4	8898	−18.1	93 562	1	5	4
建筑业	73	−27	66	37	3	2599	−1.5	72 617	2	3	5
公共事业	79	−8	61	44	2	1317	−0.2	203 276	3	2	2
环境治理	91	45	47	61	1	395	0.3	133 576	4	1	3

注：相对潜力的单位为%，相对潜力平均值为产业水平、产业结构和产业质量的算术平均值。绝对潜力的单位，产业水平和产业质量为美元，产业结构单位为%。产业质量绝对潜力用劳动生产率的绝对潜力代表。数据来源和分析方法同表3-82、表3-83和表3-84。

五个部门的国际差距有很大差别，这里以制造业为例。在1995～2015年期间，中国与高收入国家人均制造业增加值的相对差距和绝对差距缩小；制造业增加值占GDP比例，中国高于高收入国家平均值；2015年制造业增加值比例，中国排世界第三位，仅低于爱尔兰和韩国（表3-91）。从人均增加值角度看，中国制造业的国际差距仍然比较大，仍有比较大的发展潜力；从增加值比例角度看，中国制造业比例需要降低。

表3-91　1995～2015年期间中国制造业的国际比较

项目	人均制造业增加值/美元					制造业增加值比例/(%)				
	1995	2000	2005	2010	2015	1997	2000	2005	2010	2015
中国	203	305	563	1439	2370	32.9	31.8	32.1	31.5	29.4
高收入国家	4932	4431	5162	5587	5617	18.7	18.0	16.3	15.0	15.2
中等收入国家	224	255	394	769	990	23.3	22.5	22.3	21.1	19.9
低收入国家	21	26	31	46	54	9.7	10.3	10.6	9.0	8.2
世界平均	1048	968	1176	1510	1653	19.9	19.2	18.0	16.8	16.6

（续表）

项目	人均制造业增加值/美元					制造业增加值比例/(%)				
	1995	2000	2005	2010	2015	1997	2000	2005	2010	2015
美国	—	5465	5711	5838	6676	16.6	15.5	13.3	12.4	12.3
日本	10 196	8692	8056	9272	7020	23.5	22.5	21.6	20.9	20.5
德国	6546	4917	7048	8344	8580	22.4	23.0	22.4	22.2	23.1
英国	3601	3653	4160	3474	3973	16.9	14.6	11.1	9.9	10.1
法国	3931	3172	4171	4127	3767	16.0	15.7	13.3	11.3	11.5
韩国	3110	3108	4756	6140	7342	26.8	29.0	28.3	30.7	29.8
爱尔兰	3962	6070	9969	9514	21 326	24.5	26.0	22.4	21.6	37.0
高收入国家÷中国	24.3	14.5	9.2	3.9	2.4	0.6	0.6	0.5	0.5	0.5
高收入国家－中国	4729	4126	4599	4149	3246	−14.2	−13.8	−15.8	−16.5	−14.1

注：根据世界银行《世界发展指标》2018-1-25版网络数据（World Bank，2018）数据整理和计算。

其二，五个部门的产业结构的国际差距和发展潜力（表3-90）。如果采用增加值结构、总产值结构、需求结构和就业结构的相对潜力和绝对潜力的简单算术平均数计算，以发达国家平均水平（2015年值或2010年值）为参照，至2050年，中国采矿业比例、制造业比例、建筑业比例和公共事业比例的发展潜力为负值；环境治理比例的平均相对发展潜力和绝对发展潜力分别约为：45%和0.3%。

其三，五个部门的产业质量的国际差距和发展潜力（表3-90）。如果采用劳动生产率和增加值率的相对潜力的简单算术平均数计算，以发达国家平均水平（2015年值或2010年值）为参照，至2050年，采矿业、制造业、建筑业、公共事业和环境治理的产业质量的相对发展潜力分别约为：52%、64%、66%、61%和47%；按劳动生产率指标计算绝对发展潜力，中国采矿业、制造业、建筑业、公共事业和环境治理的产业质量的绝对发展潜力分别约为：295 000、93 560、72 620、203 280和133 580美元。

(4) 中国流通服务集群的四个部门的国际差距和发展潜力

其一，四个部门的产业水平的国际差距和发展潜力（表3-92）。如果采用人均增加值、人均总产值和人均需求的相对潜力和绝对潜力的简单算术平均数计算，以发达国家平均水平（2015年值或2010年值）为参照，至2050年，中国批发和零售业、运输和储存、食宿服务、房地产和租赁的产业水平的平均相对发展潜力分别约为：89%、85%、88%和92%，平均绝对发展潜力分别约为：5750、2440、1510和6210美元。

表3-92 至2050年中国流通服务集群的四个部门的发展潜力

四个部门	相对潜力					绝对潜力					
	产业水平	产业结构	产业质量	平均值	潜力排名	产业水平	产业结构	产业质量	水平潜力排名	结构潜力排名	质量潜力排名
批发和零售业	89	41	39	56	3	5752	4.6	61 671	2	1	2
运输和储存	85	24	46	52	4	2441	1.2	71 578	3	4	3
食宿服务	88	39	52	60	2	1512	1.4	37 414	4	3	4
房地产和租赁	92	47	60	66	1	6209	4.3	748 141	1	2	1

注：相对潜力的单位为%，相对潜力平均值为产业水平、产业结构和产业质量的算术平均值。绝对潜力的单位，产业水平和产业质量为美元，产业结构为%。产业质量绝对潜力用劳动生产率的绝对潜力代表。数据来源和分析方法同表3-82、表3-83和表3-84。

其二，四个部门的产业结构的国际差距和发展潜力（表3-92）。如果采用增加值结构、总产值结构、需求结构和就业结构的相对潜力和绝对潜力的简单算术平均数计算,以发达国家平均水平(2015年值或2010年值)为参照,至2050年,中国批发和零售业比例、运输和储存比例、食宿服务比例、房地产和租赁比例的平均相对发展潜力分别约为:41%、24%、39%和47%,平均绝对发展潜力分别约为:4.6%、1.2%、1.4%和4.3%。

其三,四个部门的产业质量的国际差距和发展潜力(表3-92)。如果采用劳动生产率和增加值率的相对潜力的简单算术平均数计算,以发达国家平均水平(2015年值或2010年值)为参照,至2050年,中国批发和零售业、运输和储存、食宿服务、房地产和租赁的平均相对发展潜力分别约为:39%、46%、52%和60%;按劳动生产率指标计算绝对发展潜力,中国批发和零售业、运输和储存、食宿服务、房地产和租赁的产业质量的绝对发展潜力分别约为:61 670、71 580、37 410和748 000美元。

(5) 中国人类服务集群的四个部门的国际差距和发展潜力

其一,四个部门的产业水平的国际差距和发展潜力(表3-93)。如果采用人均增加值、人均总产值和人均需求的相对潜力和绝对潜力的简单算术平均数计算,以发达国家平均水平(2015年值或2010年值)为参照,至2050年期间,中国教育,信息和交流,艺术、娱乐和文娱,健康和社会帮助的产业水平的平均相对发展潜力分别约为:89%、92%、86%和96%,平均绝对发展潜力分别约为:2150、2860、500和3950美元。

表3-93 至2050年期间中国人类服务集群的四个部门的发展潜力

四个部门	相对潜力					绝对潜力					
	产业水平	产业结构	产业质量	平均值	潜力排名	产业水平	产业结构	产业质量	水平潜力排名	结构潜力排名	质量潜力排名
教育	89	47	55	64	4	2151	2.4	63 086	3	3	2
信息和交流	92	65	44	67	2	2857	2.8	127 824	2	2	1
艺术、娱乐和文娱	86	62	51	66	3	501	0.6	59 373	4	4	3
健康和社会帮助	96	82	60	79	1	3950	6.8	45 928	1	1	4

注:相对潜力的单位为%,相对潜力平均值为产业水平、产业结构和产业质量的算术平均值。绝对潜力的单位,产业水平和产业质量为美元,产业结构为%。产业质量绝对潜力用劳动生产率的绝对潜力代表。数据来源和分析方法同表3-82、表3-83和表3-84。

其二,四个部门的产业结构的国际差距和发展潜力(表3-93)。如果采用增加值结构、总产值结构、需求结构和就业结构的相对潜力和绝对潜力的简单算术平均数计算,以发达国家平均水平(2015年值或2010年值)为参照,至2050年期间,中国教育比例,信息和交流比例,艺术、娱乐和文娱比例,健康和社会帮助比例的平均相对发展潜力分别约为:47%、65%、62%和82%,平均绝对发展潜力约为:2.4%、2.8%、0.6%和6.8%。

其三,四个部门的产业质量的国际差距和发展潜力(表3-93)。如果采用劳动生产率和增加值率的相对潜力的简单算术平均数计算,以发达国家平均水平(2015年值或2010年值)为参照,至2050年期间,中国教育,信息和交流,艺术、娱乐和文娱,健康和社会帮助的平均相对发展潜力分别约为:55%、44%、51%和60%;按劳动生产率指标计算绝对发展潜力,中国教育,信息和交流,艺术、娱乐和文娱,健康和社会帮助的产业质量的绝对发展潜力分别约为:63 000、127 800、59 400和45 900美元。

(6) 基本服务集群的四个部门的国际差距和发展潜力

其一,四个部门的产业水平的国际差距和发展潜力(表3-94)。如果采用人均增加值、人均总产值和人均需求的相对潜力和绝对潜力的简单算术平均数计算,以发达国家平均水平(2015年值或2010年值)为参照,至2050年期间,中国金融和保险、专业和技术活动、公共管理和社会安全、成员组织的产业水平的平均相对发展潜力分别约为：85％、91％、91％和92％，平均绝对发展潜力分别约为：3310、4050、3520和520美元。

表3-94　至2050年期间中国基本服务集群的四个部门的发展潜力

四个部门	相对潜力					绝对潜力					
	产业水平	产业结构	产业质量	平均值	潜力排名	产业水平	产业结构	产业质量	水平潜力排名	结构潜力排名	质量潜力排名
金融和保险	85	34	20	46	4	3316	1.6	104 148	3	3	1
专业和技术活动	91	62	39	64	3	4052	3.8	32 242	1	1	4
公共管理和社会安全	91	57	55	68	2	3521	3.6	93 835	2	2	2
成员组织	92	61	56	70	1	522	0.8	49 098	4	4	3

注：相对潜力的单位为％，相对潜力平均值为产业水平、产业结构和产业质量的算术平均值。绝对潜力的单位，产业水平和产业质量为美元，产业结构为％。产业质量绝对潜力用劳动生产率的绝对潜力代表。数据来源和分析方法同表3-82、表3-83和表3-84。

其二，四个部门的产业结构的国际差距和发展潜力（表3-94）。如果采用增加值结构、总产值结构、需求结构和就业结构的相对潜力和绝对潜力的简单算术平均数计算，以发达国家平均水平（2015年值或2010年值）为参照，至2050年期间，中国金融和保险比例、专业和技术活动比例、公共管理和社会安全比例、成员组织比例的平均相对发展潜力分别约为：34％、62％、57％和61％，平均绝对发展潜力分别约为：1.6％、3.8％、3.6％和0.8％。

其三，四个部门的产业质量的国际差距和发展潜力（表3-94）。如果采用劳动生产率和增加值率的相对潜力的简单算术平均数计算，以发达国家平均水平（2015年值或2010年值）为参照，至2050年期间，中国金融和保险、专业和技术活动、公共管理和社会安全、成员组织的平均相对发展潜力分别约为：20％、39％、55％和56％；按劳动生产率指标计算绝对发展潜力，中国金融和保险、专业和技术活动、公共管理和社会安全、成员组织的产业质量的绝对发展潜力分别约为：104 000、32 200、93 800和49 100美元。

（7）中国18个部门的产业结构现代化的重点选择

从产业水平、产业结构和产业质量三个角度看，中国18个部门的发展潜力有很大差别（表3-95）。可根据产业发展潜力，选择产业结构现代化的政策重点。

表3-95　至2050年期间中国18个部门的发展潜力及其排名

18个部门	相对潜力					绝对潜力					
	产业水平	产业结构	产业质量	平均值	潜力排名	产业水平	产业结构	产业质量	水平潜力排名	结构潜力排名	质量潜力排名
农业	6	−479	47	−142	18	146	−10	30 151	18	17	18
采矿业	28	−346	52	−89	17	231	−2.3	295 063	17	16	2
制造业	61	−85	64	13	16	8898	−18.1	93 562	1	18	8
建筑业	73	−27	66	37	15	2599	−1.5	72 617	9	15	9
公共事业	79	−8	61	44	14	1317	−0.2	203 276	13	14	3
环境治理	91	45	47	61	9	395	0.3	133 576	16	13	4
批发和零售业	89	41	39	56	11	5752	4.6	61 671	3	2	12
运输和储存	85	24	46	52	12	2441	1.2	71 578	10	10	10
食宿服务	88	39	52	60	10	1512	1.4	37 414	12	9	16
房地产和租赁	92	47	60	66	5	6209	4.3	748 141	2	3	1

(续表)

18个部门	相对潜力					绝对潜力					
	产业水平	产业结构	产业质量	平均值	潜力排名	产业水平	产业结构	产业质量	水平潜力排名	结构潜力排名	质量潜力排名
教育	89	47	55	64	8	2151	2.4	63 086	11	7	11
信息和交流	92	65	44	67	4	2857	2.8	127 824	8	6	5
艺术、娱乐和文娱	86	62	51	66	6	501	0.6	59 373	15	12	13
健康和社会帮助	96	82	60	79	1	3950	6.8	45 928	5	1	15
金融和保险	85	34	20	46	13	3316	1.6	104 148	7	8	6
专业和技术活动	91	62	39	64	7	4052	3.8	32 242	4	4	17
公共管理和社会安全	91	57	55	68	3	3521	3.6	93 835	6	5	7
成员组织	92	61	56	70	2	522	0.8	49 098	14	11	14

注：数据来自表3-80、表3-90、表3-92、表3-93和表3-94。相对潜力的单位为％,相对潜力平均值为产业水平、产业结构和产业质量的算术平均值。绝对潜力的单位,产业水平和产业质量为美元,产业结构单位为％。产业质量绝对潜力用劳动生产率的绝对潜力代表。

- 平均相对潜力排前5位部门依次是：健康和社会帮助、成员组织、公共管理和社会安全、信息和交流、房地产和租赁；排后5位部门依次是：公共事业、建筑业、制造业、采矿业、农业。
- 人均产业水平的平均发展潜力排前5位的部门依次是：制造业、房地产和租赁、批发和零售业、专业和技术活动、健康和社会帮助；排后5位的部门依次是：成员组织,艺术、娱乐和文娱,环境治理,采矿业,农业（图3-7）。
- 产业结构的平均发展潜力排前5位的部门依次是：健康和社会帮助、批发和零售业、房地产和租赁、专业和技术活动、公共管理和社会安全；排后5位的部门依次是：公共事业、建筑业、采矿业、农业、制造业（图3-7）。
- 产业质量（劳动生产率）的绝对潜力排前5位的部门依次是：房地产和租赁、采矿业、公共事业、环境治理、信息和交流；排后5位的部门依次是：成员组织、健康和社会帮助、食宿服务、专业和技术活动、农业。

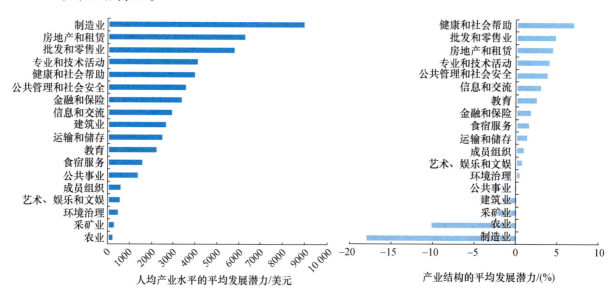

图3-7 至2050年中国人均产业发展和产业结构的平均发展潜力的排名

注：数据来自表3-95。

建议在未来35年里,18个部门的产业结构现代化的重点如下：

- 从相对潜力角度看，优先发展10个部门：健康和社会帮助，成员组织，公共管理和社会安全，信息和交流，艺术、娱乐和文娱，专业和技术活动，教育，环境治理，食宿服务，房地产和租赁。
- 从产业水平角度看，优先发展10个部门：制造业，批发和零售业，专业和技术活动，健康和社会帮助，公共管理和社会安全，金融和保险，信息和交流，建筑业，运输和储存，房地产和租赁。
- 从产业结构角度看，优先发展10个部门：健康和社会帮助，批发和零售业，专业和技术活动，公共管理和社会安全，信息和交流，教育，金融和保险，食宿服务，运输和储存，房地产和租赁。
- 从发展趋势角度看，优先发展的10个部门：健康和社会帮助，专业和技术活动，信息和交流，艺术、娱乐和文娱，教育，环境治理，食宿服务，批发和零售业，运输和储存，房地产和租赁。
- 综合考虑，优先发展的10个部门：健康和社会帮助，批发和零售业，专业和技术活动，信息和交流，教育，金融和保险，运输和储存，艺术、娱乐和文娱，成员组织，房地产和租赁。
- 在工业集群中，优先发展制造业、环境治理、公共事业等。
- 在流通服务集群中，优先发展房地产和租赁、批发和零售业等。
- 在人类服务集群中，优先发展健康和社会帮助、信息和交流、教育等。
- 在基本服务集群中，优先发展专业和技术活动、公共管理和社会安全、成员组织等。

5. 产业结构现代化的重点

产业结构现代化，不仅涉及产业结构、产业水平和产业质量，也涉及国民经济和农业、工业和服务业等。《中国现代化报告2005》提出了中国经济现代化的路线图和政策建议（专栏3-6），《中国现代化报告2012》提出了中国农业现代化的路线图和政策建议（专栏3-7），《中国现代化报告2014～2015》提出了中国工业现代化的路线图和政策建议（专栏3-8），《中国现代化报告2016》提出了中国服务业现代化的路线图和政策建议（专栏3-9）。其部分内容和建议，适合于产业结构现代化。

专栏3-6 《中国现代化报告2005》提出的经济现代化政策建议

在21世纪前50年，中国经济现代化至少有三大瓶颈。其一是经济质量，其二是经济结构，其三是国际经济竞争力。所以，我们认为，中国经济现代化要以经济质量和经济结构现代化为重点，以经济质量现代化为重中之重；同时要大幅度提高中国经济的国际竞争力。为促进中国经济现代化，我们提出三个方面十项建议供大家讨论。

① 经济质量现代化。组织研制和实施中国经济现代化和地区经济现代化量化目标的路径图；21世纪前50年以提升经济质量为重中之重，实现经济战略的两次转型，全面提高劳动力素质；21世纪前30年完成新工业化和信息化，实现工业化模式的六大转变；21世纪前30年基本完成经济基础设施现代化。

② 经济结构现代化。推进经济结构的战略转型，完成产业结构和十大产业的战略调整；持续推进流通、消费和分配结构的调整，提高分配公平性；持续控制和缩小经济不平衡性，提高经济协调性。

③ 提升国际竞争力。完善中国经济参与国际竞争的宏观基础；组织汇编国家经济法典，制定国家经济信息透明法，建立国家经济政策评估中心和组建国家小企业服务局；培育中国经济参与国际竞争的微观基础；培育企业国际竞争力，提高企业家国际竞争力，加强国际经济竞争理论研究，5年培训百万企业家；改善中国企业的国际竞争环境。

专栏 3-7 《中国现代化报告 2012》提出的农业现代化政策建议

在 21 世纪前 50 年,战略要点包括提高农业效率、加快农业结构调整和提高农民生活质量,实现农业生产、农业结构和农民现代化等。目前,关于中国农业现代化的政策重点,我们建议如下:

① 农业生产现代化。深化农业科技改革,建设农业创新体系;深化农业金融改革,建设现代农业金融体系;深化农业水利改革,建设现代水利体系;根据科学规律,推进农村土地改革;实施优质粮食工程,确保国家粮食安全。

② 农业结构现代化。改革户籍制度,促进农业劳动力转移;实施现代畜牧工程,提高营养供应水平;实施蓝色农业工程,提高农业供应能力;实施三高农业工程,促进农业生态转型;科学修订农业区划,三大农业协调发展。

③ 农民现代化。实施新农民培训计划,全面提高农民素质;实施农村小康工程,消灭农村绝对贫困;实施生态移民工程,提高全民生活水平;实施农村城镇化工程,提高农民生活质量;研制《中国人营养指南》,引导国民合理消费。

专栏 3-8 《中国现代化报告 2014～2015》提出的工业现代化政策建议

中国工业现代化需要全面推进,未来 30 年可以重点突破三个方面,制定和实施三个行动议程。

① 坚持质量优先原则,推动工业质量现代化,建设"工业质量强国"。实施"中国质量十年议程",建设工业质量强国;编制《中国工业质量法典》,完善质量法规体系,夯实工业质量的法律基础;提高法律执行力,保障生产者和消费者合法权益,提高工业质量的社会基础;健全职工技能体系,优化职业培训体系,提高工业质量的技能基础;加快技术新陈代谢,定期淘汰落后技术,提高工业质量的技术基础。

② 坚持创新驱动原则,推动工业结构现代化,建设"工业创新强国"。实施"工业创新议程",建设工业创新强国和绿色制造强国;把握新科技和新产业革命的机遇,建设"生物经济强国";启动"高端产品进口替代工程",带动产业和市场升级;适度增加对外投资,把部分外汇存款变为对外投资;加快产业结构的存量调整,优化产业的空间结构;大力发展生产性服务业和科技服务业,优化企业发展的经济环境。

③ 坚持环境友好原则,推动工业环境现代化,实现工业与环境的双赢。实施"绿色工业议程",走绿色发展道路,推动工业发展与环境退化的脱钩;严把海关进口检验关,坚决杜绝污染进口;研究和实施环境成本核算,明确环境责任;继续大力发展环保产业和循环经济;继续实施污染治理和传统工业改造工程,清除历史遗留的环境污染。

> **专栏 3-9 《中国现代化报告 2016》提出的服务业现代化政策建议**
>
> 在一定程度上,质量是服务业的生命,内容是服务业的灵魂,诚信是服务业的准则;服务质量现代化是重中之重,服务内容现代化是主攻方向,服务能力现代化是长期任务。未来 30 年,重点做好三件事:
> ① 大力发展劳务型服务业,推动服务质量现代化,建设流通服务强国;
> ② 优先发展知识型服务业,推动服务内容现代化,建设知识经济强国;
> ③ 加快诚信文化建设,推进服务能力现代化,建设高质量的诚信社会。
> 建议实施知识强国战略,力争用 35 年时间(2015～2050),知识型服务业的劳动生产率和国际竞争力超过世界平均水平,知识生产、知识传播和知识服务的内容和质量达到世界先进水平,建成知识创新强国、知识传播强国和知识经济强国。
> 建议启动流通强国工程,力争用 15 年时间(2015～2030),流通服务业劳动生产率和人均流通服务超过世界平均水平,流通服务业质量和比重接近世界先进水平,建成流通服务强国。
> 建议启动诚信文化建设工程,力争用 15 年时间(2015～2030),全面确立诚信意识,健全完善诚信法规,诚实守信成为自觉行为;违背诚信引发的社会冲突和法律案件的数量和比例持续下降,服务部门的诚信水平和服务能力接近发达国家水平,建成高质量的诚信社会。
> 建议适时组建"知识经济部",促进知识经济的发展和知识经济强国的建设。

本 章 小 结

中国产业结构现代化是一种后发追赶型产业结构现代化。本章关于中国产业结构现代化的时序分析、截面分析和过程分析,加深了对中国产业结构现代化的理性认识。关于中国产业结构现代化的战略分析,可以为制定中国经济和产业结构现代化政策提供参考。

1. 中国产业水平的事实和前景

首先,人均产业增加值。中国三次产业、三大产业、六大集群和 17 个部门的人均产业增加值都有不同程度的增长。1960～2015 年期间,中国三次产业人均增加值提升幅度由高到低的排序为:服务业、工业、农业;1995～2015 年期间,中国三大产业人均增加值提升幅度由高到低的排序为:知识产业、服务产业、物质产业;六大集群人均增加值提升幅度由高到低的排序为:其他服务、人类服务、基本服务、流通服务、工业、农业。

其次,人均总产值。中国三次产业、三大产业、六大集群和 17 个部门的人均总产值都有不同程度的增长。1995～2011 年期间,中国三次产业人均总产值提升幅度由高到低的排序为:服务业、工业、农业;三大产业人均总产值提升幅度由高到低的排序为:知识产业、服务产业、物质产业;六大集群人均总产值提升幅度由高到低的排序为:基本服务、人类服务、工业、流通服务、其他服务、农业。

其三,人均需求。中国三次产业、三大产业、六大集群和 17 个部门的人均需求都有不同程度的增长。1995～2011 年期间,中国三次产业人均需求提升幅度由高到低的排序为:服务业、工业、农业;三大产业人均需求提升幅度由高到低的排序为:知识产业、服务产业、物质产业;六大集群人均需求提升幅度由高到低的排序为:基本服务、人类服务、其他服务、工业、流通服务、农业。

其四,中国产业水平的前景分析。未来 30 年,中国产业水平将会进一步提升,有可能在 2050

前后达到高收入国家 2015 年的平均水平。

2. 中国产业结构的事实和前景

首先,增加值结构。1960~2015 年期间,三次产业结构表现为:农业增加值比例下降,工业增加值比例先上升后下降,服务业增加值比例上升。1995~2015 年期间,三大产业结构表现为:物质产业增加值比例下降,服务产业增加值比例上升,知识产业增加值比例上升;六大集群产业结构表现为:其他服务、人类服务、基本服务、流通服务比例上升,农业增加值比例下降,工业增加值比例波动。

其次,总产值结构。1995~2011 年期间,三次产业结构表现为:农业总产值比例下降,工业总产值比例上升,服务业总产值比例先上升后下降;三大产业结构表现为:物质产业总产值比例下降,服务产业总产值比例先上升后下降,知识产业总产值比例上升;六大集群结构表现为:基本服务、工业比例上升,农业总产值比例下降,流通服务、其他服务和人类服务总产值比例先上升后下降。

其三,需求结构。需求结构与总产值结构基本类似。1995~2011 年期间,三次产业结构表现为:农业需求比例下降,工业需求比例上升,服务业需求比例先上升后下降;三大产业结构表现为:物质产业需求比例下降,服务产业需求比例先上升后下降,知识产业需求比例上升;六大集群结构表现为:基本服务、工业产业需求比例上升,农业需求比例下降,流通服务、其他服务和人类服务需求比例先上升后下降。

其四,就业结构。1962~2015 年期间,三次产业结构表现为:农业就业比例下降,工业和服务业就业比例上升。1980~2002 年期间,三大产业结构表现为:物质产业比例下降,服务产业和知识产业比例上升;六大集群结构表现为:流通服务、其他服务和基本服务就业比例上升,农业就业比例下降,工业就业比例转折,人类服务就业比例波动。

其五,中国产业结构的前景分析。未来 30 年,三次产业结构表现为:农业增加值比例和就业比例将会下降,工业增加值比例和就业比例也会下降,服务业增加值比例和就业比例会上升,产业结构偏离度会下降;三大产业结构:物质产业增加值比例和就业比例会下降,服务产业增加值比例和就业比例会上升,知识产业增加值比例和就业比例将会以较大幅度上升;流通服务增加值比例和劳动力比例、其他服务增加值比例和劳动力比例、人类服务增加值比例和劳动力比例、基本服务增加值比例和劳动力比例会以不同幅度上升。

3. 中国产业质量的事实和前景

首先,劳动生产率。中国三次产业、三大产业、六大集群和 17 个部门的劳动生产率都有不同程度的增长。1991~2015 年期间,中国三次产业劳动生产率提升幅度由高到低的排序为:农业、工业、服务业;1995~2002 年期间,三大产业劳动生产率提升幅度由高到低的排序为:知识产业、服务产业、物质产业;六大集群劳动生产率提升幅度由高到低的排序为:人类服务、工业、其他服务、流通服务、基本服务、农业。

其次,产业增加值率。1995~2011 年,三次产业表现为:农业和工业增加值率下降,服务业增加值率波动;三大产业表现为:物质产业和知识产业增加值率下降,服务产业增加值率波动;六大集群表现为:人类服务、其他服务增加值率上升,农业、工业和基本服务增加值率下降,流通服务增加值率波动。

其三,创新密度。中国平均创新密度增强,2008 年为 1.44%,2015 年达到 2.07%。2009~2011 年,农业创新密度上升。2015 年中国创新密度低于美、德、法、日等发达国家。

其四,环境压力。中国平均环境压力、工业和制造业环境压力高于德、英、法等发达国家。

其五,中国产业质量的前景分析。未来 30 年,中国产业质量将会进一步提升,无论是三次产业的劳动生产率、三大产业的劳动生产率还是六大集群的劳动生产率,都将有不同程度的提升,可能在 2050 年前后达到高收入国家 2015 年的平均水平。

4. 中国产业结构现代化的基本事实

中国产业结构现代化的发端,可以追溯到19世纪中后期。

19世纪后期以来,中国产业结构现代化大致分为三个阶段:清朝末年的产业结构现代化起步、民国时期的局部产业结构现代化、中华人民共和国的全面产业结构现代化。

2015年,中国产业结构现代化水平属于产业结构初等发达水平,处于发展中国家的中间位置;中国产业结构现代化指数为36.1,排名世界131个国家的第58位。

2015年,中国产业结构现代化的三个方面142个指标的发展水平大致是:4%的指标为中等发达水平,69%的指标为初等发达水平,27%指标为欠发达水平。

5. 中国产业结构现代化的主要特点

其一,中国产业结构现代化是一种后发追赶型的产业结构现代化;其二,中国产业结构现代化正处于从工业化向后工业化的转折期;其三,2014年中国完成了第一次产业结构现代化,正处于从工业经济向服务经济转型的阶段;其四,中国产业结构现代化仍处于物质产业为主导的发展阶段;其五,中国产业结构现代化仍处于人均工业需求主导的发展阶段;其六,中国知识产业增加值比例国际差距非常明显;其七,中国产业结构现代化具有地区多样性和不平衡性。

6. 中国产业结构现代化的路线图

中国产业结构现代化路线图是产业结构现代化的目标和路径的一种系统集成。

首先,战略目标。全面完成向服务经济和知识经济的两次转型,高质量建设现代化产业体系、现代化经济体系和现代化经济强国,全面建成制造业强国、服务经济强国、知识经济强国和世界经济强国,逐步达到产业水平、产业结构和产业质量的世界先进水平,早日成为具有世界先进水平的知识经济发达国家。

- 在2035年前后完成向服务经济的转型,全面建成服务经济强国和制造业强国;
- 在2050年前后完成向知识经济的转型,全面建成知识经济强国和现代化产业体系;
- 在2080年前后(改革开放100周年)全面实现产业结构现代化,产业结构、产业体系和经济体系达到世界先进水平,全面建成现代化经济强国和具有世界先进水平的知识经济发达国家。

其次,运河路径。瞄准产业结构变迁的未来前沿,两次产业结构现代化协调发展,加速从农业经济向工业经济和知识经济的结构转型;坚持"抓质量、上水平、调结构"的基本原则,以提高产业质量为引领,以提高产业水平为抓手,以优化和提升产业结构为落脚点,全面推进产业质量、产业水平和产业结构的现代化,迎头赶上未来的世界前沿水平;在2050年达到世界中等发达水平,建成制造业强国、服务经济强国和知识经济强国;在21世纪下半叶早日达到世界先进水平,建成现代化经济强国、世界经济强国和知识经济发达国家,全面实现产业结构现代化。

其三,监测指标。包括三次产业、三大产业和六大集群的产业水平、产业结构和产业质量的40个指标,以及24个部门产业结构现代化的目标和任务。

其四,战略要点。在未来30多年,产业结构现代化将是中国经济现代化的一个关键领域,需要集思广益。我们认为,可以从纵横两个维度协同推进,从内因、外因两个方面综合研判,选择目标、路径、模式和重点,与时俱进。

7. 中国三次产业的产业结构现代化

首先,发展潜力。至2050年中国三次产业的发展潜力差别很大。其中,平均相对发展潜力,服务业最大,工业其次,农业较小;产业结构发展潜力,服务业最大,工业和农业比例要下降;产业质量发展潜力依次为:服务业、工业和农业。

其次，政策建议。在未来35年里，政策重点是：全面发展服务业，加速调整工业结构，有选择地发展农业，提高产业结构协调性，早日完成从工业经济向服务经济的产业转型。

8. 中国三大产业的产业结构现代化

首先，发展潜力。至2050年三大产业的发展潜力排名如下（从高到低）。

- 平均相对发展潜力排名：知识产业最大，服务产业其次，物质产业较小。
- 产业结构绝对潜力排名：知识产业最大，服务产业其次，物质产业比例要下降。
- 产业质量绝对潜力排名：物质产业、服务产业、知识产业。

其次，政策建议。在未来35年里，政策重点是：优先发展知识产业，加速发展服务产业，有选择地发展物质产业，早日完成向知识经济的产业转型。

9. 中国六大集群的产业结构现代化

首先，发展潜力。至2050年六大集群的发展潜力排名如下（从高到低）。

- 平均相对潜力排名：人类服务、基本服务、其他服务、流通服务等。
- 产业结构绝对潜力排名：人类服务、基本服务、流通服务、其他服务等。
- 产业质量绝对潜力排名：流通服务、基本服务、工业、人类服务、其他服务和农业。

其次，政策建议。未来35年里，政策重点是：优先发展人类服务和基本服务，加速发展流通服务和其他服务，加速调整工业结构，有选择地发展农业。

10. 中国18部门的产业结构现代化

首先，发展潜力。至2050年18个部门的发展潜力排名如下。

- 平均相对潜力排前5位部门依次是：健康和社会帮助、成员组织、公共管理和社会安全、信息和交流、房地产和租赁。
- 人均增加值的发展潜力排名前5的部门：房地产和租赁、制造业、批发和零售业、健康和社会帮助、专业和技术活动；增加值比例的发展潜力排名前5的部门：健康和社会帮助、房地产和租赁、专业和技术活动、公共管理和社会安全、信息和交流。
- 劳动力比例的发展潜力排名前5的部门：健康和社会帮助、专业和技术活动、教育、公共管理和社会安全、批发和零售业。
- 产业质量（劳动生产率）的绝对潜力排前5位的部门依次是：房地产和租赁、采矿业、公共事业、环境治理、信息和交流。

其次，政策建议。未来35年里，政策重点如下。

- 从相对潜力角度看，优先发展10个部门：健康和社会帮助，成员组织，公共管理和社会安全，信息和交流，艺术、娱乐和文娱，专业和技术活动，教育，环境治理，食宿服务，房地产和租赁。
- 从产业水平角度看，优先发展10个部门：制造业，批发和零售业，专业和技术活动，健康和社会帮助，公共管理和社会安全，金融和保险，信息和交流，建筑业，运输和储存，房地产和租赁。
- 从产业结构角度看，优先发展10个部门：健康和社会帮助，批发和零售业，专业和技术活动，公共管理和社会安全，信息和交流，教育，金融和保险，食宿服务，运输和储存，房地产和租赁。
- 综合考虑，优先发展的10个部门：健康和社会帮助，批发和零售业，专业和技术活动，信息和交流，教育，金融和保险，运输和储存，艺术、娱乐和文娱，成员组织，房地产和租赁。

下 篇

世界和中国现代化评价

"人不能两次踏入同一条河"。变化是永恒的存在。通过对世界现代化进程的客观评价,可以动态监测世界和中国现代化进程。在《中国现代化报告》中,我们提出了国家、地区、经济、社会、文化、生态和国际现代化的评价方法,建立了世界现代化指数(图二)。

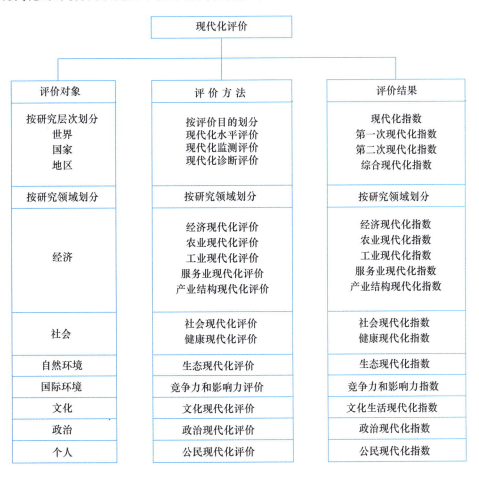

图二 现代化评价的结构

注:现代化水平评价主要反映国家现代化的实际进展和国际相对水平,现代化监测评价主要反映国家现代化的政策目标的实际进展,现代化诊断评价反映国家现代化过程中的优劣和得失,第一次现代化指数主要反映工业化和城市化的实际水平,第二次现代化指数主要反映知识化和信息化的实际水平,综合现代化水平指数主要反映现代化水平的国际相对差距;各领域的现代化评价,反映该领域现代化的实际进展和国际相对水平;本《报告》不包含政治和国防等的现代化,这些内容需要专门研究。

世界现代化指数主要反映世界现代化在经济、社会、文化和环境等领域的综合成就和相对水平。事实上,现代化还包括政治等各个领域的变化。所以,世界现代化指数,只是反映了现代化的部分内容,而不是全部。此外,统计机构有时会对历史数据进行调整,有些指标的数据不全,这些对评价结果产生一些影响。本《报告》采用何传启提出的第一次现代化评价模型、第二次现代化评价模型第三版、综合现代化评价模型第三版,对世界131个国家和中国34个地区进行评价。本《报告》主要反映2015年的评价结果,其他见附录。

第四章 产业结构现代化评价

一般而言,产业结构现代化指 18 世纪工业革命以来经济体系的产业结构变迁的世界前沿,以及不同国家追赶、达到和保持产业结构发展的世界前沿的行为和过程。

本《报告》第一章分析了过去 300 年产业结构现代化的特点,它是以单指标分析为基础的。产业结构现代化研究不能只见树木不见森林。为了把握产业结构现代化的整体趋势和现实水平,需要对产业结构现代化进行评价。产业结构现代化早期的数据非常有限和不完整,无法进行评价。本章在介绍国内外已有产业结构现代化评价方法的基础上,建立评价模型,对 2000~2015 年的产业结构现代化进程进行评价。"产业结构现代化指数"可以作为世界现代化指数的一个分指数。不同国家的数据质量不同,且面板数据得到的结果与真实的产业结构状况之间可能存在一定差异,故本章评价结果仅供参考。

第一节 产业结构现代化的评价方法

产业结构现代化评价是一种综合评价,包括定性评价和定量评价等。反映产业结构现代化水平的指标很多,影响因素很多,国别差异和时代差异非常大。本节先简要介绍国内外已有的产业结构现代化评价方法和模型,再介绍本《报告》的评价方法和模型。

一、产业结构现代化的相关评价

国内外关于产业结构现代化的评价以定量评价为主,评价模型很多,各具特点(表 4-1)。主要包括产业结构竞争力评价、产业结构水平评价和产业结构绩效评价等。

产业结构评价一般会综合考虑经济增长、就业变化、污染控制等若干方面与产业结构的转换与调整的互动关系,其评价模型包括:投入产出模型;计量经济学模型;多目标规划模型;系统动力学模型等。

表 4-1 国际组织及不同学者的产业结构评价(举例)

序号	产业结构评价方法及内容	来源
1	从合理化、高效化、高级化三个角度构建评价指标体系,运用变异系数法对指标赋权,测度 1995~2014 年中国产业结构水平综合值	徐仙英,2016
2	从产业结构高度化程度、地区产业结构状况、产业组织结构监测三个方面构建产业结构水平评价模型	宋锦剑,2000
3	利用灰色理论方法,以三次产业经济增长为控制目标,三次产业劳动力和投资量为控制变量,建立 GM(1,3)模型,并对地区产业结构进行分析	赵卓,2003
4	运用非因果回归框架,评估经济多样性、产业专殊化与竞争结构和经济表现之间的相对关联,审视美国 1987~1997 年制造业与 19 个次部门中,区域产业结构与就业变迁的关联性	Drucker,2015
5	建立一种对产业结构自组织能力的测评方法,其核心是经济资源通过一定的产业结构自动实现最优化配置的能力,以评估产业结构的合理化程度	伦蕊,2005

(续表)

序号	产业结构评价方法及内容	来源
6	从制造业生产和出口能力、技术深化和升级、世界影响三个方面,8个指标构建了工业竞争力评价模型,对141个国家的工业绩效进行评价	UNIDO,2013；UNIDO,2015
7	利用投入产出模型,通过产业的感应度系数、影响力系数、生产诱发系数及生产的最终依赖系数分析经济的结构比例、各产业间相互依存的程度、各产业的发展顺序以及产业的波及效果问题	谢曼,2002
8	从经济效益提高、充分就业、节约资源和生态环境改善四个方面建立产业结构的Lagrange函数及其优化模型,用于评价生态城市的产业结构绩效	姜照华,1999

二、产业结构现代化的评价模型

产业结构现代化评价的思路是：① 以提升产业质量为导向,以优化产业结构为主体,建立产业结构现代化的结构和质量的二维评价模型；② 根据产业结构现代化原理,选择代表产业结构现代化典型特征的关键指标作为评价指标；③ 评价指标的选择还要考虑其政策含义和数据可获得性；④ 产业结构方面重点选择增加值结构和就业结构,产业质量方面重点选择劳动生产率、利润率、创新密度、环境友好和国际竞争力；⑤ 为简化评价模型和减少人为因素影响,评价指标采用等权重处理。产业结构现代化指数主要用来衡量国家产业结构现代化的相对水平及发展趋势(图4-1,表4-2)。

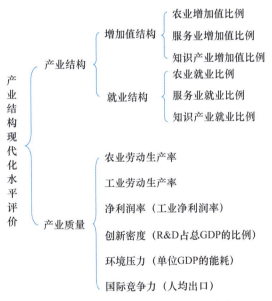

图 4-1　产业结构现代化水平评价内容

1. 产业结构现代化水平评价的评价模型

我们分析了已有的产业结构统计数据,发现有些产业结构指标数据获取困难,有些产业结构指标国际可比性差,有些产业结构指标包含多种解释等等。为了评价的可操作性和可比性,我们简化了产业结构现代化水平评价的模型,其基本模型为：产业结构现代化水平等于产业结构和产业质量的相对水平的几何平均值,产业结构现代化指数等于产业结构指数和产业质量指数的算术平均值,它的数学模型如下：

$$\begin{cases} \text{ISMI} = (I_S \times I_Q)^{1/2} \\ I_S = \left(\sum S_i\right)\big/ N_S \quad (i=1,2,\cdots,N_S) \\ I_Q = \left(\sum Q_j\right)\big/ N_Q \quad (j=1,2,\cdots,N_Q) \\ S_i = 100 \times i_{\text{实际值}} / i_{\text{标准值}} (\text{正指标}, S_i \leqslant 120) \\ S_i = 100 \times i_{\text{标准值}} / i_{\text{实际值}} (\text{逆指标}, S_i \leqslant 120) \\ Q_j = 100 \times j_{\text{实际值}} / j_{\text{标准值}} (\text{正指标}, Q_j \leqslant 120) \\ Q_j = 100 \times j_{\text{标准值}} / j_{\text{实际值}} (\text{逆指标}, Q_j \leqslant 120) \end{cases}$$

其中,ISMI 为产业结构现代化指数;I_S 为产业结构指数,I_Q 为产业质量指数;S_i 为产业结构第 i 项指标的指数,i 为产业结构评价指标的编号,N_S 为产业结构评价指标的总个数;Q_j 为产业质量第 j 项指标的指数,j 为产业质量评价指标的编号,N_Q 为产业质量评价指标的总个数。各项指数的取值小于或等于120,各个指标实际值为它的实际值,标准值为当年高收入国家该项指标的平均值。

根据以上可操作的评价模型,选择代表性的指标数据进行评价(表4-2):

表4-2 产业结构现代化指数的评价指标

项目	评价指标	指标解释和测度	指标性质
产业结构	增加值结构	农业增加值比例,%	逆指标
		服务业增加值比例,%	正指标
		知识产业增加值比例*,%	正指标
	就业结构	农业就业比例,%	逆指标
		服务业就业比例,%	正指标
		知识产业就业比例**,%	正指标
产业质量	农业劳动生产率	农业劳动生产率,2010年不变价格美元	正指标
	工业劳动生产率	工业劳动生产率,美元	正指标
	净利润率	工业净利润率,%	正指标
	创新密度	R&D 占 GDP 的比例,%	正指标
	环境压力	单位 GDP 的能耗,千克油/美元	逆指标
	人均出口	人均出口,美元	正指标

注:* 知识产业增加值比例等于 R&D 经费、总教育经费和总卫生经费加和占 GDP 的比例。** 知识产业就业比例等于科技和专业服务、教育、信息服务和健康服务就业人数加和占总就业人数的比例。

2. 产业结构现代化水平评价的标准

产业结构现代化评价以当年高收入国家指标平均值为基准值(表4-3)。

表4-3 产业结构现代化水平评价指标的标准值

指标和单位		2000	2010	2015
产业结构	农业增加值比例,%	1.88	1.42	1.36
	服务业增加值比例,%	70	73	74
	知识产业增加值比例,%	17	20	20
	农业就业比例,%	4.9	3.5	3.2
	服务业就业比例,%	68	73	74
	知识产业就业比例,%*	—	27	29

(续表)

	指标和单位	2000	2010	2015
产业质量	农业劳动生产率,2010年不变价格美元	22 420	32 100	39 257
	工业劳动生产率,现价美元	55 957	92 945	102 045
	工业净利润率,%	17.2	16.8	16.1
	R&D占GDP的比例,%	2.3	2.4	2.6
	单位GDP的能耗,千克油/美元	0.20	0.13	0.11
	人均出口,美元	6051	11 640	12 416

注：* 由于数据无法获取，2000年知识产业就业比例指标不列入评价。

第二节　世界产业结构现代化十五年

一、2015年世界产业结构现代化指数

1. 2015年世界产业结构现代化的总体水平

根据产业结构现代化指数分组，丹麦、美国等21个国家属于产业结构发达国家，韩国、葡萄牙等20个国家属于产业结构中等发达国家，巴西、中国等31个国家属于产业结构初等发达国家，尼日利亚等59个国家属于产业结构欠发达国家（表4-4）。

表4-4　2015年产业结构现代化指数

分组	国家	指数	国家	指数	国家	指数	国家	指数
发达国家（21个）	丹麦	114	新加坡	103	奥地利	98	日本	93
	瑞典	112	荷兰	102	澳大利亚	97	爱尔兰	90
	美国	108	以色列	101	芬兰	97	意大利	82
	瑞士	105	德国	100	法国	96	新西兰	81
	挪威	105	英国	100	加拿大	96	西班牙	80
	比利时	104						
中等发达国家（20个）	科威特	79.8	黎巴嫩	68	匈牙利	61	阿根廷	54
	斯洛文尼亚	79.6	葡萄牙	67	立陶宛	59	乌拉圭	53
	韩国	79	爱沙尼亚	67	拉脱维亚	58	哥斯达黎加	50
	捷克	73	沙特阿拉伯	66	克罗地亚	58	墨西哥	50
	斯洛伐克	70	希腊	65	波兰	56	巴拿马	50
初等发达国家（31个）	委内瑞拉	48	土耳其	42	中国	36	巴拉圭	33
	保加利亚	48	哥伦比亚	41	马其顿	36	摩洛哥	33
	巴西	48	南非	41	牙买加	35	突尼斯	33
	智利	47	约旦	41	秘鲁	35	萨尔瓦多	32
	马来西亚	47	纳米比亚	41	哈萨克斯坦	35	亚美尼亚	32
	多米尼加	44	罗马尼亚	40	厄立特里亚	35	阿塞拜疆	31
	俄罗斯	43	白俄罗斯	38	阿尔及利亚	33	埃及	31
	博茨瓦纳	42	厄瓜多尔	37	刚果（布）	33		

(续表)

分组	国家	指数	国家	指数	国家	指数	国家	指数
欠发达国家（59个）	格鲁吉亚	29	尼加拉瓜	25	乌兹别克斯坦	19	莱索托	11
	泰国	29	叙利亚	25	吉尔吉斯	18	刚果（金）	11
	斯里兰卡	28	加纳	24	贝宁	18	尼日尔	11
	也门	28	肯尼亚	23	巴基斯坦	17	乍得	11
	阿尔巴尼亚	27	塞内加尔	23	塔吉克斯坦	17	毛里塔尼亚	10
	洪都拉斯	27	安哥拉	22	坦桑尼亚	17	布基纳法索	9
	菲律宾	27	印度尼西亚	22	莫桑比克	17	几内亚	9
	乌克兰	27	科特迪瓦	22	巴布亚新几内亚	16	老挝	9
	伊朗	27	孟加拉国	22	柬埔寨	16	塞拉利昂	8
	摩尔多瓦	26	越南	22	津巴布韦	15	卢旺达	7
	尼日利亚	26	赞比亚	21	埃塞俄比亚	15	布隆迪	7
	蒙古	26	印度	21	多哥	15	马拉维	6
	危地马拉	25	土库曼斯坦	20	马里	14	中非	5
	喀麦隆	25	缅甸	20	尼泊尔	14	马达加斯加	5
	玻利维亚	25	海地	20	乌干达	13		

注：根据产业结构现代化指数分组：产业结构发达国家，产业结构现代化指数大于80；中等发达国家，指数大于50小于80；初等发达国家，指数小于50大于30；欠发达国家，指数小于30。

2. 2015年世界产业结构现代化的前沿水平

2015年产业结构现代化指数世界排名前10位的国家：丹麦、瑞典、美国、瑞士、挪威、比利时、新加坡、荷兰、以色列、德国。英国排第11位，法国排第15位，加拿大排第16位，日本排第17位。产业结构发达国家特点如表4-5。

表4-5 2015年世界产业结构现代化的前沿

	指标和单位	瑞典	美国	德国	英国	法国	日本
产业结构	农业增加值比例，%	1.36	1.05	0.62	0.66	1.76	1.07
	服务业增加值比例，%	74	79	69	79	79	70
	知识产业增加值比例，%	23	25	19	17	19	17
	农业就业比例，%	1.9	1.5	1.4	1.2	2.8	3.8
	服务业就业比例，%	80	81	71	80	77	69
	知识产业就业比例，%	39	32	28	35	31	24
产业质量	农业劳动生产率，2010年不变价格美元	73 062	80 538	33 046	42 800	95 415	55 901
	工业劳动生产率，美元	131 030	123 899	81 396	84 020	78 163	77 614
	工业净利润率，%	15.6	21.4	14.4	15.3	12.5	13.6
	R&D占GDP的比例，%	3.3	2.8	2.9	1.7	2.2	3.3
	单位GDP的能耗，千克油/美元	0.1	0.12	0.09	0.06	0.1	0.1
	人均出口，美元	22 932	7046	19 351	12 137	11 291	6172

3. 2015年世界产业结构现代化的末尾水平

2015年产业结构现代化指数排世界后10位的国家：毛里塔尼亚、布基纳法索、几内亚、老挝、塞拉利昂、卢旺达、布隆迪、马拉维、中非、马达加斯加。

4. 2015年世界产业结构现代化的国际差距

2015年世界产业结构现代化的国际差距体现在若干方面。首先是产业结构指标的水平差距，请参考第一章的产业结构截面分析。其次是产业结构现代化的水平差距,由产业结构现代化指数反映出的国家产业结构现代化水平相差23倍。具体来说,产业结构指数的差距是4倍;产业质量指数的差距最大,是129倍(表4-6)。

表4-6 2015年世界产业结构现代化水平的国家差距

	产业结构现代化指数	产业结构指数	产业质量指数
最大值	113.9	114.4	114.3
最小值	4.7	22.6	0.9
平均值	48.4	58.1	40.3
极差(最大值-最小值)	109	92	113
标准差	30	24	33
相对差距(最大值÷最小值)	24	5	130
变异系数(标准差÷平均值)	0.61	0.42	0.81

5. 2015年世界产业结构现代化的国际追赶

首先,产业结构现代化指数的变化。2015年与2000年相比,有85个国家产业结构现代化指数上升,有39个国家产业结构现代化指数下降,有5个国家产业结构现代化指数没有显著变化。

其次,根据产业结构现代化指数排名的变化。2015年与2000年相比,有57个国家产业结构现代化排名上升,有63个国家产业结构现代化排名下降,有9个国家产业结构现代化排名没有变化。

其三,产业结构现代化水平分组的变化(表4-7)。

表4-7 世界产业结构现代化的国家地位的转移概率(马尔可夫链分析)

分组	国家数	发达	中等	初等	欠发达
	2000	2000~2015年转移概率/(%)			
发达	19	100	0	0	0
中等	19	11	79	5	0
初等	27	0	15	74	11
欠发达	64	0	0	16	84

注:① 以产业结构现代化指数进行国家分组:发达国家≥80,中等发达国家≥50,<80,初等发达≥30,<50,欠发达<30。② 由于数据无法获取,2000年评价指数少了知识产业就业比例这个指标,该年的产业结构现代化指数可能会带来一定的误差;此外,受数据获取率的影响,统计结果也具有一定的系统误差。

在2000~2015年期间,

- 产业结构中等发达国家升级概率:11%升级为发达国家
- 产业结构初等发达国家升级概率:15%升级为中等发达国家
- 产业结构欠发达国家升级概率:16%升级为初等发达国家

6. 2015年世界产业结构现代化的不平衡性

世界产业结构现代化的不平衡性非常显著,集中反映在四个方面。

- 产业结构指标发展的不平衡,各项指标之间的差别很明显。
- 产业结构现代化水平不平衡,国家产业结构现代化水平的相对差距为24倍,产业质量指数的相对差距则高达130倍。
- 产业结构现代化速度不平衡,有些国家快速增长,有些国家负增长。

- 产业结构现代化的地理不平衡,非洲仍然是最落后的地区。这与世界现代化的不平衡性是一致的。

二、2000~2015 年世界产业结构现代化进程

进入 21 世纪的 15 年是世界产业结构现代化的重要时期,我们对过去 15 年的产业结构现代化进行了评价。

1. 过去 15 年世界产业结构现代化的若干特点

(1) 国家产业结构现代化的表现差别比较大

2000~2015 年期间,产业结构现代化指数的国际差距在波动中略有缩小(表 4-8)。

表 4-8　2000~2015 年世界产业结构现代化指数的国际差距

项目	2000	2010	2015
最大值	111	113	114
最小值	4	6	5
平均值	52	49	48
极差(最大值－最小值)	107	107	109
标准差	30	30	30
相对差距(最大值÷最小值)	27	19	24
变异系数(标准差÷平均值)	0.57	0.62	0.62

在过去 15 年里,不同国家产业结构现代化的表现相差较大。这种差别既反映在每年产业结构现代化指数的变化上,更体现在国家产业结构现代化水平的级别变化上。有些国家从产业结构发达国家降级为中等发达国家,有些国家从欠发达国家升级为初等发达国家,有些国家从初等发达国家升级为中等发达国家,有些国家从中等发达国家升级为产业结构发达国家。

在 2000~2015 年期间,产业结构现代化地位升级国家 16 个,降级国家 4 个(表 4-9)。

表 4-9　2000~2015 年产业结构现代化的世界地位发生升降的国家

升级的国家			降级的国家		
国家	2000 年分组	2015 年分组	国家	2000 年分组	2015 年分组
西班牙	中等发达	发达			
新西兰	中等发达	发达			
拉脱维亚	初等发达	中等发达	委内瑞拉	中等发达	初等发达
哥斯达黎加	初等发达	中等发达			
波兰	初等发达	中等发达			
立陶宛	初等发达	中等发达			
巴拉圭	欠发达	初等发达	科特迪瓦	初等发达	欠发达
埃及	欠发达	初等发达	危地马拉	初等发达	欠发达
厄瓜多尔	欠发达	初等发达	也门	初等发达	欠发达
中国	欠发达	初等发达			
罗马尼亚	欠发达	初等发达			
哈萨克斯坦	欠发达	初等发达			
亚美尼亚	欠发达	初等发达			
厄立特里亚	欠发达	初等发达			
阿塞拜疆	欠发达	初等发达			
刚果(布)	欠发达	初等发达			

(2) 世界产业结构现代化的水平结构发生一定变化

在过去 15 年里，世界产业结构现代化的水平结构发生了一定变化（表 4-10）。

表 4-10　2000～2015 年世界产业结构现代化水平的结构

项目	2000	2010	2015	2000	2010	2015
分组	国家个数			占总数的比例/（%）		
发达组	19	22	21	14.7	16.8	16.0
中等发达组	19	19	20	14.7	14.5	15.3
初等发达组	27	28	31	20.9	21.4	23.7
欠发达组	64	62	59	49.6	47.3	45.0
合计	129	131	131	100	100	100

注：由于数据无法获取，2000 年评价指数少了 1 个指标，该年的产业结构现代化指数可能会带来一定的误差。

例如，2000 年的 19 个产业结构发达国家，到 2015 年这 19 个国家仍然是发达国家；2000 年的 64 个产业结构欠发达国家，到 2015 年有 54 个仍然是欠发达国家，中国等 10 个国家等升级为初等发达国家（表 4-9）。

2. 2000～2010 年世界产业结构现代化的历史进程

(1) 2000 年世界产业结构现代化水平

首先，2000 年国家产业结构现代化水平。产业结构现代化指数排前 10 位的国家是：瑞士、瑞典、美国、以色列、丹麦、挪威、英国、德国、荷兰、比利时；瑞士等 19 个国家产业结构现代化指数超过 80，属于产业结构现代化的发达国家，它们的产业结构现代化水平代表了当年世界先进水平；西班牙、斯洛文尼亚等 19 个国家属于产业结构中等发达国家；波兰、巴西等 27 个国家属于产业结构初等发达国家；埃及、中国等 64 个国家属于产业结构欠发达国家；现代化指数最低的 10 个国家分别是：土库曼斯坦、莱索托、马达加斯加、埃塞俄比亚、中非、塞拉利昂、老挝、马拉维、卢旺达、布隆迪。

其二，世界产业结构现代化的国际差距（表 4-8）。国家产业结构现代化指数的最大差距为 107，相对差距为 27 倍。

其三，世界产业结构现代化的不平衡性。19 个国家属于产业结构发达国家，约占国家有效样本的 15%；19 个国家属于产业结构中等发达国家，约占国家有效样本的 15%；27 个国家属于产业结构初等发达国家，约占国家有效样本的 21%；64 个国家属于产业结构欠发达国家，约占国家有效样本的 50%（表 4-10）。

(2) 2010 年世界产业结构现代化水平

首先，国家产业结构现代化水平。2010 年，产业结构现代化指数排前 10 位的国家是：丹麦、瑞典、美国、瑞士、比利时、挪威、荷兰、德国、加拿大、以色列；有 22 个国家产业结构现代化指数超过 80，属于产业结构现代化的发达国家，它们的产业结构现代化水平代表了当年世界先进水平；韩国、捷克等 19 个国家属于产业结构中等发达国家；巴西、中国等 28 个国家属于产业结构初等发达国家；越南等 62 个国家属于产业结构欠发达国家；现代化指数最低的 10 个国家分别是：布基纳法索、刚果（布）、几内亚、布隆迪、老挝、中非、卢旺达、马达加斯加、塞拉利昂、马拉维。

其二，世界产业结构现代化的国际差距（表 4-8）。国家产业结构现代化指数的最大差距为 107，相对差距为 19 倍。

其三，世界产业结构现代化的不平衡性。22 个国家属于产业结构发达国家，约占国家有效样本的 17%；19 个国家属于产业结构中等发达国家，约占国家有效样本的 15%；28 个国家属于产业结构初等发达国家,约占国家有效样本的21%;62个国家属于产业结构欠发达国家,约占国家有效样本的47%。

关于2015年世界产业结构现代化水平,前面已有分析,不再赘述。

第三节 中国产业结构现代化十五年

在过去15年里,中国产业结构现代化水平有较大提高,其中,中国产业结构现代化指数从24提高到36,提高了12。这个数字从一个角度说明,我国产业结构现代化建设取得了较大成就,但目前与世界先进水平的差距仍然十分明显(表4-11)。

表4-11 2000~2015年中国产业结构现代化指数

年份	产业结构现代化指数	排名	国家样本数
2015	36	58	131
2010	32	64	131
2000	24	78	129

一、2015年中国产业结构现代化水平

1. 2015年中国产业结构现代化的总体水平

2015年中国属于产业结构初等发达国家,中国产业结构现代化指数为36,排世界131个国家的第58位。中国处于产业结构发展中国家的中间水平,距离世界先进水平的差距比较大。

2. 2015年中国产业结构现代化的国际差距

2015年中国产业结构现代化的整体水平和多数指标水平,都有明显的国际差距(表4-12)。

表4-12 2015年中国产业结构现代化水平的国际差距

	指标	单位	性质	高收入国家	中国	绝对差距	相对差距
产业结构现代化指数	产业结构现代化指数	分	正指标	100	36	64	2.8
	产业结构指数	分	正指标	100	41	59	2.4
	产业质量指数	分	正指标	100	32	68	3.1
产业结构	农业增加值比例	%	逆指标	1.36	8.83	7.47	6.5
	服务业增加值比例	%	正指标	74	50	24	1.5
	知识产业增加值比例	%	正指标	20	12.3	7.7	1.6
	农业就业比例	%	逆指标	3.2	28.9	25.7	9.0
	服务业就业比例	%	正指标	74	47	27	1.6
	知识产业就业比例	%	正指标	29	7	22	4.1
产业质量	农业劳动生产率	2010年不变价格美元	正指标	39 257	1465	37 792	27
	工业劳动生产率	美元	正指标	102 045	20 130	81 915	5.1
	工业净利润率	%	正指标	16.1	6.0	10	2.7
	R&D占GDP的比例	%	正指标	2.6	2.07	0.53	1.3
	单位GDP的能耗	千克油/美元	逆指标	0.11	0.29	0.18	2.6
	人均出口	美元	正指标	12 416	1721	10 695	7.2

注:正指标:绝对差距=高收入国家值-中国值,相对差距=高收入国家值÷中国值;逆指标:绝对差距=中国值-高收入国家值,相对差距=中国值÷高收入国家值。

① 产业结构现代化指数的国际差距。2015年,中国产业结构现代化指数与高收入国家平均值相

比,绝对差距为64,相对差距约为2.8倍。其中,中国产业质量指数的国际差距最大,比高收入国家差2.1倍。

② 产业结构指标的国际差距。2015年,中国与高收入国家相比,差距最大的是农业就业比例,差8倍;农业增加值比例相差5.5倍;知识产业就业比例相差3.1倍;服务业增加值比例、知识产业增加值比例和服务业就业比例差50%~60%。

③ 产业质量指标的国际差距。2015年,中国与高收入国家相比,差距最大的是农业劳动生产率,差26倍;人均出口差6.2倍;工业劳动生产率差4.1倍;工业净利润率差1.7倍;单位GDP的能耗差1.6倍;R&D占GDP的比例差30%。

二、2000~2015年中国产业结构现代化进程

1. 过去15年中国产业结构现代化取得显著成绩

在2000~2015年期间,中国产业结构现代化指数从24上升到36,提高了12。世界排名从2000年的第78位上升到2015年的第58位,提高了20位(表4-13)。

表4-13 2000~2015年中国产业结构现代化进程

项目	2000	2010	2014
中国产业结构现代化指数	24	32	36
世界指数最大值	111	113	114
世界指数最小值	4	6	5
世界指数平均值(计算)	52	49	48
中国与最大值的绝对差距	87	81	78
中国与最大值的相对差距	4.6	3.5	3.2
中国与平均值的绝对差距	28	17	12
中国与平均值的相对差距	2.2	1.5	1.3
中国排名	78	64	58
国家样本数	129	131	131

注:由于数据无法获取,2000年评价指数少用了1个指标,该年的产业结构现代化指数可能会带来一定的误差。

2. 2000年以来中国产业结构现代化水平与世界先进水平的相对差距在缩小

在2000~2015年期间,中国产业结构现代化与世界先进水平的绝对差距和相对差距都在缩小;中国产业结构现代化与世界平均水平的绝对差距和相对差距也都在缩小(表4-14)。

3. 过去15年中国产业结构现代化单项指标的表现有差异

产业结构指标。表现较好的指标是服务业增加值比例、服务业就业比例和知识产业增加值比例,表现较差的指标是农业增加值比例、农业就业比例和知识产业就业比例(表4-14)。

产业质量指标。R&D占GDP的比例表现较好;农业劳动生产率、工业劳动生产率、人均出口和工业净利润率等指标表现较差(表4-14);单位GDP的能耗等指标从2000到2015年进步很快。

表 4-14 2000～2015 年中国产业结构现代化评价指标的表现

	指标	单位	性质	2000	2010	2015	2015 年参考值
产业结构	农业增加值比例	%	逆指标	14.7	9.53	8.83	1.36
	服务业增加值比例	%	正指标	40	44	50	74
	知识产业增加值比例	%	正指标	7.4	10.2	12.3	20
	农业就业比例	%	逆指标	50	34	28.9	3.2
	服务业就业比例	%	正指标	31	42	47	74
	知识产业就业比例	%	正指标	—	5.7	7.1	29
产业质量	农业劳动生产率	2010 年不变价格美元	正指标	774	1161	1465	39 257
	工业劳动生产率	美元	正指标	3504	13 146	20 130	102 045
	工业净利润率	%	正指标	5.1	7.6	6.0	16.1
	R&D 占 GDP 的比例	%	正指标	0.9	1.71	2.07	2.6
	单位 GDP 的能耗	千克油/美元	逆指标	0.94	0.43	0.29	0.11
	人均出口	美元	正指标	151	1199	1721	12 416

注：① 各年的参考值均为当年高收入国家平均值，表中仅列出 2015 年的参考值。

总而言之，过去 15 年是中国产业结构现代化建设取得很大成绩的 15 年，中国产业结构现代化的绝对水平在持续提高，相对水平也在提高。虽然成绩是明显的，但我们与世界先进水平的差距也是客观存在的。

中国地区产业结构现代化的地区差异比较大，统计数据的获取性不好，数据质量存在争议，故我们没有对中国地区的产业结构现代化水平进行评价。

本 章 小 结

本章完成了 2000～2015 年世界 131 个国家的产业结构现代化评价。

1. 世界产业结构现代化评价的方法和模型

关于产业结构现代化的评价，以定量评价为主，评价模型很多，各具特点。

本项研究，以提升产业质量为导向，以优化产业结构为主体，建立产业结构现代化的结构和质量的二维评价模型。根据产业结构现代化原理，选择代表产业结构现代化典型特征的关键指标作为评价指标，同时兼顾指标的政策含义和数据可获得性。

2. 2000～2015 年世界产业结构现代化评价

2015 年产业结构现代化指数世界排名前 10 位的国家：丹麦、瑞典、美国、瑞士、挪威、比利时、新加坡、荷兰、以色列、德国。英国排第 11 位，法国排第 15 位，加拿大排第 16 位，日本排第 17 位。

2015 年，在 131 个国家中，21 个国家是产业结构发达国家，20 个国家是产业结构中等发达国家，31 个国家是产业结构初等发达国家，59 个国家是产业结构欠发达国家。

在 2000～2015 年期间，产业结构现代化地位发生变化的国家有 20 个；其中，升级国家有 16 个，降级国家有 4 个。

在 2000～2015 年期间，产业结构发达国家的比例为 15%～17%，产业结构发展中国家的比例为 83%～85%。产业结构水平从高到低的排序大致是：欧洲/美洲、亚洲和非洲。

3. 2000～2015年中国产业结构现代化评价

2015年中国属于产业结构初等发达国家,产业结构现代化指数为36,排世界131个国家的第58位。

2015年,中国产业结构现代化指数与高收入国家平均值相比,绝对差距为64,相对差距约为2.8倍。中国产业结构现代化的整体水平和多数单指标水平,都有明显的国际差距。

2000～2015年期间,中国产业结构现代化指数从24上升到36,提高了12。世界排名从2000年的第78位上升到2015年的第58位,提高了20位。

第五章 2015年世界和中国现代化指数

2015年,美国等26个国家已经进入第二次现代化,中国等102个国家处于第一次现代化,乍得等3个国家仍然处于传统农业社会,有些原住民族仍然生活在原始社会(图5-1)。根据第二次现代化指数的国家分组,2015年美国等20个国家为发达国家,俄罗斯等20个国家为中等发达国家,中国等36个国家为初等发达国家,肯尼亚等55个国家为欠发达国家。

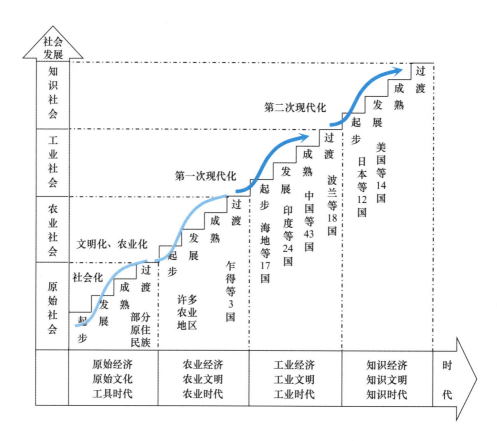

图 5-1 2015年世界现代化进程的坐标图

2015年中国是一个发展中国家,具有初等发达国家水平,处于发展中国家的中间位置,与发达国家的差距仍然较大。2015年中国第一次现代化指数达到99,排名世界131个国家的第50位;第二次现代化指数和综合现代化指数分别为41和44,分别排名第50位和第63位。

第一节 2015年世界现代化指数

世界现代化指数反映世界131个国家、不同组国家和世界平均的现代化水平,包括世界第一次现代化指数(实现程度)、第二次现代化指数和综合现代化指数(表5-1)。它体现世界现代化在经济、社会、知识和环境等领域的综合水平,它没有包括政治等领域的现代化水平。关于现代化指数的评价方法,请阅读技术注释。关于现代化指数的评价数据,请阅读附录二。

表 5-1 世界现代化指数的组成

项目	第一次现代化指数	第二次现代化指数	综合现代化指数
用途	反映不同国家和地区完成第一次现代化的进展(第一次现代化是以工业化、城市化和民主化为典型特征的经典现代化)	反映不同国家和地区第二次现代化的进展(第二次现代化是以知识化、信息化和绿色化为典型特征的新现代化)	反映不同国家和地区现代化水平与世界先进水平的相对差距(综合现代化是以两次现代化协调发展为主要特征的新型现代化)
特点	① 比较好地表征发展中国家的实际水平 ② 不能完全反映发达国家的实际水平 ③ 随着越来越多国家完成第一次现代化,其适用对象减少 ④ 指标和标准值是固定的	① 比较好地表征发达国家的实际水平 ② 不能完全反映发展中国家的实际水平 ③ 随着越来越多国家进入第二次现代化,其适用对象增多 ④ 指标和基准值是可变的	① 同时表征发达国家和发展中国家的相对水平 ② 适用范围比较广 ③ 与前两者有一些重复 ④ 与前两者有所衔接 ⑤ 指标和参考值是可变的 ⑥ 可称为相对现代化指数
性质	主要反映"绝对水平"	主要反映"绝对水平"	主要反映"相对水平"

一、2015 年世界现代化的总体水平

2015 年参加评价的 131 个国家中(表 5-2),进入第二次现代化的国家有 26 个,约占国家样本数的 20%;第一次现代化指数达到 100 的国家有 47 个,第一次现代化指数大于 90 小于 100 的国家有 25 个,已经完成和基本实现第一次现代化的国家有 72 个,约占国家样本数的 55%。

表 5-2 2000~2015 年的世界现代化进程 单位:个

项目	2000	2010	2012	2013	2014	2015
已经完成第一次现代化的国家	27	42	47	46	46	47
其中:进入第二次现代化的国家	24	27	27	27	29	26
没有完成第一次现代化的国家	104	89	84	85	85	84
其中:基本实现第一次现代化的国家	31	27	29	27	28	25
处于传统农业社会的国家	13	6	4	4	3	3

注:参加评价的国家为 2000 年人口超过 100 万的 131 个国家。第一次现代化指数达到 100,表示达到 1960 年工业化国家平均水平,完成第一次现代化。第一次现代化指数超过 90 但低于 100,表示基本实现第一次现代化。

2015 年根据第二次现代化指数分组,发达国家、中等发达国家、初等发达和欠发达国家分别占国家样本数的比例分别为 15%、15%、27% 和 42%(表 5-3)。

表 5-3　2000~2015 年根据第二次现代化水平的国家分组

项目	2000	2010	2011	2012	2013	2014	2015
发达国家/个	17	20	21	21	20	20	20
中等发达国家/个	30	23	21	20	25	19	20
初等发达国家/个	33	34	34	43	34	35	36
欠发达国家/个	51	54	55	47	52	57	55
发达国家/(%)	13	15	16	16	15	15	15
中等发达国家/(%)	23	18	16	15	19	15	15
初等发达国家/(%)	25	26	26	33	26	27	27
欠发达国家/(%)	39	41	42	36	40	44	42

注：第二次现代化评价，2000 年为按第一版模型评价，2010~2013 年为按第二版模型评价，2014~2015 年为按第三版模型评价（见技术注释）。

2015 年，发达国家全部进入第二次现代化，7 个国家处于起步期，13 个处于发展期；中等发达国家有 6 个进入第二次现代化，14 个处于第一次现代化；初等发达国家全部处于第一次现代化；欠发达国家有 52 个处于第一次现代化，有 3 个处于传统农业社会（表 5-4）。

表 5-4　2015 年国家现代化的水平与阶段的关系

国家现代化水平	国家现代化的阶段							合计
	传统社会	F 起步期	F 发展期	F 成熟期	F 过渡期	S 起步期	S 发展期	
发达国家/个	—	—	—	—	—	7	13	20
中等发达国家/个	—	—	—	3	11	5	1	20
初等发达国家/个	—	—	3	26	7	—	—	36
欠发达国家/个	3	17	21	14	—	—	—	55

注：国家现代化的阶段是根据产业结构和就业结构的划分。其中，传统社会指传统农业社会，F 代表第一次现代化，S 代表第二次现代化。国家水平分组方法：第二次现代化指数，发达国家超过 80，中等发达国家低于 80 但高于世界平均值，初等发达国家低于世界平均值但高于欠发达国家，欠发达国家低于 30。

根据国家的现代化阶段和现代化水平，可以构建世界现代化的定位图；横坐标为国家现代化的阶段，纵坐标为国家现代化的水平（现代化指数和国家分组），例如，基于现代化阶段和第二次现代化水平的定位图（图 5-2），基于现代化阶段和综合现代化水平的国家定位图。

1. 2015 年发达国家水平

根据第二次现代化水平分组，2015 年美国等 20 个发达国家的第二次现代化指数在 84 至 109 之间，它们均已完成第一次现代化；它们的综合现代化指数在 84 至 100 之间（表 5-5）。

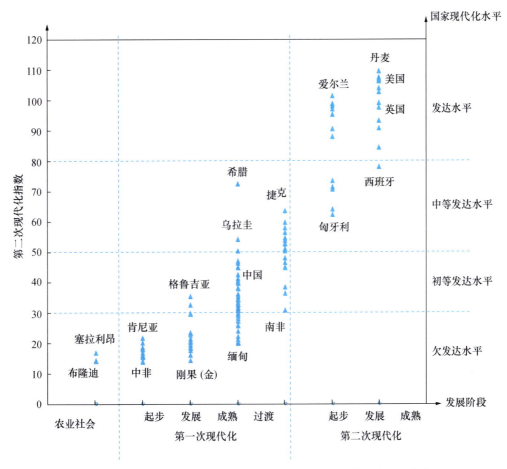

图 5-2　2015 年世界现代化的定位图（基于现代化阶段和第二次现代化水平）

注：图中 131 个点代表不同国家的定位，显示国家的现代化阶段、第二次现代化指数和国家分组。

表 5-5　2015 年 20 个发达国家的现代化指数

国家	第一次现代化指数	2015 年排名	2014 年排名	第二次现代化指数	2015 年排名	2014 年排名	综合现代化指数	2015 年排名	2014 年排名
丹麦	100.0	1	1	109.3	1	1	100.0	1	1
美国	100.0	1	1	107.3	2	2	97.7	4	8
瑞士	100.0	1	1	106.7	3	4	97.3	7	6
瑞典	100.0	1	1	106.6	4	5	98.7	3	4
荷兰	100.0	1	1	106.1	5	3	97.7	5	3
新加坡	100.0	1	1	103.7	6	6	96.9	8	7
比利时	100.0	1	1	102.5	7	7	98.8	2	2
爱尔兰	100.0	1	1	101.3	8	9	94.5	10	9
英国	100.0	1	1	99.0	9	13	91.6	15	16
芬兰	100.0	1	1	98.8	10	8	97.4	6	5

(续表)

国家	第一次现代化指数	2015年排名	2014年排名	第二次现代化指数	2015年排名	2014年排名	综合现代化指数	2015年排名	2014年排名
挪威	100.0	1	1	98.7	11	11	92.9	13	13
德国	100.0	1	1	98.0	12	12	94.5	9	12
法国	100.0	1	1	97.5	13	14	91.7	14	14
日本	100.0	1	1	96.8	14	10	93.2	12	11
奥地利	100.0	1	1	95.1	15	15	94.0	11	10
澳大利亚	100.0	1	1	93.1	16	16	90.9	16	15
以色列	100.0	1	1	90.5	17	18	89.3	17	17
加拿大	100.0	1	1	90.3	18	17	89.1	18	18
韩国	100.0	1	1	87.7	19	19	84.2	20	20
新西兰	100.0	1	1	84.2	20	20	87.3	19	19

注:第一次现代化指数达到100时,排名都为1,不分先后。后同。表5-5、表5-6、表5-7和表5-8的排名都是131个国家的排名。2001~2008年的《中国现代化报告》中的排名为108个国家的排名。

2. 2015年中等发达国家水平

2015年西班牙等20个中等发达国家的第二次现代化指数在50至78之间;它们都完成了第一次现代化;它们的综合现代化指数在57至80之间(表5-6)。

表5-6　2015年20个中等发达国家的现代化指数

国家	第一次现代化指数	2015年排名	2014年排名	第二次现代化指数	2015年排名	2014年排名	综合现代化指数	2015年排名	2014年排名
西班牙	100.0	1	1	77.9	21	21	79.4	21	22
意大利	100.0	1	1	73.4	22	22	78.1	22	21
希腊	100.0	1	1	72.2	23	23	69.1	27	26
葡萄牙	100.0	1	1	71.2	24	25	69.6	26	25
斯洛文尼亚	99.9	1	1	70.6	25	24	71.7	23	23
爱沙尼亚	100.0	1	1	63.9	26	26	65.7	30	30
捷克	100.0	1	1	63.5	27	27	69.9	25	24
匈牙利	100.0	1	1	62.2	28	28	66.5	29	27
立陶宛	100.0	1	1	59.7	29	29	65.4	31	31
拉脱维亚	100.0	1	1	57.8	30	30	64.8	32	33
斯洛伐克	100.0	1	1	56.4	31	31	63.7	35	32
克罗地亚	100.0	1	1	56.3	32	32	62.2	36	36
波兰	100.0	1	1	54.6	33	33	59.0	40	38
乌拉圭	100.0	1	1	54.0	34	35	64.2	33	34
俄罗斯	100.0	1	1	53.9	35	34	59.1	39	37
沙特阿拉伯	100.0	1	49	52.8	36	37	71.4	24	29
阿根廷	100.0	1	1	52.6	37	36	64.0	34	35
智利	100.0	1	1	51.1	38	38	62.1	37	41
科威特	100.0	1	53	50.3	39	40	66.6	28	28
哥斯达黎加	100.0	1	1	50.2	40	39	56.9	42	44

3. 2015年初等发达国家水平

2015年中国等36个初等发达国家，第二次现代化指数在30至48之间；其中有8个国家完成了第一次现代化；它们的综合现代化指数在34至57之间（表5-7）。

表5-7 2015年36个初等发达国家的现代化指数

国家	第一次现代化指数	2015年排名	2014年排名	第二次现代化指数	2015年排名	2014年排名	综合现代化指数	2015年排名	2014年排名
白俄罗斯	97.5	53	52	48.1	41	41	53.9	46	46
巴西	100.0	1	1	47.0	42	42	57.3	41	42
保加利亚	98.6	51	50	46.4	43	44	55.2	44	40
土耳其	100.0	1	1	46.2	44	43	56.2	43	45
马来西亚	100.0	1	1	44.9	45	45	49.9	54	53
巴拿马	100.0	1	1	44.8	46	46	52.2	49	47
黎巴嫩	99.2	49	48	44.7	47	47	54.7	45	43
罗马尼亚	100.0	1	1	44.7	48	48	52.6	48	48
哥伦比亚	98.2	52	47	42.3	49	49	52.2	50	49
中国	99.2	50	51	41.1	50	55	44.4	63	63
委内瑞拉	100.0	1	1	40.4	51	50	61.5	38	39
哈萨克斯坦	100.0	1	1	39.7	52	51	51.3	52	52
伊朗	96.2	57	57	39.6	53	59	47.9	58	59
墨西哥	100.0	1	1	38.3	54	52	51.6	51	51
多米尼加	97.2	54	56	38.0	55	53	53.3	47	50
乌克兰	93.1	65	65	37.7	56	54	46.4	60	56
厄瓜多尔	96.9	56	55	37.7	57	56	45.2	62	61
约旦	94.5	61	61	36.3	58	57	50.8	53	54
马其顿	95.4	59	58	36.1	59	58	48.0	56	57
格鲁吉亚	91.4	71	73	35.3	60	62	42.2	66	64
牙买加	83.8	87	60	35.3	61	61	43.3	64	62
阿尔巴尼亚	88.6	76	79	35.1	62	60	40.8	70	71
泰国	89.0	74	77	34.5	63	63	36.9	76	76
秘鲁	97.1	55	54	34.2	64	64	48.0	57	55
博茨瓦纳	88.6	75	76	34.1	65	66	38.7	75	78
突尼斯	94.4	63	63	33.3	66	65	41.7	67	70
巴拉圭	92.6	66	69	32.8	67	76	40.2	72	73
亚美尼亚	90.9	72	74	32.6	68	67	47.4	59	58
摩尔多瓦	91.6	70	72	32.5	89	69	41.6	68	68
斯里兰卡	85.3	83	84	32.5	70	68	34.0	79	80
阿塞拜疆	95.5	58	62	31.6	71	70	45.5	61	60
蒙古	94.3	64	66	31.4	72	71	42.4	65	65
阿尔及利亚	95.0	60	59	30.9	73	74	39.1	74	67
南非	92.0	68	67	30.6	74	72	40.2	71	69
摩洛哥	87.3	79	81	30.6	75	73	36.3	77	77
萨尔瓦多	94.4	62	64	30.0	76	75	41.1	69	72

4. 2015 年欠发达国家水平

2015 年印度等 55 个欠发达国家的第二次现代化指数在 13 至 30 之间,它们中有 3 个国家基本实现第一次现代化;它们的综合现代化指数在 11 至 49 之间(表 5-8)。

表 5-8 2015 年 55 个欠发达国家的现代化指数

国家	第一次现代化指数	2015 年排名	2014 年排名	第二次现代化指数	2015 年排名	2014 年排名	综合现代化指数	2015 年排名	2014 年排名
纳米比亚	81.4	89	88	29.7	77	77	33.3	82	83
菲律宾	92.0	69	70	29.6	78	80	40.0	73	74
越南	83.6	88	87	29.5	79	78	30.6	84	85
叙利亚	88.1	77	75	28.9	80	79	49.1	55	66
印度尼西亚	84.9	84	86	28.1	81	81	28.9	88	86
吉尔吉斯斯坦	86.6	81	80	27.4	82	82	32.3	83	82
埃及	90.0	73	71	27.1	83	83	33.9	80	75
玻利维亚	87.7	78	82	25.9	84	84	33.7	81	81
危地马拉	92.6	67	68	25.6	85	85	34.8	78	79
洪都拉斯	86.1	82	83	23.8	86	86	29.3	86	88
安哥拉	74.3	93	104	23.7	87	87	28.5	90	91
尼加拉瓜	87.1	80	78	23.4	88	88	28.4	92	87
乌兹别克斯坦	83.8	86	89	23.2	89	91	28.6	89	89
加纳	71.6	96	95	22.6	90	89	28.4	91	92
土库曼斯坦	84.7	85	85	22.0	91	90	30.2	85	84
巴布亚新几内亚	56.3	117	124	21.7	92	92	14.9	122	126
肯尼亚	57.5	116	115	21.5	93	93	18.5	114	105
尼日利亚	69.6	98	102	21.2	94	95	24.9	97	94
刚果(布)	72.6	95	93	21.0	95	104	26.8	94	95
塞内加尔	65.5	104	107	20.4	96	94	21.9	103	104
也门	70.6	97	97	20.2	97	96	26.2	95	97
孟加拉国	76.8	91	92	20.2	98	101	25.0	96	98
印度	77.5	90	91	20.0	99	103	24.7	98	99
塔吉克斯坦	75.8	92	90	20.0	100	102	29.1	87	96
老挝	65.9	103	105	19.9	101	100	23.5	99	103
马达加斯加	58.8	112	116	19.9	102	99	18.6	113	113
莱索托	69.1	100	98	19.9	103	98	19.8	108	90
缅甸	73.3	94	99	19.7	104	97	19.8	109	109
赞比亚	65.2	105	96	19.4	105	106	22.4	102	101
津巴布韦	64.1	106	109	19.4	106	107	20.1	107	114
柬埔寨	63.2	109	103	19.2	107	105	17.8	116	110
科特迪瓦	57.9	114	113	18.5	108	112	21.0	104	108
喀麦隆	69.3	99	94	18.5	109	110	27.2	93	93
几内亚	55.5	119	119	18.5	110	109	19.4	110	120
巴基斯坦	68.1	101	100	18.5	111	108	23.2	100	100

(续表)

国家	第一次现代化指数	2015年排名	2014年排名	第二次现代化指数	2015年排名	2014年排名	综合现代化指数	2015年排名	2014年排名
贝宁	61.5	110	111	18.3	112	111	22.6	101	102
莫桑比克	50.6	122	121	18.0	113	113	15.8	119	121
马拉维	47.7	126	125	17.8	114	116	13.5	126	125
尼泊尔	67.4	102	101	17.8	115	114	18.7	112	111
坦桑尼亚	54.9	120	117	17.7	116	115	15.3	121	119
厄立特里亚	57.8	115	110	17.7	117	117	20.8	105	107
毛里塔尼亚	58.6	113	112	17.4	118	118	19.3	111	112
卢旺达	59.3	111	114	16.8	119	119	18.0	115	118
塞拉利昂	42.6	129	129	16.7	120	121	12.6	129	130
多哥	56.0	118	118	15.9	121	123	14.0	124	123
海地	64.0	107	106	15.9	122	120	20.7	106	106
埃塞俄比亚	49.0	124	122	15.6	123	122	12.9	128	128
乌干达	53.1	121	120	15.4	124	125	14.7	123	122
布基纳法索	46.9	128	128	15.3	125	126	13.6	125	127
马里	48.3	125	123	15.3	126	124	17.6	117	115
刚果(金)	63.7	108	108	14.2	127	127	15.6	120	117
乍得	37.1	131	130	14.2	128	128	10.5	131	129
尼日尔	38.9	130	131	14.1	129	131	13.3	127	124
布隆迪	49.4	123	127	14.1	130	129	10.8	130	131
中非	47.0	127	126	13.8	131	130	16.2	118	116

二、2015年世界现代化的国际差距

1. 2015年世界现代化的前沿水平

世界现代化的前沿水平可以从两个方面来反映,一是现代化阶段,二是现代化指数。

2015年世界现代化前沿已经到达第二次现代化的发展期。2015年处于第二次现代化发展期的国家大约有14个,它们的现代化水平是世界前沿水平的一种反映(表5-9)。

表5-9 2015年处于第二次现代化发展期的国家

国家	知识创新指数	知识传播指数	生活质量指数	经济质量指数	第二次现代化指数	排名
丹麦	99.2	113.7	112.4	112.1	109.3	1
美国	115.0	96.1	104.6	112.8	107.3	2
瑞士	93.4	109.5	115.8	108.1	106.7	3
瑞典	97.4	110.0	111.8	107.1	106.6	4
荷兰	83.9	116.5	110.5	113.4	106.1	5
新加坡	99.5	92.9	107.7	114.6	103.7	6
比利时	82.8	113.2	106.3	107.8	102.5	7
英国	81.0	96.4	107.5	111.2	99.0	9
芬兰	98.3	99.4	108.2	89.4	98.8	10
法国	73.5	98.7	108.2	109.6	97.5	13

(续表)

国家	知识创新指数	知识传播指数	生活质量指数	经济质量指数	第二次现代化指数	排名
澳大利亚	63.8	97.1	110.1	101.3	93.1	16
以色列	77.6	80.4	94.6	109.4	90.5	17
新西兰	51.5	97.9	100.0	87.4	84.2	20
西班牙	29.0	76.6	104.6	101.3	77.9	21

2015年,第二次现代化指数和综合现代化指数排世界前10名的国家水平,可以反映世界现代化的先进水平(表5-10)。

表5-10 2015年世界现代化的前沿国家

项目	处于第二次现代化的发展期	第二次现代化指数的前10名	综合现代化指数的前10名
国家	丹麦、美国、瑞士、瑞典、荷兰、新加坡、比利时、英国、芬兰、法国、澳大利亚、以色列、新西兰、西班牙	丹麦、美国、瑞士、瑞典、荷兰、新加坡、比利时、爱尔兰、英国、芬兰	丹麦、比利时、瑞典、美国、荷兰、芬兰、瑞士、新加坡、德国、爱尔兰

2. 2015年世界现代化的末尾水平

世界现代化的末尾水平可以从两个方面来反映,一是现代化阶段,一是现代化指数。

2015年第一次现代化指数、第二次现代化指数和综合现代化指数排世界后10名的国家,它们的水平,反映了世界现代化的最低水平(表5-11)。2015年有3个国家仍然是传统农业社会,没有进入现代化行列。

表5-11 2015年世界现代化的后进国家

项目	传统农业社会	第一次现代化指数的后10名	第二次现代化指数的后10名	综合现代化指数的后10名
国家	乍得 布隆迪 塞拉利昂	莫桑比克、布隆迪、埃塞俄比亚、马里、马拉维、中非、布基纳法索、塞拉利昂、尼日尔、乍得	海地、埃塞俄比亚、乌干达、布基纳法索、马里、刚果(金)、乍得、尼日尔、布隆迪、中非	巴布亚新几内亚、乌干达、多哥、布基纳法索、马拉维、尼日尔、埃塞俄比亚、塞拉利昂、布隆迪、乍得

3. 2015年世界现代化的国际差距

2015年国际差距与2000年相比,不同指标的表现有所差别(表5-12)。

表5-12 世界现代化水平的国际差距

项目	第一次现代化指数			第二次现代化指数			综合现代化指数		
	2015	2000	1990	2015	2000	1990	2015	2000	1990
最大值	100	100	100	109	109	98	100	98	98
最小值	37	31	32	14	9	16	11	14	20
平均值	85	77	72	43	42	42	47	44	48
绝对差距(最大值-最小值)	63	69	68	95	100	82	89	84	78
标准差	18	22	23	28	26	23	26	23	22
相对差距(最大值÷最小值)	3	3	3	8	12	6	9	7	5
变异系数(标准差÷平均值)	0.22	0.29	0.32	0.65	0.62	0.55	0.56	0.53	0.46

- 第一次现代化指数,2015年绝对差距比2000年有所减小,相对差距没有变化。
- 第二次现代化指数,2015年绝对差距和相对差距比2000年有所减小。
- 综合现代化指数,2015年绝对差距和相对差距比2000年有所增加。

4. 2015年世界现代化的地理分布

2015年世界现代化的地理分布不平衡,世界五大洲的平均现代化水平是不同的。

相对而言,欧洲和北美水平比较高,南美和亚洲相当,非洲比较落后。

三、2015年世界现代化的国际追赶

1. 2015年世界现代化的国际体系变化

在2000~2015年期间,根据第二次现代化指数分组,在131个参加评价的国家中,有20个国家的分组发生了变化,其中,组别上升的国家有6个,组别下降的国家有14个(表5-13)。

表5-13 2000~2015年世界现代化的国际地位发生变化的国家

升级的国家			降级的国家		
国家	2000年分组	2015年分组	国家	2000年分组	2015年分组
新加坡	中等发达	发达	白俄罗斯	中等发达	初等发达
新西兰	中等发达	发达	格鲁吉亚	中等发达	初等发达
爱尔兰	中等发达	发达	乌克兰	中等发达	初等发达
哥斯达黎加	初等发达	中等发达	保加利亚	中等发达	初等发达
阿尔巴尼亚	欠发达	初等发达	黎巴嫩	中等发达	初等发达
斯里兰卡	欠发达	初等发达	巴拿马	中等发达	初等发达
			哥伦比亚	中等发达	初等发达
			牙买加	中等发达	初等发达
			乌兹别克斯坦	初等发达	欠发达
			埃及	初等发达	欠发达
			土库曼斯坦	初等发达	欠发达
			吉尔吉斯斯坦	初等发达	欠发达
			塔吉克斯坦	初等发达	欠发达
			菲律宾	初等发达	欠发达

在1960~2015年期间,有30个国家的分组发生了变化(5-14)。其中,地位上升的国家有11个,地位下降的国家有19个。

表5-14 1960~2015年世界现代化的国际地位发生变化的国家

升级的国家			降级的国家		
国家	1960年分组	2015年分组	国家	1960年分组	2015年分组
韩国	初等发达	发达	俄罗斯	发达	中等发达
沙特阿拉伯	欠发达	中等发达	罗马尼亚	中等发达	初等发达
新加坡	中等发达	发达	委内瑞拉	中等发达	初等发达
爱尔兰	中等发达	发达	墨西哥	中等发达	初等发达
芬兰	中等发达	发达	南非	中等发达	初等发达

(续表)

升级的国家			降级的国家		
国家	1960年分组	2015年分组	国家	1960年分组	2015年分组
日本	中等发达	发达	蒙古	中等发达	初等发达
奥地利	中等发达	发达	保加利亚	中等发达	初等发达
哥斯达黎加	初等发达	中等发达	黎巴嫩	中等发达	初等发达
葡萄牙	初等发达	中等发达	巴拿马	中等发达	初等发达
博茨瓦纳	欠发达	初等发达	牙买加	中等发达	初等发达
中国	欠发达	初等发达	赞比亚	初等发达	欠发达
			危地马拉	初等发达	欠发达
			叙利亚	初等发达	欠发达
			玻利维亚	初等发达	欠发达
			津巴布韦	初等发达	欠发达
			尼加拉瓜	初等发达	欠发达
			刚果(布)	初等发达	欠发达
			埃及	初等发达	欠发达
			菲律宾	初等发达	欠发达

注：1960年根据第一次现代化指数分组，2015年根据第二次现代化指数分组。

2. 2015年世界现代化的世界排名变化

根据综合现代化指数的排名变化，从2000年到2015年，在参加评价的131个国家中，综合现代化水平上升的国家有40个（指数排名上升在5位及以上的），下降的国家有41个（排名下降在5位及以上的），变化不大的国家约有49个（排名变化小于5位的）。

3. 2015年世界现代化的国际转移概率

在1960～2015年期间，不同水平国家之间的转移概率如下表（表5-15）。

表5-15 世界现代化的国家地位的转移概率(马尔科夫链分析)

分组	国家数	发达	中等	初等	欠发达	国家数	发达	中等	初等	欠发达
	1960	1960～2015年转移概率/(%)				1970	1970～2015年转移概率/(%)			
发达	15	93	7	0	0	15	80	20	0	0
中等	23	22	39	39	0	16	44	31	25	0
初等	29	3	7	59	31	26	4	19	50	27
欠发达	40	0	3	5	93	47	0	0	17	83
	1980	1980～2015年转移概率/(%)				1990	1990～2015年转移概率/(%)			
发达	17	88	6	6	0	16	94	6	0	0
中等	13	23	54	23	0	18	28	50	22	0
初等	41	5	12	51	32	37	0	8	54	38
欠发达	39	0	0	8	92	35	0	0	6	94

注：发达代表发达国家，中等代表中等发达国家，初等代表初等发达国家，欠发达代表欠发达国家。1960年根据第一次现代化指数分组的分组标准：发达国家＞90%，中等发达60%～90%，初等发达40%～60%，欠发达＜40%。1970～2015年根据第二次现代化指数分组的分组标准：发达国家的指数大于高收入平均值的80%，中等发达国家的指数高于世界平均值但低于发达国家，初等发达的指数低于世界平均值但高于欠发达国家，欠发达国家的指数低于高收入国家平均值的30%；高收入国家平均值为100。数值差异是因为四舍五入的原因。

- 发达国家保持为发达国家的概率：约80%～94%；降级发展中国家的概率约：6%～20%。
- 发展中国家保持为发展中国家的概率：约91%～95%；升级发达国家的概率约：5%～9%。其中，1960～2015年期间升级概率约6.5%，1970～2015年期间升级概率约9%，1980～2015年期间升级概率约5.4%，1990～2015年期间升级概率:约5.6%。

- 发展中国家包括中等发达国家、初等发达国家和欠发达国家。
- 中等发达国家升级为发达国家的概率:约18%～44%，降级概率:约22%～39%。
- 初等发达国家升级为中等发达国家的概率:约8%～19%，降级概率:约27%～38%；
- 初等发达国家直接升级为发达国家的概率为0～5%。
- 欠发达国家升级为初等发达国家的概率:约5%～17%；
- 欠发达国家直接升级为中等发达国家的概率:约0～3%；
- 欠发达国家直接升级为发达国家的概率:0。

第二节 2015年中国现代化指数

中国现代化指数包括中国第一次现代化指数、第二次现代化指数和综合现代化指数，反映中国现代化在经济、社会、文化和环境等领域的综合水平。关于中国政治等领域的现代化水平，需要专门研究。中国现代化指数的评价方法和评价数据来源，与世界现代化指数相同。

一、2015年中国现代化的总体水平

2015年中国是一个发展中国家，处于初等发达国家行列，大约位于发展中国家的中间位置；中国现代化水平与世界中等发达国家的差距比较小，但与发达国家的差距比较大。

2015年，中国第一次现代化指数约为99，在世界131个国家中排第50位，比2014年提高1位；中国第二次现代化指数为41，世界排名第50位，比2014年提高5位；综合现代化指数为44，世界排名第63位，与2014年相同（表5-16）。

表5-16 1950～2015年中国现代化指数

年份	第一次现代化指数	排名	第二次现代化指数	排名	综合现代化指数	排名
2015	99	50	41	50	44	63
2014	99	51	38	55	42	63
2010	92	62	33	64	34	76
2000	76	80	31	78	31	79
1990	63	67	26	73	28	103
1980	54	69	25	66	21	103
1970	40	72	21	60	—	—
1960	37	72	—	—	—	—
1950	26	—	—	—	—	—

注：第二次现代化指数和综合现代化指数的评价，2014～2015年按第三版评价模型进行（见技术注释），2010年按第二版评价模型进行，1950～2000年按第一版评价模型进行。

1. 2015年中国第一次现代化指数

2015年中国进入第一次现代化的成熟期，第一次现代化指数为99.2，比2014年提高0.4。

2015年中国第一次现代化的9个指标已经达标，1个指标没有达到标准，即人均国民收入没有达到标准；人均国民收入的达标率约为92%（图5-3）。

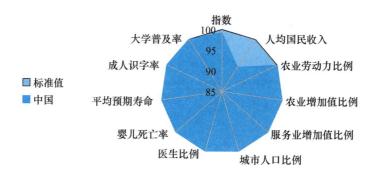

图 5-3 2015 年中国第一次现代化的特点

如果按 2000～2015 年速度估算,中国第一次现代化指数达到 100 约需 1 年(从 2015 年算起)。第一次现代化指数达到 100,即达到 1960 年的发达国家的平均水平。

2. 2015 年中国第二次现代化指数

2015 年中国尚没有完成第一次现代化,也没有进入第二次现代化。由于中国参与全球化进程,第二次现代化的许多要素已经传入中国。如果按第二次现代化评价模型进行评价,可以大概了解中国第二次现代化的进展。这种评价,仅有参考意义。

2015 年中国第二次现代化指数为 41,在 131 个国家中排第 50 位。中国第二次现代化 4 类指标发展不平衡,生活质量指数、知识传播指数和知识创新指数达到世界平均水平(图 5-4)。

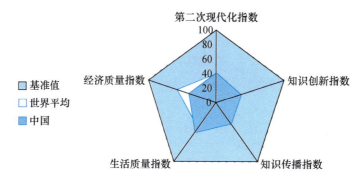

图 5-4 2015 年中国第二次现代化的特点

以 2015 年高收入国家平均值 100 为对照,2015 年中国知识创新指数为 36(世界平均 26),知识传播指数为 36(世界平均 32),生活质量指数为 51(世界平均 44),经济质量指数为 41(世界平均 58)。2015 年中国知识创新、知识传播和经济质量与发达国家的差距较大。

在 2000～2015 年期间,中国第二次现代化指数提高了 10,知识创新指数提高了 15,知识传播指数提高了 4,生活质量指数提高了 5,经济质量指数提高了 14(表 5-17)。

表 5-17 1970～2015 年中国第二次现代化指数

年份	知识创新指数	知识传播指数	生活质量指数	经济质量指数	第二次现代化指数
2015	36	36	51	41	41
2014	31	30	50	40	38
2010	15	40	47	31	33
2000	21	32	46	27	31

(续表)

年份	知识创新指数	知识传播指数	生活质量指数	经济质量指数	第二次现代化指数
1990	11	24	42	27	26
1980	—	17	33	25	25
1970	—	13	24	26	21

注：2014～2015 年为采用第三版评价模型的评价。2010 年采用第二版评价模型(新版)的评价。1970～2000 年为根据第一版评价模型的评价。

3. 2015 年中国综合现代化指数

综合现代化指数反映国家水平与世界先进水平的相对差距。2015 年中国综合现代化指数为 44，在 131 个国家中排第 63 位。中国综合现代化 3 类指标发展不平衡(图 5-5)。

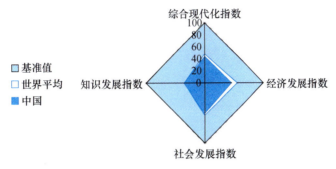

图 5-5　2015 年中国综合现代化的特点

以 2015 年高收入国家平均值 100 为对照，2015 年中国经济发展指数为 46(世界平均 55)，社会发展指数为 51(世界平均 54)，知识发展指数为 35(世界平均 35)。2015 年中国知识发展和经济发展指数与发达国家的差距较大。

在 2000～2015 年期间，中国综合现代化指数提高了 13，排名提高了 16 位。在 1990～2015 年期间，中国综合现代化指数提高了 16，排名提高了 40 位(表 5-18)。

表 5-18　1980～2015 年中国综合现代化指数

项目	1980[a]	1990[a]	2000[a]	2010[b]	2011[b]	2012[b]	2013[b]	2014[c]	2015[c]
中国指数	21	28	31	34	36	38	40	42	44
中国排名	103	103	79	76	74	73	67	63	63
高收入国家－中国	79	72	69	66	64	62	60	58	56
世界平均－中国	39	25	19	10	9	9	7	5	4
高收入国家[d]	100	100	100	100	100	100	100	100	100
中等收入国家	52	44	42	32	33	31	34	36	37
低收入国家	28	32	24	14	14	14	14	14	15
世界平均	60	53	50	44	46	46	47	48	48

注：a. 采用综合现代化评价模型第一版的评价结果，以当年高收入国家平均值为参考值的评价。b. 采用综合现代化评价模型第二版的评价结果，以高收入 OECD 国家平均值为参考值。c. 采用综合现代化评价模型第二版的评价结果，以高收入国家平均值为参考值。d. 1980～2000 年和 2014～2015 年数据为高收入国家的平均值，2010～2013 年数据为高收入 OECD 国家的平均值。2014～2015 年没有高收入 OECD 国家平均值的数据。

二、2015 年中国现代化的国际差距

2015 年中国现代化的国际差距（表 5-19），第一次现代化指数与完成第一次现代化的国家约差 1；第二次现代化指数与高收入国家相差约 59；综合现代化指数与高收入国家相差约 56，与世界平均相差约 4。

表 5-19 2015 年中国现代化指数的国际比较

项目	中国	高收入国家	中收入国家	低收入国家	世界	高收入国家－中国	世界平均－中国
第一次现代化指数	99.2	100.0	95.3	55.4	99.6	0.8	0.4
第二次现代化指数	41.1	99.7	29.3	15.7	40.0	58.6	−1.1
综合现代化指数	44.4	100.0	37.2	15.1	48.1	55.6	3.8

1. 中国第一次现代化评价指标的国际差距

2015 年中国第一次现代化评价指标中，人均国民收入指标没有达标（表 5-20）。

表 5-20 2015 年中国第一次现代化评价指标的差距

指标	中国	标准值	世界	标准值－中国	世界－中国	注
人均国民收入/美元	7950	8680	10 582	730	2632	正指标

2. 中国第二次现代化评价指标的国际差距

2015 年的统计数据比较齐全。2015 年中国第二次现代化评价指标中，人均知识产权出口、人均知识产权进口、人均知识创新经费、人均公共教育经费、知识创新人员比例、劳动生产率、人均购买力、环境质量等指标，国际差距很大（表 5-21）。

表 5-21 2015 年中国第二次现代化评价指标的国际比较

指标	中国	高收入国家	中等收入国家	低收入国家	世界平均	高收入国家÷中国	世界÷中国
人均知识创新经费*	167	1032	72	4	227	6.2	1.4
知识创新人员比例*	11.8	41.4	6.6	—	12.8	3.5	1.1
发明专利申请比例*	7.1	7.0	1.9	—	2.5	1.0	0.4
人均知识产权出口/美元	0.8	269.8	0.7	0.1	44.0	341.2	55.6
大学普及率/(%)	43.4	73.7	33.3	7.6	35.7	1.7	0.8
宽带网普及率/(%)	20	31	9	—	12	1.6	0.6
人均公共教育经费/美元	344	2216	208	26	505	6.4	1.5
人均知识产权进口/美元	16	262	10	—	50	16.3	3.1
平均预期寿命/岁	76.1	80.7	71.1	62.1	71.9	1.1	0.9
人均购买力/国际美元 PPP	14 420	46 350	10 810	1612	15 699	3.2	1.1
婴儿死亡率/(‰)	9.2	4.6	30.0	52.4	31.4	0.5	3.4
环境质量**	58.4	16.6	50.3	38.7	44.0	0.3	0.8
劳动生产率/美元	23 967	92 913	23 330	4031	33 761	3.9	1.4
单位 GDP 的能源消耗***	0.29	0.11	0.27	0.56	0.18	0.4	0.6
物质产业增加值比例/(%)	49.8	25.8	42.9	52.0	30.9	0.5	0.6
物质产业劳动力比例/(%)	52.7	25.6	54.2	76.8	51.1	0.5	1.0

注：* 人均知识创新经费：人均 R&D 经费，美元；知识创新人员比例：研究与开发，研究人员/万人；发明专利申请比例，发明专利申请/万人。** 指空气质量，为 PM2.5 年均浓度，微克/立方米。*** 逆指标，单位为千克石油当量/美元。人均购买力指按购买力平价计算的人均国民收入。物质产业指农业和工业的加总。

3. 中国综合现代化评价指标的国际差距

2015年中国综合现代化评价指标中,人均知识产权贸易、人均知识创新经费、人均国民收入、人均购买力、能源使用效率、人均制造业等指标,国际差距比较大(表5-22)。

表 5-22 2015年中国综合现代化评价指标的国际比较

指标	中国	高收入国家	中等收入国家	低收入国家	世界平均	高收入国家÷中国	世界÷中国
人均国民收入/美元	7950	42 123	4997	622	10 582	5.3	1.3
人均制造业增加值/美元	2370	5617	990	54	1653	2.4	0.7
服务业增加值比例/(%)	50.2	74.2	57.1	48.0	69.1	1.5	1.4
服务业劳动力比例/(%)	40.6	71.4	45.4		50.9	1.8	1.3
城镇人口比例/(%)	55.6	81.2	50.8	30.7	53.8	1.5	1.0
医生比例/每千人	1.9	2.9	1.3	0.2	1.5	1.5	0.8
人均购买力/国际美元	14 420	46 350	10 810	1612	15 699	3.2	1.1
能源使用效率*	3.4	8.7	3.7	1.8	5.7	2.5	1.6
人均知识创新经费/美元	167	1032	72	4	227	6.2	1.4
人均知识产权贸易/美元	17	532	11	0	94	31.6	5.6
大学普及率/(%)	43.4	73.7	33.3	7.6	35.7	1.7	0.8
互联网普及率/(%)	50.3	80.0	38.9	10.2	43.2	1.6	0.9

注:*能源使用效率:美元/千克石油当量。人均知识产权贸易指人均知识产权进口和出口总值。

4. 中国现代化进程的不平衡性

中国现代化的不平衡表现在多个方面,如地区不平衡和指标不平衡等。例如,2015年中国第一次现代化有9个指标已经达到标准,表现最差的指标(人均国民收入)达标程度为92%。第二次现代化的四大类指标和综合现代化的三类指标也不平衡。

三、2015年中国现代化的国际追赶

1. 中国现代化指数的国际追赶

在2000~2015年期间,中国现代化水平有较大提高(表5-16)。

2015年与2000年相比,中国现代化水平的变化如下:

- 第一次现代化指数:提高了23;世界排名提高30位;
- 第二次现代化指数:提高了10;世界排名提高28位;
- 综合现代化指数:提高了13;世界排名提高16位。

在1950~2015年期间,中国第一次现代化指数提高了73;在1970~2015年期间,第二次现代化指数提高了20(图5-6);在1980~2015年期间,综合现代化指数提高了23。

图 5-6 1950～2015 年中国现代化指数的增长

在 1970～2015 年期间,中国从第一次现代化的起步期、发展期到达成熟期,国家现代化水平从欠发达水平上升为初等发达水平,中国与中等发达水平的差距缩小(图 5-7)。

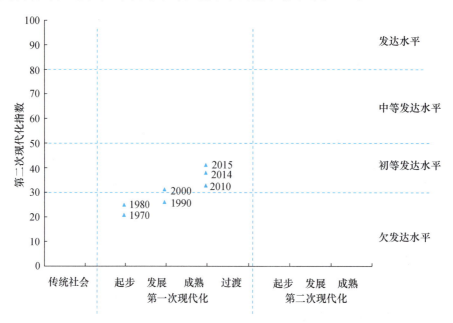

图 5-7 1970～2015 年中国现代化水平的提高

2. 中国现代化前景的情景分析

(1) 按照"线性外推法"估算中国第二次现代化指数的世界排名

2015 年在 131 个国家中,中国第二次现代化指数排名第 50 位。在未来 85 年里,131 个国家如果能够按照它们的 1990～2015 年或 2000～2015 年第二次现代化指数的年均增长率估算它们的现代化水平,那么,中国有可能在 2030～2040 年期间或前后成为中等发达国家,在 2060～2080 年期间或前后成为发达国家,在 2080 年前后进入世界前列(表 5-23)。

表 5-23 21 世纪中国第二次现代化指数的世界排名的估算

时间	按 1990～2015 年年均增值率估算	按 2000～2015 年年均增值率估算
2020 年	进入 131 个国家的前 50 名左右	进入 131 个国家的前 50 名左右
2030 年	进入 131 个国家的前 40 名左右	进入 131 个国家的前 40 名左右
2040 年	进入 131 个国家的前 30 名左右	进入 131 个国家的前 40 名左右
2050 年	进入 131 个国家的前 30 名左右	进入 131 个国家的前 30 名左右

(续表)

时间	按 1990~2015 年年均增值率估算	按 2000~2015 年年均增值率估算
2060 年	进入 131 个国家的前 20 名左右	进入 131 个国家的前 20 名左右
2080 年	进入 131 个国家的前 10 名左右	进入 131 个国家的前 10 名左右
2100 年	进入 131 个国家的前 10 名左右	进入 131 个国家的前 10 名左右

注：年均增长率见附表 2-3-7。当国家的第二次现代化指数的年均增长率为负值时，年均增长率按 0.5% 估算；当年均增长率超过 4% 时，按年均增长率＝4%＋(年均增长率－4%)/10 的增长率估算。1990~2015 年期间，中国按年均增长率 4.03% 估算。2000~2015 年期间，中国按年均增长率 4.21% 估算。

(2) 按照"经验外推法"估算中国现代化的水平

2015 年，中国为初等发达国家。根据 1960~2015 年的世界经验(表 5-15)，在 50 年里，初等发达国家升级中等发达国家的概率约为 8%~19%，中等发达国家升级为发达国家的概率约为 18%~44%。

如果沿用世界历史经验，那么，2050 年中国成为中等发达国家的概率为 14% 左右；如果 2050 年中国成为中等发达国家，那么，2100 年中国成为发达国家的概率为 31% 左右；如果直接推算，中国 2015 年是一个初等发达国家，2100 年成为发达国家的总概率约为 4.3%(表 5-24)。

表 5-24　21 世纪中国现代化水平的推算

世界历史经验		中国现代化水平的推算	
2015 年，一个初等发达国家	世界经验	2015 年，初等发达国家	估计
50 年，初等发达升级中等发达的概率	8%~19%	50 年，成为中等发达国家概率	14%
50 年，中等发达升级发达国家的概率	18%~44%	50 年，成为发达国家的概率	31%
100 年，初等发达升级发达国家的概率	1.4%~8.4%	100 年，成为发达国家的概率	4.3%
2100 年，成为一个发达国家的概率	4.9%	2100 年，成为发达国家的概率	4.3%

第一种情景分析，根据世界和中国第二次现代化指数的年均增长率进行估算，中国现代化的前景比较乐观；第二种情景分析，根据世界现代化的历史经验进行估算，中国现代化的前景不太乐观。如果考虑到中国人口、世界资源和国际冲突等因素，21 世纪中国现代化的前景具有很大不确定性。中国现代化的全面实现，不是容易的事情，需要全国人民的共同努力。

第三节　2015 年中国地区现代化指数

中国地区现代化指数包括中国 34 个省级行政地区的第一次现代化指数、第二次现代化指数和综合现代化指数，反映 34 个省级地区现代化在经济、社会、文化和环境等领域的综合水平。

2015 年，北京等 5 个地区进入第二次现代化，天津等 29 个地区处于第一次现代化(图 5-8)，局部地区属于传统农业社会，局部地区还有原始社会的痕迹，如"刀耕火种"和"母系社会"。根据第二次现代化指数分组，2015 年北京等 9 个地区为发达地区或中等发达地区，山东等 19 个地区为初等发达地区，贵州等 6 个地区现代化指数比较低(表 5-25)。

需要注意的是，本节为根据《中国统计年鉴 2016》和各地区统计年鉴的面板数据，采用世界现代化指数的评价方法进行评价的评价结果。我们没有核对面板数据的准确性。部分评价指标没有面板数据，采用估值法进行替代。本节评价结果仅有一定参考意义，需谨慎对待。

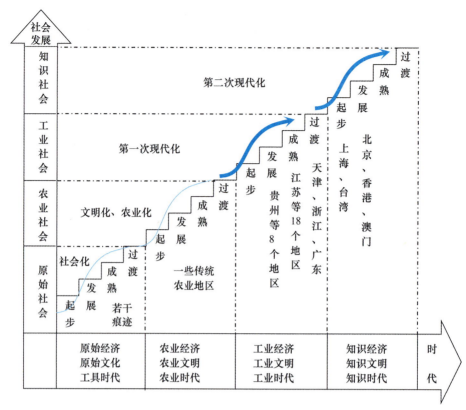

图 5-8　2015 年中国地区现代化进程的坐标图

表 5-25　2015 年中国地区现代化指数

地区和分组	第一次现代化指数	2015 年排名	2014 年排名	第二次现代化指数	2015 年排名	2014 年排名	综合现代化指数	2015 年排名	2014 年排名
发达									
北京	100.0	1	1	81.2	1	1	79.9	1	1
中等发达									
上海	100.0	1	1	72.4	2	2	75.7	2	2
天津	100.0	1	1	65.6	3	3	70.4	3	3
江苏	99.6	6	1	60.8	4	4	59.1	4	4
浙江	99.5	7	1	58.5	5	6	56.6	5	5
广东	99.9	4	1	53.5	6	5	53.4	6	7
初等发达									
山东	98.2	9	7	48.7	7	7	48.5	9	9
福建	98.3	8	9	47.6	8	10	51.3	8	8
重庆	98.2	10	10	45.2	9	11	46.2	12	11
辽宁	99.7	5	8	42.7	10	8	52.0	7	6
陕西	93.5	14	15	42.6	11	9	43.1	14	14
湖北	95.0	12	13	40.8	12	14	45.8	13	13
吉林	94.5	13	12	40.6	13	12	46.2	11	12

(续表)

地区和分组	第一次现代化指数	2015年排名	2014年排名	第二次现代化指数	2015年排名	2014年排名	综合现代化指数	2015年排名	2014年排名
安徽	92.0	21	19	39.2	14	15	38.3	21	21
黑龙江	92.4	20	22	39.1	15	13	41.5	15	15
湖南	92.5	19	17	36.4	16	17	40.8	17	17
四川	90.7	23	23	35.5	17	21	37.7	23	24
广西	87.1	27	27	35.3	18	24	35.5	26	27
海南	89.3	26	26	35.2	19	26	41.3	16	16
内蒙古	95.4	11	11	34.3	20	16	47.5	10	10
河南	90.0	24	24	33.3	21	22	37.2	24	26
河北	91.1	22	21	32.8	22	18	39.2	19	19
江西	92.9	15	16	32.6	23	27	38.2	22	22
山西	92.9	16	14	31.1	24	20	39.5	18	18
宁夏	92.8	17	18	30.6	25	19	38.4	20	20
欠发达									
西藏	80.6	31	31	28.1	26	29	32.7	28	28
新疆	89.4	25	25	27.3	27	25	37.1	25	23
甘肃	84.7	29	28	27.0	28	28	31.1	30	30
云南	85.4	28	29	26.8	29	31	31.8	29	29
青海	92.5	18	20	26.4	30	23	36.6	26	25
贵州	83.7	30	30	25.7	31	30	30.4	31	31
港澳台									
香港	100.0			86.2			80.4		
澳门	100.0			81.9			80.5		
台湾	100.0			78.1			73.0		
对照									
中国	99.2			40.7			44.4		
高收入国家	100.0			99.7			100.0		
中等收入国家	95.3			28.5			37.2		
低收入国家	55.4			15.6			13.3		
世界平均	99.6			39.3			48.1		

注：评价指标的面板数据，来自《中国统计年鉴2016》《中国科技统计年鉴2016》《中国能源统计年鉴2016》和各地区统计年鉴等，部分评价指标缺少统计数据，采用估值代替。本评价结果仅供参考。

一、2015年中国地区现代化的总体水平

2015年，中国属于发展中国家，处于发展中国家的中间位置。根据第二次现代化指数分组，2015年中国多数地区属于发展中地区；北京、香港和澳门3个地区具有发达国家水平的部分特征，上海、台湾、天津、江苏、浙江、广东6个地区具有中等发达国家水平的部分特征，山东、福建等19个地区具有初等发达国家水平的部分特征，贵州等6个地区水平较低（表5-25）。

2015年，中国有6个地区完成第一次现代化，其中，5个地区进入第二次现代化；29个地区处于第一次现代化，其中，21个地区基本实现第一次现代化（表5-26）。

表 5-26　1990~2015 年的中国现代化进程　　　　　　　　　　　　　　　　　单位:个

项目	1990	2000	2010	2015
已经完成第一次现代化的地区	3	3	6	6
其中:进入第二次现代化的地区	1	2	4	5
没有完成第一次现代化的地区	31	31	28	28
其中:基本实现第一次现代化的地区	1	3	16	21

根据地区的现代化阶段和现代化水平,可以构建中国现代化的地区定位图;横坐标为地区现代化的阶段,纵坐标为地区现代化的水平(现代化指数和地区分组)。例如,基于现代化阶段和第二次现代化水平的地区定位图(图5-9),基于现代化阶段和综合现代化水平的地区定位图。

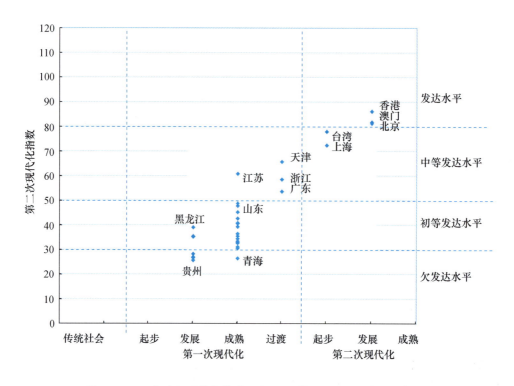

图 5-9　2015 年中国现代化的地区定位图(第二次现代化水平的定位)

注:图中 34 个点代表不同地区的定位,显示地区的现代化阶段、第二次现代化指数和地区分组。

1. 2015 年中国内地(大陆)地区第一次现代化指数

2015 年中国内地(大陆)31 个地区中,3 个地区已经完成第一次现代化,它们是北京、上海和天津,21 个地区基本实现第一次现代化,包括浙江、江苏和广东等(图5-10)。

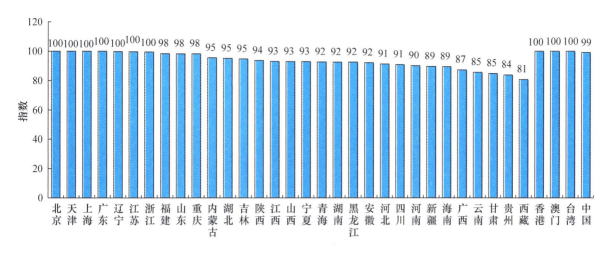

图 5-10　2015 年中国地区第一次现代化指数

注：广东、辽宁、江西和浙江的第一次现代化指数分别为 99.9、99.7、99.6、99.5。

如果按照 1990～2015 年年均增长率估算，全国多数地区有可能在 2020 年前完成第一次现代化（附表 3-2-4）。完成第一次现代化，表示大约达到 1960 年工业化国家的平均水平。

2. 2015 年中国内地（大陆）地区第二次现代化指数

根据第二次现代化指数分组，2015 年，北京第二次现代化指数的数值已经达到发达国家组的水平，上海、天津、江苏、浙江、广东 5 个地区已经达到中等发达国家组的水平，山东等 19 个地区达到初等发达国家组的水平，贵州等 6 个地区为欠发达水平（图 5-11）。

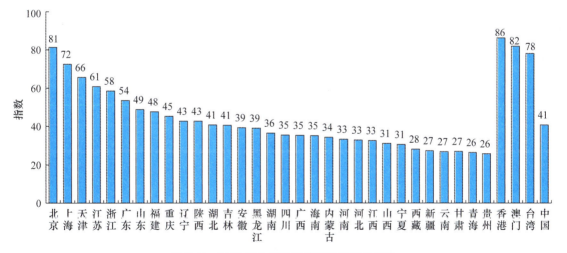

图 5-11　2015 年中国地区第二次现代化指数

3. 2015 中国内地（大陆）地区综合现代化指数

根据综合现代化指数分组，2015 年，北京、上海、天津、江苏、浙江、广东、辽宁和福建 8 个地区达到中等发达国家组的水平，山东等 23 个地区达到初等发达国家组的水平（图 5-12）。

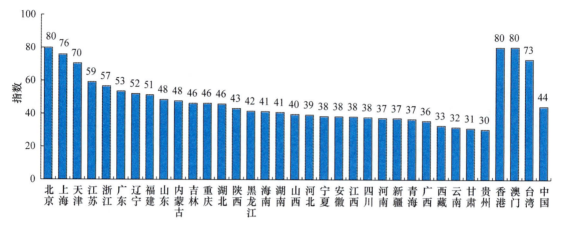

图 5-12　2015 年中国地区综合现代化指数

5. 中国内地（大陆）不同区域的现代化水平

关于中国区域划分有多种方案。这里采用"三带、三片和八区"的划分（表 5-27）。

表 5-27　2015 年中国不同区域的现代化水平的比较

地区	第一次现代化指数	第二次现代化指数	综合现代化指数	人均 GDP /美元
东部	96.9	52.9	55.2	11 578
中部	93.1	36.4	41.7	7170
西部	89.1	32.0	36.5	6042
北方片	95.3	44.7	49.6	9746
南方片	95.1	46.6	48.7	9446
西部片	88.7	30.3	35.8	5906
东北地区	95.6	40.8	46.6	8345
华北沿海	97.3	57.1	59.5	12 802
黄河中游	92.9	35.3	41.8	7739
华东沿海	99.7	63.9	63.8	14 423
华南沿海	93.6	42.9	45.4	8490
长江中游	93.1	37.3	40.8	6670
西南地区	87.7	32.3	35.8	5773
西北地区	89.8	27.8	35.8	6073
中国	99.2	40.7	44.4	7950
高收入国家	100.0	99.7	100.0	42 123
中等收入国家	95.3	28.5	37.2	4997
低收入国家	55.4	15.6	13.3	622
世界平均	99.6	39.3	48.1	10 582

注：三大带、三大片和八大区的数值为该区有关地区数值的简单算术平均值。

2015 年，从中国统计年鉴的面板数据的评价结果看：

首先，三大带不平衡，东部现代化水平高于中部，中部现代化水平高于西部。

其次，三大片不平衡，北方片和南方片现代化水平大体相当，都高于西部片。

其三，八大地区不平衡，华东沿海和华北沿海是现代化水平较高的地区，华南沿海、东北地区是现代化水平的第二集团，长江中游、黄河中游是第三集团，西北地区和西南地区是现代化水平较低的地区。

其四,在八大区中,华东沿海地区水平最高,西南地区水平最低。

5. 中国港澳台地区的现代化水平

中国香港、澳门和台湾地区的现代化水平处于中国地区水平的前列。

2015年中国香港、澳门和台湾都已经进入第二次现代化,其中,香港和澳门进入第二次现代化的发展期,台湾进入第二次现代化的起步期。2015年,香港和澳门的第二次现代化指数超过80,台湾低于80。

中国香港、澳门和台湾的第一次现代化指数都早已达到100。

二、2015年中国地区现代化的国际差距

1. 2015年中国内地(大陆)地区现代化的前沿水平

2015年,中国内地(大陆)地区现代化的前沿已经进入第二次现代化的发展期,地区现代化的前沿水平接近发达国家的底线,部分指标达到发达国家的底线。例如,2015年北京处于第二次现代化的发展期,北京和上海的部分指标接近或达到意大利和西班牙的水平(表5-28)。

表5-28 2015年中国内地(大陆)地区现代化的前沿水平和国际比较

指标	北京	上海	天津	江苏	浙江	广东	西班牙	意大利	希腊	葡萄牙	俄罗斯
第一次现代化指数	100	100	100	100	100	100	100	100	100	100	100
第二次现代化指数	81	72	66	61	58	54	78	73	72	71	54
综合现代化指数	80	76	70	59	57	53	79	78	69	70	59
人均GDP或人均GNI	17 102	16 669	17 337	14 131	12 469	10 840	28 420	32 970	20 270	20 440	11 660
人均GDP(PPP)	30 691	29 912	31 112	25 359	22 376	19 453	36 450	38 430	26 900	30 000	22 540
城市人口比例	87	88	83	67	66	69	80	69	78	64	74
大学普及率	96	76	98	48	42	28	90	62	114	62	80
互联网普及率	77	73	63	56	65	72	81	61	69	70	76

注:意大利等5个国家人均GDP(PPP)的数据为人均GNI(PPP)的数值。指标单位见技术注释。

2. 2015年中国内地(大陆)地区现代化的地区差距

2015年中国内地(大陆)31个省级地区之间,第一次现代化指数的绝对差距约为19,相对差距约为1.2;第二次现代化指数的绝对差距是56,相对差距是3.2;综合现代化指数的绝对差距是50,相对差距是2.6;第二次现代化指数的地区差距最大(表5-29)。

表5-29 1990~2015年中国内地(大陆)地区现代化的地区差距

项目	第一次现代化指数			第二次现代化指数			综合现代化指数		
	2015	2000	1990	2015	2000	1990	2015	2000	1990
最大值	100	97	91	81	74	55	80	65	52
最小值	81	59	44	26	22	19	30	24	23
平均值	93	75	64	41	33	28	45	33	31
绝对差距	19	37	46	56	53	36	50	42	29
标准差	5	9	10	14	12	8	12	9	7
相对差距	1.2	1.6	2.0	3.2	3.4	2.9	2.6	2.8	2.3
变异系数	0.06	0.12	0.16	0.34	0.35	0.29	0.27	0.28	0.21

注:绝对差距=最大值-最小值,相对差距=最大值÷最小值,变异系数=标准差÷平均值。数值差异是因为四舍五入的原因。

在 2000~2015 年期间,中国内地(大陆)地区现代化的地区差距有所扩大。其中,第二次现代化指数的绝对差距扩大,相对差距缩小;综合现代化指数的绝对差距扩大,相对差距缩小;但是,第一次现代化指数的地区差距缩小,因为完成第一次现代化的地区增加了(表5-29)。

3. 2015 年中国内地(大陆)地区现代化的国际差距

2015 年中国内地(大陆)省级 31 个地区中,地区第一次现代化水平与已经完成第一次现代化的国家的最大差距约为 19,平均差距为 7;地区第二次现代化水平与世界先进水平的最大差距是 74,最小差距是 18,平均差距是 59;地区综合现代化水平与世界先进水平的最大差距是 70,最小差距 20,平均差距 55(表5-30)。

表 5-30 1990~2015 年中国内地(大陆)地区现代化的国际差距

项目		第一次现代化			第二次现代化			综合现代化		
		2015	2000	1990	2015	2000	1990	2015	2000	1990
与发达国家的差距	最小差距	0	6	10	18	26	34	20	35	48
	最大差距	19	41	56	74	78	70	70	76	77
	平均差距	7	24	40	59	69	63	55	68	72
与世界平均值的差距	最小差距	—	—	—	—	—	—	—	—	—
	最大差距	19	30	37	14	24	28	18	26	30
	平均差距	6	23	21	−2	15	21	3	18	25

在 2000~2015 年期间,中国内地(大陆)地区现代化的国际差距有所缩小。其中,第一次现代化指数的平均差距从 24 减少到 7,减少 17;第二次现代化指数的平均差距从 69 减少到 59,减少 10;综合现代化指数的平均差距从 68 减少到 55,减少 13(表5-30)。

4. 中国地区现代化的不平衡性

中国地区现代化的不平衡性是非常突出的,包括地区现代化进程的不同步(图5-8)、地区现代化速度有快有慢、地区现代化水平差距比较大、地区现代化指标的表现差别比较大、地区现代化水平的地理分布不均衡等。

三、2015 年中国地区现代化的国际追赶

根据第二次现代化指数分组,2015 年与 2000 年相比,中国内地(大陆)14 个地区(北京、江苏等)分组发生变化,17 个地区(上海、天津等)的分组没有变化。其中,1 个地区从中等发达水平上升为发达水平,3 个地区从初等发达水平上升为中等发达水平,10 个地区从欠发达水平上升为初等发达水平(表5-31)。

表 5-31 2000~2015 年中国内地(大陆)地区第二次现代化指数的地区分组变化

2000 年分组	2015 年分组	地区	地区个数
2	1	北京	1
3	2	江苏、浙江、广东	3
4	3	河北、内蒙古、安徽、江西、河南、湖南、广西、海南、重庆、宁夏	10

注:1 代表发达水平,2 代表中等发达水平,3 代表初等发达水平,4 代表欠发达水平。

根据综合现代化指数分组,2015 年与 2000 年相比,中国内地(大陆)19 个地区分组发生变化,12 个地区的分组没有变化。其中,6 个地区从初等发达水平上升为中等发达水平,13 个地区从欠发达水

平上升为初等发达水平(表5-32)。

表5-32 2000～2015年中国内地(大陆)地区综合现代化指数的分组变化

2000年分组	2015年分组	地区	地区个数
3	2	天津、江苏、浙江、广东、辽宁、福建	6
4	3	贵州、云南、西藏、河南、甘肃、安徽、广西、河北、宁夏、青海、江西、湖南、四川	13

注:1代表发达水平,2代表中等发达水平,3代表初等发达水平,4代表欠发达水平。

本章小结

本《报告》采用何传启提出的第一次现代化评价模型、第二次现代化评价模型第三版和综合现代化评价模型第三版,对2015年的世界131个国家和中国34个地区进行评价。同时构建了世界现代化的国家定位图和中国现代化的地区定位图。

1. 2015年世界现代化水平

2015年,美国等26个国家已经进入第二次现代化,中国等102个国家处于第一次现代化,乍得等3个国家仍然处于传统农业社会,有些原住民族仍然生活在原始社会。

根据第二次现代化指数的国家分组,2015年美国等20个国家为发达国家,俄罗斯等20个国家为中等发达国家,中国等36个国家为初等发达国家,肯尼亚等55个国家为欠发达国家;发达国家、中等发达国家、初等发达和欠发达国家分别占国家样本数的15%、15%、27%和42%。

2015年第二次现代化指数排世界前10名的国家是:丹麦、美国、瑞士、瑞典、荷兰、新加坡、比利时、爱尔兰、英国、芬兰。

2015年参加评价的131个国家中,进入第二次现代化的国家有26个,约占国家样本数的20%;第一次现代化指数达到100的国家有47个,第一次现代化指数大于90小于100的国家有25个,已经完成和基本实现第一次现代化的国家有72个,约占国家样本数的55%。

在2000～2015年期间,根据第二次现代化水平分组,在131个参加评价的国家中,有20个国家的分组发生了变化,其中,组别上升国家有6个,组别下降国家有14个。

2. 2015年中国现代化水平

2015年中国是一个发展中国家,具有初等发达国家水平,处于发展中国家的中间位置。中国与世界中等发达国家的差距比较小,但与世界发达国家的差距仍然较大。

2015年中国第一次现代化指数为99,排名世界131个国家的第50位;第二次现代化指数和综合现代化指数分别为41和44,排名第50位和第63位。2015年与2014年相比,中国第一次现代化指数、第二次现代化指数和综合现代化指数的排名分别提高了1位、5位和0位。

2015年中国第一次现代化评价的9个指标已经达标,1个指标(人均国民收入)没有达到标准。按2000～2015年年均增长率计算,中国有可能还需要一年时间完成第一次现代化,达到1960年的发达国家平均水平。

2015年中国第二次现代化指数的发展不平衡。与世界平均相比,知识创新指数、知识传播指数和生活质量指数超过世界平均水平,经济质量指数低于世界平均水平;但与发达国家相比,知识创新指数、知识传播指数和经济质量指数与发达国家的差距较大。

3. 2015年中国地区现代化水平

根据《中国统计年鉴》和各地区统计年鉴的面板数据,采用世界现代化指数的评价方法进行评价,

2015年中国地区现代化评价结果如下。

2015年,北京等5个地区进入第二次现代化,天津等29个地区处于第一次现代化,局部地区属于传统农业社会,局部地区还有原始社会的痕迹,如"刀耕火种"和"母系社会"。

根据第二次现代化指数分组,2015年中国多数地区属于发展中地区;北京、香港和澳门3个地区具有发达国家水平的部分特征,上海、台湾、天津、江苏、浙江、广东6个地区具有中等发达国家水平的部分特征,山东、福建等19个地区具有初等发达国家水平的部分特征,贵州等6个地区水平较低。

2015年,中国内地(大陆)地区现代化的前沿已经进入第二次现代化的发展期,地区现代化的前沿水平接近发达国家的底线,部分指标达到发达国家的门槛。例如,2015年北京处于第二次现代化的发展期,北京和上海的部分指标接近或达到意大利和西班牙的水平。

如果北京、天津、上海、香港、澳门和台湾不参加排名,2015年中国地区现代化排名如下：

- 第二次现代化指数排名前10位的地区为：江苏、浙江、广东、山东、福建、重庆、辽宁、陕西、湖北、吉林。
- 综合现代化指数排前10位的地区为：江苏、浙江、广东、辽宁、福建、山东、内蒙古、吉林、重庆、湖北。

技 术 注 释

《中国现代化报告 2018》采用国际机构、有关国家官方统计机构公布的数据,它包括 131 个国家和中国 34 个地区 2015 年的发展数据和评价数据等。由于不同国家的统计方法不完全相同,统计方法在不断发展,统计数据的可比性和一致性问题需要特别关注。

一、资料来源

世界现代化的 300 年的历史数据主要来自米切尔的《帕尔格雷夫世界历史统计》、麦迪森的《世界经济千年史》、库兹涅茨的《各国的经济增长》、世界银行的《世界发展指标》、联合国统计年鉴、联合国贸易与发展会议(UNCTAD)统计数据、世界贸易组织(WTO)、经济合作与发展组织(OECD)、美国经济分析局(BEA)的数据等。

现代化进程评价所用数据,除少数年份的几个指标的中国数据(世界银行数据集中缺少的数据)来自《中国统计年鉴》外,其他采用世界银行《世界发展指标》2017-07-25、2017-12-22 和 2018-01-25 网络版数据,联合国出版的《统计年鉴》,经济合作与发展组织(OECD)的网络数据库等。中国地区现代化评价所用数据,主要来自《中国统计年鉴 2016》。

二、数据一致性和可靠性

世界现代化进程评价,以世界银行出版的《世界发展指标》的系列数据为基本数据来源;部分年份的数据来自联合国贸易与发展会议的《世界投资报告》、世界贸易组织的《国际贸易统计》、联合国《统计年鉴》、联合国教科文组织《统计年鉴》、国际劳工组织《劳动力统计年鉴》、OECD 出版物;少数几个中国数据来自《中国统计年鉴》。

许多发展中国家的统计制度还很薄弱,统计方法在不断发展,统计指标的概念存在差异,统计方法在国与国之间差别较大,它们会影响数据的一致性和可靠性。许多国家的统计机构常常修改其历史统计数据。世界银行在历年《世界发展指标》中对数据来源、数据一致性和可靠性进行了说明。世界银行有时根据一些国家提供的新数据,对过去年份的数据进行调整。在不同年份出版的《世界发展指标》中,关于某年的数据不完全一致。如果出现这种情况,一般采用最近年份《世界发展指标》中公布的数据。2015 年世界现代化评价统一采用《世界发展指标》2017 年 12 月网络版数据。数据汇总方法在《世界发展指标》中有专门说明。

中国地区现代化进程评价,以《中国统计年鉴 2016》的系列数据为基本数据来源;《中国统计年鉴》中没有的数据,采用《中国科技统计年鉴》《中国能源统计年鉴》和中国 31 个省级行政地区统计机构出版的地方《统计年鉴》的数据等。

在世界银行和联合国有关机构出版的统计资料中,中国数据的数值一般为中国内地(大陆)31 个省级行政地区统计数据的加总;在《中国统计年鉴》中,香港特区、澳门特区和台湾地区的统计数据单列,全国的加总数在数值上为内地(大陆)31个省级行政地区统计数据的加和。

苏联和东欧国家(捷克斯洛伐克等),1990年前后发生变化。1990年前采用原国家数据。1990年后,分别为俄罗斯、捷克和斯洛伐克的数据。1990年前德国数据采用联邦德国的值。

三、国家分组

关于国家分组的方法有很多。《中国现代化报告2003》对此进行了专门分析。例如,世界银行根据人均收入多少分组、联合国开发计划署根据人类发展指数分组、联合国工作分组、联合国地区分组、《中国现代化报告》根据第二次现代化指数分组等。一般而言,国家分组是相对的,更多是为了分析和操作的方便。本《报告》沿用《中国现代化报告2003》国家分组方法。

《中国现代化报告2003》采用四种国家分组方法:① 工业化国家和发展中国家;② 发达国家和发展中国家;③ 高收入国家、中等收入国家和低收入国家;④ 发达国家、中等发达国家、初等发达国家和欠发达国家。四种方法具有一定可比性(表a)。

表a 《中国现代化报告2003》的国家分组

国家分组	类别	分组方法或标准
按地区分组	发达国家a OECD国家 比较发达国家 比较不发达国家(发展中国家) 最不发达国家(发展中国家)	高收入国家(不含石油输出国) OECD国家 按联合国统计署的划分 按联合国统计署的划分 按联合国统计署的划分
按人均国民收入分组 (2000年)	高收入国家 中等收入国家(中高、中低收入国家) 低收入国家	人均GNI大于9266美元 人均GNI为756~9265美元 人均GNI小于755美元
按第一次现代化实现程度分组 (2000年)	工业化国家 发展中国家	完成第一次现代化的国家 没有完成第一次现代化的国家
按第二次现代化指数分组 (2000年)	发达国家a(高现代化水平) 中等发达国家(中等现代化水平) 初等发达国家(初等现代化水平) 欠发达国家(低现代化水平)	第二次现代化指数大于80 第二次现代化指数46~79.9 第二次现代化指数30~45.9 第二次现代化指数小于30

注:a. "发达国家"有两种划分方法:按第二次现代化指数划分的发达国家、按人均收入划分(习惯分法)的发达国家(一般指不包含石油输出国家的高收入国家),它们(划分的结果)是基本一致的。

四、第一次现代化指数的评价方法和评价指标

第一次现代化进展评价方法主要有三种:定性评价、定量评价和综合评价(定性和定量相结合)。本《报告》主要进行经济和社会第一次现代化的实现程度的定量评价。

1. 评价指标

20世纪80年代,美国学者英克尔斯教授访问中国,并提出经典现代化的11个评价指标(孙立平,1988)。何传启选择其中的10个指标作为第一次现代化的评价指标(表b)。

表 b 第一次现代化的评价指标和评价标准（1960 年工业化国家指标平均值）

项目	指标、单位和指标编号	标准	备注[b]
经济指标	1. 人均国民收入（人均 GNI），美元	逐年计算[a]	正指标
	2. 农业劳动力比例（农业劳动力占总就业劳动力比例），%	30% 以下	逆指标
	3. 农业增加值比例（农业增加值占 GDP 比例），%	15% 以下	逆指标
	4. 服务业增加值比例（服务业增加值占 GDP 比例），%	45% 以上	正指标
社会指标	5. 城市人口比例（城市人口占总人口比例），%	50% 以上	正指标
	6. 医生比例（每千人口中的医生人数），‰	1‰ 以上	正指标
	7. 婴儿死亡率，‰	30‰ 以下	逆指标
	8. 平均预期寿命（出生时平均预期寿命），岁	70 岁以上	正指标
知识指标	9. 成人识字率，%	80% 以上	正指标
	10. 大学普及率（在校大学生占 20～24 岁人口比例），%	15% 以上	正指标

注：参考英克尔斯的评价指标（孙立平，1988）。a. 以 1960 年 19 个市场化工业国家人均国民收入平均值 1280 美元为基准值，以后逐年根据美元通货膨胀率（或 GDP 物价折算系数）计算标准值。例如，1960 年标准值为 1280 美元，1970 年为 1702 美元，1980 年为 3411 美元，1990 年为 5147 美元，2000 年为 6399 美元，2010 年为 8000 美元，2011 年 8165 美元，2012 年为 8312 美元，2013 年为 8436 美元，2104 年为 8587 美元，2015 年为 8680 美元。b. 正指标，评价对象数值等于或大于标准值时，表示它达到或超过经典现代化标准；逆指标，评价对象数值等于或小于标准值时，表示它达到或超过经典现代化标准。

2. 评价模型

2001 年何传启设计了"第一次现代化评价模型"，包括 10 个经济、社会和知识指标，以及评价方法和发展阶段评价。评价标准参考 1960 年 19 个工业化国家发展指标的平均值。

$$\begin{cases} \text{FMI} = \sum S_i / n \quad (i = 1, 2, \cdots, n) \\ S_i = 100 \times i_{\text{实际值}} / i_{\text{标准值}} \quad (\text{正指标}, S_i \leqslant 100) \\ S_i = 100 \times i_{\text{标准值}} / i_{\text{实际值}} \quad (\text{逆指标}, S_i \leqslant 100) \end{cases}$$

其中，FMI 为第一次现代化指数，n 为参加评价的指标总个数，S_i 为第 i 项指标的达标程度（$S_i \leqslant 100$）；i 为评价指标的编号；$i_{\text{实际值}}$ 为 i 号指标的实际值，$i_{\text{标准值}}$ 为 i 号指标的标准值（具体数值见表 b）。

3. 评价方法

首先，检验评价指标的相关性。在地区现代化评价时，可以调整部分评价指标。

其次，计算人均 GNI 的标准值。

其三，采用"比值法"计算单个指标达标程度。单个指标达标程度最大值为 100%（如果超过 100%，取值 100%），达到 100% 表明该指标已经达到第一次现代化水平。

其四，采用"简单算术平均值"法，计算第一次现代化指数。

其五，评价的有效性。如果参加评价国家，有效指标个数占指标总数的比例低于 60%（即指标个数少于 6 个），则视为无效样本，不进行评价。

其六，计算方法。所有评价由计算机自动完成。计算机计算数据时，计算机内部保留小数点后 12 位小数；显示数据结果时，一般保留整数或 1～2 位小数。

其七，评价的精确性。在阅读和利用评价数据和结果时，需要特别注意小数"四舍五入"带来的影响。第二次现代化和综合现代化评价，也是如此。

其八，评价误差。有些国家样本，统计数据不全，对评价结果有比较大的影响。水平高的指标的数据缺失，可能拉低评价结果。水平低的指标的数据缺失，可能抬高评价结果。一般而言，指标缺少的越多，影响越大。

4. 第一次现代化的阶段评价

$$\begin{cases} P_{\text{FM}} = (P_{\text{农业增加值比例}} + P_{\text{农业/工业增加值}} + P_{\text{农业劳动力比例}} + P_{\text{农业/工业劳动力}})/4 \\ P_{\text{农业增加值比例}} = (4,3,2,1,0), 根据实际值与标准值的比较判断阶段并赋值 \\ P_{\text{农业/工业增加值}} = (4,3,2,1,0), 根据实际值与标准值的比较判断阶段并赋值 \\ P_{\text{农业劳动力比例}} = (4,3,2,1,0), 根据实际值与标准值的比较判断阶段并赋值 \\ P_{\text{农业/工业劳动力}} = (4,3,2,1,0), 根据实际值与标准值的比较判断阶段并赋值 \end{cases}$$

其中,P_{FM}代表第一次现代化的阶段,$P_{\text{农业增加值比例}}$代表根据农业增加值占GDP比例判断的阶段和赋值,$P_{\text{农业/工业增加值}}$代表根据农业增加值比例与工业增加值比例的比值判断的阶段和赋值,$P_{\text{农业劳动力比例}}$代表根据农业劳动力占全部就业劳动力比例判断的阶段和赋值,$P_{\text{农业/工业劳动力}}$代表根据农业劳动力比例与工业劳动力比例的比值判断的阶段和赋值。

首先,根据信号指标实际值与标准值的比较判断阶段并赋值。其次,计算赋值的平均值。其三,综合判断第一次现代化的阶段。第一次现代化阶段评价的4个信号指标的标准值和赋值见表c。第一次现代化阶段评价的信号指标的变化如图a所示。

表c 第一次现代化信号指标的划分标准和赋值

	农业增加值占GDP比例/(%)	农业增加值/工业增加值	赋值	说明
过渡期	<5	<0.2	4	农业增加值占GDP比例低于15%为完成第一次现代化的标准,结合工业化国家200年经济史制定
成熟期	5~15,<15	0.2~0.8,<0.8	3	
发展期	15~30,<30	0.8~2.0,<2.0	2	
起步期	30~50,<50	2.0~5.0,<5.0	1	
传统社会	≥50	≥5.0	0	
	农业劳动力占总劳动力比例/(%)	农业劳动力/工业劳动力	赋值	
过渡期	<10	<0.2	4	农业劳动力占总劳动力比例低于30%为完成第一次现代化的标准,结合工业化国家200年经济史制定
成熟期	10~30,<30	0.2~0.8,<0.8	3	
发展期	30~50,<50	0.8~2.0,<2.0	2	
起步期	50~80,<80	2.0~5.0,<5.0	1	
传统社会	≥80	≥5.0	0	

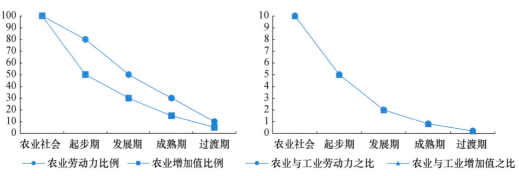

图a 第一次现代化阶段评价的信号指标变化

有些时候,可能是统计数据或者国家差异的原因,产业结构和就业结构的分析结果与现代化总体水平不协调,需要根据第一次现代化实现程度对发展阶段进行调整。

发达国家在20世纪60年代前后完成第一次现代化,在70年代前后进入第二次现代化。第一次现代化评价比较适合于发展中国家,第二次现代化评价比较适合于发达国家。

五、第二次现代化指数的评价方法和评价指标

第二次现代化进展评价同样有定性评价、定量评价和综合评价等三种方法。第二次现代化启动已经超过 40 多年。随着第二次现代化的发展,第二次现代化的评价指标和评价方法应该作相应的调整。何传启 2001 年提出第二次现代化评价模型第一版,2012 年提出第二次现代化评价模型第二版,包括评价指标、评价方法和发展阶段评价等。

1. 评价指标

第二次现代化理论认为,知识的创新、传播和应用是第二次现代化的动力,知识创新、知识传播和知识应用的水平反映了第二次现代化的水平。

第二次现代化评价包括知识创新、知识传播、知识应用Ⅰ和Ⅱ(生活质量和经济质量)四大类指标和 16 个具体指标(表 d)。其中,知识创新指在世界上首次发现、发明、创造或应用某种新知识,包括科学发现、技术发明、知识创造和新知识首次应用;知识应用Ⅰ为改进生活质量,知识应用Ⅱ为改进经济质量;物质产业包括农业和工业。

表 d　第二次现代化评价指标

二级指标	第二次现代化评价模型第一版(2001 年版)		第二次现代化评价模型第三版(2018 年新版)	
	三级指标和编号	指标解释和单位	三级指标和编号	指标解释和单位
知识创新	1. 知识创新经费投入	人均研究与发展经费占 GDP 的比例(R&D 经费/GDP),%	1. 知识创新经费投入	人均研究与发展经费投入,美元
	2. 知识创新人员投入	从事研究与发展活动的研究人员比例,人/万人	2. 知识创新人员投入	从事研究与发展活动的研究人员比例,人/万人
	3. 知识创新专利产出	居民申请发明专利比例,项/万人	3. 知识创新专利产出	居民申请发明专利比例,项/万人
			4. 人均知识产权出口	人均知识产权出口,美元
知识传播	4. 中学普及率	在校中学生人数占适龄人口(一般 12~17 岁)比例,%	5. 大学普及率	在校大学生人数占适龄人口(一般 20~24 岁)比例,%
	5. 大学普及率	在校大学生人数占适龄人口(一般 20~24 岁)比例,%	6. 宽带网普及率	宽带网用户/百人口,%
	6. 电视普及率	电视用户/百人口,%	7. 人均公共教育经费	人均公共教育费用,美元
	7. 互联网普及率	互联网用户/百人口,%	8. 人均知识产权进口	人均知识产权进口费用,美元
生活质量	8. 城镇人口比例	城镇人口占总人口比例,%	9. 平均预期寿命	新生儿平均预期寿命,岁
	9. 医生比例	每千人口中的医生数,‰	10. 人均购买力	按购买力平价 PPP 计算的人均国民收入,国际美元
	10. 婴儿死亡率	每千例活产婴儿在 1 岁内的死亡率,‰	11. 婴儿死亡率	每千例活产婴儿在 1 岁内的死亡率,‰
	11. 平均预期寿命	新生儿平均预期寿命,岁	12. 环境质量	PM2.5 年均浓度,微克/立方米
	12. 人均能源消费	人均商业能源消费,千克石油当量		

(续表)

二级指标	第二次现代化评价模型第一版(2001年版)		第二次现代化评价模型第三版(2018年新版)	
	三级指标和编号	指标解释和单位	三级指标和编号	指标解释和单位
经济质量	13. 人均国民收入	人均国民收入,美元	13. 劳动生产率	雇员人均GDP,2011年不变价格PPP
	14. 人均购买力	按购买力平价PPP计算的人均国民收入,国际美元	14. 单位GDP的能源消耗	单位GDP的能源消耗,千克石油当量/美元
	15. 物质产业增加值比例	农业和工业增加值占GDP的比例,%	15. 物质产业增加值比例	农业和工业增加值占GDP的比例,%
	16. 物质产业劳动力比例	农业和工业劳动力占总就业劳动力比例,%	16. 物质产业劳动力比例	农业和工业劳动力占总就业劳动力比例,%
基准值	高收入国家的平均值		高收入国家的平均值	

注:中国地区大学普及率为大学在校学生人数占18~21岁人口比例。

第二次现代化评价模型第二版与第一版相比,既有继承也有变化;主要特点是:增加知识产权和环境指标,减少重复性指标,关注知识创新和传播的质量,提高评价基准值。

(1) 不变部分(继承)

评价原理不变,二级指标不变,三级指标总数不变,13个三级指标保留不变等。

(2) 变化部分

增加3个指标,包括2个知识产权指标和1个环境指标;减少3个指标,包括2个重复性指标(在第一次现代化评价和综合现代化评价中已经采用的指标)和1个数据不可获指标(电视普及率已经饱和,世界银行的世界发展指标已经不包括这个指标);调整1个指标,人均购买力指标从经济质量部分调到生活质量部分;提高评价标准,评价基准值从高收入国家和地区平均值提高到高收入国家的平均值。

2. 评价模型

第二次现代化评价包括第二次现代化指数、知识创新指数、知识传播指数、生活质量指数、经济质量数和16个指标的评价,指标评价采用"比值法",指数评价采用算术平均值法,指标和指数采用等权重法。

$$\begin{cases} SMI = (KII + KTI + LQI + EQI)/4 \\ KII = \sum D_i/4 \quad (i = 1,2,3,4) \\ KTI = \sum D_i/4 \quad (i = 5,6,7,8) \\ LQI = \sum D_i/4 \quad (i = 9,10,11,12) \\ EQI = \sum D_i/4 \quad (i = 13,14,15,16) \\ D_i = 100 \times i_{实际值}/i_{基准值} \quad (正指标, D_i \leqslant 120) \\ D_i = 100 \times i_{基准值}/i_{实际值} \quad (逆指标, D_i \leqslant 120) \\ (i = 1,2,3,4,5,6,7,8,9,10,11,12,13,14,15,16) \end{cases}$$

其中,SMI是第二次现代化指数,KII是知识创新指数,KTI是知识传播指数,LQI是生活质量指数,EQI是经济质量指数,D_i是第i号评价指标的发展指数($D_i \leqslant 120$,避免单个指标数值过高影响总评价结果);i为16个评价指标的编号,从1到16;$i_{实际值}$为i号指标的实际值,$i_{基准值}$为i号指标的基准值。16个评价指标的基准值为最新年高收入指标的平均值。

3. 评价方法

首先,检验评价指标的相关性。在地区现代化评价时,可以调整部分评价指标。

其次,确定评价的基准值,为最新年高收入国家的平均值(发达国家平均值)。

其三,采用"比值法"计算单个指标的发展指数。单个指标的发展指数的最高值为 120 点(如果超过 120 点,取值 120 点),避免单个指标过高造成评价"失真"。

其四,采用"简单算术平均值"法,分别计算知识创新指数、知识传播指数、生活质量指数和经济质量指数。

其五,采用"简单算术平均值"法计算第二次现代化指数。

其六,评价的有效性。如果参加评估的有效指标个数占指标总数的比例低于 60%,则视为无效样本,不进行评价。

其七,评价的可比性。由于评价基准值不同,《中国现代化报告 2014~2015》之后的《报告》与前面的 13 本《报告》关于第二次现代化进程的评价结果,只具有相对可比性。

其八,评价误差。有些国家样本,统计数据不全,对评价结果有比较大的影响。

4. 第二次现代化的阶段评价

$$P_{SM} = (P_{物质产业增加值比例} + P_{物质产业劳动力比例})/2$$

$P_{物质产业增加值比例} = (3,2,1)$,根据实际值与标准值的比较判断阶段并赋值

$P_{物质产业劳动力比例} = (3,2,1)$,根据实际值与标准值的比较判断阶段并赋值

其中,P_{SM} 代表第二次现代化的阶段,$P_{物质产业增加值比例}$ 代表根据物质产业增加值比例判断的阶段的赋值,$P_{物质产业劳动力比例}$ 代表根据物质产业劳动力比例判断的阶段的赋值。

首先,筛选出处于第一次现代化过渡期和第二次现代化指数超过 60 的国家。

其次,根据这些国家信号指标实际值与标准值的比较,判断这些国家的阶段并赋值。

其三,计算赋值的平均值,判断第二次现代化的阶段。

第二次现代化阶段的信号指标的标准值和赋值见表 e。

表 e 第二次现代化信号指标的标准和赋值

阶段	物质产业增加值比例/(%)	物质产业劳动力比例/(%)	赋值	备注(前提条件)
成熟期	<20	<20	3	
发展期	20~30,<30	20~30,<30	2	处于第一次现代化过渡期
起步期	30~40,<40	30~40,<40	1	第二次现代化指数高于 60
准备阶段	40~50,<50	40~50,<50	0	

注:进入第一次现代化过渡期和第二次现代化指数高于 60 的国家,才进一步判断第二次现代化阶段。

有些时候,可能是统计数据或者国家差异的原因,产业结构和就业结构的分析结果与现代化总体水平不协调,需要根据第二次现代化指数对发展阶段进行调整。

六、综合现代化指数的评价方法和评价指标

综合现代化指数,主要反映被评价对象的现代化水平与世界先进水平的相对差距。世界第一次现代化是经典的,第二次现代化是新的。随着第二次现代化的发展,综合现代化水平的评价指标和评价方法应该作相应的调整。何传启 2004 年提出综合现代化评价模型第一版,2012 年提出综合现代化评价模型第二版,包括评价指标和评价方法等。

1. 评价指标

综合现代化是两次现代化的协调发展。综合现代化评价,选择第一次现代化和第二次现代化的共性指标,同时适用于发达国家和发展中国家,可以反映发达国家和发展中国家的相对水平。综合现

代化水平评价包括经济、社会和知识三大类指标和12个具体指标（表 f）。

表 f 综合现代化评价指标

二级指标	综合现代化评价模型第一版(2004年版)		综合现代化评价模型第三版(2018年新版)	
	三级指标和编号	指标解释和单位	三级指标和编号	指标解释和单位
经济发展	1. 人均国民收入	人均国民收入，美元	1. 人均国民收入	人均国民收入，美元
	2. 人均购买力	按购买力平价PPP计算的人均国民收入，国际美元	2. 人均制造业增加值	人均制造业增加值，美元
	3. 服务业增加值比例	服务业增加值占GDP比例，%	3. 服务业增加值比例	服务业增加值占GDP比例，%
	4. 服务业劳动力比例	服务业劳动力占总就业劳动力比例，%	4. 服务业劳动力比例	服务业劳动力占就业劳动力比例，%
社会发展	5. 城镇人口比例	城镇人口占总人口比例，%	5. 城镇人口比例	城镇人口占总人口比例，%
	6. 医生比例	每千人口中的医生数，‰	6. 医生比例	每千人口中的医生数，‰
	7. 平均预期寿命	新生儿平均预期寿命，岁	7. 人均购买力	按购买力平价PPP计算的人均国民收入，国际美元
	8. 生态效益（能源使用效率）	人均GDP/人均能源消费，美元/千克标准油	8. 能源使用效率	人均GDP/人均能源消费，美元/千克标准油
知识发展	9. 知识创新经费投入	研究与发展经费占GDP的比例(R&D经费/GDP)，%	9. 知识创新经费投入	人均研究与发展经费投入，美元
	10. 知识创新专利产出	居民申请发明专利数/万人，项/万人	10. 人均知识产权费用	人均知识产权贸易（人均知识产权进口和出口总值），美元
	11. 大学普及率	在校大学生人数占适龄人口（一般为20~24岁）比例，%	11. 大学普及率	在校大学生人数占适龄人口（一般为20~24岁）比例，%
	12. 互联网普及率	互联网用户/百人，%	12. 互联网普及率	互联网用户/百人，%
参考值	高收入国家的平均值		高收入国家的平均值	

注：中国地区大学普及率为大学在校学生人数占18~21岁人口比例。

综合现代化评价模型第二版与第一版相比，既有变化，也有不变；主要特点是：增加知识产权和制造业指标，减少重复性指标，关注社会和知识发展的质量，提高评价的参考值。

（1）不变部分（继承）

评价原理不变，二级指标不变，三级指标总数不变，9个三级指标保留不变等。

（2）变化部分

增加3个指标，包括1个知识产权指标、1个社会指标和1个环境指标；减少3个重复性指标（在第一次现代化评价或第二次现代化评价中已经采用的指标）；提高评价标准，评价参考值从高收入国家和地区平均值提高到高收入国家的平均值。

2. 评价模型

综合现代化指数评价，要选择两次现代化的典型特征指标和两次现代化都适用的指标作为评价指标。综合现代化评价包括经济、社会和知识等三大类指标和12个具体指标。

$$\begin{cases} \text{IMI} = (\text{EI} + \text{SI} + \text{KI})/3 \\ \text{EI} = \sum D_i/4 \quad (i = 1,2,3,4) \\ \text{SI} = \sum D_i/4 \quad (i = 5,6,7,8) \\ \text{KI} = \sum D_i/4 \quad (i = 9,10,11,12) \\ D_i = 100 \times i_{\text{实际值}}/i_{\text{参考值}} \quad (\text{正指标}, D_i \leqslant 100) \\ D_i = 100 \times i_{\text{参考值}}/i_{\text{实际值}} \quad (\text{逆指标}, D_i \leqslant 100) \\ (i = 1,2,3,4,5,6,7,8,9,10,11,12) \end{cases}$$

其中，IMI 是综合现代化指数，EI 是经济发展指数，SI 是社会发展指数，KI 是知识发展指数，D_i 是第 i 号评价指标的相对发展水平（$D_i \leqslant 100$）；i 为 12 个评价指标的编号，从 1 到 12；$i_{\text{实际值}}$ 为 i 号指标的实际值，$i_{\text{参考值}}$ 为 i 号指标的参考值。12 个评价指标的参考值为当年高收入国家（发达国家）指标的平均值。

3. 评价方法

首先，检验评价指标的相关性。在地区现代化评价时，可以调整部分评价指标。

其次，确定评价的参考值，为当年高收入国家（发达国家）的平均值。

其三，采用"比值法"计算单个指标的发展水平。单个指标的发展水平的最高值为 100 点（如果超过 100 点，取值 100 点），达到 100 点表明该指标已经达到世界前沿水平。

其四，采用"简单算术平均值"法，分别计算经济发展、社会发展和知识发展指数。

其五，采用"简单算术平均值"法计算综合现代化水平。

其六，评价的有效性。如果参加评估国家，有效指标个数占指标总数的比例低于 60%，则视为无效样本，不进行评价。有效指标的多少，对评价结果有比较大影响。

参 考 文 献

巴尔塔基. 2010. 面板数据计量经济分析. 北京:机械工业出版社.
白仲林. 2008. 面板数据的计量经济分析. 天津:南开大学出版社.
贝尔. 1997. 后工业社会的来临. 高銛,王宏周,魏章玲,译. 北京:新华出版社.
布莱克. 1989. 现代化的动力:一个比较史的研究. 景跃进,张静,译. 杭州:浙江人民出版社.
陈禹,谢康. 1998. 知识经济的测度理论与方法. 北京:中国人民大学出版社.
陈真,姚洛. 1957. 中国近代工业史资料. 北京:科学出版社.
程大中. 2010. 中国服务业与经济增长:一般均衡模型及其经验研究. 世界经济,10:25—41.
杜尔劳夫,布卢姆. 2016. 新帕尔格雷夫经济学大辞典. 2版. 贾拥民,等,译. 北京:经济科学出版社.
杜欢政. 2013. 中国资源循环利用产业发展研究. 北京:科学出版社.
恩格斯. 1956. 英国工人阶级的状况. 北京:人民出版社.
干春晖,郑若谷,余典范. 2011. 中国产业结构变迁对经济增长和波动的影响. 经济研究,5:6—10.
高新民,安筱鹏. 2010. 现代服务业:特征、趋势和策略. 浙江:浙江大学出版社.
高远东,张卫国,阳琴. 2015. 中国产业结构高级化的影响因素研究. 经济地理,35(6):96—102.
郭濂,栾黎巍,何传启,叶青. 2014. 创新驱动需要抓住新产业革命的战略机遇. 理论与现代化,4:5—14.
哈特利. 2017. 创意产业读本. 北京:清华大学出版社.
何传启. 1999. 第二次现代化:人类文明进程的启示. 北京:高等教育出版社.
何传启. 2003. 东方复兴:现代化的三条道路. 北京:商务印书馆.
何传启. 2010. 现代化科学:国家发达的科学原理. 北京:科学出版社.
何传启. 2012. 第六次科技革命的战略机遇. 2版. 北京:科学出版社.
何传启. 2012. 中国现代化报告2012:农业现代化研究. 北京:北京大学出版社.
何传启. 2013. 第二次现代化理论:人类发展的世界前沿和科学逻辑. 北京:科学出版社.
何传启. 2015. 中国现代化报告2014~2015:工业现代化研究. 北京:北京大学出版社.
何传启. 2016. 中国现代化报告2016:服务业现代化研究. 北京:北京大学出版社.
何传启. 2017. 中国现代化报告2017:健康现代化研究. 北京:北京大学出版社.
何传启,靳京. 2017. 面向知识经济的国际行业分类研究. 理论与现代化,6:21—28.
何德旭,夏杰长. 2009. 服务经济学. 北京:中国社会科学出版社.
何平,陈丹丹,贾喜越. 2014. 产业结构优化研究. 统计研究,31(7):32—36.
赫斯蒙德夫. 2007. 文化产业. 北京:中国人民大学出版社.
亨廷顿. 1998. 文明冲突与世界秩序的重建. 周琪,等,译. 北京:新华出版社.
胡代光,高鸿业,丁冰. 主编. 2000. 西方经济学大辞典. 北京:经济科学出版社.
胡福明. 1994. 中国现代化的历史进程. 合肥:安徽人民出版社.
江小涓. 1996. 经济转轨时期的产业政策. 上海:上海三联书店.
江小涓. 2014. 服务经济:理论演进与产业分析. 北京:人民出版社.
江小涓,李辉. 2004. 服务业与中国经济:相关性和加快增长的潜力. 经济研究,1:1—15.
姜照华,刘则渊. 1999. 可持续发展产业结构优化模型及其求解方法. 大连理工大学学报,39(5):710—713.
荆运培. 2001. 对瑞典工业结构调整的考察. 中国经贸导刊,22:43—46.
金素. 2011. 基于钱纳里模型的中国经济结构研究:来自1978—2009年的经验证据. 经济问题,9:4—9.
金泳镐. 1993. 论第四代工业化:对格尔申克隆与希施曼模式的反思. 王小平,译. 现代化理论与历史经验的再探讨.

罗荣渠主编. 上海:上海译文出版社.

靳京. 2016. 服务业现代化的产业结构. 中国现代化报告2016:服务业现代化研究. 何传启主编. 北京:北京大学出版社.

康珂. 2017. 产业结构调整机制研究. 北京:中国社会科学出版社.

库兹涅茨. 1999. 各国经济的增长. 常勋,等,译. 北京:商务印书馆.

库兹涅茨. 1989. 现代经济增长. 戴睿,易诚,译. 北京:北京经济学院出版社.

李子奈,叶阿忠. 2000. 高等计量经济学. 北京:清华大学出版社.

李江帆,黄少军. 2001. 世界第三产业与产业结构演变规律的分析. 经济理论与经济管理,2:29—34.

李京文. 1999. 迎接知识经济新时代. 上海:上海远东出版社.

林毅夫. 2010. 新结构经济学:重构发展经济学的框架. 经济学季刊,10(1):1—32.

林毅夫. 2012. 新结构经济学. 北京:北京大学出版社.

刘伟. 1992. 经济发展与结构转换. 北京:北京大学出版社.

刘伟. 1995. 工业化进程中的产业结构研究. 北京:中国人民大学出版社.

刘易斯. 1996. 经济增长理论. 北京:商务印书馆.

刘永焕. 2014. 德国产业结构调整及其经验借鉴. 国际商务论坛,1:32—34.

刘志彪. 1996. 产业经济学. 南京:南京大学出版社.

李斯特. 1961. 政治经济学的国民体系. 陈万煦,译. 北京:商务印书馆.

罗荣渠. 1990. 从西化到现代化. 北京:北京大学出版社.

罗荣渠. 1993. 现代化新论. 北京:北京大学出版社.

罗荣渠,牛大勇. 1992. 中国现代化历程的探索. 北京:北京大学出版社.

罗斯托. 2001. 经济成长的阶段. 郭熙保,王松茂,译. 北京:中国社会科学出版社.

吕明元. 2015. 产业结构升级与经济发展方式转型关系的实证研究与国际比较. 北京:中国经济出版社.

伦蕊. 2005. 产业结构合理化的基本内涵与水平测评. 特区经济,6:54—56.

马克卢普. 2007. 美国的知识生产与分配. 北京:中国人民大学出版社.

麦迪森. 2003. 世界经济千年史. 伍晓鹰,等,译. 北京:北京大学出版社.

迈耶,西尔斯. 1995. 发展经济学的先驱. 谭崇台,译. 北京:经济科学出版社.

米切尔. 2002. 帕尔格雷夫世界历史统计:欧洲卷(1750—1993). 4版. 贺力平,译. 北京:经济出版社.

米切尔. 2002. 帕尔格雷夫世界历史统计:亚洲、非洲和大洋洲卷(1750—1993). 4版. 贺力平,译. 北京:经济出版社.

米切尔. 2002. 帕尔格雷夫世界历史统计:美洲卷(1750—1993). 4版. 贺力平,译. 北京:经济出版社.

配第. 2010. 政治算术. 马妍,译. 北京:中国社会科学出版社.

派恩二世,吉尔摩. 2002. 体验经济. 北京:机械工业出版社.

佩鲁. 1987. 新发展观. 张宁,丰子义,译. 北京:华夏出版社.

奇波拉. 1988. 欧洲经济史第一卷. 北京:商务印书馆.

钱纳里,鲁滨逊,塞尔奎因. 1989. 工业化和经济增长的比较研究. 吴奇,等,译. 上海:上海三联书店,上海人民出版社.

钱时惕. 2007. 科技革命的历史、现状与未来. 广州:广东教育出版社.

让—克洛德·德劳内,让·盖雷. 2011. 服务经济思想史:三个世纪的争论. 江小涓,译. 上海:格致出版社,上海人民出版社.

任保平,钞小静,师博,魏婕. 2014. 经济增长理论史. 北京:科学出版社.

申静,黎婷. 2006. 我国知识型服务业的发展现状分析. 情报理论与实践,29(5):531—535.

石奇. 2015. 产业经济学. 北京:中国人民大学出版社.

斯密. 2009. 国富论. 胡长明,译. 北京:人民日报出版社.

宋国宇,刘文宗. 2005. 产业结构优化的经济学分析及测定指标体系研究. 科技与产业,5(7):6—9.

宋锦剑. 2000. 论产业结构优化升级的测度问题. 当代经济科学,(3):92—97.

孙际武. 1996. 日本、德国的产业政策比较分析. 亚太经济,6:48—50.
谭宗台. 2001. 发展经济学. 太原:山西经济出版社.
汤斌. 2005. 产业结构演进的理论与实证分析. 西南财经大学博士学位论文.
田成诗,陆卓玉. 2015. 基于增加值率的中国经济增长质量研究回顾与展望. 宏观质量研究,3(4):39—42.
王岳平. 2013. 中国产业结构调整和转型升级研究. 安徽:安徽人民出版社.
王志刚. 2008. 面板数据模型及其在经济分析中的应用. 北京:经济科学出版社.
汪林茂. 1998. 中国走向近代化的里程碑. 北京:机械工业出版社.
魏江,陶颜,王琳. 2007. 知识密集型服务业的概念与分类研究. 中国软科学,1:33—41.
吴国华. 1994. 产业结构经济学原理. 杭州:浙江大学出版社.
下河边淳,管家茂. 1982. 现代日本经济事典. 中国社科院工经所,译. 北京:中国社会科学出版社.
谢曼. 2002. 构建重庆市产业结构优化模型:投入产出分析研究. 生产力研究,1:81—83.
谢晓东. 2013. 关于产业结构对广东省生产总值的实证分析. 企业导报. 8:144.
项俊波. 2009. 结构经济学:从结构视角看中国经济. 北京:中国人民大学出版社.
徐传谌,谢地. 2007. 产业经济学. 北京:科学出版社.
徐仙英,张雪玲. 2016. 中国产业结构优化升级评价指标体系构建及测度. 生产力研究,8:47—51.
姚芳. 2005. 偏离—份额法的修正及中国工业竞争力分析. 软科学,6:28—30.
袁勤俭. 2004. 国际标准产业分类体系的演化. 统计与信息论坛. 19(1):26—29.
于光远. 1992. 经济大辞典. 上海:上海辞书出版社.
虞和平. 2002. 中国现代化历程. 南京:江苏人民出版社.
原毅军,刘浩. 2009. 中国制造业服务外包与服务业劳动生产率的提升. 中国工业经济,5:67—76.
张培刚. 2013. 农业与工业化. 武汉:武汉大学出版社.
赵德馨. 2003. 中国近现代经济史. 郑州:河南人民出版社.
赵儒煜. 2003. 产业革命论. 北京:科学出版社.
赵卓,孙燕东,增晖. 2003. GM(1,N)模型在产业结构分析中的应用. 技术经济,1:65—66.
周丹,魏江. 2015. 知识型服务业与制造业互动:机理与路径. 浙江:浙江大学出版社.
周积明. 1996. 最初的机缘:中国早期现代化研究. 北京:高等教育出版社.
周叔莲. 1990. 中国产业政策研究. 北京:经济管理出版社.
周振华. 2014. 产业结构优化论. 北京:上海人民出版社.
周振华. 2014. 现代经济增长中的结构效应. 上海:格致出版社,上海三联出版社,上海人民出版社.
赵凯. 2016. 产业结构与产业政策调整理论研究. 北京:清华大学出版社.
中国现代化报告课题组. 2001. 中国现代化报告 2001. 北京:北京大学出版社.
中国现代化战略研究课题组等. 2004. 中国现代化报告 2004:地区现代化之路. 北京:北京大学出版社.
中国现代化战略研究课题组,中国科学院中国现代化研究中心. 2005. 中国现代化报告 2005:经济现代化研究. 北京:北京大学出版社.
中国现代化战略研究课题组,中国科学院中国现代化研究中心. 2008. 中国现代化报告 2008:国际现代化研究. 北京:北京大学出版社.
中国现代化战略研究课题组,中国科学院中国现代化研究中心. 2010. 中国现代化报告 2010:世界现代化概览. 北京:北京大学出版社.
Adorno T, Horkheimer M. 1944. The culture industry: enlightment as mass deception. //Curran J, Gurevith M, Wollacott J (eds). Mass Communication and Society. London: Edward Arnold.
Adorno T, Horkheiner M. 1947. Dialectic of Enlightenment. London: Verso.
Anthes E. 2017. The shape of work to come. Nature, 550:316—319.
BEA (U. S.). 2017. Bureau of Economic Analysis: Industry Economic Accounts Database. https://www.bea.gov.
Beck U. 1992. Risk Society: Toward a New Modernity. London: Sage.

Beck U, Giddens A, Lash S. 1994. Reflexive Modernization: Politics, Tradition and Aesthetics in the Modern Social Order. Stanford, California: Stanford University Press.

Bell D. 1973. The Coming of Postindustrial Society. New York: Penguin.

Black C. 1966. The Dynamics of Modernization: a Study in Comparative History. New York, Evanston, and London: Harper & Row, Publishers.

Black C. 1976. Comparative Modernization: a Reader. New York: The Free Press.

Breslin S. 2011. The "China Model" and the global crisis: from friedrich list to a Chinese mode of governance? International Affairs, 87(6): 1323—1343.

Cedric S. 1982. Economic Structure. England: Prentice Hall Press.

Charles P. 2003. The Rise of Free Trade in Western Europe, in Jeffrey A, David A (eds), International Political Economy: Perspectives on Global Power and Wealth. Beijing: Peking University Press.

Chenery H. 1979. Structural Change and Development Policy. New York: Oxford University Press.

Chenery H, Robinson S, Syrquin M. 1986. Industrialization and Growth: A Comparative Study. New York: Oxford University Press.

Chenery H, Srinivasan T. 1988. Handbook of Development Economics. Amsterdam: North-Holland.

Chenery H, Syrquin M. 1975. Patterns of Development 1950—1970. New York: Oxford University Press.

Crook S, Pakulski J, Waters M. 1992. Post-modernization: Change in Advanced Society. London: Sage.

Clark C. 1940. The Conditions of Economic Progress. London: Macmillan.

Colin K, Lee N, Nixson F. 2013. Industrial Structure and Policy in Less Developed Countries. England: Routledge.

David S. 2003. The Unbound Prometheus: Technological Change and Industrial Development in Western Europe from 1750 to Present. Cambridge: Cambridge University Press.

Dawson R. 2000. Developing Knowledge-Based Client Relationships: the Future of Professional Services. Burlington: Butterworth Heinemann.

Drucker J. 2015. An evaluation of competitive industrial structure and regional manufacturing employment change. Regional Studies, 49:1481—1496.

European Commission. 2006. The Economy of Culture in Europe. Luxembourg: European Commission.

Fisher A. 1935. The Clash of Progress and Security. London: MacMillan.

Florida R, Tinagli I. 2004. Europe in the creative age. http://www.creativeclass.com/rfcgdb/articles/Europe_in_the_Creative_Age_2004.pdf, 2018-03-20.

Gordon J, Beilby-Orrin H. 2006. Internation Measurement of the Economic and Social Importance of Culture. Paris: OECD.

Hoffmann W. 1958. The Growth of Industrial Economies. Manchester: Manchester University Press.

O'Connor J. 2007. The Cultural and Creative Industries: A literature review. Newcastle upon Tyne: Arts Council England.

John H. 1997. The World Trading System: Law and Policy of International Economic Relation. Cambridge: MIT Press.

Johnson C. 1984. The Industrial Policy Debate. California: ICS Press.

Kuznets S. 1965. Economic Growth and Structure. New York: Norton.

Kuznets S. 1966. Modern Economic Growth: Rate, Structure, and Spread. New Haven: Yale University Press.

Kuznets S. 1971. Economic Growth of Nations. Cambridge: Harvard University Press.

Haraguchi N, Rezonja G. 2011. Emerging patterns of manufacturing structural change. UNIDO working paper 04/2010.

Haraguchi N, Rezonja G. 2010. Patterns of manufacturing development revisited. UNIDO working paper 22/2009.

Lin J, Rosenblantt D. 2012. Shifting patterns of economic growth and rethinking development. World Bank policy research working paper 6040.

Inglehare R. 1997. Modernization and Postmodernization: Cultural, Economic and Political Change in 43 Societies. Princeton: Princeton University Press.

Naudé W. 2010. Industrial Policy: Old and New Issues, Working Paper No. 2010/106. United Nations University, World Institute for Development Economics Research.

OECD. 1975. Objectives and Instruments of Industrial Policy: A Comparative Study. Paris: OECD.

OECD. 1996. The Knowledge-based Economy. Pairs: OECD.

OECD. 2004. https://stats.oecd.org/glossary.

OECD. 2009. Guide to Measuring the Information Society. Paris: OECD.

OECD. 2013. Science, Technology and Industry Scoreboard. Paris: OECD.

OECDa. 2017. STAN Database for Structural Analysis (ISIC Rev. 4). http://stats.oecd.org.

OECDb. 2017. Input Output Database. http://stats.oecd.org.

O'Sullivan A, Sheffrin S. 2003. Economics: Principles in Action. New Jersey: Pearson Prentice Hall.

Pack H, Saggi K. 2006. Is there a case for industrial policy? A critical survey. The World Bank Research Observer, 21(2): 267—297.

Pitelis C. 2006. Industrial policy: perspectives, experience and issues // Bianchi P, Labory S (eds.), International Handbook on Industrial Policy. Cheltenham: Edward Elgar.

Porat M. 1977. The Information Economy: Definition and Measurement. Washington: United States Department of Commerce.

Robert C. 2017. Lessons from history for the future of work. Nature, 550: 321—324.

Rostow W. 1960. The Stages of Economic Growth: a Non-communist Manifesto. Cambridge: Cambridge University Press.

UN. 1949. International Standard Industrial Classification of All Economic Activities. New York: Lake Success.

UNCTAD. 2008. Creative Economy Report 2008: the Challenge of Assessing the Creative Economy Towards Informed Policy-making. New York: UNCTAD.

UNESCO. 2009. Framework for Cultural Statistics. Montreal: UNESCO.

UNESCO. 1982. Cultural Industries: a Challenge for the Future of Culture. Paris: UNESCO.

UNIDO. 1979. World Industry since 1960: Process and Prospects. New York: United Nations.

UNIDO. 2002. Industrial Development Report 2002—2003: Competing through Innovation and Learning. Vienna: United Nations.

UNIDO. 2013. The Industrial Competitiveness of Nations: Looking Back, Forging Ahead. Competitiveness Industrial Performance Report 2012/2013. Vienna: United Nations.

UNIDO. 2015. The Industrial Development Report 2016: The Role of Technology and Innovation in Inclusive and Sustainable Industrial Development. Vienna: United Nations.

Warwick K. 2013. Beyond Industrial Policy: Emerging Issues and New Trends. OECD Science, Technology and Industry Policy Papers, No. 2. Paris: OECD Publishing.

William H, Isabel G, Bernhard G. 1998. Patterns of development 1970—1994. World Bank policy research working paper, JEL classification: O1.

WIPO. 2015. Guide on surveying the economic contribution of the copyright industries (Revised Edition). Geneva: WIPO.

World Bank. 1993. The East Asian Miracle. Washington DC: The World Bank.

World Bank. 2017. World Development Indicators Database. http://databank.worldbank.org. 2017-07-25.

World Bank. 2018. World Development Indicators Database. http://databank.worldbank.org. 2018-01-25.

数据资料来源

本《报告》的统计数据和资料主要来自世界组织、有关国家和地区的官方统计出版物。如果没有相关世界组织、国家和地区的统计专家和工作人员通过长期的、艰苦的、系统的努力而积累的高质量的统计数据,本《报告》是无法完成的。特此向她们表示最诚挚的感谢!

本《报告》的数据资料来源主要包括:

国家统计局,国家科技部. 1991~2016. 中国科技统计年鉴. 北京:中国统计出版社.

国家统计局. 1991~2015. 中国能源统计年鉴. 北京:中国统计出版社.

国家统计局. 1982~2017. 中国统计年鉴. 北京:中国统计出版社.

米切尔. 2002. 帕尔格雷夫世界历史统计:欧洲卷(1750—1993). 4版. 贺力平,译. 北京:经济出版社.

米切尔. 2002. 帕尔格雷夫世界历史统计:亚洲、非洲和大洋洲卷(1750—1993). 4版. 贺力平,译. 北京:经济出版社.

米切尔. 2002. 帕尔格雷夫世界历史统计:美洲卷(1750—1993). 4版. 贺力平,译. 北京:经济出版社.

BEA. 2018. Industry Economic Accounts. http://www.bea.gov/industry/index.htm.

BEA. 2018. Industry Data. Interactive Access to Industry Economic Accounts Data:GDP by Industry.

http://www.bea.gov/iTable/iTable.cfm?ReqID=51&step=1#reqid=51&step=2&isuri=1.

BEA. 2018. National Data. National Income and Product Accounts Tables. Income and Employment by Industry. http://www.bea.gov/iTable/iTable.cfm?ReqID=9&step=1#reqid=9&step=1&isuri=1.

International Labor Office. 2017. Statistics and Database.

http://www.ilo.org/global/statistics-and-databases/lang--en/index.htm.

OECDa. 2017. STAN Database for Structural Analysis (ISIC Rev. 4). http://stats.oecd.org.

OECDb. 2017. Input Output Database. http://stats.oecd.org.

UNDP. 1990 2015. Human Development Report. http://www.undp.org/

United Nations. 1951~2010. Statistics Yearbook. New York:United Nations.

World Bank. 2018. World Development Indicators. http://databank.worldbank.org/data/home.aspx.

World Bank. 1997~2015. World Development Indicators. Washington D.C.:World Bank.

World Bank. 1978~2016. World Development Report. New York:Oxford University Press.

附 录

附录一 产业结构现代化的数据集

附表 1-1-1	产业结构现代化的分析指标	284
附表 1-1-2	国际行业分类建议版	285
附表 1-2-1	2015年三次产业的产业结构偏离度和相似系数	286
附表 1-2-2	2015年三大产业的产业结构偏离度和相似系数	288
附表 1-2-3	三个国家增加值结构、总产值结构、就业结构和需求结构的时间差分析	289
附表 1-3-1	2015年世界产业结构现代化指数	290
附表 1-3-2	2015年世界产业结构现代化指标的指数	292
附表 1-3-3	2015年世界产业结构现代化指标的数值	294
附表 1-3-4	2000~2010年世界产业结构现代化指数	296

附表 1-1-1　产业结构现代化的分析指标

产业分类	编号	产业水平指标	单位	产业结构指标	单位	产业质量指标	单位
国民经济	1						
三次产业	2						
农业	3	人均增加值	美元	增加值比例	%	劳动生产率	美元
工业	4	人均总产值	美元	总产值比例	%	增加值率	%
服务业	5	人均需求	美元	需求比例	%	净利润率	%
三大产业	6			就业比例	%	创新密度	%
物质产业	7					环境压力	千克石油当量/美元
服务产业	8						
知识产业	9						
六大集群	10						
农业	11						
工业	12						
流通服务	13						
其他服务	14						
人类服务	15						
基本服务	16						
工业集群	17						
采矿业	18						
制造业	19						
建筑业	20						
公共事业	21						
环境治理	22						
流通服务集群	23			增加值比例＝(产业增加值/GDP)×100%；总产值比例＝(产业总产值/总产值)×100%；需求比例＝(产业需求/总需求)×100%；就业比例＝(产业就业劳动力/总就业劳动力)×100%		劳动生产率＝增加值/就业劳动力，即就业劳动力的人均增加值；增加值率＝(增加值/总产值)×100%；净利润率＝(净利润/总产值)×100%；创新密度＝(科技投入/增加值)×100%；环境压力＝能源消费/增加值	
批发与零售业	24						
运输和储存	25	人均增加值＝增加值/人口；人均总产值＝总产值/人口；人均需求＝需求/人口					
食宿服务	26						
房地产和租赁	27						
其他服务集群	28						
其他个人和家庭服务	29						
其他劳务服务	30						
人类服务集群	31						
科学研发	32						
教育	33						
信息和交流	34						
艺术、娱乐和文娱	35						
旅行	36						
健康和社会帮助	37						
基本服务集群	38						
金融和保险	39						
专业和技术活动	40						
行政和辅助活动	41						
公共管理和社会安全	42						
成员组织的活动	43						
国际组织的活动	44						

附表 1-1-2　国际行业分类建议版

序号	国际行业分类建议版的总体结构					国际标准行业分类 4.0 版的对照	
	产业	集群	门类	类	说明	门类	类
1	物质产业	农业	A	01—03	农业、林业及渔业	A	01—03
2		工业	B	05—09	采矿和采石	B	05—09
3			C	10—33	制造业	C	10—33
4			D	34—36	建筑业	F	41—43
5			E	37—38	公共事业	D	35—36
6			F	39—41	环境治理	E	37—39
7	服务产业	流通服务	G	42—44	批发和零售业	G	45—47
8			H	45—49	运输和储存	H	49—53
9			I	50—51	食宿服务	I	55—56
10			J	52—53	房地产和租赁	L	68,77
11		其他服务	K	54—56	其他个人和家庭服务	S、T	96—98
12			L	57—59	其他的劳务服务	N	80—81
13	知识产业	人类服务	M	60	科学研发	M	72
14			N	62	教育	P	85
15			O	63—68	信息和交流	J	58—63
16			P	70—73	艺术、娱乐和文娱	R	90—93
17			Q	75	旅行	N	79
18			R	76—78	健康和社会帮助	Q	86—88
19		基本服务	S	80—82	金融和保险	K	64—66
20			T	84—90	专业和技术活动	M	69—71,73—75,95
21			U	92—93	行政和辅助活动	N	78,82
22			V	95	公共管理和社会安全	O	84
23			W	97	成员组织的活动	S	94
24			X	99	国际组织的活动	U	99

资料来源：何传启，2016.

附表 1-2-1　2015 年三次产业的产业结构偏离度和相似系数

国家	编号	农业增加值比例	工业增加值比例	服务业增加值比例	农业劳动力	工业劳动力	服务业劳动力	农业偏离度	工业偏离度	服务业偏离度	平均偏离度	排名	相似系数	排名
瑞典	1	1.4	24	74	1.9	19	80	−0.5	5.9	−5.3	3.9	30	0.9960	27
美国	2	1.1	20	79	1.5	18	81	−0.4	2.5	−2.1	1.7	9	0.9993	9
芬兰	3	2.5	27	70	4.3	22	74	−1.8	5.0	−3.3	3.4	26	0.9968	24
澳大利亚	4	2.6	25	72	2.8	22	76	−0.2	3.6	−3.5	2.4	17	0.9983	17
瑞士	5	0.7	26	73	3.5	20	76	−2.8	5.5	−2.7	3.7	28	0.9964	25
挪威	6	1.7	35	64	2.2	20	78	−0.5	14.5	−14.0	9.6	63	0.9703	59
日本	7	1.1	29	69	3.8	27	69	−2.7	2.1	0.6	1.8	11	0.9991	12
丹麦	8	0.9	23	76	2.5	19	78	−1.6	3.5	−1.9	2.3	15	0.9987	14
德国	9	0.6	31	69	1.4	28	71	−0.8	2.7	−1.9	1.8	10	0.9990	13
荷兰	10	1.8	20	78	2.3	16	82	−0.5	4.2	−3.7	2.8	21	0.9982	20
加拿大	11	1.8	29	69	2.1	20	78	−0.3	9.2	−9.0	6.2	44	0.9889	44
新加坡	12	0.0	26	74	0.3	17	83	−0.3	9.0	−8.8	6.0	43	0.9907	41
英国	13	0.7	20	79	1.2	19	80	−0.5	1.3	−0.7	0.8	6	0.9998	5
法国	14	1.8	20	79	2.8	21	77	−1.0	−1.1	2.0	1.4	8	0.9997	7
比利时	15	0.8	22	77	1.2	21	78	−0.4	0.9	−0.4	0.6	4	0.9999	4
奥地利	16	1.2	28	71	4.8	26	70	−3.6	2.4	1.2	2.4	16	0.9986	15
新西兰	17	6.8	22	71	6.1	22	72	0.7	−0.2	−0.5	0.5	3	1.0000	6
韩国	18	2.3	38	59	5.2	25	70	−2.9	13.2	−10.3	8.8	59	0.9736	57
以色列	19	1.3	21	78	1.1	18	81	0.2	2.8	−3.0	2.0	13	0.9991	10
意大利	20	2.2	24	74	3.6	27	69	−1.4	−3.7	5.0	3.3	25	0.9976	23
爱尔兰	21	1.0	41	58	5.4	20	74	−4.4	21.0	−16.5	14.0	83	0.9366	75
西班牙	22	2.8	24	74	4.1	20	76	−1.3	3.9	−2.6	2.6	19	0.9982	19
爱沙尼亚	23	3.1	28	69	3.8	30	66	−0.7	−2.1	2.8	1.9	12	0.9991	11
斯洛文尼亚	24	2.3	33	65	9.1	31	60	−6.8	2.0	4.8	4.5	33	0.9948	34
乌拉圭	25	7.0	29	64	8.8	21	71	−1.8	8.4	−6.6	5.6	40	0.9900	43
俄罗斯	26	4.6	33	63	6.7	27	66	−2.1	5.6	−3.4	3.7	29	0.9954	29
斯洛伐克	27	3.8	35	62	3.4	35	61	0.4	−0.7	0.3	0.5	2	0.9999	3
希腊	28	4.2	16	80	13.2	15	72	−9.0	0.7	8.8	6.0	42	0.9920	37
匈牙利	29	4.4	32	64	4.5	30	65	−0.1	1.4	−1.3	0.9	7	0.9997	8
捷克	30	2.5	38	60	2.6	38	60	−0.1	0.1	0.1	0.1	1	1.0000	1
葡萄牙	31	2.4	22	75	8.3	24	68	−5.9	−1.6	7.6	5.0	37	0.9951	33
白俄罗斯	32	7.2	38	55	9.5	33	58	−2.3	4.7	−2.4	3.1	23	0.9963	26
拉脱维亚	33	4.1	22	74	7.6	24	69	−3.5	−1.2	4.7	3.1	22	0.9981	21
立陶宛	34	3.6	30	67	9.1	25	66	−5.5	4.7	0.6	3.6	27	0.9953	32
格鲁吉亚	35	9.1	25	66	45.3	11	43	−36.2	13.3	22.8	24.1	110	0.7855	107
乌克兰	36	14.2	26	60	15.3	25	60	−1.1	0.9	0.1	0.7	5	0.9998	6
保加利亚	37	4.8	28	67	6.9	30	63	−2.1	−2.0	4.1	2.8	20	0.9982	18
黎巴嫩	38	3.8	17	79	8.2	22	70	−4.4	−5.4	9.8	6.5	47	0.9930	36
哈萨克斯坦	39	5.0	33	62	18.0	21	61	−13.0	11.9	1.1	8.7	58	0.9682	60
波兰	40	2.5	34	63	11.3	30	59	−8.8	3.9	4.9	5.9	41	0.9907	42
阿根廷	41	6.0	28	66	2.1	25	73	3.9	3.4	−7.4	4.9	36	0.9954	31
巴拿马	42	2.9	28	69	15.3	20	65	−12.4	7.8	4.6	8.3	55	0.9799	52
克罗地亚	43	4.2	26	69	9.5	27	64	−5.3	−0.7	5.9	4.0	31	0.9960	28
沙特阿拉伯	44	2.6	45	52	6.1	23	71	−3.5	22.4	−18.9	14.9	85	0.9195	85
哥伦比亚	45	6.6	33	60	13.7	17	69	−7.1	16.5	−9.5	11.0	71	0.9603	64
科威特	46	0.5	52	48	2.7	28	70	−2.2	24.0	−21.9	16.0	93	0.9018	92
智利	47	4.3	32	63	9.6	23	67	−5.3	9.3	−4.0	6.2	45	0.9872	47
马其顿	48	11.4	27	62	16.4	30	54	−5.0	−3.0	8.0	5.3	39	0.9913	39
阿塞拜疆	49	6.8	49	44	36.4	14	50	−29.6	35.2	−5.7	23.5	108	0.7449	111
摩尔多瓦	50	14.4	14	71	28.4	32	40	−14.0	−17.5	31.6	21.0	102	0.8552	98
罗马尼亚	51	4.8	34	61	26.4	29	45	−21.6	5.1	16.7	14.5	86	0.9215	84
委内瑞拉	52	5.6	42	53	12.1	26	62	−6.5	15.4	−8.9	10.3	67	0.9609	63
乌兹别克斯坦	53	18.2	35	47	30.1	24	46	−11.9	10.7	1.2	7.9	54	0.9652	62
多米尼加	54	5.8	27	67	13.8	17	69	−8.0	10.1	−2.1	6.7	51	0.9838	50
亚美尼亚	55	19.3	29	52	35.3	16	49	−16.0	12.9	3.2	10.7	69	0.9444	71
巴拉圭	56	19.2	30	51	20.1	20	60	−0.9	10.0	−9.2	6.7	50	0.9799	53
哥斯达黎加	57	5.4	22	73	12.3	19	69	−6.9	2.9	4.0	4.6	34	0.9947	35
巴西	58	5.0	22	73	14.9	22	64	−9.9	0.2	9.2	6.6	49	0.9878	46
墨西哥	59	3.6	33	64	13.5	25	61	−9.9	7.6	2.2	6.6	48	0.9850	49
博茨瓦纳	60	2.4	33	64	26.4	15	59	−24.0	18.2	5.7	16.0	92	0.9063	89
秘鲁	61	7.8	33	59	25.6	18	57	−17.8	15.0	2.8	11.9	73	0.9390	73
牙买加	62	7.5	23	70	18.2	15	67	−10.7	7.7	3.0	7.1	52	0.9833	51
约旦	63	4.2	30	66	2.0	18	80	2.2	11.9	−14.1	9.4	62	0.9787	54
南非	64	2.3	29	69	6.2	26	67	−3.9	2.8	1.1	2.6	18	0.9981	22
土耳其	65	7.8	32	60	20.5	28	52	−12.7	3.9	8.8	8.4	56	0.9755	56
厄瓜多尔	66	10.2	34	55	25.0	19	56	−14.8	15.1	−0.3	10.1	65	0.9476	70
伊朗	67	10.8	34	55	18.0	33	49	−7.2	1.3	4.9	4.5	35	0.9908	40
蒙古	68	14.5	34	52	28.5	20	51	−14.0	13.5	0.4	9.3	61	0.9524	68
摩洛哥	69	14.3	29	56	33.5	21	46	−19.2	9.0	10.3	12.8	79	0.9319	78
马来西亚	70	8.5	39	52	12.5	28	60	−4.0	11.6	−7.6	7.7	53	0.9767	55

(续表)

国家	编号	农业增加值比例	工业增加值比例	服务业增加值比例	农业劳动力	工业劳动力	服务业劳动力	农业偏离度	工业偏离度	服务业偏离度	平均偏离度	排名	相似系数	排名
萨尔瓦多	71	11.1	27	62	19.0	20	61	−7.9	6.5	1.4	5.2	38	0.9888	45
埃及	72	11.3	36	53	25.8	25	49	−14.5	11.1	3.4	9.7	64	0.9580	65
中国	73	8.8	41	50	28.9	24	47	−20.1	17.2	2.9	13.4	82	0.9135	87
阿尔及利亚	74	12.6	39	49	11.4	35	54	1.2	3.7	−4.9	3.3	24	0.9955	29
土库曼斯坦	75	11.5	60	29	18.5	38	44	−7.0	22.1	−15.1	14.7	88	0.9123	88
突尼斯	76	11.0	27	62	11.9	30	59	−0.9	−2.3	3.2	2.1	14	0.9985	16
阿尔巴尼亚	77	22.9	24	53	42.3	18	40	−19.4	6.1	13.4	13.0	80	0.9223	82
吉尔吉斯斯坦	78	15.9	28	56	29.3	21	50	−13.4	7.5	5.8	8.9	60	0.9672	61
塔吉克斯坦	79	25.0	28	47	57.7	13	29	−32.7	15.1	17.8	21.9	105	0.8008	105
玻利维亚	80	13.2	33	54	30.5	21	49	−17.3	11.7	5.6	11.5	72	0.9426	72
缅甸	81	26.8	34	39	26.2	14	60	0.6	20.5	−21.0	14.0	84	0.8985	94
菲律宾	82	10.3	31	59	29.2	16	55	−18.9	14.7	4.1	12.6	76	0.9325	77
泰国	83	8.7	36	55	35.3	22	42	−26.6	14.0	12.6	17.7	96	0.8719	96
纳米比亚	84	6.5	31	62	30.4	15	55	−23.9	16.3	7.7	16.0	91	0.9041	89
津巴布韦	85	11.6	24	64	67.1	7	26	−55.5	16.9	38.6	37.0	124	0.5173	124
洪都拉斯	86	13.6	28	59	30.0	22	49	−16.4	6.3	10.0	10.9	70	0.9527	67
尼加拉瓜	87	18.2	27	55	24.9	15	61	−6.7	12.7	−6.0	8.5	57	0.9731	58
越南	88	18.9	37	44	44.0	22	34	−25.1	14.7	10.5	16.7	95	0.8682	97
肯尼亚	89	33.3	19	48	62.6	8	29	−29.3	10.7	18.6	19.5	99	0.8530	100
斯里兰卡	90	8.8	29	62	28.5	26	45	−19.7	3.2	16.4	13.1	81	0.9294	80
刚果（布）	91	7.2	55	38	41.2	26	33	−34.0	28.5	5.4	22.6	106	0.7557	110
印度尼西亚	92	13.9	41	45	32.9	22	45	−19.0	19.1	−0.2	12.8	78	0.9039	91
赞比亚	93	5.3	35	59	54.9	10	35	−49.6	25.1	24.5	33.1	121	0.5964	122
危地马拉	94	11.1	28	61	32.6	19	49	−21.5	9.6	11.9	14.3	85	0.9215	83
毛里塔尼亚	95	27.7	29	44	40.6	10	50	−12.9	18.6	−6.2	12.7	77	0.9312	79
科特迪瓦	96	25.5	29	46	57.2	6	37	−31.7	23.4	8.3	21.1	103	0.8113	104
印度	97	17.5	30	53	46.0	24	30	−28.5	5.4	23.1	19.0	98	0.8191	103
巴基斯坦	98	25.1	20	55	43.4	20	37	−18.3	0.4	18.0	12.2	75	0.9154	86
莱索托	99	5.5	37	58	40.6	20	40	−35.1	16.8	18.2	23.4	107	0.7854	108
柬埔寨	100	28.6	30	42	44.1	20	36	−15.5	10.3	5.1	10.3	68	0.9479	69
喀麦隆	101	16.1	27	57	62.4	9	29	−46.3	18.7	27.7	30.9	117	0.6394	120
厄立特里亚	102				57.3	7	35							
叙利亚	103				17.4	38	44							
加纳	104	21.0	28	51	43.4	14	42	−22.4	13.2	9.2	14.9	90	0.9013	93
乍得	105	52.4	14	33	76.5	2	21	−24.1	12.1	12.0	16.1	94	0.9383	74
莫桑比克	106	25.2	22	53	75.3	4	21	−50.1	17.5	32.6	33.4	122	0.6286	121
赤道几内亚	107	2.0	58	40	17.6	19	63	−15.6	38.7	−23.2	25.8	112	0.7638	109
也门	108	9.8	48	42	27.8	17	55	−18.0	31.1	−13.1	20.7	101	0.8241	102
巴布亚新几内亚	109				68.7	6	26							
海地	110				47.6	12	40							
尼泊尔	111	33.0	15	52	72.9	11	16	−39.9	4.5	35.5	26.6	113	0.7146	114
塞内加尔	112	16.9	24	59	52.6	20	27	−35.7	3.4	32.3	23.8	109	0.7201	113
塞拉利昂	113	60.5	5	35	68.4	6	25	−7.9	−1.7	9.7	6.5	46	0.9853	48
刚果（金）	114	20.4	35	44	65.6	6	28	−45.2	29.2	16.0	30.1	115	0.6506	119
老挝	115	19.7	31	49	79.6	4	17	−59.9	27.1	32.9	40.0	125	0.4995	125
马拉维	116	29.7	16	54	69.9	5	25	−40.2	11.3	28.9	26.8	114	0.7413	112
多哥	117	40.7	18	41	63.1	9	28	−22.4	9.1	12.5	14.7	87	0.9223	81
马达加斯加	118	25.6	16	59	74.5	9	16	−48.9	6.6	42.3	32.6	120	0.5941	123
马里	119	42.0	20	38	57.3	15	28	−15.3	4.9	10.5	10.2	66	0.9568	66
尼日利亚	120	20.9	20	59	27.2	15	58	−6.3	5.4	1.1	4.3	32	0.9918	38
孟加拉国	121	15.5	28	56	42.9	19	39	−27.4	9.4	17.8	18.2	97	0.8550	99
坦桑尼亚	122	31.5	26	42	67.7	6	26	−36.2	20.1	16.2	24.2	111	0.7919	106
贝宁	123	25.3	23	51	43.6	10	46	−18.3	13.0	5.2	12.2	74	0.9340	76
尼日尔	124				62.4	14	23							
安哥拉	125				4.2	37	59							
乌干达	126	26.1	22	52	72.7	7	20	−46.6	14.6	32.0	31.1	119	0.6577	118
中非	127	42.4	16	41	72.6	4	23	−30.2	12.1	18.0	20.1	100	0.8761	95
布基纳法索	128	33.7	21	45	80.3	5	15	−46.6	16.3	30.2	31.0	118	0.7081	116
埃塞俄比亚	129	39.2	18	43	71.4	8	21	−32.2	9.7	22.4	21.4	104	0.8417	101
布隆迪	130	40.4	16	43	91.2	3	6	−50.8	13.9	36.9	33.9	123	0.7123	115
卢旺达	131	30.2	18	52	75.6	7	17	−45.4	11.2	34.2	30.3	116	0.6797	117
高收入国家		1.4	24	74	3.2	22	74	−1.8	2.0	−0.2	1.3		0.9994	
中等收入国家		9.2	34	57	31.4	23	46	−22.1	10.9	11.3	14.8		0.9143	
低收入国家		30.4	22	48	68.3	8	23	−37.9	13.1	24.7	25.3		0.7645	
世界		3.8	27	69	29.5	22	49	−25.7	5.6	20.1	17.2		0.8983	

附表 1-2-2　2015 年三大产业的产业结构偏离度和相似系数

国家	编号	物质产业增加值	服务产业增加值	知识产业增加值	物质就业	服务就业	知识就业	物质产业偏离度	服务产业偏离度	知识产业偏离度	平均偏离度	排名	相似系数	排名
瑞典	1	27.1	29.1	43.8	22.0	25.0	53.1	5.1	4.1	−9.3	6.17	21	0.9842	20
美国	2	20.8	33.1	46.2	19.5	31.2	49.3	1.3	1.9	−3.1	2.11	3	0.9981	2
芬兰	3	29.4	30.6	40.0	24.9	24.7	50.4	4.5	5.9	−10.5	6.97	22	0.9783	22
瑞士	5	26.4	31.0	42.6	24.7	27.7	47.6	1.7	3.3	−5.0	3.35	5	0.9948	5
挪威	6	39.7	22.7	37.6	21.7	26.4	51.9	18.0	−3.7	−14.3	12.02	24	0.9272	24
日本	7	28.4	37.4	33.9	25.6	37.8	36.5	2.8	−0.4	−2.6	1.92	2	0.9979	3
丹麦	8	24.2	32.2	43.6	18.7	30.1	51.2	5.5	2.1	−7.5	5.03	18	0.9888	17
德国	9	31.3	30.8	37.9	26.1	29.7	44.1	5.2	1.0	−6.2	4.15	12	0.9905	15
荷兰	10	21.8	29.5	48.7	16.1	30.1	53.8	5.7	−0.6	−5.1	3.81	8	0.9934	7
英国	13	20.1	35.0	44.9	15.1	33.5	51.1	4.9	1.5	−6.2	4.20	13	0.9924	8
法国	14	21.3	33.9	44.8	18.8	27.9	53.3	2.5	6.0	−8.5	5.67	19	0.9860	19
比利时	15	22.7	30.6	46.7	19.6	26.7	53.6	3.1	3.9	−7.0	4.64	16	0.9914	11
奥地利	16	29.6	35.9	34.4	26.0	32.4	41.7	3.7	3.5	−7.2	4.82	17	0.9886	18
意大利	20	25.5	38.2	36.3	27.3	35.0	37.7	−1.8	3.2	−1.4	2.12	4	0.9978	4
西班牙	22	25.8	38.6	35.6	21.3	37.0	41.7	4.4	1.6	−6.0	4.02	10	0.9918	10
爱沙尼亚	23	30.8	33.7	35.5	33.2	27.7	39.1	−2.4	6.0	−3.6	3.99	9	0.9919	9
斯洛文尼亚	24	35.1	28.8	36.1	33.7	25.1	41.2	1.4	3.7	−5.0	3.37	6	0.9941	6
斯洛伐克	27	38.5	30.1	31.4	32.7	29.8	37.5	5.8	0.3	−6.1	4.07	11	0.9895	16
希腊	28	19.8	43.8	36.4	19.4	33.7	46.9	0.4	10.1	−10.5	7.03	23	0.9709	23
捷克	30	40.3	28.4	31.3	39.8	27.3	32.9	0.5	1.1	−1.6	1.06	1	0.9994	1
葡萄牙	31	24.0	40.2	35.8	27.7	33.7	38.6	−3.7	6.5	−2.8	4.31	15	0.9909	13
拉脱维亚	33	26.7	41.1	32.2	29.1	34.5	36.3	−2.4	6.5	−4.0	4.31	14	0.9906	14
波兰	40	36.2	32.6	31.4	36.4	26.9	36.7	−0.2	5.7	−5.3	3.74	7	0.9910	12
墨西哥	59	36.1	40.2	23.7	43.5	31.2	25.3	−7.4	9.0	−1.6	6.00	20	0.9803	21

附表 1-2-3　三个国家增加值结构、总产值结构、就业结构和需求结构的时间差分析

国家		产业比例/(%)		1970	1975	1980	1985	1990	1995	2000	2005	2010	2015
美国	三次产业	增加值	农业	2.5	3	2.2	1.8	1.6	1.2	1	1	1.1	1
			工业	30.9	29.6	30.4	27.7	25.3	23.7	22.5	21.2	19.8	19.6
			服务业	66.6	67.6	67.4	70.5	73	75.2	76.7	77.9	79	79.4
		总产值	农业	3.1	3.5	3	2.2	2	1.7	1.3	1.3	1.4	1.4
			工业	42.3	43.1	43.9	39	35.1	33.2	30.8	29.1	26.4	25.5
			服务业	54.6	53.4	53.1	58.8	62.9	65.1	67.9	69.6	72.2	73.1
		产业需求	农业	—	—	—	—	—	1.6	1.3	1.2	1.3	—
			工业	—	—	—	—	—	36.4	34.3	32.8	29.4	—
			服务业	—	—	—	—	—	61.9	64.4	66	69.3	—
		就业	农业	1.8	1.9	1.7	1.3	1.2	1.5	1.5	—	0.9	1
			工业	29.1	26.3	25.8	23.2	20.7	20.5	19.4	—	13.6	13.7
			服务业	69	71.8	72.5	75.5	78.1	78	79.1	—	85.5	85.4
	三大产业	增加值	物质产业	33.6	32.8	32.8	29.7	27.2	25.2	23.8	22.5	21.2	20.8
			服务产业	32.6	33	32.7	33.1	32.2	33.1	33.5	32.9	32.2	33
			知识产业	33.8	34.2	34.5	37.2	40.5	41.9	43	44.6	46.4	46.3
		总产值	物质产业	45.7	46.9	47.1	41.4	37.4	35.1	32.4	30.7	28.1	27.2
			服务产业	26.4	25.1	26.2	26.3	27.7	28.2	27.6	28.7	28	29.4
			知识产业	27.9	28.1	26.7	32.3	34.9	36.6	40	40.7	43.8	43.5
		产业需求	物质产业	—	—	—	—	—	38.1	35.6	34	30.7	—
			服务产业	—	—	—	—	—	26	25.3	25.6	25.1	—
			知识产业	—	—	—	—	—	35.9	39.1	40.4	44.2	—
		就业	物质产业	33.2	30.4	29.4	26.4	23.7	22	20.9	—	14.8	14.9
			服务产业	27.2	27.6	26.6	27.1	27.1	26.9	33.9	—	32.5	33
			知识产业	39.6	42	44	46.5	49.2	51.1	45.2	—	52.7	52.1
日本	三次产业	增加值	农业	5	4.5	3.1	2.6	2.1	1.7	1.5	1.2	1.1	1.1
			工业	42.9	38.7	38.4	37.5	37.4	34.7	32.7	30.1	28.5	28.9
			服务业	52.1	56.8	58.6	59.9	60.6	63.6	65.8	68.8	70.4	70
		总产值	农业	4.4	3.9	2.9	2.6	2.1	1.7	1.5	1.2	1.3	1.3
			工业	59.9	56.5	56.8	53.6	51.8	46.4	43.5	41.8	40.9	41.1
			服务业	35.7	39.6	40.3	43.7	46.1	51.9	54.9	57	57.8	57.6
		产业需求	农业	—	—	—	—	—	1.9	1.7	1.5	1.5	—
			工业	—	—	—	—	—	47.4	44.1	42.4	42.2	—
			服务业	—	—	—	—	—	50.7	54.2	56.1	56.3	—
		就业	农业	—	—	—	—	—	1.5	1.4	1.4	1.5	1.4
			工业	—	—	—	—	—	34.2	31.2	28.1	26	24.3
			服务业	—	—	—	—	—	64.3	67.3	70.5	72.5	74.3
	三大产业	增加值	物质产业	—	45.4	43.3	42.4	41.7	36.4	34.2	31.2	29.4	—
			服务产业	—	31.4	32.5	31.9	32.7	35.8	34.8	36.3	37.1	—
			知识产业	—	23.2	24.3	25.9	25.7	27.8	30.9	32.5	33.6	—
		总产值	物质产业	—	—	59.7	56.3	53.9	48.1	45.1	43	42.2	—
			服务产业	—	—	23.6	24.4	25.4	28.8	28.5	29.8	30.1	—
			知识产业	—	—	16.8	19.4	20.7	23.1	26.5	27.1	27.7	—
		产业需求	物质产业	—	—	—	—	—	49.3	45.8	43.9	43.7	—
			服务产业	—	—	—	—	—	28.8	28	28.6	28	—
			知识产业	—	—	—	—	—	21.9	26.2	27.6	28.3	—
		就业	物质产业	—	—	—	—	—	—	32.7	29.5	27.5	25.6
			服务产业	—	—	—	—	—	—	36.2	37	37.7	38.2	37.8
			知识产业	—	—	—	—	—	—	28.2	30.3	32.8	34.4	36.5
墨西哥	三次产业	增加值	农业	12.7	11.8	9	10.1	7.8	4.4	3.5	3.4	3.5	3.6
			工业	32.2	32.4	33.7	35.3	28.4	32.5	34.9	35.2	35.1	32.7
			服务业	55.1	55.8	57.4	54.7	63.7	63.2	61.6	61.5	61.5	63.7
		总产值	农业	—	—	—	—	6.1	4.2	3.2	2.9	3.1	3.1
			工业	—	—	—	—	50.5	49.4	51.1	50.2	49.8	48.1
			服务业	—	—	—	—	43.4	46.4	45.6	46.9	47.1	48.8
		产业需求	农业	—	—	—	—	—	4.6	3.6	3.3	3.5	—
			工业	—	—	—	—	—	48.6	50.7	49.2	48.4	—
			服务业	—	—	—	—	—	46.8	45.7	47.6	48.1	—
		就业	农业	—	—	—	—	—	—	—	17.7	18.1	17.9
			工业	—	—	—	—	—	—	—	27.9	26.5	25.6
			服务业	—	—	—	—	—	—	—	54.4	55.4	56.5
	三大产业	增加值	物质产业	—	—	—	—	—	—	—	38.5	38.5	36.1
			服务产业	—	—	—	—	—	—	—	38.7	38	40.2
			知识产业	—	—	—	—	—	—	—	22.9	23.6	23.7
		总产值	物质产业	—	—	—	—	—	—	—	53.1	52.9	51.2
			服务产业	—	—	—	—	—	—	—	29	28.5	30.1
			知识产业	—	—	—	—	—	—	—	17.9	18.6	18.8
		产业需求	物质产业	—	—	—	—	—	53.2	54.3	52.4	51.9	—
			服务产业	—	—	—	—	—	29.3	28.9	28.1	27.7	—
			知识产业	—	—	—	—	—	17.5	16.8	19.5	20.4	—
		就业	物质产业	—	—	—	—	—	—	—	45.6	44.6	43.5
			服务产业	—	—	—	—	—	—	—	29.5	30.4	31.2
			知识产业	—	—	—	—	—	—	—	24.9	25.1	25.3

注:"—"表示没有数据,后同。

附表 1-3-1　2015 年世界产业结构现代化指数

国家	编号	产业结构指数	产业质量指数	产业结构现代化指数	排名	国家分组
瑞典	1	110	113	112	2	1
美国	2	114	103	108	3	1
芬兰	3	90	104	97	14	1
澳大利亚	4	93	101	97	13	1
瑞士	5	104	107	105	4	1
挪威	6	101	109	105	5	1
日本	7	93	92	93	17	1
丹麦	8	114	114	114	1	1
德国	9	103	97	100	10	1
荷兰	10	102	102	102	8	1
加拿大	11	96	95	96	16	1
新加坡	12	97	109	103	7	1
英国	13	110	92	100	11	1
法国	14	101	92	96	15	1
比利时	15	110	99	104	6	1
奥地利	16	92	105	98	12	1
新西兰	17	76	85	81	20	1
韩国	18	75	83	79	24	2
以色列	19	108	94	101	9	1
意大利	20	83	81	82	19	1
爱尔兰	21	89	91	90	18	1
西班牙	22	80	80	80	21	1
爱沙尼亚	23	77	59	67	29	2
斯洛文尼亚	24	72	88	80	23	2
乌拉圭	25	62	46	53	38	2
俄罗斯	26	62	29	43	48	3
斯洛伐克	27	74	67	70	26	2
希腊	28	67	62	65	31	2
匈牙利	29	69	54	61	32	2
捷克	30	79	68	73	25	2
葡萄牙	31	75	60	67	28	2
白俄罗斯	32	56	26	38	56	3
拉脱维亚	33	67	51	58	34	2
立陶宛	34	65	54	59	33	2
格鲁吉亚	35	44	19	29	73	4
乌克兰	36	55	13	27	80	4
保加利亚	37	64	36	48	43	3
黎巴嫩	38	64	72	68	27	2
哈萨克斯坦	39	54	22	35	62	3
波兰	40	63	50	56	36	2
阿根廷	41	75	39	54	37	2
巴拿马	42	59	43	50	41	2
克罗地亚	43	64	53	58	35	2
沙特阿拉伯	44	65	67	66	30	2
哥伦比亚	45	56	31	41	51	3
科威特	46	87	74	80	22	2
智利	47	61	36	47	45	3
马其顿	48	46	28	36	59	3
阿塞拜疆	49	42	24	31	71	3
摩尔多瓦	50	54	13	26	82	4
罗马尼亚	51	46	35	40	55	3
委内瑞拉	52	46	51	48	42	3
乌兹别克斯坦	53	35	11	19	103	4
多米尼加	54	50	38	44	47	3
亚美尼亚	55	42	25	32	70	3
巴拉圭	56	50	22	33	66	3
哥斯达黎加	57	63	40	50	39	2
巴西	58	61	37	48	44	2
墨西哥	59	55	46	50	40	2
博茨瓦纳	60	62	29	42	49	3
秘鲁	61	48	26	35	61	3
牙买加	62	55	23	35	60	3
约旦	63	78	21	41	53	3
南非	64	74	23	41	52	3
土耳其	65	48	37	42	50	3
厄瓜多尔	66	47	30	37	57	3
伊朗	67	43	17	27	81	4
蒙古	68	42	16	26	84	4
摩洛哥	69	43	25	33	67	3
马来西亚	70	49	45	47	46	3

(续表)

国家	编号	产业结构指数	产业质量指数	产业结构现代化指数	排名	国家分组
萨尔瓦多	71	50	21	32	69	3
埃及	72	44	21	31	72	3
中国	73	41	32	36	58	3
阿尔及利亚	74	47	24	33	64	3
土库曼斯坦	75	30	14	20	100	4
突尼斯	76	48	22	33	68	3
阿尔巴尼亚	77	37	20	27	77	4
吉尔吉斯斯坦	78	45	7	18	104	4
塔吉克斯坦	79	30	10	17	107	4
玻利维亚	80	46	14	25	87	4
缅甸	81	29	14	20	101	4
菲律宾	82	39	19	27	79	4
泰国	83	37	22	29	74	4
纳米比亚	84	53	32	41	54	3
津巴布韦	85	38	6	15	112	4
洪都拉斯	86	48	16	27	78	4
尼加拉瓜	87	49	13	25	88	4
越南	88	34	14	22	97	4
肯尼亚	89	34	16	23	91	4
斯里兰卡	90	38	21	28	75	4
刚果(布)	91	36	31	33	65	3
印度尼西亚	92	33	14	22	94	4
赞比亚	93	35	13	21	98	4
危地马拉	94	41	16	25	85	4
毛里塔尼亚	95	35	3	10	122	4
科特迪瓦	96	35	13	22	95	4
印度	97	34	12	21	99	4
巴基斯坦	98	31	10	17	106	4
莱索托	99	55	2	11	118	4
柬埔寨	100	28	9	16	111	4
喀麦隆	101	33	19	25	86	4
厄立特里亚	102	32	37	35	63	3
叙利亚	103	37	16	25	89	4
加纳	104	38	15	24	90	4
乍得	105	23	5	11	121	4
莫桑比克	106	36	8	17	109	4
几内亚	107	26	3	9	124	4
也门	108	42	19	28	76	4
巴布亚新几内亚	109	26	10	16	110	4
海地	110	33	12	20	102	4
尼泊尔	111	30	7	14	116	4
塞内加尔	112	36	14	23	92	4
塞拉利昂	113	28	2	8	126	4
刚果(金)	114	29	5	11	119	4
老挝	115	23	3	9	125	4
马拉维	116	40	1	6	129	4
多哥	117	31	7	15	114	4
马达加斯加	118	24	1	5	131	4
马里	119	27	7	14	115	4
尼日利亚	120	36	19	26	83	4
孟加拉国	121	31	15	22	96	4
坦桑尼亚	122	27	11	17	108	4
贝宁	123	38	8	18	105	4
尼日尔	124		11	11	120	4
安哥拉	125	49	10	22	93	4
乌干达	126	29	6	13	117	4
中非	127	24	1	5	130	4
布基纳法索	128	27	3	9	123	4
埃塞俄比亚	129	31	8	15	113	4
布隆迪	130	28	2	7	128	4
卢旺达	131	32	2	7	127	4
高收入国家		100	100	100		
中等收入国家		44	25	33		
低收入国家		31	7	15		
世界平均		58	40	48		

注：国家分组是根据产业结构现代化指数的分组。

1代表产业结构发达国家，2代表产业结构中等发达国家，3代表产业结构初等发达国家，4代表产业结构欠发达国家。

附表1-3-2 2015年世界产业结构现代化指标的指数

国家	编号	农业增加值比例	服务业增加值比例	知识产业增加值比例	农业就业比例	服务业就业比例	知识产业就业比例	农业劳动生产率	工业劳动生产率	工业净利润率	创新密度	单位GDP能耗	人均出口
瑞典	1	100	100	114	120	107	120	120	120	97	120	100	120
美国	2	120	107	120	120	109	110	120	120	120	107	91	57
芬兰	3	54	95	99	74	100	120	120	101	92	112	79	120
澳大利亚	4	53	97	84	114	102	106	120	120		85	100	80
瑞士	5	120	99	99	91	103	110	81	120		114	100	120
挪威	6	79	86	95	120	105	120	120	120		74	100	120
日本	7	120	95	86	84	94	82	120	120	84	120	100	50
丹麦	8	120	103	112	120	106	120	120	111	119	116	100	120
德国	9	120	93	96	120	96	96	84	80	90	111	100	120
荷兰	10	75	105	92	120	110	111	120	104	90	77	100	120
加拿大	11	74	94	87	120	106		120	120		62	63	110
新加坡	12	120	100	51	120	112	82	120	120		85	100	120
英国	13	120	107	83	120	108	120	109	82	95	66	100	98
法国	14	77	106	96	114	104	106	120	77	78	86	100	91
比利时	15	120	104		120	105	111	120	90	75	94	95	120
奥地利	16	109	96	99	94	87	114	86	92	118	100	120	
新西兰	17	20	97	93	52	97	100	120	81		44	95	
韩国	18	59	80	83	62	94	72	68	73		120	55	101
以色列	19	104	105	89	120	109	120	84	80		120	100	88
意大利	20	61	100	73	89	94	81	120	63	79	51	100	73
爱尔兰	21	120	78	73	59	100	106	58	120		58	100	120
西班牙	22	49	99	73	78	103	78	107	70	88	47	100	69
爱沙尼亚	23	43	93	67	84	90	82	37	27	76	58	45	109
斯洛文尼亚	24	58	88	85	35	81	85	120	41	89	85	72	120
乌拉圭	25	20	87	66	36	96	70	46	40		13	100	29
俄罗斯	26	30	85	60	48	89		29	20		44	31	22
斯洛伐克	27	36	83	67	94	83	77	49	31	95	45	59	120
希腊	28	32	108	65	24	97	75	42	49	120	37	91	44
匈牙利	29	31	86	67	71	88	70	44	25		53	56	91
捷克	30	55	81	67	120	81	72	34	32	101	75	50	115
葡萄牙	31	58	102	80	39	91	82	27	34	89	49	99	64
白俄罗斯	32	19	74	56	34	78	77	40	12		20	31	28
拉脱维亚	33	33	99	59	42	93	77	27	25	84	24	80	65
立陶宛	34	37	90	61	35	89	78	34	33		40	76	87
格鲁吉亚	35	15	89	49	7	59		8	18		12	41	13
乌克兰	36	10	81	68	21	81	71	16	4		24	15	9
保加利亚	37	28	91	67	46	85		59	13		37	35	36
黎巴嫩	38	36	107	45	39	94		120			70	69	27
哈萨克斯坦	39	27	84	37	18	83	74	18	31		7	32	24
波兰	40	55	86	61	28	79	67	11	27	119	39	56	50
阿根廷	41	23	89	53	120	99	68	60	31		23	67	13
巴拿马	42	47	94	56	21	88	47	13	40		2	100	57
克罗地亚	43	32	94	66	34	86	72	83	25		33	78	47
沙特阿拉伯	44	52	71	53	52	96	67	99	110		31	39	56
哥伦比亚	45	21	81	60	23	94		16	20		9	100	8
科威特	46	120	65		119	94		110			12	53	120
智利	47	32	86	65	33	91		24	36		15	74	33
马其顿	48	12	84	35	20	73	51	45	10		17	48	19
阿塞拜疆	49	20	59	44	9	67	50	9	27		9	58	17
摩尔多瓦	50	9	96	91	11	54	60	13	4		14	27	6
罗马尼亚	51	29	83	46	12	60	44	38	22		19	69	30
委内瑞拉	52	24	71	26	26	83	44	78	60			55	10
乌兹别克斯坦	53	7	64	30	11	62		10			8	15	
多米尼加	54	24	90	22	23	93		24	23			94	13
亚美尼亚	55	7	70	38	9	66	61	49	13		10	43	7
巴拉圭	56	7	69	74	16	82		15	17		5	66	14
哥斯达黎加	57	25	98	85	26	93	53	21	27		22	100	28
巴西	58	27	98	77	21	86	54	28	16		45	89	9
墨西哥	59	38	86	61	24	83	39	13	25	120	21	68	26
博茨瓦纳	60	56	87	78	12	79		2	26		21	66	27
秘鲁	61	18	80	48	12	76		8	15		5	93	10
牙买加	62	18	94	54	18	90		10	15			54	12
约旦	63	33	89	39	120	109		20	10		17	48	12
南非	64	58	93	78	52	91		24	22		28	26	14
土耳其	65	17	82	56	16	70	45	28	23		39	73	20
厄瓜多尔	66	13	75	73	13	75	33	18	23		17	79	11
伊朗	67	13	75	51	18	67	37	14	20		13	20	
蒙古	68	9	70	47	11	69	47	19	14		6	25	14
摩洛哥	69	10	76	59	10	62		14	15		27	63	8
马来西亚	70	16	71	52	26	81	50	51	28		50	41	55

(续表)

国家	编号	农业增加值比例	服务业增加值比例	知识产业增加值比例	农业就业比例	服务业就业比例	知识产业就业比例	农业劳动生产率	工业劳动生产率	工业净利润率	创新密度	单位GDP能耗	人均出口
萨尔瓦多	71	12	84	52	17	82		11	11		5	68	8.6
埃及	72	12	71	51	12	66	50	13	18		28	45	3.2
中国	73	15	68	61	11	64	24	3.7	20	37	79	38	13.9
阿尔及利亚	74	11	66	58	28	72		15	27			46	7.6
土库曼斯坦	75	9	39	26	17	59		9.3				18	
突尼斯	76	12	83	69	27	79	17	13	12		24	50	12.5
阿尔巴尼亚	77	6	72	48	8	54		11	14		6	62	8.7
吉尔吉斯斯坦	78	9	75	61	11	67	47	4.8	3.1		5	22	3.2
塔吉克斯坦	79	5	64	61	6	40	2	4.9	2.7		4	36	0.8
玻利维亚	80	10	73	69	10	66		2.9	8.7		6	44	7.4
缅甸	81	5	52	11	12	81	12	2.6				37	2.1
菲律宾	82	13	80	38	11	74	21	4.9	13		5	66	5.7
泰国	83	16	74	44	9	57	22	5.2	15		24	33	32.4
纳米比亚	84	21	84	88	11	74	40	7.8	42		13	78	16.4
津巴布韦	85	12	87	74	5	35	16	1.1	6.9			15	2.0
洪都拉斯	86	10	79	73	11	66		9.2	7.0			41	6.0
尼加拉瓜	87	7	74	68	13	82		12	5.1		4	36	6.8
越南	88	7	60	65	7	46	19	2.1	5.0		14	31	15.2
肯尼亚	89	4	64	59	5	39		2.1			30	29	1.9
斯里兰卡	90	15	83	29	11	61	25	3.7	11		4	81	6.5
刚果(布)	91	19	51	57	8	44		3.1				59	
印度尼西亚	92	10	60	33	10	61	24	6.7	13		3	43	5.3
赞比亚	93	26	80	32	6	47	18	1.3	14		11	32	4.1
危地马拉	94	12	82	46	10	66	27	6.2	14		2	49	6.2
毛里塔尼亚	95	5	59	34	8	67		3.0					3.1
科特迪瓦	96	5	62	54	6	50		7.2	13			28	4.5
印度	97	8	72	46	7	40		2.9	4.8		24	27	2.6
巴基斯坦	98	5	74	28	7	50	21	4.5	3.5		9	30	1.2
莱索托	99	25	78	110	8	54		0.9	2.9		2		3.6
柬埔寨	100	5	56	38	7	49	14	2.0	1.8		5	29	5.6
喀麦隆	101	8	76	36	5	39		4.4				51	2.4
厄立特里亚	102	6	73	27	6	48						37	
叙利亚	103	7	60	42	18	60			9.8			30	8.4
加纳	104	6	69	51	7	57		3.9	3.6		14	47	4.8
乍得	105	3	45	32	4	29		5.3					
莫桑比克	106	5	72	69	4	28		0.8			13	16	1.2
几内亚	107	7	68	19	5	32		3.3					
也门	108	14	57	54	12	75		1.9				54	0.6
巴布亚新几内亚	109	7	64	21	5	35							9.9
海地	110			38	7	54						23	1.3
尼泊尔	111	4	70	49	4	22		1.1	1.4		12	19	0.6
塞内加尔	112	8	80	63	6	36	24	1.3	4.4		21	43	2.3
塞拉利昂	113	2	47	69	5	34	13	2.9	1.5				1.7
刚果(金)	114	7	60	33	5	38		0.9			3	13	1.1
老挝	115	4	67	26	4	22	12	2.3					4.3
马拉维	116	5	73	85	5	34		1.1					0.7
多哥	117	3	55	54	5	38		2.4			10	15	1.6
马达加斯加	118	5	79	26	4	22	9	0.7	1.3		1		1.1
马里	119	3	52	56	6	38	10	3.2	2.3		22		1.5
尼日利亚	120	7	79	19	12	78	21	21.9	14		8	46	2.2
孟加拉国	121	9	76	24	7	52	18	1.9	2.6			54	1.7
坦桑尼亚	122	4	57	48	5	35	11	1.4	8.0		20	22	1.4
贝宁	123	5	70	45	7	62		2.6	3.8			25	1.5
尼日尔	124	4	49	63	5	31		1.5				31	0.7
安哥拉	125	24	30	34	76	79							10.0
乌干达	126	5	70	50	4	27	16	1.2	4.5		18		1.0
中非	127	3	56	27	4	31		1.1					
布基纳法索	128	4	61	46	4	20		1.0	2.9		8		1.4
埃塞俄比亚	129	3	58	50	4	28	40	1.2	0.7		23	13	0.5
布隆迪	130	3	58	65	4	8		0.6			5		0.1
卢旺达	131	5	70	57	4	24		1.1	2.9				1.0
高收入国家		100	100	100	101	101	101	100	100	100	99	100	100
中等收入国家		15	77	57	10	62		4.9	13		57	41	9.4
低收入国家		4.5	65	49	4.7	31		1.3				19	1.4
世界平均		36	93	84	11	66		5.6	25		86	62	23

附表 1-3-3　2015 年世界产业结构现代化指标的数值

国家	编号	农业增加值比例	服务业增加值比例	知识产业增加值比例	农业就业比例	服务业就业比例	知识产业就业比例	农业劳动生产率	工业劳动生产率	工业净利润率	创新密度	单位GDP能耗	人均出口
瑞典	1	1.4	74	23	1.9	80	39	73 062	131 030	15.6	3.3	0.10	22 932
美国	2	1.1	79	25	1.5	81	32	80 538	123 899	21.4	2.8	0.12	7046
芬兰	3	2.5	70	20	4.3	74	35	80 688	102 677	14.8	2.9	0.14	15 613
澳大利亚	4	2.6	72	17	2.8	76	31	58 747	139 347		2.2	0.10	9978
瑞士	5	0.7	73	20	3.5	76	32	31 847	185 200		3.0	0.04	50 234
挪威	6	1.7	64	19	2.2	78	38	97 880	224 502	28.5	1.9	0.08	27 780
日本	7	1.1	70	17	3.8	69	24	55 901	77 614	13.6	3.3	0.10	6172
丹麦	8	0.9	76	22	2.5	78	37	74 766	113 377	19.1	3.0	0.05	29 282
德国	9	0.6	69	19	1.4	71	28	33 046	81 396	14.4	2.9	0.09	19 351
荷兰	10	1.8	78	18	2.3	82	32	79 608	106 004	14.5	2.0	0.09	36 534
加拿大	11	1.8	69	17	2.1	78		86 778	135 116		1.6	0.18	13 690
新加坡	12	0.0	74	10	0.3	83	24	105 024	144 894		2.2	0.09	95 423
英国	13	0.7	79	17	1.2	80	35	42 800	84 020	15.3	1.7	0.06	12 137
法国	14	1.8	79	19	2.8	77	31	95 415	78 163	12.5	2.2	0.10	11 291
比利时	15	0.8	77	20	1.2	78	32	70 546	91 999	12.0	2.5	0.12	32 623
奥地利	16	1.2	71	20	4.8	70	25	44 737	87 740	14.8	3.1	0.09	23 197
新西兰	17	6.8	71	19	6.1	72	29	84 413	82 755		1.2	0.12	
韩国	18	2.3	59	17	5.2	70	21	26 775	74 440		4.2	0.20	12 557
以色列	19	1.3	78	18	1.1	81	35	33 046	81 396		4.3	0.08	10 966
意大利	20	2.2	74	15	3.6	69	24	57 498	64 778	12.7	1.3	0.08	9019
爱尔兰	21	1.0	58	15	5.4	74	31	22 800	291 075		1.5	0.05	75 193
西班牙	22	2.8	74	15	4.1	76	23	42 106	71 451	14.2	1.2	0.10	8519
爱沙尼亚	23	3.1	69	13	3.8	66	24	14 636	27 158	12.3	1.5	0.24	13 535
斯洛文尼亚	24	2.3	65	17	9.1	60	25	251 558	41 573	14.3	2.2	0.15	16 156
乌拉圭	25	7.0	64	13	8.8	71	20	18 083	40 686		0.3	0.08	3558
俄罗斯	26	4.6	63	12	6.7	66		11 540	20 582		1.1	0.35	2728
斯洛伐克	27	3.8	62	13	3.4	61	22	19 240	31 309	15.4	1.2	0.19	15 003
希腊	28	4.2	80	13	13.2	72	22	16 450	50 357	20.4	1.0	0.12	5403
匈牙利	29	4.4	64	13	4.5	65	20	17 079	25 423		1.4	0.19	11 259
捷克	30	2.5	60	13	2.6	60		13 251	32 707	16.2	1.9	0.22	14 319
葡萄牙	31	2.4	75	16	8.3	68	24	10 420	34 791	14.4	1.3	0.11	7953
白俄罗斯	32	7.2	55	11	9.5	58	22	15 793	12 593		0.5	0.35	3456
拉脱维亚	33	4.1	74	12	7.6	69	22	10 404	25 525	13.6	0.6	0.14	8052
立陶宛	34	3.6	67	12	9.1	66	23	13 229	33 220		1.0	0.14	10 807
格鲁吉亚	35	9.1	66	10	45.3	43		3251	18 814		0.3	0.27	1661
乌克兰	36	14.2	60	14	15.3	60	21	6332	3977		0.6	0.75	1060
保加利亚	37	4.8	67	13	6.9	63		23 003	13 340		1.0	0.32	4464
黎巴嫩	38	3.8	79	9	8.2	70		87 902				0.16	3310
哈萨克斯坦	39	5.0	63	7	18.0	61	21	7257	31 803		0.2	0.35	3017
波兰	40	2.5	63	12	11.3	59	19	4428	27 937	19.2	1.0	0.20	6216
阿根廷	41	6.0	66	11	2.1	73	20	23 361	31 250		0.6	0.16	1628
巴拿马	42	2.9	69	11	15.3	65	14	5268	41 303		0.1	0.09	7058
克罗地亚	43	4.2	69	13	9.5	64	21	32 676	25 499		0.9	0.14	5802
沙特阿拉伯	44	2.6	52	11	6.1	71	19	39 048	111 956		0.8	0.28	6908
哥伦比亚	45	6.6	60	12	13.7	69		6461	20 305		0.2	0.09	943
科威特	46	0.5	48	7	2.7	70		43 033			0.3	0.21	15 598
智利	47	4.3	63	9	9.6	67		9530	37 236		0.4	0.15	4043
马其顿	48	11.4	62	7	16.4	54	15	17 558	10 558		0.4	0.23	2352
阿塞拜疆	49	6.8	44	9	36.4	50	15	3339	27 499		0.2	0.19	2076
摩尔多瓦	50	14.4	71	18	28.4	40	18	5160	3783		0.4	0.41	696
罗马尼亚	51	4.8	61	9	26.4	45	13	14 786	21 981		0.5	0.16	3682
委内瑞拉	52	5.6	53	5	12.1	62		30 679	61 074			0.20	1246
乌兹别克斯坦	53	18.2	47	6	30.1	46		3777			0.2	0.74	
多米尼加	54	5.8	67	4	13.8	69		9347	23 218			0.12	1613
亚美尼亚	55	19.3	52	8	35.3	49	18	19 094	13 152		0.3	0.25	1075
巴拉圭	56	19.2	51	15	20.1	60		5995	11 861		0.1	0.17	1750
哥斯达黎加	57	5.4	73	17	12.3	69	15	8311	27 694		0.6	0.10	3515
巴西	58	5.0	73	15	14.9	64	16	11 150	15 877		1.2	0.12	1087
墨西哥	59	3.6	64	12	13.5	61	11	5278	25 561	30.2	0.6	0.16	3209
博茨瓦纳	60	2.4	64		26.4	59			26 910		0.5	0.17	3406
秘鲁	61	7.8	59	10	25.6	57	15	3100	15 475		0.1	0.12	1278
牙买加	62	7.5	70	11	18.2	67		3835	15 548			0.20	1502
约旦	63	4.2	66	8	2.0	80		7946	9909		0.4	0.23	1543
南非	64	2.3	69	16	6.2	67		9508	22 478		0.7	0.42	1757
土耳其	65	7.8	60	11	20.5	52	13	11 006	23 403		1.0	0.15	2541
厄瓜多尔	66	10.2	55	15	25.0	56	10	7100	23 391		0.4	0.14	1328
伊朗	67	10.8	55	10	18.0	49	11	5479	19 928		0.3	0.55	
蒙古	68	14.5	52	9	28.5	51	14	7340	14 628		0.2	0.44	1726
摩洛哥	69	14.3	56	12	33.5	46		5476	15 055		0.7	0.18	957
马来西亚	70	8.5	52	10	12.5	60	15	19 868	28 112		1.3	0.27	6848

（续表）

国家	编号	农业增加值比例	服务业增加值比例	知识产业增加值比例	农业就业比例	服务业就业比例	知识产业就业比例	农业劳动生产率	工业劳动生产率	工业净利润率	创新密度	单位GDP能耗	人均出口
萨尔瓦多	71	11.1	62	10	19.0	61		4432	11699		0.1	0.16	1064
埃及	72	11.3	53	10	25.8	49	14	5245	18384		0.7	0.24	401
中国	73	8.8	50	12	28.9	47	7	1465	20130	6.0	2.1	0.29	1721
阿尔及利亚	74	12.6	49	12	11.4	54		6061	27311			0.24	947
土库曼斯坦	75	14.5	29	5	18.5	44		3633				0.61	
突尼斯	76	11.0	62	14	11.9	59	5	5244	11776		0.6	0.22	1548
阿尔巴尼亚	77	22.9	53	10	42.3	40		4176	14009		0.2	0.18	1078
吉尔吉斯斯坦	78	15.9	56	12	29.3	50	14	1899	3134		0.1	0.51	403
塔吉克斯坦	79	25.0	47	12	57.7	29	1	1939	2787		0.1	0.30	96
玻利维亚	80	13.2	54	14	30.5	49		1147	8838		0.2	0.25	924
缅甸	81	26.8	39	2	26.2	60	3	1034				0.30	264
菲律宾	82	10.3	59	8	29.2	55	6	1942	13378		0.1	0.17	710
泰国	83	8.7	55	9	35.3	42	7	2041	15035		0.6	0.33	4018
纳米比亚	84	6.5	62	18	30.4	55	12	3064	43347		0.3	0.14	2036
津巴布韦	85	11.6	64	15	67.1	26	5	422	7004			0.73	254
洪都拉斯	86	13.6	59	15	30.0	49		3621	7127			0.27	740
尼加拉瓜	87	18.2	55	14	24.9	61		4797	5224		0.1	0.31	841
越南	88	18.9	44	13	44.0	34	6	806	5150		0.4	0.35	1890
肯尼亚	89	33.3	48	12	62.6	29		827			0.8	0.38	235
斯里兰卡	90	8.8	62	6	28.5	45	7	1472	11564		0.1	0.13	806
刚果(布)	91	7.2	38	11	41.2	33		1217				0.19	
印度尼西亚	92	13.9	45	7	32.9	45	7	2622	13149		0.1	0.25	664
赞比亚	93	5.3	59	6	54.9	35	5	517	14757		0.3	0.34	511
危地马拉	94	11.1	61	9	32.6	49	8	2441	14685		0.0	0.23	840
毛里塔尼亚	95	27.7	44	7	40.6	50		1182					391
科特迪瓦	96	25.5	46	11	57.2	37		2819	13418			0.39	562
印度	97	17.5	53	9	46.0	30		1156	4906		0.6	0.41	327
巴基斯坦	98	25.1	55	6	43.4	37	6	1764	3536		0.2	0.37	151
莱索托	99	5.5	58	22	40.6	40		365	2955		0.1	0.02	448
柬埔寨	100	28.6	42	8	44.1	36	4	798	1868		0.1	0.38	725
喀麦隆	101	16.1	57	7	62.4	29		1736				0.22	295
厄立特里亚	102	24.2	54	5	57.3	35						0.29	
叙利亚	103	19.5	44	8	17.4	44			10036			0.37	1046
加纳	104	21.0	51	10	43.4	42		1530	3656		0.4	0.23	598
乍得	105	52.4	33	6	76.5	21		2097					
莫桑比克	106	25.2	53	14	75.3	21		332			0.3	0.69	148
几内亚	107	20.8	50	4	69.6	23		1294					
也门	108	9.8	42	11	27.8	55		746				0.20	69
巴布亚新几内亚	109	18.8	48	4	68.7	26							1228
海地	110			8	47.6	40						0.47	164
尼泊尔	111	33.0	52	10	72.9	16		449	1398		0.3	0.58	78
塞内加尔	112	16.9	59	13	52.6	27	7	513	4449		0.5	0.26	287
塞拉利昂	113	60.5	35	14	68.4	25	4	1151	1513				205
刚果(金)	114	20.4	44	7	65.6	28		359			0.1	0.84	137
老挝	115	19.7	49	5	79.6	17	4	919					535
马拉维	116	29.7	54	17	69.9	25		413					88
多哥	117	40.7	41	11	63.1	28		929			0.3	0.74	202
马达加斯加	118	25.6	59	5	74.5	16	3	261	1286		0.0		131
马里	119	42.0	38	11	57.3	28	3	1245	2380		0.6		185
尼日利亚	120	20.9	59	4	27.2	58	6	8579	14022		0.2	0.24	276
孟加拉国	121	15.5	56	5	42.9	39	5	743	2654			0.20	216
坦桑尼亚	122	31.5	42	10	67.7	26	3	564	8201			0.50	176
贝宁	123	25.3	51	9	43.6	46		1024	3891			0.44	192
尼日尔	124	35.7	37	13	62.4	23		584				0.35	87
安哥拉	125	5.7	22	7	4.2	59						0.12	1236
乌干达	126	26.1	52	10	72.7	20	5	470	4638		0.5		121
中非	127	42.4	41	5	72.6	23		444					
布基纳法索	128	33.7	45	9	80.3	15		387	2943		0.2		177
埃塞俄比亚	129	39.2	43	10	71.4	21	12	483	703		0.6	0.87	60
布隆迪	130	40.4	43	13	91.2	6		229			0.1		17
卢旺达	131	30.2	52	11	75.6	17		418	2989				121
高收入国家		1.4	74	20	3.2	74	29	39257	102045	16.1	2.6	0.11	12416
中等收入国家		9.2	57	11	31.4	46		1920	13122		1.5	0.27	1168
低收入国家		30.4	48	10	68.3	23		504				0.56	172
世界平均		3.8	69	17	29.5	49		2179	25185		2.2	0.18	2888
标准值		1.4	74	20	3.2	74	29	39257	102045	16.1	2.6	0.11	12416

注：指标单位见附表1-1-1。

附表 1-3-4 2000~2010 年世界产业结构现代化指数

国家	编号	指数 2000	指数 2010	排名 2000	排名 2010	国家分组 2000	国家分组 2010
瑞典	1	109	109	2	2	1	1
美国	2	107	109	3	3	1	1
芬兰	3	95	99	16	11	1	1
澳大利亚	4	88	98	17	13	1	1
瑞士	5	111	106	1	4	1	1
挪威	6	103	104	6	6	1	1
日本	7	99	94	11	18	1	1
丹麦	8	106	113	5	1	1	1
德国	9	100	103	8	8	1	1
荷兰	10	100	103	9	7	1	1
加拿大	11	97	103	14	9	1	1
新加坡	12	97	97	13	15	1	1
英国	13	103	99	7	12	1	1
法国	14	99	97	12	16	1	1
比利时	15	99	104	10	5	1	1
奥地利	16	96	98	15	14	1	1
新西兰	17	71	81	23	21	2	1
韩国	18	64	76	27	24	2	2
以色列	19	106	102	4	10	1	1
意大利	20	85	85	18	19	1	1
爱尔兰	21	82	94	19	17	1	1
西班牙	22	76	82	21	20	2	1
爱沙尼亚	23	51	66	35	30	2	2
斯洛文尼亚	24	73	81	22	22	2	1
乌拉圭	25	53	52	33	40	2	2
俄罗斯	26	34	44	60	48	3	3
斯洛伐克	27	53	70	34	27	2	2
希腊	28	64	65	28	31	2	2
匈牙利	29	50	64	38	32	2	2
捷克	30	59	74	30	25	2	2
葡萄牙	31	61	67	29	29	2	2
白俄罗斯	32	31	38	64	55	3	3
拉脱维亚	33	48	57	39	35	3	2
立陶宛	34	38	57	54	36	3	2
格鲁吉亚	35	20	28	90	76	4	4
乌克兰	36	25	29.9	74	69	4	4
保加利亚	37	35	44	59	47	3	3
黎巴嫩	38	78	73	20	26	2	2
哈萨克斯坦	39	23	35	85	59	4	3
波兰	40	47	54	41	38	3	2
阿根廷	41	65	56	25	37	2	2
巴拿马	42	51	47	36	45	2	3
克罗地亚	43	51	58	37	34	2	2
沙特阿拉伯	44	65	70	26	28	3	3
哥伦比亚	45	38	41	55	53	3	3
科威特	46	67	78	24	23	2	2
智利	47	44	51	45	41	3	2
马其顿	48	35	34	58	61	3	3
阿塞拜疆	49	20	36	93	58	4	3
摩尔多瓦	50	17	26	100	81	4	4
罗马尼亚	51	23	37	81	56	4	3
委内瑞拉	52	55	59	32	33	2	2
乌兹别克斯坦	53	17	18	98	104	4	4
多米尼加	54	39	44	51	49	3	3
亚美尼亚	55	23	30	86	68	4	3
巴拉圭	56	29.8	29.6	66	70	4	4
哥斯达黎加	57	47	48	40	43	3	3
巴西	58	45	49.7	44	42	3	3
墨西哥	59	56	52	31	39	2	2
博茨瓦纳	60	45	42	42	52	3	3
秘鲁	61	40	21	49	93	3	4
牙买加	62	35	38	57	54	3	3
约旦	63	42	43	47	51	3	3
南非	64	41	47	48	46	3	3
土耳其	65	38	43	53	50	3	3
厄瓜多尔	66	29	37	68	57	4	3
伊朗	67	28	32	69	66	4	3
蒙古	68	18	25	97	86	4	4
摩洛哥	69	32	34	61	62	3	3
马来西亚	70	45	47	43	44	3	3

(续表)

国家	编号	指数		排名		国家分组	
		2000	2010	2000	2010	2000	2010
萨尔瓦多	71	36	31	56	67	3	3
埃及	72	29	27	67	78	4	4
中国	73	24	32	78	64	4	3
阿尔及利亚	74	30	33	65	63	3	3
土库曼斯坦	75	11	19	120	98	4	4
突尼斯	76	40	35	50	60	3	3
阿尔巴尼亚	77	26	29	73	74	4	4
吉尔吉斯斯坦	78	14	19	110	99	4	4
塔吉克斯坦	79	12	16	117	108	4	4
玻利维亚	80	24	23	80	88	4	4
缅甸	81	12	20	118	94	4	4
菲律宾	82	24	29	77	72	4	4
泰国	83	27	27	71	77	4	4
纳米比亚	84	43	32	46	65	3	3
津巴布韦	85	13	13	114	116	4	4
洪都拉斯	86	27	28	72	75	4	4
尼加拉瓜	87	25	25	75	85	4	4
越南	88	16	17	103	105	4	4
肯尼亚	89	17	23	102	89	4	4
斯里兰卡	90	23	27	82	79	4	4
刚果(布)	91	16	9	105	123	4	4
印度尼西亚	92	17	22	99	91	4	4
赞比亚	93	13	20	115	96	4	4
危地马拉	94	32	25	62	82	3	4
毛里塔尼亚	95	13	11	113	121	4	4
科特迪瓦	96	39	20	52	97	3	4
印度	97	22	22	87	92	4	4
巴基斯坦	98	17	18	101	102	4	4
莱索托	99	10	11	121	120	4	4
柬埔寨	100	14	15	111	111	4	4
喀麦隆	101	21	25	89	83	4	4
厄立特里亚	102	21	27	88	80	4	4
叙利亚	103	24	18	79	101	4	4
加纳	104	16	25	104	87	4	4
乍得	105		11		119		4
莫桑比克	106	20	17	92	107	4	4
几内亚	107		9		124		4
也门	108	32	29	63	71	3	4
巴布亚新几内亚	109	19	14	95	115	4	4
海地	110	23	17	84	106	4	4
尼泊尔	111	12	15	116	114	4	4
塞内加尔	112	24	23	76	90	4	4
塞拉利昂	113	9	7	125	130	4	4
刚果(金)	114	19	11	96	118	4	4
老挝	115	7	7	126	126	4	4
马拉维	116	7	6	127	131	4	4
多哥	117	14	15	109	110	4	4
马达加斯加	118	9	7	122	129	4	4
马里	119	13	15	112	112	4	4
尼日利亚	120	15	25	108	84	4	4
孟加拉国	121	23	20	83	95	4	4
坦桑尼亚	122	15	16	106	109	4	4
贝宁	123	20	18	94	103	4	4
尼日尔	124	20	19	91	100	4	4
安哥拉	125	28	29	70	73	4	4
乌干达	126	15	15	107	113	4	4
中非	127	9	7	124	127	4	4
布基纳法索	128	11	10	119	122	4	4
埃塞俄比亚	129	9	12	123	117	4	4
布隆迪	130	4	8	129	125	4	4
卢旺达	131	5	7	128	128	4	4
高收入国家		100	100				
中等收入国家		26	31				
低收入国家		8	6				
世界平均		52	49				

附录二 世界现代化水平评价的数据集

附表 2-1-1	2015 年世界现代化水平	299
附表 2-1-2	2015 年根据第二次现代化指数的国家分组	301
附表 2-2-1	2015 年世界第一次现代化指数	303
附表 2-2-2	2015 年世界第一次现代化评价指标	305
附表 2-2-3	2015 年世界第一次现代化发展阶段	307
附表 2-2-4	世界第一次现代化指数的增长率和预期完成时间	309
附表 2-2-5	1950~2015 年世界第一次现代化指数	311
附表 2-2-6	1950~2015 年世界第一次现代化指数的排名	313
附表 2-3-1	2015 年世界第二次现代化指数	315
附表 2-3-2	2015 年世界知识创新指数	317
附表 2-3-3	2015 年世界知识传播指数	319
附表 2-3-4	2015 年世界生活质量指数	321
附表 2-3-5	2015 年世界经济质量指数	323
附表 2-3-6	2015 年世界第二次现代化发展阶段	325
附表 2-3-7	1990~2015 年第二次现代化指数的年均增长率	327
附表 2-3-8	1970~2015 年世界第二次现代化指数	329
附表 2-3-9	1970~2015 年世界第二次现代化指数的排名	331
附表 2-4-1	2015 年世界综合现代化指数	333
附表 2-4-2	2015 年世界经济发展指数	335
附表 2-4-3	2015 年世界社会发展指数	337
附表 2-4-4	2015 年世界知识发展指数	339
附表 2-4-5	1980~2015 年世界综合现代化指数	341
附表 2-4-6	1980~2015 年世界综合现代化指数的排名	343

附表 2-1-1　2015 年世界现代化水平

国家	编号	人口/100万	第一次现代化 指数	第一次现代化 排名[a]	第一次现代化 阶段[b]	第二次现代化 指数	第二次现代化 排名	第二次现代化 阶段[c]	综合现代化 指数	综合现代化 排名	国家阶段[d]	国家分组[e]
瑞典	1	9.8	100.0	1	4	106.6	4	2	98.7	3	6	1
美国	2	320.9	100.0	1	4	107.3	2	2	97.7	4	6	1
芬兰	3	5.5	100.0	1	4	98.8	10	2	97.4	6	6	1
澳大利亚	4	23.8	100.0	1	4	93.1	16	2	90.9	16	6	1
瑞士	5	8.3	100.0	1	4	106.7	3	2	97.3	7	6	1
挪威	6	5.2	100.0	1	4	98.7	11	1	92.9	13	5	1
日本	7	127.1	100.0	1	4	96.8	14	1	93.2	12	5	1
丹麦	8	5.7	100.0	1	4	109.3	1	2	100.0	1	6	1
德国	9	81.7	100.0	1	4	98.0	12	1	94.5	9	5	1
荷兰	10	16.9	100.0	1	4	106.1	5	2	97.7	5	6	1
加拿大	11	35.8	100.0	1	4	90.3	18	1	89.1	18	5	1
新加坡	12	5.5	100.0	1	4	103.7	6	2	96.9	8	6	1
英国	13	65.1	100.0	1	4	99.0	9	2	91.6	15	6	1
法国	14	66.6	100.0	1	4	97.5	13	2	91.7	14	6	1
比利时	15	11.3	100.0	1	4	102.5	7	2	98.8	2	6	1
奥地利	16	8.6	100.0	1	4	95.1	15	1	94.0	11	5	1
新西兰	17	4.6	100.0	1	4	84.2	20	2	87.3	19	6	1
韩国	18	51.0	100.0	1	4	87.7	19	1	84.2	20	5	1
以色列	19	8.4	100.0	1	4	90.5	17	2	89.3	17	6	1
意大利	20	60.7	100.0	1	4	73.4	22	1	78.1	22	5	2
爱尔兰	21	4.7	100.0	1	4	101.3	8	1	94.5	10	5	1
西班牙	22	46.4	100.0	1	4	77.9	21	1	79.4	21	5	2
爱沙尼亚	23	1.3	100.0	1	4	63.9	26	1	65.7	30	5	2
斯洛文尼亚	24	2.1	99.9	1	4	70.6	25	1	71.7	23	5	2
乌拉圭	25	3.4	100.0	1	3	54.0	34		64.2	32	4	2
俄罗斯	26	144.1	100.0	1	4	53.9	35		59.1	39	4	2
斯洛伐克	27	5.4	100.0	1	4	56.4	31		63.7	35	4	2
希腊	28	10.8	100.0	1	3	72.2	23		69.1	27	3	2
匈牙利	29	9.8	100.0	1	4	62.2	28	1	66.5	29	5	2
捷克	30	10.5	100.0	1	4	63.5	27		69.9	25	4	2
葡萄牙	31	10.4	100.0	1	4	71.2	24	1	69.6	26	5	2
白俄罗斯	32	9.5	97.5	53	4	48.1	41		53.9	46	4	3
拉脱维亚	33	2.0	100.0	1	4	57.8	30		64.8	32	4	2
立陶宛	34	2.9	100.0	1	4	59.7	29		65.4	31	4	2
格鲁吉亚	35	3.7	91.4	71	2	35.3	60		42.2	66	2	3
乌克兰	36	45.2	93.1	65	3	37.7	56		46.4	60	3	3
保加利亚	37	7.2	98.6	51	4	46.4	43		55.2	44	4	3
黎巴嫩	38	5.9	99.2	49	4	44.7	47		54.7	45	4	3
哈萨克斯坦	39	17.5	100.0	1	3	39.7	52		51.3	52	3	3
波兰	40	38.0	100.0	1	4	54.6	33		59.0	40	4	2
阿根廷	41	43.4	100.0	1	4	52.6	37		64.0	34	4	3
巴拿马	42	4.0	100.0	1	4	44.8	46		52.2	49	4	3
克罗地亚	43	4.2	100.0	1	4	56.3	32		62.2	36	4	2
沙特阿拉伯	44	31.6	100.0	1	4	52.8	36		71.4	24	4	2
哥伦比亚	45	48.2	98.2	52	4	42.3	49		52.5	50	3	3
科威特	46	3.9	100.0	1	4	50.3	39		66.6	28	4	2
智利	47	17.8	100.0	1	4	51.1	38		62.1	37	4	2
马其顿	48	2.1	95.4	59	3	36.1	59		48.0	56	3	3
阿塞拜疆	49	9.6	95.5	58	3	31.6	71		45.5	61	3	3
摩尔多瓦	50	3.6	91.6	70	3	32.5	69		41.6	68	3	3
罗马尼亚	51	19.8	100.0	1	3	44.7	48		52.6	48	3	3
委内瑞拉	52	31.2	100.0	1	3	40.4	51		61.5	38	3	3
乌兹别克斯坦	53	31.3	83.8	86	2	23.2	89		28.6	89	2	4
多米尼加	54	10.5	97.2	54	3	38.0	55		53.3	47	3	3
亚美尼亚	55	2.9	90.9	72	2	32.6	68		47.4	59	2	3
巴拉圭	56	6.6	92.6	66	3	32.8	67		40.2	72	3	3
哥斯达黎加	57	4.8	100.0	1	3	50.2	40		56.9	42	3	2
巴西	58	206.0	100.0	1	3	47.0	42		57.3	41	3	3
墨西哥	59	125.9	100.0	1	4	48.3	54		51.6	51	4	3
博茨瓦纳	60	2.2	88.6	75	3	34.1	65		38.7	75	3	3
秘鲁	61	31.4	97.1	55	3	34.2	64		48.0	57	3	3
牙买加	62	2.9	83.8	87	3	35.3	61		43.3	64	3	3
约旦	63	9.2	94.5	61	4	36.3	58		50.8	53	4	3
南非	64	55.0	92.0	68	4	30.6	74		40.2	71	4	3
土耳其	65	78.3	100.0	1	3	46.2	44		56.2	43	3	3
厄瓜多尔	66	16.1	96.9	56	3	37.7	57		45.2	62	3	3
伊朗	67	79.4	96.2	57	3	39.6	53		47.9	58	3	3
蒙古	68	3.0	94.3	64	3	31.4	72		42.4	65	3	3
摩洛哥	69	34.8	87.3	79	3	30.6	75		36.3	77	3	3
马来西亚	70	30.7	100.0	1	3	44.9	45		49.9	54	3	3

(续表)

国家	编号	人口/100万	第一次现代化 指数	第一次现代化 排名	第一次现代化 阶段[b]	第二次现代化 指数	第二次现代化 排名	第二次现代化 阶段[c]	综合现代化 指数	综合现代化 排名	国家阶段[d]	国家分组[e]
萨尔瓦多	71	6.3	94.4	62	3	30.0	76		41.1	69	3	3
埃及	72	93.8	90.0	73	3	27.1	83		33.9	80	3	4
中国	73	1371.2	99.2	50	3	41.1	50		44.4	63	3	3
阿尔及利亚	74	39.9	95.0	60	3	30.9	73		39.1	74	3	3
土库曼斯坦	75	5.6	84.7	85	3	22.0	91		30.2	85	3	4
突尼斯	76	11.3	94.4	63	3	33.3	66		41.7	67	3	3
阿尔巴尼亚	77	2.9	88.6	76	2	35.1	62		40.8	70	2	3
吉尔吉斯斯坦	78	6.0	86.6	81	3	27.4	82		32.3	83	3	4
塔吉克斯坦	79	8.5	75.8	92	2	20.0	100		29.1	87	2	4
玻利维亚	80	10.7	87.7	78	3	25.9	84		33.7	81	3	4
缅甸	81	52.4	73.3	94	3	19.7	104		19.8	109	3	4
菲律宾	82	101.7	92.0	69	3	29.6	78		40.0	73	3	4
泰国	83	68.7	89.0	74	3	34.5	63		36.9	76	3	3
纳米比亚	84	2.4	81.4	89	3	29.7	77		33.3	82	3	4
津巴布韦	85	15.8	64.1	106	2	19.4	106		20.1	107	2	4
洪都拉斯	86	9.0	86.1	82	3	23.8	86		29.3	86	3	4
尼加拉瓜	87	6.1	87.1	80	2	23.4	88		28.4	92	2	4
越南	88	91.7	83.6	88	2	29.5	79		30.6	84	2	4
肯尼亚	89	47.2	57.5	116	1	21.5	93		18.5	114	1	4
斯里兰卡	90	21.0	85.3	83	3	32.5	70		34.0	79	3	3
刚果(布)	91	5.0	72.6	95	3	21.0	95		26.8	94	3	4
印度尼西亚	92	258.2	84.9	84	3	28.1	81		28.9	88	3	4
赞比亚	93	16.1	65.2	105	2	19.4	105		22.4	102	2	4
危地马拉	94	16.3	92.6	67	3	25.6	85		34.8	78	3	3
毛里塔尼亚	95	4.2	58.6	113	2	17.4	118		19.3	111	2	4
科特迪瓦	96	23.1	57.9	114	1	18.5	108		21.0	104	1	4
印度	97	1309.1	77.5	90	2	20.0	99		24.7	98	2	4
巴基斯坦	98	189.4	68.1	101	2	18.5	111		23.2	100	2	4
莱索托	99	2.2	69.1	100	3	19.9	103		19.8	108	3	4
柬埔寨	100	15.5	63.2	109	2	19.2	107		17.8	116	2	4
喀麦隆	101	22.8	69.3	99	2	18.5	109		27.2	93	2	4
厄立特里亚	102	0.0	57.8	115	1	17.7	117		20.8	105	1	4
叙利亚	103	18.7	88.1	77	3	28.9	80		49.1	55	3	4
加纳	104	27.6	71.6	96	2	22.6	90		28.4	91	2	4
乍得	105	14.0	37.1	131	0	14.2	128		10.5	131	0	4
莫桑比克	106	28.0	50.6	122	1	18.0	113		15.8	119	1	4
几内亚	107	12.1	55.5	119	2	18.5	110		19.4	110	2	4
也门	108	26.9	70.6	97	3	20.0	97		26.2	95	3	4
巴布亚新几内亚	109	7.9	56.3	117	1	21.7	92		14.9	122	1	4
海地	110	10.7	64.0	107	2	15.9	122		20.7	106	2	4
尼泊尔	111	28.7	67.4	102	1	17.8	115		18.7	112	1	4
塞内加尔	112	15.0	65.5	104	2	20.4	96		21.9	103	2	4
塞拉利昂	113	7.2	42.6	129	0	16.7	120		12.6	129	0	4
刚果(金)	114	76.2	63.7	108	2	14.2	127		15.6	120	2	4
老挝	115	6.7	65.9	103	2	19.9	101		23.5	99	2	4
马拉维	116	17.6	47.7	126	1	17.8	114		13.5	126	1	4
多哥	117	7.4	56.0	118	1	15.9	121		14.0	124	1	4
马达加斯加	118	24.2	58.8	112	1	19.9	102		18.6	113	1	4
马里	119	17.5	48.3	125	1	15.3	126		17.6	117	1	4
尼日利亚	120	181.2	69.6	98	2	21.2	94		24.9	97	2	4
孟加拉国	121	161.2	76.8	91	2	20.2	98		25.0	96	2	4
坦桑尼亚	122	53.9	54.9	120	1	17.7	116		15.3	121	1	4
贝宁	123	10.6	61.5	110	2	18.3	112		22.6	101	2	4
尼日尔	124	19.9	38.9	130	1	14.1	129		13.3	127	1	4
安哥拉	125	27.9	74.3	93	3	23.7	87		28.5	90	3	4
乌干达	126	40.1	53.1	121	1	15.4	124		14.7	123	1	4
中非	127	4.5	47.0	127	1	13.8	131		16.2	118	1	4
布基纳法索	128	18.1	46.9	128	1	15.3	125		13.6	125	1	4
埃塞俄比亚	129	99.9	49.0	124	1	15.6	123		12.9	128	1	4
布隆迪	130	10.2	49.4	123	0	14.1	130		10.8	130	0	4
卢旺达	131	11.6	59.3	111	1	16.8	119		18.0	115	1	4
高收入国家		1182.93	100.0		4	99.7		2	100.0		6	
中等收入国家		5530.4	95.3		3	29.3			37.2		3	
低收入国家		641.9	55.4		1	15.7			15.1		1	
世界		7355.2	99.6		3	40.0			48.1		3	

注:a. 第一次现代化指数达到100%时,排名不分先后。b. 第一次现代化的阶段:4 代表过渡期,3 代表成熟期,2 代表发展期,1 代表起步期,0 代表传统农业社会。c. 第二次现代化的阶段:2 代表发展期,1 代表起步期。d. 国家阶段划分:0 代表传统农业社会,1 代表第一次现代化起步期,2 代表第一次现代化发展期,3 代表第一次现代化成熟期,4 代表第一次现代化过渡期,5 代表第二次现代化起步期,6 代表第二次现代化发展期,7 代表第二次现代化成熟期,8 代表第二次现代化过渡期。e. 国家分组为根据第二次现代化指数的分组,1 代表发达国家,2 代表中等发达国家,3 代表初等发达国家,4 代表欠发达国家。

附表 2-1-2　2015 年根据第二次现代化指数的国家分组

国家	编号	第二次现代化指数	第一次现代化指数	综合现代化指数	人均国民收入	2015 年分组[a]	2014 年分组[a]
瑞典	1	106.6	100.0	98.6	57 760	1	1
美国	2	107.3	100.0	96.9	56 250	1	1
芬兰	3	98.8	100.0	97.9	46 530	1	1
澳大利亚	4	93.1	100.0	91.7	60 330	1	1
瑞士	5	106.7	100.0	97.4	84 570	1	1
挪威	6	98.7	100.0	93.5	93 860	1	1
日本	7	96.8	100.0	94.7	38 780	1	1
丹麦	8	109.3	100.0	100.0	60 300	1	1
德国	9	98.0	100.0	94.1	45 790	1	1
荷兰	10	106.1	100.0	99.2	49 030	1	1
加拿大	11	90.3	100.0	89.3	47 250	1	1
新加坡	12	103.7	100.0	97.2	52 740	1	1
英国	13	99.0	100.0	91.6	43 720	1	1
法国	14	97.5	100.0	92.9	40 730	1	1
比利时	15	102.5	100.0	100.0	44 340	1	1
奥地利	16	95.1	100.0	94.9	47 610	1	1
新西兰	17	84.2	100.0	87.0	40 250	1	1
韩国	18	87.7	100.0	83.8	27 250	1	1
以色列	19	90.5	100.0	90.1	36 080	1	1
意大利	20	73.4	100.0	80.2	32 970	2	2
爱尔兰	21	101.3	100.0	95.3	51 290	1	1
西班牙	22	77.9	100.0	79.9	28 420	2	2
爱沙尼亚	23	63.9	100.0	67.2	18 300	2	2
斯洛文尼亚	24	70.6	99.9	73.3	22 250	2	2
乌拉圭	25	54.0	100.0	64.4	15 830	2	2
俄罗斯	26	53.9	100.0	61.3	11 660	2	2
斯洛伐克	27	56.4	100.0	65.5	17 560	2	2
希腊	28	72.2	100.0	70.3	20 270	2	2
匈牙利	29	62.2	100.0	68.6	12 960	2	2
捷克	30	63.5	100.0	71.7	18 130	2	2
葡萄牙	31	71.2	100.0	70.3	20 440	2	2
白俄罗斯	32	48.1	97.5	53.7	6720	3	3
拉脱维亚	33	57.8	100.0	64.6	14 970	2	2
立陶宛	34	59.7	100.0	65.8	15 120	2	2
格鲁吉亚	35	35.3	91.4	41.9	4120	3	3
乌克兰	36	37.7	93.1	47.2	2650	3	3
保加利亚	37	46.4	98.6	59.0	7480	3	3
黎巴嫩	38	44.7	99.2	56.4	8050	3	3
哈萨克斯坦	39	39.7	100.0	50.8	11 410	3	3
波兰	40	54.6	100.0	60.0	13 340	2	2
阿根廷	41	52.6	100.0	63.5	12 430	2	2
巴拿马	42	44.8	100.0	51.9	11 730	3	3
克罗地亚	43	56.3	100.0	62.4	12 810	2	2
沙特阿拉伯	44	52.8	100.0	67.4	23 860	2	2
哥伦比亚	45	42.3	98.2	51.3	7130	3	3
科威特	46	50.3	100.0	68.0	40 750	2	3
智利	47	51.1	100.0	58.0	14 340	2	2
马其顿	48	36.1	95.4	46.6	5100	3	3
阿塞拜疆	49	31.6	95.5	44.4	6550	3	3
摩尔多瓦	50	32.5	91.6	40.9	2230	3	3
罗马尼亚	51	44.7	100.0	51.5	9530	3	3
委内瑞拉	52	40.4	100.0	59.4	11 760	3	3
乌兹别克斯坦	53	23.2	83.8	27.8	2170	4	4
多米尼加	54	38.0	97.2	51.3	6240	3	3
亚美尼亚	55	32.6	90.9	46.3	4030	3	3
巴拉圭	56	32.8	92.6	39.2	4210	3	4
哥斯达黎加	57	50.2	100.0	55.4	10 570	2	2
巴西	58	47.0	100.0	57.2	10 080	3	3
墨西哥	59	38.3	100.0	50.9	9830	3	3
博茨瓦纳	60	34.1	88.6	35.8	6680	3	3
秘鲁	61	34.2	97.1	48.2	6150	3	3
牙买加	62	35.3	83.8	43.2	4730	3	3
约旦	63	36.3	94.5	49.9	3890	3	3
南非	64	30.6	92.0	40.3	6100	3	3
土耳其	65	46.2	100.0	54.6	12 000	3	3
厄瓜多尔	66	37.7	96.9	43.5	6000	3	3
伊朗	67	39.6	96.2	44.7	5340	3	3
蒙古	68	31.4	94.3	41.8	3850	3	3
摩洛哥	69	30.6	87.3	35.8	3000	3	3
马来西亚	70	44.9	100.0	50.0	10 450	3	3

(续表)

国家	编号	第二次现代化指数	第一次现代化指数	综合现代化指数	人均国民收入	2015 年分组[a]	2014 年分组[a]
萨尔瓦多	71	30.0	94.4	40.1	3840	3	4
埃及	72	27.1	90.0	37.9	3310	4	4
中国	73	41.1	99.2	42.3	7950	3	3
阿尔及利亚	74	30.9	95.0	40.9	4800	3	3
土库曼斯坦	75	22.0	84.7	31.6	7120	4	4
突尼斯	76	33.3	94.4	40.2	3930	3	3
阿尔巴尼亚	77	35.1	88.6	40.1	4290	3	3
吉尔吉斯斯坦	78	27.4	86.6	32.2	1180	4	4
塔吉克斯坦	79	20.0	75.5	24.3	1240	4	4
玻利维亚	80	25.9	87.7	32.7	3000	4	4
缅甸	81	19.7	73.3	18.7	1190	4	4
菲律宾	82	29.6	92.0	38.2	3520	4	4
泰国	83	34.5	89.0	36.4	5690	3	3
纳米比亚	84	29.7	81.4	31.8	5280	4	4
津巴布韦	85	19.4	64.1	17.8	890	4	4
洪都拉斯	86	23.8	86.1	28.4	2090	4	4
尼加拉瓜	87	23.4	87.1	28.9	2010	4	4
越南	88	29.5	83.6	30.7	1990	4	4
肯尼亚	89	21.5	57.5	21.0	1310	4	4
斯里兰卡	90	32.5	85.3	33.0	3750	3	3
刚果(布)	91	21.0	72.6	25.4	2350	4	4
印度尼西亚	92	28.1	84.9	29.0	3440	4	4
赞比亚	93	19.4	65.2	22.1	1560	4	4
危地马拉	94	25.6	92.6	33.2	3610	4	4
毛里塔尼亚	95	17.4	58.6	18.3	1230	4	4
科特迪瓦	96	18.5	57.9	19.3	1490	4	4
印度	97	20.0	77.5	23.6	1600	4	4
巴基斯坦	98	18.5	68.1	23.0	1430	4	4
莱索托	99	19.9	69.1	27.7	1320	4	4
柬埔寨	100	19.2	63.2	18.6	1070	4	4
喀麦隆	101	18.5	69.3	27.0	1470	4	4
厄立特里亚	102	17.7	57.8	19.8	520	4	4
叙利亚	103	28.9	88.1	41.4	1530	4	4
加纳	104	22.6	71.6	27.2	1470	4	4
乍得	105	14.2	37.1	11.8	880	4	4
莫桑比克	106	18.0	50.6	14.7	580	4	4
几内亚	107	18.5	55.5	14.8	690	4	4
也门	108	20.2	70.6	24.1	1140	4	4
巴布亚新几内亚	109	21.7	56.3	13.0	2920	4	4
海地	110	15.9	64.0	20.0	810	4	4
尼泊尔	111	17.8	67.4	18.5	740	4	4
塞内加尔	112	20.4	65.5	21.3	980	4	4
塞拉利昂	113	16.7	42.6	11.2	550	4	4
刚果(金)	114	14.2	63.7	15.8	430	4	4
老挝	115	19.9	65.9	21.5	2000	4	4
马拉维	116	17.8	47.7	13.0	340	4	4
多哥	117	15.9	56.0	13.4	540	4	4
马达加斯加	118	19.9	58.8	18.0	420	4	4
马里	119	15.3	48.3	16.9	790	4	4
尼日利亚	120	21.2	69.6	25.9	2850	4	4
孟加拉国	121	20.2	76.8	24.0	1190	4	4
坦桑尼亚	122	17.7	54.9	14.8	910	4	4
贝宁	123	18.3	61.5	21.6	870	4	4
尼日尔	124	14.1	38.9	13.0	390	4	4
安哥拉	125	23.7	74.3	27.4	4040	4	4
乌干达	126	15.4	53.1	13.9	670	4	4
中非	127	13.8	47.0	16.2	360	4	4
布基纳法索	128	15.3	46.9	12.7	620	4	4
埃塞俄比亚	129	15.6	49.0	12.3	600	4	4
布隆迪	130	14.1	49.4	9.2	280	4	4
卢旺达	131	16.8	59.3	15.1	710	4	4
高收入国家		99.7	100.0	100.0	42 123		
中等收入国家		29.3	95.3	36.3	4997		
低收入国家		15.7	55.4	14.3	622		
世界平均		40.0	99.6	47.5	10 582		

注：a. 1 代表发达国家，2 代表中等发达国家，3 代表初等发达国家，4 代表欠发达国家。

附表 2-2-1　2015 年世界第一次现代化指数

国家	编号	经济指标				社会指标				知识指标		指数	排名	达标个数
		人均国民收入	农业劳动力比例	农业增加值比例	服务业增加值比例	城市人口比例	医生比例	婴儿死亡率	预期寿命	成人识字率	大学入学率			
瑞典	1	100	100	100	100	100	100	100	100	100	100	100	1	10
美国	2	100	100	100	100	100	100	100	100	100	100	100	1	10
芬兰	3	100	100	100	100	100	100	100	100	100	100	100	1	10
澳大利亚	4	100	100	100	100	100	100	100	100	100	100	100	1	10
瑞士	5	100	100	100	100	100	100	100	100	100	100	100	1	10
挪威	6	100	100	100	100	100	100	100	100	100	100	100	1	10
日本	7	100	100	100	100	100	100	100	100	100	100	100	1	10
丹麦	8	100	100	100	100	100	100	100	100	100	100	100	1	10
德国	9	100	100	100	100	100	100	100	100	100	100	100	1	10
荷兰	10	100	100	100	100	100	100	100	100	100	100	100	1	10
加拿大	11	100	100	100	100	100	100	100	100	100	100	100	1	10
新加坡	12	100	100	100	100	100	100	100	100	—	100	100	1	9
英国	13	100	100	100	100	100	100	100	100	100	100	100	1	10
法国	14	100	100	100	100	100	100	100	100	100	100	100	1	10
比利时	15	100	100	100	100	100	100	100	100	100	100	100	1	10
奥地利	16	100	100	100	100	100	100	100	100	100	100	100	1	10
新西兰	17	100	100	100	100	100	100	100	100	100	100	100	1	10
韩国	18	100	100	100	100	100	100	100	100	100	100	100	1	10
以色列	19	100	100	100	100	100	100	100	100	100	100	100	1	10
意大利	20	100	100	100	100	100	100	100	100	100	100	100	1	10
爱尔兰	21	100	100	100	100	100	100	100	100	100	100	100	1	10
西班牙	22	100	100	100	100	100	100	100	100	100	100	100	1	10
爱沙尼亚	23	100	100	100	100	100	100	100	100	100	100	100	1	10
斯洛文尼亚	24	100	100	100	100	99	100	100	100	100	100	100	1	9
乌拉圭	25	100	100	100	100	100	100	100	100	100	100	100	1	10
俄罗斯	26	100	100	100	100	100	100	100	100	100	100	100	1	10
斯洛伐克	27	100	100	100	100	100	100	100	100	—	100	100	1	9
希腊	28	100	100	100	100	100	100	100	100	100	100	100	1	10
匈牙利	29	100	100	100	100	100	100	100	100	100	100	100	1	10
捷克	30	100	100	100	100	100	100	100	100	—	100	100	1	9
葡萄牙	31	100	100	100	100	100	100	100	100	100	100	100	1	10
白俄罗斯	32	77	100	100	100	100	100	100	100	—	100	97	53	8
拉脱维亚	33	100	100	100	100	100	100	100	100	100	100	100	1	10
立陶宛	34	100	100	100	100	100	100	100	100	100	100	100	1	10
格鲁吉亚	35	47	66	100	100	47	100	100	100	100	100	91	71	8
乌克兰	36	31	100	100	100	100	100	100	100	100	100	93	65	9
保加利亚	37	86	100	100	100	100	100	100	100	100	100	99	51	9
黎巴嫩	38	93	100	100	100	100	100	100	100	—	100	99	49	8
哈萨克斯坦	39	100	100	100	100	100	100	100	100	100	100	100	1	10
波兰	40	100	100	100	100	100	100	100	100	100	100	100	1	9
阿根廷	41	100	100	100	100	100	100	100	100	100	100	100	1	10
巴拿马	42	100	100	100	100	100	100	100	100	100	100	100	1	10
克罗地亚	43	100	100	100	100	100	100	100	100	100	100	100	1	10
沙特阿拉伯	44	100	100	100	100	100	100	100	100	100	100	100	1	10
哥伦比亚	45	82	100	100	100	100	100	100	100	100	100	98	52	9
科威特	46	100	100	100	100	100	100	100	100	100	100	100	1	10
智利	47	100	100	100	100	100	—	100	100	100	100	100	1	9
马其顿	48	59	100	100	100	100	100	100	100	—	100	95	59	8
阿塞拜疆	49	75	82	100	98	100	100	100	100	100	100	96	58	7
摩尔多瓦	50	26	100	100	100	90	100	100	100	100	100	92	70	8
罗马尼亚	51	100	100	100	100	100	100	100	100	100	100	100	1	10
委内瑞拉	52	100	100	100	100	100	—	100	100	100	100	100	1	9
乌兹别克斯坦	53	25	100	82	100	73	100	100	100	100	59	84	86	5
多米尼加	54	72	100	100	100	100	100	100	100	100	100	97	54	9
亚美尼亚	55	46	85	78	100	100	100	100	100	100	100	91	72	7
巴拉圭	56	49	100	78	100	100	100	100	100	100	100	93	66	8
哥斯达黎加	57	100	100	100	100	100	100	100	100	100	100	100	1	10
巴西	58	100	100	100	100	100	100	100	100	100	100	100	1	10
墨西哥	59	100	100	100	100	100	100	100	100	100	100	100	1	10
博茨瓦纳	60	77	100	100	100	38	88	94		—	100	89	75	5
秘鲁	61	71	100	100	100	100	100	100	100	—	100	97	55	9
牙买加	62	54	100	100	100	100	0	100	100	—	100	84	87	7
约旦	63	45	100	100	100	100	100	100	100	100	100	94	61	9
南非	64	70	100	100	100	77	85	88		100	100	92	68	6
土耳其	65	100	100	100	100	100	100	100	100	100	100	100	1	10
厄瓜多尔	66	69	100	100	100	100	100	100	100	100	100	97	56	9
伊朗	67	62	100	100	100	100	100	100	100	100	100	96	57	9
蒙古	68	44	100	100	100	100	100	100	99	100	100	94	64	8
摩洛哥	69	35	90	100	100	100	62	100	100	87	100	87	79	6
马来西亚	70	100	100	100	100	100	100	100	100	100	100	100	1	10

(续表)

国家	编号	经济指标				社会指标				知识指标		指数	排名	达标个数
		人均国民收入	农业劳动力比例[a]	农业增加值比例[a]	服务业增加值比例[a]	城市人口比例	医生比例[a]	婴儿死亡率	预期寿命	成人识字率	大学入学率[a]			
萨尔瓦多	71	44	100	100	100	100	100	100	100	100	100	94	62	9
埃及	72	38	100	100	100	86	81	100	100	94	100	90	73	6
中国	73	92	100	100	100	100	100	100	100	100	100	99	50	9
阿尔及利亚	74	55	100	100	100	100	100	100	100	—	100	95	60	8
土库曼斯坦	75	82	100	100	63	100	100	67	97	—	53	85	85	4
突尼斯	76	45	100	100	100	100	100	100	100	99	100	94	63	8
阿尔巴尼亚	77	49	71	66	100	100	100	100	100	100	100	89	76	7
吉尔吉斯斯坦	78	14	100	94	100	71	100	100	100	—	100	87	81	6
塔吉克斯坦	79	14	52	60	100	54	100	78	100	100	100	76	92	5
玻利维亚	80	35	98	100	100	100	47	98	98	100	100	88	78	5
缅甸	81	14	100	56	86	68	57	72	95	94	90	73	94	1
菲律宾	82	41	100	100	100	89	—	100	99	100	100	92	69	6
泰国	83	66	85	100	100	100	39	100	100	100	100	89	74	7
纳米比亚	84	61	99	100	100	93	37	87	91	100	46	81	89	3
津巴布韦	85	10	45	100	100	65	7	71	86	100	56	64	106	3
洪都拉斯	86	24	100	100	100	100	37	100	100	100	100	86	82	8
尼加拉瓜	87	23	100	82	100	100	91	100	100	—	—	87	80	5
越南	88	23	68	79	98	67	100	100	100	100	100	84	88	5
肯尼亚	89	15	48	45	100	51	20	82	95	98	20	57	116	1
斯里兰卡	90	43	100	100	100	37	73	100	100	100	100	85	83	7
刚果(布)	91	27	73	100	85	100	10	77	92	99	65	73	95	2
印度尼西亚	92	40	91	100	99	100	20	100	99	100	100	85	84	5
赞比亚	93	18	55	100	100	82	16	67	88	100	27	65	105	3
危地马拉	94	42	92	100	100	100	—	100	100	100	100	93	67	7
毛里塔尼亚	95	14	74	54	97	100	7	54	90	—	37	59	113	1
科特迪瓦	96	14	52	59	100	100	14	44	76	55	61	58	114	2
印度	97	18	65	86	100	65	73	83	98	87	100	77	90	2
巴基斯坦	98	16	69	60	100	78	81	46	95	71	66	68	101	1
莱索托	99	15	74	100	100	55	—	40	77	96	66	69	100	1
柬埔寨	100	12	68	52	92	41	17	100	98	—	87	63	109	1
喀麦隆	101	17	48	93	100	100	8	55	82	89	100	69	99	3
厄立特里亚	102	6	52	62	100	44	—	89	92	—	17	58	115	1
叙利亚	103	18	100	77	98	100	100	100	100	—	100	88	77	6
加纳	104	17	69	71	100	100	10	71	89	89	100	72	96	3
乍得	105	10	39	29	74	45	4	39	75	33	23	37	131	0
莫桑比克	106	7	40	60	100	64	6	54	82	—	43	51	122	1
几内亚	107	8	43	72	100	74	10	50	85	40	72	55	119	1
也门	108	13	100	100	94	69	31	69	92	—	66	71	97	2
巴布亚新几内亚	109	34	44	80	100	26	6	68	93	—	—	56	117	1
海地	110	9	63	—	—	100	—	57	90	—	—	64	107	1
尼泊尔	111	9	41	46	100	37	—	100	100	75	100	67	102	2
塞内加尔	112	11	57	89	100	87	6	86	95	54	69	65	104	1
塞拉利昂	113	6	44	25	78	80	2	35	73	41	—	43	129	1
刚果(金)	114	5	46	74	99	85	—	41	85	96	44	64	108	0
老挝	115	23	38	76	100	77	18	60	95	73	100	66	103	2
马拉维	116	4	43	50	100	33	2	73	89	78	5	48	126	1
多哥	117	6	48	37	90	80	5	58	86	80	71	56	118	0
马达加斯加	118	5	40	59	100	70	14	85	94	89	32	59	112	1
马里	119	9	52	36	85	80	9	43	82	41	46	48	125	0
尼日利亚	120	33	100	72	100	96	40	43	76	—	67	70	98	3
孟加拉国	121	14	70	97	100	69	39	100	100	91	90	77	91	3
坦桑尼亚	122	10	44	48	94	63	3	72	93	97	24	55	120	1
贝宁	123	10	69	59	100	88	15	46	87	41	100	61	110	2
尼日尔	124	4	48	42	81	37	2	57	85	19	11	39	130	0
安哥拉	125	47	48	100	49	88	—	53	87	83	62	74	93	2
乌干达	126	8	41	57	100	32	12	77	85	88	32	53	121	1
中非	127	4	41	35	92	80	—	33	73	46	18	47	127	0
布基纳法索	128	7	37	44	100	60	5	55	85	43	32	47	128	1
埃塞俄比亚	129	7	42	38	96	39	2	70	93	—	54	49	124	0
布隆迪	130	3	33	37	96	24	—	60	82	77	33	49	123	1
卢旺达	131	8	40	50	100	58	6	99	95	85	53	59	111	1
高收入国家		100	100	100	100	100	100	100	100	100	100	100		10
中等收入国家		58	96	100	100	100	100	100	100	100	100	95		8
低收入国家		7	44	49	100	61	20	57	89	75	51	55		1
世界平均		100	100	100	100	100	100	96	100	100	100	100		9

注：a. 为 2005~2015 年期间最近年的数据。

附表 2-2-2　2015 年世界第一次现代化评价指标

国家	编号	经济指标				社会指标				知识指标	
		人均国民收入	农业劳动力比例[a]	农业增加值比例[a]	服务业增加值比例[a]	城市人口比例	医生比例[a]	婴儿死亡率	预期寿命	成人识字率	大学入学率[a]
瑞典	1	57 760	2	1	74	86	4.1	2	83	99	62
美国	2	56 250	2	1	79	82	2.6	6	79	99	86
芬兰	3	46 530	4	3	70	84	3.0	2	81	99	87
澳大利亚	4	60 330	3	3	72	89	3.4	3	82	99	90
瑞士	5	84 570	4	1	73	74	4.1	4	83	99	58
挪威	6	93 860	2	2	64	80	4.4	2	82	99	77
日本	7	38 780	4	1	70	93	2.3	2	84	99	63
丹麦	8	60 300	3	1	76	88	3.6	4	81	99	83
德国	9	45 790	1	1	69	75	4.1	3	81	99	68
荷兰	10	49 030	2	2	78	90	3.4	3	82	99	79
加拿大	11	47 250	2	2	69	82	2.5	5	82	99	59
新加坡	12	52 740	0	0	74	100	1.9	2	83	97	—
英国	13	43 720	1	1	79	83	2.8	4	82	99	56
法国	14	40 730	3	2	79	80	3.2	3	83	99	64
比利时	15	44 340	1	1	77	98	3.0	3	81	99	75
奥地利	16	47 610	5	1	71	66	5.2	3	82	99	82
新西兰	17	40 250	6	7	71	86	2.9	5	81	99	84
韩国	18	27 250	5	2	59	82	2.2	3	82	99	93
以色列	19	36 080	1	1	78	92	3.6	3	82	99	65
意大利	20	32 970	4	2	74	69	3.9	3	83	99	62
爱尔兰	21	51 290	5	1	58	63	2.8	3	82	99	84
西班牙	22	28 420	4	3	74	80	3.8	3	83	98	90
爱沙尼亚	23	18 300	4	3	69	68	3.3	2	77	99	70
斯洛文尼亚	24	22 250	9	2	65	50	2.8	2	81	99	83
乌拉圭	25	15 830	9	7	64	95	3.7	8	77	99	56
俄罗斯	26	11 660	7	5	63	74	3.3	7	71	99	80
斯洛伐克	27	17 560	3	4	62	54	3.4	5	77	—	53
希腊	28	20 270	13	4	80	78	6.3	3	82	97	114
匈牙利	29	12 960	5	4	64	71	3.3	5	76	99	51
捷克	30	18 130	3	2	60	73	3.7	3	79	—	65
葡萄牙	31	20 440	8	2	75	63	4.4	3	82	94	62
白俄罗斯	32	6720	10	7	55	77	4.1	3	74	—	88
拉脱维亚	33	14 970	8	4	74	67	3.2	5	74	99	67
立陶宛	34	15 120	9	4	67	67	4.3	4	75	99	69
格鲁吉亚	35	4120	45	9	66	54	4.8	10	73	99	43
乌克兰	36	2650	15	14	60	70	3.0	8	71	99	82
保加利亚	37	7480	7	5	67	74	4.0	7	74	98	74
黎巴嫩	38	8050	8	4	79	88	2.4	7	79	—	38
哈萨克斯坦	39	11 410	18	5	63	53	3.3	11	72	99	46
波兰	40	13 340	11	2	63	61	2.3	4	78	—	68
阿根廷	41	12 430	2	6	66	92	3.8	10	76	98	83
巴拿马	42	11 730	15	3	69	67	1.6	15	78	94	39
克罗地亚	43	12 810	10	4	69	59	3.1	4	77	99	69
沙特阿拉伯	44	23 860	6	3	52	83	2.6	11	75	94	63
哥伦比亚	45	7130	14	7	60	76	1.9	14	74	94	56
科威特	46	40 750	3	0	48	98	1.9	8	75	96	27
智利	47	14 340	10	4	63	90	—	7	79	96	89
马其顿	48	5100	16	11	62	57	2.8	11	76	—	42
阿塞拜疆	49	6550	36	7	44	55	3.4	28	72	100	25
摩尔多瓦	50	2230	28	14	71	45	2.5	14	71	99	41
罗马尼亚	51	9530	26	5	61	55	2.7	8	75	99	53
委内瑞拉	52	11 760	12	6	53	89	—	14	74	97	78
乌兹别克斯坦	53	2170	30	18	47	36	2.5	23	71	100	9
多米尼加	54	6240	14	6	67	79	1.5	26	74	92	50
亚美尼亚	55	4030	35	19	52	63	2.8	13	74	100	44
巴拉圭	56	4210	20	19	51	60	1.3	18	73	95	35
哥斯达黎加	57	10 570	12	5	73	77	1.2	8	80	97	54
巴西	58	10 080	15	5	73	86	1.9	14	75	92	51
墨西哥	59	9830	14	4	64	79	2.1	13	77	94	30
博茨瓦纳	60	6680	26	2	64	57	0.4	34	66	—	28
秘鲁	61	6150	26	8	59	79	1.1	12	75	94	41
牙买加	62	4730	18	8	70	55	—	14	76	—	27
约旦	63	3890	2	4	66	84	2.7	16	74	98	45
南非	64	6100	6	2	69	65	0.8	36	62	94	19
土耳其	65	12 000	21	8	60	73	1.7	12	75	96	95
厄瓜多尔	66	6000	25	10	55	64	1.7	18	76	94	40
伊朗	67	5340	18	11	55	73	1.5	14	76	85	72
蒙古	68	3850	29	15	52	72	2.9	16	69	98	69
摩洛哥	69	3000	34	14	56	60	0.6	24	76	69	28
马来西亚	70	10 450	13	8	52	75	1.3	7	75	93	26

(续表)

国家	编号	经济指标				社会指标				知识指标	
		人均国民收入	农业劳动力比例[a]	农业增加值比例[a]	服务业增加值比例[a]	城市人口比例	医生比例	婴儿死亡率	预期寿命	成人识字率	大学入学率[a]
萨尔瓦多	71	3840	19	11	62	67	1.6	13	73	88	29
埃及	72	3310	26	11	53	43	0.8	20	71	75	36
中国	73	7950	29	9	50	56	1.9	9	76	95	43
阿尔及利亚	74	4800	11	13	49	71	1.2	22	76	—	37
土库曼斯坦	75	7120	19	15	29	50	2.3	45	68	—	8
突尼斯	76	3930	12	11	62	67	1.6	12	75	79	35
阿尔巴尼亚	77	4290	42	23	53	57	1.3	13	78	97	58
吉尔吉斯斯坦	78	1180	29	16	56	36	1.9	20	71	—	47
塔吉克斯坦	79	1240	58	25	47	27	1.7	38	71	99	26
玻利维亚	80	3000	31	13	54	69	0.5	31	69	92	39
缅甸	81	1190	26	27	39	34	0.6	41	66	76	14
菲律宾	82	3520	29	10	59	44	—	22	69	96	36
泰国	83	5690	35	9	55	50	0.4	11	75	93	49
纳米比亚	84	5280	30	6	62	47	0.4	35	64	88	7
津巴布韦	85	890	67	12	64	32	0.1	42	60	89	8
洪都拉斯	86	2090	30	14	59	55	0.4	17	73	88	22
尼加拉瓜	87	2010	25	18	55	59	0.9	17	75	—	—
越南	88	1990	44	19	44	34	1.2	18	76	90	29
肯尼亚	89	1310	63	33	48	26	0.2	37	67	79	3
斯里兰卡	90	3750	29	9	62	18	0.7	8	75	91	20
刚果(布)	91	2350	41	7	38	65	0.1	39	64	79	10
印度尼西亚	92	3440	33	14	45	54	0.2	23	69	95	24
赞比亚	93	1560	55	5	59	41	0.2	45	61	83	4
危地马拉	94	3610	33	11	61	52	—	25	73	81	22
毛里塔尼亚	95	1230	41	28	44	60	0.1	56	63	—	6
科特迪瓦	96	1490	57	26	46	54	0.1	68	53	44	9
印度	97	1600	46	17	53	33	0.7	36	68	69	27
巴基斯坦	98	1430	43	25	55	39	0.8	66	66	57	10
莱索托	99	1320	41	6	58	27	—	75	54	77	10
柬埔寨	100	1070	44	29	42	21	0.2	28	68	—	13
喀麦隆	101	1470	62	16	57	54	0.1	55	58	71	17
厄立特里亚	102	520	57	24	54	22	—	34	65	—	3
叙利亚	103	1530	17	19	44	58	1.5	14	70	—	44
加纳	104	1470	43	21	51	54	0.1	42	62	71	16
乍得	105	880	77	52	33	22	0.0	77	53	26	3
莫桑比克	106	580	75	25	53	32	0.1	55	58	—	6
几内亚	107	690	70	21	50	37	0.1	60	59	32	11
也门	108	1140	28	10	42	35	0.3	43	65	—	10
巴布亚新几内亚	109	2920	69	19	48	13	0.1	44	65	—	—
海地	110	810	48	—	—	59	—	52	63	—	—
尼泊尔	111	740	73	33	52	19	—	30	70	60	15
塞内加尔	112	980	53	17	59	44	0.1	35	67	43	10
塞拉利昂	113	550	68	61	35	40	0.0	86	51	32	—
刚果(金)	114	430	66	20	44	42	—	74	59	77	7
老挝	115	2000	80	20	49	39	0.2	50	66	58	17
马拉维	116	340	70	30	54	16	0.0	41	63	62	1
多哥	117	540	63	41	41	40	0.1	52	60	64	11
马达加斯加	118	420	75	26	59	35	0.1	35	66	72	5
马里	119	790	57	42	38	40	0.1	70	57	33	7
尼日利亚	120	2850	27	21	59	48	0.4	69	53	0	10
孟加拉国	121	1190	43	16	56	34	0.4	30	72	73	13
坦桑尼亚	122	910	68	31	42	32	0.0	42	65	78	4
贝宁	123	870	44	25	51	44	0.1	65	61	33	15
尼日尔	124	390	62	36	37	19	0.0	52	60	15	2
安哥拉	125	4040	4	6	22	44	—	57	61	66	9
乌干达	126	670	73	26	52	16	0.1	39	60	70	5
中非	127	360	73	42	41	40	—	91	51	37	3
布基纳法索	128	620	80	34	45	30	0.0	54	60	35	5
埃塞俄比亚	129	600	71	39	43	19	0.0	43	65	0	8
布隆迪	130	280	91	40	43	12	—	50	57	62	5
卢旺达	131	710	76	30	52	29	0.1	30	67	68	8
高收入国家		42 123	3	1	74	81	2.9	5	81	0	74
中等收入国家		4997	31	9	57	51	1.3	30	71	85	33
低收入国家		622	68	30	48	31	0.2	52	62	60	8
世界平均		10 582	30	4	69	54	1.5	31	72	86	36
标准值		8680	30	15	45	50	1.0	30	70	80	15

注:a. 为 2005~2015 年期间最近年的数据。

附表 2-2-3 2015 年世界第一次现代化发展阶段

国家	编号	信号指标				信号赋值				平均值	发展阶段ᵃ	第一次现代化指数
		农业增加产值占GDP比例	农业增加值/工业增加值	农业劳动力占总劳动力比例	农业劳动力/工业劳动力	农业增加产值占GDP比例	农业增加值/工业增加值	农业劳动力占总劳动力比例	农业劳动力/工业劳动力			
瑞典	1	1.4	0.06	1.9	0.10	4	4	4	4	4.0	4	100
美国	2	1.1	0.05	1.5	0.09	4	4	4	4	4.0	4	100
芬兰	3	2.5	0.09	4.3	0.20	4	4	4	4	3.8	4	100
澳大利亚	4	2.6	0.10	2.8	0.13	4	4	4	4	4.0	4	100
瑞士	5	0.7	0.03	3.5	0.17	4	4	4	4	4.0	4	100
挪威	6	1.7	0.05	2.2	0.11	4	4	4	4	4.0	4	100
日本	7	1.1	0.04	3.8	0.14	4	4	4	4	4.0	4	100
丹麦	8	0.9	0.04	2.5	0.13	4	4	4	4	4.0	4	100
德国	9	0.6	0.02	1.4	0.05	4	4	4	4	4.0	4	100
荷兰	10	1.8	0.09	2.3	0.14	4	4	4	4	4.0	4	100
加拿大	11	1.8	0.06	2.1	0.11	4	4	4	4	4.0	4	100
新加坡	12	0.0	0.00	0.3	0.02	4	4	4	4	4.0	4	100
英国	13	0.7	0.03	1.2	0.06	4	4	4	4	4.0	4	100
法国	14	1.8	0.09	2.8	0.14	4	4	4	4	4.0	4	100
比利时	15	0.8	0.03	1.2	0.06	4	4	4	4	4.0	4	100
奥地利	16	1.2	0.04	4.8	0.19	4	4	4	4	4.0	4	100
新西兰	17	6.8	0.31	6.1	0.28	3	3	4	3	3.3	4	100
韩国	18	2.3	0.06	5.2	0.21	4	4	4	3	3.8	4	100
以色列	19	1.3	0.06	1.1	0.06	4	4	4	4	4.0	4	100
意大利	20	2.2	0.10	3.6	0.13	4	4	4	4	4.0	4	100
爱尔兰	21	1.0	0.02	5.4	0.26	4	4	4	3	3.8	4	100
西班牙	22	2.8	0.12	4.1	0.21	4	4	4	3	3.8	4	100
爱沙尼亚	23	3.1	0.11	3.8	0.13	4	4	4	4	4.0	4	100
斯洛文尼亚	24	2.3	0.07	9.1	0.30	4	4	4	3	3.8	4	100
乌拉圭	25	7.0	0.24	8.8	0.43	3	3	4	3	3.3	3	100
俄罗斯	26	4.6	0.14	6.7	0.25	4	4	4	3	3.8	4	100
斯洛伐克	27	3.8	0.11	3.4	0.10	4	4	4	4	4.0	4	100
希腊	28	4.2	0.27	13.2	0.89	4	3	3	2	3.0	3	100
匈牙利	29	4.4	0.14	4.5	0.15	4	4	4	4	4.0	4	100
捷克	30	2.5	0.07	2.6	0.07	4	4	4	4	4.0	4	100
葡萄牙	31	2.4	0.10	8.3	0.35	4	4	4	3	3.8	4	100
白俄罗斯	32	7.2	0.19	9.5	0.29	3	4	4	3	3.5	4	97
拉脱维亚	33	4.1	0.19	7.6	0.32	4	4	4	3	3.8	4	100
立陶宛	34	3.6	0.12	9.1	0.36	4	4	4	3	3.8	4	100
格鲁吉亚	35	9.1	0.37	45.3	3.97	3	3	2	1	2.3	2	91
乌克兰	36	14.2	0.55	15.3	0.62	3	3	3	3	3.0	3	93
保加利亚	37	4.8	0.17	6.9	0.23	4	4	4	3	3.8	4	99
黎巴嫩	38	3.8	0.22	8.2	0.37	4	3	4	3	3.5	4	99
哈萨克斯坦	39	5.0	0.15	18.0	0.87	4	4	3	2	3.3	3	100
波兰	40	2.5	0.07	11.3	0.37	4	4	3	3	3.5	4	100
阿根廷	41	6.0	0.22	2.1	0.09	3	3	4	4	3.5	4	100
巴拿马	42	2.9	0.10	15.3	0.77	4	4	3	3	3.5	4	100
克罗地亚	43	4.2	0.16	9.5	0.35	4	4	4	3	3.8	4	100
沙特阿拉伯	44	2.6	0.06	6.1	0.27	4	4	4	3	3.8	4	100
哥伦比亚	45	6.6	0.20	13.7	0.81	3	3	3	2	2.8	3	98
科威特	46	0.5	0.01	2.7	0.10	4	4	4	4	4.0	4	100
智利	47	4.3	0.13	9.6	0.42	4	4	4	3	3.8	4	100
马其顿	48	11.4	0.43	16.4	0.55	3	3	3	3	3.0	3	95
阿塞拜疆	49	6.8	0.14	36.4	2.58	3	4	2	1	2.5	3	96
摩尔多瓦	50	14.4	1.00	28.4	0.89	3	2	3	2	2.5	3	92
罗马尼亚	51	4.8	0.14	26.4	0.91	4	4	3	2	3.3	4	100
委内瑞拉	52	5.6	0.13	12.1	0.46	4	4	3	3	3.5	4	100
乌兹别克斯坦	53	18.2	0.53	30.1	1.26	2	3	2	2	2.3	2	84
多米尼加	54	5.8	0.21	13.8	0.80	3	3	3	2	2.8	3	97
亚美尼亚	55	19.3	0.67	35.3	2.22	2	3	2	1	2.0	2	91
巴拉圭	56	19.2	0.65	20.1	1.03	2	3	3	2	2.5	3	93
哥斯达黎加	57	5.4	0.24	12.3	0.64	3	3	3	3	3.0	3	100
巴西	58	5.0	0.22	14.9	0.69	4	3	3	3	3.3	4	100
墨西哥	59	3.6	0.11	13.5	0.54	4	4	3	3	3.5	4	100
博茨瓦纳	60	2.4	0.07	26.4	1.77	4	4	3	1	3.0	3	89
秘鲁	61	7.8	0.24	25.6	1.44	3	3	3	2	2.8	3	97
牙买加	62	7.5	0.33	18.2	1.21	3	3	3	2	2.8	3	84
约旦	63	4.2	0.14	2.0	0.11	4	4	4	4	4.0	4	94
南非	64	2.3	0.08	6.2	0.23	4	4	4	3	3.8	4	92
土耳其	65	7.8	0.25	20.5	0.74	3	3	3	3	3.0	3	100
厄瓜多尔	66	10.2	0.30	25.0	1.30	3	3	3	2	2.8	3	97
伊朗	67	10.8	0.32	18.0	0.55	3	3	3	3	3.0	3	96
蒙古	68	14.5	0.43	28.5	1.40	3	3	2	2	2.5	3	94
摩洛哥	69	14.3	0.48	33.5	1.63	3	3	2	2	2.5	3	87
马来西亚	70	8.5	0.22	12.5	0.45	3	3	3	3	3.0	3	100

(续表)

国家	编号	信号指标				信号赋值				平均值	发展阶段[a]	第一次现代化指数
		农业增加产值占GDP比例	农业增加值/工业增加值	农业劳动力占总劳动力比例	农业劳动力/工业劳动力	农业增加产值占GDP比例	农业增加值/工业增加值	农业劳动力占总劳动力比例	农业劳动力/工业劳动力			
萨尔瓦多	71	11.1	0.42	19.0	0.94	3	3	3	2	2.8	3	94
埃及	72	11.3	0.31	25.8	1.03	3	3	3	2	2.8	3	90
中国	73	8.8	0.22	28.9	1.22	3	3	3	2	2.8	3	99
阿尔及利亚	74	12.6	0.32	11.4	0.32	3	3	3	3	3.0	3	95
土库曼斯坦	75	14.5	0.30	18.5	0.49	3	3	3	3	2.8	3	85
突尼斯	76	11.0	0.40	11.9	0.40	3	3	3	3	3.0	3	94
阿尔巴尼亚	77	22.9	0.95	42.3	2.34	2	2	2	1	1.8	2	89
吉尔吉斯斯坦	78	15.9	0.56	29.3	1.40	2	3	3	2	2.5	3	87
塔吉克斯坦	79	25.0	0.89	57.7	4.47	2	2	1	1	1.5	2	76
玻利维亚	80	13.2	0.41	30.5	1.46	3	3	2	2	2.5	3	88
缅甸	81	26.8	0.78	26.2	1.87	2	3	3	2	2.5	3	73
菲律宾	82	10.3	0.33	29.2	1.80	3	3	3	2	2.8	3	92
泰国	83	8.7	0.24	35.3	1.58	3	3	2	2	2.5	3	89
纳米比亚	84	6.5	0.21	30.4	2.07	3	3	2	1	2.3	2	81
津巴布韦	85	11.6	0.48	67.1	9.19	3	3	1	0	1.8	2	64
洪都拉斯	86	13.6	0.49	30.0	1.39	2	3	2	2	2.5	3	86
尼加拉瓜	87	18.2	0.67	24.9	1.72	2	3	2	2	2.3	2	87
越南	88	18.9	0.51	44.0	1.97	2	3	2	2	2.3	2	84
肯尼亚	89	33.3	1.74	62.6	7.45	1	2	1	0	1.0	1	57
斯里兰卡	90	8.8	0.30	28.5	1.08	3	3	3	2	2.8	3	85
刚果(布)	91	7.2	0.13	41.2	1.57	3	4	2	2	2.8	3	73
印度尼西亚	92	13.9	0.34	32.9	1.48	3	3	2	2	2.5	3	85
赞比亚	93	5.3	0.15	54.9	5.38	3	4	1	0	2.0	2	65
危地马拉	94	11.1	0.40	32.6	1.76	3	3	2	2	2.5	3	93
毛里塔尼亚	95	27.7	0.97	40.6	4.23	2	2	2	1	2.0	2	59
科特迪瓦	96	25.5	0.88	57.2	10.40	2	2	1	0	1.3	1	58
印度	97	17.5	0.59	46.0	1.90	2	3	2	2	2.3	2	77
巴基斯坦	98	25.1	1.25	43.4	2.20	2	2	2	1	1.8	2	68
莱索托	99	5.5	0.15	40.6	2.05	3	4	2	1	2.5	2	69
柬埔寨	100	28.6	0.96	44.1	2.26	2	2	2	1	1.8	2	63
喀麦隆	101	16.1	0.59	62.4	7.17	2	3	1	0	1.5	2	69
厄立特里亚	102	24.2	1.10	57.3	7.85	2	2	1	0	1.3	1	58
叙利亚	103	19.5	0.54	17.4	0.45	2	3	3	3	2.8	3	88
加纳	104	21.0	0.76	43.4	3.01	2	3	2	1	2.0	2	72
乍得	105	52.4	3.69	76.5	36.43	0	1	1	0	0.5	0	37
莫桑比克	106	25.2	1.17	75.3	18.37	2	2	1	0	1.3	1	51
几内亚	107	20.8	0.72	69.6	9.94	2	3	1	0	1.5	2	55
也门	108	9.8	0.20	71.0	1.64	3	3	3	2	2.8	3	71
巴布亚新几内亚	109	18.8	0.56	68.7	12.05	2	2	1	0	1.3	1	56
海地	110	—	—	47.6	3.87	—	—	2	1	1.5	2	64
尼泊尔	111	33.0	2.14	72.9	6.69	1	1	1	0	0.8	1	67
塞内加尔	112	16.9	0.71	52.6	2.58	2	3	1	1	1.8	2	65
塞拉利昂	113	60.5	13.28	68.4	10.86	0	0	1	0	0.3	0	43
刚果(金)	114	20.4	0.58	65.6	10.93	2	3	1	0	1.5	2	64
老挝	115	19.7	0.64	79.6	20.41	2	3	1	0	1.5	2	66
马拉维	116	29.7	1.86	69.9	14.87	2	2	1	0	1.3	1	48
多哥	117	40.7	2.30	63.1	7.34	1	1	1	0	0.8	1	56
马达加斯加	118	25.6	1.63	74.5	8.19	2	2	1	0	1.3	1	59
马里	119	42.0	2.13	57.3	3.85	1	1	1	1	1.0	1	48
尼日利亚	120	20.9	1.02	27.2	1.81	2	2	3	2	2.3	2	70
孟加拉国	121	15.5	0.55	42.9	2.29	2	3	2	1	2.0	2	77
坦桑尼亚	122	31.5	1.19	67.7	10.75	1	2	1	0	1.0	1	55
贝宁	123	25.3	1.09	43.6	4.27	2	2	2	1	1.8	2	61
尼日尔	124	35.7	1.80	62.4	4.33	1	2	1	1	1.3	1	39
安哥拉	125	5.7	0.08	4.2	0.11	3	4	1	4	3.0	3	74
乌干达	126	26.1	1.20	72.7	10.10	2	2	1	0	1.3	1	53
中非	127	42.4	2.58	72.6	16.88	1	1	1	0	0.8	1	47
布基纳法索	128	33.7	1.59	80.3	16.39	1	2	1	0	0.8	1	47
埃塞俄比亚	129	39.2	2.21	71.4	8.93	1	1	1	0	0.8	1	49
布隆迪	130	40.4	2.46	91.2	35.08	1	1	0	0	0.5	0	49
卢旺达	131	30.2	1.65	75.6	10.65	1	2	1	0	1.0	1	59
高收入国家		1.4	0.06	3.2	0.14	4	4	4	4	4.0	4	100
中等收入国家		9.2	0.27	31.4	1.38	3	3	2	2	2.5	3	95
低收入国家		30.4	1.41	68.3	8.04	1	2	1	0	1.0	1	55
世界平均		3.8	0.14	29.5	1.37	4	4	3	2	3.3	3	100

注：a. 4代表第一次现代化的过渡期，3代表成熟期，2代表发展期，1代表起步期，0代表传统农业社会。

附表 2-2-4　世界第一次现代化指数的增长率和预期完成时间

国家	编号	2000 年指数	2015 年指数	2000～2015 年年均增长率	指数达到 100 需要的年数（按 2000～2015 年速度）
瑞典	1	100.0	100.0	0.0	
美国	2	100.0	100.0	0.0	
芬兰	3	100.0	100.0	0.0	
澳大利亚	4	100.0	100.0	0.0	
瑞士	5	100.0	100.0	0.0	
挪威	6	100.0	100.0	0.0	
日本	7	100.0	100.0	0.0	
丹麦	8	100.0	100.0	0.0	
德国	9	100.0	100.0	0.0	
荷兰	10	100.0	100.0	0.0	
加拿大	11	100.0	100.0	0.0	
新加坡	12	100.0	100.0	0.0	
英国	13	100.0	100.0	0.0	
法国	14	100.0	100.0	0.0	
比利时	15	100.0	100.0	0.0	
奥地利	16	100.0	100.0	0.0	
新西兰	17	100.0	100.0	0.0	
韩国	18	100.0	100.0	0.0	
以色列	19	100.0	100.0	0.0	
意大利	20	100.0	100.0	0.0	
爱尔兰	21	100.0	100.0	0.0	
西班牙	22	100.0	100.0	0.0	
爱沙尼亚	23	95.1	100.0	0.3	0
斯洛文尼亚	24	100.0	99.9	0.0	
乌拉圭	25	99.4	100.0	0.0	0
俄罗斯	26	91.0	100.0	0.6	0
斯洛伐克	27	95.3	100.0	0.3	0
希腊	28	100.0	100.0	0.0	
匈牙利	29	97.4	100.0	0.2	0
捷克	30	98.0	100.0	0.1	0
葡萄牙	31	100.0	100.0	0.0	
白俄罗斯	32	92.5	97.5	0.4	7
拉脱维亚	33	94.6	100.0	0.4	0
立陶宛	34	94.6	100.0	0.4	0
格鲁吉亚	35	82.1	91.4	0.7	13
乌克兰	36	89.8	93.1	0.2	31
保加利亚	37	92.4	98.6	0.4	3
黎巴嫩	38	95.9	99.2	0.2	4
哈萨克斯坦	39	90.4	100.0	0.7	0
波兰	40	96.2	100.0	0.3	0
阿根廷	41	100.0	100.0	0.0	
巴拿马	42	94.5	100.0	0.4	0
克罗地亚	43	96.9	100.0	0.2	0
沙特阿拉伯	44	99.3	100.0	0.0	0
哥伦比亚	45	92.4	98.2	0.4	4
科威特	46	100.0	100.0	0.0	
智利	47	97.2	100.0	0.2	0
马其顿	48	92.0	95.4	0.2	20
阿塞拜疆	49	84.0	95.5	0.9	5
摩尔多瓦	50	78.9	91.6	1.0	9
罗马尼亚	51	88.7	100.0	0.8	0
委内瑞拉	52	96.4	100.0	0.2	0
乌兹别克斯坦	53	77.0	83.8	0.6	31
多米尼加	54	89.6	97.2	0.5	5
亚美尼亚	55	81.7	90.9	0.7	13
巴拉圭	56	88.4	92.6	0.3	24
哥斯达黎加	57	94.4	100.0	0.4	0
巴西	58	93.9	100.0	0.4	0
墨西哥	59	97.9	100.0	0.1	0
博茨瓦纳	60	70.2	88.6	1.6	8
秘鲁	61	91.9	97.1	0.4	8
牙买加	62	90.0	83.8	−0.5	
约旦	63	91.9	94.5	0.2	30
南非	64	80.0	92.0	0.9	9
土耳其	65	88.4	100.0	0.8	0
厄瓜多尔	66	91.0	96.9	0.4	7
伊朗	67	84.4	96.2	0.9	5
蒙古	68	77.8	94.3	1.3	5
摩洛哥	69	74.9	87.3	1.0	13
马来西亚	70	90.6	100.0	0.7	0

(续表)

国家	编号	2000年指数	2015年指数	2000~2015年年均增长率	指数达到100需要的年数（按2000~2015年速度）
萨尔瓦多	71	92.3	94.4	0.2	38
埃及	72	83.9	90.0	0.5	23
中国	73	76.1	99.2	1.8	1
阿尔及利亚	74	85.1	95.0	0.7	7
土库曼斯坦	75	71.6	84.7	1.1	15
突尼斯	76	89.2	94.4	0.4	15
阿尔巴尼亚	77	75.1	88.6	1.1	11
吉尔吉斯斯坦	78	70.9	86.6	1.3	11
塔吉克斯坦	79	77.6	75.8	−0.2	
玻利维亚	80	78.6	87.7	0.7	18
缅甸	81	55.1	73.3	1.9	16
菲律宾	82	88.4	92.0	0.3	31
泰国	83	77.1	89.0	1.0	12
纳米比亚	84	65.2	81.4	1.5	14
津巴布韦	85	63.7	64.1	0.0	
洪都拉斯	86	81.8	86.1	0.3	43
尼加拉瓜	87	75.8	87.1	0.9	15
越南	88	66.3	83.6	1.6	12
肯尼亚	89	57.6	57.5	0.0	
斯里兰卡	90	71.7	85.3	1.2	14
刚果(布)	91	63.0	72.6	0.9	34
印度尼西亚	92	67.7	84.9	1.5	11
赞比亚	93	50.2	65.2	1.8	25
危地马拉	94	77.8	92.6	1.2	7
毛里塔尼亚	95	53.0	58.6	0.7	80
科特迪瓦	96	51.4	57.9	0.8	69
印度	97	58.6	77.5	1.9	14
巴基斯坦	98	60.2	68.1	0.8	47
莱索托	99	50.7	69.1	2.1	18
柬埔寨	100	44.3	63.2	2.4	19
喀麦隆	101	52.1	69.3	1.9	19
厄立特里亚	102	48.2	57.8	1.2	45
叙利亚	103	79.0	88.1	0.7	17
加纳	104	55.1	71.6	1.8	19
乍得	105	43.1	37.1	−1.0	
莫桑比克	106	48.5	50.6	0.3	240
几内亚	107	47.5	55.5	1.0	57
也门	108	56.2	70.6	1.5	23
巴布亚新几内亚	109	45.6	56.3	1.4	41
海地	110	53.5	64.0	1.2	37
尼泊尔	111	38.8	67.4	3.8	11
塞内加尔	112	54.5	65.5	1.2	35
塞拉利昂	113	34.4	42.6	1.4	60
刚果(金)	114	42.4	63.7	2.7	17
老挝	115	38.5	65.9	3.7	12
马拉维	116	37.0	47.7	1.7	44
多哥	117	46.2	56.0	1.3	45
马达加斯加	118	46.7	58.8	1.6	34
马里	119	37.3	48.3	1.7	42
尼日利亚	120	49.9	69.6	2.2	16
孟加拉国	121	50.7	76.8	2.8	10
坦桑尼亚	122	42.0	54.9	1.8	34
贝宁	123	46.2	61.5	1.9	26
尼日尔	124	36.8	38.9	0.4	262
安哥拉	125	39.5	74.3	4.3	7
乌干达	126	39.2	53.1	2.1	31
中非	127	37.8	47.0	1.5	52
布基纳法索	128	38.7	46.9	1.3	59
埃塞俄比亚	129	33.0	49.0	2.7	27
布隆迪	130	31.1	49.4	3.1	23
卢旺达	131	33.7	59.3	3.8	14
高收入国家		100.0	100.0	0.0	
中等收入国家		92.6	95.3	0.2	25
低收入国家		57.6	55.4	−0.3	
世界平均		89.4	99.6	0.7	1

附表 2-2-5　1950～2015 年世界第一次现代化指数

国家	编号	1950	1960	1970	1980	1990	2000	2010	2014	2015
瑞典	1	80.6	95.5	100.0	100.0	100.0	100.0	100.0	100.0	100.0
美国	2	100.0	100.0	100.0	100.0	100.0	100.0	100.0	100.0	100.0
芬兰	3	60.6	84.3	100.0	100.0	100.0	100.0	100.0	100.0	100.0
澳大利亚	4	85.9	98.7	100.0	100.0	100.0	100.0	100.0	100.0	100.0
瑞士	5	83.6	93.3	100.0	100.0	100.0	100.0	100.0	100.0	100.0
挪威	6	85.4	91.1	100.0	100.0	100.0	100.0	100.0	100.0	100.0
日本	7	62.6	88.5	100.0	100.0	100.0	100.0	100.0	100.0	100.0
丹麦	8	83.7	96.7	100.0	100.0	100.0	100.0	100.0	100.0	100.0
德国	9	75.1	91.9	100.0	100.0	100.0	100.0	100.0	100.0	100.0
荷兰	10	80.3	96.6	100.0	100.0	100.0	100.0	100.0	100.0	100.0
加拿大	11	90.0	100.0	100.0	100.0	100.0	100.0	100.0	100.0	100.0
新加坡	12	54.6	76.8	90.2	94.3	94.2	100.0	100.0	100.0	100.0
英国	13	83.6	96.0	100.0	100.0	100.0	100.0	100.0	100.0	100.0
法国	14	76.2	96.7	100.0	100.0	100.0	100.0	100.0	100.0	100.0
比利时	15	82.8	95.4	100.0	100.0	100.0	100.0	100.0	100.0	100.0
奥地利	16	72.6	89.6	100.0	100.0	100.0	100.0	100.0	100.0	100.0
新西兰	17	84.7	98.3	100.0	100.0	100.0	100.0	100.0	100.0	100.0
韩国	18	34.6	51.5	70.6	86.6	97.3	100.0	100.0	100.0	100.0
以色列	19	84.5	95.5	91.5	100.0	100.0	100.0	100.0	100.0	100.0
意大利	20	63.0	86.8	100.0	100.0	100.0	100.0	100.0	100.0	100.0
爱尔兰	21	64.6	85.4	96.3	100.0	100.0	100.0	100.0	100.0	100.0
西班牙	22	58.2	73.1	95.4	100.0	100.0	100.0	100.0	100.0	100.0
爱沙尼亚	23	—	—	—	—	—	95.1	100.0	100.0	100.0
斯洛文尼亚	24	—	—	—	—	—	100.0	100.0	99.9	99.9
乌拉圭	25	—	80.8	85.5	95.9	94.4	99.4	100.0	100.0	100.0
俄罗斯	26	—	90.1	—	—	—	91.0	99.8	100.0	100.0
斯洛伐克	27	—	—	—	—	—	95.3	100.0	100.0	100.0
希腊	28	63.4	73.9	91.6	99.6	98.8	100.0	100.0	100.0	100.0
匈牙利	29	72.3	79.4	91.9	94.8	94.9	97.4	100.0	100.0	100.0
捷克	30	—	—	100.0	95.8	93.3	98.0	100.0	100.0	100.0
葡萄牙	31	48.2	59.6	73.4	85.8	95.4	100.0	100.0	100.0	100.0
白俄罗斯	32	—	—	—	—	—	92.5	97.2	98.5	97.5
拉脱维亚	33	—	—	—	—	97.5	94.6	100.0	100.0	100.0
立陶宛	34	—	—	—	—	—	94.6	100.0	100.0	100.0
格鲁吉亚	35	—	—	—	92.2	—	82.1	89.0	90.8	91.4
乌克兰	36	—	—	—	—	—	89.8	93.7	94.1	93.1
保加利亚	37	—	81.4	94.9	96.8	86.7	92.4	97.9	99.0	98.6
黎巴嫩	38	—	77.1	85.2	92.8	—	95.9	100.0	99.3	99.2
哈萨克斯坦	39	—	—	—	—	—	90.4	99.1	100.0	100.0
波兰	40	49.9	80.2	95.4	100.0	92.5	96.2	100.0	100.0	100.0
阿根廷	41	80.7	85.5	91.2	94.5	93.3	100.0	100.0	100.0	100.0
巴拿马	42	48.1	62.9	82.6	94.4	93.6	94.5	98.6	100.0	100.0
克罗地亚	43	—	—	—	—	—	96.9	100.0	100.0	100.0
沙特阿拉伯	44	—	27.5	51.7	65.8	90.8	99.3	97.4	99.1	100.0
哥伦比亚	45	35.8	54.2	65.8	77.6	87.3	92.4	87.9	99.3	98.2
科威特	46	—	76.8	88.5	91.1	98.1	100.0	100.0	97.8	100.0
智利	47	68.4	73.1	76.6	91.6	85.5	97.2	100.0	100.0	100.0
马其顿	48	—	—	—	—	—	92.0	95.8	96.0	95.4
阿塞拜疆	49	—	—	—	—	—	84.0	88.6	95.0	95.5
摩尔多瓦	50	—	—	—	—	—	78.9	91.1	91.7	91.6
罗马尼亚	51	—	67.7	82.4	90.3	83.4	88.7	99.8	100.0	100.0
委内瑞拉	52	52.0	74.6	89.3	95.5	93.6	96.4	99.3	100.0	100.0
乌兹别克斯坦	53	—	—	—	—	—	77.0	77.7	80.7	83.8
多米尼加	54	39.6	47.7	61.9	75.6	81.7	89.6	95.4	97.1	97.2
亚美尼亚	55	—	—	—	—	—	81.7	88.3	90.3	90.9
巴拉圭	56	46.8	55.5	69.1	67.8	72.7	88.4	89.0	92.4	92.6
哥斯达黎加	57	55.3	57.5	72.8	89.5	92.2	94.4	98.4	100.0	100.0
巴西	58	52.8	59.3	72.1	80.8	86.6	93.9	100.0	100.0	100.0
墨西哥	59	52.9	64.4	79.0	87.8	91.0	97.9	100.0	100.0	100.0
博茨瓦纳	60	—	25.3	29.1	47.2	65.6	70.2	84.0	89.2	88.6
秘鲁	61	35.6	59.3	71.9	79.1	82.1	91.9	94.8	97.4	97.1
牙买加	62	47.0	67.9	77.9	80.8	82.8	90.0	100.0	95.6	83.8
约旦	63	—	43.9	55.4	85.4	86.5	91.9	95.2	95.3	94.5
南非	64	55.7	62.6	76.1	78.2	80.0	80.0	91.9	92.6	92.0
土耳其	65	34.3	45.0	53.7	60.9	79.0	88.4	100.0	100.0	100.0
厄瓜多尔	66	48.1	53.2	64.7	81.6	85.9	91.0	94.8	97.2	96.9
伊朗	67	—	41.6	56.6	71.8	64.8	84.4	98.9	96.5	96.2
蒙古	68	—	66.2	—	87.4	86.7	77.8	88.8	93.5	94.3
摩洛哥	69	35.7	40.6	48.5	54.1	65.7	74.9	82.5	85.8	87.3
马来西亚	70	—	46.5	55.4	68.5	76.5	90.6	99.0	100.0	100.0

(续表)

国家	编号	1950	1960	1970	1980	1990	2000	2010	2014	2015
萨尔瓦多	71	43.4	47.0	54.0	60.4	81.4	92.3	94.2	94.5	94.4
埃及	72	32.5	48.4	60.5	71.5	73.1	83.9	90.2	91.7	90.0
中国	73	26.1	36.5	39.9	53.9	63.0	76.1	92.3	98.8	99.2
阿尔及利亚	74	38.3	43.4	54.3	71.8	79.8	85.1	90.5	96.0	95.0
土库曼斯坦	75	—	—	—	—	—	71.6	86.0	84.5	84.7
突尼斯	76	—	42.9	54.5	67.6	78.0	89.2	94.3	94.9	94.4
阿尔巴尼亚	77	—	48.3	—	58.4	—	75.1	89.6	86.8	88.6
吉尔吉斯斯坦	78	—	—	—	—	—	70.9	84.6	86.8	86.6
塔吉克斯坦	79	—	—	—	—	—	77.6	76.0	77.7	75.8
玻利维亚	80	36.7	44.6	61.0	61.4	72.3	78.6	86.0	85.1	87.7
缅甸	81	—	39.8	24.5	40.3	—	55.1	77.7	68.6	73.3
菲律宾	82	43.0	58.2	52.9	61.0	70.8	88.4	89.6	91.8	92.0
泰国	83	37.0	41.2	55.3	62.2	73.5	77.1	81.7	87.7	89.0
纳米比亚	84	—	—	—	—	64.3	65.2	81.2	81.8	81.4
津巴布韦	85	—	43.5	47.5	52.5	59.1	63.7	68.2	61.3	64.1
洪都拉斯	86	31.0	39.8	51.9	56.9	66.3	81.8	90.0	84.7	86.1
尼加拉瓜	87	—	49.2	65.0	70.0	—	75.8	86.8	87.0	87.1
越南	88	—	36.8	—	—	—	66.3	79.1	82.4	83.6
肯尼亚	89	24.0	30.8	36.6	42.0	48.5	57.6	59.3	57.1	57.5
斯里兰卡	90	—	50.2	54.3	52.5	66.3	71.7	80.0	84.6	85.3
刚果（布）	91	—	41.2	55.4	62.1	64.3	63.0	60.0	72.3	72.6
印度尼西亚	92	15.9	29.9	40.6	43.5	58.5	67.7	82.0	84.2	84.9
赞比亚	93	—	42.3	47.2	51.9	52.0	50.2	55.5	69.9	65.2
危地马拉	94	27.4	45.7	46.4	61.7	64.8	77.8	80.9	92.4	92.6
毛里塔尼亚	95	—	26.2	32.3	43.9	53.0	53.0	56.0	57.5	58.6
科特迪瓦	96	—	—	37.1	53.6	51.5	51.4	59.0	57.5	57.9
印度	97	30.4	33.4	38.7	43.7	51.4	58.6	71.4	76.0	77.5
巴基斯坦	98	19.6	34.0	42.0	44.6	49.0	60.2	65.8	68.2	68.1
莱索托	99	—	22.8	33.9	49.4	53.9	50.7	62.9	69.3	69.1
柬埔寨	100	—	24.6	—	—	—	44.3	58.7	66.4	63.2
喀麦隆	101	—	35.0	34.9	47.8	51.7	52.1	70.8	71.0	69.3
厄立特里亚	102	—	—	—	—	—	48.2	62.2	61.2	57.8
叙利亚	103	—	47.7	61.8	74.6	79.1	79.0	88.9	89.3	88.1
加纳	104	—	36.7	38.9	42.3	53.0	55.1	61.9	70.7	71.6
乍得	105	—	25.9	28.2	36.7	37.9	43.1	49.3	41.4	37.1
莫桑比克	106	—	23.8	12.9	23.4	36.2	48.5	47.5	51.5	50.6
几内亚	107	—	15.0	—	26.8	43.6	47.5	51.7	53.3	55.5
也门	108	—	18.7	—	25.6	60.7	56.2	66.7	69.6	70.6
巴布亚新几内亚	109	—	31.2	35.7	39.3	47.9	45.6	45.8	47.3	56.3
海地	110	17.1	30.9	30.2	30.5	47.0	53.5	60.3	65.1	64.0
尼泊尔	111	—	16.2	23.0	26.1	31.5	38.8	59.5	67.4	67.4
塞内加尔	112	—	34.5	41.7	46.5	47.8	54.5	64.5	63.6	65.5
塞拉利昂	113	—	19.3	39.4	38.2	41.5	34.4	40.7	43.6	42.6
刚果（金）	114	—	—	—	46.1	—	42.4	49.0	62.8	63.7
老挝	115	—	23.6	24.9	33.7	33.7	38.5	67.3	65.2	65.9
马拉维	116	—	26.2	28.2	28.2	36.6	37.0	45.9	47.2	47.7
多哥	117	—	27.4	34.4	41.9	48.4	46.2	55.2	55.2	56.0
马达加斯加	118	—	32.7	40.8	39.3	46.7	46.7	54.6	57.0	58.8
马里	119	—	23.6	28.2	31.1	36.8	37.3	43.0	47.6	48.3
尼日利亚	120	20.9	24.7	37.4	45.5	48.2	49.9	57.2	67.0	69.6
孟加拉国	121	—	28.7	—	32.1	43.2	50.7	65.5	73.0	76.8
坦桑尼亚	122	—	27.0	34.8	38.9	32.5	42.0	50.2	56.4	54.9
贝宁	123	—	29.9	37.7	39.9	54.7	46.2	55.7	61.0	61.5
尼日尔	124	—	21.3	24.2	30.4	35.3	36.8	32.5	38.9	38.9
安哥拉	125	—	30.3	—	28.9	59.5	39.5	66.0	65.8	74.3
乌干达	126	—	27.7	24.3	30.0	32.9	39.2	50.0	52.7	53.1
中非	127	—	30.6	34.7	37.4	43.0	37.8	44.5	46.3	47.0
布基纳法索	128	—	—	24.6	31.6	32.4	38.7	42.0	45.4	46.9
埃塞俄比亚	129	—	17.8	26.2	26.3	33.0	33.0	44.0	49.7	49.0
布隆迪	130	—	16.6	21.5	27.5	33.8	31.1	47.2	46.1	49.4
卢旺达	131	—	20.0	23.7	28.8	34.7	33.7	50.5	57.3	59.3
高收入国家		—	100.0	100.0	100.0	100.0	100.0	100.0	100.0	100.0
中等收入国家		—	50.9	—	84.0	84.1	92.6	91.3	95.5	95.3
低收入国家		—	33.9	32.8	45.0	51.7	57.6	55.6	53.9	55.4
世界平均		—	—	67.5	79.8	81.0	89.4	96.4	99.2	99.6

附表 2-2-6　1950~2015 年世界第一次现代化指数的排名

国家	编号	1950	1960	1970	1980	1990	2000	2010	2014	2015
瑞典	1	12	9	1	1	1	1	1	1	1
美国	2	1	1	1	1	1	1	1	1	1
芬兰	3	23	21	1	1	1	1	1	1	1
澳大利亚	4	3	3	1	1	1	1	1	1	1
瑞士	5	8	12	1	1	1	1	1	1	1
挪威	6	4	14	1	1	1	1	1	1	1
日本	7	22	17	1	1	1	1	1	1	1
丹麦	8	7	5	1	1	1	1	1	1	1
德国	9	15	13	1	1	1	1	1	1	1
荷兰	10	13	7	1	1	1	1	1	1	1
加拿大	11	2	1	1	1	1	1	1	1	1
新加坡	12	27	27	27	31	27	1	1	1	1
英国	13	9	8	1	1	1	1	1	1	1
法国	14	14	6	1	1	1	1	1	1	1
比利时	15	10	11	1	1	1	1	1	1	1
奥地利	16	16	16	1	1	1	1	1	1	1
新西兰	17	5	4	1	1	1	1	1	1	1
韩国	18	46	47	42	40	23	1	1	1	1
以色列	19	6	10	25	1	1	1	1	1	1
意大利	20	21	18	1	1	1	1	1	1	1
爱尔兰	21	19	20	19	1	1	1	1	1	1
西班牙	22	24	32	20	1	1	1	1	1	1
爱沙尼亚	23	—	—	—	—	—	39	1	1	1
斯洛文尼亚	24	—	—	—	—	—	1	1	1	1
乌拉圭	25	—	23	30	25	26	28	1	1	1
俄罗斯	26	—	15	—	—	—	52	43	1	1
斯洛伐克	27	—	—	—	—	—	38	1	1	1
希腊	28	20	30	24	1	21	1	1	1	1
匈牙利	29	17	25	23	28	25	32	1	1	1
捷克	30	—	—	1	26	30	30	1	1	1
葡萄牙	31	32	39	38	41	24	1	1	1	1
白俄罗斯	32	—	—	—	—	—	45	53	52	53
拉脱维亚	33	—	—	—	23	—	40	1	1	1
立陶宛	34	—	—	—	—	—	40	1	1	1
格鲁吉亚	35	—	—	—	33	—	68	71	73	71
乌克兰	36	—	—	—	—	—	57	61	65	65
保加利亚	37	—	22	22	24	38	47	51	50	51
黎巴嫩	38	—	26	31	32	—	37	1	48	49
哈萨克斯坦	39	—	—	—	—	—	55	46	1	1
波兰	40	31	24	21	1	32	36	1	1	1
阿根廷	41	11	19	26	29	31	1	1	1	1
巴拿马	42	33	37	32	30	29	42	49	1	1
克罗地亚	43	—	—	—	—	—	34	1	1	1
沙特阿拉伯	44	—	87	63	58	35	29	52	49	1
哥伦比亚	45	43	45	44	48	36	46	76	47	52
科威特	46	—	28	29	35	22	1	1	53	1
智利	47	18	31	36	34	42	33	1	1	1
马其顿	48	—	—	—	—	—	49	54	58	59
阿塞拜疆	49	—	—	—	—	—	66	74	62	58
摩尔多瓦	50	—	—	—	—	—	73	64	72	70
罗马尼亚	51	—	34	33	36	43	60	44	1	1
委内瑞拉	52	30	29	28	27	28	35	45	1	1
乌兹别克斯坦	53	—	—	—	—	—	79	89	89	86
多米尼加	54	39	52	47	49	46	58	55	56	54
亚美尼亚	55	—	—	—	—	—	70	75	74	72
巴拉圭	56	36	44	43	56	56	61	70	69	66
哥斯达黎加	57	26	43	39	37	33	43	50	1	1
巴西	58	29	40	40	44	39	44	1	1	1
墨西哥	59	28	36	34	38	34	31	1	1	1
博茨瓦纳	60	—	93	88	76	62	87	81	76	75
秘鲁	61	45	41	41	46	45	50	58	54	55
牙买加	62	35	33	35	45	44	56	1	60	87
约旦	63	—	59	52	42	40	51	56	61	61
南非	64	25	38	37	47	48	71	63	67	68
土耳其	65	47	57	60	64	51	62	1	1	1
厄瓜多尔	66	34	46	46	43	41	53	57	55	56
伊朗	67	—	64	51	52	63	65	48	57	57
蒙古	68	—	35	—	39	37	75	73	66	64
摩洛哥	69	44	67	64	68	61	83	82	81	79
马来西亚	70	—	55	53	55	53	54	47	1	1

(续表)

国家	编号	1950	1960	1970	1980	1990	2000	2010	2014	2015
萨尔瓦多	71	37	54	59	65	47	48	60	64	62
埃及	72	48	50	50	53	55	67	66	71	73
中国	73	52	72	72	69	67	80	62	51	50
阿尔及利亚	74	40	61	57	51	49	64	65	59	60
土库曼斯坦	75	—	—	—	—	—	85	78	85	85
突尼斯	76	—	62	56	57	52	59	59	63	63
阿尔巴尼亚	77	—	51	—	66	—	82	68	79	76
吉尔吉斯斯坦	78	—	—	—	—	—	86	80	80	81
塔吉克斯坦	79	—	—	—	—	—	77	91	90	92
玻利维亚	80	42	58	49	62	57	74	79	82	78
缅甸	81	—	69	95	87	—	97	90	99	94
菲律宾	82	38	42	61	63	58	63	69	70	69
泰国	83	41	66	55	59	54	78	84	77	74
纳米比亚	84	—	—	—	—	65	90	85	88	89
津巴布韦	85	—	60	65	72	70	91	94	109	106
洪都拉斯	86	49	68	62	67	59	69	67	83	82
尼加拉瓜	87	—	49	45	54	—	81	77	78	80
越南	88	—	70	—	—	—	89	88	87	88
肯尼亚	89	53	80	79	85	81	95	107	115	116
斯里兰卡	90	—	48	58	71	60	84	87	84	83
刚果(布)	91	—	65	54	60	66	92	105	93	95
印度尼西亚	92	57	84	71	83	71	88	83	86	84
赞比亚	93	—	63	66	73	76	106	113	96	105
危地马拉	94	51	56	67	61	64	76	86	68	67
毛里塔尼亚	95	—	90	86	81	74	101	111	112	113
科特迪瓦	96	—	—	78	70	78	103	108	113	114
印度	97	50	76	75	82	79	94	92	91	90
巴基斯坦	98	55	75	68	80	80	93	98	100	101
莱索托	99	—	99	85	74	73	105	101	98	100
柬埔寨	100	—	95	—	—	—	115	109	103	109
喀麦隆	101	—	73	81	75	77	102	93	94	99
厄立特里亚	102	—	—	—	—	—	109	102	110	115
叙利亚	103	—	53	48	50	50	72	72	75	77
加纳	104	—	71	74	84	75	98	103	95	96
乍得	105	—	92	90	94	92	116	120	130	131
莫桑比克	106	—	96	101	110	95	108	122	121	122
几内亚	107	—	107	—	106	88	110	116	119	119
也门	108	—	103	—	109	68	96	96	97	97
巴布亚新几内亚	109	—	—	78	80	90	84	114	125	124	117
海地	110	56	79	87	99	86	100	104	106	107
尼泊尔	111	—	106	99	108	104	121	106	101	102
塞内加尔	112	—	74	69	77	85	99	100	107	104
塞拉利昂	113	—	102	73	92	91	128	130	129	129
刚果(金)	114	—	—	—	78	—	117	121	108	108
老挝	115	—	97	93	95	99	123	95	105	103
马拉维	116	—	91	89	104	94	126	124	125	126
多哥	117	—	88	84	86	82	112	114	118	118
马达加斯加	118	—	77	70	89	87	111	115	116	112
马里	119	—	98	91	98	93	125	128	123	125
尼日利亚	120	54	94	77	79	83	107	110	102	98
孟加拉国	121	—	85	—	96	89	104	99	92	91
坦桑尼亚	122	—	89	82	91	102	118	118	117	120
贝宁	123	—	83	76	88	72	113	112	111	110
尼日尔	124	—	100	97	100	96	127	131	131	130
安哥拉	125	—	82	—	102	69	119	97	104	93
乌干达	126	—	86	96	101	101	120	119	120	121
中非	127	—	81	83	93	90	124	126	126	127
布基纳法索	128	—	—	94	97	103	122	129	128	128
埃塞俄比亚	129	—	104	92	107	100	130	127	122	124
布隆迪	130	—	105	100	105	98	131	123	127	123
卢旺达	131	—	101	98	103	97	129	117	114	111

注：第一次现代化指数达到100，排名不分先后。排名为131个国家的排名。

附表 2-3-1　2015 年世界第二次现代化指数

国家	编号	知识创新指数	知识传播指数	生活质量指数	经济质量指数	第二次现代化指数	国家排名	国家分组	发展阶段[a]
瑞典	1	97.4	110.0	111.8	107.1	106.6	4	1	2
美国	2	115.6	96.1	104.6	112.8	107.3	2	1	2
芬兰	3	98.3	99.4	108.2	89.4	98.8	10	1	2
澳大利亚	4	63.8	97.1	110.1	101.3	93.1	16	1	2
瑞士	5	93.4	109.5	115.8	108.1	106.7	3	1	2
挪威	6	77.0	96.4	115.4	106.1	98.7	11	1	1
日本	7	114.0	74.3	108.8	90.3	96.8	14	1	1
丹麦	8	99.2	113.7	112.4	112.1	109.3	1	1	2
德国	9	93.5	91.2	111.2	95.9	98.0	12	1	1
荷兰	10	83.9	116.5	110.5	113.4	106.1	5	1	2
加拿大	11	62.5	105.4	104.5	88.7	90.3	18	1	1
新加坡	12	99.5	92.9	107.7	114.6	103.7	6	1	2
英国	13	81.0	96.4	107.5	111.2	99.0	9	1	2
法国	14	73.5	98.7	108.2	109.6	97.5	13	1	2
比利时	15	82.8	113.2	106.3	107.8	102.5	7	1	2
奥地利	16	79.8	96.7	106.6	97.2	95.1	15	1	1
新西兰	17	51.5	97.9	100.0	87.4	84.2	20	1	2
韩国	18	99.0	94.3	88.5	69.0	87.7	19	1	1
以色列	19	77.6	80.4	94.6	109.4	90.5	17	1	2
意大利	20	31.6	63.8	96.8	101.3	73.4	22	1	
爱尔兰	21	80.0	110.6	114.5	100.0	101.3	8	1	2
西班牙	22	29.0	76.6	104.6	101.3	77.9	21	2	2
爱沙尼亚	23	27.2	63.1	99.2	66.3	63.9	26	2	1
斯洛文尼亚	24	45.0	74.7	92.4	70.1	70.6	25	2	1
乌拉圭	25	5.8	49.7	79.4	81.1	54.0	34	2	
俄罗斯	26	29.2	52.8	76.3	57.2	53.9	35	2	
斯洛伐克	27	22.6	54.7	83.0	65.3	56.4	31	2	
希腊	28	25.8	69.5	99.5	94.0	72.2	23	2	
匈牙利	29	36.5	66.1	80.1	66.1	62.2	28	2	1
捷克	30	37.2	64.2	91.0	61.5	63.5	27	2	
葡萄牙	31	33.0	63.9	100.9	86.8	71.2	24	2	1
白俄罗斯	32	4.0	59.6	82.6	46.1	48.1	41	3	
拉脱维亚	33	15.9	53.6	83.4	78.3	57.8	30	2	
立陶宛	34	22.6	55.3	88.1	72.7	59.7	29	2	
格鲁吉亚	35	9.0	27.6	59.2	45.5	35.3	60	3	
乌克兰	36	8.4	40.0	62.5	40.1	37.7	56	3	
保加利亚	37	15.7	49.2	63.9	56.7	46.4	43	3	
黎巴嫩	38	2.1	36.5	60.9	79.2	44.7	47	3	
哈萨克斯坦	39	7.5	30.7	66.4	54.3	39.7	52	3	
波兰	40	21.4	52.3	82.7	62.1	54.6	33	2	
阿根廷	41	9.8	53.2	75.6	71.7	52.6	37	2	
巴拿马	42	0.7	24.2	73.0	81.6	44.8	46	3	
克罗地亚	43	13.9	55.1	83.2	72.9	56.3	32	2	
沙特阿拉伯	44	11.5	56.9	67.1	75.5	52.8	36	2	
哥伦比亚	45	1.4	31.8	61.8	74.4	42.3	49	3	
科威特	46	8.6	41.3	74.6	76.8	50.3	39	2	
智利	47	5.1	58.0	72.5	68.6	51.1	38	2	
马其顿	48	6.8	33.0	51.9	52.7	36.1	59	3	
阿塞拜疆	49	2.0	27.1	49.3	48.1	31.6	71	3	
摩尔多瓦	50	4.9	28.8	53.5	42.9	32.5	69	3	
罗马尼亚	51	8.6	41.3	70.8	57.9	44.7	48	3	
委内瑞拉	52	4.4	45.6	58.0	53.6	40.4	51	3	
乌兹别克斯坦	53	4.7	15.6	40.9	31.6	23.2	89	4	
多米尼加	54	0.3	24.1	54.9	72.8	38.0	55	3	
亚美尼亚	55	3.2	31.8	53.4	42.1	32.6	68	3	
巴拉圭	56	1.8	16.8	61.8	50.7	32.8	67	3	
哥斯达黎加	57	5.1	46.2	68.1	81.3	50.2	40	2	
巴西	58	8.7	37.6	69.8	71.7	47.0	42	3	
墨西哥	59	3.1	26.1	62.5	61.6	38.3	54	3	
博茨瓦纳	60	2.1	18.8	56.1	59.5	34.1	65	3	
秘鲁	61	0.4	22.5	53.9	60.2	34.2	64	3	
牙买加	62	0.5	20.5	60.9	59.2	35.3	61	3	
约旦	63	2.6	24.9	45.9	71.6	36.3	58	3	
南非	64	4.6	16.0	43.4	58.4	30.6	74	3	
土耳其	65	16.5	47.5	57.4	63.5	46.2	44	3	
厄瓜多尔	66	4.2	25.4	65.9	55.3	37.7	57	3	
伊朗	67	14.7	46.2	51.2	46.4	39.6	53	3	
蒙古	68	2.0	31.3	52.2	40.2	31.4	72	3	
摩洛哥	69	7.0	16.6	50.3	48.4	30.6	75	3	
马来西亚	70	18.4	26.3	80.4	54.5	44.9	45	3	

(续表)

国家	编号	知识创新指数	知识传播指数	生活质量指数	经济质量指数	第二次现代化指数	国家排名	国家分组	发展阶段[a]
萨尔瓦多	71	1.0	17.0	46.8	55.4	30.0	76	3	
埃及	72	6.7	17.5	37.5	46.7	27.1	83	4	
中国	73	36.4	36.0	51.0	41.0	41.1	50	3	
阿尔及利亚	74	1.2	23.4	48.1	51.0	30.9	73	3	
土库曼斯坦	75	1.0	6.7	45.0	35.1	22.0	91	4	
突尼斯	76	12.1	18.9	48.2	54.2	33.3	66	3	
阿尔巴尼亚	77	1.3	28.3	62.7	48.2	35.1	62	3	
吉尔吉斯斯坦	78	1.0	19.7	54.0	34.9	27.4	82	4	
塔吉克斯坦	79	0.1	12.7	35.1	32.1	20.0	100	4	
玻利维亚	80	1.4	17.7	43.5	41.1	25.9	84	4	
缅甸	81	0.1	6.8	33.8	38.2	19.7	104	4	
菲律宾	82	1.4	17.1	49.0	50.7	29.6	78	4	
泰国	83	6.8	32.5	58.0	40.8	34.5	63	3	
纳米比亚	84	1.7	9.2	48.1	59.7	29.7	77	4	
津巴布韦	85	0.8	4.8	40.5	31.4	19.4	106	4	
洪都拉斯	86	0.1	11.2	43.0	41.0	23.8	86	4	
尼加拉瓜	87	0.1	3.0	47.9	42.5	23.4	88	4	
越南	88	6.0	32.7	47.8	31.6	29.5	79	4	
肯尼亚	89	1.9	2.3	50.9	30.7	21.5	93	4	
斯里兰卡	90	1.5	13.3	58.2	57.0	32.5	70	3	
刚果（布）	91	1.0	10.4	33.8	38.8	21.0	95	4	
印度尼西亚	92	1.5	11.4	59.1	40.2	28.1	81	4	
赞比亚	93	0.4	1.8	39.1	36.3	19.4	105	4	
危地马拉	94	0.3	12.4	43.3	46.3	25.6	85	4	
毛里塔尼亚	95	1.0	2.8	28.5	37.3	17.4	118	4	
科特迪瓦	96	0.6	4.3	37.6	31.6	18.5	108	4	
印度	97	1.9	11.1	33.2	33.8	20.0	99	4	
巴基斯坦	98	1.9	4.6	31.6	35.7	18.5	111	4	
莱索托	99	0.2	5.1	36.7	37.6	19.9	103	4	
柬埔寨	100	0.2	5.2	41.5	29.9	19.2	107	4	
喀麦隆	101	1.0	6.5	28.1	38.4	18.5	109	4	
厄立特里亚	102	1.0	1.7	33.8	34.3	17.7	117	4	
叙利亚	103	1.5	23.4	53.1	37.7	28.9	80	4	
加纳	104	0.7	8.9	42.3	38.5	22.6	90	4	
乍得	105	1.0	2.1	27.9	25.9	14.2	128	4	
莫桑比克	106	0.4	2.8	41.8	26.8	18.0	113	4	
几内亚	107	1.0	3.9	39.6	29.4	18.5	110	4	
也门	108	1.0	6.1	32.0	41.8	20.2	97	4	
巴布亚新几内亚	109	1.0	0.6	55.0	30.1	21.7	92	4	
海地	110	0.5	0.0	38.7	24.1	15.9	122	4	
尼泊尔	111	0.1	11.8	32.4	26.8	17.8	115	4	
塞内加尔	112	3.1	5.0	36.3	37.4	20.4	96	4	
塞拉利昂	113	1.0	0.4	39.5	25.9	16.7	120	4	
刚果（金）	114	1.0	2.4	29.2	24.3	14.2	127	4	
老挝	115	1.0	9.2	38.5	31.0	19.9	101	4	
马拉维	116	0.6	0.5	38.9	31.2	17.8	114	4	
多哥	117	0.5	4.6	34.2	24.3	15.9	121	4	
马达加斯加	118	0.4	1.9	45.4	32.1	19.9	102	4	
马里	119	0.4	2.7	30.0	28.0	15.3	126	4	
尼日利亚	120	0.5	4.7	32.2	47.4	21.2	94	4	
孟加拉国	121	0.0	7.2	32.8	40.6	20.2	98	4	
坦桑尼亚	122	0.2	1.8	42.1	26.8	17.7	116	4	
贝宁	123	1.0	6.1	33.5	32.7	18.3	112	4	
尼日尔	124	0.1	1.3	27.8	27.1	14.1	129	4	
安哥拉	125	0.7	6.0	35.8	52.4	23.7	87	4	
乌干达	126	0.3	2.0	29.2	30.1	15.4	124	4	
中非	127	1.0	1.4	26.5	26.3	13.8	131	4	
布基纳法索	128	0.3	1.9	31.9	27.0	15.3	125	4	
埃塞俄比亚	129	0.3	3.4	35.3	23.4	15.6	123	4	
布隆迪	130	0.0	1.9	29.5	24.8	14.1	130	4	
卢旺达	131	0.2	4.1	33.7	29.3	16.8	119	4	
高收入国家		100.0	99.9	99.9	99.0	99.7			2
中等收入国家		12.5	21.5	40.0	43.3	29.3			
低收入国家		0.2	3.1	33.0	26.7	15.7			
世界平均		26.3	31.9	43.8	58.0	40.0			

注：a. 第二次现代化的阶段：2代表发展期，1代表起步期，0代表准备阶段。

附表 2-3-2 2015 年世界知识创新指数

国家	编号	知识创新指标的实际值				知识创新指标的指数				平均值	知识创新指数[d]
		人均知识创新经费[a]	知识创新人员比例[b]	发明专利申请比例[c]	人均知识产权出口	知识创新经费指数	知识创新人员指数	知识创新专利指数	知识产权出口指数		
瑞典	1	1657.9	70.2	2.1	900.9	120	120	30	120	97	97.4
美国	2	1577.7	42.3	9.0	387.8	120	102	120	120	116	115.6
芬兰	3	1232.2	68.2	2.4	447.7	119	120	34	120	98	98.3
澳大利亚	4	1492.8	45.3	1.0	32.9	120	109	14	12	64	63.8
瑞士	5	2478.0	44.8	1.8	1956.9	120	108	25	120	93	93.4
挪威	6	1440.5	59.2	2.2	98.2	120	120	32	36	77	77.0
日本	7	1132.0	52.3	20.4	286.9	110	120	120	106	114	114.0
丹麦	8	1597.7	74.8	2.6	367.5	120	120	37	120	99	99.2
德国	9	1189.1	44.3	5.8	186.5	115	107	83	69	94	93.5
荷兰	10	900.9	45.5	1.3	2268.6	87	110	19	120	84	83.9
加拿大	11	814.9	45.2	1.2	121.0	79	109	17	45	62	62.5
新加坡	12	1238.0	66.6	2.7	935.9	120	120	38	120	99	99.5
英国	13	754.5	44.7	2.3	297.4	73	108	33	110	81	81.0
法国	14	815.0	41.7	2.1	226.0	79	101	31	84	74	73.5
比利时	15	991.9	48.8	0.8	284.1	96	118	12	105	83	82.8
奥地利	16	1359.4	49.6	2.6	115.6	120	120	36	43	80	79.8
新西兰	17	494.2	40.1	2.6	66.0	48	97	37	24	51	51.5
韩国	18	1146.0	70.9	32.8	121.5	111	120	120	45	99	99.0
以色列	19	1522.7	82.6	1.5	130.8	120	120	22	48	78	77.6
意大利	20	402.8	20.2	1.4	50.0	39	49	20	19	32	31.6
爱尔兰	21	846.1	45.8	0.5	1594.4	82	111	8	120	80	80.0
西班牙	22	314.5	26.5	0.6	34.7	30	64	9	13	29	29.0
爱沙尼亚	23	256.5	31.9	0.2	9.4	25	77	3	3	27	27.2
斯洛文尼亚	24	461.7	38.2	2.3	28.2	45	92	33	10	45	45.0
乌拉圭	25	56.2	5.2		10.9	5	13	1	4	6	5.8
俄罗斯	26	105.6	31.3	2.0	5.0	10	76	29	2	29	29.2
斯洛伐克	27	190.1	26.5	0.4	4.8	18	64	6	2	23	22.6
希腊	28	172.9	32.0	0.5	5.0	17	77	7	2	26	25.8
匈牙利	29	172.0	25.7	0.6	159.1	17	62	8	59	36	36.5
捷克	30	345.2	36.1	0.8	44.1	33	87	12	16	37	37.2
葡萄牙	31	246.2	38.2	0.9	8.6	24	92	13	3	33	33.0
白俄罗斯	32	30.7	—	0.6	2.3	3	—	8	1	4	4.0
拉脱维亚	33	85.4	18.3	0.7	3.4	8	44	10	1	16	15.9
立陶宛	34	148.6	28.2	0.3	7.9	14	68	5	3	23	22.6
格鲁吉亚	35	12.1	12.9	0.3	0.2	1	31	4	0	9	9.0
乌克兰	36	13.1	10.1	0.5	1.9	1	24	7	1	8	8.4
保加利亚	37	66.9	19.9	0.4	7.0	6	48	6	3	16	15.7
黎巴嫩	38		—	0.2	4.1	—	—	3	1	2	2.1
哈萨克斯坦	39	17.8	7.3	0.6	0.1	2	18	10	0	7	7.5
波兰	40	126.1	21.4	1.2	10.9	12	52	18	4	21	21.4
阿根廷	41	72.1	12.0	0.1	3.7	7	29	2	1	10	9.8
巴拿马	42	7.4	0.4	0.0	1.5	1	1	1	1	1	0.7
克罗地亚	43	99.4	15.0	0.4	10.9	10	36	6	4	14	13.9
沙特阿拉伯	44	204.0	—	0.2	—	20	—	3	—	12	11.5
哥伦比亚	45	14.6	1.1	0.1	1.1	1	3	1	0	1	1.4
科威特	46	145.9	1.3	—	—	14	3	—	—	9	8.6
智利	47	52.5	4.6	0.2	2.4	5	11	4	1	5	5.1
马其顿	48	21.4	8.6	0.2	4.4	2	21	3	2	7	6.8
阿塞拜疆	49	12.2	—	0.2	—	1	—	3	—	2	2.0
摩尔多瓦	50	6.8	6.6	0.2	1.3	1	16	3	0	5	4.9
罗马尼亚	51	43.8	8.9	0.5	4.5	4	22	7	2	9	8.6
委内瑞拉	52		3.6	0.0		—	9	0	—	4	4.4
乌兹别克斯坦	53	4.6	5.1	0.1		0	12	1	—	5	4.7
多米尼加	54		—	0.0			—	0	—	0	0.3
亚美尼亚	55	9.1	—	0.4		1	—	6	—	3	3.2
巴拉圭	56	5.3	1.8	0.0		1	4	0	—	2	1.8
哥斯达黎加	57	61.4	5.7	0.0	0.1	6	14	1	0	5	5.1
巴西	58	140.4	7.0	0.2	2.8	14	17	3	1	9	8.7
墨西哥	59	50.6	2.4	0.1	0.1	5	6	2	0	3	3.1
博茨瓦纳	60	38.0	1.8	0.0	0.1	4	4	0	0	2	2.1
秘鲁	61	7.1	—	0.0	0.2	1	—	0	0	0	0.4
牙买加	62		—	0.0	1.9	—	—	0	1	1	0.5
约旦	63	19.3	3.1	0.0	1.4	2	7	1	1	3	2.6
南非	64	49.7	4.4	0.2	1.9	5	11	2	1	5	4.6
土耳其	65	122.0	11.6	0.7		12	28	10	—	17	16.5
厄瓜多尔	66	28.2	4.0	0.0		3	10	0	—	4	4.2
伊朗	67	25.5	6.9	1.7		2	17	25	—	15	14.7
蒙古	68	6.1	—	0.4	0.8	1	—	5	0	2	2.0
摩洛哥	69	22.8	10.3	0.1	0.1	2	25	1	0	7	7.0
马来西亚	70	125.3	22.6	0.4	2.9	12	55	6	1	18	18.4

(续表)

国家	编号	知识创新指标的实际值				知识创新指标的指数				平均值	知识创新指数[d]
		人均知识创新经费[a]	知识创新人员比例[b]	发明专利申请比例[c]	人均知识产权出口	知识创新经费指数	知识创新人员指数	知识创新专利指数	知识产权出口指数		
萨尔瓦多	71	5.4	0.7	0.0	4.6	1	2	0	2	1	1.0
埃及	72	25.6	6.8	0.1	—	2	16	1	—	7	6.7
中国	73	166.7	11.8	7.1	0.8	16	28	101	0	36	36.4
阿尔及利亚	74	3.6	1.7	0.0	0.1	0	4	0	0	1	1.2
土库曼斯坦	75	—	—	—	—	—	—	—	—	—	1.0
突尼斯	76	24.2	17.9	0.2	1.9	2	43	2	1	12	12.1
阿尔巴尼亚	77	9.1	1.5	0.0	0.7	1	4	1	0	1	1.3
吉尔吉斯斯坦	78	1.4	—	0.2	0.2	0	—	3	0	1	1.0
塔吉克斯坦	79	1.0	—	0.0	—	0	—	0	—	0	0.1
玻利维亚	80	9.0	1.7	0.0	2.1	1	4	0	1	1	1.4
缅甸	81	1.4	—	—	0.4	0	—	—	0	0	0.1
菲律宾	82	3.8	1.9	0.0	0.1	0	5	1	0	1	1.4
泰国	83	36.5	8.7	0.1	1.2	4	21	2	0	7	6.8
纳米比亚	84	18.2	1.4	—	0.1	2	3	—	0	2	1.7
津巴布韦	85	—	0.9	0.0	0.1	—	2	0	0	1	0.8
洪都拉斯	86	1.1	—	0.0	0.1	0	—	0	0	0	0.1
尼加拉瓜	87	2.3	—	0.0	—	0	—	0	—	0	0.1
越南	88	7.1	6.7	0.1	—	1	16	1	—	6	6.0
肯尼亚	89	10.8	2.3	—	1.9	1	6	—	1	2	1.9
斯里兰卡	90	3.6	1.1	0.1	—	0	3	1	—	2	1.5
刚果（布）	91	—	0.3	—	—	—	1	—	—	1	1.0
印度尼西亚	92	3.1	2.1	0.0	0.2	0	5	1	0	2	1.5
赞比亚	93	0.4	0.4	0.0	—	0	1	0	—	0	0.4
危地马拉	94	1.5	0.3	0.0	1.0	0	1	0	0	0	0.3
毛里塔尼亚	95	—	—	—	—	—	—	—	—	—	1.0
科特迪瓦	96	—	0.7	0.0	0.0	—	2	0	0	1	0.6
印度	97	10.0	2.2	0.1	0.4	1	5	1	0	2	1.9
巴基斯坦	98	3.5	2.9	0.0	0.1	0	7	0	0	2	1.9
莱索托	99	0.6	0.2	—	0.1	0	1	—	0	0	0.2
柬埔寨	100	1.4	0.3	0.0	0.0	0	1	0	0	0	0.2
喀麦隆	101	—	—	—	0.0	—	—	—	0	0	1.0
厄立特里亚	102	—	—	—	—	—	—	—	—	—	1.0
叙利亚	103	—	—	0.1	—	—	—	2	—	2	1.5
加纳	104	5.4	0.4	—	—	1	1	—	—	1	0.7
乍得	105	—	—	—	—	—	—	—	—	—	1.0
莫桑比克	106	1.8	0.4	0.0	—	0	1	0	—	0	0.4
几内亚	107	—	—	—	—	—	—	—	—	—	1.0
也门	108	—	—	0.0	—	—	—	0	—	0	1.0
巴布亚新几内亚	109	—	—	0.0	—	—	—	0	—	0	1.0
海地	110	—	—	0.0	2.8	—	—	0	1	1	0.5
尼泊尔	111	2.1	—	0.0	—	0	—	0	—	0	0.1
塞内加尔	112	5.6	3.6	—	0.3	1	9	—	0	3	3.1
塞拉利昂	113	—	—	—	0.5	—	—	—	0	0	1.0
刚果（金）	114	0.3	—	—	—	0	—	—	—	0	1.0
老挝	115	—	—	—	—	—	—	—	—	—	1.0
马拉维	116	—	0.5	—	—	—	1	—	—	1	0.6
多哥	117	1.7	0.4	—	—	0	1	—	—	1	0.5
马达加斯加	118	0.1	0.5	0.0	0.6	0	1	0	0	0	0.4
马里	119	5.5	0.3	—	0.0	1	1	—	0	1	0.4
尼日利亚	120	6.4	0.4	—	—	1	1	—	—	1	0.5
孟加拉国	121	—	—	0.0	0.0	—	—	0	0	0	0.0
坦桑尼亚	122	4.8	0.2	0.0	—	0	0	0	—	0	0.2
贝宁	123	—	—	—	0.0	—	—	—	0	0	1.0
尼日尔	124	—	0.1	—	—	—	2	—	—	2	0.1
安哥拉	125	—	0.5	—	0.6	—	1	—	0	1	0.7
乌干达	126	3.5	0.4	0.0	0.1	0	1	0	0	0	0.3
中非	127	—	—	—	—	—	—	—	—	—	1.0
布基纳法索	128	1.2	0.5	0.0	—	0	1	0	—	0	0.3
埃塞俄比亚	129	3.0	0.5	0.0	0.0	0	1	0	0	0	0.3
布隆迪	130	0.3	—	—	0.0	0	—	—	0	0	0.0
卢旺达	131	—	0.1	0.0	—	—	0	0	—	0	0.2
高收入国家		1032.4	41.4	7.0	269.8	100	100	100	100	100	100.0
中等收入国家		72.1	6.6	1.9	0.7	7	16	27	0	12	12.5
低收入国家		3.8	—	—	0.1	0	—	—	0	0	0.2
世界平均		226.8	12.8	2.5	44.0	22	31	36	16	26	26.3
基准值		1032.4	41.4	7.0	269.8						

注：a. 指人均 R&D 经费，其数据为 2010～2015 年期间最近年的数据。
b. 指从事研究与发展活动的研究人员全时当量/万人，其数据为 2010～2015 年期间最近年的数据。
c. 指居民申请国内发明专利数/万人，其数据为 2010～2015 年期间最近年数据。
d. 当评价指标个数少于 2 个时，知识创新指数的值设定为"1"，以减少发展中国家数据缺失带来的评价误差。

附表 2-3-3　2015 年世界知识传播指数

国家	编号	知识传播指标的实际值				知识传播指标的指数				知识传播指数
		大学普及率[a]	宽带网普及率	人均公共教育经费[a]	人均知识产权进口	大学普及指数	宽带网普及指数	公共教育经费指数	知识产权进口指数	
瑞典	1	62	36	4542	426	84	116	120	120	110.0
美国	2	86	31	2938	124	116	101	120	47	96.1
芬兰	3	87	32	3578	152	118	102	120	58	99.4
澳大利亚	4	90	29	3251	148	120	92	120	57	97.1
瑞士	5	58	45	4413	1554	78	120	120	120	109.5
挪威	6	77	40	2766	110	104	120	120	42	96.4
日本	7	63	31	1368	134	86	99	62	51	74.3
丹麦	8	83	42	5279	269	112	120	120	103	113.7
德国	9	68	37	2379	119	92	120	107	46	91.2
荷兰	10	79	42	2884	2827	106	120	120	120	116.5
加拿大	11	59	36	2751	275	80	117	120	105	105.4
新加坡	12	—	26	1634	3378	—	85	74	120	92.9
英国	13	56	39	2518	199	76	120	114	76	96.4
法国	14	64	41	2337	216	87	120	105	82	98.7
比利时	15	75	37	3120	296	101	118	120	113	113.2
奥地利	16	82	29	2845	169	110	92	120	64	96.7
新西兰	17	84	32	2433	175	113	101	110	67	97.9
韩国	18	93	40	1369	197	120	120	62	75	94.3
以色列	19	65	27	2161	127	87	88	98	48	80.4
意大利	20	62	24	1444	71	84	78	65	27	63.8
爱尔兰	21	84	28	2772	16061	113	89	120	120	110.4
西班牙	22	90	29	1265	97	120	92	57	37	76.6
爱沙尼亚	23	70	30	1094	33	94	96	49	13	63.1
斯洛文尼亚	24	83	27	1282	107	112	88	58	41	74.7
乌拉圭	25	56	26	617	30	75	84	28	11	49.7
俄罗斯	26	80	19	596	39	109	61	27	15	52.8
斯洛伐克	27	53	23	790	96	72	75	36	37	54.7
希腊	28	114	31	1068	27	120	99	48	10	69.5
匈牙利	29	51	27	662	204	69	88	30	78	66.1
捷克	30	65	27	814	116	88	88	37	44	64.2
葡萄牙	31	62	30	1132	68	84	95	51	26	63.9
白俄罗斯	32	88	31	294	14	119	101	13	5	59.6
拉脱维亚	33	67	25	833	17	91	80	38	7	53.6
立陶宛	34	69	28	725	17	93	89	33	6	55.3
格鲁吉亚	35	43	15	82	2	59	47	4	1	27.6
乌克兰	36	82	12	173	8	111	38	8	3	40.0
保加利亚	37	74	23	312	26	100	73	14	10	49.2
黎巴嫩	38	38	25	224	6	52	82	10	2	36.5
哈萨克斯坦	39	46	14	293	8	62	44	13	3	30.7
波兰	40	68	19	704	64	92	61	32	24	52.3
阿根廷	41	83	16	652	50	112	52	29	19	53.2
巴拿马	42	39	8	296	14	52	25	13	5	24.2
克罗地亚	43	69	23	622	64	93	75	28	24	55.1
沙特阿拉伯	44	63	12	1047	—	85	38	47	—	56.9
哥伦比亚	45	56	11	271	10	75	36	12	4	31.8
科威特	46	27	2	1824	—	37	5	82	—	41.3
智利	47	89	15	672	87	120	49	30	33	58.0
马其顿	48	42	17	217	27	57	55	10	10	33.0
阿塞拜疆	49	25	20	208	3	34	64	9	1	27.1
摩尔多瓦	50	41	16	168	5	56	50	8	2	28.8
罗马尼亚	51	53	20	314	41	72	64	14	16	41.3
委内瑞拉	52	78	8	—	12	106	27	—	5	45.6
乌兹别克斯坦	53	9	6	—	—	12	19	—	—	15.6
多米尼加	54	50	6	104	8	68	21	5	3	24.1
亚美尼亚	55	44	10	102	—	60	31	5	—	31.8
巴拉圭	56	35	3	191	3	47	10	9	1	16.8
哥斯达黎加	57	54	11	819	103	72	36	37	39	46.2
巴西	58	51	12	732	25	68	39	33	10	37.6
墨西哥	59	30	12	555	2	40	38	25	1	26.1
博茨瓦纳	60	28	2	678	4	37	6	31	2	18.8
秘鲁	61	41	6	240	10	55	21	11	4	22.5
牙买加	62	27	8	270	18	37	26	12	7	20.5
约旦	63	45	4	—	2	61	13	—	1	24.9
南非	64	19	3	391	31	26	8	18	12	16.0
土耳其	65	95	12	598	9	120	40	27	3	47.5
厄瓜多尔	66	40	10	305	4	55	31	14	2	25.4
伊朗	67	72	11	142	—	97	35	6	—	46.2
蒙古	68	69	7	173	5	93	23	8	2	31.3
摩洛哥	69	28	3	—	3	38	11	—	1	16.6
马来西亚	70	26	10	479	42	35	32	22	16	26.3

(续表)

国家	编号	知识传播指标的实际值				知识传播指标的指数				知识传播指数
		大学普及率[a]	宽带网普及率	人均公共教育经费[a]	人均知识产权进口	大学普及指数	宽带网普及指数	公共教育经费指数	知识产权进口指数	
萨尔瓦多	71	29	5	146	11	39	18	7	4	17.0
埃及	72	36	5	125	2	49	15	6	1	17.5
中国	73	43	20	344	16	59	64	16	6	36.0
阿尔及利亚	74	37	6	—	6	50	18	—	2	23.4
土库曼斯坦	75	8	0	204	—	11	0	9	—	6.7
突尼斯	76	35	5	259	2	47	16	12	1	18.9
阿尔巴尼亚	77	58	8	156	9	79	24	7	3	28.3
吉尔吉斯斯坦	78	47	4	71	1	63	12	3	0	19.7
塔吉克斯坦	79	26	0	48	—	36	0	2	—	12.7
玻利维亚	80	39	2	228	8	52	5	10	3	17.7
缅甸	81	14	0	—	5	18	0	—	2	6.8
菲律宾	82	36	5	52	6	48	15	2	2	17.1
泰国	83	49	9	255	60	66	30	11	23	32.5
纳米比亚	84	7	2	433	4	9	6	20	2	9.2
津巴布韦	85	8	1	87	1	11	4	4	0	4.8
洪都拉斯	86	22	2	125	5	30	8	6	2	11.2
尼加拉瓜	87	—	2	68	0	—	6	3	0	3.0
越南	88	29	8	—	—	39	26	—	—	32.7
肯尼亚	89	3	0	71	3	4	1	3	1	2.3
斯里兰卡	90	20	3	84	—	27	9	4	—	13.3
刚果(布)	91	10	—	170	—	13	—	8	—	10.4
印度尼西亚	92	24	2	120	6	33	5	5	2	11.4
赞比亚	93	4	0	25	0	5	0	1	0	
危地马拉	94	22	3	116	15	30	9	5	6	12.4
毛里塔尼亚	95	6	0	43	3	8	1	2	1	2.8
科特迪瓦	96	9	1	72	0	12	2	3	0	4.3
印度	97	27	1	56	4	36	4	3	1	11.1
巴基斯坦	98	10	1	38	1	13	3	2	0	4.6
莱索托	99	10	0	141	2	13	0	6	1	5.1
柬埔寨	100	13	1	21	1	18	2	1	0	5.2
喀麦隆	101	17	0	45	0	24	0	2	0	6.5
厄立特里亚	102	3	0	—	—	3	0	—	—	1.7
叙利亚	103	44	3	—	2	60	10	—	1	23.4
加纳	104	16	0	88	—	22	1	4	—	8.9
乍得	105	3	0	28	—	5	0	1	—	2.1
莫桑比克	106	6	0	39	1	9	1	2	0	2.8
几内亚	107	11	0	24	0	15	0	1	0	3.9
也门	108	10	2	126	0	13	5	6	0	6.1
巴布亚新几内亚	109	—	0	—	—	—	1	—	—	0.6
海地	110	—	0	—	—	—	0	—	—	0.0
尼泊尔	111	15	1	—	—	20	3	—	—	11.8
塞内加尔	112	10	1	78	0	14	2	4	0	5.0
塞拉利昂	113	—	—	19	0	—	—	1	0	0.4
刚果(金)	114	7	0	9	0	9	0	0	0	2.4
老挝	115	17	1	67	—	23	2	3	—	9.2
马拉维	116	1	0	20	0	1	0	1	0	0.5
多哥	117	11	1	29	0	14	3	1	0	4.6
马达加斯加	118	5	0	10	1	6	0	0	0	1.9
马里	119	7	0	32	0	9	0	1	0	2.7
尼日利亚	120	10	0	—	1	14	0	—	0	4.7
孟加拉国	121	13	3	19	0	18	10	1	0	7.2
坦桑尼亚	122	4	0	32	0	5	1	1	0	1.8
贝宁	123	15	1	34	0	21	2	2	0	6.1
尼日尔	124	2	0	29	—	2	0	1	—	1.3
安哥拉	125	9	1	123	10	13	2	6	4	6.0
乌干达	126	5	0	16	0	6	1	1	0	2.0
中非	127	3	0	6	—	4	0	0	—	1.4
布基纳法索	128	5	0	23	0	6	0	1	0	1.9
埃塞俄比亚	129	8	0	23	0	11	2	1	0	3.4
布隆迪	130	5	0	15	0	7	0	1	0	1.9
卢旺达	131	8	0	27	—	11	1	1	—	4.1
高收入国家		74	31	2216	262	100	100	100	100	99.9
中等收入国家		33	9	208	10	45	28	9	4	21.5
低收入国家		8	0	26	0	10	1	1	0	3.1
世界平均		36	12	505	50	48	37	23	19	31.9
基准值		74	31	2216	262					

注:a. 为2005～2015年期间最近年的数据。

附表 2-3-4　2015 年世界生活质量指数

国家	编号	生活质量指标的实际值				生活质量指标的指数				生活质量指数
		平均预期寿命	人均购买力[a]	婴儿死亡率	环境质量[b]	平均预期寿命指数	人均购买力指数	婴儿死亡率指数	环境质量指数	
瑞典	1	82.6	48 560	2.4	6.2	102	105	120	120	111.8
美国	2	78.7	57 900	5.7	8.4	98	120	81	120	104.6
芬兰	3	81.4	42 620	2.0	7.4	101	92	120	120	108.2
澳大利亚	4	82.5	45 510	3.2	5.9	102	98	120	120	110.1
瑞士	5	83.2	63 930	3.6	12.9	103	120	120	120	115.8
挪威	6	82.1	65 180	2.2	9.1	102	120	120	120	115.4
日本	7	83.8	42 230	2.0	13.3	104	91	120	120	108.8
丹麦	8	81.1	50 620	3.6	11.0	100	109	120	120	112.4
德国	9	81.1	49 060	3.3	14.0	100	106	120	118	111.2
荷兰	10	81.7	49 770	3.3	14.6	101	107	120	113	110.5
加拿大	11	82.1	43 530	4.5	7.2	102	94	102	120	104.5
新加坡	12	82.6	82 470	2.1	18.7	102	120	120	89	107.7
英国	13	81.6	41 190	3.7	12.4	101	89	120	120	107.5
法国	14	82.7	41 800	3.2	12.4	102	90	120	120	108.2
比利时	15	81.3	45 640	3.2	15.6	101	98	120	106	106.3
奥地利	16	81.8	49 720	3.0	17.0	101	107	120	98	106.6
新西兰	17	81.5	36 600	4.6	5.5	101	79	100	120	100.0
韩国	18	82.2	34 520	3.0	28.7	102	74	120	58	88.5
以色列	19	82.1	36 190	3.0	21.1	102	78	120	79	94.6
意大利	20	83.5	37 200	2.9	19.9	103	80	120	84	96.8
爱尔兰	21	81.5	54 180	3.1	9.8	101	117	120	120	114.5
西班牙	22	83.4	34 760	2.8	9.7	103	75	120	120	104.6
爱沙尼亚	23	77.1	28 350	2.5	9.4	96	61	120	120	99.2
斯洛文尼亚	24	81.1	31 230	1.9	20.3	100	67	120	82	92.4
乌拉圭	25	77.1	20 570	8.0	11.5	96	44	58	120	79.4
俄罗斯	26	70.9	23 060	6.8	16.6	88	50	68	100	76.3
斯洛伐克	27	77.2	29 420	5.0	20.5	96	63	92	81	83.0
希腊	28	81.6	26 450	3.1	13.5	101	57	120	120	99.5
匈牙利	29	76.0	25 200	4.6	23.1	94	54	100	72	80.1
捷克	30	79.5	31 530	2.5	21.4	98	68	120	78	91.0
葡萄牙	31	81.5	28 920	2.9	9.8	101	62	120	120	100.9
白俄罗斯	32	73.6	17 580	3.0	20.5	91	38	120	81	82.6
拉脱维亚	33	74.1	24 760	4.3	20.4	92	53	107	81	83.4
立陶宛	34	75.1	27 830	4.1	19.1	93	60	112	87	88.1
格鲁吉亚	35	73.0	9370	10.2	20.5	90	20	45	81	59.2
乌克兰	36	71.2	7850	8.1	18.9	88	17	57	88	62.5
保加利亚	37	74.5	17 880	7.0	28.1	92	39	66	59	63.9
黎巴嫩	38	79.5	14 090	7.2	32.6	99	30	64	51	60.9
哈萨克斯坦	39	72.0	23 580	11.2	19.7	89	51	41	84	66.4
波兰	40	78.2	25 940	4.2	24.3	97	56	110	68	82.7
阿根廷	41	76.3	19 990	10.3	13.4	95	43	45	120	75.6
巴拿马	42	77.8	20 250	14.5	13.2	96	44	32	120	73.0
克罗地亚	43	77.3	22 450	4.1	21.8	96	48	112	76	83.2
沙特阿拉伯	44	74.6	55 700	11.4	106.2	92	120	40	16	67.1
哥伦比亚	45	74.2	13 590	13.6	18.0	92	29	34	92	61.8
科威特	46	74.7	81 150	7.5	67.4	93	120	61	25	74.6
智利	47	79.2	22 960	7.3	20.9	98	50	63	79	72.5
马其顿	48	75.5	13 580	10.5	40.5	94	29	44	41	51.9
阿塞拜疆	49	71.8	17 140	28.2	30.4	89	37	16	55	49.3
摩尔多瓦	50	71.4	5420	13.9	20.6	88	12	33	81	53.5
罗马尼亚	51	75.0	21 600	7.8	19.6	93	47	59	85	70.8
委内瑞拉	52	74.4	17 440	14.3	23.8[b]	92	38	32	70	58.0
乌兹别克斯坦	53	71.1	6210	22.9	39.7	88	13	20	42	40.9
多米尼加	54	73.7	13 630	26.1	20.4	91	29	18	81	54.9
亚美尼亚	55	74.2	9110	12.5	25.5	92	20	37	65	53.4
巴拉圭	56	73.0	8710	17.6	14.9	91	19	26	112	61.8
哥斯达黎加	57	79.6	15 210	7.9	20.1	99	33	58	83	68.1
巴西	58	75.2	15 310	14.0	11.4	93	33	33	120	69.8
墨西哥	59	76.9	17 140	12.9	20.2	95	37	36	82	62.5
博茨瓦纳	60	65.8	16 120	33.9	17.5	81	35	14	95	56.1
秘鲁	61	74.7	12 120	12.4	27.8	93	26	37	60	53.9
牙买加	62	75.8	8370	13.6	17.0	94	18	34	98	60.9
约旦	63	74.2	8950	15.5	38.8	92	19	30	43	45.9
南非	64	61.9	12 930	35.5	29.6	77	28	13	56	43.4
土耳其	65	75.4	23 800	11.7	36.4	93	51	39	46	57.4
厄瓜多尔	66	76.1	11 270	18.3	12.8	94	24	25	120	65.9
伊朗	67	75.7	17 650	13.5	43.0	94	38	34	39	51.2
蒙古	68	69.1	11 180	16.1	23.6	86	24	29	70	52.2
摩洛哥	69	75.5	7610	24.1	23.0	94	16	19	72	50.3
马来西亚	70	75.2	25 940	7.0	15.6	93	56	66	107	80.4

（续表）

国家	编号	生活质量指标的实际值				生活质量指标的指数				生活质量指数
		平均预期寿命	人均购买力[a]	婴儿死亡率	环境质量[b]	平均预期寿命指数	人均购买力指数	婴儿死亡率指数	环境质量指数	
萨尔瓦多	71	73.0	8020	13.3	37.0	90	17	35	45	46.8
埃及	72	71.3	10 590	20.1	104.7	88	23	23	16	37.5
中国	73	76.1	14 420	9.2	58.4	94	31	50	28	51.0
阿尔及利亚	74	75.9	14 170	21.9	35.6	94	31	21	47	48.1
土库曼斯坦	75	67.6	15 250	44.7	31.3	84	33	10	53	45.0
突尼斯	76	75.5	11 120	12.1	44.8	94	24	38	37	48.2
阿尔巴尼亚	77	78.2	11 340	12.5	17.9	97	24	37	93	62.7
吉尔吉斯斯坦	78	70.7	3320	19.9	16.9	88	7	23	98	54.0
塔吉克斯坦	79	71.0	3360	38.3	50.0	88	7	12	33	35.1
玻利维亚	80	68.7	6730	30.5	28.0	85	15	15	59	43.5
缅甸	81	66.4	5170	41.4	54.4	82	11	11	31	33.8
菲律宾	82	69.0	8870	22.1	23.5	86	19	21	71	49.0
泰国	83	75.1	15 410	10.8	26.4	93	33	43	63	58.0
纳米比亚	84	63.6	10 580	34.5	21.4	79	23	13	77	48.1
津巴布韦	85	60.3	1790	42.0	22.9	75	4	11	73	40.5
洪都拉斯	86	73.3	4290	16.6	37.6	91	9	28	44	43.0
尼加拉瓜	87	75.0	5290	17.3	27.4	93	11	27	61	47.9
越南	88	75.9	5740	17.6	28.3	94	12	26	59	47.8
肯尼亚	89	66.6	2990	36.5	16.3	83	6	13	102	50.9
斯里兰卡	90	75.0	11 500	8.3	27.9	93	25	55	59	58.2
刚果（布）	91	64.1	5850	39.2	53.0	79	13	12	31	33.8
印度尼西亚	92	69.0	10 700	22.9	15.4	86	23	20	108	59.1
赞比亚	93	61.3	3810	44.8	26.7	76	8	10	62	39.1
危地马拉	94	73.0	7590	24.6	34.8	91	16	19	48	43.3
毛里塔尼亚	95	63.0	3700	55.7	85.1	78	8	8	20	28.5
科特迪瓦	96	53.1	3350	68.0	23.5	66	7	7	71	37.6
印度	97	68.3	6070	36.2	74.3	85	13	13	22	33.2
巴基斯坦	98	66.3	5320	65.7	65.0	82	11	7	26	31.6
莱索托	99	53.6	3210	74.5	24.7	66	7	6	67	36.7
柬埔寨	100	68.5	3300	27.5	29.0	85	7	17	57	41.5
喀麦隆	101	57.6	3460	54.5	66.4	71	7	8	25	28.1
厄立特里亚	102	64.6	1500	33.8	43.5	80	3	14	38	33.8
叙利亚	103	70.3	—	14.2	41.6	87	—	32	40	53.1
加纳	104	62.4	4070	42.4	23.0	77	9	11	72	42.3
乍得	105	52.6	2120	76.8	46.1	65	5	6	36	27.9
莫桑比克	106	57.6	1170	55.1	19.5	71	3	8	85	41.8
几内亚	107	59.4	1770	60.0	22.6	74	4	8	73	39.6
也门	108	64.7	2720	43.2	52.8	80	6	11	31	32.0
巴布亚新几内亚	109	65.4	4050	43.8	13.9	81	9	11	120	55.0
海地	110	63.0	1770	52.2	25.8	78	4	9	64	38.7
尼泊尔	111	69.9	2510	29.6	75.0	87	5	16	22	32.4
塞内加尔	112	66.7	2380	34.8	37.6	83	5	13	44	36.3
塞拉利昂	113	51.4	1390	86.2	19.3	64	3	5	86	39.5
刚果（金）	114	59.2	740	74.0	46.3	73	2	6	36	29.2
老挝	115	66.3	5540	50.4	32.6	82	12	9	51	38.5
马拉维	116	62.5	1120	40.9	25.7	78	2	11	65	38.9
多哥	117	59.9	1310	52.1	32.7	74	3	9	51	34.2
马达加斯加	118	65.5	1410	35.2	19.7	81	3	13	84	45.4
马里	119	57.5	1990	69.6	44.0	71	4	7	38	30.0
尼日利亚	120	53.0	5890	69.0	38.0	66	13	7	44	32.2
孟加拉国	121	72.2	3560	29.7	89.4	89	8	15	19	32.8
坦桑尼亚	122	64.9	2610	41.5	23.3	80	6	11	71	42.1
贝宁	123	60.6	2110	64.6	35.2	75	5	7	47	33.5
尼日尔	124	59.7	940	52.3	62.7	74	2	9	26	27.8
安哥拉	125	61.2	6270	56.9	36.4	76	14	8	46	35.8
乌干达	126	59.5	1750	39.2	60.3	74	4	12	28	29.2
中非	127	51.4	670	91.2	46.5	64	1	5	36	26.7
布基纳法索	128	59.8	1630	54.4	40.0	74	4	8	41	31.9
埃塞俄比亚	129	65.0	1630	42.6	35.7	81	4	11	46	35.3
布隆迪	130	57.1	800	50.1	45.5	71	2	9	36	29.5
卢旺达	131	66.6	1790	30.4	49.7	83	4	15	33	33.7
高收入国家		80.7	46 350	4.6	16.6	100	100	100	100	99.9
中等收入国家		71.1	10 810	30.0	50.3	88	23	15	33	40.0
低收入国家		62.1	1612	52.4	38.7	77	3	9	43	33.0
世界平均		71.9	15 699	31.4	44.0	89	34	15	38	43.8
基准值		80.7	46 350	4.6	16.6					

注：a. 按购买力平价 PPP 计算的人均国民收入（国际美元）。
b. 为空气质量，为 PM2.5 年均浓度（微克/立方米）。

附表 2-3-5　2015 年世界经济质量指数

国家	编号	经济质量指标的实际值				经济质量指标的指数				经济质量指数
		劳动生产率[a]	单位GDP的能源消耗	物质产业增加值比例[b]	物质产业劳动力比例[b]	劳动生产率指数	单位GDP的能源消耗指数	物质产业增加值指数	物质产业劳动力指数	
瑞典	1	91 977	0.1	25.8	20.5	99	110	100	120	107.1
美国	2	111 561	0.1	21.1	19.0	120	91	120	120	112.8
芬兰	3	87 730	0.1	29.6	26.3	94	79	87	97	89.4
澳大利亚	4	88 412	0.1	28.0	24.5	95	113	92	104	101.3
瑞士	5	100 654	0.0	26.6	23.9	108	120	97	107	108.1
挪威	6	124 695	0.1	36.5	22.5	120	120	71	114	106.1
日本	7	75 075	0.1	30.0	30.6	81	111	86	84	90.3
丹麦	8	93 976	0.1	23.6	21.7	101	120	109	118	112.1
德国	9	87 477	0.1	31.1	29.2	94	119	83	88	95.9
荷兰	10	93 385	0.1	22.1	18.4	101	116	117	120	113.4
加拿大	11	83 616	0.2	30.7	21.7	90	63	84	118	88.7
新加坡	12	143 706	0.1	26.2	17.4	120	120	99	120	114.6
英国	13	78 773	0.1	20.7	20.0	85	120	120	120	111.2
法国	14	92 998	0.1	21.4	23.4	100	109	120	109	109.6
比利时	15	102 439	0.1	22.9	22.5	110	95	112	114	107.8
奥地利	16	90 012	0.1	29.3	30.5	97	120	88	84	97.2
新西兰	17	68 257	0.1	28.6	28.1	73	95	90	91	87.4
韩国	18	67 808	0.2	40.6	30.3	73	55	64	84	69.0
以色列	19	75 934	0.1	22.3	19.3	82	120	116	120	109.4
意大利	20	94 918	0.1	25.8	30.8	102	120	100	83	101.3
爱尔兰	21	142 759	0.0	42.3	25.8	120	120	61	99	100.0
西班牙	22	83 358	0.1	26.4	23.8	90	110	98	108	101.3
爱沙尼亚	23	56 194	0.2	30.9	33.7	60	45	84	76	66.3
斯洛文尼亚	24	64 868	0.2	34.9	39.7	70	72	74	66	70.1
乌拉圭	25	41 998	0.1	35.9	29.3	45	120	72	87	81.1
俄罗斯	26	48 847	0.3	37.3	33.9	53	31	69	76	57.2
斯洛伐克	27	63 448	0.2	38.3	38.6	68	59	67	66	65.3
希腊	28	68 470	0.1	19.9	28.1	74	91	120	91	94.0
匈牙利	29	58 341	0.2	36.1	34.8	63	56	71	74	66.1
捷克	30	63 045	0.2	40.8	40.3	68	50	64	64	61.5
葡萄牙	31	59 901	0.1	24.7	32.3	64	99	104	79	86.8
白俄罗斯	32	33 059	0.4	44.9	42.5	36	31	57	60	46.1
拉脱维亚	33	49 741	0.1	26.4	31.1	54	88	98	82	78.3
立陶宛	34	58 122	0.1	33.5	34.1	63	76	77	75	72.7
格鲁吉亚	35	17 720	0.3	33.8	56.6	19	41	76	45	45.5
乌克兰	36	15 708	0.8	39.8	39.9	17	15	65	64	40.1
保加利亚	37	40 164	0.3	32.7	36.8	43	35	79	70	56.7
黎巴嫩	38	39 027	0.2	20.5	30.3	42	70	120	84	79.2
哈萨克斯坦	39	46 897	0.3	37.5	38.6	50	32	69	66	54.3
波兰	40	56 240	0.2	36.6	41.5	61	56	70	62	62.1
阿根廷	41	45 113	0.2	34.1	26.7	49	67	76	96	71.7
巴拿马	42	45 874	0.1	30.6	35.2	49	120	84	73	81.6
克罗地亚	43	54 958	0.1	30.6	36.5	59	78	84	70	72.9
沙特阿拉伯	44	130 050	0.3	47.7	28.8	120	39	54	89	75.5
哥伦比亚	45	27 478	0.1	40.1	30.2	30	120	64	84	74.4
科威特	46	130 687	0.2	52.1	30.2	120	53	50	85	76.8
智利	47	48 269	0.1	36.7	32.7	52	74	70	78	68.6
马其顿	48	36 981	0.2	38.0	46.0	40	48	68	56	52.7
阿塞拜疆	49	35 200	0.2	56.1	50.4	38	58	46	51	48.1
摩尔多瓦	50	12 306	0.4	28.8	60.4	13	27	89	42	42.9
罗马尼亚	51	46 300	0.2	38.8	55.5	50	69	66	46	57.9
委内瑞拉	52	35 783	0.2	47.4	38.5	39	55	54	66	53.6
乌兹别克斯坦	53	14 140	0.7	52.7	53.9	15	15	49	47	31.6
多米尼加	54	34 196	0.1	33.1	31.0	37	94	78	83	72.8
亚美尼亚	55	19 820	0.3	48.0	51.2	21	43	54	50	42.1
巴拉圭	56	18 263	0.2	48.8	39.6	20	66	53	65	50.7
哥斯达黎加	57	33 868	0.1	27.5	31.5	36	114	94	81	81.3
巴西	58	30 843	0.1	27.3	36.5	33	89	94	70	71.7
墨西哥	59	38 507	0.2	36.4	38.6	41	68	71	66	61.6
博茨瓦纳	60	34 827	0.2	35.6	41.3	37	66	73	62	59.5
秘鲁	61	23 543	0.1	40.6	43.4	25	93	64	59	60.2
牙买加	62	18 870	0.2	30.3	33.3	20	54	85	77	59.2
约旦	63	38 885	0.2	33.8	19.7	42	48	76	120	71.6
南非	64	43 671	0.4	31.5	32.6	47	26	82	79	58.4
土耳其	65	58 400	0.2	39.5	48.3	63	73	65	53	63.5
厄瓜多尔	66	24 837	0.1	44.6	44.3	27	79	58	58	55.3
伊朗	67	52 886	0.5	44.6	50.6	57	20	58	51	46.4
蒙古	68	27 642	0.4	48.3	48.7	30	25	53	53	40.2
摩洛哥	69	23 034	0.2	43.8	54.1	25	63	59	47	48.4
马来西亚	70	54 102	0.3	47.6	40.0	58	41	54	64	54.5

(续表)

国家	编号	经济质量指标的实际值				经济质量指标的指数				经济质量指数
		劳动生产率[a]	单位GDP的能源消耗	物质产业增加值比例[b]	物质产业劳动力比例[b]	劳动生产率指数	单位GDP的能源消耗指数	物质产业增加值指数	物质产业劳动力指数	
萨尔瓦多	71	18 844	0.2	37.8	39.2	20	68	68	65	55.4
埃及	72	34 629	0.2	47.5	50.9	37	45	54	50	46.7
中国	73	23 967	0.3	49.8	52.7	26	38	52	49	41.0
阿尔及利亚	74	49 446	0.2	51.4	46.5	53	46	50	55	51.0
土库曼斯坦	75	38 166	0.6	71.5	56.4	41	18	36	45	35.1
突尼斯	76	34 898	0.2	38.2	41.4	38	50	68	62	54.2
阿尔巴尼亚	77	31 076	0.2	47.0	60.4	33	62	55	42	48.2
吉尔吉斯斯坦	78	8175	0.5	44.4	50.2	9	22	58	51	34.9
塔吉克斯坦	79	6707	0.3	52.9	70.7	7	36	49	36	32.1
玻利维亚	80	13 634	0.3	45.8	51.4	15	44	56	50	41.1
缅甸	81	9095	0.3	61.2	40.2	10	37	42	64	38.2
菲律宾	82	16 741	0.2	41.4	45.3	18	66	63	57	50.7
泰国	83	26 449	0.3	45.1	57.7	28	33	57	44	40.8
纳米比亚	84	33 146	0.1	37.5	45.2	36	78	69	57	59.7
津巴布韦	85	3621	0.7	35.8	74.4	4	15	72	34	31.4
洪都拉斯	86	10 555	0.3	41.5	51.5	11	41	62	50	41.0
尼加拉瓜	87	11 540	0.3	45.4	39.4	12	36	57	65	42.5
越南	88	9419	0.3	55.8	66.3	10	31	46	39	31.6
肯尼亚	89	8199	0.4	52.4	71.0	9	29	49	36	30.7
斯里兰卡	90	30 031	0.1	38.3	54.7	32	81	67	47	57.0
刚果(布)	91	15 157	0.2	61.9	67.3	16	59	42	38	38.8
印度尼西亚	92	22 644	0.3	55.3	55.1	24	43	47	46	40.2
赞比亚	93	9558	0.3	40.6	65.1	10	32	64	39	36.3
危地马拉	94	18 989	0.2	39.2	51.1	20	49	66	50	46.3
毛里塔尼亚	95	13 894	—	56.3	50.1	15	—	46	51	37.3
科特迪瓦	96	9323	0.4	54.4	62.7	10	28	47	41	31.6
印度	97	15 521	0.4	47.1	70.2	17	27	55	36	33.8
巴基斯坦	98	14 241	0.4	45.1	63.1	15	30	57	41	35.7
莱索托	99	8693	0.0	42.2	60.4	9	—	61	42	37.6
柬埔寨	100	5955	0.4	58.5	63.6	6	29	44	40	29.9
喀麦隆	101	7184	0.2	43.4	71.1	8	51	59	36	38.4
厄立特里亚	102	3761	0.3	46.1	64.6	4	37	56	40	34.3
叙利亚	103	26 497	0.4	55.7	55.8	29	30	46	46	37.7
加纳	104	8815	0.2	48.6	57.8	9	47	53	44	38.5
乍得	105	5787	—	66.6	78.6	6	—	39	33	25.9
莫桑比克	106	3445	0.7	46.8	79.4	4	16	55	32	26.8
几内亚	107	2678	—	49.7	76.6	3	—	52	33	29.4
也门	108	10 752	0.2	57.9	44.8	12	54	45	57	41.8
巴布亚新几内亚	109	6303	—	52.5	74.4	7	—	49	34	30.1
海地	110	4372	0.5	100.0	59.9	5	23	26	43	24.1
尼泊尔	111	4239	0.6	48.3	83.8	5	19	53	31	26.8
塞内加尔	112	7883	0.3	40.7	73.0	8	43	63	35	37.4
塞拉利昂	113	3524	—	65.1	74.8	4	—	40	34	25.9
刚果(金)	114	2021	0.8	55.6	71.6	2	13	46	36	24.3
老挝	115	10 692	—	50.6	83.5	12	—	51	31	31.0
马拉维	116	2596	—	45.7	74.6	3	—	56	34	31.2
多哥	117	3063	0.7	59.3	71.8	3	15	43	36	24.3
马达加斯加	118	2777	—	41.3	83.6	3	—	63	31	32.1
马里	119	6258	—	61.7	72.2	7	—	42	35	28.0
尼日利亚	120	18 836	0.2	41.2	42.3	20	46	63	61	47.4
孟加拉国	121	7457	0.2	43.7	61.5	8	54	59	42	40.6
坦桑尼亚	122	5741	0.5	57.8	74.0	6	22	45	35	26.8
贝宁	123	4948	0.4	48.6	53.8	5	25	53	48	32.7
尼日尔	124	2867	0.4	63.4	76.7	3	31	41	33	27.1
安哥拉	125	18 289	0.1	77.8	41.4	20	95	33	62	52.4
乌干达	126	3912	—	47.9	79.9	4	—	54	32	30.1
中非	127	1540	—	58.9	76.8	2	—	44	33	26.3
布基纳法索	128	3623	—	54.9	85.1	4	—	47	30	27.0
埃塞俄比亚	129	3307	0.9	57.0	79.4	4	13	45	32	23.4
布隆迪	130	1651	—	56.9	93.8	2	—	45	27	24.8
卢旺达	131	3398	—	48.4	82.6	4	—	53	31	29.3
高收入国家		92 913	0.1	25.8	25.6	100	96	100	100	99.0
中等收入国家		23 330	0.3	42.9	54.2	25	41	60	47	43.3
低收入国家		4031	0.6	52.0	76.8	4	19	50	33	26.7
世界平均		33 963	0.2	30.9	51.1	36	62	83	50	58.0
基准值		92 910	0.1	25.8	25.6					

注:a. 为雇员人均 GDP(2011 年不变价格 PPP),为 2010~2015 年期间最近年的数据。
b. 为 2010~2016 年期间最近年的数据。

附表 2-3-6 2015 年世界第二次现代化发展阶段

国家	编号	2015年第一次现代化的阶段[a]	2015年第二次现代化指数	产业结构信号 物质产业增加值占GDP比例	赋值	劳动力结构信号 物质产业劳动力占总劳动力比例	赋值	平均值	第二次现代化的阶段[b]
瑞典	1	4	107	25.8	2	20.5	2	2.0	2
美国	2	4	107	21.1	2	19.0	3	2.5	2
芬兰	3	4	99	29.6	2	26.3	2	2.0	2
澳大利亚	4	4	93	28.0	2	24.5	2	2.0	2
瑞士	5	4	107	26.6	2	23.9	2	2.0	2
挪威	6	4	99	36.5	1	22.5	2	1.5	1
日本	7	4	97	30.0	1	30.6	1	1.0	1
丹麦	8	4	109	23.6	2	21.7	2	2.0	2
德国	9	4	98	31.1	1	29.2	2	1.5	1
荷兰	10	4	106	22.1	2	18.4	3	2.5	2
加拿大	11	4	90	30.7	1	21.7	2	1.5	1
新加坡	12	4	104	26.2	2	17.4	3	2.5	2
英国	13	4	99	20.7	2	20.0	2	2.0	2
法国	14	4	97	21.4	2	23.4	2	2.0	2
比利时	15	4	103	22.9	2	22.5	2	2.0	2
奥地利	16	4	95	29.3	2	30.5	1	1.5	1
新西兰	17	4	84	28.6	2	28.1	2	2.0	2
韩国	18	4	88	40.6		30.3	1	0.5	1
以色列	19	4	90	22.3	2	19.3	3	2.5	2
意大利	20	4	73	25.8	2	30.8		1.5	1
爱尔兰	21	4	101	42.3		25.8	2	1.0	1
西班牙	22	4	78	26.4	2	23.8	2	2.0	2
爱沙尼亚	23	4	64	30.9	1	33.7	1	1.0	1
斯洛文尼亚	24	4	71	34.9	1	39.7	1	1.0	1
乌拉圭	25	3	54	35.9		29.3			
俄罗斯	26	4	54	37.3		33.9			
斯洛伐克	27	4	56	38.3		38.6			
希腊	28	3	72	19.9		28.1			
匈牙利	29	4	62	36.1	1	34.8	1	1.0	1
捷克	30	4	63	40.3					
葡萄牙	31	4	71	24.7	2	32.3	1	1.5	1
白俄罗斯	32	4	48	44.9		42.5			
拉脱维亚	33	4	58	26.4	2	31.1			
立陶宛	34	4	60	33.5		34.1			
格鲁吉亚	35	2	35	33.8		56.6			
乌克兰	36	3	38	39.8		39.9			
保加利亚	37	4	46	32.7		36.8			
黎巴嫩	38	4	45	20.5		30.3			
哈萨克斯坦	39	3	40	37.5		38.6			
波兰	40	4	55	36.6		41.5			
阿根廷	41	4	53	34.1		26.7			
巴拿马	42	4	45	30.6		35.2			
克罗地亚	43	4	56	30.6		36.5			
沙特阿拉伯	44	4	53	47.7		28.8			
哥伦比亚	45	3	42	40.1		30.6			
科威特	46	4	50	52.1		30.2			
智利	47	4	51	36.7		32.7			
马其顿	48	3	36	38.0		46.0			
阿塞拜疆	49	3	32	56.1		50.4			
摩尔多瓦	50	3	33	28.8		60.4			
罗马尼亚	51	3	45	38.8		55.5			
委内瑞拉	52	3	40	47.4		38.5			
乌兹别克斯坦	53	2	23	52.7		53.9			
多米尼加	54	3	38	33.1		31.0			
亚美尼亚	55	2	33	48.0		51.2			
巴拉圭	56	3	33	48.8		39.6			
哥斯达黎加	57	3	50	27.5		31.5			
巴西	58	3	47	27.3		36.5			
墨西哥	59	4	38	36.4		38.6			
博茨瓦纳	60	3	34	35.6		41.3			
秘鲁	61	3	34	40.6		43.4			
牙买加	62	3	35	30.3		33.3			
约旦	63	4	36	33.8		19.7			
南非	64	4	31	31.5		32.6			
土耳其	65	3	46	39.5		48.3			
厄瓜多尔	66	3	38	44.6		44.3			
伊朗	67	3	40	44.6		50.6			
蒙古	68	3	31	48.3		48.7			
摩洛哥	69	3	31	43.8		54.1			
马来西亚	70	3	45	47.6		40.0			

（续表）

国家	编号	2015年第一次现代化的阶段[a]	2015年第二次现代化指数	产业结构信号 物质产业增加值占GDP比例	赋值	劳动力结构信号 物质产业劳动力占总劳动力比例	赋值	平均值	第二次现代化的阶段[b]
萨尔瓦多	71	3	30	37.8		39.2			
埃及	72	3	27	47.5		50.9			
中国	73	3	41	49.8		52.7			
阿尔及利亚	74	3	31	51.4		46.5			
土库曼斯坦	75	3	22	71.5		56.4			
突尼斯	76	3	33	38.2		41.4			
阿尔巴尼亚	77	2	35	47.0		60.4			
吉尔吉斯斯坦	78	3	27	44.4		50.2			
塔吉克斯坦	79	2	20	52.9		70.7			
玻利维亚	80	3	26	45.8		51.4			
缅甸	81	3	20	61.2		40.2			
菲律宾	82	3	30	41.2		45.3			
泰国	83	3	35	45.1		57.7			
纳米比亚	84	2	30	37.5		45.2			
津巴布韦	85	2	19	35.8		74.4			
洪都拉斯	86	3	24	41.5		51.5			
尼加拉瓜	87	2	23	45.4		39.4			
越南	88	2	30	55.8		66.3			
肯尼亚	89	1	21	52.4		71.0			
斯里兰卡	90	3	32	38.3		54.7			
刚果(布)	91	3	21	61.9		67.3			
印度尼西亚	92	3	28	55.3		55.1			
赞比亚	93	2	19	40.6		65.1			
危地马拉	94	3	26	39.2		51.1			
毛里塔尼亚	95	2	17	56.3		50.1			
科特迪瓦	96	1	19	54.4		62.7			
印度	97	2	20	47.1		70.2			
巴基斯坦	98	2	18	45.1		63.1			
莱索托	99	3	20	42.2		60.4			
柬埔寨	100	2	19	58.5		63.6			
喀麦隆	101	2	18	43.4		71.1			
厄立特里亚	102	1	18	46.1		64.6			
叙利亚	103	3	29	55.7		55.8			
加纳	104	2	23	48.6		57.8			
乍得	105	0	14	66.6		78.6			
莫桑比克	106	1	18	46.8		79.4			
几内亚	107	2	18	49.7		76.6			
也门	108	3	20	57.9		44.8			
巴布亚新几内亚	109	1	22	52.5		74.4			
海地	110	2	16	100.0		59.9			
尼泊尔	111	1	18	48.3		83.8			
塞内加尔	112	2	20	40.7		73.0			
塞拉利昂	113	0	17	65.1		74.8			
刚果(金)	114	2	14	55.6		71.6			
老挝	115	2	20	50.6		83.5			
马拉维	116	1	18	45.7		74.6			
多哥	117	1	16	59.3		71.8			
马达加斯加	118	1	20	41.3		83.6			
马里	119	1	15	61.7		72.2			
尼日利亚	120	2	21	41.2		42.3			
孟加拉国	121	2	20	43.7		61.5			
坦桑尼亚	122	1	18	57.8		74.0			
贝宁	123	2	18	48.6		53.8			
尼日尔	124	1	14	63.4		76.7			
安哥拉	125	3	24	77.8		41.4			
乌干达	126	1	15	47.9		79.9			
中非	127	1	14	58.8		76.8			
布基纳法索	128	1	15	54.9		85.1			
埃塞俄比亚	129	1	16	57.0		79.4			
布隆迪	130	0	14	56.9		93.8			
卢旺达	131	1	17	48.4		82.6			
高收入国家		4	100	25.8	2	25.6	2	2.0	2
中等收入国家		3	29	42.9		54.2			
低收入国家		1	16	52.0		76.8			
世界平均		3	40	30.9		51.1			

注：a. 第一次现代化的阶段：4代表过渡期，3代表成熟期，2代表发展期，1代表起步期，0代表传统社会。
b. 处于第一次现代化的过渡期和第二次现代化指数大于60时，再判断第二次现代化的阶段。
第二次现代化的阶段：3代表成熟期，2代表发展期，1代表起步期。

附表 2-3-7　1990~2015 年第二次现代化指数的年均增长率

国家	编号	1990	2000	2010	2015	1990~2015 年 年均增长率	2000~2015 年 年均增长率
瑞典	1	65.6	83.8	100.8	106.6	2.0	1.6
美国	2	66.6	81.0	101.8	107.3	1.9	1.9
芬兰	3	60.7	78.3	101.4	98.8	2.0	1.6
澳大利亚	4	51.4	64.2	87.5	93.1	2.4	2.5
瑞士	5	77.8	85.9	104.5	106.7	1.3	1.5
挪威	6	59.0	76.8	96.8	98.7	2.1	1.7
日本	7	74.7	80.9	95.0	96.8	1.0	1.2
丹麦	8	68.7	88.2	106.5	109.2	1.9	1.4
德国	9	56.8	67.6	88.5	98.0	2.2	2.5
荷兰	10	58.0	70.8	99.8	106.1	2.4	2.7
加拿大	11	61.3	68.3	86.0	90.3	1.6	1.9
新加坡	12	55.8	70.3	94.7	103.7	2.5	2.6
英国	13	54.8	71.9	90.7	99.0	2.4	2.2
法国	14	56.5	66.5	91.5	97.5	2.2	2.6
比利时	15	53.8	64.8	90.4	102.5	2.6	3.1
奥地利	16	51.0	66.3	91.1	95.1	2.5	2.4
新西兰	17	50.0	60.0	78.7	84.2	2.1	2.3
韩国	18	35.2	55.8	76.8	87.7	3.7	3.1
以色列	19	52.1	69.8	85.8	90.5	2.2	1.7
意大利	20	50.4	57.7	74.8	73.4	1.5	1.6
爱尔兰	21	52.2	68.4	95.4	101.3	2.7	2.6
西班牙	22	45.7	53.7	74.3	77.9	2.2	2.5
爱沙尼亚	23	36.4	40.3	59.0	63.9	2.3	3.1
斯洛文尼亚	24	38.0	47.6	69.6	70.6	2.5	2.7
乌拉圭	25	33.1	38.5	46.7	54.0	2.0	2.3
俄罗斯	26	38.7	36.0	49.3	53.9	1.3	2.7
斯洛伐克	27	32.2	34.3	49.5	56.4	2.3	3.4
希腊	28	39.6	48.7	69.8	72.2	2.4	2.7
匈牙利	29	34.5	35.5	59.3	62.2	2.4	3.8
捷克	30	33.3	37.9	56.5	63.5	2.6	3.5
葡萄牙	31	36.6	47.3	65.7	71.2	2.7	2.8
白俄罗斯	32	31.7	32.6	48.1	48.1	1.7	2.6
拉脱维亚	33	38.9	35.8	51.2	57.8	1.6	3.3
立陶宛	34	36.6	35.7	54.6	59.7	2.0	3.5
格鲁吉亚	35	26.2	25.5	29.9	35.3	1.2	2.2
乌克兰	36	32.8	27.4	36.1	37.7	0.6	2.2
保加利亚	37	30.1	28.4	39.6	46.4	1.7	3.3
黎巴嫩	38	26.9	34.4	42.6	44.7	2.1	1.8
哈萨克斯坦	39	27.8	25.7	33.5	39.7	1.4	3.0
波兰	40	27.9	35.0	48.9	54.6	2.7	3.0
阿根廷	41	33.0	41.2	47.5	52.6	1.9	1.6
巴拿马	42	31.7	35.2	42.7	44.8	1.4	1.6
克罗地亚	43	38.7	38.5	52.2	56.3	1.5	2.6
沙特阿拉伯	44	31.0	35.5	45.0	52.8	2.2	2.7
哥伦比亚	45	24.2	28.7	37.5	42.3	2.3	2.6
科威特	46	37.0	41.4	46.9	50.3	1.2	1.3
智利	47	27.0	34.5	44.9	51.1	2.6	2.6
马其顿	48	20.2	25.9	33.7	36.1	2.3	2.2
阿塞拜疆	49	21.7	19.6	26.7	31.6	1.5	3.2
摩尔多瓦	50	24.7	21.8	29.4	32.5	1.1	2.7
罗马尼亚	51	22.1	25.1	40.8	44.7	2.9	3.9
委内瑞拉	52	25.1	27.3	39.4	40.4	1.9	2.6
乌兹别克斯坦	53	22.2	16.2	20.2	23.2	0.2	2.4
多米尼加	54	23.8	24.9	34.8	38.0	1.9	2.9
亚美尼亚	55	16.5	23.7	29.7	32.6	2.8	2.1
巴拉圭	56	26.7	23.2	29.0	32.8	0.8	2.3
哥斯达黎加	57	29.2	30.5	43.9	50.2	2.2	3.4
巴西	58	26.9	30.4	42.6	47.0	2.3	2.9
墨西哥	59	25.3	28.9	36.1	38.3	1.7	1.9
博茨瓦纳	60	20.8	23.2	30.7	34.1	2.0	2.6
秘鲁	61	28.5	28.4	32.0	34.2	0.7	1.3
牙买加	62	23.2	27.6	35.7	35.3	1.7	1.6
约旦	63	22.2	30.7	35.5	36.3	2.0	1.1
南非	64	21.4	23.9	30.6	30.6	1.4	1.7
土耳其	65	22.0	26.5	38.8	46.2	3.0	3.8
厄瓜多尔	66	26.2	26.0	33.0	37.7	1.5	2.5
伊朗	67	22.3	24.1	33.5	39.6	2.3	3.4
蒙古	68	23.1	22.2	28.3	31.4	1.2	2.3
摩洛哥	69	22.9	23.3	27.5	30.6	1.2	1.8
马来西亚	70	26.1	32.8	40.7	44.9	2.2	2.1

(续表)

国家	编号	1990	2000	2010	2015	1990~2015年 年均增长率	2000~2015年 年均增长率
萨尔瓦多	71	21.9	22.5	27.4	30.0	1.3	2.0
埃及	72	18.9	21.2	23.7	27.1	1.5	1.7
中国	73	14.3	17.0	27.7	41.1	4.3	6.1
阿尔及利亚	74	22.2	22.7	28.9	30.9	1.3	2.1
土库曼斯坦	75	16.0	15.2	19.2	22.0	1.3	2.5
突尼斯	76	19.8	25.1	31.0	33.3	2.1	1.9
阿尔巴尼亚	77	18.6	24.7	32.5	35.1	2.6	2.4
吉尔吉斯斯坦	78	22.3	23.2	26.4	27.4	0.8	1.1
塔吉克斯坦	79	14.8	15.0	19.3	20.0	1.2	1.9
玻利维亚	80	22.9	20.6	23.5	25.9	0.5	1.5
缅甸	81	14.4	14.4	18.3	19.7	1.3	2.1
菲律宾	82	20.8	22.4	26.8	29.6	1.4	1.9
泰国	83	21.4	24.9	31.3	34.5	1.9	2.2
纳米比亚	84	22.0	22.6	27.5	29.7	1.2	1.8
津巴布韦	85	16.0	13.1	17.1	19.4	0.8	2.6
洪都拉斯	86	17.3	19.4	23.1	23.8	1.3	1.4
尼加拉瓜	87	17.4	20.0	23.1	23.4	1.2	1.1
越南	88	14.6	17.1	24.3	29.5	2.9	3.7
肯尼亚	89	17.5	18.3	21.1	21.5	0.8	1.1
斯里兰卡	90	19.1	20.8	28.9	32.5	2.2	3.0
刚果(布)	91	16.9	15.5	20.1	21.0	0.9	2.0
印度尼西亚	92	20.3	21.4	26.9	28.1	1.3	1.8
赞比亚	93	12.5	14.0	17.9	19.4	1.8	2.2
危地马拉	94	18.5	19.8	24.1	25.6	1.3	1.7
毛里塔尼亚	95	13.5	15.2	16.4	17.4	1.0	0.9
科特迪瓦	96	15.0	15.6	17.3	18.5	0.8	1.2
印度	97	12.9	14.6	17.9	20.0	1.8	2.1
巴基斯坦	98	14.0	14.8	17.2	18.5	1.1	1.5
莱索托	99	19.1	16.5	20.3	19.9	0.2	1.3
柬埔寨	100	17.1	14.9	18.4	19.2	0.5	1.7
喀麦隆	101	12.8	13.0	16.7	18.5	1.5	2.4
厄立特里亚	102	18.0	15.8	16.6	17.7	−0.1	0.7
叙利亚	103	24.7	24.3	29.4	28.9	0.6	1.2
加纳	104	13.4	13.9	20.0	22.6	2.1	3.3
乍得	105	13.0	12.8	13.2	14.2	0.3	0.7
莫桑比克	106	12.7	14.8	16.8	18.0	1.4	1.3
几内亚	107	14.0	14.8	16.5	18.5	1.1	1.5
也门	108	14.6	15.9	20.1	20.2	1.3	1.6
巴布亚新几内亚	109	18.0	18.3	20.9	21.7	0.7	1.1
海地	110	15.6	14.3	15.4	15.9	0.1	0.7
尼泊尔	111	10.6	12.6	16.8	17.8	2.1	2.3
塞内加尔	112	17.5	16.9	19.8	20.4	0.6	1.3
塞拉利昂	113	12.7	13.2	15.0	16.7	1.1	1.6
刚果(金)	114	11.1	13.5	15.0	14.2	1.0	0.3
老挝	115	14.4	15.8	18.3	19.9	1.3	1.6
马拉维	116	12.3	14.4	16.7	17.8	1.5	1.4
多哥	117	12.5	12.9	15.3	15.9	1.0	1.4
马达加斯加	118	18.5	18.5	19.8	19.9	0.3	0.5
马里	119	12.2	13.9	14.3	15.3	0.9	0.6
尼日利亚	120	10.1	11.8	18.4	21.2	3.0	4.0
孟加拉国	121	14.2	15.8	18.2	20.2	1.4	1.6
坦桑尼亚	122	13.4	15.1	17.3	17.7	1.1	1.1
贝宁	123	12.7	13.9	16.7	18.3	1.5	1.9
尼日尔	124	11.3	11.2	12.6	14.1	0.9	1.5
安哥拉	125	12.7	14.1	21.7	23.7	2.5	3.5
乌干达	126	10.9	13.3	15.1	15.4	1.4	1.0
中非	127	11.5	12.4	13.2	13.8	0.7	0.7
布基纳法索	128	12.6	12.7	13.6	15.3	0.8	1.3
埃塞俄比亚	129	11.0	13.0	14.9	15.6	1.4	1.2
布隆迪	130	11.1	12.5	14.0	14.1	0.9	0.8
卢旺达	131	11.1	13.0	16.1	16.8	1.7	1.7
高收入国家		55.7	68.7	90.4	99.7	2.4	2.5
中等收入国家		15.2	18.2	24.4	29.3	2.7	3.2
低收入国家		13.3	14.5	15.9	15.7	0.7	0.6
世界平均		24.2	27.5	35.2	40.0	2.0	2.5

注：采用第二次现代化评价模型第三版的评价结果，以2015年高收入国家平均值为基准值的评价。

附表 2-3-8 1970~2015 年世界第二次现代化指数

国家	编号	1970[a]	1980[a]	1990[a]	2000[a]	1990[b]	2000[b]	2010[b]	2014[c]	2015[c]
瑞典	1	58.2	74.7	92.9	108.9	67.3	84.6	102.0	106.7	106.6
美国	2	70.6	79.2	96.9	107.8	68.2	80.1	99.9	107.1	107.3
芬兰	3	49.2	62.0	84.7	103.2	61.5	82.2	102.0	101.8	98.8
澳大利亚	4	53.7	60.8	76.9	98.9	53.4	64.5	88.1	93.7	93.1
瑞士	5	50.9	65.0	97.8	98.7	79.4	87.6	95.6	106.8	106.7
挪威	6	56.1	64.6	87.4	100.4	61.9	78.0	95.7	98.6	98.7
日本	7	58.5	72.4	88.3	103.4	70.7	82.4	97.3	98.9	96.8
丹麦	8	54.0	66.1	86.8	102.1	60.6	80.4	102.2	109.7	109.3
德国	9	55.8	61.9	80.0	96.5	58.3	67.7	89.2	98.5	98.0
荷兰	10	59.8	67.7	85.3	92.6	61.8	73.4	99.2	107.1	106.1
加拿大	11	59.2	68.6	89.0	91.9	63.3	70.8	90.1	91.9	90.3
新加坡	12	41.0	40.7	68.8	76.4	49.8	73.2	96.4	103.9	103.7
英国	13	54.3	64.0	75.1	92.0	55.3	72.3	91.0	98.4	99.0
法国	14	48.3	67.0	78.3	89.8	54.4	64.5	91.1	98.0	97.5
比利时	15	53.2	73.7	83.2	89.8	58.5	68.2	92.0	103.6	102.5
奥地利	16	43.7	55.4	78.2	81.7	51.7	65.3	92.7	96.6	95.1
新西兰	17	46.8	61.6	69.4	77.2	49.0	63.0	80.0	87.4	84.2
韩国	18	25.2	34.5	54.6	83.6	42.7	62.7	88.2	87.9	87.7
以色列	19	45.0	64.1	64.8	81.4	43.6	68.5	85.3	88.0	90.5
意大利	20	39.3	46.6	66.1	73.9	47.4	54.3	73.9	75.0	73.4
爱尔兰	21	37.7	44.4	59.0	75.9	49.2	68.9	93.1	101.5	101.3
西班牙	22	31.1	55.0	62.0	71.9	42.0	51.4	73.2	78.8	77.9
爱沙尼亚	23		81.1		65.8	44.7	41.3	63.3	64.8	63.9
斯洛文尼亚	24		—		66.5	43.1	49.1	74.2	73.1	70.6
乌拉圭	25	33.8	48.0	59.4	69.3	29.7	38.1	46.3	54.2	54.0
俄罗斯	26		96.7		57.2	49.3	38.3	45.2	54.5	53.9
斯洛伐克	27		—		57.0	37.4	36.9	54.8	57.4	56.4
希腊	28	35.0	55.6	52.1	62.5	36.7	46.0	69.1	73.2	72.2
匈牙利	29	49.8	52.5	51.3	56.6	37.3	39.4	65.3	63.8	62.2
捷克	30	66.2	70.0	61.6	60.4	39.9	40.5	63.8	64.4	63.5
葡萄牙	31	24.0	27.8	39.4	67.6	32.7	46.0	68.7	72.1	71.2
白俄罗斯	32		69.5		50.8	37.5	30.5	44.4	48.9	48.1
拉脱维亚	33		60.3		55.8	51.0	36.0	53.1	58.0	57.8
立陶宛	34		79.1		54.7	42.6	36.8	55.1	60.9	59.7
格鲁吉亚	35		62.7		49.1	25.1	25.8	28.2	34.7	35.3
乌克兰	36		74.7		49.2	32.6	30.1	40.2	38.0	37.7
保加利亚	37	50.1	67.7	62.8	47.9	33.9	32.0	43.2	45.6	46.4
黎巴嫩	38		51.9		54.5	24.2	31.9	43.3	44.7	44.7
哈萨克斯坦	39		73.8		40.9	29.7	27.9	32.1	39.6	39.7
波兰	40	55.4	51.1	46.9	51.1	29.7	38.1	54.2	55.1	54.6
阿根廷	41	35.6	40.1	54.4	54.4	32.0	41.4	49.7	52.1	52.6
巴拿马	42	40.9	47.7	52.8	51.5	28.0	32.8	41.2	45.2	44.8
克罗地亚	43		—		50.7	42.0	39.6	53.7	56.7	56.3
沙特阿拉伯	44	26.3	39.6	52.3	50.5	25.4	35.7	48.1	51.4	52.8
哥伦比亚	45	22.9	27.0	42.6	47.2	23.1	29.3	38.1	42.3	42.3
科威特	46	58.6	53.5	89.8	54.1	42.0	47.8	61.7	49.6	50.3
智利	47	30.1	36.3	38.5	48.0	26.6	35.3	46.7	51.1	51.1
马其顿	48		—		40.8	21.5	28.5	37.4	36.4	36.1
阿塞拜疆	49		64.9		43.4	23.9	21.5	31.5	31.6	31.6
摩尔多瓦	50		61.1		38.8	26.8	24.3	33.1	32.1	32.5
罗马尼亚	51	35.6	42.1	41.1	41.6	25.9	26.5	43.6	44.3	44.7
委内瑞拉	52	32.1	34.0	39.2	39.9	25.7	28.8	39.5	41.1	40.4
乌兹别克斯坦	53		59.9		40.3	30.8	25.4	32.6	21.9	23.2
多米尼加	54	26.1	34.7	44.2	42.3	20.9	25.4	33.4	38.3	38.0
亚美尼亚	55		—		36.2	24.6	26.0	31.5	32.5	32.6
巴拉圭	56	24.0	22.3	31.3	40.1	22.3	31.8	37.9	29.7	32.8
哥斯达黎加	57	33.0	31.0	34.6	37.0	26.1	28.9	43.3	50.0	50.2
巴西	58	30.2	29.1	43.0	39.7	21.6	30.5	39.7	46.8	47.0
墨西哥	59	26.2	33.1	46.0	39.6	24.2	29.5	36.8	38.9	38.3
博茨瓦纳	60	10.6	23.2	27.9	33.0	18.2	22.5	24.9	33.3	34.1
秘鲁	61	25.1	29.0	37.2	38.4	26.9	30.3	38.2	33.9	34.2
牙买加	62	25.3	39.4	42.4	45.9	24.1	30.2	36.0	35.5	35.3
约旦	63	19.5	31.7	49.7	38.2	25.2	33.8	40.6	36.7	36.3
南非	64	39.4	32.5	37.6	37.3	23.0	24.7	37.1	30.7	30.6
土耳其	65	20.0	25.3	32.2	36.5	20.6	26.7	42.1	46.6	46.2
厄瓜多尔	66	24.8	39.5	27.7	33.0	23.7	22.4	31.5	37.4	37.7
伊朗	67	20.8	21.7	29.5	32.6	21.3	28.0	40.6	36.2	39.6
蒙古	68		55.0	52.0	30.1	22.0	20.6	29.0	31.3	31.4
摩洛哥	69	23.1	25.9	30.3	33.3	20.1	22.8	29.3	30.7	30.6
马来西亚	70	25.4	24.2	28.7	39.1	23.7	30.7	43.6	45.3	44.9

(续表)

国家	编号	1970[a]	1980[a]	1990[a]	2000[a]	1990[b]	2000[b]	2010[b]	2014[c]	2015[c]
萨尔瓦多	71	21.7	25.4	28.0	40.2	19.6	23.5	28.9	29.9	30.0
埃及	72	24.6	26.0	34.6	39.5	20.7	24.9	28.3	26.4	27.1
中国	73	21.0	24.7	26.0	31.2	15.2	19.2	33.2	37.9	41.1
阿尔及利亚	74	18.6	30.2	38.9	32.7	19.2	21.8	30.2	30.2	30.9
土库曼斯坦	75			—	34.7	25.6	24.4	19.1	21.9	22.0
突尼斯	76	20.2	29.4	28.0	32.5	19.3	26.6	39.5	33.6	33.3
阿尔巴尼亚	77		35.1		22.3	17.0	21.3	30.4	35.8	35.1
吉尔吉斯斯坦	78		55.6		31.6	25.1	21.4	25.7	27.2	27.4
塔吉克斯坦	79			—	32.0	20.7	16.3	21.6	19.8	20.0
玻利维亚	80	29.0	24.8	36.0	28.9	21.2	22.6	25.6	25.5	25.9
缅甸	81	15.7	21.0	20.6	27.0	18.4	21.1	20.9	20.5	19.7
菲律宾	82	25.5	25.5	28.6	31.5	20.6	23.3	25.2	29.0	29.6
泰国	83	18.4	25.7	23.8	30.1	18.8	26.4	34.6	34.7	34.5
纳米比亚	84		—	35.1	28.2	20.1	24.6	23.6	29.4	29.7
津巴布韦	85	20.1	21.3	27.5	25.8	15.3	12.2	15.3	19.1	19.4
洪都拉斯	86	16.8	26.8	28.8	28.3	16.6	18.8	25.5	24.0	23.8
尼加拉瓜	87	21.5	31.1	33.9	25.2	16.3	19.7	24.6	23.2	23.4
越南	88		16.7		22.3	13.8	20.2	24.3	29.2	29.5
肯尼亚	89	16.2	15.1	23.6	26.0	14.8	15.4	17.5	21.5	21.5
斯里兰卡	90	22.3	21.7	34.1	24.2	21.0	23.7	33.2	32.2	32.5
刚果(布)	91	33.0	27.8	23.4	21.9	17.7	18.2	18.9	19.6	21.0
印度尼西亚	92	18.6	18.7	28.8	22.4	16.5	18.9	25.5	28.8	28.1
赞比亚	93	15.0	21.7	21.8	20.0	11.3	13.0	15.4	19.2	19.4
危地马拉	94	16.9	25.0	37.5	22.0	16.0	19.5	25.5	25.5	25.6
毛里塔尼亚	95	21.3	21.0	25.3	23.6	13.9	14.3	15.8	17.2	17.4
科特迪瓦	96	9.1	28.3	31.1	20.4	12.9	12.8	13.7	18.0	18.5
印度	97	17.1	19.3	23.8	20.7	13.8	16.6	21.5	19.8	20.0
巴基斯坦	98	15.5	16.5	17.9	25.0	14.3	15.6	18.5	18.5	18.5
莱索托	99	19.8	24.5	31.7	18.7	14.3	15.6	19.2	20.4	19.9
柬埔寨	100		4.0		19.2	13.3	12.4	15.5	19.3	19.2
喀麦隆	101	16.0	23.5	24.3	19.0	13.4	12.5	14.6	18.2	18.5
厄立特里亚	102			—	19.1	15.4	14.7	15.4	17.6	17.7
叙利亚	103	30.5	34.7	37.8	23.8	21.6	22.1	29.6	29.1	28.9
加纳	104	18.3	24.5	22.4	18.4	12.4	14.6	17.6	22.1	22.6
乍得	105	15.6	25.8	18.3	16.5	12.8	12.5	13.5	14.1	14.2
莫桑比克	106	8.0	10.7	17.7	18.3	8.9	10.4	13.1	18.0	18.0
几内亚	107	8.1	13.9	26.3	18.0	12.1	14.7	14.2	18.3	18.5
也门	108	4.0	13.9	40.2	23.3	15.2	17.4	20.9	20.7	20.2
巴布亚新几内亚	109	13.0	19.0	19.5	18.6	13.1	15.3	14.2	21.8	21.7
海地	110	13.7	15.4	24.1	17.2	17.2	14.3	10.4	16.3	15.9
尼泊尔	111	14.6	13.2	20.9	18.0	12.3	14.9	21.0	17.9	17.8
塞内加尔	112	23.5	19.1	24.5	16.0	15.6	14.9	19.2	20.8	20.4
塞拉利昂	113	23.8	19.1	22.5	14.1	10.3	9.4	12.6	16.1	16.7
刚果(金)	114		17.0		13.8	10.5	11.8	15.3	14.1	14.2
老挝	115	6.2	14.9	17.2	18.2	13.7	16.6	20.9	20.0	19.9
马拉维	116	20.7	14.9	23.1	15.7	10.3	14.2	16.9	17.6	17.8
多哥	117	18.8	22.1	23.3	17.4	11.9	12.2	12.7	15.4	15.9
马达加斯加	118	17.9	14.7	17.1	16.2	15.1	16.3	23.5	20.0	19.9
马里	119	19.9	16.6	16.9	16.0	11.5	12.6	15.3	15.3	15.3
尼日利亚	120	14.9	15.8	25.0	14.7	10.2	10.4	19.8	20.7	21.2
孟加拉国	121	5.3	15.9	21.3	16.2	13.9	17.2	20.6	20.0	20.2
坦桑尼亚	122	15.3	13.6	16.6	14.3	9.0	11.5	15.5	17.8	17.7
贝宁	123	19.6	21.3	25.3	15.1	11.6	13.8	15.4	18.2	18.3
尼日尔	124	13.2	16.0	17.8	15.5	11.7	13.7	15.6	13.9	14.1
安哥拉	125	19.2	15.8	34.7	14.8	11.2	14.3	19.1	23.8	23.7
乌干达	126	11.5	14.6	16.6	14.2	10.8	13.9	17.7	15.3	15.4
中非	127	13.5	15.2	20.5	11.9	11.4	11.0	11.2	13.9	13.8
布基纳法索	128	1.6	16.9	16.3	13.0	12.5	13.2	15.2	15.0	15.3
埃塞俄比亚	129	14.1	15.2	17.7	14.8	9.6	11.0	18.4	15.6	15.6
布隆迪	130	9.6	12.2	15.5	11.2	10.2	11.6	14.6	14.0	14.1
卢旺达	131	13.0	10.2	16.2	9.5	10.8	13.4	18.2	16.6	16.8
高收入国家[d]		72.3	76.4	88.9	100.2	57.9	72.2	95.3	99.9	99.7
中等收入国家		19.7	35.6	33.4	38.4	15.6	19.6	28.0	28.6	29.3
低收入国家		9.4	20.2	21.9	20.1	12.8	15.1	16.8	15.7	15.7
世界平均		33.2	43.9	46.8	46.0	26.0	31.6	42.6	39.5	40.0

注：a. 1970～2000 年是以 2000 年高收入国家平均值为基准值的评价。

其中，1970 年和 1990 年没有知识创新和知识传播的数据，评价结果仅供参考。

b. 采用第二次现代化评价模型第二版的评价结果，1990～2010 年以 2013 年高收入 OECD 国家平均值为基准。

c. 采用第二次现代化评价模型第三版的评价结果，以当年高收入国家平均值为基准值的评价。

d. 1970～2000 年和 2014～2015 年数据为高收入国家的平均值，1990～2013 年数据为高收入 OECD 国家的平均值。

附表 2-3-9　1970～2015 年世界第二次现代化指数的排名

国家	编号	1970[a]	1980[a]	1990[a]	2000[a]	1990[b]	2000[b]	2010[b]	2014[c]	2015[c]
瑞典	1	7	2	3	1	4	2	2	5	4
美国	2	1	1	2	2	3	6	4	2	2
芬兰	3	18	15	10	4	8	14	3	8	10
澳大利亚	4	13	18	15	7	14	18	18	16	16
瑞士	5	15	11	1	8	1	1	9	4	3
挪威	6	8	12	7	6	6	7	8	11	11
日本	7	6	4	6	3	2	3	6	10	14
丹麦	8	12	10	8	5	9	5	1	1	1
德国	9	9	16	12	9	11	15	16	12	12
荷兰	10	3	7	9	10	7	8	5	3	5
加拿大	11	4	6	5	12	5	11	15	17	18
新加坡	12	23	32	18	19	17	9	7	6	6
英国	13	11	14	16	11	12	10	14	13	9
法国	14	19	9	13	13	13	17	13	14	13
比利时	15	14	3	11	14	10	14	12	7	7
奥地利	16	22	20	14	16	15	16	11	15	15
新西兰	17	20	17	17	18	20	19	20	20	20
韩国	18	46	41	26	15	25	20	17	19	19
以色列	19	21	13	20	17	23	13	19	18	17
意大利	20	26	29	19	21	21	21	22	22	22
爱尔兰	21	27	30	25	20	19	12	10	9	8
西班牙	22	35	21	22	22	28	22	23	21	21
爱沙尼亚	23		—		26	22	28	28	26	26
斯洛文尼亚	24		—		25	24	23	21	24	25
乌拉圭	25	31	27	24	23	42	34	38	35	34
俄罗斯	26		—		29	18	32	39	34	35
斯洛伐克	27		—		30	32	35	31	31	31
希腊	28	30	19	30	27	34	26	24	23	23
匈牙利	29	17	24	32	31	33	31	26	28	28
捷克	30	2	5	23	28	30	29	27	27	27
葡萄牙	31	51	53	42	24	36	25	25	25	24
白俄罗斯	32		—		39	31	47	40	41	41
拉脱维亚	33		—		32	16	37	34	30	30
立陶宛	34		—		33	26	36	30	29	29
格鲁吉亚	35				43	53	64	78	62	60
乌克兰	36				42	37	50	50	54	56
保加利亚	37	16	8	21	45	35	42	45	44	43
黎巴嫩	38		25		34	57	43	43	47	47
哈萨克斯坦	39		—		51	41	58	67	51	52
波兰	40	10	26	34	38	40	33	32	33	33
阿根廷	41	29	33	27	35	38	27	35	36	37
巴拿马	42	24	28	28	37	43	41	47	46	46
克罗地亚	43		—		40	29	30	33	32	32
沙特阿拉伯	44	40	34	29	41	51	38	36	37	36
哥伦比亚	45	55	55	38	46	62	52	55	49	49
科威特	46	5	23	4	36	27	24	29	40	39
智利	47	38	37	45	44	46	39	37	38	38
马其顿	48		—		52	68	55	57	58	59
阿塞拜疆	49		—		48	59	80	70	70	71
摩尔多瓦	50				61	45	70	65	69	69
罗马尼亚	51	28	31	40	50	48	61	42	48	48
委内瑞拉	52	34	42	43	56	49	54	53	50	51
乌兹别克斯坦	53		—		53	39	65	66	91	89
多米尼加	54	12	30	36	49	72	66	62	53	55
亚美尼亚	55		—		67	55	63	68	67	68
巴拉圭	56	50	72	59	55	64	44	56	76	67
哥斯达黎加	57	32	47	53	65	47	53	44	39	40
巴西	58	37	50	37	57	66	46	51	42	42
墨西哥	59	41	43	35	58	56	51	59	52	54
博茨瓦纳	60	96	71	69	70	84	76	85	66	65
秘鲁	61	47	51	49	62	44	48	54	64	64
牙买加	62	45	36	39	47	58	49	60	61	61
约旦	63	69	45	33	63	52	40	48	57	58
南非	64	25	44	47	64	63	57	58	72	74
土耳其	65	65	63	57	66	76	59	46	43	44
厄瓜多尔	66	48	35	70	71	60	77	69	56	57
伊朗	67	61	74	62	73	69	56	49	59	53
蒙古	68		22	31	80	65	84	75	71	72
摩洛哥	69	54	58	61	69	77	74	74	73	75
马来西亚	70	44	69	65	60	61	45	41	45	45

（续表）

国家	编号	1970[a]	1980[a]	1990[a]	2000[a]	1990[b]	2000[b]	2010[b]	2014[c]	2015[c]
萨尔瓦多	71	57	62	67	54	79	72	76	75	76
埃及	72	49	57	54	59	74	67	77	83	83
中国	73	60	66	73	78	95	88	64	55	50
阿尔及利亚	74	72	48	44	72	81	79	72	74	73
土库曼斯坦	75		—		68	50	69	101	90	91
突尼斯	76	63	49	68	74	80	60	52	65	66
阿尔巴尼亚	77		38		94	87	82	71	60	62
吉尔吉斯斯坦	78		—		76	54	81	79	82	82
塔吉克斯坦	79		—		75	73	97	90	102	100
玻利维亚	80	39	65	50	81	70	75	80	84	84
缅甸	81	82	80	91	84	83	83	93	97	104
菲律宾	82	43	61	66	77	75	73	84	80	78
泰国	83	74	60	80	79	82	62	61	63	63
纳米比亚	84		—	51	83	78	68	88	77	77
津巴布韦	85	64	76	71	86	94	122	119	107	106
洪都拉斯	86	79	56	64	82	88	90	81	86	86
尼加拉瓜	87	58	46	56	87	90	86	86	88	88
越南	88		88		95	104	85	87	78	79
肯尼亚	89	80	98	82	85	98	100	108	93	93
斯里兰卡	90	56	78	55	89	71	71	63	68	70
刚果（布）	91	33	54	83	97	85	91	102	104	95
印度尼西亚	92	73	85	63	93	89	89	83	81	81
赞比亚	93	86	75	88	100	120	116	115	106	105
危地马拉	94	78	64	48	96	91	87	82	85	85
毛里塔尼亚	95	59	79	75	91	101	108	110	118	118
科特迪瓦	96	98	52	60	99	109	117	125	112	108
印度	97	77	81	81	98	103	95	91	103	99
巴基斯坦	98	84	90	95	88	99	99	103	108	111
莱索托	99	67	68	58	104	100	98	99	98	103
柬埔寨	100		110		101	107	121	114	105	107
喀麦隆	101	81	70	78	103	106	119	121	110	109
厄立特里亚	102		—		102	93	105	117	117	117
叙利亚	103	36	40	46	90	67	78	73	79	80
加纳	104	75	67	87	106	112	106	107	89	90
乍得	105	83	59	94	113	110	120	126	128	128
莫桑比克	106	100	108	97	107	131	129	127	113	113
几内亚	107	99	104	72	109	114	104	123	109	110
也门	108	103	103	41	92	96	92	95	96	97
巴布亚新几内亚	109	94	84	93	105	108	101	124	92	92
海地	110	90	95	79	112	86	107	131	120	122
尼泊尔	111	88	106	90	110	113	102	92	114	115
塞内加尔	112	53	83	77	117	92	103	98	94	96
塞拉利昂	113	52	82	86	126	126	131	129	121	120
刚果（金）	114		86		127	124	124	118	127	127
老挝	115	101	100	99	108	105	94	94	100	101
马拉维	116	62	99	85	118	125	110	109	116	114
多哥	117	71	73	84	111	115	123	128	123	121
马达加斯加	118	76	101	100	114	97	96	89	99	102
马里	119	66	89	101	116	118	118	113	124	126
尼日利亚	120	87	93	76	123	128	130	97	95	94
孟加拉国	121	102	92	89	115	102	93	96	101	98
坦桑尼亚	122	85	105	103	124	130	126	112	115	116
贝宁	123	68	77	74	120	117	112	116	111	112
尼日尔	124	92	91	96	119	116	113	111	131	129
安哥拉	125	70	94	52	121	121	109	100	87	87
乌干达	126	95	102	102	125	122	111	106	125	124
中非	127	91	97	92	129	119	127	130	130	131
布基纳法索	128	104	87	104	128	111	115	120	126	125
埃塞俄比亚	129	89	96	98	122	129	128	104	122	123
布隆迪	130	97	107	106	130	127	125	122	129	130
卢旺达	131	93	109	105	131	123	114	105	119	119

注：a. 1970~2000 年是以 2000 年高收入国家平均值为基准值的评价。
其中，1970 年和 1990 年没有知识创新和知识传播的数据，评价结果仅供参考。
b. 采用第二次现代化评价模型第二版的评价结果，1990~2010 年以 2013 年高收入 OECD 国家平均值为基准。
c. 采用第二次现代化评价模型第三版的评价结果，以当年高收入国家平均值为基准值的评价。

附表 2-4-1 2015 年世界综合现代化指数

国家	编号	经济发展指数	社会发展指数	知识发展指数	综合现代化指数	排名
瑞典	1	100.0	100.0	96.1	98.7	3
美国	2	100.0	95.9	97.4	97.7	4
芬兰	3	98.7	93.6	100.0	97.4	6
澳大利亚	4	89.5	99.5	83.5	90.9	16
瑞士	5	99.7	97.8	94.5	97.3	7
挪威	6	94.1	99.8	84.8	92.9	13
日本	7	95.8	92.6	91.2	93.2	12
丹麦	8	100.0	100.0	100.0	100.0	1
德国	9	97.8	98.2	87.4	94.5	9
荷兰	10	96.3	100.0	96.8	97.7	5
加拿大	11	97.8	86.2	83.3	89.1	18
新加坡	12	99.6	91.5	99.6	96.9	8
英国	13	92.7	96.4	85.7	91.6	15
法国	14	90.9	97.0	87.2	91.7	14
比利时	15	98.1	99.4	99.0	98.8	2
奥地利	16	98.2	95.3	88.4	94.0	11
新西兰	17	94.6	94.0	73.3	87.3	19
韩国	18	85.5	77.2	90.0	84.2	20
以色列	19	90.1	94.5	83.1	89.3	17
意大利	20	88.2	91.3	54.7	78.1	22
爱尔兰	21	94.4	93.5	95.5	94.5	10
西班牙	22	81.5	93.2	63.4	79.4	21
爱沙尼亚	23	67.6	72.9	56.7	65.7	30
斯洛文尼亚	24	74.8	74.9	65.4	71.7	23
乌拉圭	25	64.4	86.1	42.2	64.2	33
俄罗斯	26	56.3	68.4	52.6	59.1	39
斯洛伐克	27	66.7	72.8	51.5	63.7	35
希腊	28	68.7	87.1	51.6	69.1	27
匈牙利	29	63.2	75.3	61.2	66.5	29
捷克	30	70.5	77.7	61.5	69.9	25
葡萄牙	31	71.9	85.1	51.9	69.6	26
白俄罗斯	32	48.0	66.2	47.5	53.9	46
拉脱维亚	33	64.1	79.9	50.4	64.8	32
立陶宛	34	65.5	80.4	50.2	65.4	31
格鲁吉亚	35	39.3	57.4	29.9	42.2	66
乌克兰	36	43.6	54.5	41.1	46.4	60
保加利亚	37	53.3	66.5	45.8	55.2	44
黎巴嫩	38	43.9	71.5	48.8	54.7	45
哈萨克斯坦	39	52.2	62.4	39.2	51.3	52
波兰	40	59.4	66.7	50.8	59.0	40
阿根廷	41	63.2	78.2	50.5	64.0	34
巴拿马	42	56.3	70.2	30.0	52.2	49
克罗地亚	43	59.9	75.7	51.1	62.2	36
沙特阿拉伯	44	68.0	82.3	64.0	71.4	24
哥伦比亚	45	49.9	69.4	37.1	52.2	50
科威特	46	69.9	80.6	49.2	66.6	28
智利	47	60.3	75.6	50.6	62.1	37
马其顿	48	44.4	61.5	38.2	48.0	56
阿塞拜疆	49	37.1	66.2	33.1	45.5	61
摩尔多瓦	50	45.0	45.6	34.2	41.6	68
罗马尼亚	51	49.7	69.5	38.6	52.6	48
委内瑞拉	52	58.0	66.5	59.9	61.5	38
乌兹别克斯坦	53	24.3	39.5	21.9	28.6	89
多米尼加	54	45.0	69.1	45.7	53.3	47
亚美尼亚	55	37.7	59.6	44.9	47.4	59
巴拉圭	56	42.1	51.3	27.2	40.2	72
哥斯达黎加	57	60.7	66.8	43.1	56.9	42
巴西	58	59.4	72.5	40.1	57.3	41
墨西哥	59	56.3	69.2	29.4	51.6	51
博茨瓦纳	60	47.0	46.9	22.1	38.7	75
秘鲁	61	52.2	64.7	27.1	48.0	57
牙买加	62	51.3	47.5	31.1	43.3	64
约旦	63	52.6	65.3	34.6	50.8	53
南非	64	54.8	40.4	25.5	40.2	71
土耳其	65	53.8	69.6	45.2	56.2	43
厄瓜多尔	66	45.2	60.7	29.9	45.2	62
伊朗	67	41.4	50.2	52.1	47.9	58
蒙古	68	37.4	59.6	30.3	42.4	65
摩洛哥	69	36.6	44.4	28.0	36.3	77
马来西亚	70	54.8	58.9	36.2	49.9	54

(续表)

国家	编号	经济发展指数	社会发展指数	知识发展指数	综合现代化指数	排名
萨尔瓦多	71	47.8	56.3	19.1	41.1	69
埃及	72	39.1	37.7	24.8	33.9	80
中国	73	46.4	51.5	35.2	44.4	63
阿尔及利亚	74	40.7	51.7	24.8	39.1	74
土库曼斯坦	75	27.7	48.1	14.8	30.2	85
突尼斯	76	43.8	53.8	27.6	41.7	67
阿尔巴尼亚	77	31.1	51.2	40.1	40.8	70
吉尔吉斯斯坦	78	37.0	34.4	25.4	32.3	83
塔吉克斯坦	79	33.2	34.3	19.8	29.1	87
玻利维亚	80	36.1	40.2	24.8	33.7	81
缅甸	81	19.8	27.9	11.7	19.8	109
菲律宾	82	43.2	47.5	29.2	40.0	73
泰国	83	42.2	35.9	32.6	36.9	76
纳米比亚	84	45.3	43.6	11.0	33.3	82
津巴布韦	85	31.3	15.5	13.4	20.1	107
洪都拉斯	86	38.7	33.0	16.4	29.3	86
尼加拉瓜	87	38.9	38.2	8.3	28.4	92
越南	88	28.5	31.8	31.3	30.6	84
肯尼亚	89	28.7	18.7	8.1	18.5	114
斯里兰卡	90	41.0	39.4	21.5	34.0	79
刚果(布)	91	29.6	39.6	11.3	26.8	94
印度尼西亚	92	35.9	35.4	15.4	28.9	88
赞比亚	93	34.8	24.4	7.9	22.4	102
危地马拉	94	43.4	43.7	17.2	34.8	78
毛里塔尼亚	95	21.0	28.0	9.0	19.3	111
科特迪瓦	96	22.7	27.1	13.2	21.0	104
印度	97	29.9	26.7	17.6	24.7	98
巴基斯坦	98	32.1	29.6	7.9	23.2	100
莱索托	99	28.0	20.3	11.2	19.8	108
柬埔寨	100	25.8	17.2	10.4	17.8	116
喀麦隆	101	32.6	32.5	16.5	27.2	93
厄立特里亚	102	36.9	23.2	2.4	20.8	105
叙利亚	103	46.9	51.9	48.5	49.1	55
加纳	104	32.8	31.9	20.6	28.4	91
乍得	105	15.8	11.3	4.5	10.5	131
莫桑比克	106	24.7	15.2	7.5	15.8	119
几内亚	107	32.2	17.7	8.3	19.4	110
也门	108	35.2	28.9	14.5	26.2	95
巴布亚新几内亚	109	26.0	8.9	9.9	14.9	122
海地	110		33.4	7.9	20.7	106
尼泊尔	111	25.9	16.0	14.1	18.7	112
塞内加尔	112	28.9	26.4	10.5	21.9	103
塞拉利昂	113	16.2	17.7	4.0	12.6	129
刚果(金)	114	20.8	22.5	3.4	15.6	120
老挝	115	25.7	21.9	22.8	23.5	99
马拉维	116	28.6	7.7	4.2	13.5	126
多哥	117	18.9	17.4	5.9	14.0	124
马达加斯加	118	34.6	17.1	4.0	18.6	113
马里	119	26.7	18.8	7.4	17.6	117
尼日利亚	120	30.1	33.4	11.3	24.9	97
孟加拉国	121	33.0	29.9	12.1	25.0	96
坦桑尼亚	122	24.3	17.1	4.5	15.3	121
贝宁	123	33.7	22.4	11.6	22.6	101
尼日尔	124	23.5	14.6	1.8	13.3	127
安哥拉	125	19.8	55.7	10.0	28.5	90
乌干达	126	25.3	9.2	9.6	14.7	123
中非	127	18.9	25.4	4.2	16.2	118
布基纳法索	128	20.0	14.0	6.9	13.6	125
埃塞俄比亚	129	21.9	10.4	6.4	12.9	128
布隆迪	130	19.7	8.3	4.3	10.8	130
卢旺达	131	23.6	13.7	16.6	18.0	115
高收入国家		100.0	100.0	99.9	100.0	
中等收入国家		42.5	43.5	25.7	37.2	
低收入国家		22.4	17.2	5.9	15.1	
世界平均		54.7	54.2	35.5	48.1	

附表 2-4-2　2015 年世界经济发展指数

国家	编号	经济发展指标的实际值				经济发展指标的指数				经济发展指数
		人均国民收入	人均制造业	服务业增加值比例[a]	服务业劳动力比例[a]	人均国民收入	人均制造业	服务业增加值比例	服务业劳动力比例	
瑞典	1	57 760	6954	74.2	79.0	100	100	100	100	100.0
美国	2	56 250	6676	78.9	81.2	100	100	100	100	100.0
芬兰	3	46 530	6279	70.4	73.7	100	100	95	100	98.7
澳大利亚	4	60 330	3573	72.0	69.5	100	64	97	97	89.5
瑞士	5	84 570	14 682	73.4	73.9	100	100	99	100	99.7
挪威	6	93 860	5111	63.5	77.0	100	91	86	100	94.1
日本	7	38 780	7020	70.0	69.1	92	100	94	97	95.8
丹麦	8	60 300	6578	76.4	78.0	100	100	100	100	100.0
德国	9	45 790	8580	68.9	70.4	100	100	93	99	97.8
荷兰	10	49 030	4787	77.9	75.3	100	85	100	100	96.3
加拿大	11	47 250		69.3	78.2	100		93	100	97.8
新加坡	12	52 740	9828	73.8	70.6	100	100	99	99	99.6
英国	13	43 720	3973	79.3	79.1	100	71	100	100	92.7
法国	14	40 730	3767	78.6	75.8	97	67	100	100	90.9
比利时	15	44 340	5180	77.1	77.4	100	92	100	100	98.1
奥地利	16	47 610	7328	70.7	69.7	100	100	95	98	98.2
新西兰	17	40 250	4873	71.4	73.0	96	87	96	100	94.6
韩国	18	27 250	7342	59.4	69.5	65	100	80	97	85.5
以色列	19	36 080	4203	77.7	79.7	86	75	100	100	90.1
意大利	20	32 970	4330	74.2	69.5	78	77	100	97	88.2
爱尔兰	21	51 290	21326	57.7	75.2	100	100	78	100	94.4
西班牙	22	28 420	3326	73.6	76.3	67	59	99	100	81.5
爱沙尼亚	23	18 300	2373	69.1	65.5	43	42	93	92	67.6
斯洛文尼亚	24	22 250	4166	65.1	60.2	53	74	88	84	74.8
乌拉圭	25	15 830	2056	64.1	69.1	38	37	86	97	64.4
俄罗斯	26	11 660	1172	62.7	65.8	28	21	84	92	56.3
斯洛伐克	27	17 560	3187	61.7	60.9	42	57	83	85	66.7
希腊	28	20 270	1502	80.1	71.8	48	27	100	100	68.7
匈牙利	29	12 960	2562	63.9	64.5	31	46	86	90	63.2
捷克	30	18 130	4274	59.7	58.9	43	76	81	82	70.5
葡萄牙	31	20 440	2341	75.3	69.5	49	42	100	97	71.9
白俄罗斯	32	6720	1228	55.1	57.2	16	22	74	80	48.0
拉脱维亚	33	14 970	1435	73.6	68.6	36	26	99	96	64.1
立陶宛	34	15 120	2479	66.5	65.8	36	44	90	92	65.5
格鲁吉亚	35	4120	411	66.2	36.4	10	7	89	51	39.3
乌克兰	36	2650	240	60.2	59.1	6	4	81	83	43.6
保加利亚	37	7480	938	67.3	62.8	18	17	91	88	53.3
黎巴嫩	38	8050	704	79.5		19	13	100		43.9
哈萨克斯坦	39	11 410	1080	62.5	56.0	27	19	84	78	52.2
波兰	40	13 340	2215	63.4	57.9	32	39	85	81	59.4
阿根廷	41	12 430	1948	65.9	74.7	30	35	89	100	63.2
巴拿马	42	11 730	729	69.4	65.0	28	13	93	91	56.3
克罗地亚	43	12 810	1470	69.4	63.9	30	26	94	89	59.9
沙特阿拉伯	44	23 860	2561	52.3	70.9	57	46	70	99	68.0
哥伦比亚	45	7130	689	59.9	64.1	17	12	81	90	49.9
科威特	46	40 750	2031	47.9	58.6	97	36	65	82	69.9
智利	47	14 340	1558	63.3	67.1	34	28	85	94	60.3
马其顿	48	5100	552	56.7	51.4	12	10	84	72	44.4
阿塞拜疆	49	6550	291	43.9	48.9	16	5	59	68	37.1
摩尔多瓦	50	2230	216	71.2	53.5	5	4	96	75	45.0
罗马尼亚	51	9530	1758	61.2	44.5	23	31	82	62	49.7
委内瑞拉	52	11 760	1895	52.6	71.1	28	34	71	100	58.0
乌兹别克斯坦	53	2170	236	47.3		5	4	64		24.3
多米尼加	54	6240	917	66.9	41.9	15	16	90	59	45.0
亚美尼亚	55	4030	333	52.0	46.7	10	6	70	65	37.7
巴拉圭	56	4210	444	51.2	58.2	10	8	69	82	42.1
哥斯达黎加	57	10 570	1369	72.5	68.2	25	24	98	96	60.7
巴西	58	10 080	885	72.7	76.6	24	16	98	100	59.4
墨西哥	59	9830	1622	63.6	62.4	23	29	86	87	56.3
博茨瓦纳	60	6680	378	64.4	56.1	16	7	87	79	47.0
秘鲁	61	6150	796	59.4	75.9	15	14	80	100	52.2
牙买加	62	4730	388	69.7	66.5	11	7	94	93	51.3
约旦	63	3890	667	66.2	79.6	9	12	89	100	52.6
南非	64	6100	692	68.5	71.9	14	12	92	100	54.8
土耳其	65	12 000	1836	60.5	51.9	28	33	82	73	53.8
厄瓜多尔	66	6000	887	55.4	54.3	14	16	75	76	45.2
伊朗	67	5340	602	55.4	48.3	13	11	75	68	41.4
蒙古	68	3850	301	51.7	46.8	9	5	70	66	37.4
摩洛哥	69	3000	469	56.2	39.4	7	8	76	55	36.6
马来西亚	70	10 450	2195	52.4	60.3	25	39	71	84	54.8

(续表)

国家	编号	经济发展指标的实际值				经济发展指标的指数				经济发展指数
		人均国民收入	人均制造业	服务业增加值比例[a]	服务业劳动力比例[a]	人均国民收入	人均制造业	服务业增加值比例	服务业劳动力比例	
萨尔瓦多	71	3840	786	62.2	60.1	9	14	84	84	47.8
埃及	72	3310	592	52.5	47.9	8	11	71	67	39.1
中国	73	7950	2370	50.2	40.6	19	42	68	57	46.4
阿尔及利亚	74	4800	225	48.6	58.4	11	4	65	82	40.7
土库曼斯坦	75	7120	—	28.5	—	17	—	38	—	27.7
突尼斯	76	3930	592	61.8	51.5	9	11	83	72	43.8
阿尔巴尼亚	77	4290	224	53.0	27.8	10	4	71	39	31.1
吉尔吉斯斯坦	78	1180	158	55.6	48.1	3	3	75	67	37.0
塔吉克斯坦	79	1240	—	47.1	—	3	—	63	—	33.2
玻利维亚	80	3000	314	54.2	42.0	7	6	73	59	36.1
缅甸	81	1190	237	38.8	—	3	4	52	—	19.8
菲律宾	82	3520	577	58.8	53.6	8	10	79	75	43.2
泰国	83	5690	1606	54.9	37.5	14	29	74	53	42.2
纳米比亚	84	5280	472	62.5	54.2	13	8	84	76	45.3
津巴布韦	85	890	89	64.2	25.0	2	2	87	35	31.3
洪都拉斯	86	2090	403	58.5	45.4	5	7	79	64	38.7
尼加拉瓜	87	2010	295	54.6	51.3	5	5	74	72	38.9
越南	88	1990	289	44.2	32.0	5	5	60	45	28.5
肯尼亚	89	1310	127	47.6	32.2	3	2	64	45	28.7
斯里兰卡	90	3750	632	61.7	43.4	9	11	83	61	41.0
刚果（布）	91	2350	125	38.1	42.2	6	2	51	59	29.6
印度尼西亚	92	3440	700	44.7	44.8	8	12	60	63	35.9
赞比亚	93	1560	99	59.4	38.3	4	2	80	54	34.8
危地马拉	94	3610	726	60.8	50.2	9	13	82	70	43.4
毛里塔尼亚	95	1230	66	43.7	—	3	1	59	—	21.0
科特迪瓦	96	1490	181	45.6	—	4	3	61	—	22.7
印度	97	1600	241	52.9	28.7	4	4	71	40	29.9
巴基斯坦	98	1430	183	54.9	34.0	3	3	74	48	32.1
莱索托	99	1320	168	57.8	—	3	3	78	—	28.0
柬埔寨	100	1070	186	41.5	29.6	3	3	56	41	25.8
喀麦隆	101	1470	160	56.6	34.1	3	3	76	48	32.6
厄立特里亚	102	520	—	53.9	—	1	—	73	—	36.9
叙利亚	103	1530	—	44.3	55.3	4	—	60	77	46.9
加纳	104	1470	65	51.4	40.9	3	1	69	57	32.8
乍得	105	880	22	33.4	—	2	0	45	—	15.8
莫桑比克	106	580	48	53.2	—	1	1	72	—	24.7
几内亚	107	690	—	50.3	19.3	2	—	68	27	32.2
也门	108	1140	148	42.1	56.2	3	3	57	79	35.2
巴布亚新几内亚	109	2920	64	47.5	22.7	7	1	64	32	26.0
海地	110	810	—	—	—	2	—	—	—	—
尼泊尔	111	740	42	51.7	22.4	2	1	70	31	25.9
塞内加尔	112	980	124	59.3	22.4	2	2	80	31	28.9
塞拉利昂	113	550	10	34.9	—	1	0	47	—	16.2
刚果（金）	114	430	77	44.4	—	1	1	60	—	20.8
老挝	115	2000	177	49.4	20.2	5	3	67	28	25.7
马拉维	116	340	35	54.3	28.5	1	1	73	40	28.6
多哥	117	540	27	40.7	—	1	0	55	—	18.9
马达加斯加	118	420	—	58.7	16.9	1	—	79	24	34.6
马里	119	790	—	38.3	—	2	—	52	—	26.7
尼日利亚	120	2850	250	58.8	—	7	4	79	—	30.1
孟加拉国	121	1190	203	56.3	35.3	3	4	76	49	33.0
坦桑尼亚	122	910	44	42.2	26.6	2	1	57	37	24.3
贝宁	123	870	96	51.4	44.0	2	2	69	62	33.7
尼日尔	124	390	21	36.6	31.1	1	0	49	44	23.5
安哥拉	125	4040	—	22.2	—	10	—	30	—	19.8
乌干达	126	670	59	52.1	20.2	2	1	70	28	25.3
中非	127	360	24	41.2	—	1	0	56	—	18.9
布基纳法索	128	620	38	45.1	12.2	1	1	61	17	20.0
埃塞俄比亚	129	600	28	43.0	19.9	1	1	58	28	21.9
布隆迪	130	280	26	43.1	—	1	0	58	—	19.7
卢旺达	131	710	42	51.6	16.2	2	1	69	23	23.6
高收入国家		42 123	5617	74.2	71.4	100	100	100	100	100.0
中等收入国家		4997	990	57.1	45.4	12	18	77	64	42.5
低收入国家		622	54	48.0	—	1	1	65	—	22.4
世界平均		10 582	1653	69.1	50.9	25	29	93	71	54.7
参考值		42 123	5617	74.2	71.4					

注：a. 为 2005~2015 年期间最近年的数据。

附表 2-4-3 2015 年世界社会发展指数

国家	编号	社会发展指标的实际值				社会发展指标的指数				社会发展指数
		城市人口比例	医生比例	生活水平[a]	能源效率[b]	城市人口比例	医生比例	生活水平	能源效率	
瑞典	1	85.8	4.1	48 560	10.0	100	100	100	100	100.0
美国	2	81.6	2.6	57 900	8.3	100	88	100	95	95.9
芬兰	3	84.2	3.0	42 620	7.2	100	100	92	82	93.6
澳大利亚	4	89.4	3.4	45 510	10.3	100	100	98	100	99.5
瑞士	5	73.9	4.1	63 930	27.7	91	100	100	100	97.8
挪威	6	80.5	4.4	65 180	12.8	99	100	100	100	99.8
日本	7	93.5	2.3	42 230	10.1	100	79	91	100	92.6
丹麦	8	87.7	3.6	50 620	18.8	100	100	100	100	100.0
德国	9	75.3	4.1	49 060	10.8	93	100	100	100	98.2
荷兰	10	90.5	3.4	49 770	10.6	100	100	100	100	100.0
加拿大	11	81.8	2.5	43 530	5.7	100	85	94	66	86.2
新加坡	12	100.0	1.9	82 470	11.0	100	66	100	100	91.5
英国	13	82.6	2.8	41 190	16.0	100	97	89	100	96.4
法国	14	79.5	3.2	41 800	9.9	98	100	90	100	97.0
比利时	15	97.9	3.0	45 640	8.6	100	100	98	99	99.4
奥地利	16	66.0	5.2	49 720	11.6	81	100	100	100	95.3
新西兰	17	86.3	2.9	36 600	8.6	100	98	79	99	94.0
韩国	18	82.5	2.2	34 520	5.0	100	77	74	58	77.2
以色列	19	92.1	3.6	36 190	12.8	100	100	78	100	94.5
意大利	20	69.0	3.9	37 200	12.2	85	100	80	100	91.3
爱尔兰	21	63.2	2.8	54 180	21.9	78	96	100	100	93.5
西班牙	22	79.6	3.8	34 760	10.0	98	100	75	100	93.2
爱沙尼亚	23	67.5	3.3	28 350	4.1	83	100	61	47	72.9
斯洛文尼亚	24	49.7	2.8	31 230	6.6	61	95	67	76	74.9
乌拉圭	25	95.3	3.7	20 570	12.1	100	100	44	100	86.1
俄罗斯	26	74.0	3.3	23 060	2.9	91	100	50	33	68.4
斯洛伐克	27	53.6	3.0	29 420	5.4	66	100	63	62	72.8
希腊	28	78.0	6.3	26 450	8.3	96	100	57	95	87.1
匈牙利	29	71.2	3.3	25 200	5.1	88	100	54	59	75.3
捷克	30	73.0	3.7	31 530	4.6	90	100	68	53	77.7
葡萄牙	31	63.5	4.4	28 920	9.0	78	100	62	100	85.1
白俄罗斯	32	76.7	4.1	17 580	2.8	94	100	38	33	66.2
拉脱维亚	33	67.4	3.2	24 760	7.2	83	100	53	83	79.9
立陶宛	34	66.5	4.3	27 830	6.9	82	100	60	80	80.4
格鲁吉亚	35	53.6	4.8	9370	3.8	66	100	20	43	57.4
乌克兰	36	69.7	3.0	7850	1.3	86	100	17	15	54.5
保加利亚	37	73.9	4.0	17 880	3.2	91	100	39	36	66.5
黎巴嫩	38	87.8	2.4	14 090	6.4	100	82	30	73	71.5
哈萨克斯坦	39	53.2	3.3	23 580	2.9	66	100	51	33	62.4
波兰	40	60.5	2.3	25 940	5.0	75	78	56	58	66.7
阿根廷	41	91.8	3.8	19 990	6.1	100	100	43	70	78.2
巴拿马	42	66.6	1.6	20 250	11.7	82	55	44	100	70.2
克罗地亚	43	59.0	3.1	22 450	7.1	73	100	48	82	75.7
沙特阿拉伯	44	83.1	2.6	55 700	3.5	100	89	100	41	82.3
哥伦比亚	45	76.4	1.6	13 590	11.1	94	54	29	100	69.4
科威特	46	98.3	1.9	81 150	3.2	100	67	100	55	80.6
智利	47	89.5		22 960	6.7	100		50	77	75.6
马其顿	48	57.1	2.8	13 580	4.3	70	97	29	50	61.5
阿塞拜疆	49	54.6	3.4	17 140	5.3	67	100	37	60	66.2
摩尔多瓦	50	45.0	2.5	5420	2.4	55	87	12	28	45.6
罗马尼亚	51	54.6	2.7	21 600	6.3	67	92	47	72	69.5
委内瑞拉	52	89.0		17 440	5.4	100		38	62	66.5
乌兹别克斯坦	53	36.4	2.5	6210	1.3	45	85	13	15	39.5
多米尼加	54	79.0	1.5	13 630	8.5	97	52	29	98	69.1
亚美尼亚	55	62.7	2.8	9110	3.9	77	97	20	45	59.6
巴拉圭	56	59.7	1.3	8710	6.0	73	44	19	69	51.3
哥斯达黎加	57	76.8	1.2	15 210	10.3	95	40	33	100	66.8
巴西	58	85.7	1.9	15 310	8.1	100	64	33	93	72.5
墨西哥	59	79.2	2.1	17 040	5.8	98	71	37	71	69.2
博茨瓦纳	60	57.4	0.4	16 120	6.0	71	13	35	69	46.9
秘鲁	61	78.6	1.1	12 120	8.5	97	38	26	97	64.7
牙买加	62	54.8		8370	4.9	67		18	57	47.5
约旦	63	83.7	2.7	8950	4.4	100	91	19	50	65.3
南非	64	64.8	0.8	12 930	2.4	80	26	28	27	40.4
土耳其	65	73.4	1.7	23 800	6.6	90	60	51	76	69.6
厄瓜多尔	66	63.7	1.7	11 270	7.2	79	57	24	82	60.7
伊朗	67	73.4	1.5	17 650	1.8	90	51	38	21	50.2
蒙古	68	72.0	2.9	11 180	2.3	89	99	24	26	59.6
摩洛哥	69	60.2	0.6	7610	5.7	74	21	16	66	44.4
马来西亚	70	74.7	1.3	25 940	3.8	92	44	56	43	58.9

(续表)

国家	编号	社会发展指标的实际值				社会发展指标的指数				社会发展指数
		城市人口比例	医生比例	生活水平[a]	能源效率[b]	城市人口比例	医生比例	生活水平	能源效率	
萨尔瓦多	71	66.7	1.6	8020	6.2	82	55	17	71	56.3
埃及	72	43.1	0.8	10 590	4.1	53	28	23	47	37.7
中国	73	55.6	1.9	14 420	3.4	68	67	31	39	51.5
阿尔及利亚	74	70.7	1.2	14 170	4.1	87	42	31	48	51.7
土库曼斯坦	75	50.0	2.3	15 250	1.6	62	79	33	19	48.1
突尼斯	76	66.8	1.6	11 120	4.5	82	57	24	52	53.8
阿尔巴尼亚	77	57.4	1.3	11 340	5.7	71	44	24	65	51.2
吉尔吉斯斯坦	78	35.7	1.9	3320	2.0	44	64	7	23	34.4
塔吉克斯坦	79	26.8	1.7	3360	3.3	33	59	7	38	34.3
玻利维亚	80	68.5	0.5	6730	4.0	84	16	15	46	40.2
缅甸	81	34.1	0.6	5170	3.4	42	20	11	39	27.9
菲律宾	82	44.4		8870	6.0	55		19	69	47.5
泰国	83	50.4	0.4	15 410	3.0	62	14	33	35	35.9
纳米比亚	84	46.7	0.4	10 580	7.1	57	13	23	81	43.6
津巴布韦	85	32.4	0.1	1790	1.4	40	3	4	16	15.5
洪都拉斯	86	54.7	0.4	4290	3.7	67	13	9	42	33.0
尼加拉瓜	87	58.8	0.9	5290	3.2	72	32	11	37	38.2
越南	88	33.6	1.2	5740	2.9	41	41	12	33	31.8
肯尼亚	89	25.6	0.2	2990	2.6	32	7	6	30	18.7
斯里兰卡	90	18.4	0.7	11 500	7.4	23	25	25	85	39.4
刚果(布)	91	65.4	0.1	5850	5.4	81	3	13	62	39.6
印度尼西亚	92	53.7	0.2	10 700	4.0	66	7	23	45	35.4
赞比亚	93	40.9	0.2	3810	2.9	50	6	8	33	24.4
危地马拉	94	51.6		7590	4.4	64		16	51	43.7
毛里塔尼亚	95	59.9	0.1	3700		74	2	8		28.0
科特迪瓦	96	54.2	0.1	3350	2.5	67	5	7	29	27.1
印度	97	32.7	0.7	6070	2.5	40	25	13	28	26.7
巴基斯坦	98	38.8	0.8	5320	2.7	48	28	11	31	29.6
莱索托	99	27.3		3210		34		7		20.3
柬埔寨	100	20.7	0.2	3300	2.6	26	6	7	30	17.2
喀麦隆	101	54.4	0.1	3460	4.6	67	3	7	53	32.5
厄立特里亚	102	21.8		1500	3.4	27		3	39	23.2
叙利亚	103	57.7	1.5		2.7	71	53		31	51.9
加纳	104	54.0	0.1	4070	4.3	67	3	9	49	31.9
乍得	105	22.5	0.0	2120		28	2	5		11.3
莫桑比克	106	32.2	0.1	1170	1.5	40	2	3	17	15.2
几内亚	107	37.2	0.1	1770		46	3	4		17.7
也门	108	34.6	0.3	2720	4.9	43	11	6	56	28.9
巴布亚新几内亚	109	13.0	0.1	4050		16	2	9		8.9
海地	110	58.6		1770	2.1	72		4	24	33.4
尼泊尔	111	18.6		2510	1.7	23		5	20	16.0
塞内加尔	112	43.7	0.1	2380	3.9	54	2	5	44	26.4
塞拉利昂	113	39.9	0.0	1390		49	1	3		17.7
刚果(金)	114	42.5		740	1.2	52		2	14	22.5
老挝	115	38.6	0.2	5540		48	6	12		21.9
马拉维	116	16.3	0.0	1120		20	1	2		7.7
多哥	117	40.0	0.1	1310	1.4	49	2	3	16	17.4
马达加斯加	118	35.1	0.1	1410		43	5	3		17.1
马里	119	39.9		1990		49		4		18.8
尼日利亚	120	47.8	0.4	5890	4.2	59	14	13	49	33.4
孟加拉国	121	34.3	0.4	3560	4.9	42	13	8	56	29.9
坦桑尼亚	122	31.6	0.0	2610	2.0	39	1	6	23	17.1
贝宁	123	44.0	0.1	2110	2.3	54	5	5	26	22.4
尼日尔	124	18.7	0.0	940	2.9	23	1	2	33	14.6
安哥拉	125	44.1		6270	8.6	54		14	99	55.7
乌干达	126	16.1	0.1	1750		20	4	4		9.2
中非	127	40.0		670		49		1		25.4
布基纳法索	128	29.9	0.0	1630		37	2	4		14.0
埃塞俄比亚	129	19.5	0.0	1630	1.1	24	1	4	13	10.4
布隆迪	130	12.1		800		15		2		8.3
卢旺达	131	28.8	0.1	1790		35	2	4		13.7
高收入国家		81.2	2.9	46 350	8.7	100	100	100	100	100.0
中等收入国家		50.8	1.3	10810	3.7	63	45	23	43	43.5
低收入国家		30.7	0.2	1612	1.8	38	7	3	20	17.2
世界平均		53.8	1.5	15 699	5.7	66	52	34	65	54.2
参考值		81.2	2.9	46 350	8.7					

注：a. 指人均购买力，按购买力平价 PPP 计算的人均 GNI(国际美元)。
    b. 为能源使用效率，人均 GDP/人均能源消费。

附表 2-4-4　2015年世界知识发展指数

国家	编号	知识发展指标的实际值				知识发展指标的指数				知识发展指数
		人均知识创新经费[a]	人均知识产权贸易[b]	大学普及率	互联网普及率	知识生产经费投入	人均知识产权贸易	大学普及率	互联网普及率	
瑞典	1	1658	1327	62	91	100	100	85	100	96.1
美国	2	1578	512	86	75	100	96	100	93	97.4
芬兰	3	1232	599	87	86	100	100	100	100	100.0
澳大利亚	4	1493	181	90	85	100	34	100	100	83.5
瑞士	5	2478	3511	58	87	100	100	78	100	94.5
挪威	6	1441	208	77	97	100	39	100	100	84.8
日本	7	1132	421	63	91	100	79	86	100	91.2
丹麦	8	1598	637	83	96	100	100	100	100	100.0
德国	9	1189	306	68	88	100	58	92	100	87.4
荷兰	10	901	5095	79	92	87	100	100	100	96.8
加拿大	11	815	396	59	88	79	75	80	100	83.3
新加坡	12	1238	4314	—	79	100	100	—	99	99.6
英国	13	755	496	56	92	73	93	76	100	85.7
法国	14	815	442	64	85	79	83	87	100	87.2
比利时	15	992	580	75	85	96	100	100	100	99.0
奥地利	16	1359	285	82	84	100	53	100	100	88.4
新西兰	17	494	241	84	88	48	45	100	100	73.3
韩国	18	1146	319	93	90	100	60	100	100	90.0
以色列	19	1523	257	65	77	100	48	87	97	83.1
意大利	20	403	121	62	58	39	23	84	73	54.7
爱尔兰	21	846	17 655	84	80	82	100	100	100	95.5
西班牙	22	315	132	90	79	30	25	100	98	63.4
爱沙尼亚	23	256	43	70	88	25	8	94	100	56.7
斯洛文尼亚	24	462	135	83	73	45	25	100	91	65.4
乌拉圭	25	56	40	56	65	5	8	75	81	42.2
俄罗斯	26	106	44	80	73	10	8	100	92	52.6
斯洛伐克	27	190	101	53	78	18	19	72	97	51.5
希腊	28	173	32	114	67	17	6	100	84	51.6
匈牙利	29	172	363	51	73	17	68	69	91	61.2
捷克	30	345	160	65	76	33	30	88	95	61.5
葡萄牙	31	246	76	62	69	24	14	84	86	51.9
白俄罗斯	32	31	16	88	67	3	3	100	84	47.5
拉脱维亚	33	85	21	67	79	8	4	91	99	50.4
立陶宛	34	149	25	69	71	14	5	93	89	50.2
格鲁吉亚	35	12	2	43	48	1	0	59	59	29.9
乌克兰	36	13	10	82	49	1	2	100	61	41.1
保加利亚	37	67	33	74	57	6	6	100	71	45.8
黎巴嫩	38	—	10	38	74	—	2	52	93	48.8
哈萨克斯坦	39	18	9	46	73	2	2	62	91	39.2
波兰	40	126	75	68	68	12	14	92	85	50.8
阿根廷	41	72	54	83	68	7	10	100	85	50.5
巴拿马	42	7	16	39	51	1	3	52	64	30.0
克罗地亚	43	99	75	69	70	10	14	93	87	51.1
沙特阿拉伯	44	204	—	63	70	20	—	85	87	64.0
哥伦比亚	45	15	11	56	56	1	2	75	70	37.1
科威特	46	146	—	27	78	14	—	37	97	49.2
智利	47	52	89	89	64	5	17	100	80	50.6
马其顿	48	21	31	42	70	2	6	57	88	38.2
阿塞拜疆	49	12	3	25	77	1	1	34	96	33.1
摩尔多瓦	50	7	6	41	63	1	1	56	79	34.2
罗马尼亚	51	44	45	53	56	4	9	72	70	38.6
委内瑞拉	52	—	12	78	62	—	2	100	77	59.9
乌兹别克斯坦	53	5	—	9	43	0	—	12	54	21.9
多米尼加	54	—	8	50	54	—	2	68	68	45.7
亚美尼亚	55	9	—	44	59	1	—	60	74	44.9
巴拉圭	56	5	3	35	48	1	1	47	61	27.2
哥斯达黎加	57	61	103	54	60	6	19	72	75	43.1
巴西	58	140	28	51	58	14	5	68	73	40.1
墨西哥	59	51	2	30	57	5	0	40	72	29.4
博茨瓦纳	60	38	4	28	37	4	1	37	47	22.1
秘鲁	61	7	10	41	41	1	2	55	51	27.1
牙买加	62	—	20	27	42	—	4	37	53	31.1
约旦	63	19	3	45	60	2	1	61	75	34.6
南非	64	50	33	19	52	5	6	26	65	25.5
土耳其	65	122	9	95	54	12	2	100	67	45.2
厄瓜多尔	66	28	4	40	49	3	1	55	61	29.9
伊朗	67	25	—	72	45	2	—	97	57	52.1
蒙古	68	6	6	69	21	1	1	93	27	30.3
摩洛哥	69	23	3	28	57	2	1	38	71	28.0
马来西亚	70	125	45	26	71	12	8	35	89	36.2

(续表)

国家	编号	知识发展指标的实际值				知识发展指标的指数				知识发展指数
		人均知识创新经费[a]	人均知识产权贸易[b]	大学普及率	互联网普及率	知识生产经费投入	人均知识产权贸易	大学普及率	互联网普及率	
萨尔瓦多	71	5	16	29	27	1	3	39	34	19.1
埃及	72	26	2	36	38	2	0	49	47	24.8
中国	73	167	17	43	50	16	3	59	63	35.2
阿尔及利亚	74	4	6	37	38	0	1	50	48	24.8
土库曼斯坦	75	—	—	8	15	—	—	11	19	14.8
突尼斯	76	24	4	35	49	2	1	47	61	27.6
阿尔巴尼亚	77	9	9	58	63	1	2	79	79	40.1
吉尔吉斯斯坦	78	1	1	47	30	0	0	63	38	25.4
塔吉克斯坦	79	1	—	26	19	0	—	36	24	19.8
玻利维亚	80	9	10	39	36	1	2	52	44	24.8
缅甸	81	1	6	14	22	0	1	18	27	11.7
菲律宾	82	4	6	36	54	0	1	48	67	29.2
泰国	83	36	61	49	39	4	12	66	49	32.6
纳米比亚	84	18	4	7	26	2	1	9	32	11.0
津巴布韦	85	—	1	8	23	—	0	11	28	13.4
洪都拉斯	86	1	5	22	28	0	1	30	35	16.4
尼加拉瓜	87	2	0	—	20	0	0	—	25	8.3
越南	88	7	—	29	44	1	—	39	54	31.3
肯尼亚	89	11	1	3	21	1	1	4	26	8.1
斯里兰卡	90	4	—	20	30	0	—	27	37	21.5
刚果(布)	91	—	—	10	8	—	—	13	10	11.3
印度尼西亚	92	3	7	24	22	0	1	33	27	15.4
赞比亚	93	0	0	4	21	0	0	5	26	7.9
危地马拉	94	1	16	22	29	0	3	30	36	17.2
毛里塔尼亚	95	—	3	6	15	—	0	8	19	9.0
科特迪瓦	96	—	0	9	22	—	0	12	27	13.2
印度	97	10	4	27	26	1	1	36	33	17.6
巴基斯坦	98	4	1	10	14	0	0	13	18	7.9
莱索托	99	1	2	10	25	0	0	13	31	11.2
柬埔寨	100	1	1	13	19	0	0	18	24	10.4
喀麦隆	101	—	0	17	21	—	0	24	26	16.5
厄立特里亚	102	—	—	3	1	—	—	3	1	2.4
叙利亚	103	—	—	44	30	—	—	60	37	48.5
加纳	104	5	—	16	31	1	—	22	39	20.6
乍得	105	—	—	3	4	—	—	5	4	4.5
莫桑比克	106	2	1	6	17	0	0	9	21	7.5
几内亚	107	—	0	11	8	—	0	15	10	8.3
也门	108	—	0	10	24	—	0	13	30	14.5
巴布亚新几内亚	109	—	—	—	8	—	—	—	10	9.9
海地	110	—	3	—	—	—	1	—	15	7.9
尼泊尔	111	2	—	15	18	0	—	20	22	14.1
塞内加尔	112	6	1	10	22	1	0	14	27	10.5
塞拉利昂	113	—	1	—	6	—	0	—	8	4.0
刚果(金)	114	0	0	7	4	0	0	9	5	3.4
老挝	115	—	—	17	18	—	—	23	23	22.8
马拉维	116	—	0	1	9	—	0	1	12	4.2
多哥	117	2	0	11	7	0	0	14	9	5.9
马达加斯加	118	—	1	5	4	—	0	6	5	4.0
马里	119	—	0	7	10	—	0	9	13	7.4
尼日利亚	120	6	1	10	25	1	0	14	31	11.3
孟加拉国	121	—	0	13	14	—	0	18	18	12.1
坦桑尼亚	122	5	0	4	10	0	0	5	13	4.5
贝宁	123	—	0	15	11	—	0	21	14	11.6
尼日尔	124	—	0	2	2	—	0	2	3	1.8
安哥拉	125	—	10	9	12	—	2	13	16	10.0
乌干达	126	—	0	5	18	—	0	6	22	9.6
中非	127	—	—	3	4	—	—	4	5	4.2
布基纳法索	128	—	0	5	11	—	0	6	14	6.9
埃塞俄比亚	129	3	0	8	12	0	0	11	15	6.4
布隆迪	130	—	0	5	5	—	0	7	6	4.3
卢旺达	131	—	—	8	18	—	—	11	23	16.6
高收入国家		1032	532	74	80	100	100	100	100	99.9
中等收入国家		72	11	33	39	7	2	45	49	25.7
低收入国家		4	0	8	10	0	0	10	13	5.9
世界平均		227	94	36	43	22	18	48	54	35.5
参考值		1032	532	74	80					

注:a. 指人均R&D经费,其数据为2005~2015年期间最近年的数据。
b. 指人均知识产权贸易(进口和出口),其数据为2005—2015年期间最近年数据。

附表 2-4-5　1980~2015 年世界综合现代化指数

国家	编号	1980[a]	1990[a]	2000[a]	2010[b]	2014[c]	2015[c]
瑞典	1	98.0	98.1	98.3	99.3	98.6	98.7
美国	2	92.4	90.7	95.3	96.2	96.9	97.7
芬兰	3	87.0	91.8	89.4	96.8	97.9	97.4
澳大利亚	4	90.8	87.8	86.2	92.2	91.7	90.9
瑞士	5	89.0	92.1	95.9	95.6	97.4	97.3
挪威	6	91.2	91.4	90.2	93.5	93.5	92.9
日本	7	94.4	93.1	93.9	93.3	94.7	93.2
丹麦	8	92.8	97.7	95.1	99.7	100.0	100.0
德国	9	93.0	93.5	94.7	93.2	94.1	94.5
荷兰	10	91.0	95.8	90.2	97.6	99.2	97.7
加拿大	11	92.6	85.0	82.0	90.7	89.3	89.1
新加坡	12	59.8	63.9	87.6	95.6	97.2	96.9
英国	13	88.4	88.7	88.4	91.1	91.6	91.6
法国	14	89.2	89.8	85.6	93.1	92.9	91.7
比利时	15	90.9	94.4	85.7	97.1	100.0	98.8
奥地利	16	87.2	92.0	86.9	93.8	94.9	94.0
新西兰	17	87.4	78.4	74.1	85.0	87.0	87.3
韩国	18	47.1	63.2	78.7	80.2	83.8	84.2
以色列	19	82.1	80.6	83.5	86.9	90.1	89.3
意大利	20	74.6	84.6	77.9	82.9	80.2	78.1
爱尔兰	21	68.3	71.0	75.0	95.0	95.3	94.5
西班牙	22	72.7	83.5	74.0	80.9	79.9	79.4
爱沙尼亚	23	76.4	56.1	62.5	63.3	67.2	65.7
斯洛文尼亚	24	—	71.0	64.5	73.9	73.3	71.7
乌拉圭	25	64.0	66.4	62.8	60.5	64.4	64.2
俄罗斯	26	85.4	56.3	53.9	55.4	61.3	59.1
斯洛伐克	27	—	69.3	53.1	61.6	65.5	63.7
希腊	28	68.8	67.4	60.4	74.7	70.3	69.1
匈牙利	29	63.0	57.9	58.2	67.4	68.6	66.5
捷克	30	72.7	58.7	57.0	68.2	71.7	69.9
葡萄牙	31	52.5	60.5	69.3	70.1	70.3	69.6
白俄罗斯	32	—	62.9	46.6	48.5	53.7	53.9
拉脱维亚	33	74.7	56.8	56.0	60.7	64.6	64.8
立陶宛	34	—	57.4	53.7	61.3	65.8	65.4
格鲁吉亚	35	76.9	48.0	40.9	39.6	41.9	42.2
乌克兰	36	91.3	50.6	46.0	43.8	47.2	46.4
保加利亚	37	62.8	52.2	48.0	54.9	59.0	55.2
黎巴嫩	38	71.8	54.2	56.7	53.9	56.4	54.7
哈萨克斯坦	39	—	52.9	43.2	45.1	50.8	51.3
波兰	40	65.2	50.8	53.3	57.2	60.0	59.0
阿根廷	41	66.6	54.7	64.0	63.9	63.5	64.0
巴拿马	42	56.3	49.4	50.8	50.7	51.9	52.2
克罗地亚	43	—	61.9	49.5	58.2	62.4	62.2
沙特阿拉伯	44	57.4	55.6	43.0	58.9	67.4	71.4
哥伦比亚	45	50.1	51.3	45.8	47.1	51.3	52.2
科威特	46	74.0	61.8	54.2	63.9	68.0	66.6
智利	47	59.5	47.6	54.4	53.1	58.0	62.1
马其顿	48	—	44.4	46.8	43.8	46.6	48.0
阿塞拜疆	49	—	—	38.4	39.0	44.4	45.5
摩尔多瓦	50	59.4	42.5	39.9	37.4	40.9	41.6
罗马尼亚	51	50.0	40.2	38.9	48.5	51.5	52.6
委内瑞拉	52	57.6	52.0	50.2	64.6	59.4	61.5
乌兹别克斯坦	53	—	19.8	28.9	29.3	27.8	28.6
多米尼加	54	49.6	63.2	59.9	52.2	51.3	53.3
亚美尼亚	55	—	21.4	37.1	42.1	46.3	47.4
巴拉圭	56	41.4	40.4	54.6	39.8	39.2	40.2
哥斯达黎加	57	54.3	49.6	46.7	50.5	55.4	56.9
巴西	58	51.0	55.9	47.9	52.7	57.2	57.3
墨西哥	59	57.0	53.4	50.9	46.9	50.9	51.6
博茨瓦纳	60	20.1	33.3	36.6	31.8	35.8	38.7
秘鲁	61	47.2	54.3	50.0	47.7	48.2	48.0
牙买加	62	41.7	43.7	42.1	41.4	43.2	43.3
约旦	63	49.0	56.1	48.6	54.1	49.9	50.8
南非	64	50.7	44.6	35.8	38.7	40.3	40.2
土耳其	65	41.8	45.3	42.2	54.0	54.6	56.2
厄瓜多尔	66	55.7	42.7	38.0	47.2	43.5	45.2
伊朗	67	38.8	36.7	33.5	42.4	44.7	47.9
蒙古	68	65.3	38.9	35.2	37.5	41.8	42.4
摩洛哥	69	35.3	38.1	37.2	33.6	35.8	36.3
马来西亚	70	39.4	37.2	43.2	47.5	50.0	49.9

(续表)

国家	编号	1980[a]	1990[a]	2000[a]	2010[b]	2014[c]	2015[c]
萨尔瓦多	71	43.4	48.7	48.8	36.9	40.1	41.1
埃及	72	38.2	39.9	39.6	37.5	37.9	33.9
中国	73	21.1	27.7	31.3	34.2	42.3	44.4
阿尔及利亚	74	45.6	40.0	30.4	38.6	40.9	39.1
土库曼斯坦	75	—	—	26.3	26.0	31.6	30.2
突尼斯	76	40.6	40.0	41.9	41.6	40.2	41.7
阿尔巴尼亚	77	35.0	31.8	30.2	39.2	40.1	40.8
吉尔吉斯斯坦	78	—	21.7	35.9	30.1	32.2	32.3
塔吉克斯坦	79	—	5.5	30.5	23.2	24.3	29.1
玻利维亚	80	33.2	53.8	40.7	34.1	32.7	33.7
缅甸	81	25.6	30.2	23.6	21.2	18.7	19.8
菲律宾	82	39.6	40.1	39.1	35.7	38.2	40.0
泰国	83	34.2	36.6	32.2	36.6	36.4	36.9
纳米比亚	84	—	32.5	30.7	31.1	31.8	33.3
津巴布韦	85	30.4	26.3	24.0	19.4	17.8	20.1
洪都拉斯	86	36.6	37.8	32.7	32.1	28.4	29.3
尼加拉瓜	87	42.0	36.7	34.4	30.0	28.9	28.4
越南	88	—	21.3	22.3	30.2	30.7	30.6
肯尼亚	89	26.1	27.0	26.5	18.3	21.0	18.5
斯里兰卡	90	31.8	35.0	27.8	27.7	33.0	34.0
刚果(布)	91	33.6	37.2	24.6	25.2	25.4	26.8
印度尼西亚	92	30.7	27.1	30.0	27.4	29.0	28.9
赞比亚	93	29.6	21.0	18.7	19.1	22.1	22.4
危地马拉	94	41.2	36.8	30.9	29.7	33.2	34.8
毛里塔尼亚	95	32.7	37.8	25.5	17.3	18.3	19.3
科特迪瓦	96	61.7	49.5	23.4	19.5	19.3	21.0
印度	97	30.0	27.4	29.5	20.8	23.6	24.7
巴基斯坦	98	29.8	25.7	31.2	21.7	23.0	23.2
莱索托	99	26.7	44.9	18.6	17.1	27.7	19.8
柬埔寨	100	—	30.8	19.9	15.8	18.6	17.8
喀麦隆	101	34.3	31.6	21.3	21.9	27.0	27.2
厄立特里亚	102	—	—	19.9	22.2	19.8	20.8
叙利亚	103	44.6	39.3	29.2	41.3	41.4	49.1
加纳	104	33.9	33.4	19.4	22.7	27.2	28.4
乍得	105	28.4	25.6	23.7	11.6	11.8	10.5
莫桑比克	106	18.0	20.7	21.7	13.4	14.7	15.8
几内亚	107	14.2	42.6	28.5	14.1	14.8	19.4
也门	108	13.0	30.8	23.3	28.1	24.1	26.2
巴布亚新几内亚	109	25.9	23.6	19.3	10.3	13.0	14.9
海地	110	24.3	42.6	22.4	12.2	20.0	20.7
尼泊尔	111	20.2	22.8	16.9	16.2	18.5	18.7
塞内加尔	112	29.8	30.4	23.9	19.3	21.3	21.9
塞拉利昂	113	26.7	27.2	15.4	11.4	11.2	12.6
刚果(金)	114	35.4	33.4	13.8	15.0	15.8	15.6
老挝	115	18.9	20.1	17.5	18.4	21.5	23.5
马拉维	116	21.0	31.6	19.4	12.2	13.0	13.5
多哥	117	28.7	33.7	21.2	14.6	13.4	14.0
马达加斯加	118	27.3	27.8	22.1	16.9	18.0	18.6
马里	119	22.6	22.1	17.5	15.8	16.9	17.6
尼日利亚	120	29.7	30.7	19.1	25.5	25.9	24.9
孟加拉国	121	25.1	31.3	24.0	20.7	24.0	25.0
坦桑尼亚	122	18.2	22.7	15.7	14.0	14.8	15.3
贝宁	123	29.5	36.1	20.9	19.4	21.6	22.6
尼日尔	124	25.9	23.7	17.4	11.7	13.0	13.3
安哥拉	125	19.5	44.0	14.6	27.7	27.4	28.5
乌干达	126	21.3	24.0	21.7	13.6	13.9	14.7
中非	127	26.7	28.4	17.3	14.5	16.2	16.2
布基纳法索	128	33.4	22.2	18.7	11.4	12.7	13.6
埃塞俄比亚	129	17.0	23.8	15.3	16.5	12.3	12.9
布隆迪	130	24.9	24.0	17.7	9.6	9.2	10.8
卢旺达	131	19.2	21.5	16.4	14.1	15.1	18.0
高收入国家[d]		99.9	99.9	99.9	100.0	100.0	100.0
中等收入国家		51.5	44.4	42.4	31.7	36.3	37.2
低收入国家		28.2	31.7	23.6	13.6	14.3	15.1
世界平均		59.8	52.9	50.2	44.5	47.5	48.1

注:a. 采用综合现代化评价模型第一版的评价结果。
   b. 采用综合现代化评价模型第二版的评价结果。
   c. 采用综合现代化评价模型第三版的评价结果,见技术注释。
   d. 1980～2000 年和 2014～2015 年数据为高收入国家的平均值,2010～2013 年数据为高收入 OECD 国家的平均值。

附表 2-4-6 1980～2015 年世界综合现代化指数的排名

国家	编号	1980[a]	1990[a]	2000[a]	2010[b]	2014[c]	2015[c]
瑞典	1	1	1	1	2	4	3
美国	2	6	11	3	5	8	4
芬兰	3	17	9	9	5	5	6
澳大利亚	4	11	14	13	15	15	16
瑞士	5	13	7	2	8	6	7
挪威	6	8	10	7	11	13	13
日本	7	2	6	6	12	11	12
丹麦	8	4	2	4	1	1	1
德国	9	3	5	5	13	12	9
荷兰	10	9	3	8	3	3	5
加拿大	11	5	15	17	17	18	18
新加坡	12	37	25	11	7	7	8
英国	13	14	13	10	16	16	15
法国	14	12	12	15	14	14	14
比利时	15	10	4	14	4	2	2
奥地利	16	16	8	12	10	10	11
新西兰	17	15	19	21	19	19	19
韩国	18	54	27	18	22	20	20
以色列	19	19	18	16	18	17	17
意大利	20	23	16	19	20	21	22
爱尔兰	21	29	20	20	9	9	10
西班牙	22	26	17	22	21	22	21
爱沙尼亚	23	21	38	27	24	30	30
斯洛文尼亚	24	—	21	24	24	23	23
乌拉圭	25	33	24	26	35	34	33
俄罗斯	26	18	36	37	39	37	39
斯洛伐克	27	—	22	40	32	32	35
希腊	28	28	23	28	23	26	27
匈牙利	29	34	33	30	27	27	29
捷克	30	25	32	31	26	24	25
葡萄牙	31	46	31	23	25	25	26
白俄罗斯	32	—	28	52	49	46	46
拉脱维亚	33	22	35	33	34	33	32
立陶宛	34	—	34	38	33	31	31
格鲁吉亚	35	20	56	61	65	64	66
乌克兰	36	7	51	53	58	56	60
保加利亚	37	35	47	48	40	40	44
黎巴嫩	38	27	43	32	43	43	45
哈萨克斯坦	39	—	46	55	56	52	52
波兰	40	32	50	39	38	38	40
阿根廷	41	30	41	25	30	35	34
巴拿马	42	43	54	42	47	47	49
克罗地亚	43	—	29	45	37	36	36
沙特阿拉伯	44	41	40	57	36	29	24
哥伦比亚	45	49	49	54	54	49	50
科威特	46	24	30	36	29	28	28
智利	47	38	57	35	44	41	37
马其顿	48	—	61	50	57	57	56
阿塞拜疆	49	—	—	67	67	60	61
摩尔多瓦	50	39	67	63	72	68	68
罗马尼亚	51	50	69	66	50	48	48
委内瑞拉	52	40	48	43	28	39	38
乌兹别克斯坦	53	—	127	89	86	89	89
多米尼加	54	51	26	29	46	50	47
亚美尼亚	55	—	122	70	60	58	59
巴拉圭	56	61	68	34	64	73	72
哥斯达黎加	57	45	52	51	48	44	42
巴西	58	47	39	49	45	42	41
墨西哥	59	42	45	41	55	51	51
博茨瓦纳	60	106	90	71	80	78	75
秘鲁	61	53	42	44	51	55	57
牙买加	62	60	63	59	62	62	64
约旦	63	52	37	47	41	54	53
南非	64	48	60	73	68	69	71
土耳其	65	59	58	58	42	45	43
厄瓜多尔	66	44	64	68	53	61	62
伊朗	67	66	82	76	59	59	58
蒙古	68	31	75	74	71	65	65
摩洛哥	69	70	76	69	78	77	77
马来西亚	70	65	79	56	52	53	54

(续表)

国家	编号	1980[a]	1990[a]	2000[a]	2010[b]	2014[c]	2015[c]
萨尔瓦多	71	57	55	46	73	72	69
埃及	72	67	73	64	70	75	80
中国	73	103	103	79	76	63	63
阿尔及利亚	74	55	71	84	69	67	74
土库曼斯坦	75	—	—	93	91	84	85
突尼斯	76	63	72	60	61	70	67
阿尔巴尼亚	77	71	92	85	66	71	70
吉尔吉斯斯坦	78	—	120	72	83	82	83
塔吉克斯坦	79	—	128	83	94	96	87
玻利维亚	80	77	44	62	77	81	81
缅甸	81	97	100	100	99	109	109
菲律宾	82	64	70	65	75	74	73
泰国	83	73	84	78	74	76	76
纳米比亚	84	—	91	82	81	83	82
津巴布韦	85	81	108	97	104	114	107
洪都拉斯	86	68	77	77	79	88	86
尼加拉瓜	87	58	83	75	84	87	92
越南	88	—	123	104	82	85	84
肯尼亚	89	94	107	92	108	105	114
斯里兰卡	90	79	86	91	89	80	79
刚果(布)	91	75	80	95	93	95	94
印度尼西亚	92	80	106	86	90	86	88
赞比亚	93	86	124	117	106	101	102
危地马拉	94	62	81	81	85	79	78
毛里塔尼亚	95	78	78	94	109	112	111
科特迪瓦	96	36	53	101	102	108	104
印度	97	82	104	87	100	99	98
巴基斯坦	98	84	109	80	98	100	100
莱索托	99	91	59	119	110	90	108
柬埔寨	100	—	96	111	115	110	116
喀麦隆	101	72	94	108	97	93	93
厄立特里亚	102	—	—	112	96	107	105
叙利亚	103	56	74	88	63	66	55
加纳	104	74	89	114	95	92	91
乍得	105	89	110	99	127	129	131
莫桑比克	106	111	125	107	123	121	119
几内亚	107	113	66	90	119	120	110
也门	108	114	97	102	87	97	95
巴布亚新几内亚	109	96	115	115	130	126	122
海地	110	100	65	103	124	106	106
尼泊尔	111	105	116	125	113	111	112
塞内加尔	112	83	99	98	105	104	103
塞拉利昂	113	92	105	128	128	130	129
刚果(金)	114	69	88	131	116	117	120
老挝	115	109	126	122	107	103	99
马拉维	116	104	93	113	125	125	126
多哥	117	88	87	109	117	123	124
马达加斯加	118	90	102	105	111	113	113
马里	119	101	119	121	114	115	117
尼日利亚	120	85	98	116	92	94	97
孟加拉国	121	98	95	96	101	98	96
坦桑尼亚	122	110	117	127	121	119	121
贝宁	123	87	85	110	103	102	101
尼日尔	124	95	114	123	126	124	127
安哥拉	125	107	62	130	88	91	90
乌干达	126	102	111	106	122	122	123
中非	127	93	101	124	118	116	118
布基纳法索	128	76	118	118	129	127	125
埃塞俄比亚	129	112	113	129	117	128	128
布隆迪	130	99	112	120	131	131	130
卢旺达	131	108	121	126	120	118	115

注:a. 采用综合现代化评价模型第一版的评价结果,以当年高收入国家平均值为参考值的评价。

b. 同附表 2-4-5。

c. 同附表 2-4-5。

附录三 中国地区现代化水平评价的数据集

附表 3-1-1	2015年中国地区现代化指数	346
附表 3-1-2	2015年中国现代化的地区分组	347
附表 3-2-1	2015年中国地区第一次现代化指数和排名	348
附表 3-2-2	2015年中国地区第一次现代化评价指标	349
附表 3-2-3	2015年中国地区第一次现代化发展阶段	350
附表 3-2-4	中国地区第一次现代化指数的增长率和预期完成时间	351
附表 3-2-5	1970～2015年中国地区第一次现代化指数和排名	352
附表 3-3-1	2015年中国地区第二次现代化指数	353
附表 3-3-2	2015年中国地区知识创新指数	354
附表 3-3-3	2015年中国地区知识传播指数	355
附表 3-3-4	2015年中国地区生活质量指数	356
附表 3-3-5	2015年中国地区经济质量指数	357
附表 3-3-6	2015年中国地区第二次现代化发展阶段	358
附表 3-3-7	1970～2015年中国地区第二次现代化指数	359
附表 3-3-8	1970～2015年中国地区第二次现代化指数的排名	360
附表 3-4-1	2015年中国地区综合现代化指数	361
附表 3-4-2	2015年中国地区经济指数	362
附表 3-4-3	2015年中国地区社会指数	363
附表 3-4-4	2015年中国地区知识指数	364
附表 3-4-5	1980～2015年中国地区综合现代化指数	365
附表 3-4-6	1980～2015年中国地区综合现代化指数的排名	366

附表 3-1-1　2015 年中国地区现代化指数

地区	编号	人口/万	第一次现代化				第二次现代化			综合现代化	
			指数	排名	达标个数	发展阶段[a]	指数	排名	发展阶段[b]	指数	排名
北京	1	2 171	100.0	1	10	F4	81.2	1	S2	79.9	1
天津	2	1 547	100.0	1	10	F4	65.6	3		70.4	3
河北	3	7 425	91.1	22	6	F3	32.8	22		39.2	19
山西	4	3 664	92.9	16	7	F3	31.1	24		39.5	18
内蒙古	5	2 511	95.4	11	7	F3	34.3	20		47.5	10
辽宁	6	4 382	99.7	5	9	F3	42.7	10		52.0	7
吉林	7	2 753	94.5	13	6	F3	40.6	13		46.2	11
黑龙江	8	3 812	92.4	20	6	F2	39.1	15		41.5	15
上海	9	2 415	100.0	1	10	F4	72.4	2	S1	75.7	2
江苏	10	7 976	99.6	6	9	F3	60.8	4		59.1	4
浙江	11	5 539	99.5	7	9	F4	58.5	5		56.6	5
安徽	12	6 144	92.0	21	6	F3	39.2	14		38.3	21
福建	13	3 839	98.3	8	8	F3	47.6	8		51.3	8
江西	14	4 566	92.9	15	7	F3	32.8	23		38.2	22
山东	15	9 847	98.2	9	9	F3	48.7	7		48.5	9
河南	16	9 480	90.0	24	5	F3	33.3	21		37.2	24
湖北	17	5 852	95.0	12	6	F3	40.8	12		45.8	13
湖南	18	6 783	92.5	19	6	F3	36.4	16		40.8	17
广东	19	10 849	99.9	4	9	F4	53.5	6		53.4	6
广西	20	4 796	87.1	27	4	F2	35.3	18		35.5	27
海南	21	911	89.3	26	6	F2	35.2	19		41.3	16
重庆	22	3 017	98.2	10	7	F3	45.2	9		46.2	12
四川	23	8 204	90.7	23	5	F3	35.5	17		37.7	23
贵州	24	3 530	83.7	30	3	F2	25.7	31		30.4	31
云南	25	4 742	85.4	28	4	F2	26.8	28		31.8	29
西藏	26	324	80.6	31	5	F2	28.1	26		32.7	28
陕西	27	3 793	93.5	14	6	F3	42.6	11		43.1	14
甘肃	28	2 600	84.7	29	6	F2	27.0	28		31.1	30
青海	29	588	92.5	18	6	F3	26.4	30		36.6	26
宁夏	30	668	92.8	17	6	F3	30.6	25		38.4	20
新疆	31	2 360	89.4	25	4	F2	27.3	27		37.1	25
香港	32	729	100.0		10	F4	86.2		S2	80.4	
澳门	33	64	100.0		9	F4	81.9		S2	80.5	
台湾	34	2 349	100.0		10	F4	78.1		S1	73.0	
中国		137 462	99.2		9	F3	40.7			44.4	
高收入国家		118 293	100.0		9	F4	99.7		S2	100.0	
中等收入国家		553 043	95.3		8	F3	28.5			37.2	
低收入国家		64 186	55.4		1	F1	15.6			13.3	
世界		735 522	99.6		9	F3	39.3			48.1	

注：a. F 代表第一次现代化，F4 代表过渡期，F3 代表成熟期，F2 代表发展期，F1 代表起步期。
b. S 代表第二次现代化，S2 代表发展期，S1 代表起步期，香港的发展阶段根据第二次现代化指数进行了调整。

附表 3-1-2　2015 年中国现代化的地区分组

地区	编号	第二次现代化指数	第一次现代化指数	综合现代化指数	人均国民收入[a]	阶段[b]	根据第二次现代化指数的分组	根据综合现代化指数的分组
北京	1	81.2	100.0	79.9	17 102	6	1	2
天津	2	65.6	100.0	70.4	17 337	4	2	2
河北	3	32.8	91.1	39.2	6465	3	3	3
山西	4	31.1	92.9	39.5	5608	3	3	3
内蒙古	5	34.3	95.4	47.5	11 418	3	3	3
辽宁	6	42.7	99.7	52.0	10 495	3	3	2
吉林	7	40.6	94.5	46.2	8204	3	3	3
黑龙江	8	39.1	92.4	41.5	6337	2	3	3
上海	9	72.4	100.0	75.7	16 669	5	2	2
江苏	10	60.8	99.6	59.1	14 131	3	2	2
浙江	11	58.5	99.5	56.6	12 469	4	2	2
安徽	12	39.2	92.0	38.3	5781	3	3	3
福建	13	47.6	98.3	51.3	10 915	3	3	2
江西	14	32.6	92.9	38.2	5898	3	3	3
山东	15	48.7	98.2	48.5	10 305	3	3	3
河南	16	33.3	90.0	37.2	6283	3	3	3
湖北	17	40.8	95.0	45.8	8135	3	3	3
湖南	18	36.4	92.5	40.8	6866	3	3	3
广东	19	53.5	99.9	53.4	10 840	4	2	2
广西	20	35.3	87.1	35.5	5651	2	3	3
海南	21	35.2	89.3	41.3	6555	3	3	3
重庆	22	45.2	98.2	46.2	8402	3	3	3
四川	23	35.5	90.7	37.7	5906	3	3	3
贵州	24	25.7	83.7	30.4	4793	2	4	3
云南	25	26.8	85.4	31.8	4626	2	4	3
西藏	26	28.1	80.6	32.7	5139	2	4	3
陕西	27	42.6	93.5	43.1	7648	3	3	3
甘肃	28	27.0	84.7	31.1	4202	2	4	3
青海	29	26.4	92.5	36.6	6625	3	4	3
宁夏	30	30.6	92.8	38.4	7035	3	3	3
新疆	31	27.3	89.4	37.1	6429	2	4	3
香港	32	86.2	100.0	80.4	42 351	6	1	1
澳门	33	81.9	100.0	80.5	75 573	6	1	1
台湾	34	78.1	100.0	73.0	23 131	5	2	2
中国		40.7	99.2	44.4	7950	3	3	3
高收入国家		99.7	100.0	100.0	42 123	6	1	1
中等收入国家		28.5	95.3	37.2	4997	3	4	3
低收入国家		15.6	55.4	13.3	622	1	4	4
世界平均		39.3	99.6	48.1	10 582	3	3	3

注：a. 中国内地（大陆）为人均 GDP。b. 阶段划分：0 代表传统农业社会，1 代表第一次现代化起步期，2 代表第一次现代化发展期，3 代表第一次现代化成熟期，4 代表第一次现代化过渡期，5 代表第二次现代化起步期，6 代表第二次现代化发展期。分组：1 代表发达水平，2 代表中等发达水平，3 代表初等发达水平，4 代表欠发达水平。

附表 3-2-1 2015 年中国地区第一次现代化指数和排名

地区	编号	经济指标达标程度				社会和知识指标达标程度						指数	排名	达标个数
		人均国民收入[a]	农业劳动力比例[b]	农业增加值比例	服务业增加值比例	城市人口比例	医生比例	婴儿死亡率[c]	预期寿命[d]	成人识字率	大学入学率[e]			
北京	1	100	100	100	100	100	100	100	100	100	100	100.0	1	10
天津	2	100	100	100	100	100	100	100	100	100	100	100.0	1	10
河北	3	74	73	100	89	100	100	100	74	100	100	91.1	22	6
山西	4	65	84	100	100	100	100	100	80	100	100	92.9	16	7
内蒙古	5	100	77	100	90	100	100	100	87	100	100	95.4	11	7
辽宁	6	100	100	100	100	100	100	100	97	100	100	99.7	5	9
吉林	7	95	85	100	86	100	100	100	80	100	100	94.5	13	6
黑龙江	8	73	80	86	100	100	100	100	85	100	100	92.4	20	6
上海	9	100	100	100	100	100	100	100	100	100	100	100.0	1	10
江苏	10	100	100	100	100	100	100	100	96	100	100	99.6	6	9
浙江	11	100	100	100	100	100	100	100	95	100	100	99.5	7	9
安徽	12	67	93	100	87	100	100	100	73	100	100	92.0	21	6
福建	13	100	100	100	92	100	100	100	91	100	100	98.3	8	8
江西	14	68	100	100	87	100	100	100	75	100	100	92.9	15	7
山东	15	100	100	100	100	100	100	100	82	100	100	98.2	9	9
河南	16	72	77	100	89	94	100	100	68	100	100	90.0	24	5
湖北	17	94	78	100	96	100	100	100	82	100	100	95.0	12	6
湖南	18	79	74	100	98	100	100	100	74	100	100	92.5	19	6
广东	19	100	100	100	100	100	100	100	99	100	100	99.9	4	9
广西	20	65	59	98	86	94	100	100	68	100	100	87.1	27	4
海南	21	76	72	65	100	100	100	100	80	100	100	89.3	26	6
重庆	22	97	97	100	100	100	100	100	88	100	100	98.2	10	7
四川	23	68	78	100	97	95	100	100	69	100	100	90.7	23	5
贵州	24	55	50	96	100	84	100	91	61	100	100	83.7	30	3
云南	25	53	56	99	100	87	100	96	63	100	100	85.4	28	4
西藏	26	59	73	100	100	55	100	100	40	78	100	80.6	31	5
陕西	27	88	79	100	91	100	100	100	78	100	100	93.5	14	6
甘肃	28	48	50	100	100	86	100	100	62	100	100	84.7	29	6
青海	29	76	84	100	92	100	100	100	73	100	100	92.5	18	6
宁夏	30	81	68	100	99	100	100	100	80	100	100	92.8	17	6
新疆	31	74	68	90	99	94	100	100	68	100	100	89.4	25	4
香港	32	100	100	100	100	100	100	100	100	100	100	100.0		10
澳门	33	100	100		100	100	100	100	100	100	100	100.0		9
台湾	34	100	100	100	100	100	100	100	100	100	100	100.0		10
中国		92	100	100	100	100	100	100	100	100	100	99.2		9
高收入国家		100	100	100	100	100	100	100	100	100	100	100.0		9
中等收入国家		58	96	100	100	100	100	100	100	100	100	95.3		8
低收入国家		7	44	49	100	61	20	57	89	75	51	55.4		1
世界平均		100	100	100	100	100	100	96	100	100	100	99.6		9

注:a. 中国内地(大陆)地区为人均居民生产总值(人均 GDP)。
b. 中国内地(大陆)地区为 2012～2015 年期间的数值。
c. 中国内地(大陆)地区为估计值,为根据 2010 年人口普查结果和 2015 年全国婴儿死亡率的换算。
d. 中国内地(大陆)地区为估计值,为根据 2010 年人口普查结果和 2015 年全国平均预期寿命的换算。
e. 中国地区为在校大学生占 18～21 岁人口比例,根据在校大学生人数和 2010 年人口普查数据计算。

附表 3-2-2　2015 年中国地区第一次现代化评价指标

地区	编号	经济指标				社会和知识指标					
		人均国民收入[a]	农业劳动力比例[b]	农业增加值比例	服务业增加值比例	城市人口比例	医生比例	婴儿死亡率[c]	预期寿命[d]	成人识字率	大学入学率[e]
北京	1	17 102	4.2	0.6	79.7	86.5	3.9	2.4	82.0	98.3	96.0
天津	2	17 337	7.4	1.3	52.2	82.6	2.3	3.1	83.6	97.9	98.0
河北	3	6465	41.1	11.5	40.2	51.3	2.2	5.7	52.0	96.1	34.4
山西	4	5608	35.6	6.1	53.2	55.0	2.5	9.1	55.7	97.0	32.0
内蒙古	5	11 418	39.1	9.1	40.5	60.3	2.6	8.9	61.0	94.5	35.9
辽宁	6	10 495	28.6	8.3	46.2	67.4	2.4	5.6	68.2	98.1	58.0
吉林	7	8204	35.5	11.4	38.8	55.3	2.4	3.3	56.0	97.4	56.4
黑龙江	8	6337	37.5	17.5	50.7	58.8	2.2	3.2	59.5	97.3	46.5
上海	9	16 669	3.4	0.4	67.8	87.6	2.6	4.6	82.8	96.9	76.2
江苏	10	14 131	18.4	5.7	48.6	66.5	2.4	4.5	67.3	94.6	48.4
浙江	11	12 469	13.2	4.3	49.8	65.8	2.9	3.3	66.6	94.1	41.5
安徽	12	5781	32.1	11.2	39.1	50.5	1.8	10.0	51.1	93.5	34.1
福建	13	10 915	22.3	8.2	41.6	62.6	2.0	7.4	63.4	93.4	41.8
江西	14	5898	30.0	10.6	39.1	51.6	1.7	8.8	52.2	95.3	37.9
山东	15	10 305	29.6	7.9	45.3	57.0	2.4	4.3	57.7	93.4	46.4
河南	16	6283	39.0	11.4	40.2	46.9	2.1	6.1	47.6	94.0	32.5
湖北	17	8135	38.4	11.2	43.1	56.9	2.3	7.4	57.5	94.0	48.1
湖南	18	6866	40.7	11.5	44.1	50.9	2.2	5.3	51.5	96.6	38.6
广东	19	10 840	22.1	4.6	50.6	68.7	2.1	6.2	69.5	97.1	27.6
广西	20	5651	50.6	15.3	38.8	47.1	1.9	8.2	47.6	95.3	28.5
海南	21	6555	41.4	23.1	53.3	55.1	2.1	13.0	55.8	94.7	33.7
重庆	22	8402	30.8	7.3	47.7	60.9	2.0	7.8	61.7	94.4	44.3
四川	23	5906	38.6	12.2	43.7	47.7	2.2	7.7	48.3	91.9	30.7
贵州	24	4793	59.7	15.6	44.9	42.0	1.8	33.1	42.5	87.0	19.5
云南	25	4626	53.6	15.1	45.1	43.3	1.7	31.2	43.9	90.5	21.4
西藏	26	5139	41.2	9.6	53.8	27.7	1.9	28.3	28.1	62.7	16.5
陕西	27	7648	38.1	8.9	40.7	53.9	2.1	4.3	54.6	95.1	51.4
甘肃	28	4202	60.5	14.1	49.2	43.2	1.9	17.1	43.7	88.7	26.5
青海	29	6625	35.8	8.6	41.4	50.3	2.3	25.2	50.7	83.4	15.8
宁夏	30	7035	44.1	8.2	44.5	55.2	2.4	22.7	55.9	90.8	27.6
新疆	31	6429	44.1	16.7	44.7	47.2	2.4	17.2	47.8	95.5	23.4
香港	32	42 351	0.2	0.1	92.4	100.0	1.9	1.4	84.3	100.0	68.5
澳门	33	75 573	0.3	0.0	89.5	100.0	2.6	1.6	83.6	96.2	75.6
台湾	34	23 131	5.0	1.8	62.4	83.0	1.9	5.8	80.3	98.6	83.8
中国		7950	28.9	8.8	50.2	55.6	1.9	9.2	76.1	95.1	43.4
高收入国家		42 123	3.2	1.4	74.2	81.2	2.9	4.6	80.7	0.0	73.7
中等收入国家		4997	31.4	9.2	57.1	50.8	1.3	30.0	71.1	85.4	33.3
低收入国家		622	68.3	30.4	48.0	30.7	0.2	52.4	62.1	59.8	7.6
世界平均		10 582	29.5	3.8	69.1	53.8	1.5	31.4	71.9	86.0	35.7
标准值		8680	30.0	15.0	45.0	50.0	1.0	30.0	70.0	80.0	15.0

注：a. 中国内地（大陆）地区为人均居民生产总值（人均 GDP）。
　　b. 中国内地（大陆）地区为 2014 年或最近年的数值。
　　c. 中国内地（大陆）地区为估计值，为根据 2010 年人口普查结果和 2014 年全国婴儿死亡率的换算。
　　d. 中国内地（大陆）地区为估计值，为根据 2010 年人口普查结果和 2014 年全国平均预期寿命的换算。
　　e. 中国地区为在校大学生占 18～21 岁人口比例，根据在校大学生人数和 2010 年人口普查数据计算。

附表 3-2-3　2015 年中国地区第一次现代化发展阶段

地区	编号	产业结构信号				劳动力结构信号				平均值	发展阶段[a]
		农业增加产值占 GDP 比例	赋值	农业增加值/工业增加值	赋值	农业劳动力占总劳动力比例[b]	赋值	农业劳动力/工业劳动力	赋值		
北京	1	0.6	4	0.03	4	4.2	4	0.25	3	3.8	F4
天津	2	1.3	4	0.03	4	7.4	4	0.21	3	3.8	F4
河北	3	11.5	3	0.24	3	41.1	2	1.97	2	2.5	F3
山西	4	6.1	3	0.15	4	35.6	2	1.31	2	2.8	F3
内蒙古	5	9.1	3	0.18	4	39.1	2	2.29	1	2.5	F3
辽宁	6	8.3	3	0.18	4	28.6	3	1.08	2	3.0	F3
吉林	7	11.4	3	0.23	3	35.5	2	1.53	2	2.5	F3
黑龙江	8	17.5	2	0.55	3	37.5	2	1.88	2	2.3	F2
上海	9	0.4	4	0.01	4	3.4	4	0.10	4	4.0	F4
江苏	10	5.7	3	0.12	4	18.4	3	0.43	3	3.3	F3
浙江	11	4.3	4	0.09	4	13.2	3	0.27	3	3.5	F4
安徽	12	11.2	3	0.22	3	32.1	2	1.13	2	2.5	F3
福建	13	8.2	3	0.16	4	22.3	3	0.60	3	3.3	F3
江西	14	10.6	3	0.21	3	30.0	2	0.92	2	2.5	F3
山东	15	7.9	3	0.17	4	29.6	2	0.84	2	2.8	F3
河南	16	11.4	3	0.23	3	39.0	2	1.27	2	2.5	F3
湖北	17	11.2	3	0.25	3	38.4	2	1.68	2	2.5	F3
湖南	18	11.5	3	0.26	3	40.7	2	1.73	2	2.5	F3
广东	19	4.6	4	0.10	4	22.1	3	0.54	3	3.5	F4
广西	20	15.3	2	0.33	3	50.6	1	2.78	1	1.8	F2
海南	21	23.1	2	0.98	2	41.4	2	3.31	1	1.8	F2
重庆	22	7.3	3	0.16	4	30.8	2	1.11	2	2.8	F3
四川	23	12.2	3	0.28	3	38.6	2	1.45	2	2.5	F3
贵州	24	15.6	2	0.40	3	59.7	1	3.68	1	1.8	F2
云南	25	15.1	2	0.38	3	53.6	1	4.12	1	1.8	F2
西藏	26	9.6	3	0.26	3	41.2	2	3.10	1	2.3	F2
陕西	27	8.9	3	0.18	4	38.1	2	2.36	1	2.5	F3
甘肃	28	14.1	3	0.38	3	60.5	1	3.87	1	2.0	F2
青海	29	8.6	3	0.17	4	35.8	2	1.56	2	2.5	F3
宁夏	30	8.2	3	0.17	4	44.1	2	2.42	1	2.5	F3
新疆	31	16.7	2	0.43	3	44.1	2	2.91	1	2.0	F2
香港	32	0.1	4	0.01	4	0.2	4	0.01	4	4.0	F4
澳门	33	0.0	4	0.00	4	0.3	4	0.02	4	4.0	F4
台湾	34	1.8	4	0.05	4	5.0	4	0.14	4	4.0	F4
中国		8.8	3	0.22	3	29.5	3	1.22	2	2.8	F3

注：a. F 代表第一次现代化，F4 代表过渡期，F3 代表成熟期，F2 代表发展期，F1 代表起步期。
　　b. 中国内地（大陆）地区为 2012 年的数据。

附表 3-2-4　中国地区第一次现代化指数的增长率和预期完成时间

地区	编号	1990年指数	2000年指数	2015年指数	1990～2015年均增长率	指数达到100需要的年数（按1990～2015年速度）	2000～2015年均增长率	指数达到100需要的年数（按2000～2015年速度）
北京	1	90.5	94.2	100.0	0.40	0	0.40	0
天津	2	84.2	93.4	100.0	0.69	0	0.46	0
河北	3	62.9	73.6	91.1	1.49	6	1.43	7
山西	4	69.0	77.4	92.9	1.20	6	1.22	6
内蒙古	5	65.3	72.1	95.4	1.53	3	1.88	3
辽宁	6	79.2	87.2	99.7	0.93	0	0.90	0
吉林	7	68.6	78.7	94.5	1.29	4	1.23	5
黑龙江	8	72.0	80.8	92.4	1.00	8	0.90	9
上海	9	89.4	96.5	100.0	0.45	0	0.24	0
江苏	10	64.2	83.1	99.6	1.77	0	1.22	0
浙江	11	66.3	82.8	99.5	1.64	0	1.23	0
安徽	12	56.7	68.9	92.0	1.95	4	1.94	4
福建	13	65.0	78.7	98.3	1.67	1	1.50	1
江西	14	56.2	68.1	92.9	2.03	4	2.10	4
山东	15	63.4	77.2	98.2	1.77	1	1.62	1
河南	16	59.1	67.1	90.0	1.70	6	1.97	5
湖北	17	62.7	79.5	95.0	1.67	3	1.20	4
湖南	18	57.5	72.5	92.5	1.92	4	1.63	5
广东	19	69.2	81.2	99.9	1.48	0	1.39	0
广西	20	56.4	68.1	87.1	1.75	8	1.66	8
海南	21	61.7	70.0	89.3	1.49	8	1.64	7
重庆	22	—	77	98.2			1.67	1
四川	23	57.0	69.1	90.7	1.87	5	1.83	5
贵州	24	51.3	60.0	83.7	1.98	9	2.25	8
云南	25	49.8	60.5	85.4	2.18	7	2.33	7
西藏	26	44.3	59.2	80.6	2.42	9	2.07	11
陕西	27	64.3	78.3	93.5	1.51	4	1.19	6
甘肃	28	59.9	67.0	84.7	1.39	12	1.58	11
青海	29	57.0	71.3	92.5	1.96	4	1.75	4
宁夏	30	61.7	72.5	92.8	1.65	5	1.66	5
新疆	31	60.2	72.2	89.4	1.60	7	1.44	8
香港	32	100.0	100.0	100.0				
澳门	33	100.0	100.0	100.0				
台湾	34	100.0	100.0	100.0				
中国		63.0	75.5	99.2	1.83		1.83	

附表 3-2-5 1970～2015 年中国地区第一次现代化指数和排名

地区	编号	第一次现代化指数							排名						
		1970	1980	1990	2000	2010	2014	2015	1970	1980	1990	2000	2010	2014	2015
北京	1	64.1	82.9	90.5	94.2	100.0	100.0	100.0	3	1	1	2	1	1	1
天津	2	66.4	77.7	84.2	93.4	100.0	100.0	100.0	2	3	3	3	1	1	1
河北	3	35.1	56.4	62.9	73.6	89.6	93.0	91.1	19	10	15	16	17	21	22
山西	4	42.7	62.5	69.0	77.4	90.5	95.0	92.9	9	7	7	13	15	14	16
内蒙古	5	46.3	58.8	65.3	72.1	93.0	96.1	95.4	8	9	10	20	11	11	11
辽宁	6	60.3	69.5	79.2	87.2	95.7	99.3	99.7	4	4	4	4	8	8	5
吉林	7	49.0	64.7	68.6	78.7	90.9	95.7	94.5	6	5	8	10	14	12	13
黑龙江	8	56.1	63.7	72.0	80.8	90.0	92.8	92.4	5	6	5	8	16	22	20
上海	9	69.8	82.3	89.4	96.5	100.0	100.0	100.0	1	2	2	1	1	1	1
江苏	10	41.5	56.3	64.2	83.1	99.0	100.0	99.6	11	11	13	5	5	1	6
浙江	11	36.5	52.7	66.3	82.8	99.2	100.0	99.5	17	18	9	6	4	1	7
安徽	12	33.7	51.5	56.7	68.9	87.5	93.4	92.0	22	20	25	24	21	19	21
福建	13	40.8	54.8	65.0	78.7	96.2	98.8	98.3	13	12	11	11	7	9	8
江西	14	34.0	51.6	56.2	68.1	88.0	94.5	92.9	21	19	27	25	20	16	15
山东	15	33.1	51.2	63.4	77.2	94.1	99.4	98.2	24	21	14	14	9	7	9
河南	16	37.6	50.5	59.1	67.1	85.3	91.7	90.0	15	24	21	27	25	24	24
湖北	17	37.6	53.8	62.7	79.5	93.5	95.6	95.0	14	14	16	9	10	13	12
湖南	18	32.4	50.8	57.5	72.5	88.5	94.2	92.5	26	22	22	18	19	17	19
广东	19	42.5	59.2	69.2	81.2	98.3	100.0	99.9	10	8	6	7	6	1	4
广西	20	33.3	53.4	56.4	68.1	83.8	89.4	87.1	23	16	26	26	30	27	27
海南	21	—	31.3	61.7	70.0	86.1	90.9	89.3	—	30	17	22	23	26	26
重庆	22	—	—	—	76.7	92.3	98.2	98.2	—	—	—	15	12	10	10
四川	23	30.7	48.8	57.0	69.1	86.8	92.1	90.7	27	25	23	23	22	23	23
贵州	24	34.1	45.4	51.3	60.0	85.2	86.1	83.7	20	27	28	30	26	30	30
云南	25	32.6	44.1	49.8	60.5	84.7	87.2	85.4	25	28	29	29	27	29	28
西藏	26	—	38.4	44.3	59.2	81.2	84.6	80.6	—	29	30	31	31	31	31
陕西	27	37.0	53.5	64.3	78.3	89.1	94.9	93.5	16	15	12	12	18	15	14
甘肃	28	27.8	46.0	59.9	67.0	84.3	88.1	84.7	28	26	20	28	28	28	29
青海	29	41.3	53.1	57.0	71.3	86.0	93.2	92.5	12	17	24	21	24	20	18
宁夏	30	47.3	54.2	61.7	72.5	91.4	94.2	92.8	7	13	18	17	13	18	17
新疆	31	35.2	50.6	60.2	72.2	83.8	91.6	89.4	18	23	19	19	29	25	25
香港	32	—	—	100.0	100.0	100.0	100.0	100.0							
澳门	33	—	—	100.0	100.0	100.0	100.0	100.0							
台湾	34	—	—	100.0	100.0	100.0	100.0	100.0							
中国		39.9	54.0	63.0	75.5	93.2	98.8	99.2							
高收入国家		100.0	100.0	100.0	100.0	100.0	100.0	100.0							
中等收入国家		—	84.0	84.0	92.6	91.3	95.5	95.3							
低收入国家		32.8	45.0	52.0	57.6	55.6	53.9	55.4							
世界平均		67.5	80.0	81.0	89.4	96.4	99.2	99.6							

附表 3-3-1 2015 年中国地区第二次现代化指数[a]

地区	编号	知识创新指数	知识传播指数	生活质量指数	经济质量指数	第二次现代化指数	指数排名	水平分组[b]
北京	1	87.6	68.4	77.1	91.9	81	1	1
天津	2	77.4	55.7	77.5	51.9	66	3	2
河北	3	16.3	28.7	54.8	31.5	33	22	3
山西	4	14.2	30.3	48.4	31.6	31	24	3
内蒙古	5	16.5	28.5	57.1	35.3	34	20	3
辽宁	6	31.7	39.9	60.5	38.5	43	10	3
吉林	7	21.0	35.7	68.2	37.5	41	13	3
黑龙江	8	24.5	29.8	66.0	36.0	39	15	3
上海	9	87.8	65.7	74.7	61.5	72	2	2
江苏	10	75.7	50.5	70.7	46.3	61	4	2
浙江	11	67.6	47.6	73.8	44.8	58	5	2
安徽	12	46.4	27.4	47.1	36.1	39	14	3
福建	13	43.4	40.6	64.3	42.1	48	8	3
江西	14	12.5	28.9	51.8	37.0	33	23	3
山东	15	54.7	36.0	65.6	38.6	49	7	3
河南	16	20.0	26.3	52.8	34.0	33	21	3
湖北	17	37.2	34.8	52.8	38.3	41	12	3
湖南	18	23.0	26.5	58.6	37.6	36	16	3
广东	19	65.1	39.9	63.8	45.3	54	6	2
广西	20	28.8	24.9	53.3	34.3	35	18	3
海南	21	10.8	30.0	58.1	41.9	35	19	3
重庆	22	49.3	38.1	53.9	39.6	45	9	3
四川	23	29.0	27.7	50.8	34.5	35	17	3
贵州	24	12.5	19.6	41.1	29.8	26	31	4
云南	25	10.8	19.8	43.9	32.6	27	28	4
西藏	26	3.9	23.5	46.5	38.5	28	26	4
陕西	27	35.4	35.8	64.9	34.5	43	11	3
甘肃	28	14.9	22.2	41.5	29.4	27	28	4
青海	29	11.8	22.5	41.5	29.7	26	30	4
宁夏	30	24.3	25.2	43.1	29.7	31	25	3
新疆	31	9.9	26.9	42.0	30.3	27	27	4
香港	32	40.5	89.4	114.8	100.0	86	1	1
澳门	33	15.7	97.3	114.5	100.0	82	1	1
台湾	34	83.3	83.2	86.6	59.1	78	2	2
中国		36.4	36.0	51.0	39.6	41		3
高收入国家		100.0	99.9	99.9	99.0	100		1
中等收入国家		12.5	21.5	40.0	40.1	29		4
低收入国家		0.1	3.1	33.0	26.0	16		4
世界平均		26.3	31.9	43.8	55.3	39		3

注:a. 采用第二次现代化评价模型第三版的评价结果,见技术注释。后同。
  b. 根据第二次现代化指数分组,1 代表发达水平,2 代表中等发达水平,3 代表初等发达水平,4 代表欠发达水平。

附表 3-3-2　2015 年中国地区知识创新指数

地区	编号	知识创新指标的实际值				知识创新指标的指数				知识创新指数
		人均知识创新经费[a]	知识创新人员比例[b]	发明专利申请比例[c]	人均知识产权出口[d]	知识创新经费指数	知识创新人员指数	知识创新专利指数	知识产权出口比例指数	
北京	1	1023.4	113.2	41.0	30.8	99	120	120	11	87.6
天津	2	528.8	80.4	18.4	49.5	51	120	120	18	77.4
河北	3	76.1	14.4	1.5	3.8	7	35	22	1	16.3
山西	4	58.2	11.7	1.6	1.5	6	28	22	1	14.2
内蒙古	5	86.7	15.2	0.9	21.3	8	37	13	8	16.5
辽宁	6	133.4	19.5	4.4	10.7	13	47	63	4	31.7
吉林	7	82.8	17.9	2.2	1.8	8	43	32	1	21.0
黑龙江	8	66.7	14.8	3.8	1.6	6	36	55	1	24.5
上海	9	618.1	71.1	19.4	139.0	60	120	120	51	87.8
江苏	10	362.8	65.2	19.4	75.0	35	120	120	28	75.7
浙江	11	293.4	65.8	12.2	5.3	28	120	120	2	67.6
安徽	12	112.7	21.7	11.1	6.0	11	53	120	2	46.4
福建	13	164.1	33.0	4.6	33.6	16	80	66	12	43.4
江西	14	61.2	10.2	1.3	4.3	6	25	18	2	12.5
山东	15	233.2	30.2	9.5	8.5	23	73	120	3	54.7
河南	16	74.0	16.8	2.3	1.0	7	40	32	0	20.0
湖北	17	154.1	23.2	5.2	11.6	15	56	74	4	37.2
湖南	18	97.9	16.9	2.9	1.4	9	41	41	1	23.0
广东	19	266.2	46.2	9.6	7.6	26	112	120	3	65.1
广西	20	35.4	8.0	6.4	1.4	3	19	92	1	28.8
海南	21	30.0	8.5	1.3	2.2	3	20	19	1	10.8
重庆	22	131.4	20.4	11.6	41.4	13	49	120	15	49.3
四川	23	98.2	14.2	4.9	4.4	10	34	70	2	29.0
贵州	24	28.2	6.7	2.1	1.7	3	16	31	1	12.5
云南	25	36.9	8.3	1.3	1.4	4	20	19	1	10.8
西藏	26	15.3	3.5	0.4	0.6	1	8	6	0	3.9
陕西	27	166.3	24.4	4.6	3.2	16	59	65	1	35.4
甘肃	28	51.2	9.9	2.1	1.1	5	24	30	0	14.9
青海	29	31.7	6.8	1.9	2.5	3	16	27	1	11.8
宁夏	30	61.6	13.8	3.9	4.0	6	33	56	1	24.3
新疆	31	35.5	7.2	1.3	1.6	3	17	18	1	9.9
香港	32	322.4	32.5	1.4	87.9	31	79	20	33	40.5
澳门	33	100.6	13.1	0.4		10	32	6		15.7
台湾	34	717.7	76.6	4.2		70	120	60		83.3
中国		166.7	11.8	7.1	0.8	16	28	101	0	36.4
高收入国家		1032.4	41.4	7.0	269.8	100	100	100	100	100.0
中等收入国家		72.1	6.6	1.9	0.7	7	16	27	0	12.5
低收入国家		3.8	0.0	0.0	0.1	0	0	0	0	0.1
世界平均		226.8	12.8	2.5	44.0	22	31	36	16	26.3
标准值		1032.4	41.4	7.0	269.8					

注：a. 指人均 R&D 经费，其数据为 2010～2015 年期间最近年的数据。
　　b. 指从事研究与发展活动的研究人员全时当量/万人，其数据为 2010～2015 年期间最近年的数据。
　　c. 指居民申请国内发明专利数/万人，其数据为 2010～2015 年期间最近年数据。
　　d. 指人均技术转让收入（美元），其数据为 2010～2015 年期间最近年数据。

附表 3-3-3 2015 年中国地区知识传播指数

地区	编号	知识传播指标的实际值				知识传播指标的指数				知识传播指数
		大学普及率[a]	宽带网普及率	人均公共教育经费[b]	人均知识产权进口[c]	大学普及指数	宽带网普及指数	人均公共教育经费指数	知识产权进口指数	
北京	1	96	23	726	125	120	73	33	48	68.4
天津	2	98	16	495	74	120	52	22	28	55.7
河北	3	34	18	232	2	46	57	10	1	28.7
山西	4	32	20	317	1	43	64	14	0	30.3
内蒙古	5	36	15	404	1	49	47	18	1	28.5
辽宁	6	58	20	260	16	78	63	12	6	39.9
吉林	7	56	16	293	9	76	50	13	4	35.7
黑龙江	8	46	14	256	3	63	44	12	1	29.8
上海	9	76	24	549	155	103	76	25	59	65.7
江苏	10	48	29	366	67	65	95	17	25	50.5
浙江	11	42	34	374	18	56	111	17	7	47.6
安徽	12	34	15	250	12	46	48	11	4	27.4
福建	13	42	27	339	9	56	88	15	3	40.6
江西	14	38	16	286	4	51	50	13	1	28.9
山东	15	46	20	283	10	63	65	13	4	36.0
河南	16	33	16	232	1	44	51	10	0	26.3
湖北	17	48	17	248	19	65	56	11	7	34.8
湖南	18	39	13	226	2	52	43	10	1	26.5
广东	19	28	25	335	73	37	80	15	28	39.9
广西	20	29	15	283	0	39	48	13	0	24.9
海南	21	34	16	412	8	46	53	19	3	30.0
重庆	22	44	20	341	34	60	64	15	13	38.1
四川	23	31	17	261	4	41	56	12	2	27.7
贵州	24	20	11	366	0	26	35	16	0	19.6
云南	25	21	11	306	0	29	36	14	0	19.8
西藏	26	17	9	938	0	22	29	42	0	23.5
陕西	27	51	18	328	1	70	58	15	0	35.8
甘肃	28	27	12	341	0	36	37	15	0	22.2
青海	29	16	14	520	1	21	45	23	1	22.5
宁夏	30	28	14	408	2	37	45	18	1	25.2
新疆	31	23	17	443	1	32	56	20	0	26.9
香港	32	68	32	1437	255	93	103	65	97	89.4
澳门	33	76	29	1906	281	102	93	86	107	97.3
台湾	34	84	32	717		113	104	32		83.2
中国		43	20	344	16	59	64	16	6	36.0
高收入国家		74	31	2216	262	100	100	100	100	99.9
中等收入国家		33	9	208	10	45	28	9	4	21.5
低收入国家		8	0	26	0	10	1	1	0	3.1
世界平均		36	12	505	50	48	37	23	19	31.9
标准值		74	31.1	2216	262.3					

注：a. 中国地区为在校大学生占 18～21 岁人口比例，根据在校大学生人数和 2010 年人口普查数据计算。

b. 为人均政府教育支出。

c. 中国内地（大陆）地区为人均技术进口费用。

d. 中国内地（大陆）地区的数据，没有考虑出国留学和外地借读的影响。

附表 3-3-4 2015 年中国地区生活质量指数

地区	编号	生活质量指标的实际值				生活质量指标的指数				生活质量指数
		平均预期寿命[a]	人均购买力[b]	婴儿死亡率[c]	环境质量[d]	平均预期寿命指数	人均购买力指数	婴儿死亡率指数	环境质量指数	
北京	1	82.0	30 691	2.4	81	102	66	120	20	77.1
天津	2	80.2	31 112	3.1	70	99	67	120	24	77.5
河北	3	76.2	11 601	5.7	89	94	25	81	19	54.8
山西	4	76.1	10 063	9.1	62	94	22	51	27	48.4
内蒙古	5	75.7	20 490	8.9	43	94	44	52	39	57.1
辽宁	6	77.6	18 834	5.6	72	96	41	82	23	60.5
吉林	7	77.4	14 722	3.3	66	96	32	120	25	68.2
黑龙江	8	77.2	11 372	3.2	70	96	25	120	24	66.0
上海	9	82.8	29 912	4.6	53	103	65	100	31	74.7
江苏	10	77.9	25 359	4.5	57	97	55	102	29	70.7
浙江	11	79.0	22 376	3.3	57	98	48	120	29	73.8
安徽	12	76.3	10 374	10.0	66	95	22	46	25	47.1
福建	13	77.0	19 587	7.4	29	95	42	62	57	64.3
江西	14	75.5	10 583	8.8	43	94	23	52	39	51.8
山东	15	77.7	18 492	4.3	90	96	40	108	18	65.6
河南	16	75.8	11 275	6.1	96	94	24	76	17	52.8
湖北	17	76.1	14 598	7.4	70	94	31	62	24	52.9
湖南	18	75.9	12 321	5.3	61	94	27	86	27	58.6
广东	19	77.7	19 453	6.2	39	96	42	74	43	63.8
广西	20	76.3	10 141	8.2	41	95	22	56	40	53.3
海南	21	77.5	11 763	13.0	22	96	25	36	75	58.1
重庆	22	76.9	15 078	7.8	57	95	33	59	29	53.9
四川	23	76.0	10 598	7.7	64	94	23	60	26	50.8
贵州	24	72.3	8602	33.1	39	90	19	14	43	41.1
云南	25	70.7	8301	31.2	30	88	18	15	55	43.9
西藏	26	69.3	9222	28.3	26	86	20	16	64	46.5
陕西	27	75.9	13 725	4.3	58	94	30	107	29	64.9
甘肃	28	73.4	7540	17.1	52	91	16	27	32	41.5
青海	29	71.1	11 888	25.2	49	88	26	18	34	41.5
宁夏	30	74.6	12 624	22.7	51	92	27	20	33	43.1
新疆	31	73.5	11 538	17.2	66	91	25	27	25	42.0
香港	32	84.3	58 130	1.4		104	120	120		114.8
澳门	33	83.6	98 650	1.6		104	120	120		114.5
台湾	34	80.3	37 371	5.8		100	81	80		86.6
中国		76.1	14 420	9.2	58	94	31	50	28	51.0
高收入国家		80.7	46 350	4.6	17	100	100	100	100	99.9
中等收入国家		71.1	10 810	30.0	50	88	23	15	33	40.0
低收入国家		62.1	1612	52.4	39	77	3	9	43	33.0
世界平均		71.9	15 699	31.4	44	89	34	15	38	43.8
标准值		80.7	46 350	4.6	17					

注：a. 中国内地（大陆）地区为估计值，为根据 2010 年人口普查结果和 2015 年全国平均预期寿命的换算。
b. 中国内地（大陆）地区数据为按购买力平价计算的人均 GDP，其他为按购买力平价计算的人均 GNI。
c. 中国内地（大陆）地区为估计值，为根据 2010 年人口普查结果和 2015 年全国婴儿死亡率的换算。
d. 为 PM2.5 年均浓度，中国内地（大陆）数据为直辖市或各省省会城市的值。

附表 3-3-5 2015年中国地区经济质量指数

地区	编号	经济质量指标的实际值				经济质量指标的指数				经济质量指数
		劳动生产率[a]	单位GDP的能源消耗[b]	物质产业增加值比例[c]	物质产业劳动力比例[c]	劳动生产率指数	单位GDP的能源消耗指数	物质产业增加值指数	物质产业劳动力指数	
北京	1	17 102	0.13	20.3	21.2	43	85	120	120	91.9
天津	2	17 337	0.22	47.8	43.0	43	51	54	60	51.9
河北	3	6465	0.43	59.8	62.0	16	26	43	41	31.5
山西	4	5608	0.66	46.8	62.7	14	17	55	41	31.6
内蒙古	5	11 418	0.46	59.5	56.2	28	24	43	46	35.3
辽宁	6	10 495	0.33	53.8	55.0	26	33	48	47	38.5
吉林	7	8204	0.25	61.2	58.6	20	44	42	44	37.5
黑龙江	8	6337	0.35	49.3	57.5	16	31	52	45	36.0
上海	9	16 669	0.20	32.2	37.1	41	56	80	69	61.5
江苏	10	14 131	0.19	51.4	62.3	35	59	50	41	46.3
浙江	11	12 469	0.20	50.2	61.5	31	55	51	42	44.8
安徽	12	5781	0.24	60.9	60.5	14	45	42	42	36.1
福建	13	10 915	0.20	58.4	59.4	27	54	44	43	42.1
江西	14	5898	0.22	60.9	62.5	15	50	42	41	37.0
山东	15	10 305	0.26	54.7	64.8	26	42	47	40	38.6
河南	16	6283	0.27	59.8	69.8	16	40	43	37	34.0
湖北	17	8135	0.24	56.9	61.2	20	46	45	42	38.3
湖南	18	6866	0.23	55.9	64.2	17	47	46	40	37.6
广东	19	10 840	0.18	49.4	63.1	27	61	52	41	45.3
广西	20	5651	0.25	61.2	68.8	14	44	42	37	34.3
海南	21	6555	0.23	46.7	53.9	16	48	55	47	41.9
重庆	22	8402	0.25	52.3	58.6	21	45	49	44	39.6
四川	23	5906	0.29	56.3	65.2	15	38	46	39	34.5
贵州	24	4793	0.41	55.1	75.9	12	27	47	34	29.8
云南	25	4626	0.33	54.9	66.6	12	33	47	38	32.6
西藏	26	5139	0.00	46.2	54.5	13		56	47	38.5
陕西	27	7648	0.28	59.3	70.3	19	39	44	36	34.5
甘肃	28	4202	0.48	50.8	76.1	10	23	51	34	29.4
青海	29	6625	0.74	58.6	58.8	16	15	44	44	29.7
宁夏	30	7035	0.81	55.5	62.4	17	14	46	41	29.7
新疆	31	6429	0.72	55.3	59.2	16	15	47	43	30.3
香港	32	42 351	0.05	7.6	15.2	100	100	100	100	100.0
澳门	33	75 573		10.5	18.0	100		100	100	100.0
台湾	34	23 131	0.23	37.6	41.0	58	48	69	62	59.1
中国		8069	0.29	49.8	52.7	20	38	52	49	39.6
高收入国家		40 220	0.11	25.8	25.6	100	96	100	100	99.0
中等收入国家		4845	0.27	42.9	54.2	12	41	60	47	40.1
低收入国家		627	0.56	52.0	76.8	2	19	50	33	26.0
世界平均		10 164	0.18	30.9	51.1	25	62	83	50	55.3
标准值		40 220	0.11	25.8	25.6					

注：a. 由于缺少数据，全部采用人均GDP代替。
b. 为人均能源消费与人均GDP之比，为2010～2015年期间最近年数据。
c. 为2010～2015年期间最近年的数据。
d. 香港和澳门人口规模比较小，经济指标的指数最大值为100。

附表 3-3-6　2015 年中国地区第二次现代化发展阶段

地区	编号	第一次现代化的阶段[a]	第二次现代化指数	产业结构信号 物质产业增加值占 GDP 比例	赋值	劳动力结构信号 物质产业劳动力占总劳动力比例[c]	赋值	平均值	第二次现代化的阶段[b]
北京	1	F4	81	20.3	2	21.2	2	2.0	S2
天津	2	F4	66	47.8		43.0			
河北	3	F3	33	59.8		62.0			
山西	4	F3	31	46.8		62.7			
内蒙古	5	F3	34	59.5		56.2			
辽宁	6	F3	43	53.8		55.0			
吉林	7	F3	41	61.2		58.6			
黑龙江	8	F2	39	49.3		57.5			
上海	9	F4	72	32.2	1	37.1	1	1	S1
江苏	10	F3	61	51.4		62.3			
浙江	11	F4	58	50.2		61.5			
安徽	12	F3	39	60.9		60.5			
福建	13	F3	48	58.4		59.4			
江西	14	F3	33	60.9		62.5			
山东	15	F3	49	54.7		64.8			
河南	16	F3	33	59.8		69.8			
湖北	17	F3	41	56.9		61.2			
湖南	18	F3	36	55.9		64.2			
广东	19	F4	54	49.4		63.1			
广西	20	F2	35	61.2		68.8			
海南	21	F2	35	46.7		53.9			
重庆	22	F3	45	52.3		58.6			
四川	23	F3	35	56.3		65.2			
贵州	24	F2	26	55.1		75.9			
云南	25	F2	27	54.9		66.6			
西藏	26	F2	28	46.2		54.5			
陕西	27	F3	43	59.3		70.3			
甘肃	28	F2	27	50.8		76.1			
青海	29	F3	26	58.6		58.8			
宁夏	30	F3	31	55.5		62.4			
新疆	31	F2	27	55.3		76.2			
香港	32	F4	86	7.6	3	15.2	3	3.0	S2
澳门	33	F4	82	10.5	3	18.0	3	3.0	S2
台湾	34	F4	78	37.6	1	41.0		0.5	S1
中国		F3	41	49.8		59.4			
高收入国家		F4	100	26.2	2	28.6	2	2	S2
中等收入国家		F3	29	44.5		54.6			
低收入国家		F1	16	52.5					
世界平均		F3	39	31.7		49.1			

注：a. F 代表第一次现代化，F4 代表过渡期，F3 代表成熟期，F2 代表发展期，F1 代表起步期。
　　b. S 代表第二次现代化，S2 代表发展期，S1 代表起步期，香港的发展阶段根据第二次现代化指数进行了调整。
　　c. 中国内地（大陆）地区为 2010～2015 年期间最近年的数据。

附表 3-3-7　1970～2015 年中国地区第二次现代化指数

地区	编号	1970[a]	1980[a]	1990[a]	2000[a]	2000[b]	2010[b]	2014[c]	2015[c]
北京	1	30.8	43.9	54.7	74.2	47.4	74.7	78.7	81.2
天津	2	31.3	40.4	42.5	53.9	36.4	61.6	65.7	65.6
河北	3	16.7	28.9	25.2	29.3	20.6	33.9	30.7	32.8
山西	4	23.7	36.1	28.4	31.6	21.1	36.8	29.6	31.1
内蒙古	5	25.6	31.3	26.7	29.1	18.7	37.2	32.6	34.3
辽宁	6	28.2	34.3	34.5	39.9	26.3	46.8	42.0	42.7
吉林	7	24.8	34.3	29.9	33.9	21.5	37.2	39.6	40.6
黑龙江	8	24.9	33.0	30.1	34.8	23.2	39.2	38.0	39.1
上海	9	38.7	43.5	49.4	65.7	48.5	74.1	70.2	72.4
江苏	10	20.0	28.7	32.2	34.6	25.0	52.3	57.1	60.8
浙江	11	16.6	24.2	27.1	35.2	23.5	49.0	50.6	58.5
安徽	12	15.6	24.8	21.9	27.3	19.2	31.3	36.5	39.2
福建	13	17.7	25.5	23.4	30.5	21.7	39.5	43.8	47.6
江西	14	17.6	25.2	22.0	26.0	19.3	29.0	29.8	32.6
山东	15	17.9	26.0	27.6	31.9	21.9	39.4	46.0	48.7
河南	16	18.3	27.2	23.2	26.3	18.9	31.9	31.9	33.3
湖北	17	16.8	28.2	26.8	31.3	20.5	37.3	37.4	40.8
湖南	18	16.5	25.2	23.6	27.8	19.0	31.8	33.8	36.4
广东	19	22.3	26.5	27.0	33.9	22.1	45.3	49.7	53.5
广西	20	16.9	24.6	20.6	25.4	18.1	29.1	32.1	35.3
海南	21	—	—	21.3	25.8	20.3	34.0	33.6	35.2
重庆	22	—	—	—	27.2	29.0	44.4	42.4	45.2
四川	23	—	22.4	23.9	30.1	19.4	32.1	31.9	35.5
贵州	24	20.0	22.9	19.1	22.4	15.5	25.8	24.5	25.7
云南	25	18.8	21.8	20.0	22.5	15.7	24.9	24.7	26.8
西藏	26	—	15.5	19.7	21.6	16.3	26.0	26.8	28.1
陕西	27	22.2	31.5	26.4	38.8	20.7	36.3	42.2	42.6
甘肃	28	12.0	21.8	23.9	26.9	17.8	28.7	25.4	27.0
青海	29	20.1	28.1	24.1	26.6	18.3	31.2	25.1	26.4
宁夏	30	26.0	28.4	26.1	28.5	21.1	37.8	29.1	30.6
新疆	31	17.6	30.1	26.4	28.0	18.7	31.4	26.0	27.3
香港	32	—	—	74.9	92.5	65.9	82.6	85.5	86.2
澳门	33	—	—	51.1	78.7	55.9	82.7	81.1	81.9
台湾	34	—	—	65.0	79.8	55.0	76.1	78.9	78.1
中国		21.5	26.3	25.9	31.0	19.2	33.2	37.5	40.7
高收入国家		72.3	76.4	88.9	100.2	72.2	95.3	99.9	99.7
中等收入国家		19.7	35.6	31.7	38.4	19.6	28.0	27.8	28.5
低收入国家		9.4	20.2	26.7	20.1	15.1	16.8	15.5	15.6
世界平均		33.2	43.9	46.8	46.0	31.6	42.6	38.9	39.3

注：a. 1970～2000 年是以 2000 年高收入国家平均值为基准值的评价。
　　b. 采用第二次现代化评价模型第二版的评价结果，2000～2010 年以 2013 年高收入 OECD 国家平均值为基准。
　　c. 采用第二次现代化评价模型第三版的评价结果，以当年高收入国家平均值为基准值的评价。
　　d. 香港、澳门和台湾的统计指标数据不全，评价结果仅供参考。

附表 3-3-8　1970~2015 年中国地区第二次现代化指数的排名

地区	编号	1970[a]	1980[a]	1990[a]	2000[a]	2000[b]	2010[b]	2014[c]	2015[c]
北京	1	3	1	1	1	2	1	1	1
天津	2	2	3	3	3	3	3	3	3
河北	3	23	11	17	16	16	19	22	22
山西	4	9	4	8	12	14	16	24	24
内蒙古	5	6	9	13	17	24	15	18	20
辽宁	6	4	5	4	4	5	6	11	10
吉林	7	8	6	7	9	12	14	12	13
黑龙江	8	7	7	6	7	8	11	13	15
上海	9	1	2	2	2	1	2	2	2
江苏	10	14	12	5	8	6	4	4	4
浙江	11	24	24	10	6	7	5	5	5
安徽	12	26	22	25	21	21	24	15	14
福建	13	18	19	22	14	11	9	8	8
江西	14	20	21	24	26	20	27	23	23
山东	15	17	18	9	11	10	10	7	7
河南	16	16	16	23	25	23	21	20	21
湖北	17	22	14	12	13	17	13	14	12
湖南	18	25	20	21	20	22	22	16	16
广东	19	10	17	11	10	9	7	6	6
广西	20	21	23	27	28	27	26	19	18
海南	21			26	27	18	18	17	19
重庆	22				22	4	8	9	9
四川	23		26	19	15	19	20	21	17
贵州	24	13	25	30	30	31	29	31	31
云南	25	15	27	28	29	30	31	30	28
西藏	26		29	29	31	29	30	26	26
陕西	27	11	8	15	5	15	17	10	11
甘肃	28	27	28	20	23	28	28	28	28
青海	29	12	15	18	24	26	25	29	30
宁夏	30	5	13	16	18	13	12	25	25
新疆	31	19	10	14	19	25	23	27	27
香港	32								
澳门	33								
台湾	34								

注：a. 1970~2000 年是以 2000 年高收入国家平均值为基准值的评价。
　　b. 同附表 3-3-7。
　　c. 同附表 3-3-7。

附表 3-4-1 2015 年中国地区综合现代化指数[a]

地区	编号	经济发展指数	社会发展指数	知识发展指数	综合现代化指数	指数排名	水平分组[b]
北京	1	69.9	88.8	81.0	79.9	1	2
天津	2	72.8	74.9	63.3	70.4	3	2
河北	3	40.4	47.7	29.5	39.2	19	3
山西	4	41.1	48.3	29.3	39.5	18	3
内蒙古	5	53.4	58.2	31.0	47.5	10	3
辽宁	6	52.3	60.3	43.5	52.0	7	2
吉林	7	45.1	57.0	36.5	46.2	11	3
黑龙江	8	41.8	51.4	31.4	41.5	15	3
上海	9	71.7	78.1	77.4	75.7	2	2
江苏	10	58.0	70.2	49.2	59.1	4	2
浙江	11	55.4	71.8	42.6	56.6	5	2
安徽	12	39.1	48.5	27.4	38.3	21	3
福建	13	50.8	61.2	41.8	51.3	8	2
江西	14	38.5	49.4	26.8	38.2	22	3
山东	15	48.7	59.2	37.5	48.5	9	3
河南	16	37.4	49.2	25.1	37.2	24	3
湖北	17	44.2	57.1	36.1	45.8	13	3
湖南	18	40.7	53.6	28.0	40.8	17	3
广东	19	52.4	65.8	42.2	53.4	6	2
广西	20	34.9	47.7	24.0	35.5	27	3
海南	21	41.0	54.1	28.7	41.3	16	3
重庆	22	46.1	55.8	36.8	46.2	12	3
四川	23	38.1	49.4	25.7	37.7	23	3
贵州	24	31.8	40.1	19.4	30.4	31	3
云南	25	34.3	41.2	19.9	31.8	29	3
西藏	26	38.3	39.9	19.9	32.7	28	3
陕西	27	39.7	52.3	37.2	43.1	14	3
甘肃	28	31.4	39.7	22.4	31.1	30	3
青海	29	41.0	45.6	23.3	36.6	26	3
宁夏	30	40.7	48.1	26.5	38.4	20	3
新疆	31	39.8	45.4	26.0	37.1	25	3
香港	32	77.1	91.4	72.6	80.4		1
澳门	33	76.6	96.6	68.3	80.5		1
台湾	34	73.9	74.1	70.9	73.0		2
中国		46.4	51.5	35.2	44.4		3
高收入国家		100.0	100.1	99.9	100.0		1
中等收入国家		42.5	43.5	25.7	37.2		3
低收入国家		16.8	17.2	5.9	13.3		4
世界平均		54.7	54.2	35.5	48.1		3

注：a. 采用综合现代化评价模型第三版的评价结果，见技术注释。后同。
　　b. 根据综合现代化指数分组，1 代表发达水平，2 代表中等发达水平，3 代表初等发达水平，4 代表欠发达水平。

附表 3-4-2　2015 年中国地区经济指数

地区	编号	经济指标的实际值				经济指标的指数				经济发展指数
		人均国民收入[a]	人均制造业[b]	服务业增加值比例	服务业劳动力比例[c]	人均国民收入	人均制造业	服务业增加值比例	服务业劳动力比例	
北京	1	17 102	2196	79.7	78.8	41	39	100	100	69.9
天津	2	17 337	5799	52.2	57.0	41	100	70	80	72.8
河北	3	6465	2185	40.2	38.0	15	39	54	53	40.4
山西	4	5608	1529	53.2	37.3	13	27	72	52	41.1
内蒙古	5	11 418	3960	40.5	43.8	27	70	55	61	53.4
辽宁	6	10 495	3304	46.2	45.0	25	59	62	63	52.3
吉林	7	8204	2852	38.8	41.4	19	51	52	58	45.1
黑龙江	8	6337	1366	50.7	42.5	15	24	68	60	41.8
上海	9	16 669	3810	67.8	62.9	40	68	91	88	71.7
江苏	10	14 131	4509	48.6	37.7	34	80	66	53	58.0
浙江	11	12 469	3993	49.8	38.5	30	71	67	54	55.4
安徽	12	5781	1937	39.1	39.5	14	34	53	55	39.1
福建	13	10 915	3621	41.6	40.6	26	64	56	57	50.8
江西	14	5898	1947	39.1	37.5	14	35	53	53	38.5
山东	15	10 305	3380	45.3	35.2	24	60	61	49	48.7
河南	16	6283	2144	40.2	30.2	15	38	54	42	37.4
湖北	17	8135	2532	43.1	38.8	19	45	58	54	44.2
湖南	18	6866	2073	44.1	35.8	16	37	59	50	40.7
广东	19	10 840	3583	50.6	36.9	26	64	68	52	52.4
广西	20	5651	1704	38.8	31.2	13	30	52	44	34.9
海南	21	6555	685	53.3	46.1	16	12	72	65	41.0
重庆	22	8402	2367	47.7	41.4	20	42	64	58	46.1
四川	23	5906	1729	43.7	34.8	14	31	59	49	38.1
贵州	24	4793	1207	44.9	24.1	11	21	60	34	31.8
云南	25	4626	1043	45.1	33.4	11	19	61	47	34.3
西藏	26	5139	277	53.8	45.5	12	5	73	64	38.3
陕西	27	7648	2488	40.7	29.7	18	44	55	42	39.7
甘肃	28	4202	879	49.2	23.9	10	16	66	33	31.4
青海	29	6625	1952	41.4	41.2	16	35	56	58	41.0
宁夏	30	7035	1885	44.5	37.6	17	34	60	53	40.7
新疆	31	6429	1492	44.7	40.8	15	27	60	57	39.8
香港	32	42 351	483	92.4	84.8	100	9	100	100	77.1
澳门	33	75 573	349	89.5	82.0	100	6	100	100	76.6
台湾	34	23 131		62.4	59.0	55		84	83	73.9
中国		7950	2370	50.2	40.6	19	42	68	57	46.4
高收入国家		42 123	5617	74.2	71.4	100	100	100	100	100.0
中等收入国家		4997	990	57.1	45.4	12	18	77	64	42.5
低收入国家		622	54	48.0	0.0	1	1	65	0	16.8
世界平均		10 582	1653	69.1	50.9	25	29	93	71	54.7
参考值		42 123	5617	74.2	71.4					

注：a. 中国内地（大陆）地区数据为人均 GDP。
　　b. 中国内地（大陆）地区为估计值，为估计值，为人均工业增加值的 80%，工业增加值包括采矿业、制造业和公共事业的增加值。
　　c. 中国内地（大陆）地区为 2010～2015 年期间最近年的数据。

附表 3-4-3　2015 年中国地区社会指数

地区	编号	社会指标的实际值				社会指标的指数				社会发展指数
		城市人口比例	医生比例	生活水平[a]	能源效率[b]	城市人口比例	医生比例	生活水平	能源效率	
北京	1	86.5	3.9	30 691	7.7	100	100	66	89	88.8
天津	2	82.6	2.3	31 112	4.6	100	79	67	53	74.9
河北	3	51.3	2.2	11 601	2.3	63	76	25	27	47.7
山西	4	55.0	2.5	10 063	1.5	68	86	22	17	48.3
内蒙古	5	60.3	2.6	20 490	2.2	74	90	44	25	58.2
辽宁	6	67.4	2.4	18 834	3.0	83	83	41	35	60.3
吉林	7	55.3	2.4	14 722	4.0	68	83	32	46	57.0
黑龙江	8	58.8	2.2	11 372	2.8	72	76	25	33	51.4
上海	9	87.6	2.6	29 912	5.1	100	90	65	58	78.1
江苏	10	66.5	2.4	25 359	5.3	82	83	55	61	70.2
浙江	11	65.8	2.9	22 376	5.0	81	100	48	58	71.8
安徽	12	50.5	1.8	10 374	4.1	62	62	22	47	48.5
福建	13	62.6	2.0	19 587	4.9	77	69	42	56	61.2
江西	14	51.6	1.7	10 583	4.6	64	59	23	52	49.4
山东	15	57.0	2.4	18 492	3.8	70	83	40	44	59.2
河南	16	46.9	2.1	11 275	3.7	58	72	24	42	49.2
湖北	17	56.9	2.3	14 598	4.1	70	79	31	48	57.1
湖南	18	50.9	2.2	12 321	4.3	63	76	27	49	53.6
广东	19	68.7	2.1	19 453	5.6	85	72	42	64	65.8
广西	20	47.1	1.9	10 141	4.0	58	66	22	46	47.7
海南	21	55.1	2.1	11 763	4.4	68	72	25	51	54.1
重庆	22	60.9	2.0	15 078	4.1	75	69	33	47	55.8
四川	23	47.7	2.2	10 598	3.5	59	76	23	40	49.4
贵州	24	42.0	1.8	8602	2.4	52	62	19	28	40.1
云南	25	43.3	1.7	8301	3.0	53	59	18	35	41.2
西藏	26	27.7	1.9	9222		34	66	20		39.9
陕西	27	53.9	2.1	13 725	3.5	66	72	30	41	52.3
甘肃	28	43.2	1.9	7540	2.1	53	66	16	24	39.7
青海	29	50.3	2.3	11 888	1.3	62	79	26	15	45.6
宁夏	30	55.2	2.4	12 624	1.2	68	83	27	14	48.1
新疆	31	47.2	2.4	11 538	1.4	58	83	25	16	45.4
香港	32	100.0	1.9	58 130	21.5	100	66	100	100	91.4
澳门	33	100.0	2.6	98 650		100	90	100		96.6
台湾	34	83.0	1.9	37 371	4.4	100	66	81	50	74.1
中国		55.6	1.9	14 420	3.4	68	67	31	39	51.5
高收入国家		81.2	2.9	46 350	8.7	100	100	100	100	100.1
中等收入国家		50.8	1.3	10 810	3.7	63	45	23	43	43.5
低收入国家		30.7	0.2	1612	1.8	38	7	3	20	17.2
世界平均		53.8	1.5	15 699	5.7	66	52	34	65	54.2
参考值		81.2	2.9	46 350	8.7					

注：a. 中国内地(大陆)地区数据为按购买力平价计算的人均 GDP，其他为按购买力平价计算的人均 GNI。
　　b. 人均 GDP 与人均能源消费之比。

附表 3-4-4　2015 年中国地区知识指数

地区	编号	知识指标的实际值				知识指标的指数				知识发展指数
		人均知识创新经费[a]	人均知识产权贸易[b]	大学普及率[c]	互联网普及率	知识创新经费投入	人均知识产权费用	大学普及率	互联网普及率	
北京	1	1023	156	96.0	76.5	99	29	100	96	81.0
天津	2	529	124	98.0	63.0	51	23	100	79	63.3
河北	3	76	6	34.4	50.5	7	1	46	63	29.5
山西	4	58	2	32.0	54.2	6	0	43	68	29.3
内蒙古	5	87	23	35.9	50.3	8	4	49	63	31.0
辽宁	6	133	27	58.0	62.2	13	5	78	78	43.5
吉林	7	83	11	56.4	47.7	8	2	76	60	36.5
黑龙江	8	67	4	46.5	44.5	6	1	63	56	31.4
上海	9	618	294	76.2	73.1	60	55	103	91	77.4
江苏	10	363	142	48.4	55.5	35	27	65	69	49.2
浙江	11	293	23	41.5	65.3	28	4	56	82	42.6
安徽	12	113	18	34.1	39.4	11	3	46	49	27.4
福建	13	164	42	41.8	69.6	16	8	56	87	41.8
江西	14	61	8	37.9	38.7	6	2	51	48	26.8
山东	15	233	18	46.4	48.9	23	3	63	61	37.5
河南	16	74	2	32.5	39.2	7	0	44	49	25.1
湖北	17	154	31	48.1	46.8	15	6	65	59	36.1
湖南	18	98	3	38.6	39.9	9	1	52	50	28.0
广东	19	266	80	27.6	72.4	26	15	37	91	42.2
广西	20	35	2	28.5	42.8	3	0	39	54	24.0
海南	21	30	10	33.7	51.6	3	2	46	65	28.7
重庆	22	131	75	44.3	48.3	13	14	60	60	36.8
四川	23	98	9	30.7	40.0	10	2	41	50	25.7
贵州	24	28	2	19.5	38.4	3	0	26	48	19.4
云南	25	37	2	21.4	37.4	4	0	29	47	19.9
西藏	26	15	1	16.5	44.6	1	0	22	56	19.9
陕西	27	166	4	51.4	50.0	16	1	70	63	37.2
甘肃	28	51	1	26.5	38.8	5	0	36	49	22.4
青海	29	32	4	15.8	54.5	3	1	21	68	23.3
宁夏	30	62	6	27.6	49.3	6	1	37	62	26.5
新疆	31	36	2	23.4	54.9	3	0	32	69	26.0
香港	32	322	354	68.5	84.9	31	66	93	100	72.6
澳门	33	101	353	75.6	77.6	10	66	100	97	68.3
台湾	34	718		83.7	34.5	70		100	43	70.9
中国		167	17	43.4	50.3	16	3	59	63	35.2
高收入国家		1032	532	73.7	80.0	100	100	100	100	99.9
中等收入国家		72	11	33.3	38.9	7	2	45	49	25.7
低收入国家		4	0	7.6	10.2	0	0	10	13	5.9
世界平均		227	94	35.7	43.2	22	18	48	54	35.5
参考值		1032	532	73.7	80.0					

注：a. 指人均 R&D 经费，其数据为 2005~2015 年期间最近年的数据。
　　b. 中国内地（大陆）地区数据为估计值，为人均技术转让费用和人均技术进口费用的总和。
　　c. 中国内地（大陆）地区为在校大学生占 18~21 岁人口比例，根据在校大学生人数和 2010 年人口普查数据计算。

附表 3-4-5 1980～2015 年中国地区综合现代化指数

地区	编号	1980[a]	1990[a]	2000[a]	2010[b]	2014[c]	2015[c]
北京	1	42.1	51.9	65.2	66.3	77.8	79.9
天津	2	35.9	43.0	49.8	57.1	69.3	70.4
河北	3	25.3	29.0	28.3	29.5	38.0	39.2
山西	4	26.4	31.1	31.8	33.0	38.4	39.5
内蒙古	5	27.0	31.0	30.4	36.4	45.7	47.5
辽宁	6	29.1	38.0	38.8	41.4	51.3	52.0
吉林	7	28.1	33.0	35.3	35.4	44.4	46.2
黑龙江	8	28.0	33.7	33.3	33.8	39.7	41.5
上海	9	41.7	48.5	62.3	63.0	72.8	75.7
江苏	10	27.6	32.4	34.8	42.6	55.5	59.1
浙江	11	23.4	31.2	35.5	44.9	53.7	56.6
安徽	12	22.2	24.3	27.0	26.7	36.3	38.3
福建	13	24.3	28.9	33.6	37.6	48.3	51.3
江西	14	22.7	25.7	29.2	27.4	36.2	38.2
山东	15	20.0	29.0	31.5	35.8	46.6	48.5
河南	16	19.3	24.7	25.0	26.1	35.4	37.2
湖北	17	24.5	30.1	33.3	33.0	43.0	45.8
湖南	18	21.7	26.2	29.7	29.0	38.6	40.8
广东	19	25.9	32.4	37.5	42.7	51.0	53.4
广西	20	22.3	25.4	27.6	25.3	33.7	35.5
海南	21	—	32.8	31.5	31.7	39.5	41.3
重庆	22	—	—	30.1	34.4	44.8	46.2
四川	23	21.1	28.0	30.0	27.4	36.1	37.7
贵州	24	19.4	22.9	23.5	23.1	28.6	30.4
云南	25	20.8	23.7	24.5	23.2	30.3	31.8
西藏	26	26.5	28.3	24.7	26.5	30.5	32.7
陕西	27	26.6	29.0	37.0	31.9	40.7	43.1
甘肃	28	17.0	26.3	26.9	24.9	30.3	31.1
青海	29	27.7	28.7	28.9	28.6	35.8	36.6
宁夏	30	25.4	28.9	28.8	29.6	36.7	38.4
新疆	31	25.5	30.7	30.1	30.0	36.2	37.1
香港	32	63.8	76.7	76.1	80.2	79.3	80.4
澳门	33	—	74.9	65.3	82.7	78.7	80.5
台湾	34	—	73.6	74.2	70.1	73.1	73.0
中国		23.3	27.9	32.0	34.2	42.3	44.4
高收入国家[d]		99.9	99.9	100.1	100.0	100.0	100.0
中等收入国家		51.5	48.3	42.9	31.7	36.3	37.2
低收入国家		28.2	37.9	23.7	13.6	12.5	13.3
世界平均		59.8	59.4	50.2	44.5	47.5	48.1

注：a. 采用综合现代化评价模型第一版的评价结果，以当年高收入国家平均值为参考值的评价。
　　b. 采用综合现代化评价模型第二版的评价结果。
　　c. 采用综合现代化评价第三版的评价结果。
　　d. 1980～2000 年和 2014～2015 年数据为高收入国家的平均值，2010～2013 年数据为高收入 OECD 国家的平均值。

附表 3-4-6　1980～2015 年中国地区综合现代化指数的排名

地区	编号	1980[a]	1990[a]	2000[a]	2010[b]	2014[c]	2015[c]
北京	1	1	1	1	1	1	1
天津	2	3	3	3	3	3	3
河北	3	16	15	24	20	19	19
山西	4	12	11	13	14	18	18
内蒙古	5	9	12	16	9	10	10
辽宁	6	4	4	4	7	6	7
吉林	7	5	6	8	11	12	11
黑龙江	8	6	5	11	13	15	15
上海	9	2	2	2	2	2	2
江苏	10	8	8	9	6	4	4
浙江	11	19	10	7	4	5	5
安徽	12	22	28	26	25	21	21
福建	13	18	18	10	8	8	8
江西	14	20	25	21	24	22	22
山东	15	26	17	14	10	9	9
河南	16	28	27	28	27	26	24
湖北	17	17	14	12	15	13	13
湖南	18	23	24	20	21	17	17
广东	19	13	9	5	5	7	6
广西	20	21	26	25	28	27	27
海南	21		7	15	17	16	16
重庆	22			18	12	11	12
四川	23	24	22	19	23	24	23
贵州	24	27	30	31	31	31	31
云南	25	25	29	30	30	29	29
西藏	26	11	21	29	26	28	28
陕西	27	10	16	6	16	14	14
甘肃	28	29	23	27	29	30	30
青海	29	7	20	22	22	25	26
宁夏	30	15	19	23	19	20	20
新疆	31	14	13	17	18	23	25
香港	32						
澳门	33						
台湾	34						

注：a. 采用综合现代化评价模型第一版的评价结果，以当年高收入国家平均值为参考值的评价。
　　b. 同附表 3-4-5。
　　c. 同附表 3-4-5。

中国现代化报告系列

中国现代化报告课题组.中国现代化报告2001——现代化与评价.北京:北京大学出版社,2001.

中国现代化战略研究课题组,中国科学院中国现代化研究中心.中国现代化报告2002——知识经济与现代化.北京:北京大学出版社,2002.

中国现代化战略研究课题组,中国科学院中国现代化研究中心.中国现代化报告2003——现代化理论与展望.北京:北京大学出版社,2003.

中国现代化战略研究课题组,中国科学院中国现代化研究中心.中国现代化报告2004——地区现代化之路.北京:北京大学出版社,2004.

中国现代化战略研究课题组,中国科学院中国现代化研究中心.中国现代化报告2005——经济现代化研究.北京:北京大学出版社,2005.

中国现代化战略研究课题组,中国科学院中国现代化研究中心.中国现代化报告2006——社会现代化研究.北京:北京大学出版社,2006.

中国现代化战略研究课题组,中国科学院中国现代化研究中心.中国现代化报告2007——生态现代化研究.北京:北京大学出版社,2007.

中国现代化战略研究课题组,中国科学院中国现代化研究中心.中国现代化报告2008——国际现代化研究.北京:北京大学出版社,2008.

中国现代化战略研究课题组,中国科学院中国现代化研究中心.中国现代化报告2009——文化现代化研究.北京:北京大学出版社,2009.

中国现代化战略研究课题组,中国科学院中国现代化研究中心.中国现代化报告2010——世界现代化概览.北京:北京大学出版社,2010.

何传启主编.中国现代化报告2011——现代化科学概论.北京:北京大学出版社,2011.

何传启主编.中国现代化报告2012——农业现代化研究.北京:北京大学出版社,2012.

何传启主编.中国现代化报告2013——城市现代化研究.北京:北京大学出版社,2014.

何传启主编.中国现代化报告2014~2015——工业现代化研究.北京:北京大学出版社,2015.

何传启主编.中国现代化报告2016——服务业现代化研究.北京:北京大学出版社,2016.

何传启主编.中国现代化报告2017——健康现代化研究.北京:北京大学出版社,2017.

何传启主编.中国现代化报告2018——产业结构现代化.北京:北京大学出版社,2018.

中国现代化战略研究课题组,中国科学院中国现代化研究中心.中国现代化报告概要(2001~2007).北京:北京大学出版社,2007.

何传启主编.中国现代化报告概要(2001~2010).北京:北京大学出版社,2010.

何传启主编.如何成为一个现代化国家:中国现代化报告概要(2001~2016).北京:北京大学出版社,2017.

Chuanqi He. (Ed.) China Modernization Report Outlook (2001~2010). Beijing: Peking University Press, 2010.

Чуаньци Хэ. Обзорный доклад о модернизация в мире и Китае (2001~2010). Москва: Весь мир. 2011.

Chuanqi He. (Ed.) How to Become a Modernized Country: China Modernization Report Outlook (2001~2016). Beijing: Peking University Press, 2017.

第二次现代化丛书

何传启. 第二次现代化——人类文明进程的启示. 北京:高等教育出版社,1999.
张凤,何传启. 国家创新系统——第二次现代化的发动机. 北京:高等教育出版社,1999.
何传启. 公民意识现代化(第二次现代化的行动议程 I). 北京:中国经济出版社,2000.
何传启. K 管理:企业管理现代化(第二次现代化的行动议程 II). 北京:中国经济出版社,2000.
何传启、张凤. 知识创新——竞争新焦点(第二次现代化前沿 I). 北京:经济管理出版社,2001.
何传启. 分配革命——按贡献分配(第二次现代化前沿 II). 北京:经济管理出版社,2001.
何传启. 东方复兴:现代化的三条道路. 北京:商务印书馆,2003.
何传启. 现代化科学:国家发达的科学原理. 北京:科学出版社,2010.
Chuanqi He. Modernization Science: The Principles and Methods of National Advancement. New York: Springer, 2012.
何传启. 第二次现代化理论:人类发展的世界前沿和科学逻辑. 北京:科学出版社,2013.